温州史学论丛(第十辑)

刘建国　夏诗荷/主编

天津出版传媒集团
天津人民出版社

图书在版编目(CIP)数据

温州史学论丛. 第十辑 / 刘建国，夏诗荷主编. --天津：天津人民出版社，2023.12
ISBN 978-7-201-19980-1

Ⅰ.①温… Ⅱ.①刘… ②夏… Ⅲ.①温州-地方史 Ⅳ.①K295.53

中国国家版本馆 CIP 数据核字(2023)第 236899 号

温州史学论丛（第十辑）
WENZHOU SHIXUE LUNCONG（DI SHI JI）

出　　版	天津人民出版社
出 版 人	刘　庆
地　　址	天津市和平区西康路35号康岳大厦
邮政编码	300051
邮购电话	(022)23332469
电子信箱	reader@tjrmcbs.com
责任编辑	岳　勇
封面设计	石　几
印　　刷	杭州高腾印务有限公司
经　　销	新华书店
开　　本	710毫米×1000毫米　1/16
印　　张	32.5
字　　数	566千字
版次印次	2023年12月第1版　2023年12月第1版印刷
定　　价	198.00元

版权所有　侵权必究
图书如出现印装质量问题，请致电联系调换(022-23332469)

目 录

温州古代史

温州唐朝佛寺兴废与分布考述	朱诗涵	003
温州文化史上的吴畦及其家族	吴济川	018
温州千年商港瓯北丁山古墓群考		
——兼考证宋代抗金名将范琼生平几个问题	范可授	032
肝胆与共的挚友		
——王十朋与胡铨	赵顺招	054
论陈宜中为贾似道党羽之说	王　越	063
王与之《周礼订义》简述	夏诗荷　马　寄	070
2021—2022年刘基研究综述	杨定中	081
明代温州书院研究		
——以贞义书院为例	林烜伊	089
永嘉场东瓯王信仰调查	张卫中	101
明清时期温州的风灾潮害和地方应对	涂新楠	107
论清初迁界及对温州社会的影响	吴彬彬	127
清末温州庚子教案中地方官府的应对	陈如意	139
三槐李浦王氏家族文化研究	王绍新	151

温州近现代史

刘景晨仕途与诗作	柯　健　王柯楠	159
痛失玉樊兮长忆君		
——记赵瑞椿先生二三事	陈钧贤	170
项乔哲学思想的延续：醉心中西文化融合的哲学家项退结	陈贤宝	185

21世纪孙诒让研究述评 ……………………………………	孙 烨	190
推考孙诒让对陈傅良《周礼说》刊版源流之疑惑 …………	陈志坚	200
孙诒让及其思想观念简述 …………………………………	何 康	208
族规家训中蕴含的温州人精神		
——以《永嘉楠溪族规家训》为例 ………… 楼 颖	吴牧辰	218
竹枝词所见近代温州的城乡社会及其变迁 ………………	童 孟	230
新民主主义革命时期温州女性革命家窥探 ……… 李海淑	范欢欢	247
近代温州士绅粜米研究		
——以《张棡日记》为中心 ………………………	陈红英	262
刘耀东《疢疾日记》的乡村日常生活史价值 ……………	杨洪娜	277
晚清民国时期士绅社会权势的嬗变		
——以平阳士绅刘绍宽为例 ………………………	杨 斌	289
20世纪早期温州江南白沙盐民斗争研究 …………………	吴梦颖	302
1927年清党前后革命青年的分化		
——以温州萧铮为例 ………………………………	朱 红	318
陈竺同研究中外文化交流述评 ………………… 施文燕	张 洁	328
"清华学派"史家王栻生平与史学贡献 ……………………	陈 奕	343
国民革命的余波：瓯海公学与艺文学堂争产事件 ………	陈忆文	359
土地革命时期中国共产党在浙南地区的革命动员研究 … 张天磊	梁 越	374
论国共和谈后红军挺进师的改编与发展 …………………	孙广浩	386
20世纪30年代温州"复式教育"研究 ………………………	范晓菁	403
乡村师范与乡村改造：平阳郑楼实验乡考察(1936—1941) ……	李一帆	417
21世纪以来温州华人华侨研究综述 ………………………	肖心蕊	432
20年来温州华侨华人问题研究述评 ………………………	蔡立坤	439
抗战时期旅欧青田华侨抗日救亡活动探析 ……… 杨坤宇	寿彬岑	452
抗战时期《浙瓯日报》涉侨报道探析 ………………………	林彦秀	464
20世纪40年代温州鼠疫的流行与地方应对 ………………	谢响响	479
浅析温州永嘉燎原社包产到户实践的地位与经验教训 … 朱 泽	郑捷帆	489
曹湾山、屿儿山"好川文化"遗址发掘、保护利用的思考		
……………………………………………… 李岳松	李培怡	502

温州古代史

温州唐朝佛寺兴废与分布考述

朱诗涵

摘　要：温州地区佛教文化兴盛,梵刹林立,高僧如云。唐代温州的经济发展和佛教的兴起导致了大量佛教寺院的兴建,对温州社会和人们的生活产生了重大影响。唐朝历经289年的历史,先后有20多位皇帝,除武帝李炎外,大部分都是佛教徒。温州佛教就在这样的政治文化环境中得到了快速的发展,新增97座寺院。但也有许多佛寺被拆毁,这有自然原因,如年久失修,也有人为因素,如会昌法难。而温州唐朝佛寺也有分布不均匀的特点:南多北少,东北最少。

关键词：温州;唐朝;佛教;寺院

温州地区佛教文化兴盛,梵刹林立,高僧如云。从南北朝到隋唐时期,温州先后修建近百座寺院。唐天宝年间,玄觉大师在永嘉龙兴寺建立禅宗道场,以推广禅法,于是温州在当时成为江浙的禅学中心。此后历代,温州地区积累了深厚的佛教文化底蕴。佛教自两汉之际传入中国后,在隋唐时期达到鼎盛。译经著述、造像凿窟、修建寺庙、宗教宗派的创立等是佛教文化隋唐时期繁荣的重要标志。隋唐佛教也成为学界的热门话题,历代学者对其进行了大量的研究,出版了一批有代表性的著作。

经过查阅资料,笔者发现较多学者在隋唐佛教发展领域的研究已经取得了很大进展,但是迄今为止,学术界对中国古代寺院的研究一直着力不多,稍有涉猎者也主要限于寺院经济。尤其是对唐朝寺院的研究更少,而专门研究温州唐朝寺院者则少之又少。且由于温州地处东南,远离中原,加上史料记载匮乏,有关寺院的资料记载极其简略,目前少有学者对温州的佛教寺院进行研究,且研究不深入、不全面,对于温州地区寺院的地理分布等方面则研究更少。

本文首先从唐朝佛教发展概况、温州的社会状况以及唐代以前温州的佛教和佛教寺院等角度,对温州唐朝佛教寺院兴建背景进行介绍,然后考述了温州唐朝佛寺的兴废与分布。通过对温州地区唐朝时期佛寺兴建的考述,深化对瓯越文化及其特征的认识,可以进一步发掘温州的文化内涵,服务于温州的经济发展、文化繁荣和社会进步。

本文的"温州"以天一阁藏明代方志选刊续编《弘治温州府志》为依据,并结合温州市如今的行政区划。据《弘治温州府志》,现今温州市大致涵盖江南道(后来的江南东道)中的温州、括州部分地区,包括永嘉、永宁、横阳、乐成、安固等县。[①] 在进行寺院统计时,仅统计现今温州市行政范围内的寺院。有关唐朝佛寺,本文中只包括文献中明确记载唐朝新建、重建或重修的佛寺,但文献中明确记载唐朝已经废弃的佛寺则不计入其内。

一、温州唐朝佛寺兴建背景考述

唐代温州的经济发展和佛教的兴起导致了大量佛教寺院的兴建,对温州社会和人们的生活产生了重大影响。唐代温州建造的大量寺院与当时唐朝佛教发展概况、唐朝温州的社会状况密切相关,也与唐代以前温州的佛教和佛教寺院有关。

(一)唐朝佛教发展概况

佛教自两汉之际传入中国后,在隋唐时期达到鼎盛。译经著述、造像凿窟、修建寺庙、宗教宗派的创立等都是隋唐时期佛教文化繁荣的重要标志。

作为外来宗教,佛教的发展始终依赖于佛教典籍的翻译。而唐朝对佛经的翻译也十分重视,此时已成为佛经翻译的鼎盛时期。唐朝共翻译佛经 372 部 2159 卷[②],且大多由中国僧人翻译,如玄奘、义敬、不空等。这些佛经主要包括大乘般若中观类和瑜伽唯识类经典以及密教经典,甚至有相当数量的小乘佛教经典和戒律。

唐朝社会开放宽容,表现在意识形态上就是实行三教并行的宗教政策,而儒、释、道三教相互吸收融合,使佛教在唐朝进入鼎盛时期,形成了具有中国特色的佛教宗派。隋唐时期宗派众多,一般认为有九个,即天台宗、三论宗、唯识宗(又名法相宗)、律宗、华严宗、密宗、净土宗、禅宗和三阶宗。天台宗、三论宗、华

---

① 王瓒、蔡芳:《弘治温州府志》卷一《建置沿革》,上海:上海社会科学院出版社,2006年,第25页。
② 张国刚:《佛学与隋唐社会》,石家庄:河北人民出版社,2002年,第20页。

严宗等虽然依据印度佛典开宗立派,但已经与印度佛教不同,不过终究经院气味太浓,不合乎中国士大夫的口味。唯识宗可以说是照搬印度佛学,结果在中国也流传不广。只有禅宗是完全中国化了的佛教,深受中国士大夫的欢迎。

而唐朝温州地区的佛教宗派主要是天台宗和禅宗。前者主要是因为温州临近台州,故受天台宗影响较深;后者离不开一位温州著名高僧——玄觉禅师。玄觉禅师,俗姓戴,温州永嘉人,"丱岁出家遍探三藏,精天台止观圆妙法门"[①],后外出学道,在曹溪宝林寺谒见禅宗六祖慧能,成为慧能禅师的弟子之一。而从曹溪归永嘉后,作《证道歌》,在西山龙兴寺创办禅宗道场,建妙果寺、妙智寺,使温州成为当时江浙一带的禅学中心。玄觉禅师正是温州主要佛教宗派从天台宗转到禅宗的关键人物。

(二)唐朝温州社会状况

温州城的设立始于唐高宗上元元年(674年),当时析括州的永嘉、安固二县而置温州。此外,唐时温州辖永嘉、安固、乐成、横阳四县。

唐朝时期,由于国家统一、社会稳定,温州的农业、手工业和商业都取得了空前的发展,社会经济繁荣,海外交通也很发达。

根据《元和郡县图志》记载,由于唐前期鼓励生育,兴建水利,推行均田制,人口日益月滋,再加上社会安定以及大量的闽人移温,温州的人口出现了第一次突破性的增长,从唐玄宗开元年间(713—741)"户三万七千五百五十四,乡七十八"[②]到唐天宝元年(742)"户四万二千八百一十四,口二十四万一千六百九十四"[③]。但是由于唐中期的安史之乱和均田制的破坏,温州人口锐减至"元和户八千四百一十四,乡一十六"[④]。

在农事上,唐代温州政府注重水利建设和农业工具的改良,促进农业进一步发展。韩愈的《路公神道碑》中提到贞元年间,温州刺史路应"筑堤岳城、横阳界中,二邑得上田,除水害"[⑤]。会昌四年(844),温州刺史韦庸为治理水灾,动员百

---

① 道原、顾宏义:《景德传灯录译注》卷五《温州永嘉玄觉禅师》,上海:上海书店出版社,2010年,第334页。
② 李吉甫:《元和郡县图志》卷二十六《江南道二》,北京:中华书局,1983年,第625页。
③ 刘昫:《旧唐书》卷四十志第二十《地理三》,北京:中华书局,1975年,第1597页。
④ 李吉甫:《元和郡县图志》卷二十六《江南道二》,北京:中华书局,1983年,第625页。
⑤ 周启成、周维德等:《唐银青光禄大夫守左散骑常侍致仕上柱国襄阳郡王平阳路公神道碑铭》,《新译昌黎先生文集》,台北:三民书局股份有限公司,1999年,第664页。

姓,从瞿溪、郭溪、雄溪三条溪流引水入会昌湖,修建韦公堤,重新清淤西湖,疏通河道,南入永瑞塘河,北入瓯江。随着水利事业的发展,百姓大量开荒,为农业发展提供了条件。因此当时的主要粮食作物水稻,收成好到唐宝应初年(762)"时江东米贵,唯温州米贱"[1]。而温州经济作物瓯柑也在唐高宗上元二年(675)被列为贡品,并"土贡:布、柑、橘、蔗、蛟革"[2]。唐朝时温州设有州学与县学,并设立在城区。

农业经济的发展促进了唐朝温州手工业和商业的进步。唐后期温州城内百里街旁有"百贾坊"。它既是市场交易场所,又是居民居住之处,成为当时重要的商业贸易中心。同时,"坊市合一"的管理模式,使得商业贸易增加,促进温州工商业的进一步繁荣,温州的城市经济逐渐发展,向沿海港口城市转型。此外,温州素有造船传统,除民用船舶外,温州各地有许多可制造大型航海船只的造船工场。温州的造纸业也很发达,以盛产蠲纸而闻名。由于地处沿海,永嘉也是江南产盐区之一,中央在温州设立永嘉监,而温州榷盐始于玄宗天宝元年(742)。

造船业的发达和社会经济的发展,使得唐朝温州海上交通与贸易较为繁荣。官方的主要活动是日本派遣唐使和僧侣来华。如高宗显庆四年(659)日本派遣唐使来华朝贡,途中遇风,船上多人罹难,仅东汉阿利麻、坂合部稻积等五人漂流至永嘉县境获救,从此温州开始与日本船舶来往。而民间的交流据《安祥寺惠运传》记载,承和九年(842),日本国僧人惠运乘坐唐朝商贾李处人的船从肥前值嘉岛出发启程,经6个日夜到达温州,然后前往五台山朝圣,这是日本与温州之间首次有历史记载的航线。由于密切的商贸往来,唐时温州形成了对日本、新罗的固定航线,唐末70年间,温州更是成为中日交通往来的重要港口。

(三)温州唐以前佛教及佛教寺院

公元前6世纪产生的印度佛教,汉代传入中国,首先在北方广泛传播,而传入浙江则在东汉末。到三国东吴时,浙江各地梵刹接踵兴建,佛教已相当流行。"经来白马寺,僧到赤乌年"[3]。据《重修浙江通志稿》记载,东吴赤乌年间(238—251),佛教传入浙江,并建有9所寺院。据《雍正宁波府志》记载:"普济教寺,吴

---

[1] 李昉等:《太平广记》卷二百八十《梦五(鬼神上)》"豆卢荣",北京:中华书局,1961年,第2230页。
[2] 宋祁、欧阳修:《新唐书》卷四十一志第三十一《地理五》,北京:中华书局,1975年,第1063页。
[3] 灵澈:《芙蓉园新寺》,《刘宾客文集》卷十九《澈上人文集纪》,北京:中华书局,1985年,第226页。

赤乌二年(239)都乡侯阚泽舍宅为寺。"①《光绪浙江通志》载:"广严寺,吴赤乌元年(238)建。"②佛寺虽未经过乐清湾,但丝毫不妨碍东瓯王国佛教的盛行。

佛教传入温州的具体时间,目前未发现相关文献的记载,因此零星出土的文物对于研究温州佛教史非常重要。平阳县横河村西晋墓发现于1966年,出土的青瓷堆塑罐上的方型塔式建筑和两尊佛像,直接证明了西晋时期温州已出现僧人和佛教。总之,从三国至西晋,东瓯之地上广泛流传着南传佛教。

永嘉人李整于东晋太宁三年(325)在习礼坊建崇安寺,这是温州修建佛寺的最早记载。③ 据清朝僧人道融的《雁山新便览》记载,永和年间,印度阿罗汉诺矩罗尊者率领门徒三百来温,居住在雁荡山,他是第一批来永嘉郡的梵僧。东晋永和三年(347),乐成名士张文君从道出家,建白鹤寺,标志着佛教的日益兴盛。南朝梁时期,温州修建众多佛寺,如在东镇街建报国寺、在龙门山建万兴寺等。而大同年间,在东晋永嘉永宁门建兴业寺、清修寺、隆福寺。从南北朝到隋唐时期,温州先后修建了近百座寺院。

二、温州唐朝佛寺兴废与分布考述

"伽蓝"是古印度对佛教建筑的称呼,而汉语中称其为"寺院"。作为佛教的开放式建筑,寺院是出家僧尼修行和举行佛事活动的场所,也是世俗信众进香礼佛的圣地。《说文解字》称"寺,廷也,有法度者也。从寸之声。祥吏切"④,本是官署名,后来由于白马寺的修建,也成为佛教建筑的专门用语。《说文解字》称"院,坚也。从阜、完声"⑤,也是官署名。贞观年间,玄奘从西域归来,朝廷特设翻经院。于是"院"就成为了中国佛教建筑的又一称呼。佛教寺院又被称为浮屠、兰若、招提等,而禅宗的寺院又叫丛林。

---

① 曹秉仁、万经等:《慈溪》,《雍正宁波府志》卷三十三《寺观》,宁波:宁波出版社,2015年,第2418页。
② 稽曾筠:《缙云县》,《光绪浙江通志》卷二百三十四《寺观九·十三》,上海:商务印书馆,1936年。
③ 王瓒、蔡芳:《开元寺》,《弘治温州府志》卷十六《祠庙·寺观》,上海:上海社会科学院出版社,2006年,第25页。
④ 许慎:《说文解字》第三下《寸部》,北京:九州出版社,2001年,第175页。
⑤ 许慎:《说文解字》第十四下《皀部》,北京:九州出版社,2001年,第855页。

(一)兴建和毁废

在唐朝近 300 年的时间中,温州寺院兴建和修理频繁,但也有不少佛寺毁废了。

1.兴建

唐朝历经 289 年的历史,先后有 20 多位皇帝,除武帝李炎外,大部分都是佛教徒。温州佛教就在这样的政治文化环境中得到了快速的发展,新增了 97 座寺院。

唐初,唐太宗为巩固自己的统治地位,将其宗谱追溯至老子(李耳),宣称李唐皇族是他的后代,从而重申了道先佛后的地位。但为了发挥佛教化育黎民、共助王化的作用,实际上采取的是三教并行的政策。唐太宗自称是"皇帝菩萨戒弟子",表示"惟以丹诚,归依三宝"[①]。与此同时,唐太宗在贞观三年(629)颁布了《为战阵处立寺诏》要在国内七处修建七座寺院,其中就有浙江台州的普济寺。这使得浙江出现了寺院建造的热潮。根据《弘治温州府志》及其他有关史籍记载,当时新建的寺院具体如表1。

表 1 唐太宗所建寺院统计

寺院名称	寺院位置	时间	资料来源
1.白塔瑜伽寺	在永嘉县德政乡	唐贞观八年建	《弘治温州府志》,卷十六《寺观》
2.仙岩圣寿禅寺	去城东四十里,在瑞安县崇泰乡仙岩山	唐贞观年间建	《雍正浙江通志》,卷二百三十四《寺观九》

武则天一脉出自隋朝宗室,世代信佛,又是靠《法云经》中女王之文即位,因此对佛教极其热衷,下令"佛先道后",并颁布《大云经》,命令各州建大云寺一所,以彰示统治合法性。新建或改建的寺院如表 2 所示:

[①] 董诰:《全唐文》卷一〇太宗皇帝《宏福寺施斋愿文》,北京:中华书局,1983 年,第 124 页。

表 2　唐高宗、武则天所建寺院统计

寺院名称	寺院位置	时间	资料来源
1.尖山龙圣寺	在瑞安县大罗山	唐高宗显庆年间建	《嘉庆瑞安县志》,卷廿七《寺观》
2.本寂寺	在瑞安县集云山顶	唐垂拱四年建,证圣元年赐名护国报恩禅院,大中八年改赐集云院,乾符六年赐名本寂寺	
3.大云教寺	在温州城永宁门内东	梁大同年间建,初名兴业,唐文明间改名白鹤,天授二年改今名	《弘治温州府志》,卷十六《寺观》
4.白鹤禅寺	在乐清县治西丹霞山	晋张文君舍宅为白鹤寺,唐天授二年移郡城白鹤寺旧额于此	《雍正浙江通志》,卷二百三十四《寺观九》

中宗登基后,于神龙元年(705)在诸州设立佛寺,以"大唐中兴"为名,寄希望于自己能够中兴。到神龙三年(707)改名为龙兴寺,自认神龙下凡,加强统治。在此期间,新建寺院如表 3 所示:

表 3　唐中宗所建寺院统计

寺院名称	寺院位置	时间	资料来源
1.妙果寺	在永嘉县集云乡	唐神龙年间建	《弘治温州府志》,卷十六《寺观》

到了开元二十六年(738),玄宗下令各州郡修建"开元寺",再次引发浙江各地寺院建设的新高潮。此间,新建或改建寺院如表 4 所示:

表 4　唐玄宗所建寺院统计

寺院名称	寺院位置	时间	资料来源
1.净名院	在永嘉县建牙乡	唐先天二年建	《弘治温州府志》,卷十六《寺观》
2.大广化瑜伽寺	在永嘉县仙居乡		
3.慧日院			
4.云峰普安院			
5.普安禅寺	在永嘉县岩头		百度百科:普安禅寺
6.开元寺	在温州城内习礼坊	晋大宁五年李整舍宅建崇安寺,唐开元改今名	《弘治温州府志》,卷十六《寺观》
7.陶山瑜伽寺	在瑞安集善乡	唐天宝二年建,会昌六年赐真身禅院额	《雍正浙江通志》,卷二百三十四《寺观九》

唐后期的皇帝,除了武宗采取灭佛外,其余的都对佛教积极利用,企图以宗教的力量继续为唐王朝的统治笼罩神圣的灵光。如肃宗和代宗无力应对安史之乱带来的内忧外患,只能祈求神佛的力量保佑自己,因此他们采取了许多措施来奉承佛教,这使得浙江再次竞相修建寺院。在此期间,新建寺院如表5所示:

表5　唐肃宗、唐代宗所建寺院统计

寺院名称	寺院位置	时间	资料来源
1.定慧院	在永嘉县泰清乡	唐肃宗至德年间建	《弘治温州府志》,卷十六《寺观》
2.灵峰寺	在泰顺县北十五里	唐肃宗乾元五年建①	
3.无相寺	在泰顺县北七十里		
4.崇寿寺	在泰顺县北八十里		
5.宣化尼院	在乐清县治西	唐代宗广德年间建	
6.东林讲院	在平阳县仕巷底	唐代宗大历二年建	
7.兴业院	在平阳县		

而到了德宗贞元年间,禅宗在江南掀起了丛林热潮,于是"僧徒月益,佛寺日崇"②。在此期间,新建寺院如表6所示:

表6　唐德宗所建寺院统计

寺院名称	寺院位置	时间	资料来源
1.天柱瀑泉寺	在永嘉县华盖乡大罗山	始创于晋,重建于唐贞元三年	唐贞元十七年建
2.奉圣院	《弘治温州府志》,卷十六《寺观》	在永嘉县清通乡	
3.澄觉院			

武宗统治时期实行灭佛的政策,史称会昌法难。会昌法难中,许多寺院被毁,经书和佛像被烧毁,僧尼被迫还俗。会昌废佛对地处海隅的温州佛教的破坏也是相当严重的。但比之北方来说,温州佛教遭到的破坏相对要小。会昌年间,亦有顶风而建寺者,如《光绪浙江通志》中,温州新建普照寺。从顺宗到武宗时,新建寺院如表7所示:

---

① 此处为《弘治温州府志》卷十六《寺观》记载。但实际上,唐肃宗以"乾元"为年号的时间只有3年,此处应为讹传,可能为乾符五年。下同。

② 朱金城:《议释教》,《白居易集笺校》,上海:上海古籍出版社,1988年,第3545页。

表 7　唐顺宗到武宗所建寺院统计

寺院名称	寺院位置	时间	资料来源
1.净慧寺	在文成大带岩	唐宪宗元和十五年建	《弘治温州府志》，卷十六《寺观》
2.净光禅寺	在府城内松台山东麓	唐宪宗元和年间建，光化二年始赐今额，有宿觉禅师真身塔	
3.普照寺	在温州丽岙	唐武宗会昌年间建	《光绪浙江通志》，卷二百三十四《寺观九》

会昌法难虽给佛教以沉重打击，但即位的宣宗为恢复佛教做了许多努力。会昌六年(846)，宣宗下令"天下每州造两寺，节度府许造三所寺，每寺置五十僧"[①]。大中元年(847)又下令："其灵山胜境，天下州府，应会昌五年四月所废寺宇，有宿旧名僧，复能修创，一任住持，所司不得禁止。"[②]于是各地纷纷重新修建毁废的寺宇，斧斤之声随处可闻。在此期间，新建寺院如表 8 所示：

表 8　唐宣宗所建寺院统计

寺院名称	寺院位置	时间	资料来源
1.大义庵	在平阳县蒲门	唐大中三年建	《弘治温州府志》，卷十六《寺观》
2.景福教院	在平阳县招顺乡厦材山	唐大中十年建	
3.报恩院	在平阳县东乡	唐大中十三年建	
4.护法院	在平阳县荪湖	唐大中二十年建	
5.宝成院	在瑞安县帆游乡	唐大中年间建	

宣宗之后的懿宗、僖宗同样是佞佛的，于是在这时温州新建许多寺院。新建寺院如表 9 所示：

---

① 圆仁：《入唐求法巡礼行记》卷四，上海：上海古籍出版社，1986 年，第 198 页。
② 刘昫：《旧唐书》卷十八下本纪第十八下《宣宗李忱》，北京：中华书局，1975 年，第 617 页。

表9 唐懿宗、唐僖宗所建寺院统计

寺院名称	寺院位置	时间	资料来源
1.乾符灵山院	在永嘉县仙居乡	唐懿宗咸通元年建	《弘治温州府志》，卷十六《寺观》
2.五峰院	在平阳县石塘		
3.荐恩院	在平阳县盛岙	唐懿宗咸通二年建	
4.宝胜寺	在平阳县前仓		
5.灵严院	在平阳县鹤溪		
6.鹿鸣院	在平阳县仪山		
7.瑞严院	在平阳县楼石	唐懿宗咸通五年建	
8.涌泉观音院	在平阳县东乡白沙	唐懿宗咸通八年建	
9.太平兴国院	在平阳县万全乡管岙		
10.感化院	在平阳县盖竹		
11.集云教院	在永嘉县建牙乡	唐懿宗咸通九年建	《雍正浙江通志》，卷二百三十四《寺观九》
12.南峰律院	在泰顺县		
13.灵峰教院	在平阳县金舟乡	唐懿宗咸通十三年建	
14.江心寺西塔院	在温州城北永清门外孤屿上	唐懿宗咸通年间建	《弘治温州府志》，卷十六《寺观》
15.崇德寺	在温州城内松台山东		
16.崇法教院	在永嘉县吹台乡		
17.岑山尼院	在温州城内东遗爱坊		
18.瑞岩寺	在苍南县鲸头燕子山		
19.仙坛寺	在平阳县东门外		
20.宝庆院	在平阳县乌石山		
21.碧泉寺	在平阳县钱仓		
22.五灵瑜伽寺	在瑞安县来暮乡		
23.常宁寺	在瑞安县五公山麓		《雍正浙江通志》，卷二百三十四《寺观九》
24.福寿院	在瑞安县涨西乡		《弘治温州府志》，卷十六《寺观》
25.照福院	在瑞安县芳山乡		
26.隆平尼院	在瑞安县帆游乡		
27.水隆院			

续　表

寺院名称	寺院位置	时间	资料来源
28.神山院	在平阳县仙口叶岙	唐僖宗乾符二年建	《弘治温州府志》,卷十六《寺观》
29.灵峰院	在瑞安县安仁乡		《嘉庆瑞安县志》,《寺观》
30.胜果院	在平阳县崇政乡渔塘	唐僖宗乾符三年建	《弘治温州府志》,卷十六《寺观》
31.国安院	在永嘉县华盖乡	唐僖宗乾符四年建	
32.仙兴院	在平阳县上湾	唐僖宗乾符五年建	
33.宝积讲寺	在瑞安县南社乡		
34.昭显寺	在瑞安县广化乡	唐僖宗乾符年间建	
35.国安寺	在龙湾县瑶溪皇岙		
36.寿昌院	在永嘉县贤宰乡	唐僖宗中和二年建	
37.寿昌禅院	在永嘉县仙居乡		
38.灵鹫讲院	在平阳县箭岙	唐僖宗中和三年建	
39.宁寿禅院	在平阳县归仁乡嵩山南峰		
40.嘉福寺	在温州城内简讼坊		
41.云顶院	在瑞安县崇泰乡	唐僖宗中和年间建	
42.云峰宝积讲院	在瑞安县集善乡		
43.报恩院	在瑞安县嘉屿乡	唐僖宗光启年间建	
44.寿昌寺	在乐清县黄塘	隋仁寿元年建,唐光启二年,慧空大师迁址重建	《雍正浙江通志》,卷二百三十四《寺观九》
45.净刹院	在永嘉县永宁乡	唐僖宗文德元年建	《弘治温州府志》,卷十六《寺观》
46.重臻院	在乐清县重石芝山麓		《温州历史年表》,唐朝
47.真如院	在乐清县茗屿乡	唐僖宗文德年间建	《弘治温州府志》,卷十六《寺观》

至唐末,社会矛盾尖锐,且佛教的鼎盛阶段已结束,但由于统治者仍崇佛,此时温州还是修建了许多佛教寺院。新建寺院如表10所示:

表 10　唐末所建寺院统计

寺院名称	寺院位置	时间	资料来源
1.景福禅寺	在瑞安县大南圣井山	唐昭宗景福元年建	《嘉庆瑞安县志》,卷廿七《寺观》
2.腾云院	在平阳县归仁乡腾洋	唐昭宗景福二年建	《弘治温州府志》,卷十六《寺观》
3.崇化院	在平阳县归仁乡		
4.报国庄严院	在平阳县西乡黄埔东	唐昭宗乾宁元年建	
5.悟缘庵	在平阳县晓洋	唐昭宗乾宁二年建	
6.本觉寺	在乐清县大芙蓉		《雍正浙江通志》,卷二百三十四《寺观九》
7.万寿院	在永嘉县贤宰乡	唐昭宗光化二年建	
8.法海寺	在泰顺县		
9.延恩禅寺	在乐清县山门乡北港		
10.三峰院	在平阳县楼石		
11.福应教院	在瑞安县集善乡	唐昭宗光化年间建	
12.广照院	在瑞安县芳山乡		《弘治温州府志》,卷十六《寺观》
13.保寿院			
14.法华寺	在乐清县南岳平盆山	建于唐,唐昭宗赐额	
15.福昌寺	在永嘉县镇海门外	唐哀帝天祐三年建	
16.栖霞寺	在瑞安城内西北隅岘山之东	唐朝马真人拾宅为栖霞寺①	
17.净土院	在瑞安城内西北隅岘山之东	唐朝马真人建	
18.南山律院	在瑞安城内西南	唐朝马真人建	

综观唐代历朝,温州佛寺发展最快最多的年代是唐玄宗先天年间(712—713)、肃宗代宗时(756—779)、德宗贞元年间(785—805)以及宣宗大中年间(847—860)、懿宗咸通年间(860—874)、僖宗乾符年间(874—879)、昭宗景福、乾宁和光化年间(892—901)。其中可以看到,唐前期温州佛教发展较为曲折、缓慢,佛寺增加不多,而会昌法难之后的百余年是温州佛教高度发展的时期。佛教

---

① 有说马真人是萧梁人,但据《续仙传》和《天平广记》载:马湘,唐代云游道士,字自然,盐官(今属海宁)人。

寺院在宣宗、懿宗、僖宗统治的40多年中修建的格外多,这是对武宗运用暴力废佛的反弹性报复。

而从新建或改建的寺院名称上看,唐朝时期温州的佛教发展多元化,既有禅宗寺院,如寿昌禅院、护国报恩禅院、宁寿禅院等;也有净土宗寺院,如嘉福寺、福昌寺等;有天台宗寺院,如崇法教院、集云教院、景福教院、东林讲院等;甚至还有律宗寺院,如南山律院、南峰律院。

2. 毁废

在唐朝近300年里,虽然温州兴建了大量寺院,但也有许多佛寺被拆毁和废止。这其中有自然原因,也有人为因素。

在自然原因中,主要是年久失修。梁思成先生曾提出"中国(建筑)结构既以木材为主,宫室之寿命固乃限于木质结构之未能耐久"[①]。而寺院也是木质结构建筑,日夜经受风雨、日晒、虫蛀蚁咬等自然腐蚀。而且木质结构的建筑也有其自身的寿命,久而久之,就会腐烂,如果不加以修复,就会彻底毁废。如晚唐诗人司空图的《仙岩寺铭》中就提到贞观年间建的仙岩圣寿禅寺"某其师,某其牧,寺圮而复"[②]。此外,在清《雍正浙江通志》也提到垂拱四年建的本寂寺"岁久坏,明宣德间重建"[③]。

在人为因素中,以唐武宗时期的"会昌法难"规模和影响最大。845年7月,唐武宗正式颁布了诏令,宣布推行了打压佛教的政策,严格规定了各地所保留的寺院和僧尼的数量,对于那些没有保留下来的寺庙则全部被勒令拆除。这次的灭佛运动给佛教带来了重创,全国共拆除寺院4600所,被迫还俗的僧人达到26万。在此之后,规模盛大、僧徒众多的大型寺院所剩无几,而简陋、狭小的禅宗丛林成为主流。如《弘治温州府志》中提及瑞安县的东安讲寺"梁天监二年建,唐会昌废,钱氏后建,名报国,宋改今额"[④]。

---

① 梁思成:《中国建筑史》,天津:百花文艺出版社,1998年,第18页。
② 司空图:《温州仙岩寺碑》,《司空表圣文集》第九卷,上海:上海古籍出版社,1994年,第140页。
③ 沈翼机、傅王露:《护国寺》,《雍正浙江通志》卷二百三十四《寺观九》,北京:中华书局,2001年,第6507页。
④ 王瓒、蔡芳:《东安讲寺》,《弘治温州府志》卷十六《寺观》,上海:上海社会科学院出版社,2006年,第755页。

(二)地理分布及统计

在探讨唐朝温州寺院的兴建和毁废之后,我们来研究唐朝温州寺院的地理分布。

寺院作为佛教弘法的中心和根据地,"可以说佛教的全部功能、其所取得的全部文化成就都离不开寺院的活动"[1]。可以说,寺院研究是佛教史研究的基础,深入研究佛教寺院对研究佛教史意义重大。虽然唐朝佛教兴盛,但是由于史料稀少,笔者并未找到关于温州唐朝佛寺数量及分布的确切记载,使我们难以了解当时的情况。笔者通过查阅《弘治温州府志》卷十六《寺观》、《雍正浙江通志》卷二百三十四《寺观九》、清《嘉庆瑞安县志》卷廿七《寺观》等方志,对温州的唐朝佛寺进行了整理统计,以期了解温州唐朝佛寺分布的特征。

现可考的温州唐朝新建或重修的寺院有 97 所,分布在永嘉县、乐成县、安固县以及横阳县中。具体数据如表 11:

表 11　温州唐朝佛寺分布统计表

县	新建、新修寺院	占比
永嘉县[2]	28	28.87%
乐成县[3]	8	8.25%
安固县[4]	28	28.86%
横阳县[5]	33	34.02%
小计	97	100%

需要说明的是,该表格中的"温州"各县大致是以唐朝的行政区划为准,因史料的缺失,此表仅供参照。

根据表格,可以发现温州唐朝佛寺分布主要有分布不均匀的特点。横阳县的佛寺约占整个温州地区佛寺的三分之一(34.02%),乐成县的佛寺分布数量占温州佛寺的 8.25%。呈现出南多北少、东北最少的状态。

---

[1]　孙昌武:《中国佛教文化史》,北京:中华书局,2010 年,第 1113 页。
[2]　唐朝永嘉县包括如今的永嘉县、鹿城区、瓯海区和龙湾区。
[3]　唐朝乐成县包括如今的乐清市和洞头区。
[4]　唐朝安固县包括如今的瑞安市、文成县和部分泰顺县。
[5]　唐朝横阳县包括如今的平阳县、龙港市、苍南县和部分泰顺县。

这一时期,温州佛寺于史籍记载,会昌灭佛前26所,灭佛后71所,共97所。对比同时期明州所建34所佛寺[①],温州的佛寺数量是其三倍左右。但对比全国却相形见绌:唐前期寺院总数为834所,北方五道470所,南方五道364所;而唐后期寺院总数为664所,北方五道229所,南方365所。[②]

结　语

寺院是佛教文化发展到一定历史阶段的综合产物。唐朝温州的佛寺在继承前朝的基础上,经历了兴盛、破坏、再次兴盛的发展历程。而唐朝温州地区的佛教宗派主要是天台宗和禅宗,其中玄觉禅师发挥了重大作用。唐代温州的经济发展和佛教的兴起导致了大量佛教寺院的兴建。较其他朝代,由于唐朝统治者大多崇佛,温州寺院总体是在快速发展扩张的。在唐一代,温州共新建佛寺97所。在此期间,也有许多佛寺或因年久失修或因会昌法难而被废弃。从地理分布上来看,温州唐朝佛寺有分布不均匀的特点,呈现出南多北少、东北最少的状态。通过对温州唐朝佛寺兴废的考述,深化对瓯越文化及其特征的认识,可以进一步发掘温州的文化内涵,服务于温州的经济发展、文化繁荣和社会进步。

(朱诗涵,温州市永嘉县枫林镇中学教师)

[①] 胡珠生:《温州古代史》,沈阳:辽宁人民出版社,2020年,第145页。
[②] 李映辉:《唐代佛教地理研究》,长沙:湖南大学出版社,2004年,第87—97页。

温州文化史上的吴畦及其家族

吴济川

摘　要：吴畦是温州历史上一位大儒名宦，出身于文化世家，从小接受儒家文化的熏陶，少年得志，身居高位，主朝尽忠，清廉自持。黄巢乱后，国家阽危，中原板荡，他为大唐的安定统一不惜自身安危，悲悯苍生，覃恩黎庶，名垂青史。当大唐走向苍茫时分，他把整个家族迁入温州泰顺，成为温州地区早期的文化望族，两宋时家族整体走向耕读，人才济美，群英荟萃。千年后，吴畦成为温州文化史上一个悠远的文化符号，一道美丽的人文景观。

关键词：吴畦；吴畦家族；宦绩；吴畦文风

《弘治温州府志·科第》载："吾瓯登科者，始于吴畦、薛正明[1]，而莫盛于宋。"

吴畦是温州科举史上有据可查的第一个进士，也是唯一一个有作品被收入《全唐文》《全唐诗》的学者，更属于早期迁入温州地区的一个重要的文化家族。有了这些，就有足够的理由研究他，解读他的家族。

唐五代前迁入温州的文化家族寥寥可数，吴畦家族就是那个时期迁入温州的一个重要文化家族。唐昭宗时期，吴畦带着父母、兄弟、子侄一大家族于唐乾宁三年(896)迁隐安固卓家庄(今泰顺南浦溪后坪)，3年后易居库村，嗣后，筑寺院以正教化，开学馆以育人才。他本人在温州生活了30年，30年文化交往在温州，家族墓葬在温州。1000多年，其子孙在温州地区繁衍为大族，后裔遍布浙闽粤及东南亚地区和西欧国家。宋明两季家族文化进入鼎盛时期，对永嘉、平阳、泰顺的耕读文化具有开创和推进的意义。

吴畦一生忠爱大唐。参与平定庞勋、黄巢之乱，力劝董昌放弃僭国称帝，后遭董昌兵胁而逃难库村。吴越王钱镠立国，请吴畦辅政，他以年老多病谢事，从此疏离政治，优游林下，开馆兴学，开启库村吴氏耕读传家的优良传统。

---

[1]　《浙江通志》卷一百二十三载：薛正明，永嘉人，文房院使。

一、吴畦家世

吴畦生活在乱糟糟的唐晚期,他从 20 岁开始步入纷乱的政坛,凭他的才识和能力很快进入大唐帝国权力中心,官至中书令同平章事,光禄大夫勋柱国,历懿宗、僖宗、昭宗三朝,以谏议大夫致仕。他是唐五代温州地区精英人物中官阶最高的一位,是一位颇具才华的政治家、文学家和诗人。

吴畦的家族史目前还没有进入史学研究视野,其研究多停留在民间层面,所以史料很杂,也很乱,仅限于世系讨论。而家族史研究的重要任务是家族文化传承。将吴畦及其家族放到某个特定的历史时期来研究是有意义的。吴长康先生的《吴翥公世系考证》,得出吴翥和吴畦"三代说"的考证结论,对研究吴畦及家族有较高的参考价值,该文作者以人物的生卒时间为切入点,充分运用统计分析、综合归纳的研究方法得出结论。运用了《暨阳孝义吴谱》《东阳吴氏简略》《暨阳凤山谱》《新昌吴氏宗谱》及龙泉、庆元、景宁等族谱,归纳出:"吴翥配陈氏,继配尉迟氏,生三子:吴盖、吴佖(益)、吴绎。其中,吴盖生子少隆、少邦、少昙;吴佖(益)生子吴畦(褆)、吴畴(祎)、吴畝(袚);吴仲(绎)生子吴翾、吴融。"这个结论对研究吴畦及家族文化史就有了积极的意义,钱穆先生说:"历史就是要我们看一段人生经历,看这一番人生的事业。直从过去透达到现在,再透达到将来。"这也就是《孟子》说的"所过者化,所存者神"的意思。

吴畦(840—923),字祯祥,出身于越州山阴一个诗书礼仪家族,曾祖吴舜咨为山阴县令,致仕留居山阴,是为山阴吴氏始祖。祖父吴翥(757—839),字鹏举,一字凤翔。吴翥淡泊功名,当地观察使元晦屡屡召他做官,均被拒绝,以品节操守闻名于当世,著有《山阴集》《闲情集》《招云集》,世称"文简先生"。[①]《新唐书》卷二零三《吴融传》载:"祖翥,有名大中时,观察府召以署吏,不应,帅高其概,言诸朝,赐号文简先生。"[②]北宋施宿著的《会稽志》、马永易撰的《宾实录》、钱易撰的《南部新书》均记载晚唐著名诗人吴融是吴翥之孙,与吴畦同辈,按生卒年计算,是吴畦的堂弟,比吴畦少十岁。这一点大致可以肯定。浙江省内的几个吴氏大族的总谱记载基本相同,比如《新昌吴氏》载:

---

① 《吴氏山阴乐村支图》载吴畦世系为:翥—仲—偕—仕—褆(畦)五世说。
② 欧阳修、宋祁:《新唐书》卷二零三,长沙:岳麓书社,1997 年,第 3626 页。

吴鬵，字凤翔，号文简，吴舜咨之子，大中八年(854)宣宗嘉其德，御书"文简先生"。中晚年尝游暨阳，爱开化乡溪山胜地，遂寓居焉。原配陈氏，继娶尉迟氏，生三子：吴盖、吴益、吴绎。吴盖随父徙居暨阳县大田里；吴益随子徙居永嘉郡库村；吴绎迁居今孙端镇吴融村。

"吴益"即吴畦之父，关于吴畦父的名讳各地族谱记载有些不同，《福建政和吴氏源流》载："吴鬵，隐居山阴，生三子，长侃（后裔迁暨阳）、次佖、三仲（生子融），佖生三子，长畦（居泰顺库村），次畴，三畎。"

吴畦晚年作《谏议大夫吴褆自序》（以下简称《自序》）记曰：

……显孟祖鬵，字文简；叔祖仲讳翱，字文集；季叔祖讳翔，字文举。文简生父佖、伯曰侃、叔曰俣、曰伱、曰仲。祖鬵，宣宗时，为观察使召署吏部，不应，志尚高节，言诗于朝，赐"文简先生"。

"益""佖""仕"均为吴畦父的名号，一个人有多个名号是正常的，尤其在离乱时期，这种情况就更普遍了。《自序》还记载了文简生五子而不是三子，目前还没有发现"俣""伱"二支的谱牒，吴畦当不会记错自己叔伯父的名讳（不排除后世修谱添错世次的因素），而且写这篇《自序》的时间距畦父去世时间不远，何况畦、畴兄弟一直侍奉父母的晚年生活，对家族必有较全面的了解，按常理是不会记错父辈人物。《自序》是记录吴畦及其家族的最早史料，作于唐天祐九年（912），对研究其家族有积极的史料价值。至于吴畦是否还有两个叔叔，不可妄断，目前谱牒的发掘仅仅是开始，有待日后进一步的发现与考证。

吴畦父吴佖（益、仕），生平不详。封赠公文和泰顺宗谱都没有佖（仕）的生平资料，所以也就无法对其父作进一步的研究。

吴氏家族以吴鬵的操守诗文成为承先启后的一代，很快形成一个庞大的家族文化群体，或以爵显，或以士闻，尤其到文简先生的孙、曾孙辈，家族进入人才鼎盛、文化繁荣的时期。文简孙吴融（854—904），字子华，唐龙纪进士，官中书舍人，进户部侍郎，有《唐英集》名世。《四库》馆臣评其诗云："融诗音节谐雅，犹有中唐之遗风，较偓[1]为稍胜焉。"吴融弟吴蜕，大顺中登进士第，掌镇东军节度书

---

[1] 韩偓(844—923年)，字致光，号致尧，小字冬郎，号玉山樵人，京兆万年（今陕西省西安市）人，唐龙纪元年(889)进士。晚唐大臣、诗人，"南安四贤"之一。

记。曾任右拾遗,杜荀鹤①《唐风集》中有《送吴蜕下第入蜀》诗,罗隐②有《暇日感怀因寄同院吴蜕拾遗》诗。吴蜕之子吴程,为吴越王丞相,娶武肃王之女为妻。吴程之子吴谦、吴远,皆为元帅府推官,入京并除著作郎,吴远终于水部郎中,累牧藩郡。《光绪诸暨县志》载:文简长房孙吴少隆,字朝盛,金紫光禄大夫;吴少昙,唐谏议大夫;吴少邦,字国珍,唐文宗太和间,明经擢进士第,官兵部侍郎,门下侍中。文简次房孙吴畦,官中书令同平章事,光禄大夫勋柱国,以谏议大夫出润州刺史致仕,有诗文存世。吴畦弟畴,同光明经,中禄大夫;吴畦子彖,承务郎;吴承,唐武举授团练使;因篇幅关系,不再一一例举。此后,家族诗书继世,衣冠累代。复旦大学教授、博士生导师吴松弟先生说:"库村是泰顺早期文化发达之地,吴氏尤为著名,清代泰顺县志《分疆录》卷五'选举上'所载的历代进士名录的头十人中,六人来自吴氏,其第二名是名列祥符乙卯(1015)的库村吴梓,第三人、第五人都是北宋库村吴氏,而第七、第八、第十人则是北宋自库村迁居筱村的吴氏。库村成为宋代泰顺地区科举最盛的村庄,仅吴氏家族中进士的就有19人之多,吴氏因而成为泰顺的名门望族。"

一个家族的发展首先决定家族对待文化的态度,家族史研究表明,家族走向发展和繁荣,无不从文化传承开始,优秀的家族文化是家族生生不息的灵魂。吴鹫虽终生为布衣,却以高洁的人格、深厚的学养和超逸才华的诗文,为政要所推重,为士林所钦仰,为乡里所尊崇,成为吴氏诗文世家的一座高峰,成为晚唐文化名家,对吴畦及其家族影响极大,吴畦从54岁致仕到84岁去世,30年在库村耕读儿孙,办学建寺,教化地方。由此形成库村吴氏千年耕读家风,直接影响区域文化的发展和繁荣。

---

① 杜荀鹤(约846—906),字彦之,自号九华山人。池州石埭(今安徽省石台县)人。他出身寒微,中年始中进士,仍未授官,乃返乡闲居。曾以诗颂朱温,后朱温取唐建梁,任以翰林学士,知制诰,故入《梁书》。

② 罗隐(833—909),字昭谏,杭州新城(今浙江省杭州市富阳区新登镇)人,唐代诗人。大中十三年(859)底至京师,应进士试,历七年不第。咸通八年(867)乃自编其文为《谗书》,益为统治阶级所憎恶,所以罗衮赠诗说:"谗书虽胜一名休"。后来又断断续续总共考了十多次,自称"十二三年就试期",最终铩羽而归,史称"十上不第"。黄巢起义后,避乱隐居九华山,光启三年(887),55岁时归乡依吴越王钱镠,历任钱塘令、司勋郎中、给事中等职。后梁开平三年(909)去世,享年77岁。著有《谗书》《太平两同书》等,思想属于道家,其书乃在力图提炼出一套供天下人使用的"太平匡济术",是乱世中黄老思想复兴发展的产物。

二、吴畦登第

目前,关于吴畦登第时间有三种说法:

其一,咸通元年说。散见于吴畦后裔的族谱,修于清同治八年(1869)的浙江《东阳延陵垦石吴氏泮田宗谱》载《谏议公自叙》曰:"咸通元年,余年二有十一举进士,历任以来,凡事三主,盖懿、僖、昭是也。"浙江《龙泉吴氏宗谱》也有《谏议大夫自序》曰:"咸通元年庚辰岁,吾二十一举进士第……"浙江吴畦后裔的宗谱几乎都有这份《谏议公自序》,内容略有出入,但吴畦仕历和迁徙时间都相同。

其二,大中十二年说。出自清代徐松《登科记考》的"大中十二年条"载:"此年中书舍人李藩知举,得进士三十人,有姓名存者十人,吴畦在其中。"徐松的依据出于《唐语林》卷三载:"令狐滈①荐畦于郑公,遂先滈一年及第。"条下还作了个自注:"滈为大中十三年及第。"这就是说吴畦是大中十二年及第。浙江吴氏族谱没有出现这个时间。

其三,大中十三年说。这个时间少有被浙江吴氏族谱所采用,但被史书所用。《弘治温州府志》"科第"条载:"吴畦,安固人,大中十三年登科,终谏议大夫,润州刺史。"《弘治温州府志》是温州最早的一部官修方志,它有较高的史料价值。清代编纂的《浙江通志》《瑞安县志》等志书中的"吴畦"条目均采自此书。该条史料也来源于《唐语林》:"滈荐畦于郑公,遂先滈一年及第",《记考》载:"令狐滈于大中十四年",则吴畦应为十三年及第,此年主司正是郑颢。这就与"滈荐畦于郑公"相符了。清《嘉庆瑞安县志》按《浙江通志》"寓贤"载:"吴畦,自山阴迁安固库村,今分属泰顺,卒葬其地,子孙聚族而居。畦登第时初非瑞人,但省府及瑞泰各志具录畦于选举之首,故从之。……考《唐书》及《登科录》记载,畦大中己卯进士。"

三、吴畦宦业

吴畦登第后,初任秘书省校书郎,后任浙江簿尉,约为咸通八年任桂州刺史,浙江吴畦后裔族谱均无记载其初任职务,直接记载"咸通进士授桂州刺史",这个

---

① 陶易:《唐代进士录》,合肥:安徽大学出版社,2010年,第365页。令狐滈,咸通元年(860)进士。

记载不符合唐代官制。唯有吴畦第五代孙吴崇煦撰于宋景德三年（1006）的《谏议大夫纪略》一文，记载初任官职，但没有记载具体事迹。而泰顺谱中有一篇《谏议公仕止记》，作者是吴畦第二十四世孙，嘉靖三十六年进士吴一奇，这篇《记》是在《谏议公自序》《肇基志》《谏议大夫纪略》等资料的基础上写成的，该《记》叙事具体。从行文方式来看，作者是一位具有深厚史学背景的学者。他对吴畦登第时间的叙述是："年二十登大中己卯科咸通庚辰进士，时知贡举礼部侍郎郑灏取公第四名，与孔纬、裴延翰、李昭等皆赐进士。"倘若没有史学基础就不可能用这种表述方式，至少作者读过《唐语林》《唐进士录》《会要》一类典籍，旧时乡先生修谱一般不会染指这类典籍。但该文在后世的转钞中出现许多错讹和遗阙，当与《重修唐平章谏议大夫墓记》相校勘。

唐代科举不比宋元明清直接以考试优劣取士，举子要经过一个漫长的审查阶段，开元二十四年（736）后，朝廷规定：举子先要到礼部交"纳家状"，审查籍贯出身，"乡贯及三代名讳"。一审通过后，还要交"结款通保"，方法是"五人联保"，其目的是互相保证其出身清白，王溥《唐会要》卷七十六《贡举中·进士》："如有缺孝悌之行，资朋党之势，籍由邪径，言涉多端者，并不在就试之限。其容情故，自相隐蔽，有人纠举，其同举人并三年不得赴试。仍委礼部明为戒励，编入举格。"整个审查结束最快也得半年多。所以每科考试都是十月份。即便科考结束，也不会当年放榜，中间还要经过吏部诠选，一般都是第二年才公布中举名单。所以吴畦是"大中己卯（859）咸通元年（860）进士。"己卯科第一名是孔纬，也叫作"孔纬榜"，这一科的主考官是礼部侍郎郑灏。这样的表述是需要一定的史学知识的。《仕止记》对吴畦的宦业表述也很具体，这是所有其他吴畦后裔族谱中少有见到的一份史料。我们不知作者的史料来源，但这种表述方式有确信度，比如说吴畦任桂州刺史的治绩，《记》曰：

> 公授桂州刺史，治绩著闻，才兼文武。咸通八年，戍桂之卒以代过期乱，推粮科通判庞勋为主，劫库北旋，陷徐、宿诸州，行营招讨使康承训移檄于公，引兵赴之，即平。嗣以京兆使酷民，路岩宰相言于上："臣公通达政体。"改京兆使。甲午，濮川王仙芝作乱，曹州黄巢以兵应之。时公已擢江南节度使，督修黄河。

这段话主要记载吴畦在桂州任上平息桂州戍卒之乱（史称庞勋之乱），后宰相路岩向皇帝说："吴畦通达政体，治绩著闻，才兼文武"，改任京兆尹。《仕止记》

载,吴畦在桂州任上平庞勋之乱,应是咸通八年(867)之后的事。但《唐方镇志》及地方志均无记录。当然,没有记载不一定不是史实,光化三年(900)唐昭宗赐吴畦《金书铁券》就列出他的仕历,"咨尔桂州刺史、河南节度使兼中书令同平章事、殿前谏议大夫、太子太保吴畦……"可见吴畦任桂州刺史是事实,作为刺史,掌管一方军政大权,为保地方安宁,平息戍卒作乱是分内之事,又因当时"招讨使移檄",平乱就是理所当然了。通俗地说:只要是桂州刺史,辖内发生这么大的事件,他没有可推卸的责任,不得不履行职权,干好是应该的,干不好受罚。假如吴畦在桂州任上没有作为,就不会有甲午擢升江南节度使,督修黄河的事了。节度使是受皇帝全权印信,全权调度江南军政事务。唐时北方荒凉,修黄河的物资、民力多出自江南,乾符二年(875)朝廷派吴畦以江南节度使的身份督修黄河。我们从嘉靖十四年(1535)修的《延陵吴氏库村宗谱》中有一份《吴畦督修黄河敕令》,了解乾符二年治理黄河的情况,曰:

> 朕闻河南黄河泛滥,自京口分为二段,流经山东入於运河,所过关律,淹没堤岸,多被冲塌。若不予先整理,明年大水溃决,漕运关系匪轻。今以修理工程,务去会同山东等处节度使、观察使、宣抚使、督同兵马司使、并府州县等官,自上次决口至於运河一带,径行地方,逐一勘踏,从长计议,应修筑者修筑,应疏浚者疏浚,应改图者改图,尽起军民人等,趁时兴工,务急要为经久计,不可虚应故事,枉费工力,仍须禁止所属各处有司,勿得借此妄加科派,骚扰地方。凡用军民须该抚恤,违令者,听尔酌加惩治。尔为朝廷重臣,受兹委托,用心办事,完成之日,论功升赏。此敕 唐乾符二年八月二十四日给

这份资料很珍贵,唐代治理黄河保存下来的史料极少。历史上有多少官员督修过黄河,大多都没有留下文字记载,吴畦若非朝廷重臣,假如没有保存这道敕令,我们也就不可能知道千年前的温州有一位朝廷重臣曾经做过督修黄河的总指挥,功著史册。

从敕令叙述看,这是一次规模性的治河工程,朝廷重视,皇帝钦命吴畦为督修官,"凡用军民须该抚恤,违令者,听尔酌加惩治"。沿途所属有司均听提调,充分显示吴畦的治理才能和朝廷对他的信任。私认为,按朝廷考虑提调方便的任官惯例,吴畦很有可能在督修黄河期间兼任河南节度使。吴畦任河南节度使,族谱上没有记载,只有朝廷对吴畦的最后封赠诰文中出现。

吴畦是一位有作为的官员，更是一位爱国爱民的官员。生逢晚唐乱局，他的政治生涯总是与战祸、平叛、离乱连在一起。从859年的裘甫发动浙东叛乱开始，乾符元年（874）王仙芝叛乱，迫使唐王朝走向衰颓。黄巢之乱，是唐末民变中，历时最久，影响最深，祸乱大唐半壁江山，到884年平定黄巢之乱，历时25年，起义军席卷现在的山东、河南、福建、浙江、两广、两湖、陕西等十二行省，沉重地打击了唐朝的统治，加速了唐朝的灭亡速度。

广明元年（880）六月，黄巢攻下睦州、严州、婺州、宣州等州府，七月，渡过江淮，连攻数州，黄巢军队所过之处，百姓净尽，赤地千里，祸及唐帝国所有主要人口聚居地，江南运河的经济命脉被切断。黄巢之乱在很多族谱中有所反映，尤其是在当时的政治大族和文化望族的家谱中记载得更为详细，谭凯先生在《中古中国门阀大族的消亡》一书中说："……黄巢之乱对大族而言如此具有灾难性。作为主要政治大族之后裔，同时又是国家官僚精英的人，几乎都居住于两京及临近的两京走廊地带。在880年代，这一地区遭到毁灭，其人口濒临灭绝，大部分居住于此的大族精英受到打击。"事实上，黄巢军队所过之处的郡县人口密集的地区都遭到洗劫与杀戮，尤其是两广、两湖、浙闽粤地区。

广明元年（880）十一月，黄巢攻占长安城，在含元殿称帝，建立大齐政权，年号金统。黄巢攻入长安以后，屠光了有身份地位的公卿，唐宗室留长安者无遗类，官员惶惶。不到一年，唐军反攻长安，黄巢败退灞上，这又是一场厮杀，惨不忍睹，我们只要读当时逃难诗人韦庄[①]的《秦妇吟》就明白那种境况了：

中和癸卯春三月，洛阳城外花如雪。东西南北路人绝，绿杨悄悄香尘灭……华轩秀毂皆销散，甲第朱门无一半……内库烧为锦绣灰，天街踏尽公卿骨。

关于黄巢之乱时期的吴畦，其他谱都没有明确的记载，但泰顺谱的《谏议公仕止记》记载就比较详细，曰：

广明元年庚子六月，黄巢陷睦、严、婺、宣、宁、虢诸州，七月渡江淮，又陷诸州，公奉敕收捕两淮，走之。

---

① 韦庄（约836—910），字端己，长安杜陵（今陕西省西安市附近）人，晚唐诗人、词人，五代时前蜀宰相。文昌右相韦待价七世孙、苏州刺史韦应物四世孙。

吴畦参与平黄巢乱,按时间计算,有几种可能,一是吴畦还在督修黄河任上受命平乱,二是吴畦督修工程完成回京交旨即"谨奉王章巡淮,收捕之绩,迨夫征召入朝,咨问殿前,特受中书之命,乃转平章之职"(诰命语),这就是中和二年(882)授中书令同平章事的任命,"军政一以资之"。当时大多政治人物逃离那场战乱后就隐居了,从此退出官场,如黄巢之乱前的宰相卢渥,逃离幽州后就老死于家乡。晚唐诗人、诗评论家司空图,咸通十年进士,殿中侍御史,战乱时逃到华州,后又逃到中条山隐居终老。这类情况许多家谱也有记载。而吴畦在黄巢灭亡前执掌宰相之职,黄巢灭后四年,即文德元年(888)官谏议大夫,又三年后的大顺二年(891)擢升太子太保、光禄大夫勋柱国。自黄巢之乱开始到黄巢覆灭这个特殊的历史时期,官员非死即逃,而吴畦却进入王朝最高权力中心,他的政治生涯抵达顶峰时期,足以说明吴畦在平乱中对朝廷的贡献。在这一时期,他怀着对唐王朝一片赤诚,穿梭于乱哄哄的晚唐政治舞台,从平庞勋、黄巢之乱,到督修黄河,无不是激荡苍生的大场面、吞吐风云的大事件。在这些大场面、大事件中我们看到吴畦大智大勇的浩荡人生和家国情怀。这种情怀早在《雁山记》就有所体现了:"屹哉!若擎天怀柱国之心者思正危哉,若履艰然抱扶倾之忠者思焉。"

黄巢之乱后,一度强盛的唐王朝国力已被掏空,军阀割据地方,各地势力互相征战了将近30年,帝国的统绪名存实亡。

大顺初,吴畦为谏议大夫。当时朱全忠与李克用争功,大动干戈,宰相张浚与李克用向来不和,支持朱全忠讨伐李克用。而吴畦站在国家安危、民生苦难的立场上,又一次被推到政治的风尖浪口。吴崇煦的《谏议大夫纪略》记载说:"在谏议时,会朱温与李克用争讨黄巢功,举兵相攻,朝廷不能制,后李兵败朱,请与河北三镇共除之时,以李族繁且河东关中近,终为国患。公曰:'两镇相争,朝廷不能制,不如两存使之各有顾忌,然而俟其不奉约束者,况李节度于国有功,且逆伏未著,遂尔加兵,恐为跋扈者撤藩篱也。'"吴一奇的《谏议公仕止记》记载:"时臣李克用朱全忠争功,会丞相张浚与用有隙而右全忠,善上讨之。孔纬言于上,上命御史四品以上议之。时公居谏议,与御史柳玭素相友善,俱在命议之列,以为不可,忤上意,迁润州刺史。"这两段记载,内容基本相同,刚刚继位的昭宗皇帝不了解具体缘由,自然倾向于宰相,朝廷也意识到事态的严重性,于是昭宗就召集御史台以上四品官员商议,这在吴畦看来,这事件本质上纯属个人私愤,只不过是被政治装扮成堂而皇之的二手货拿到朝堂上,决不可让这种私怨发泄在大唐的马蹄声中,战争即便残酷,也要打得光明正大,即便打输了,也要输得堂堂正正。吴畦与御史大夫柳玭以及多数御史竭力反对,他们担忧的是引发战乱、割据,使朝廷再度陷入危难境地。于是吴畦慷慨陈词,言明利害,切中要害,这就把皇室权要得罪了,把权臣得罪了,连皇帝也给得罪了,结果可想而知。《全唐文》第九部第八百零五卷《唐赠左散骑常侍汝南韩公神道碑》介绍作者吴畦说:"畦,山阴人,第进士,官谏议大夫,以谏讨河东出为润州刺史。"说他以劝谏朝廷讨伐河东而外放为润州刺史。景福元年(892),御史大夫柳玭贬泸州刺史,吴畦贬润州刺史,第二年乞致仕。他在《休致论》中说:

> 休致者,势非愿也,悻悻然去,则穷日之力,此小丈夫之所为,君子不齿也。愚所值之穷,所遭之蹇,所谋之滞,是以浮云势利,涂炭衣冠,倦而怀之河汉,久无宣召声矣,廊庙无觊迹矣。我生不逢辰,值此烟尘四起,祸乱相寻,社鼠城狐,生妖作伴,金戈耀目,草木皆兵。谏诤既已当路,宦官又复专权……禔承家训,叨国大恩,读圣贤书,学忠孝事,反不知捐躯报主,为臣死忠哉?……

此年钱镠升任镇海节度使。大唐的局势到了"向晚意不适,驱车登古原"的时候了,可大唐的古原又在哪里?各地节度使策马扬刀跨州连郡争夺地盘,不久,大唐裂变进入五代时期。

四、吴畦遗著及其他

吴畦出身于文化世家,又是少年才子,他的文学有韩柳风格,既有韩愈的大气磅礴,也有柳宗元的精致纤巧,深远峻洁。抄录他的《唐赠左散骑常侍汝南韩公神道碑》首段文字,以示其散文特色。文曰:

> 长河北控,太行东隅,粤有奥壤,厥为全魏。其中土宜耕,俗最淳。孝子忠臣,义夫节妇,触类可观,比屋可封。地势自然,物理斯在。是以代有将军称义兵,控北狄之咽喉,扼南燕之襟带。岁月巩固,朝野赖之。至于命帅临戎,非贤则德。或失其统驭,则祸必起于萧墙。昔庐江公承袭一方,子孙三世。逮及衰季,始堕弓裘。四人切弱苦之音,六郡当举赢之患。乃督三军之众,千万同心□□□□,英雄应选□□□□,金命我公雄仁,蕴长者之誉,德负不孤之闻。语其力则五丁比肩,较其艺则三杰齐价。秉磊落大度,挺昂藏伟才。河山之精,魏貅之勇,表率

魏邦，沥恳魏人。天道照临，宸衷慰悦。辀使麇至，军务克谐。金貂之峻，秩负来乌府之崇。资不逾期，月爰登魏博节度，至三台之重。公感叹弥殷，遥驻（一作驰）周极之诚，骤冀追崇之宠。天子乃嘉其大孝，锡以珥貂，用副孝思，式赞幽壤。公既获拜嘉命，念哀荣无常，若不即以刊之，贞石无以阐将门之业，无以传旷古之名。因授以宾徒，俾详其事，吴畦序焉。

全文二千四百字，见《全唐文》第九部第八百零五卷。文章笔力刚健，气象雄浑，这是盛唐文学风格，盛唐文章表现出重经术的艺术精神，发扬汉末建安明朗刚健的文风，向载道载义的方向发展。思想含量大，有着典雅、刚正之美，吴畦这篇碑记正有这些特点，形式上以散文为主，其中也用了骈文，而骈文也是初唐四杰的的风格，矫正了六朝骈文的轻靡华丽之弊，又改造了四杰骈文的用典精致的句法，以通俗、自然为特色，如："河山之精，貔貅之勇，表率魏邦，沥恳魏人。天道照临，宸衷慰悦。辀使麇至，军务克谐。"融述事于骈体，去粉饰，不雕琢，读之自然亲切。

唐永贞至长庆年间，是唐代古文运动的极盛时期。一批文人抱着行道济世、兴利除弊之心积极参与这场运动，以韩愈、柳宗元为领袖，又有刘禹锡、白居易等一批参与者，他们互相切磋，造成声势。在理论上提出"唯陈言之务去""文以载道"等主张，阐发了文道相辅而行的关系，宣扬儒学道统、仁政等思想。在各种体裁的创作中几乎都有突破或创新，并形成了各自的鲜明风格，如韩文雄浑奇崛，柳文精深峻洁，为后世古文的楷模。古文运动的兴起与诗性精神的浸润，共同推动唐代散文走向成熟，从元结到"韩柳"的古文运动，以及受此影响的中晚唐文学创作，决定了唐代散文的内在价值取向。吴畦的散文创作正是承"韩柳"文风的中晚唐散文佳作。此外，《全唐文补编》还有一篇《陪邵太守游南雁山记》，一说此文是后人冒吴畦之名而作，待考，此不讨论。另外还有一篇《休致论》，该文表述自己乞致仕的无奈和阐述自己一生的愿景。曰：

士君子之处人世，岂欲相忘自适于无事之天地哉？惟风化浇漓，人心不正，加以四邻多垒，是大不得已之秋也，实相难处。然得善取道，进可退亦可，以萃草野，或可舜日尧天，陋巷箪瓢，而不拟采功稷德。否则，今天下一统，万国朝宗，必不得萌生山林之念矣。亲者超亲者朝秦而暮楚，劈人天不相幸，顾可摩梭不断而泥于出处乎！

录入各地吴氏族谱中的如《谏议大夫吴禔自序》《吴畦遗记》《谢赐铁券表》等,这些文章从内容和文笔格调来看,与吴畦上面两篇文章相似。只是后世转抄时出现的错、漏、讹、添、减等情况。谱录吴畦的19首诗还得细细斟酌一番,作专文论证。后人作的《谏议大夫纪略》《谏议公仕止记》及各地吴畦后裔的族谱中都有这类记载,均出自《自序》。也有人提出《自序》是伪托之作,但理由不足。

有一点可以肯定,吴畦应该有亲笔的文本留在家谱中,吴畦从54岁致仕到84岁去世,有30年的赋闲生活,古代官员致仕一般都会热心于几件事:一是参与地方公共事业建设,尤其是地方文教事业;二是经营家业,教子贻孙;三是宗族文化建设,如创修家谱、建祠堂办义学;四是著述立传,以遗后世。吴畦也不会例外,再说,他经受战乱、逃难,并弟携家眷、老父徙居库村才几十年,自然希望自己的后代能在这块土地上生息繁荣,所以他在晚年肯定会给子孙留下文字作为日后开宗立族的依据,他会把自己逃难、背井离乡的经历留给后世子孙,希望后世子孙不忘祖宗创业之艰辛,珍惜这来之不易的安生环境,这也是人之常情。中华民族的宗族观念里有一个最直接的动因就是平安,祖宗有安定的栖息地,像活着一样,让后世子孙定期来看望、缅怀,自己将来成为祖宗也一样受到缅怀,代代沿袭。另一原因就是旺族的愿望,为不使自己的后世子孙离散,始迁这一代一定会对儿孙有交代,吴畦精通儒家文化,对这件事肯定有充分的考虑。吴畦的五世孙吴崇煦于景德三年(1006)作的《谏议大夫纪略》一文,其中一段说:

……后十二郎祎(畤)徙居松源,公每虑世数绵远,山川迢阴,日后子孙无以相寻,曾作遗书自序入谱,入世系后,书天祐四年,时朱温灭唐改元开平矣。

这篇《纪略》写于北宋开国50年后,距吴畦去世不到百年,他看到的应该就是这个《自序》。倘若是假托,那就是北宋前的假托了,这种可能性不大。如果从文本入手,从遣词用句,行文风格等方面细细品味,结论就不一样了。

《全唐诗补编》《弘治温州府志》均录有吴畦诗一首,《登明王峰》:

明王崴業与天齐,势压诸峰不可梯。霁雨孤钟云外渡,叫霜群雁月中栖。仰观碧落星辰近,俯视红尘世界低。七尺灵光双彩展,石门金鼎谩留题。

这首诗大概作于乾符二年(875),吴畦陪温州邵太守游南雁荡时的又一作品,诗的意境与上面的游记散文的思想内涵统一。此外,泰顺谱有《畦公诗词》37首。是否全是吴畦亲笔,还待进一步考查。

吴畦出身书香望族,自幼勤勉,才华横溢,20岁就登进士第,要不是生逢乱世,经历战争、逃难,定然会有更多的著述存世。不过他能在《全唐诗》《全唐文》里同时占有一席位置,已经是凤毛麟角。

吴畦不仅是温州历史上有据可查的第一个进士,也是温州文化史上第一个有成就的本土文化精英。他的《唐赠左散骑常侍汝南韩公神道碑》和《登明王峰》等被载入中华大型文化典籍,成为温州文化史上的开山之作,也是一座高峰。《游南雁记》和《登明王峰》是研究南雁开发史和山水文化学的宝贵史料,也是南雁荡山一道悠远的人文风景。

结　语

吴畦是温州历史上一位大儒,出身于山阴县一个具有浓厚儒学教养的家庭,从小接受忠孝传家、诗书继世的教育。他身居高位,清廉自持,把兼善天下和独善其身运用得炉火纯青。他一生忠爱大唐,悲悯苍生,在任时,以自己的俸禄或朝廷封赐的财物赈济贫困百姓,"勤以辅国,惠臣恤民,是故积德深者,昌其后,享盛名者,显其先"[①]。又《谏议公墓记》曰:"稽公之在位,恩恤饥贫,主朝尽忠,故有累绩之德,必克昌其后矣。……一堂四世皆膺光禄大夫。其二子接踵贤科。"[②]

吴畦身处暮色苍茫的晚唐,他深恶战争,反对割据,恐惧离乱,深知战争给人民造成的痛苦。吴畦每一次被朝廷派去平乱,只是为了平息战火;竭力阻止朱全忠攻伐李克用,不怕得罪权臣而被外放;多次拒绝董昌的拉拢、诱惑、参与攻伐镇海节度使钱镠的战争,最后遭到董昌追杀,以致逃难离乡,徙居库村。据传,隐居库村后,吴越王钱镠派罗隐访寻吴畦,请他出山辅政,也被他拒绝了。天祐四年(907),他一生效忠的大唐终于被朱温的后梁取代了,他做了真正的大唐遗老,他始终不用后梁年号,天祐四年十一月初,他作《谏议大夫吴禔自序》仍用唐年号,"时朱温灭唐改元开成矣,而犹称年者,义不臣梁也"。吴畦一生忠爱大唐,操守

[①]《谏议公墓志铭》全文330字,同光元年(923)乡进士弘仁撰。

[②]《谏议公墓记》作于嘉靖十四年(1535),进士出身官奉政大夫永嘉王叔果撰文,朝议大夫乐清吴朝凤篆额,全文990字,记事详细具体,有较高的参考价值,但文字错讹脱落较多。

清白,晚年过着渔樵耕读的遗老生活,他的《牧》诗云:"晚骑牛背过前村,短笛无腔隔垄闻。多少长安名利客,机关费尽不如君。"描写田园生活,讽喻"长安的名利客",赞扬牛的品质。在一首名为《渔》的诗说:"生来长居水云乡,一叶扁舟泛夕阳。得几鲜鱼沽美酒,高低随分老沧浪。"这些诗都是他晚年生活的真实写照,由此可见他晚年过得平和、适意、幸福。同光元年(923),这位大唐的忠臣终于给自己的人生画上完美的句号,长眠于库村的山水间。1000多年过去了,而他的诗文永远留在了大唐文化典籍,他自己也成为温州文化史上早期的人文景观。

(吴济川,乐清市历史学会副会长)

温州千年商港瓯北丁山古墓群考
——兼考证宋代抗金名将范琼生平几个问题

范可授

摘　要：温州永嘉瓯北丁山古墓群挖掘出土了上百件文物，其中有铜弩机、玻璃碗及古代波斯国进口玻璃。多件珍贵文物首次被发现，填补了温州文物领域的空白。2018年10月，各大媒体都争先报道考古成果，宣传该片古墓群的重要性，古墓遗址就这样放任不管还是要深入研究，保护性开发？通过考证温州地方史志的记载和瓯北范氏宗谱，发现编号M37古墓系北宋末南宋初年抗金名将范琼的坟墓，瓯北范氏宗谱中记有范统制的坟墓位置及生平简介，范琼抗金经历及官至统帅的史实则分散记载在《宋史》《续资治通鉴》等各种史书中。范琼曾率领岳飞、王彦等将领和八字军坚持北方抗金斗争，参与北宋东京保卫战和南宋政权重建，系北宋末南宋初时期宋朝主要将领之一，因赫赫战功及功高震主原因被当时投降派诬以逆将罪名所杀。通过考古现场坟砖上的纪年、日期、落款及出土的铜弩机、玻璃碗、铁质护心镜等物品，结合宋史记载形成证据链，证实瓯北丁山古墓群系范琼及其家族墓地。温州一直以来比较缺乏重要历史人物的遗迹、墓葬等人文遗产，重大考古发现很少，这次考古挖掘发现填补了温州历史许多空白，但地方政府忽视这个重大考古发现，仅进行简单的挖掘后随意废弃，认为是一群无主六朝古墓，没有进一步深入下去，令人惋惜。

关键词：南宋抗金；温州；范琼；丁山古墓群

2018年5月至9月，为配合104国道温州西过境瓯江特大桥工程建设，经报请国家文物局批准，温州市文物保护考古所、永嘉县文物馆联合对瓯北街道丁山工地古墓葬群进行了抢救性考古发掘。

温州瓯北丁山古墓群挖掘出惊人稀世文物。墓葬皆为土坑竖穴砖室墓，多数平面呈刀形和长方形。凸字形墓仅3座。刀形和凸字形墓室一般长度接近6米，宽1.5米以上，墓室宽敞，底砖铺成人字形，券顶以楔形砖夹带长方形砖构筑。构筑较考究。墓砖一般长34厘米,宽14.5厘米,厚5厘米,两侧模印铜钱纹、青龙、白虎、鱼纹、人面、几何纹、花瓣纹等组合纹饰。部分在一侧印有"咸和""宁康""元嘉""永明""升平""永泰""靖康"等纪年,是从东晋、南朝到南宋等不同时期的年号。[①]

2018年10月18日上午,永嘉丁山古墓正式发布发掘成果,共出土上百件文物,其中有铜弩机、玻璃碗,以及古代波斯国进口玻璃。多件珍贵文物首次被发现,填补了温州文物领域的空白。此次发掘共清理墓葬68座,出土陶瓷器、铜器等各类器物200多件。

图1　M37墓中出土文物(温州市文保所摄)

一、温州瓯北丁山神秘古墓群中37号墓挖掘出惊人稀世文物

考古所编号M37墓中除随葬盘口壶、罐、碗、钵、洗、魁、唾壶、三足砚等17件青瓷器外,还有铜弩机、玻璃碗、石砚各1件,银指环3枚,铁镜2枚,铜钱1枚,共24件器物。其中,玻璃碗仅出土于同时期的高等级贵族大墓之中,石砚、青瓷魁亦较少见。

---

① 魏一骏:《震撼!温州千年古墓群撩开神秘面纱》,《温州都市报》2018年10月19日。

图 2　瓯北丁山 M37 墓室（笔者摄）

图 3　瓯北丁山古墓挖掘现场（笔者摄）

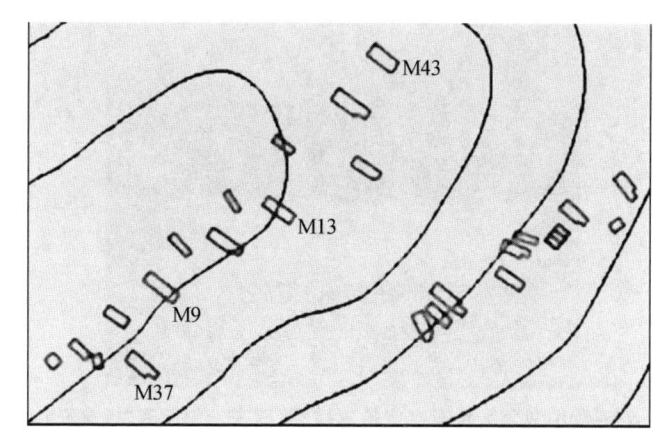

图 4　温州文保所提供丁山现场发掘等高线放大图及考古墓葬群编号

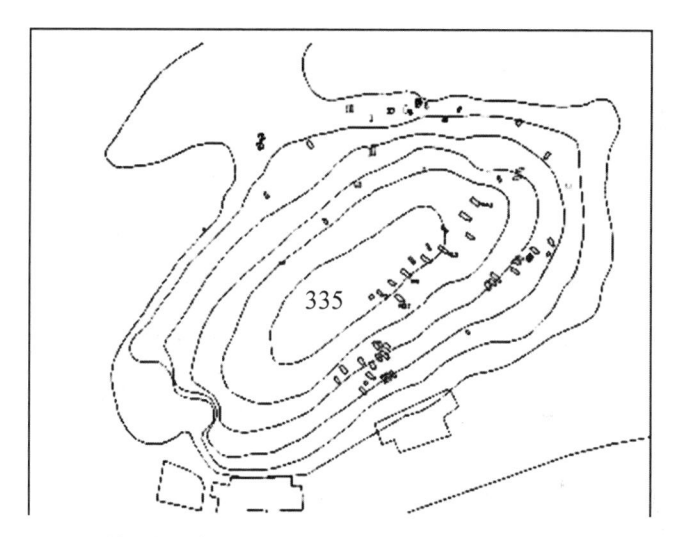

图 5　温州文保所提供丁山现场发掘等高线图示及考古墓葬编号

古墓群的分布有明显特点。大多数墓葬散布于西、北面山坡外，多数墓葬选址于向阳的东、南坡，且大体呈三组排列。各组内墓葬大体先依同一高度横向排列，部分后葬者或前或后，避让有序，应为家族墓地。这是谁家的家族墓地？

图6　编号M37刀形墓中散落大量有文字的墓砖,墓砖在一侧印有"靖康三年七月十二日范"字样(笔者摄)

图7　青瓷魁　青瓷魁在温州考古史上很少见,应该属于外来的物品(温州文保所提供)

图8　铜弩机(温州文保所提供)[1]

---

[1]　图片来源:文中的考古挖掘数据、文物图片由温州市文化广电新闻出版局、永嘉县人民政府新闻办公室联合在永嘉县文化馆举行永嘉瓯北丁山古墓葬群发掘成果发布会上提供。

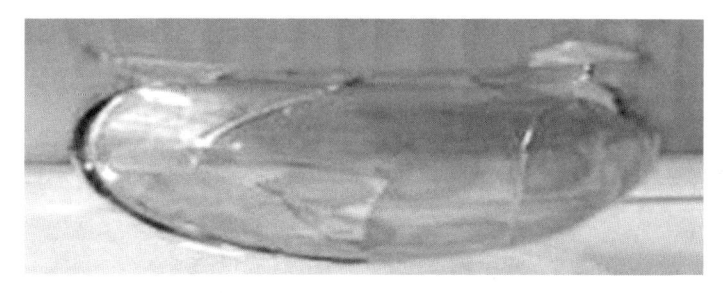

图9　编号 M37 刀形墓中出土玻璃碗（温州文保所提供）

新发现文物多，如玻璃碗、金珠、铜弩机、石砚、青瓷魁、画像砖等均系温州首次发现。玻璃在宋代称琉璃，应属于皇宫中的宝物，比玉珍贵。《魏书·西域传·大月氏》："其国人商贩京师，自云能铸石为五色琉璃。于是采矿山中，于京师铸之。既成，光泽乃美于西方来者……自此中国琉璃遂贱。"

清赵翼《陔馀丛考·琉璃》："俗所用琉璃，皆消融石汁及铅锡和以药而成，其来自西洋者较厚而白，中国所制，则脆薄而色微青。"

在该墓中，新发掘的青瓷魁口径 23 厘米，底径 13.7 厘米，通高 17 厘米，体型较硕大，通体施青釉，微泛黄，釉面光亮，开有细小裂片，有剥釉。从该墓中发掘的还有铜弩机，它是木弩的铜质机件，装置于弩的后部，与强弓配合使用。弩是古代先进兵器的代表，这件弩机制作精良，保存完整，是墓主身份地位的象征，据此判断墓主应该是一位武将。单凭这些重要器物就可以说明该墓主身份地位极其尊贵显赫。那么墓主是谁呢？

图10　瓯北河田范氏宗谱（温州范氏宗亲会提供）

翻开瓯北河田范氏宗谱似乎能找到答案。河田范氏宗谱始修于元代,异常珍贵。

二、永嘉河田范氏元代宗谱记载:范统制墓在瓯北丁山之原

北宋时期,金兵南下,高宗南渡,中原居民大规模南迁。

宋高宗南渡以来,北方的许多官宦名臣、学者名流如范氏家族跟着宋室来到江浙地界。随着南宋小朝廷的建立,他们及其后代在这里定居下来,繁衍生息,去世后就埋葬在这片土地上,如衢州常山黄岗村发现南宋龙图阁大学士范冲墓碑。

根据永嘉河田范氏元代宗谱记载:三世祖范统制,官至龙图阁大学士,墓在瓯北丁山之原。

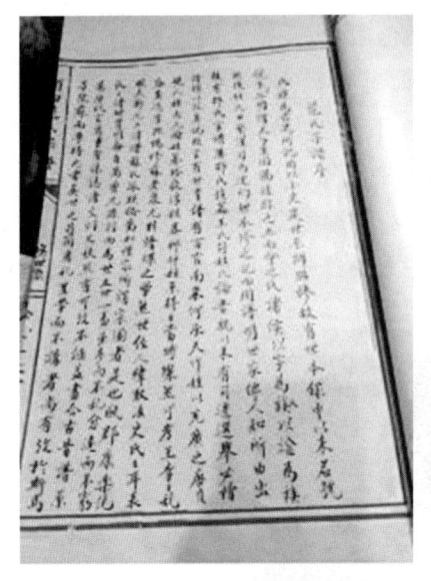

图 11　瓯北河田元代范氏宗谱谱序（温州范氏宗亲会提供）　图 12　刘基作序的瓯北河田元代范氏宗谱（温州范氏宗亲会提供）

刘基为范氏宗谱作序:北宋开始范氏居住在康乐坊,历代官爵事实谏志诸文有序可考不诬盖。[①]

---

① 摘自温州宗亲会提供《永嘉河田范氏谱》谱序,现存永嘉瓯北河田村范氏宗祠内。

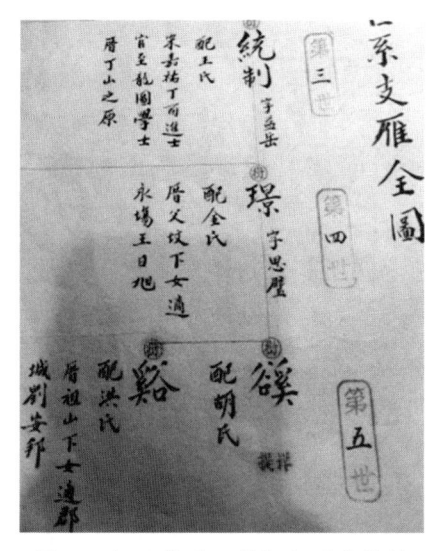

图 13　河田范氏三世祖之后家族坟墓在丁山之原(温州范氏宗亲会提供)

图 14　河田范氏谱中三世祖——宋代范统制像(温州范氏宗亲会提供)

河田范氏谱中记载:三世祖——宋代范统制及河田范氏家族坟墓在丁山平地地方。①

三、《万历温州府志》及《光绪永嘉县志》记载:宋代范统制曾定居温州嘉会里

抗金义军迁往南方。高宗渡江,一些流民武装集团也纷纷迁往南方。留在北方抗金的宋朝大臣也因抵挡不住金军的兵锋而南下。温州在宋代亦是当时政治中心及军事重地及抗金大后方之一,《弘治温州府志》:"汉永宁县城濠在此,有埭,通四运,至今称万岁埭,因宋高宗避难于温州,故改今名。"②

---

①　摘自温州宗亲会提供《永嘉河田范氏谱》谱序,现存永嘉瓯北河田村范氏宗祠内。
②　邓淮、王瓒、蔡芳:《弘治温州府志》卷六《坊门》,上海:上海书店,1990年。

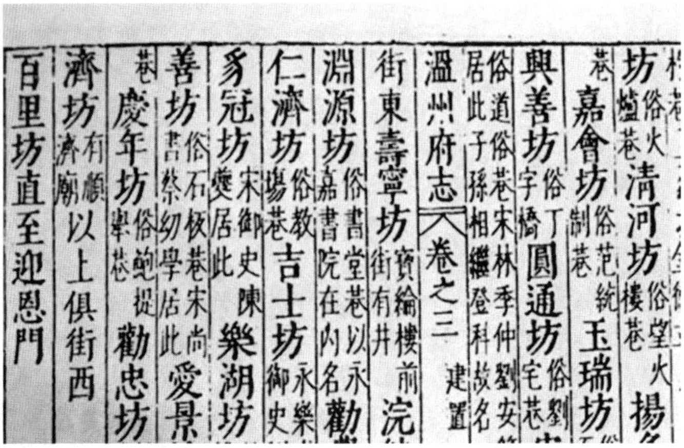
坊俗火爐巷清河坊俗堂樓巷揚
巷嘉會坊俗范統制巷玉瑞坊
興善坊俗丁字橋圓通坊俗劉宅巷
俗道俗巷宋林季仲劉安居此子孫相繼登科故名
溫州府志卷之三　建置
街東壽寧坊寶綸樓前浣
淵源坊俗書堂巷以永嘉書院在內名勸
仁濟坊俗教場巷吉士坊永樂御史
豸冠坊宋御史陳燮居此樂湖坊
善坊俗石板巷宋尚書蔡幼學居此愛景
巷慶年坊俗鮑提舉巷勸忠坊
濟坊有濟廟以上俱街西
百里坊直至迎恩門

图 15　《万历温州府志》记载:“嘉会坊,俗范统制巷。”

《光绪永嘉县志》记载:“统制桥,范统制居此”①。《温州万历府志》记载:“嘉会坊,俗称范统制巷。”“范统制桥在巷西。”②俗称说明范统制或其家属在此居住了很长时间,范统制在巷西还造了桥,该巷地名与河田范氏族谱记载的祖居地——康乐坊相邻。

《宋史》载范琼曾任温州观察使,官至御营司都统制。《建炎以来朝野杂记》:“八字军者,河北土人也。建炎初,王观察彦为河北制置使,聚兵太行山……二年冬十月癸亥,上命御营统制范琼往山东击虏,琼请彦与俱。已而,彦以疾留真州,琼遂并将其兵而去。三年秋七月丁亥,琼诛,复以其兵还彦,时彦为御营统制也。”③《建炎以来系年要录》:“(甲寅)温州观察使、四壁都巡检使范琼为京城内都巡检使,带御器械郑建雄、枢密副都承旨王燮为四壁都巡检使。”④靖康间范琼为京城内都巡检使,建炎初为御营司都统制,后为平寇前将军。建炎三年(1129)七月册封范琼“为庆远军节度使捧日天武四厢都指挥使御营使司都统制平寇前将军主管侍卫步军司公事范琼为御营使司提举一行事务。时琼自南昌入见,故以命之”⑤。

① 张宝琳:《永嘉光绪县志》卷三《建置志一》,北京:中华书局,2009 年,第 151 页。
② 汤日昭、王光蕴:《万历温州府志》卷三《坊门》,《天一阁藏明代方志选刊续编》,上海:上海书店出版社,2014 年。
③ 李心传、徐规:《建炎以来朝野杂记》,《唐宋史料笔记丛刊》,北京:中华书局,2006 年,第 402 页。
④ 李心传:《建炎以来系年要录》卷二十五,北京:中华书局,1988 年,第 506 页。
⑤ 李心传:《建炎以来系年要录》卷二十五,北京:中华书局,1988 年,第 506 页。

四、瓯北丁山考古发掘认证了温州范氏河田谱：祖墓群在丁山之原及范统制墓在丁山的事实

从现场挖掘的墓砖来看，墓群中各古墓的部分墓砖在一侧印有"宁康""咸和""咸康""升平""元嘉""永明""永泰""靖康"等纪年年号。宁康（或作康宁）是东晋孝武帝司马曜的第一个年号，共计3年。东晋咸康三年是公元337年。东晋咸和八年是公元333年。升平（357—361年）是东晋穆帝司马聃的第二个年号。元嘉（424—453年）是南朝宋皇帝宋文帝刘义隆的年号。永明（483—493年）是南朝齐武帝萧赜的年号。永泰（498年）是南朝齐明帝萧鸾的年号，共数月。

图16 编号37墓中坟砖拓片（笔者摄）

(一)北宋靖康三年范氏墓砖的出现

编号 M37 古墓中发现的纹砖拓片呈现出清晰的文字:"靖康三年七月十二日范。"靖康(1126—1127 年)是宋钦宗的第一个年号,也是北宋的最后一个年号。北宋使用靖康这个年号一共两年。靖康三年即公元 1128 年,历史上靖康只有两年,为何出现靖康三年?墓群中发现属于不同墓中不同时期的墓砖,说明古墓群有东晋咸康、咸和和北宋靖康年间的墓葬。

图 17　墓砖印有"咸和八年"(笔者摄)

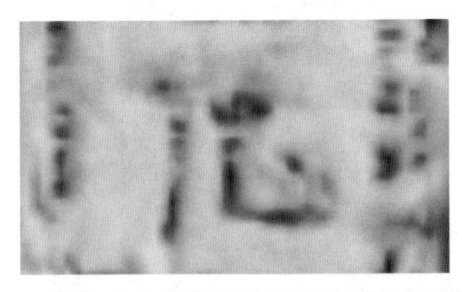

图 18　M37 号古墓墓砖砖拓片文字"范"(笔者摄)

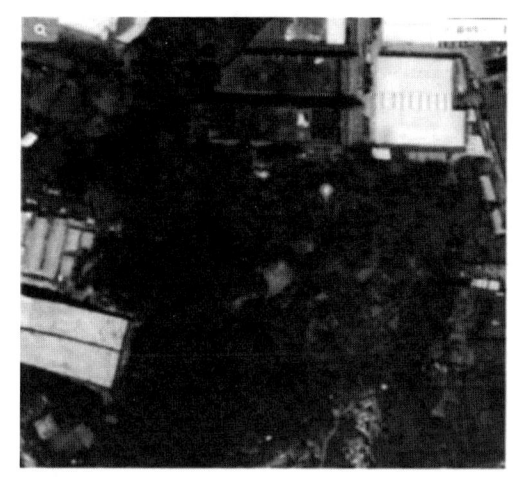

图 19　丁山东南面古墓发掘前卫星空中拍摄图片(永嘉范氏宗亲会提供)

丁山为一座海拔不足 40 米的孤丘,位于瓯江下游东岸,永嘉县瓯北街道西部,北距温州绕城高速路瓯北互通约 900 米。从温州考古所所绘的图来分析,笔者认为该处大墓,大都是南朝墓葬,其中有南宋墓葬。根据图 19 卫星空中拍摄图片,丁山之原系丁山宽广平坦的地方,应该在丁山东南面。

有些丁山墓砖下面最后一个字是"作",但丁山编号 M37 墓砖拓片下面最后一个字是"范"字,拓片是许多墓砖中的一块,"范"字的标记证明了该墓地系永嘉范氏墓地。

图 14 表明永嘉河田范氏谱三世祖范统制及下代"厝在祖山即丁山之原"。"范"字的标记证明了该墓地系永嘉范氏墓地,墓群错落有致应该是家族墓地。

(二)北宋靖康只有两年,怎么会有"靖康三年"?

丁山墓砖拓片"靖康三年七月十二日字样",实际上是高宗赵构建炎一年,即 1128 年 7 月 12 日,靖康只有两年,为什么会有这种错误?那是有原因的,因为墓主人不认可高宗赵构建炎年号。"靖"字有人为破坏现象,也不是偶然的。

靖康之变。北宋宣和七年(金天会三年,1125 年),金军分东、西两路南下攻打宋朝。东路由完颜斡离不领军攻燕京,西路由完颜粘罕领军直扑太原。东路金兵破燕京,渡过黄河,南下汴京(今河南开封)。宋徽宗见势危,乃禅位于太子赵桓,是为宋钦宗。靖康元年(金天会四年,1126 年)正月,完颜宗翰率金兵东路军进至汴京城下,逼宋议和后撤军。金人要求五百万两黄金及五千万两银币,并割让中山、河间、太原三镇。同年八月,金军又两路攻宋;闰十一月,金两路军会师攻克汴京。宋钦宗被金人拘,北宋灭亡,金人立张邦昌为帝,国号"大楚"。事实上张邦昌继续使用"靖康二年"年号。

《宋史》:"已而金人立张邦昌,以好问为事务官。邦昌入居都省,好问曰:相公真欲立邪,抑姑塞敌意而徐为之图尔?邦昌曰:是何言也?好问曰:相公知中国人情所向乎?特畏女真兵威耳。女真既去,能保如今日乎?大元帅在外,元祐皇太后在内,此殆天意,盍亟还政,可转祸为福,且省中非人臣所处,宜寓直殿庐,毋令卫士侠陛。敌所遗袍带,非戎人在旁,弛勿服。车驾未还,所下文书,不当称圣旨。以好问摄门下省。好问既系衔,仍行旧职。时邦昌虽不改元,而百司文移,必去年号,独好问所行文书,称靖康二年。"①

出现"靖康三年"纪年,说明墓主与张邦昌大楚政权有关,而且不承认宋高宗建炎年号。

(三)名震当世范统制与靖康之变的关系

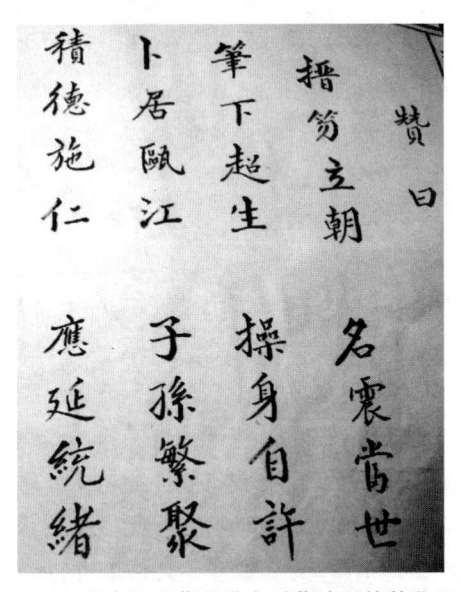

图 20　永嘉河田范氏谱中对范统制的赞美词

① 脱脱等:《宋史》卷三六二,列传《吕好问》,长春:吉林人民出版社,1995年,第7951页。

永嘉河田范氏谱中对范统制的赞美词:"持笏立朝,名震当世。笔下起生,操身自许。卜居瓯江,子孙繁聚。积德施仁,应延统绪。"①宋代人以文官为荣,重文抑武,范统制在谱中以文官形象描写,名震当世、笔下起生,操身自许,卜居瓯江,子孙繁聚应是事实。说明范统制身份地位极其尊贵显赫。"卜居"一词:出自《楚辞》名篇《卜居》,字面意思是选择居住的地方,实际是借用屈原对人生道路的抉择。

范统制是客居在瓯江,"操身自许"比喻君子不与世俗同流合污,又不孤高自许,借赞美莲的高洁来歌颂君子的坚贞气节,表达了不慕名利、洁身自好的操守。"积德施仁 应延统绪","统绪"泛指宗族系统,范统制积德施仁政,后代昌盛。范统制字益岳,统制应是官名,范统制卜居瓯江,上代祖宗不在温州,谱中上一代世祖应属认谱归宗的广义上祖宗,不是真正的世祖,因祖山不同。该谱应该是当时几支范氏为了统谱而联谱。

丁山范氏古墓群是范统制家族墓群,该古墓群属迁葬的事实应该清楚。墓群错落有致,特制墓砖相似,坟墓规格、风格基本一致。

名震当世范统制与靖康之变中保卫东京范琼统制是一个人?

瓯北河田范氏元谱有刘基作序曰:"瓯郡康乐范氏之谱,世胄明备,自高曾元孙别而为世,五世一易,虽多而不乱,愈远而不穷,历代官爵事实诔志诸文则又秩然,有可考不诬盖。书合古昔,谱系与欧苏而兼得之者矣,世之苟简庆礼置学而不讲者尚有考,于斯马是为序。洪武元年岁在丙辰中秋月望日,开国翊运守正文臣咨善大夫护军诚意伯芝田刘基敬叙。"

刘基能够为其作序的宗族不多,"瓯郡康乐范氏之谱……历代官爵事实诔志诸文则又秩然,有可考不诬盖",说明瓯郡康乐坊范氏与河田范氏是一支,康乐坊范氏与定居嘉会里范统制相邻,定居嘉会里范统制与范氏瓯北河田元谱范统制属同一人,范统制系官名。

范统制的原名叫什么?为什么在谱中隐其名字呢!刘基说有可考不诬盖,这人是谁?

范氏瓯北河田元谱载:"范统制是宋嘉祐二年丁酉科登进士。"说明范统制生活时间是"宋嘉祐二年丁酉"(1057年)前后时间。在北宋1057年后,官至统制这个特殊身份的武将,又在温州居住,在温州做官的宋代历史名人中范氏官员有谁?

---

① 摘自温州范氏宗亲会提供《永嘉河田范氏谱》谱,现存永嘉瓯北河田村范氏宗祠内。

五、北宋抗金名将范琼经历特殊，武将官位显赫，符合丁山 37 号宋墓主人特征

《宋史》中分散记载了两宋之间抗金名将范琼，范琼（？—1129 年 7 月 15 日）官至北宋统制及平寇前将军，南宋官至御营都统制、提举一行事务[①]，相当于副宰相职位。抗金名将范琼被宋高宗及投降派所杀后，在宋史上被诬为逆将、投降将军。范琼被宋高宗所杀后其家属幸免，回归温州居住地，史书都有记载。

（一）范统制在嘉会里居地与河田范氏祖居地康乐坊的关系

嘉会里居地的范统制是不是北宋抗金名将范琼呢？"范统制在嘉会里《弘治温州府志》《万历温州府志》《永嘉光绪县志》均有记载。地方志书不但记载了范统制巷、范统制桥，还记载了宋代以来的坊门名称由来，南宋高宗避居温州史迹及古代名人在温州的纪念地、政绩及建造的桥梁，如将军桥、状元桥、范公桥、御史桥等。《河田范氏元代宗谱》记载："始迁祖元代自康乐坊迁居瓯北河田"，康乐坊与嘉会里相邻，南宋至元朝二百年内范统制后代子孙繁衍，从康乐坊到嘉会里范氏都应该是一支，都是范统制后代。

温州在古代远离政治中心，少有战争，文风鼎盛，文人名家辈出，民风纯朴，名士记叙著作很多，名人在温史事及善事记载完备，一般不会遗漏。范琼任统制兼温州观察使，地方史书中不会有遗漏。宋朝廷厚恤抗金将领家属，安置在大后方以解前方将士后顾之忧，是当时国策及必须要做的事。南宋正是抗金用人之际，宋高宗为剥夺兵权，杀了范琼，事后为了团结需要还是重用范琼部将，家属虽流放岭南，实际上是很快释放而让其回归温州居地。[②]

嘉会里范统制桥是范琼及其家属建造的可能性很大，因为民间一般以建造者的官衔来命名建筑。

丁山 M37 号宋墓主人特征应与北宋名将范琼身份相符。范琼曾任温州观察使。建炎三年，范琼受封为庆远军节度、湖北制置使，同年被宋高宗及投降派

[①] 李心传：《建炎以来系年要录》卷二十五，北京：中华书局，2013 年，第 506 页。
[②] 郭庆财：《论宋高宗朝谪宦的北归心态——以李纲、孙觌为中心》，《贵州师范大学学报》（社会科学版）2013 年第 5 期，第 105—110 页。

所杀。范琼身为北宋末年抗金名将,地位极其显赫。墓葬内有铜弩机、磨花玻璃碗实属正常。

(二)范琼归葬温州和瓯北丁山 M37 号墓地关系

1. 范琼被杀,其家属全部得到释放,回归温州

郭庆财《论宋高宗朝谪宦的北归心态——以李纲、孙觌为中心》论文中统计"建炎四年(赦宥人数 36 人):上以还温州,德音释天下徒刊"①。36 人得以还温州,随着南宋小朝廷的建立,他们及其后代在这里定居下来,繁衍生息,去世后就埋葬在这片土地。

高宗赦免政策的宽和与张邦昌所下伪赦书的影响不无关系,这亦与时值危急存亡之秋朝廷急于用人有关。绍兴元年宋高宗下诏曰:范琼及其家属,皆系反逆之家,更不移放。虽有如此明文,但高宗前期多有不赦者被赦的情况,"建炎四年 36 人上以还已温州",现存史书找不到建炎四年温州籍士大夫有犯罪记载,这 36 人被释囚徒应该系范琼家属,范琼虽死,其亲系部属尚手握重兵,甚至如大将王俊等还在两浙路担任主将,南宋王朝赦免范琼家属正史有载,范琼死后迁葬温州,其家属在建炎四年回温州是合乎情理的。所以据笔者推测,建炎四年,范琼家族弟弟和三个儿子等 36 人回归温州。

2. 从丁山古墓风水排列分析,此地应该是范氏家族墓地

丁山古墓的排列是有序的,大体上按辈份大小自西向东分布,最西端应为始祖。按上述墓葬辈份由大而小、自西向东排列的惯例,从其墓仅有砖志而无石刻墓志看,其下葬已离府州失陷地远,故下葬草草。

从风水方面来看,墓地在丁山半坡,山高 200 米,前临瓯水,俨然是一块风水宝地。瓯北河田范氏宗谱记载范统制坟墓在丁山之原,范统制其子坟墓在父坟下。② M37 号墓地发现大量的"范"字及靖康三年七月十五日字样坟砖无疑是有力证据,证明丁山错落有序的家族墓葬无疑是范琼及范氏家族墓地。

瓯北河田范氏元谱刘基作序中记载:北宋开始范氏居住在康乐坊,历代官爵事实诔志诸文有序可考不诬盖。隐含着范琼的历史隐情。范琼因战功迁任温州

---

① 郭庆财:《论宋高宗朝谪宦的北归心态——以李纲、孙觌为中心》,《贵州师范大学学报》(社会科学版)2013 年第 5 期,第 105—110 页。

② 摘自温州范氏宗亲会提供《永嘉河田范氏谱》谱,现存永嘉瓯北河田村范氏宗祠内。

观察使,因北方被金兵占领,温州是抗金后方,南宋朝廷安置抗金将领于温州,家属及后代定居温州嘉会巷及瓯北河田是合乎情理的。

3. M37号墓地发现古代波斯国进口玻璃碗应该是宋室靖康之难后流失皇家宝物

(1)玻璃器系古罗马帝国或波斯萨珊王朝的典型器物,系皇家宝物

永嘉丁山古墓正式发布发掘成果,共出土上百件文物,其中有古代波斯国进口玻璃碗。多件珍贵文物首次被发现,非常珍贵,这些应该是靖康事变中,宋室流失的宝物。这个磨花玻璃碗的玻璃薄而透明,微泛浅绿色,看似与现代玻璃器皿无异。我国类似玻璃器均出土于同时期的贵族大墓中,日本的玻璃碗也都出自寺院珍藏、皇室大墓和神社的祭祀遗址,说明这种玻璃器在当时是罕见的珍贵之物。墓中发掘的玻璃器系宋廷收藏的皇家宝物。

(2)为什么皇家宝物出现在温州古墓中呢?

靖康之难时流失的皇家宝物是巨大的,金人除金银外特别喜欢向宋室索取琉璃、珠宝、缎帛等物品。

《建炎以来系年要录》记载:"靖康二年正月二十二日,双方达成协议,该协议规定:(金国)准免道宗(宋徽宗)北行,以太子、康王、宰相等六人为质,应宋宫廷器物充贡;准免割河(黄河)以南地及汴京,以帝姬(公主)两人,宗姬、族姬各四人,宫女一千五百人,女乐等一千五百人,各色工艺三千人,每岁增银绢五百万匹两贡大金;原定亲王、宰相各一人,河外守臣血属,全速遣送,准侯交割后放还;原定犒军金一百万锭、银五百万锭,须于十日内输解无缺。"①

由于无法满足金军索要的金银数目,宋徽宗和皇室成员也没能逃脱这场噩运:二月初七日中午,在金军元帅粘罕、斡离不和上万名骑兵的严密监视下,宋徽宗"率妻妾、子妇婿、女奴婢从皇城络绎而出,经内侍指认点验后,太上后妃、诸王、帝姬皆乘车轿前进;后宫以下,骑卒背负疾驰"②。在交接过程中,金兵对其行李也进行了严格检查,凡金银玉帛"不许带往南熏门交割"。

---

① 李心传:《建炎以来系年要录》卷一,北京:中华书局,1988年,第4页。
② 李心传:《建炎以来系年要录》卷一,北京:中华书局,1988年,第4页。

《建炎以来系年要录》卷二:"丙子,金人遣曹少监、郭少傅同开封尹徐秉哲治事,暮先是京师事务皆取禀军前故也,敌又索内藏元丰大观库簿籍,悉取宝货及大内诸库,龙龙德两宫,珍宝奇物如西海夜珠,王中正陈搏烧金之类,其他真珠美玉珊瑚玛瑙琉璃花犀玳瑁之属各以千计,上皇平时好玩有司所不能知者,内侍王仍辈曲奉金帅指其所在而取之,真珠水晶绣帘珠翠步障红牙火柜龙麝沈香乐器犀玉雕缕屏榻古书珍画络绎于路。"①

《建炎以来系年要录》卷三:"是日敌营始空,其行甚远,以勤王兵大集故也华人男女驱而北者无虑十余万,营中遗物甚众,秘阁图书狼籍泥土中,金帛尤多,践之如粪壤,二百年积蓄,一旦扫地,凡人间所须之物,无不毕取以去,皆宦者国信所提举邓珪导之,命范琼领兵出城搜空,得金人所遗宝货表段,米麦羊豕之属,不可胜计,又有遗弃老弱病废及妇女等,至是皆迁入城。"②

《建炎以来系年要录》卷二:"建炎元年二月壬戌,金人索后妃服浑天仪琉璃玉器等。……金驿召邦昌于燕,至是邦昌与肃王至城外……是日上元节……二帅即刘家寺,张灯宴设甚盛,凡景龙门所用金灯,琉璃珠璎、翠羽飞仙之属,皆取去。"③

这里琉璃大都指玻璃,有时也指玻璃灯。宋叶适《赵振文传借琉璃灯铺写山水人物》诗:"古称净琉璃,物现我常寂。"明叶宪祖《鸾鎞记·途遘》:"归来愁日暮,孤影对琉璃。"清潘荣陛《帝京岁时纪胜·岁暮杂务》:"院内设松亭,奉天地供案,系天灯,挂琉璃。"丁山古墓中玻璃碗应属宋皇宫中收藏的琉璃类宝物之一。

(3)范琼等人头上的罪名之一:窃取宫中禁物。

宋廷有人安在范琼等人头上的罪名就有:逼太上皇北迁,逼取太子,玷辱六宫,捕杀宗室,窃取宫中禁物。

《建炎以来系年要录》记载:"是日,敌营始遽,其行甚遽,勤王兵大集故也,华人男女驱而北者无虑十余万,营中遗物甚众,秘阁图书狼籍泥土中,金帛尤多践之如粪壤,二百的积蓄,一旦扫地,凡人闲所须之物无不毕取以玄,皆宦者国信所提举,邓珪导之,命范琼领兵出城搜空,得

---

① 李心传:《建炎以来系年要录》卷一,北京:中华书局,1988年,第4页。
② 李心传:《建炎以来系年要录》卷三,北京:中华书局,1988年,第68页。
③ 李心传:《建炎以来系年要录》卷二,北京:中华书局,1988年,第39页。

金人所遗宝货表段,米麦羊豕之属不可胜计,又有遗弃老弱病废及妇女……皆迁入城。南宋大臣奏折①……赵子松言臣闻,京城士人籍谓王时雍、徐秉哲、吴用、范琼……余大均皆左右卖国逼太上皇取皇太子,污辱六宫,捕击宗室,盗窃禁物中之物,公取嫔御,京城无大小。指此十人者为国贼……琼为敌人搜索宫嫔而藏其美。②"

4.铜弩机发现证明了墓主人系宋代的武将身份。

编号 M37 墓中除随葬盘口壶、罐、碗、钵、洗、魁、唾壶、三足砚等 17 件青瓷器外,还有铜弩机、玻璃碗、石砚各 1 件,银指环 3 枚,铁镜 2 枚,铜钱 1 枚,共 24 件器物。铁镜应是武将的护心铁镜,弩机虽然很早开始使用到军事上,这种精巧的铜弩机只有宋代才会有的。

六、关于宋代抗金名将范琼生平考证问题

(一)籍贯及出身问题

1.籍贯问题

《建炎以来朝野杂记》:"范琼者,山东人。靖康初,斡离不入寇,琼以万人勤王,拜京城都巡检。"③

岳飞案中王俊与张俊密谈记录:"向日范将军被朝廷赐死,俊与范将军从微相随,俊原是雄威副都头转至正使,皆是范将军兼系右军统制同提举一行事务,心怀忠义到今朝廷,何曾赐罪?太尉不须别生疑虑。"④王俊行伍出身,因战功而补官。王俊为东平府人,充东平府雄威禁兵,因告发军兵呼千谋反,补本营副都头。靖康元年,王俊随从范琼在开封与金军作战,中箭折落两齿,授成忠郎。王俊甚得范琼宠信,升迁至诸司正使、右军统制、同提举一行事务。范琼与王俊从小相随,两人应是同乡。

《三朝北盟会编》载:"逼逐上皇以下者,时雍、秉哲也,胁惧都人者,范琼也,

---

① 李心传:《建炎以来系年要录》卷三,北京:中华书局,1988 年,第 68 页。
② 李心传:《建炎以来系年要录》卷一,北京:中华书局,1988 年,第 4 页。
③ 李心传、徐规:《建炎以来朝野杂记》(第一册),北京:中华书局,2006 年。
④ 李心传:《建炎以来系年要录》卷一,北京:中华书局,1988 年,第 16 页。

遂皆擢用,回、江宁人,靖康初,签书枢密院事,及是,前执政在城中,惟回一人,时冯澥曹辅留敌营,邦昌素善澥,将归之,而辅不在请中,故以回补其处,时雍既受命,请用二府盖,许之,都人号时雍卖国牙郎。"① 宋代分中国为 15 路,济南属京东路,为齐州(《宋史》)。徽宗政和六年(1116 年),齐州升为济南府,范琼是济南人,济南与东平相距不远。

2.伍卒而补官

《建炎以来系年要录》卷二:"琼开封人,自卒伍补官,屡平河北山东诸盗,金人入寇,琼以所部援京师,因留不去,至是遽为敌用。"②

琼是开封人是错的,因他屡平河北山东诸盗,琼以所部援京师,因留不去,而认为他是开封人是错误的。

王俊充东平府雄威禁兵与范琼相随说明范琼系山东东平禁兵出身,因战功而升迁。

山东东平,宋在此置郓州,后升为东平府,一度为京东西路安抚使的驻地。北宋面临金国大规模入侵之际,童贯听从手下大将马扩建议起用敢战统制,招募河北、山东忠义民兵,范琼因敢战而担任敢战统制,长期在中原及京东路征战。

(二)担任东京保卫战主将

范琼领兵平定北宋河北、山东盗贼和抵抗金兵入侵。范琼与韩世忠出身相似,长期互相配合,联合作战平定北宋河北、山东盗贼,范琼任敢战统制参与北宋末年太原保卫战,参与北宋末年抗金及二次东京保卫战。金兵攻陷战略重心太原之后,金朝西路军挥师南下,与东路军遥相呼应,于年底会师开封,靖康元年正月,金东路军长驱直入,直抵东京,宋廷诏谕各地勤王。③

1.范琼任京都四壁都巡检使,担任东京保卫战主将

统制范琼于陈州门外披城屯兵,在金军第二次包围汴京城时任京城四壁都巡检使。靖康二年十一月……金军再次围攻东京。闻奏金人已过汜水关,四壁

---

① 李心传:《建炎以来系年要录》卷一,北京:中华书局,1988 年,第 4 页。
② 李心传:《建炎以来系年要录》卷二,北京:中华书局,1988 年,第 42 页。
③ 脱脱等:《宋史》《赵桓传》,长春:吉林人民出版社,1995 年,第 7915 页。

挂甲上城,差提举官:东壁孙觌、西壁安扶、南壁李擢、北壁邵溥,每壁三万人,差部将小使臣等七百员,孙传、都提举王宗濋、都统制刘延庆、范琼统材武人,分四壁。① 范琼劫寨者回获首给数百。金人攻善利门告急,姚友仲选五军中神臂弓硬手一千五百人策应。

2.惨烈的东京保卫战

《金瓯缺》描述:"留居东京纳福的两军宿将刘延庆一度被任为提举四壁守御,负责城守之责,那是朝廷要加重他的部将范琼的事权,不过无论范琼,无论刘延庆都不能寄以希望。又以刘延庆提举四壁,以刘韐副之。每壁以文武升朝官宗室一员为同提举,每门以……范琼出兵焚寨失败——是日范琼发兵千人自宣。"② 戊子,金人攻通津门,范琼出兵焚其砦。

《宋史》赵桓传:"金兵登城,帝亲帅六师,御敌于宣化门,姚仲友死于乱兵,张叔夜、范琼等登城力战,金兵暂退。时金兵破宣化门,下城劫掠,范琼帅百姓与之战与街巷之间,百姓死伤甚重,哭号震天,金兵不得入城,暂退。"③"被围城十几日后听信迷信,派郭京迎战金军,被攻破城门。"④"宋钦宗,十二月向金国正式投降"⑤

3.靖康之变,忠于职守,被诬为逆将

徐梦莘《三朝北盟会编》颇采之,《文献通考》载其书三卷,又《补遗》一卷。"《孤臣泣血录》此本仅存一卷,然首尾完具,年月联贯,不似有所阙佚者,殆后人所合并耶。然其中称范琼为高义,而于琼杀吴革。此本为明吴思所刊,如"吴革起兵谋反。"⑥"自钦宗靖康元年十一月五日起,至高宗建炎元年五月一日即位止。载汴京失守,二帝播迁之事。"⑦

范琼力劝徽宗出城,避免一场屠杀,范琼行为是忠于职守,高义于避官民于血光之灾,应该给予正面评价。

《金史》记载了张邦昌被逼当上了大楚皇帝,与范琼没有关系,范琼行为仅是其忠于职守的本职工作,南宋朝廷为了剥夺范琼兵权而强加给范琼逆将罪名。

---

① 李心传:《建炎以来系年要录》卷二,北京:中华书局,1988年,第46页。
② 徐梦莘:《三朝北盟会编(乙集上册)》卷四十九,广州:大化书局,1979年,第166页。
③ 脱脱等:《宋史》卷一百一十九《宗泽》,长春:吉林人民出版社,1995年,第7915页。
④ 李心传:《建炎以来系年要录一》卷二,北京:中华书局,1988年,第46页。
⑤ 徐梦莘:《三朝北盟会编(乙集上册)》卷四十九,广州:大化书局,1979年,第166页。
⑥ 徐梦莘:《三朝北盟会编(乙集上册)》卷四十九,广州:大化书局,1979年,第166页。
⑦ 徐梦莘:《三朝北盟会编(乙集上册)》卷四十九,广州:大化书局,1979年,第166页。

结　语

　　总之,由于宋朝"崇文抑武"政策的推行,武将范琼只有短暂的历史辉煌,他的历史故事很快湮灭在民间,投降派歪曲历史事实,给他安上逆将罪名,千年来一直没有平反昭雪。他的坟墓也是没有墓碑,只有"靖康三年七月十二日范"砖雕,留下了千年的谜团。

　　丁山古墓群发掘成果这么丰厚,许多发现具有非常重要的考古价值:首先,它是温州市迄今发掘的六朝墓葬数量最多、延续时间长、出土器物特别丰富的一次重要发现。这不仅大大丰富了永嘉文物馆藏,为温州地方史的探索研究积累了宝贵资料。其次,新发现文物多、精品文物令人瞩目。玻璃碗、金珠、铜弩机、石砚、青瓷魁、画像砖等均系温州首次发现。特别是玻璃碗的发现,更是为丝绸之路贸易增添了新证。抗金名将范琼墓的发现,填补了温州没有国级名将古墓的空白,温州这些珍贵文物的发现,为重新认识和宣传温州古代文化,打开了一扇新的视窗。

　　抗金名将范琼是岳飞上级,具有与岳飞同样悲壮的故事,笔者认为亟需建设范琼文化公园,进一步传承弘扬爱国爱乡的文化,而不是简单挖掘而人为毁灭!

　　温州一直以来比较缺乏重要历史人物的遗迹、墓葬等人文遗产,重大考古发现很少,这次考古挖掘发现填补了温州历史许多空白,但地方政府忽视这个重大考古发现,进行简单的挖掘后随意废弃,仅认为是一群无主六朝古墓,没有进一步深入下去,令人惋惜。

　　(范可授,温州市历史学会副会长、瑞安市历史学会会长、瑞安市社区学校校长)

肝胆与共的挚友

——王十朋与胡铨

赵顺招

摘　要：王十朋与胡铨都是南宋初期爱国主义者,他们不怕强权,敢于直谏,主张抗金,收复失地,关心国家的安危及主权领土的完整。由于他们政见思想和兴国方略一致,情趣和爱好一样,每每以诗歌为乐,互赠鼓励。

关键词：王十朋；胡铨；挚友

胡铨(1102—1180),字邦衡,号澹庵、紫泥,庐陵(今江西吉安)人,建炎二年(1128)进士,曾任枢密院编修官。《宋史》卷三百七十四《胡铨传》记载,宋高宗绍兴八年(1138),"秦桧决策主和,金使以'诏谕东南'之名,中外凶凶"[1]。胡铨上书《上高宗封事》奏疏,极力主张抗战复国,反对投降议和,"臣备员枢属,义不与桧等共戴天,区区之心愿断三人头(即秦桧和使臣王伦、参知政事孙近之头),竿之蒿街,然后羁留敌使,责以无礼,徐兴问罪之师,则三军之士不战而气自信。不然,臣有赴东海而死耳,宁能处小朝廷求活邪!"[2]同时,因痛骂高宗丧尽廉耻,甘心当儿皇帝,被谪居昭州编管,再谪新州,后移吉阳军(今海南省三亚),流放岭表二十四载。绍兴三十二年(1162)孝宗即位后才被重新起用,历任国史编修官、秘书少监迁起居郎、宗正少卿,兵部侍郎权工部侍郎,知漳州,改泉州。乾道七年(1171),以资政殿学士致仕。薨,谥"忠简",有《澹庵集》100卷行于世。[3] 他力主抗金复国、反对议和投降的政治主张,与王十朋完全相一致。

王十朋(1112—1171),字龟龄,号梅溪,乐清左原(今淡溪梅溪)人。宋高宗绍兴二十七年(1157),廷试进士第一(即状元),特添绍兴府签判,授秘书郎,转侍

---

① 脱脱等：《宋史》卷三百七十四《胡铨传》,北京：中华书局,1985年,第11580页。
② 胡铨：《澹庵文集》卷二,文渊阁四库全书影印本第1137册,台北：台湾商务印书馆,1983年,第19—21页。
③ 脱脱等：《宋史》卷三百七十四《胡铨传》,北京：中华书局,1985年,第11590页。

御史,后出知饶、夔、湖、泉等州,晚年迁太子詹事,以龙图阁学士致仕。王十朋以忠耿、刚毅久闻于朝,有强烈的爱国思想和忠心报国之志。他坚持北伐抗战,以国事为己任,日夜操劳,一月内上书十六札,从战时之军事、政治、财政、用人等方面,及时给孝宗皇帝献计献策。他任秘书省校书郎时,力排和议,并抨击三衙兵权过重,谏罢杨存中兵权,荐请起用爱国老将张浚。隆兴元年(1163)任侍御史,弹劾当朝宰相史浩,又弹劾史浩党羽史正志、林安宅,并使之罢职。由于他刚直不阿,铁面无私,震动朝野,时人称颂王十朋为"真御史"。① 汪应辰用"屹然立朝,作世郛郭"②这八个字给他下评语。朱熹盛赞他"光明正大,疏畅洞达,磊磊落落"。"永嘉事功学派"集大成者叶适说他"名节为世第一,士无不趋下风者"③。《四库全书总目·梅溪集提要》说"十朋立朝刚直,为当代伟人"。④

绍兴十一年(1141),王十朋送贾如规(字元范,乐清贾岙人)、刘祖向(字直孺,乐清石船人)、刘铨(字全之,乐清石船人)3人参加省试,各赋诗一首,意犹未尽,遂又作《前诗送三乡丈行,虽各献芹,然非所以勉子大夫茂明大对之意,更为古诗一章》,"三乡丈"即以上3人,诗曰:"北敌屡北仍跳梁,中兴事业犹渺茫。""前年胡公以言逐,言今已验官未复。""忠良自此多结舌,道路相看徒以目。谁能言事如靖康?陈东已死欧阳戮。"⑤意思是说,金人屡屡侵犯,大宋中兴还比较渺茫。几年前胡铨因向高宗上书奏疏,力主抗金复国、反对议和投降而被谪官,现在还未复官,忠良之士都不敢进谏。陈东(字少阳,润州丹阳人)、欧阳澈(字德明,抚州崇仁人)在宋钦宗靖康年间伏阙上书,力诋和议,主张抗金,后在建炎元年同时被宋高宗杀死。此时,虽然王十朋与胡铨尚未谋面,但他对胡铨抗金复国的主张表示赞赏,并对其因此被谪官表示同情。

绍兴三十二年(1162)六月,赵昚即位,是为孝宗。胡铨复原官,差知饶州。王十朋知严州,未赴任即召对,九月除司封员外郎兼国史院编修官,后迁国子司业,两人之订交应始于此时。王十朋上《应诏陈弊事》札子,忠言直谏,不怀顾忌,不留情面,下至百僚,上至皇帝,凡其弊病所在,均加以揭露抨击。《建炎以来系年要录》记载:是年九月甲寅,"诏胡铨、王十朋并赴行在,周操除右正言"。留正

---

① 脱脱等:《宋史》卷三百八十七《王十朋传》,北京:中华书局,1985年,第11882—11887页。
② 汪应辰:《龙图阁学士王公墓志铭》,《文定集》卷二十三,文渊阁四库全书影印本第1138册,台北:台湾商务印书馆,1983年,第810页。
③ 叶适:《乐清县学三贤祠堂记》,《叶适集》卷九,北京:中华书局,1961年,第149页。
④ 永瑢、纪昀:《四库全书总目·梅溪集提要》,文渊阁四库全书影印本,台北:台湾商务印书馆,1983年,第241页。
⑤ 王十朋:《梅溪集》,文渊阁四库全书影印本第1151册,台北:台湾商务印书馆,1983年,第127页。

(1129—1206,字仲至,福建永春人)等曰:"寿皇嗣登大宝,妙拣人才,如铨、如十朋、如操者,虽未可亟以皋陶、伊尹之事业期之,然其砥节励行,实当时海内之所倾心者也。"① 可见王十朋、胡铨等人当时在朝野声望之高。

王十朋与胡铨两人相见如故,空闲时经常互访。如一日,胡铨同馆中诸公到王十朋家中造访,见他正在饮酒作诗一首《程泰之郎中以诗三绝觅省中梅花,因次其韵》,胡铨即索诗以饱眼福,并轻声地朗读起来:

长记蓬山旧赏梅,芳樽一笑共君开。
重游未见梅花面,应误君诗得得来。
诗似西湖处士诗,十篇三绝斗清奇。
更将正味森严句,压倒屋檐斜入枝。
竹亭不到几经时,来往逢梅似退之。
遥想吾庐溪上好,十分乡思又关眉。②

胡铨颇称赏,和"枝"字韵以赠。《梅溪后集》录有《胡秘监赠诗一绝》,题序为《司业口占绝句奇甚,铨辄用韵和呈,效吴体》,就是当时胡铨赠王十朋的诗。诗云:

南山旧说王隐者,北斗今看韩退之。
不须觅句花照眼,行见调羹酸着枝。③

首句指绍兴二十七年以前王十朋久困名场,卜居左原,设帐传经,过着隐居生活。第二句指王十朋道德文章,有如北斗,众星拱之,似韩愈再世,对王十朋名节文才深表敬重。王十朋当场回赠《某依韵奉酬》一绝:

平生恨未识刚者,今日岂期亲见之。
欲把江梅比孤洁,江梅无此岁寒枝。④

---

① 李心传撰,胡坤点校:《建炎以来系年要录》,上海:上海古籍出版社,1992年,第886页。
② 王十朋:《梅溪集》,文渊阁四库全书影印本第1151册,台北:台湾商务印书馆,1983年,第367页。
③ 王十朋:《梅溪集》,文渊阁四库全书影印本第1151册,台北:台湾商务印书馆,1983年,第367页。
④ 王十朋:《梅溪集》,文渊阁四库全书影印本第1151册,台北:台湾商务印书馆,1983年,第367页。

王十朋对胡铨刚正不阿的高风亮节深表敬慕之意,称道以高洁耐寒著称的江梅(即野生梅)怎能比得上胡公的高尚气节,并为相识太晚深感遗憾。

此后,王十朋与胡铨常相往来。一天,胡铨集诸友赏酴醿,用苏东坡韵作《铨携具赏石渠酴醿用坡韵呈同舍》诗一首:

  酴醿独殿春,得路未为晚。露叶张翠伞,月蕊明玉幰。
  洗妆雨亦妍,暗麝风更远。唐时真宰相,劲气凌谏苑。
  危言工切劘,壁立万仞巘。帝为酿此花,以赏硕画婉。
  清芬濯千古,天河岂须挽。不妨便醉死,闻香定魂返。①

诗中用唐宪宗以酴醿酒赏赐直言宰相李绛之典故,对王十朋一系列言行进行赞誉。那天王十朋刚好因太学监试未能参与,于是事后就作《次韵胡秘监酴醿》一首,诗云:

  红紫纷争先,酴醿分甘晚。谁栽群玉府,童童翠张幰。
  华共芸芬香,韵随官逸远。奚用燃青藜,端能照书苑。
  先生海上归,平步到蓬巘。招邀饮醇酎,刚肠出清婉。
  遥思吴宫魂,故作楚辞挽。勿为花所留,兴尽要知返。②

该诗彩笔写花,暗喻人事光辉。"先生海上归,平步到蓬巘。"指胡铨从贬所归来后,身居台谏之职,得到孝宗重用,同时赞颂胡铨刚肠作为和清婉秉性。

又有一次,馆中三月晦日闻莺,胡铨诗用东坡酴醿韵有"居侧无馋人,发口不须婉"句,王十朋次其韵与胡铨共勉,并相警诫云:

  久伤伐木废,每叹吾生晚。黄鸟从何来,乔林绿垂幰。
  忽作相呼声,朋来无近远。高蓊凌云烟,斜飞集池苑。
  中有幽谷次,迟迟下遥巘。群音巧相和,出语独不婉。
  哑哑如老乌,闻者弓欲挽。知心有杜鹃,劝尔故园返。③

---

① 王十朋:《梅溪集》,文渊阁四库全书影印本第1151册,台北:台湾商务印书馆,1983年,第367页。
② 王十朋:《梅溪集》,文渊阁四库全书影印本第1151册,台北:台湾商务印书馆,1983年,第368页。
③ 王十朋:《梅溪集》,文渊阁四库全书影印本第1151册,台北:台湾商务印书馆,1983年,第368页。

此诗借鸟喻人,委婉地表述了胡铨沉浮宦海的身世和"弘毅"的人格精神,寄托了王十朋对胡铨的敬慕景仰之情,并以"知心杜鹃"的名义警戒现实中尚有"谗人""弓欲挽",虎视眈眈,规劝胡铨"故园返"。

宋孝宗隆兴元年(1163)三月,金军遣人向宋索取海、泗、唐、邓、商五州及岁币,以右相史浩为代表的妥协投降派主张退缩,让地求和。但抗战派情绪高涨,纷纷建策北伐,胡铨上书孝宗驻跸建康(今南京),鼓舞将士北伐。王十朋向孝宗皇帝上《论史浩札子》,以怀奸、误国、植党、盗权、忌言、蔽贤、欺君、讪上八大罪状弹劾史浩。在王十朋和胡铨等的共同努力下,孝宗改令史浩奉祠(罢官回乡)。

隆兴元年(1163)四月,胡铨除起居郎,王十朋除起居舍人兼侍讲,两人同被召赴行在,难得在一起工作。起居郎、起居舍人为皇帝近侍官,记录皇帝起居生活与王事活动及言行,几乎不离皇帝身侧左右,习惯唤起居郎与起居舍人为左右史。王十朋对胡铨的高尚气节早敬慕在怀,而胡铨对王十朋的忠耿刚直亦久已钦佩,两人早已心中相许。现在同时被诏来京,又同为史官,真是难得缘分。所以在一年的同事期间,他们经常共商各种政事,合力奋斗,并利用与皇帝亲近之机,随时进言开导。如发现史职废坏非一,两人共同向孝宗皇帝上《论左右史四事》札子,称其尤甚者有四焉:一曰进史不当。"自今起居皆不进呈,庶使人主不观史之美。"二曰立非其地。"今乃远立于殿东南隅,言动未尝与闻。""凡余臣奏对,许令侍立,亦足伸祖宗之志也。"①三曰前殿不立。"今独后殿侍立,而前殿不与,义安在耶?""臣愚欲乞于前后殿皆分日侍立,庶几一言一动皆得以书。"②四曰奏不直前。"臣愚欲乞于自今左右史奏事,当令直前,不必预牒阁门,及以有无班次为拘。"③孝宗阅后,诏准其所奏施行。

王十朋在《与王总领(之望)》文中写道:"近日庙堂设施,皆合人心,如张右相、胡邦衡为使,凌、汪二公为天官,豫章、宣城之除,无不称善。"④王总领即王之望(1104—1171),字瞻叔,南宋襄阳谷城人(今湖北省谷城县),后寓居台州(今浙江省临海县)。张右相即张浚(1097—1164),字德远,世称紫岩先生,汉州绵竹(今属四川)人。胡邦衡即胡铨。凌公即凌景夏(约1097—1175),字季文,余杭人。汪公指汪澈(1109—1171),字明远,自新安(治今安徽歙县)徙居饶州浮梁(今属江西)。说明王十朋对张浚、胡铨等人的工作是非常赞赏的。

---

① 王十朋:《梅溪集》,文渊阁四库全书影印本第1151册,台北:台湾商务印书馆,1983年,第368页。
② 王十朋:《梅溪集》,文渊阁四库全书影印本第1151册,台北:台湾商务印书馆,1983年,第368页。
③ 王十朋:《梅溪集》,文渊阁四库全书影印本第1151册,台北:台湾商务印书馆,1983年,第74页。
④ 王十朋:《梅溪集》,文渊阁四库全书影印本第1151册,台北:台湾商务印书馆,1983年,第562页。

四月的一天,王十朋从驾到德寿宫,与胡铨、洪遵(1124—1174,字景严,江西庐陵人)等同僚聚餐于"和乐楼",当日洪遵写了"从驾滥骑承旨马,朝天叨缀舍人班"两句诗。过几天,他们又聚在一起,讨论是否迁都于建康(即今南京)。胡铨说:我们应该写几首诗吧。王十朋就写了一首诗。诗曰:

> 殿坳经帷侍清闲,学术空疏愧在颜。
> 从驾滥骑承旨马,朝天叨缀舍人班。
> 登楼虽喜民和乐,论事还惊世险艰。
> 圣主英姿同艺祖,诸君何苦恋湖山。①

是年五月,王十朋由起居舍人除任侍御史。御史台掌纠察官邪,肃正纲纪,廷辩奏弹,是引人注目的重要官职。据《宋史》卷三百八十七《王十朋传》载,宋孝宗事后曾征询胡铨说:"比除台官,外议如何?"胡铨曰:"皆谓得人。"上曰:"卿与十朋皆朕亲擢。"②可见孝宗皇帝此时对王十朋、胡铨都是很信任的。

孝宗皇帝在张浚、胡铨、王十朋等主战派的开导支持下,终于决定北伐。由于各种原因,张浚领兵的北伐在符离战败,孝宗皇帝在主和派的非难声中对抗战北伐产生犹豫动摇,王十朋感到失望,满腔忠愤,给孝宗皇帝上《自劾札子》,朝廷迁除王十朋为吏部侍郎,他坚决不就。

孝宗隆兴元年(1163)六月十九日,王十朋辞官离京返归故里。临行时,胡铨等艰难与共的僚友前来送行,依依而别。王十朋作《用登和乐楼韵酬胡邦衡送别兼简刘韶美秘监》诗赠别,诗云:

> 未访鄱阳范与颜,雁山深处且投闲。
> 紫泥长记曾同召,丹陛何缘更对班。
> 我愧未行平日志,公应不创昔时艰。
> 笔端能制人生死,兼有刘郎在道山。③

诗中回顾了自己与胡铨的友谊历程:两人同时被召赴行在,共商国家大计,力主抗敌复国与北伐,同授左右史丹陛对班侍立。如今遭群邪所恨,辞官归乡赋

---

① 王十朋:《梅溪集》,文渊阁四库全书影印本第1151册,台北:台湾商务印书馆,1983年,第368页。
② 脱脱等:《宋史》卷三百八十七《王十朋传》,北京:中华书局,1985年,第11885页。
③ 王十朋:《梅溪集》,文渊阁四库全书影印本第1151册,台北:台湾商务印书馆,1983年,第368页。

闲,平生壮志未酬,愧恨交加,但愿左史胡铨与秘监刘韶美(刘仪凤,韶美其字,蜀地普州人)继续在京共赴时艰,努力掌控朝廷决策的话语权,纠举百官,整肃朝仪!

胡铨对王十朋的去国深感惋惜,曾多次上书孝宗,有云:"陛下自即位以来,号召逐客,与臣同召者,张焘、辛次膺、王大宝、王十朋,今焘去矣,次膺去矣,十朋去矣,大宝又将去,惟臣在尔……"①,惋惜之情溢于言表。王十朋居家期间,好友工部尚书张阐(字大猷,南宋永嘉今温州城区人)写信告诉他说,近大臣进对,常以侍御(即王十朋)去国为念,胡铨"言尤数切"。王十朋为此深为感动,他在《得张大猷尚书书云比每进对屡以侍御为言,而邦衡舍人言尤数切云云,某为群邪疾,独见知二公。因读邦衡和"和乐楼"诗,复用前韵》诗序中云:"某为群邪所疾,独见知二公(张阐、胡铨)。因读邦衡《和'和乐楼'诗》,复用前韵。"诗云:

一月霜台屡犯颜,未回天听已身闲。
爱君忧国寸心赤,感物伤时双鬓班。
文举才疏意徒广,子云思苦语尤艰。
尚书左史虽知我,超海应难挟太山。②

王十朋在诗里回顾了自己任职御史台一月里,屡上谏札,虽时被采纳,终"未回天听",现辞官还乡闲居,但爱君忧国之心始终未变,感物伤时却又有何用?你(张阐)与胡铨非常了解我,然形势如此,又有何办法呢?他的爱君忧国思想表达得非常深沉。

隆兴二年(1164)六月,王十朋起知饶州。同年八月,胡铨充淮南东路、淮南西路巡边置制使。两位道德文章相砥砺的好友,同时去国,从此天各一方。

宋孝宗乾道三年(1167),王十朋为王槩(字立之,婺州金华人)的诗作跋,他在《跋王佥判槩诗》中说:"秦氏以国事仇,非和也,三纲五常之道灭矣。何足以语《春秋》? 当时士大夫,能力争者无几,惟胡君邦衡,慨上请剑之书。至今读之,令人增气。且令后世不谓我宋无人,可谓有功于名教矣。"③意思是说,秦桧以国家去侍奉金国,这不是和议,是使三纲五常之道灭失,哪里还可以说《春秋》道义? 当时士大夫中能有几个人力争抗金,惟有胡铨慷慨上书要求杀死和议派秦桧等

---

① 脱脱等:《宋史》卷三百七十四《胡铨传》,北京:中华书局,1985年,第11584页。
② 王十朋:《梅溪集》,文渊阁四库全书影印本第1151册,台北:台湾商务印书馆,1983年,第372页。
③ 王十朋:《梅溪集》,文渊阁四库全书影印本第1151册,台北:台湾商务印书馆,1983年,第597页。

人,今天读之令人增加勇气,而且令后世不能说我宋朝无人。可见王十朋对胡铨十分敬佩。

王十朋与胡铨离别后都未再见面,光阴匆匆忽已八年,很是怀念。王十朋作《怀胡侍郎邦衡》一首,诗云:

> 今世汲长孺,庐陵胡侍郎。孤忠一封事,千载两刚肠。
> 晚节遇明主,丹心契上苍。群儿巧相中,直道亦何伤。①

汲长孺(儒),即西汉汲黯,字长儒,汉武帝时任东海太守,继为主爵都尉,常直言劝谏,并指出汉武帝"内多欲而外施仁义,奈何欲效唐虞之治乎!"后被出为淮阳太守。王十朋在诗里说,庐陵的胡铨就是当代的汲黯,心怀孤忠向高宗皇帝上书请斩秦桧之首而被流放编管,真是千载难得的忠耿刚肠。既表对胡铨忠怀的敬慕,也自表休戚与共的用心。隆兴元年孝宗皇帝重新起用,力排和议,忠君爱国丹心上苍所知,事后群邪弄巧,诽谤排挤,而这一切,对胡铨的忠直不阿又有何影响呢?

不久,王十朋听说胡铨起知漳州,十分高兴,作《胡邦衡以集英殿修撰知漳州,正人起废,有识相贺,诗以志喜》云:

> 左右同时两舍人,暮年得郡偶为邻。
> 泉山久著痴顽老,漳浦新除正直人。
> 热撰可能酬壮节,炎州聊复屈朱轮。
> 拾遗补过须公辈,汲黯行归侍紫宸。②

王十朋在这里回忆隆兴元年两人同时任左右史官时的友谊情景,而如今暮年,两人又巧,一在泉州、一在漳州守郡相互为邻。王十朋感到自己在泉州时间已长,且身患疾病,是个衰顽的老头了,新任漳州的胡铨却是个正直刚毅有为的人才。撰章能申述壮志,炎州(泛指南方广大地区,这里专指漳州)治郡且使你一番辛劳,治郡抚民也正需要公等来拾遗补过呀,忠直之人不久还将回归朝廷帮助治国中兴。王十朋在诗里既是喜悦也是期望。事情更又是那么凑巧,乾道六年

---

① 王十朋:《梅溪集》,文渊阁四库全书影印本第1151册,台北:台湾商务印书馆,1983年,第498页。
② 王十朋:《梅溪集》,文渊阁四库全书影印本第1151册,台北:台湾商务印书馆,1983年,第503页。

(1170)夏,正当王十朋即将泉州离任之时,得知胡铨改知泉州,他非常高兴,赠诗《闻胡邦衡改知泉州复用前韵》一首,诗云:

> 上念温陵为择人,知公名节世无邻。
> 犯颜合在论思地,起废聊为岳牧臣。
> 缪政居前诮穅秕,刚肠别久转车轮。
> 天教我辈簪重盍,只恐留中拱帝宸。①

王十朋说皇上为温陵(泉州别称)选派郡守,就选择了你这位名节无双的人,直言犯颜本应在论思言路岗位上,现在是暂时用你为岳牧臣(指封疆大吏)。我守泉州任在你前但政拙如穅秕显得可笑,两人久别思念之情像车轮一样旋转不停。这次是上天使我们瓜代相继,自是由衷庆幸,但恐怕你还会被皇帝留在朝廷不来呢。后来事实证明胡铨留为工部侍郎,未知泉州,后又被罢职。王十朋与胡铨的深挚友谊与怀念之情在这里已有了真切的表达。

当王十朋思念胡铨心切时,又撰写了感情真挚的《与交代胡侍郎》一文,对其一生作出感人肺腑、催人泪下的评价:"不图衰暮之孤踪,复有交承之雅契。集官心传绝学,天赋刚肠,当奸邪误国之秋,历忠谊敢言之勇。朱云请上方剑,欲断佞臣之头;贾生陈痛哭书,愿系单于之颈。去国盍一万里,投荒逾二十年。会上圣之嗣兴,起孤忠于久废。心惟忧国,屡推造膝之诚;义不戴天,力沮和戎之议。"②

王十朋与胡铨有着共同的政治思想、崇高的民族气节、伟大的爱国主义精神,虽然相交仅短短9年,但惺惺相惜,彼此敬重,有相见恨晚之叹,堪为儒林典范。他们生活在多难的南宋王朝,面对剩山残水,烽烟四起,君昏臣佞,做到刚正不阿、冒死直谏、批逆龙鳞,其民族气节、爱国主义思想,以及廉洁奉公的吏治,是中华民族一份宝贵的精神财富。

(赵顺招,乐清市统计局四级调研员)

---

① 王十朋:《梅溪集》,文渊阁四库全书影印本第1151册,台北:台湾商务印书馆,1983年,第509页。
② 王十朋:《梅溪集》,文渊阁四库全书影印本第1151册,台北:台湾商务印书馆,1983年,第556页。

论陈宜中为贾似道党羽之说

王 越

摘 要：作为温州历史上的第一位宰相，陈宜中逆奸谪边后在入仕之时受到了贾似道的提携，而后他为贾似道作诗，使其被疑是贾似道的党羽。本文在探讨陈宜中为贾似道党羽之说时，发现陈宜中是顾念着提携之恩，加之当时谄诗谀文的官场风气而和诗贾似道，故不能充分证明党羽一说。至于受贾似道影响而弹劾程元凤一说则更为无稽之谈，没有充分且明确、可靠的史料可以证明这一点。之后陈宜中自请外调，在芜湖溃师后上奏请求严惩贾似道，为政局稳定而诛杀韩振，这一系列行为更是充分证明陈宜中并非贾似道的党羽。

关键词：陈宜中；贾似道；党羽

陈宜中（1218—1283），字与权，温州永嘉（今属浙江省温州市龙湾区前街村）人。他是南宋末年著名政治家，官至左丞相，是左右南宋末年政局的关键人物。作为温州历史上的第一位宰相，陈宜中早年在贾似道的提携下为官，在政时亦曾为贾似道说过一些歌功颂德的赞美之词，故被疑为是贾似道的党羽。即使他后来上奏弹劾了贾似道，却仍为后人所诟病。故本文拟通过述论陈宜中与贾似道的交集，来探讨陈宜中为贾似道党羽之说的可信度。

一、逆奸谪边，敕归登第

陈宜中虽然家贫，但少精举业，《宋史·陈宜中传》记载："既入太学，有文誉。"[1]宝祐四年（1256），他与同舍生刘黻、黄镛、林则祖、曾唯、陈宗等六位太学生联名上书，攻击"在台横甚"[2]的权贵佞臣丁大全、卢永升、董宋臣等。丁大全

---

[1] 脱脱等：《宋史》卷四百一十八《陈宜中传》，北京：中华书局，1977年，第12529页。
[2] 脱脱等：《宋史》卷四百一十八《陈宜中传》，北京：中华书局，1977年，第12529页。

大怒,指使监察御史迫害陈宜中等人,使其削籍谪边,并立碑禁止太学生议论朝政。这一场关心国家政治,关心朝廷大事的正义行动充分说明了陈宜中是一个富有正义感、不畏强贵的热血青年,他也因此被时人称为"宝佑六君子"。

开庆元年(1259),丁大全被劾罢官,丞相吴潜奏请释放陈宜中他们,却没有得到许可。而初为右丞相的贾似道为笼络人才,再次上奏请还,终于"诏六人皆免省试令赴"①。景定三年(1262)廷试,陈宜中名列第二为榜眼,从此走上南宋的政治舞台,一路官运亨通。由此可见,陈宜中的仕途之路确实与贾似道的提拔有着密不可分的关系。

二、作诗以和,劾程元凤,自请外调

正因为贾似道对陈宜中有着提携之恩,陈宜中入仕之初也写了一些为贾似道歌功颂德的诗文,如:《贾师宪望海楼次韵二首》和《和贾魏公冬大雪诗》,以致遭到非议。有些学者由此将陈宜中划到了贾似道的阵营,并从《宋史》中找到他依附贾似道的所谓"史实",即:陈宜中受贾似道影响而弹劾程元凤。下文则对这两者进行探讨。

(一)作诗以和

首先,所谓的陈宜中阿谀奉承贾似道的诗歌主要有两首,即《贾师宪望海楼次韵二首》和《和贾魏公冬大雪诗》,在此做个简要分析。

第一首是《贾师宪望海楼次韵二首》:

> 名与山高千古重,恩如海阔一身轻。
> 门下少年初幕府,梦随诸吏上峥嵘。
> 功归再造金瓯好,岁已三登玉烛调。
> 昨日倚筇平地看,一如石壁望松寥。②

此诗作于宋度宗咸淳四年戊辰(1268),陈宜中时年43岁,"贾师宪越第望海

---

① 脱脱等:《宋史》卷四百一十八《陈宜中传》,北京:中华书局,1977年,第12529页。
② 曾唯、张如元、吴佐仁:《东瓯诗存上》,上海:上海社会科学院出版社,2006年,第400页。

楼成,越帅季镛赋诗为贺,陈宜中时为推官次韵二首"①。由此可知陈宜中此诗正是为次韵越帅季镛贺贾似道而赋的诗。此时虽距离陈宜中上书丁大全已过去十年,但陈宜中还记挂着提携之恩,从首联的"恩"字就可看出。颔联的"随诸吏"则表明,此次登楼的是众多官吏,陈宜中不过是其中之一。换而言之登楼写诗迎合贾似道的人不独有陈宜中。颈联"再造"二字表达了陈宜中希望包括贾似道在内的所有官僚能够在自己的职位上更加尽心尽力,为朝廷为百姓做贡献,建功立业。尾联"如石壁望松寥"则化用李白《焦山望松寥》的"石壁望松寥,宛然在碧霄",指站在焦山陡峭的石壁上遥望松寥山,表达了陈宜中想要一展抱负的昂扬斗志。

综观全诗,全篇唯有首联直接称赞了贾似道,且多是出于重视提携之恩的缘故,虽有夸大贾似道功绩的成分,但体现的恰恰是陈宜中的知恩图报。更何况并不是凭空夸赞,毕竟贾似道前期并非全部没有作为,只不过他后来贪污腐败,鱼肉百姓,以至功不抵过。而该诗后面三句则是体现了陈宜中的为官抱负,并无可供指摘之处。单凭此诗,就说陈宜中逢迎贾似道似乎力度不太够。

那么再来看看第二首,《和贾魏公冬大雪诗》:

> 瑞霙又报集琪林,尽是宽民一点心。
> 银阙光浮和气动,玉龙力重老枝任。
> 鹅池凯奏传中夜,麦陇歌声沸自今。
> 得趁东风同此乐,青天何处不乔阴。②

此诗作于宋度宗咸淳六年(1270),陈宜中时年45岁,确实为酬和贾似道的《咸淳庚午冬大学遗安抚潜侍郎》所作。首联称赞瑞雪降临,福泽百姓,"宽民"二字可见陈宜中其实是为百姓感到高兴,毕竟瑞雪兆丰年,这场大雪对百姓来说可是一件大喜事。颔联一句写景,以动写静,化用了"提携玉龙为君死"的典故,暗含贾似道担负国家大任之意。颈联描绘了一幅众人一起赏雪的欣欣向荣的场景。尾联将东风拟人化,"青天何处不乔阴"指普天之下均为乐土,百姓生活富足,没有疾忧,呈现出一种盛世之态。综观全诗,该诗虽为和诗,但并非一味赞美贾似道,反而在赞美雪景之余表达出一种关心人民疾苦、心济天下的旷达心志。

---

① 张春晓:《贾似道及其文学交游研究》,武汉:崇文书局,2017年,第95页。
② 曾唯、张如元、吴佐仁:《东瓯诗存上》,上海:上海社会科学院出版社,2006年,第400—401页。

从创作背景上来说,这两首诗均为贾似道率众官僚一同赏景时所作,那么作诗以和贾似道之人则不只有陈宜中了,还有当时朝中的许多官僚,如季镛等。其实在贾似道擅权的16年间,南宋朝廷的阿谀之风愈演愈烈,"人群在歌颂高宗与秦桧'共图中兴'的'盛德'和贾似道'重开宇宙,活人万万'为主题的话语系统中奔竞不息,并不完全或主要不是为官禄所驱使,而是在高压政治下所产生的一种无法回避的适应性变异。这种变异不仅适应了当时的高压政治,同时又为特殊的心理本源所驱使,也是中国传统文化性格在特定环境中的一种自然流露"[①]。所以陈宜中写诗作和在当时的政治背景之下其实是一种正常的官场行为。除了陈宜中之外,还有季镛等人也在和诗。正因为和诗的大有人在,故以上两首诗并不足以证明陈宜中就是贾似道的党羽。

另外,笔者认为还需要明确一点:"诗歌内容阿谀不一定本人阿谀同样,诗歌反映亲民爱民还需要其政治活动提供佐证,一切都应该知人论世。"[②]而从陈宜中一系列的政治活动来看,他的确是爱国爱民的,那么不妨参考沈松勤先生在评价刘克庄时的做法:"刘克庄的谄谀习气无疑是时代的产物,是朋党政治造成的一种普遍士风释然。故尔对于作为个体的刘克庄,应怀着'与人为善'的态度相待,不能因此而否定其一生及其文学创作;即便是批评,也不能'宽于真而严于刘'。因为这种在汉代杨雄、蔡邕那里就有明显表现的谄谀习气,是中国知识分子所共同具有的一种内在的、气质的、待时而发的政治文化心理与性格使然。该心理与性格在南宋党争之时的诱发与催促下,表现得异常活跃和明显,所以谄谀之风与谄诗谀文特别盛行,因此毫无必要为刘克庄讳。"[③]故可以明确这些诗歌完全不能佐证陈宜中是贾似道的党羽,毕竟和诗贾似道只是那个大时代下官场中的正常行为,且他的这些诗歌反而还为后人更好地了解南宋末年的文坛阿谀风气波及之深之广提供了参考。

(二)弹劾程元凤,自请外调

程元凤原来在权贵丁大全门下,由于他未能全力阻止丁大全攫取相位,他被认为"缺乏风骨气节"[④]。但总的来说,程元凤是一个体恤民生、秉公廉洁、政绩

---

① 沈松勤:《南宋文人与党争》,北京:人民出版社,2005年,第452页。
② 肖瑞峰:《诗品与人品》,《观察与思考》2012年第2期,第74页。
③ 沈松勤:《南宋文人与党争》,北京:人民出版社,2005年,第450页。
④ 毕沅:《白话续资治通鉴》,长沙:岳麓书社,1997年,第219页。

显著的好官,并曾二度任相。咸淳三年(1267),程元凤第二次被任命为右丞相兼枢密使,《宋史·陈宜中传》记载:"似道恐其侵权,欲去之。宜中首劾元凤纵丁大全肆恶,基宗社之祸。命格,除太府卿。"①但在《宋史·程元凤》《续资治通鉴》《三朝政要》《癸辛杂识》等中,都只提到"受言官罢",均未详载该事,可谓是孤证难立。而《宋史》又存在"史实混乱、矛盾百出,且多存歪曲之辞"的缺点,这段"史实"的真实性仍有待考证。

更何况当时的陈宜中并非言官,仅是一个从四品的国子祭酒,是否真的有如此大的影响力以致程元凤被免职。另外,以贾似道当时的权势,根本无须"恐其侵权",毕竟他后来身为"平章军国重事"也可以使"深有名望"的丞相叶梦鼎"虚其位而已"。再退一步说,即使贾似道真想扳倒程元凤,也根本用不到陈宜中,自有身为言官的令狐概、潜说友、曾渊子等可以为其效劳。

而在此事后,陈宜中深感官场之险恶,也为了澄清其为贾似道党羽的谣言,他请求外调以证清白,于咸淳三年(1267)任江东盐平事提举。如果他依附贾似道,为其干了这么大的一件事,为什么没有趁机大获好处,反而要自请降职外调呢?而且陈宜中到职以后便上书了《请禁盐法抑配之害札子》,揭露了南宋盐钞法实施后逐渐带来的弊端,并提出了设置监察官员的建议,这足见其恪尽职守,非玩忽职守一流。陈宜中为官期间,所到之处皆受百姓拥护,为地方谋福利,宋史本传更有"在官得民心"之评价。这也体现了陈宜中为官时重视的是民生,而非官场争斗,更遑论依附贾似道以牟利了。综上所述,陈宜中受贾似道影响而弹劾程元凤这段"史实"值得怀疑,并不足以证明陈宜中是贾似道的党羽。

三、芜湖溃师,劾贾似道

德祐元年(1275)二月十九日,亲自带领朝廷精锐之师的贾似道统军无方,以致襄、樊失守,兵败芜湖,南宋主力军队也因此损失惨重,举国哗然。贾似道的带头逃跑,加上所谓的"气数论"影响,军队士气一度涣散。对此,陈宜中上书严责己身失察之罪,作《劾贾似道札》:

> 臣窃见近者叛将挟北暗渡,已逾两月。万姓皆谓贾似道督师江上,一出必能报三朝礼遇之恩,必能以一死谢天地涵育之泽。乃提师逗遛,

---

① 脱脱等:《宋史》,北京:中华书局,1977年,第12529页。

不发一矢。今忽报臣等孙虎臣退师,又报诸军已溃。初犹有"自与一决"之语,既变为"海上迎驾"之言。臣见其自诡知兵,意其有深谋秘计,可以救一脉于垂亡。忽有督府随行吏归,乃言似道于二十一日夜窜身而去,莫知所之。

臣起身书生,叨居要地,每见其施行时有差舛,未尝不随事纳规,才殚力乏,莫能救正,稔祸今日,涕陨何追!似道既已丧师窜身,上误宗社。臣向在乌台,既无吕诲之先知,今居执政,又不能为鲁宗道之力争,罪何所逃!谨亟具自劾以闻,欲望圣慈将臣重行诛窜,正平日苟容之罪以谢众论。仍正似道误国之罪以谢天下。祖宗德泽未衰,人心戴宋,犹切一线,尚可挽回。乞先将公田、市舶、茶盐诸咈民所欲者赐诏罢免,别议今图,以昭太皇太后陛下哀痛悔悟之意,以格皇天悔祸助顺之心。臣虽愚,死将瞑目。①

其要点是弹劾贾似道的"误国",他陈述贾似道在元兵入侵两月后"提师逗留,不发一矢",最终导致诸军溃败。对于贾似道平时的作为,陈宜中形容其为"自诡知兵,意其有深谋秘计,可以救一脉于垂亡",可见此前陈宜中对贾似道还是抱有一线希望的,毕竟贾似道在从政期间有过一定的政绩,他成功地解决了十分棘手的外戚、宦官专权问题。《宋季三朝政要笺政》载:"理宗之季,官以贿成,宦官外戚用事。似道为相年余,逐巨珰董宋臣、李宗辅,勒戚畹归,不得任监司、郡守,百官守法,门客子弟敛迹不敢干政,人颇称其能。"②他的政绩不仅表现在理宗朝前期对地方的有效治理上,也表现在他后来对公田法的推行和宋蒙鄂州之战中的防御上。故陈宜中万万没想到贾似道竟会溃师芜湖,他对此深加忏悔,还主动请罪:"臣向在乌台,既无台海之先知,今居执政,又不能为鲁宗道之力争,罪何所逃!"

总之,陈宜中在这篇弹劾贾似道的奏疏中,不仅批判了贾似道败师误国之罪,还自责没有及时发现贾似道的愚奸,请求把贾似道实施的公田、市舶、茶盐等违背民众意愿的法令废除。太皇太后下诏"罢似道平章、都督"③。而贾似道的亲信、总领禁兵的韩震欲以兵胁迫迁都。陈宜中"召震计事,伏壮士袖铁椎击

---

① 孙建胜:《陈宜中集》卷一遗著·奏疏合肥,合肥:黄山书社,2012年,第6页。该文录自《光绪永嘉县志》卷三二《艺文·文内编·奏议》,又见《续文献统考》卷二三《全宋文》卷八一六零。
② 佚名:《王瑞来笺证宋季三朝政要笺政》,北京:中华书局,2010年,第262页。
③ 脱脱等:《宋史》,北京:中华书局,1977年,第927页。

杀之"①。韩震的部下发生叛乱,进攻嘉会门,射火箭至大内,亦被平定。陈宜中把握时机,主动出击,终于将一代权臣贾似道及其势力肃清,使朝廷面貌得到改善。笔者认为《劾贾似道札》充分证明了陈宜中并非贾似道的党羽,更没有为虎作伥。但学术界有种观点认为,陈宜中弹劾贾似道、诛杀韩震是为夺取韩震手中所握京城禁军兵权并为自己赢得声望所做的"表演",是其一贯擅长的"政治投机"。笔者认为,这种观点有失偏颇,毕竟陈宜中弹劾贾似道和诛杀韩震的行为其实是当时的民心所向,即使没有陈宜中,也会有其他爱国人士勇于上奏弹劾。且从结果来看,这确实有利于结束贾似道为政多年以来的专权横行,对南宋政局产生了积极的影响。而揣测这一行为是政治表演的学者并没有其他证据可以加以佐证,这无疑有些欲加之罪,何患无辞。

结　语

综上所述,陈宜中早年逆奸谪边,后在入仕之时受到了贾似道的提携。他顾念着这份提携之恩,加上当时谄诗谀文的官场风气,确实为贾似道作过诗,也说过一些歌功颂德的赞美之词,但是并不能由此就简单判定陈宜中是贾似道的党羽。而陈宜中受贾似道影响而弹劾程元凤一说更是无稽之谈,并没有充分且明确、可靠的史料可以证明这一点。之后陈宜中自请外调,在芜湖溃师后上奏请求严惩贾似道,还有为政局稳定而诛杀韩振,这一系列行为更是充分证明了陈宜中并非贾似道的党羽。更可贵的是,陈宜中虽然由于提携之恩和贾似道早年的政绩而曾经过于信任贾似道,但他并没有一味阿谀奉承贾似道以牟利,而是在自己的官位上尽职尽责;他万事以国事为重,并不会因为个人之间的恩情而徇私枉法,该弹劾贾似道的时候也毫不犹豫,为了国家大义勇于出头,可见陈宜中为贾似道党羽之说并不可信。

（王越,温州大学人文学院 2021 级研究生）

---

① 脱脱等:《宋史》,北京:中华书局,1977 年,第 12530 页。

王与之《周礼订义》简述

夏诗荷　马　寄

摘　要：王与之，字次点，号东岩，南宋浙江温州乐清县（今浙江省乐清市）乐成人，潜心著述，撰成《周礼订义》八十卷。该书采摭浩博，荟集唐以前、唐讫宋学者研究《周礼》的诸家之说以诠释《周礼》，是宋代具有总结性的《周礼》学力作，其保存的资料非常宝贵。《周礼订义》持论谨严，考证精详，义理独到，具有相当高的学术价值和当代价值，在《周礼》学史和永嘉学派发展史上占有独特的地位，值得学界研究。

关键词：王与之；《周礼订义》；价值；版本

一、王与之的生平简介

王与之，字次点，号东岩，南宋浙江温州乐清县（今浙江省乐清市）乐成人。大约生于南宋孝宗年间（1163—1189）。曾师从松溪（今福建省南平市松溪县）陈氏，尽得陈氏所传《六典》之要旨。多次参加科举，未成，执教乡里20年，主要讲授《诗经》《尚书》《周礼》等，精通《周官》，颇受乡人尊重。

王与之曾在北雁荡山灵岩谷口的东岩筑屋闭门读书，皓首穷经，潜心著述，撰成《周礼订义》八十卷。据夏微考证，王与之"约从宁宗嘉定年间（1208—1224）开始撰作，至理宗绍定五年（1232）初步完成，而后不断修改、充实，迟至嘉熙元年（1237）夏之前最终完成。"[①]

王与之初步完成《周礼订义》书稿后，将书稿送给当时的文豪真德秀审阅，真德秀阅后深为赞赏，于宋理宗绍定五年（1232）闰九月甲戌日，亲自为《周礼订义》写序，说"永嘉王君次点，其学本于程、张，而于古今诸儒之说莫不深究，著为《订

---

① 夏微：《〈周礼订义〉研究》，长春：吉林人民出版社，2011年，第50页。

义》一编,用力甚至,然未以为足也。方将蚤夜以思,深原作经本指以晓当世,其心抑又仁矣。以是心而为是学,《周礼》一书,其遂大明矣。"①赞王与之探研《周礼》经义之志,认为该书有功于《周礼》之学。

宋理宗嘉熙元年(1237)夏中伏日,赵汝腾为《周礼订义》作《后序》。赵汝腾对《周礼订义》颇为推崇,赞曰:"次点研精覃思十余年而《订义》成,显幽阐微,商是确非,其有发先儒所未发者多矣。"②该书刊印后,颇受当时学者推重。

南宋著名学者、王与之的朋友、曾任温州知府吴泳阅后,赞王与之"真好个右里经塾之师"、为"豪岸绝群"之士。③

宋理宗淳祐二年(1242)11月,温州府向秘书省进《周礼订义》,12月,温州知府赵汝腾将《周礼订义》推荐给宋理宗,赞"其书精粹无疵矣,上可以裨圣明之治,下可以释学者之惑,有功于六典甚多",又赞王与之"履践无玷,守节不逾、皓首著书,……真经明行修之士。"④

宋理宗淳祐三年(1243)正月,宋理宗下旨秘书省,宣入《周礼订义》,以备夜览,4月26日宋理宗下旨尚书省检正都司授予王与之宾州文学,以示褒奖。王与之后通判泗州,年老致仕,卒于南宋末年,享年97岁。

王与之一生著书数种,如《周官补遗》(佚)、《周礼十五图》(佚)、《论语补义》(佚)、《周礼订义》(存)等。《宋史》中没有王与之的专传,只在《宋史》卷四十二,明代《永乐乐清县志》卷七、《弘治温州府志》卷十有简单的介绍。

二、王与之《周礼订义》的主要内容

《周礼订义》的版本有多种,内容大同小异,主要有《通志堂经解》本、国家图书馆善本特藏部藏的宋刻本、《四库全书》本。现据乾隆年间(1736—1795)四库馆臣修的《四库全书》本,《周礼订义》有八十一卷,其中卷首一卷,正文八十卷。卷首包括《朝奉郎、直焕章阁、权知温州军州、兼管内劝农事赵汝腾》(《知温州赵汝腾荐奏》)、《都司拟上》(《检正都司看详》)、《行在秘书省牒温州》(《秘书省下温州牒》)、《温州缴书申》《周礼订义》序[真德秀绍定五年(1232)《序》]、《编集条例》《序周礼兴废》《论周礼纲目》《论五官目录》《论天地四时官名》《论公孤不列于

---

① 真德秀:《周礼订义》卷首《〈周礼订义〉序》,文渊阁《四库全书》第93册,第6页。
② 赵汝腾:《周礼订义》卷八十《〈周礼订义〉后序》,文渊阁《四库全书》第94册,第570页。
③ 吴泳:《鹤林集》卷三二《答王次点书》,文渊阁《四库全书》第1176册,第315—316页。
④ 赵汝腾:《知温州赵汝腾荐奏》,《周礼订义》卷首,文渊阁《四库全书》第93册,第3页。

六职》《论官职多寡》《论六官次叙先后》《论六官所属交互》《编类姓氏世次》。

正文卷一至卷十四为《天官冢宰上下》,卷十五至二十八为《地官司徒上下》,卷二十九至卷四十六为《春官宗伯上下》,卷四十七至卷五十七为《夏官司马上下》,卷五十八至卷六十九为《秋官司寇上下》,卷七十至卷八十为《冬官考工记上下》。

卷一《天官冢宰上》,内容包括叙官及"大宰"1官;卷二《天官冢宰上》,内容包括"大宰"1官;卷三《天官冢宰上》,内容包括"大宰"1官;卷四《天官冢宰上》,内容包括"小宰"1官;卷五《天官冢宰上》,内容包括"宰夫""宫正""宫伯"3官;卷六《天官冢宰上》,内容包括"膳夫""庖人""内饔""外饔""亨人"5官;卷七《天官冢宰上》,内容包括"甸师""兽人""渔人""鳖人""腊人"5官;卷八《天官冢宰下》,内容包括"医师""食医""疾医""疡医""兽医""酒正""酒人""浆人""凌人"9官;卷九《天官冢宰下》,内容包括"笾人""醢人""醯人""盐人""幂人""宫人""掌舍""幕人""掌次"9官;卷十《天官冢宰下》,内容包括"大府""玉府""内府""外府"4官;卷十一《天官冢宰下》,内容包括"司会""司书""职内""职岁""职币""司裘""掌皮"7官;卷十二《天官冢宰下》,内容包括"内宰""内小臣""阍人""寺人""内竖"5官;卷十三《天官冢宰下》,内容包括"九嫔""世妇""女御""女祝""女史""典妇功""典丝""典枲"8官;卷十四《天官冢宰下》,内容包括"内司服""缝人""染人""追师""屦人""夏采"6官。

卷十五《地官司徒上》,内容包括"大司徒"1官;卷十六《地官司徒上》,内容包括"大司徒"1官;卷十七《地官司徒上》,内容包括"小司徒"1官;卷十八《地官司徒上》,内容包括"乡师""乡老""乡大夫"3官;卷十九《地官司徒上》,内容包括"州长""党正""族师""闾胥""比长"5官;卷二十《地官司徒上》,内容包括"封人""鼓人""舞师""牧人""牛人""充人"6官;卷二十一《地官司徒下》,内容包括"载师""闾师""县师""遗人""均人"5官;卷二十二《地官司徒下》,内容包括"师氏""保氏""司谏""司救"4官;卷二十三《地官司徒下》,内容包括"调人""媒氏""司市"3官;卷二十四《地官司徒下》,内容包括"质人""廛人""胥师""贾师""司虣""司稽""胥""肆长""泉府""司门""司关""掌节"12官;卷二十五《地官司徒下》,内容包括"遂人""遂师"2官;卷二十六《地官司徒下》,内容包括"遂大夫""县正""鄙师""酂长""里宰""邻长""旅师""稍人""委人"9官;卷二十七《地官司徒下》,内容包括"土均""草人""稻人""土训""诵训""山虞""林衡""川衡""泽虞""迹人""卝人"11官;卷二十八《地官司徒下》,内容包括"角人""羽人""掌葛""掌染草""掌炭""掌荼""掌蜃""囿人""场人""廪人""舍人""仓人""司禄"(阙)、"司稼""春人""馂人""槁人"17官。

卷二十九《春官宗伯上》,内容包括叙官及"大宗伯"1官;卷三十《春官宗伯上》,内容包括"大宗伯"1官;卷三十一《春官宗伯上》,内容包括"小宗伯"1官;卷三十二《春官宗伯上》,内容包括"小宗伯"1官;卷三十三《春官宗伯上》,内容包括"肆师""郁人""鬯人""鸡人"4官;卷三十四《春官宗伯上》,内容包括"司尊彝""司几筵""天府"3官;卷三十五《春官宗伯上》,内容包括"典瑞""典命"2官;卷三十六《春官宗伯上》,内容包括"司服""典祀""守祧"3官;卷三十七《春官宗伯上》,内容包括"世妇""内宗""外宗""冢人""墓大夫""职丧"6官;卷三十八《春官宗伯下》,内容包括"大司乐"1官;卷三十九《春官宗伯下》,内容包括"大司乐""乐师"2官;卷四十《春官宗伯下》,内容包括"大胥""小胥""大师""小师""瞽朦""视瞭"6官;卷四十一《春官宗伯下》,内容包括"典同""磬师""钟师""笙师""镈师""韎师""旄人""籥师""籥章""鞮鞻氏""典庸器""司干"12官;卷四十二《春官宗伯下》,内容包括"大卜""卜师""龟人""菙氏""占人""筮人""占梦""视祲"8官;卷四十三《春官宗伯下》,内容包括"大祝""小祝""丧祝""甸祝""诅祝""司巫""男巫""女巫"8官;卷四十四《春官宗伯下》,内容包括"大史""小史""冯相氏""保章氏"4官;卷四十五《春官宗伯下》,内容包括"内史""外史""御史""巾车"4官;卷四十六《春官宗伯下》,内容包括"典路""车仆""司常""都宗人""家宗人""神仕"6官。

卷四十七《夏官司马上》,内容包括叙官及"大司马"1官;卷四十八《夏官司马上》,内容包括"大司马""小司马""军司马"(阙)、"舆司马"(阙)、"行司马"(阙)5官;卷四十九《夏官司马上》,内容包括"司勋""马质""量人""小子""羊人""司爟"6官;卷五十《夏官司马上》,内容包括"掌固""司险""掌疆"(阙)、"候人""环人""挈壶氏""射人""服不氏""射鸟氏""罗氏""掌畜"11官;卷五十一《夏官司马下》,内容包括"司士""诸子""司右""虎贲氏""旅贲氏""节服氏""方相氏"7官;卷五十二《夏官司马下》,内容包括"大仆""小臣""祭仆""御仆""隶仆""弁师"6官;卷五十三《夏官司马下》,内容包括"司甲"(阙)、"司兵""司戈盾""司弓矢""缮人""槁人""戎右"7官;卷五十四《夏官司马下》,内容包括"齐右""道右""大驭""戎仆""齐仆""道仆""田仆""驭夫"8官;卷五十五《夏官司马下》,内容包括"校人""趣马""巫马""牧师""瘦人""圉师""圉人"7官;卷五十六《夏官司马下》,内容包括"职方氏"1官;卷五十七《夏官司马下》,内容包括"职方氏""土方氏""怀方氏""合方氏""训方氏""形方氏""山师""川师""原师""匡人""撢人""都司马""家司马"13官。

卷五十八《秋官司寇上》，内容包括叙官及"大司寇"1官；卷五十九《秋官司寇上》，内容包括"小司寇"1官；卷六十《秋官司寇上》，内容包括"士师"1官；卷六十一《秋官司寇上》，内容包括"乡士""遂士""县士""方士""讶士"5官；卷六十二《秋官司寇上》，内容包括"朝士""司民""司刑"3官；卷六十三《秋官司寇上》，内容包括"司刺""司约""司盟""职金""司厉""犬人"6官；卷六十四《秋官司寇上》，内容包括"司圜""掌囚""掌戮""司隶""罪隶""蛮隶""闽隶""夷隶""貉隶"9官；卷六十五《秋官司寇下》，内容包括"布宪""禁杀戮""禁暴氏""野庐氏""蜡氏""雍氏""萍氏""司寤氏""司烜氏""条狼氏""修闾氏"11官；卷六十六《秋官司寇下》，内容包括"冥氏""庶氏""穴氏""翨氏""柞氏""薙氏""硩蔟氏""翦氏""赤犮氏""蝈氏""壶涿氏""庭氏""衔枚氏""伊耆氏"14官；卷六十七《秋官司寇下》，内容包括"大行人"1官；卷六十八《秋官司寇下》，内容包括"小行人""司仪"2官；卷六十九《秋官司寇下》，内容包括"行夫""环人""象胥""掌客""掌讶""掌交""掌察"（阙）、"掌货贿"（阙）、"朝大夫""都则"（阙）、"都士"（阙）、"家士"（阙）12官。

卷七十《冬官考工记上》，内容包括"考工记叙"；卷七十一《冬官考工记上》，内容包括"轮人"1官；卷七十二《冬官考工记上》，内容包括"舆人""辀人"2官；卷七十三《冬官考工记上》，内容包括"筑氏""冶氏""桃氏""凫氏"4官；卷七十四《冬官考工记上》，内容包括"栗氏""段氏"（阙）、"函人"3官；卷七十五《冬官考工记上》，内容包括"鲍人""韗人""韦氏"（阙）、"裘氏"（阙）、"画缋""钟氏""筐人"（阙）、"㡛氏"8官；卷七十六《冬官考工记下》，内容包括"玉人""楖人"（阙）、"雕人"（阙）、"磬氏"4官；卷七十七《冬官考工记下》，内容包括"矢人""陶人""瓬人""梓人"4官；卷七十八《冬官考工记下》，内容包括"庐人""匠人"2官；卷七十九《冬官考工记下》，内容包括"匠人""车人"2官；卷八十《冬官考工记下》，内容包括"弓人"1官。卷八十末有《〈周礼订义〉后序》[《嘉熙丁酉（1237）赵汝腾〈周礼订义〉后序》]。

三、王与之《周礼订义》的价值及学界研究状况

《周礼订义》的"订"，意为"评议、订正"之意。"义"意为"义理"。"综观《周礼订义》一书，我们认为王与之以'订义'命名此书，其意有三：一是订正包括郑玄《周礼注》、贾公彦《周礼疏》在内的汉宋诸儒《周礼》学说之误；二是评断是书所引

由汉讫宋诸儒论解《周礼》学说的是非；三是阐发《周礼》设官分职所蕴精义。"①

王与之在《周礼订义》中，采用"愚案""愚按"的方式，对《周礼》的作者、经文，对《周礼》流传，对《考工记》补亡《冬官》问题，对郑玄《周礼注》、贾公彦《周礼疏》等诸家《周礼》之说是非，提出了自己的新见，体现了王与之对《周礼》的理解，其说可卓然成一家之言。据夏微统计，《周礼订义》中，王与之表达其《周礼》学说的"愚案""愚按"，共计313条。

《周礼订义》采摭浩博，荟集唐以前、唐讫宋学者研究《周礼》的诸家之说以诠释《周礼》，是宋代具有总结性的《周礼》学力作，也是"宋代完整流传至今的唯一一部集解体《周礼》学著作。"②保存了汉唐宋人特别是宋人诠释《周礼》的珍贵资料，这成为后世学者辑佚汉唐宋特别是宋人《周礼》著述和学说的渊薮。"《周礼订义》议论精博，集宋人谈《周礼》之精华，是全然展现宋学风气的新经学之作，是研究宋代《周礼》学不可不读的重要文献。"③

《周礼订义》是一部集解体《周礼》学著作，在每句经文之后排列诸家之说，如《周礼订义》卷十二《内宰》："掌书版图之法，以治王内之政令"一句，先列贾公彦之说："贾氏曰：'书谓书之于版。'"次列郑玄之说："郑康成曰：'版，谓宫中阍寺之属及其子弟录籍。图，王及后、世子之宫中吏府官之形象。'"次列王昭禹之说："王昭禹曰：'王内，后宫也。'"次列郑锷之说："郑锷曰：'小宰所治之王宫，乃王之六寝，此所治之内宫，盖后、夫人所居之宫，乃王之北宫。夫以王者之尊严，后、夫人之宠贵，而中宫之事乃以朝廷下大夫统治而宰制之。其意以为笫裯既交，则情与爱洽，颜辞媚熟，则公为私夺，故虽宫闱之政令，一以付之，示大公至正，以塞险诐私谒之原，故名官曰内宰，而使掌数版图之法焉。'"次列黄度之说："黄氏曰：'康成谓政令施阍寺者，非均稍食、分人民，皆为政令，不独施于阍寺。'"④

《周礼订义》，所采旧说51家，其中汉代4家：杜子春、郑兴、郑众、郑玄；南朝1家：崔灵恩；唐代1家：贾公彦；宋代45家，如刘敞、程颐、程颢、张载、王昭禹、李觏、胡安国、陈祥道、史浩、朱熹、吕祖谦、郑伯谦、叶适、王安石、刘恕、杨时、陆佃、无名氏《周礼图说》、无名氏《礼库》、胡宏、刘彝、方壬、林之奇、郑锷、薛季宣、陈傅良、郑伯熊、刘迎、王氏《周礼详说》、杨恪、陈汲、黄度、项安世、李叔宝、易祓、薛衡、陈用之、郑敬仲、周必大、曹叔远、林椅、赵溥、陈汪、李嘉会、孙之宏等。

---

① 夏微：《〈周礼订义〉研究》，长春：吉林人民出版社，2011年，第51页。
② 夏微：《〈周礼订义〉研究》，长春：吉林人民出版社，2011年，第3页。
③ 夏微：《〈周礼订义〉研究》，长春：吉林人民出版社，2011年，第440页。
④ 夏微：《〈周礼订义〉研究》，长春：吉林人民出版社，2011年，第12页。

据夏微统计,《周礼订义》征引宋代研究《周礼》著述和学说"达百条以上者就有 12 家,分别是:郑锷《周礼解义》之说 2250 条、易袚《周官总义》之说 759 条、黄度《周礼说》之说 676 条、王安石《周官新义》之说 513 条、无名氏《周礼详说》之说 332 条、刘彝《周礼中义》之说 305 条、赵溥《兰江考工记解》之说 233 条、项安世《周礼》学说 197 条、陈用之《考工解》之说 177 条、陈傅良《周礼说》之说 123 条、薛季宣《周礼辨疑》之说 117 条、陈汲《周礼辨疑》之说 102 条。"①

《周礼订义》所引宋人之说十之八九已亡佚不存或存佚不明,因此书而得以保存了大量珍贵的文献资料,故有一定的价值,可在一定程度上弥补宋代《周礼》学文献散佚严重的缺憾,如北宋史学名家刘恕的经说、经论已湮没,好的是《周礼订义》中保存了刘恕诠释《周礼》的 67 条学说。刘彝《周礼中义》、刘锷《周礼解义》等记载的批驳郑《注》、贾《疏》之论,有赖《周礼订义》的征引,我们才能窥见其崖略。

《周礼订义》卷二十《地官司徒上》"充人":"硕牲,则赞。"有王昭禹、王氏《详说》的注解,王氏《详说》引用了《礼记·祭义》的内容,与现版本的《礼记·祭义》的内容有出入,可以使我们知道南宋王与之那时《礼记·祭义》的内容。1991 年版中州古籍出版社《礼记》之《祭义》的内容:"古者,天子诸侯必有养兽之官,及岁时,斋戒沐浴而躬朝之。牺牷祭牲,必于是乎取之,敬之至也。君召牛,纳而视之,择其毛而卜之,吉,然后养之。君皮弁素积,朔月月半,君巡牲,所以致力,孝之至于也。"王氏《详说》引用了《礼记·祭义》的内容:"古者,天子诸侯必有养兽之官,及岁时,斋戒沐浴而躬朝之。祭祀牺牲,于是乎取之,钦之至也。君召牛,纳而视之,则有视牲之礼矣。择其毛而卜之,则有卜牲之礼矣,吉,然后养之,则有养牲之礼矣。皮弁素积,朔月月半,君巡牲,则有巡牲之礼矣。"

《周礼订义》卷二十九《春官宗伯上》"礼官之属",有《郊特牲》曰:'其数可陈也,其义难知。失其义而陈其数,祝史之事也。知其义而敬守之,天子之所以治天下也。'"与现版本内容有不同之处。1991 年版中州古籍出版社《礼记》之《祭义》的内容:"失其义,陈其数,祝史之事也。故其数可陈也,其义难知也。知其义而敬守之,天子之所以治天下也。"

王与之是南宋温州乐清人,一生中大部分时间在温州地区生活,所以《周礼订义》对温籍学者的《周礼》著述或学说援引很多。《周礼订义》征引宋代 45 家之说,其中温籍学者的《周礼》著述或学说有 9 家,包括薛季宣《周礼辨疑》、陈傅良

---

① 夏微:《〈周礼订义〉研究》,长春:吉林人民出版社,2011 年,第 441—442 页。

《周礼说》、郑伯谦《太平经国之书》、叶适《周礼》学说、曹叔远《周官地官讲义》、陈汲《周礼辨疑》、杨恪《周礼辨疑》、陈汪《周官集传》、李嘉会《周官小集》，约占《周礼订义》所引宋代诸家著述或学说的1/5。《周礼订义》征引如此众多的宋代温籍学者的《周礼》著述或学说，尤其是那些久已失传的《周礼》著述或《周礼》学说，为我们研究宋代温州地区的《周礼》学及永嘉学派大有裨益。宋代温州有不少学者研究《周礼》，如薛季宣著《周礼辨疑》、陈傅良著《周礼说》、郑伯谦著《太平经国之书》、叶适《周礼》学说、曹叔远著《周官地官讲义》、陈汲著《周礼辨疑》、杨恪著《周礼辨疑》、陈汪著《周官集传》、李嘉会著《周官小集》等，可惜好多研究《周礼》之书早已不存。《周礼》是一代法典，是颇受永嘉学派重视的一部著作，文繁事富，体大思精，属古文经，经文古奥，难读难懂。

洪振宁认为："宋代温州学者研究《周礼》，所撰著作约有20部，占整个中国学人研究《周礼》著作的五分之一。王与之《东岩周礼订义》搜罗宏富，是宋代完整流传至今的唯一一部集解体《周礼》学著作，又是'宋学系'《周礼》文献的重要代表作。书中采引南宋学者对《周礼》的解义有32家，其中温州学者的解义就有13家。"①

南宋以来，学界对王与之的《周礼订义》评价很高。吴泳说："某浩别丰神，今跨二除矣。每怀中川旧游，朋友衔杯酒，叙平生，谈今说古，未有如髯翁之豪岸绝群也。舍侄来，蒙缄示《周礼订义》四十卷，遂足前日《春官》以下之书。昼夜翻读，手之不置，因以是窥见次点真好个古里经塾之师。"②

元代学者陈栎花3年时间点校《周礼订义》，在《跋批点周礼订义》中说："泰定甲子六月七日，敏求寄示《礼订》首册，余细观而深喜之，承诿以点校。"③

清代学者纳兰成德评价该书："其编集诸家之说，宋儒自刘仲原父以下凡四十五家，可谓详且博矣。"④

孙诒让赞曰："《东岩周礼订义》，采摭浩博，为《周官》说之渊薮，易祓、王昭禹诸书莫能及也。……搜辑之富，不减卫湜《礼记集说》。"⑤

《四库全书总目提要》谓此书"所采旧说，凡五十一家，然唐以前仅杜子春、郑

---

① 洪振宁：《王与之和永嘉学派》，《乐清日报》2023年3月17日。
② 吴泳：《鹤林集》卷三二《答王次点书》，文渊阁《四库全书》第1176册，第315—316页。
③ 孙诒让：《温州经籍志》，上海：上海社会科学院出版社，2005年，第111页。
④ 纳兰成德：《东岩周礼订义序》，《通志堂经解》第11册，扬州：江苏广陵古籍刻印社，1993年，第527页。
⑤ 孙诒让：《温州经籍志》，上海：上海社会科学院出版社，2005年，第113—114页。

兴、郑众、郑玄、崔灵恩、贾公彦六家,其余四十五家则皆宋人。凡文集、语录无不搜采,盖以当代诸儒为主,古义特附存而已。……惟是四十五家之书,今佚其十之八九,仅赖是编以传。虽贵近贱远,不及李鼎祚《周易集解》能存古意,而搜罗宏富,固亦房审权《周易义海》之亚矣。"[1]

《周礼订义》保存的资料非常宝贵。《周礼订义》持论谨严,考证精详,义理独到。《周礼订义》具有相当高的学术价值,在《周礼》学史和永嘉学派发展史上占有独特的地位,值得学界研究。

南宋以来讫 20 世纪,学界对《周礼订义》研究主要集中在内容简评、版本考述方面:

南宋以来讫清的书目,如《宋史·艺文志》《文渊阁书目》《国史经籍志》《秘阁书目》《内阁藏书目录》《菉竹堂书目》《万卷堂书目》《四库全书简明目录》《朱修伯批本四库简明目录》《天禄琳琅书目后编》《虞山钱遵王藏书目录汇编》《藏园订补郘亭知见传本书目》等,皆著录《周礼订义》一书,但这些记载较简单,未著录该书的内容与评价。

至清代,《周礼订义》先被收入《通志堂经解》中,纳兰成德为之作序,对该书的作者、内容略作介绍与评价。后《周礼订义》被收入《四库全书》中,四库馆臣为其撰作的《提要》中,对该书的内容、特点、价值给予恰当的评价。

孙诒让在《温州经籍志》中,对《周礼订义》的内容、特点有精当的评价。

20 世纪以来,崔富章在《四库提要补正》中对《周礼订义》的版本情况作了进一步的考证与补充;李致忠在《宋版书叙录》中,对国家图书馆所藏《东岩周礼订义》的刊刻时间进行了详细考证;王锷在《三礼研究论著提要》(甘肃教育出版社,2001 年。)中对《周礼订义》的版本情况作了详细的总结。夏微的《〈周礼订义〉研究》,研究王与之的生平事迹、版本流传,考论该书所引诸家《周礼》的著作和学说存佚流传情况、《考工记》补亡《冬官》的见解、该书的价值(辑佚价值、校勘价值、文献学价值、经学价值)。

吴济川的《王与之与〈周礼订义〉》,对王与之与《周礼订义》作了介绍和精当的评价,认为该书采摭浩博,论理缜密,"足令后人景仰"[2]。洪振宁认为:"从存世文献看,王与之的《东岩周礼订义》的当代价值很高,在温州人著作中,宋代刊刻本流传至今有十余部,其中,《东岩周礼订义》是 80 卷巨著,宋刻本今藏在中国

---

[1] 永瑢:《四库全书总目》卷一九《周礼订义提要》,北京:中华书局,1965 年,第 152 页。
[2] 张志杰主编:《乐清历史学会会刊(第八期)》,2021 年,第 151 页。

国家图书馆。永嘉学派诸位学者如薛季宣、陈傅良、叶适、郑伯谦等人,其著作,均为明清刻本或抄本。王与之的著作,体大思精,最能体现宋型温州文化的基本特征。"①

四、王与之《周礼订义》的版本

《周礼订义》的第一个刻本是宋理宗嘉熙元年(1237)夏中伏日至宋理宗淳祐二年(1242)六月间的王与之自刻本,一部 10 册(已佚)。宋代在民间有淳祐年间(1241—1252)的众人集资刻本,有 15 册。元代泰定年间(1324—1328),有元人刊本,如宋敏求家藏的即是,敏求曾请朋友陈栎点校《周礼订义》,遂花 3 年时间点校。明初皇家藏书中有 1 部《周礼订义》,1 部残缺(存 15 册),1 部完整,2 册。明代民间有塾本《东岩周礼订义》。

清代康熙年间(1662—1722),纳兰成德校刻《通志堂经解》,据宋版《周礼订义》重新翻刻《东岩周礼订义》,将其收入《通志堂经解》中,此部《东岩周礼订义》有 81 卷,包括卷首 1 卷、正文 80 卷,卷首包括《〈周礼订义〉序》《〈东岩周礼订义〉序》《序周礼兴废》《论周礼纲目》《论五官目录》《论天地四时官名》《论公孤不列于六职》《论官职多寡》《论六官次叙先后》《论六官所属交互》《编集条例》《编类姓氏世次》《行在秘书省牒温州》《朝奉郎、直焕章阁、权知温州军州、兼管内劝农事赵汝腾》《都司拟上》。卷八十末有《〈周礼订义〉后序》[《嘉熙丁酉(1237)赵汝滕〈周礼订义〉后序》]。《玉海楼》藏有王与之《东岩周礼订义》80 卷,通志堂刊本。

乾隆年间(1736—1795),四库馆臣修《四库全书》,也据宋版《周礼订义》底本重新缮写,将其收入《四库全书》"经部·礼类"。

乾隆年间,四库馆臣又精选《四库全书》部分著作,编成《摘藻堂四库全书荟要》,挑选一部分,摆放在摘藻堂,专供皇帝阅览,其中就选了《东岩周礼订义》一书。2005 年吉林出版集团有限责任公司影印出版 16 开的《钦定四库全书荟要·周礼订义》2 册,计 1398 页。

国家图书馆善本特藏部藏有宋淳祐三年(1243)4 月 26 日至淳祐八年(1248)5 月 11 日间的刻本《东岩周礼订义》,80 卷,每半页 10 行,行 26 字,白口,左右双边,蝴蝶装。"此本镌印不佳,在宋本书中,就其书品而言,不算上乘。然

---

① 洪振宁:《王与之和永嘉学派》,《乐清日报》2023 年 3 月 17 日。

此本是王与之刻意加工之后的刊本,较之首刻当更加言简意赅。且首刻久已佚世,此刻亦在海内单传。并且是蝶装旧式,颇有宋时气息。又首尾完整,不缺任何篇什。所有这些,都表明此本乃是十分珍贵的。"①

1980年上海古籍出版社影印的文渊阁《四库全书》有《周礼订义》2册(《四库全书》第93、94册),计1336页。

《四库全书》本《周礼订义》有81卷,包括卷首1卷、正文80卷。通志堂经解本《东岩周礼订义》有81卷,包括卷首1卷、正文80卷,卷八十末有《〈周礼订义〉后序》。此次点校与整理,以清文渊阁《四库全书》本《周礼订义》为底本,再参考清刻通志堂经解本《东岩周礼订义》、《钦定四库全书荟要·周礼订义》,郑玄、贾公彦《周礼注疏》[李学勤主编《十三经注疏》本(标点本),1999年],孙诒让《周礼正义》(中华书局,1987年,点校本),《周礼》(徐正英、常培雨译注,中华书局,2014年)等,考其同异,删除重复,补充缺漏,纠正原底本的某些错误,对篇目顺序先后作了适当安排,形成新的较理想的校点横排繁体本。至于体例,先列经文,用宋体五号字,顶格书写,次列注解,空二格另起一行,也用宋体五号字或楷体五号字,低经文一格书写。因《周礼订义》所载官制繁冗,职官达379个,若无目录,读者查阅不便,费时费力,特加编目录,利于读者省览或深耕细读。此次点校与整理《周礼订义》,前言撰写、《周礼订义》卷首、正文卷一至卷四十卷及卷八十末的《〈周礼订义〉后序》由温州大学人文学院副教授夏诗荷负责,卷四十一至卷八十卷由温州医科大学马克思主义学院教授马寄负责。标点和整理,是一项需投入体力、脑力和费时考索之事,文字打字、辨认、补字、造字、标点与整理工作难度不少,有时点校几页,需花费多天工夫甚至更多时日,本书点校与整理,历时一年零七个月(2021年10月2日至2023年5月8日),我们悉心研读,比较异同,详审精校。我们执笔之后,益知学识浅薄,虽黾勉从事,讹误定然不少,蒙专家读者多所是正。

(夏诗荷,温州大学人文学院副教授;马寄,温州医科大学马克思主义学院教授)

---

① 李致忠:《宋版书叙录》,北京:北京图书馆出版社,1994年,第118页。

2021—2022 年刘基研究综述

杨定中

摘　要：刘基是元末明初著名的思想家、军事家、文学家以及政治家。2021—2022 年学界关于刘基的研究主要集中于四个方面：刘基的生平以及刘基与同时代人的交往活动、刘基对明王朝的影响、关于"刘基"的文献以及刘基的思想。这些研究大多是在之前研究的基础上对刘基的单一个体事物研究对象的分析总结深入，今后可以将刘基研究放到与其他相似研究个体的对比上面来，将刘基研究与元末明初的社会历史大背景更加紧密地结合起来。

关键词：2021—2022；刘基；研究综述

刘基(1311—1375)，字伯温，浙江青田(今浙江文成)人。元末明初著名的思想家、军事家、文学家以及政治家。具"王佐"之才，有"帝师"之誉，堪称"一代人豪"。在其一生中，辅佐明太祖朱元璋扫平江南割据势力，建立了明王朝。在立国建制期间，他敢于直言，献计献策，制定了一系列有利于休养生息、巩固明王朝统治的政策，为明王朝初期的经济恢复和发展做出了重要贡献，对明初政治产生了巨大影响。他被朱元璋视为自己的"张良"，封为诚意伯。正德九年(1514)追赠太师，谥文成。嘉靖十年(1537)将刘基与徐达并称，配享太庙。随着时间的推移，世人对刘基在明朝和开国中的作用和地位不断肯定。

他知识渊博，琴棋书画、天文地理无不精通，一生留下了大量的诗文和著述。其著作包含了丰富的政治思想、文学思想、教育思想等思想精华。他留给我们的这些宝贵精神财富是瓯越文化、江浙文化乃至中国文化的重要组成部分。研究刘基对于了解、研究乃至传承瓯越文化、江浙文化与中国文化有着重要的意义，并且有利于加深对元末明初政治、经济、文化的理解；多年来，大陆学界对刘基进行了多角度的研究，内容囊括刘基的生平活动、刘基的思想、刘基的著作考辨、刘基与同时代其他人的交往等多方面，由此取得了对刘基研究的重大突破。2021

至2022年,国内对刘基的研究同样取得了丰硕的成果,笔者将这些研究成果进行分类整理,以下为分类概括。

一、刘基的生平以及刘基与同时代人的交往活动研究

刘基是辅佐朱元璋建立明朝的功臣之一,是在明朝历史上非常重要的人物。对于刘基的一生活动的研究是刘基研究最基础也是最有意义的部分。这一领域2021年前已有一定的成果,最近两年,研究仍在稳步进行,这对于全面了解刘基的人生脉络以及他对明朝的影响力有着重要的意义。綦中明、路鹏的《刘基隐居考述》①详细梳理了刘基一生的隐居经历,考证其每次隐居的时间及原因,进而把握刘基一生中文学思想、政治态度、处事思维的变迁脉络。文中作者将刘基一生的四次隐居经历概括为"投劾隐居""寓居绍兴""愤而辞官""致仕归里",探析了刘基在四次隐居中"对元朝的失望—对张士诚等人的失望—对于明朝官场的厌恶"的心境转变及其缘由,作者分析刘基的隐居决定中包含儒家积极用世的思想,能够见出刘基心目中的"隐",是实现人生抱负的途径之一,而非消极避世的无奈举措,前三次隐居既是刘基韬光养晦、避祸求安的无奈举措,亦是他等待时机、相时而动的智慧抉择,然宦海沉浮数十年,参透世事后,刘基终究还是致仕归隐,只求明哲保身,这又是复杂时局下远离官场的必然选择。最后关于刘基的死因,作者对史学中的胡惟庸下毒一说表示质疑,并认为其实刘基是正常病死,而胡下毒的说法则是朱元璋为除掉胡而欲加之罪。关于刘基的死因,陈梧桐在其《秋实集》一书的《刘基死因考》②一文中有着详细深入的考证研究,认为是胡惟庸对刘基反对他封相心怀怨恨,于是就下毒杀害了刘基。对于刘基一生的总体论述,刘叶青的《刘伯温:大明第一帝师》③一书是两年中最新的刘基传记。

除对刘基生平经历的研究,刘基与同时代其他人的交往也受到学界的普遍关注。黄仕忠在《高明与刘基之交往及心态述考》④一文中梳理了刘基与当时同为进士出身的好友高明的一生主要往来,探析了他们在元末这一特定时期的心态变化。文中,作者认为高明随元南征的失意以及刘基的被免职,让高明和刘基共同产生了对元廷彻底失望的情绪。全文虽然以高明为主要视角切入,但

---

① 綦中明、路鹏:《刘基隐居考述》,《保定学院学报》2022年第3期,第27—33页。
② 陈梧桐:《秋实集》郑州:河南文艺出版社,2021年。
③ 刘叶青:《刘伯温:大明第一帝师》,沈阳:辽宁人民出版社,2022年。
④ 黄仕忠:《高明与刘基之交往及心态述考》,《长江学术》2022年第3期,第5—14页。

其对高明与刘基的诗文往来分析对刘基同一时期的心境转变的研究也具有一定的参考价值。此外,赵红娟的《〈弓斋日记〉所载"煮石山农画梅卷"及其刘基题诗考述》①一文通过刘基在友人王冕的《煮石山农画梅卷》所提诗文的探析对刘基与王冕的往来经历进行了研究,作者认为卷中刘基的六首题诗为王冕去世后数年内所作,主要表达了对故人的思念之情,对刘基对王冕的赠诗研究有助于推进对刘、王交游的研究,包括有助于我们推测王冕与刘基青田相聚的细节内容。

二、刘基对明王朝的影响研究

刘基作为朱元璋在灭元立明的过程中身边的重要谋臣之一,其对明王朝的建立以及明朝立国后国家制度建设的影响是巨大的。田冰在《刘基在成就朱元璋霸业中的作用》②一文中认为刘基自身的政治素养帮助朱元璋屡屡在政治局面上取得先机,从而得以夺取天下;其次他在军事上的运筹帷幄帮助朱元璋连续战胜陈友谅和张士诚这两个最大的对手;此外,刘基在具体战役中以象纬之学帮助朱元璋作出正确的战争决策。徐泓在《"大明"国号与刘基》③一文中提出朱元璋"大明"国号的提出与使用可能是根据刘基的建议。刘基作为《易经》专家,取《易经·乾卦》订"大明"国号,所取章句"大明终始,六位时成,时乘六龙以御天,乾道变化,各正性命",正在大元国号所取章句"大哉乾元,万物资始,乃统天。云行雨施,品物流行"之后,标志"大明"王朝承继"大元"王朝之正统,这进一步说明了刘基在明王朝建立过程中的重要作用。李艳敏、杨晓珍的《刘基与明初典章制度构建简述》④以为刘基对明朝典章制度构建既有理论思考又有创新实践,其主要体现为:大力提倡办学,恢复科举的教育制度;参修律令,实行德刑并举的法律制度;重视农业生产,关心国计民生,推行与民生息的经济制度。不仅如此,他在建都、礼制、历制、军制等方面有着独到见解。这些对于制度建设的谏言皆对新生政权的巩固和发展发挥了一定的作用,也对后世典章制度产生了重要影响。

---

① 赵红娟:《〈弓斋日记〉所载"煮石山农画梅卷"及其刘基题诗考述》,《丽水学院学报》2022年第4期,第1—6页。
② 田冰:《刘基在成就朱元璋霸业中的作用》,《传奇故事》2021年第23期。
③ 徐泓:《"大明"国号与刘基》,《浙江工贸职业技术学院学报》2022年第1期,第60—64页。
④ 李艳敏、杨晓珍:《刘基与明初典章制度构建简述》,《浙江工贸职业技术学院学报》2022年第1期,第65—68页。

三、关于"刘基"的文献研究

这类研究主要对于明清史籍中的"刘基"文本进行考证,这对于刘基研究以及史书记事研究有着一定的价值。时亮的《〈明史·刘基传〉编纂考述》[1]对《明史·刘基传》的纂修过程与各拟稿的承袭关系进行分析,并简述了各稿特点与地位。其中,作者认为三一三卷本《明史纪传·刘基传》是《明史》撰写初期形成的,直接为四一六卷本《明史·刘基传》所承袭,《刘基传》定稿之源头则为开《明史》纂修简练风格的徐乾学《明史·刘基传》,两稿间尚有王鸿绪三一〇卷本《明史稿·刘基传》,该稿承前启后,删繁就简,是过渡稿,至张廷玉《刘基传》定稿,则以三一〇卷本《刘基传》为直接蓝本进一步凝练文字、调整结构、勘正讹误。此外,金邦一的《刘基"仕江西"事的明清史籍书写流变研究》[2]以刘基"仕江西"作为论述中心,以《故诚意伯刘公行状》的记述作为事实基点,关照明初、明中期、明后期、明末、由明入清的同事件记述,并从撰述者在政权中不同身份的立场角度、与传主的关系等角度出发,呈现不同历史时期、不同身份撰者对事件细节的省略、凸显乃至改写,分析五百年来刘基"仕江西"事的史籍书写流变。作者认为在对刘基的作官为数不多的记录中,历史书写者出于其在当时政权中的地位和个人价值取向,对刘基进行了选择性、修饰性改造。由于古代"文人—官员"一体性的性质,叙事者往往受到政权意识形态的限制,使其撰写出现对细节的忽略和改编,无论是明清之际的文学化书写还是清朝的前朝遗民所体现的故明色彩,都体现出历史撰写受到政权规训和个人价值取向的影响。

四、刘基的思想研究

近两年来公开发表的刘基研究论文中,以刘基思想研究的内容最多,这些研究涉及刘基的经学理论、法治思想、廉政思想、经济思想、文学艺术思想、军事思想、鬼神思想等。

刘基大量的书画作品体现出刘基的文学艺术思想。近两年来,学界中有王

---

[1] 时亮:《〈明史·刘基传〉编纂考述》,《温州大学学报(社会科学版)》2022年第35卷第3期,第52—60页。

[2] 金邦一:《刘基"仕江西"事的明清史籍书写流变研究》,《浙江工贸职业技术学院学报》2022年第2期,第65—72页。

寅寅、张卫红以及孟修祥对其文学艺术作品中的思想进行了不同角度的研究。王寅寅的《关于明中都书"紫极"字砖与刘基书法艺术范式的相似性比较和情境类推》[1]考察了明中都书"紫极"字砖的形态、出土地时空情境,及其与刘基书法艺术范式的相似性。由此剖析了刘基书法艺术与其明中都书"紫极"砖字书法具有的相似的艺术范式,其书艺与其在江淮地域明中都等重要情境中发生的政治行为相关联,刘基书法艺术内质的成长演变受其所在越地生活区域的地域文化和其在江淮地域间的政治实践的影响。外儒内道的气质是刘基书法的特色专属,刘基在书法上受"二王"影响以及对越地书艺的传承,形成了元明之际以刘基为代表的书法风格美学的元代范式。张卫红的《论刘基诗中变风变雅精神的源流》[2]一文认为刘基诗中变风变雅精神是对诗歌"美刺风戒"的自觉继承。其主要体现在两个方面:一方面,体现在他建功立业、马革裹尸的个人政治追求的抒发中;另一方面,隐含在他无欲无求、寥寥一生的生活追求的隐微表达里。此外刘基诗文理论力主讽喻劝诫之说,提倡理、气并重,重视时代风格,继承了《诗经》的变风变雅精神,成为明初崇儒复雅文学思潮的"三驾马车"之一。孟修祥的《论刘基对屈骚的审美接受》[3]提出刘基对屈骚的审美接受主要表现在三个方面:一是对"屈骚体"艺术形式的选择,二是对"香草美人"意象的审美认同,三是对"惊采绝艳"浪漫诗风的传承。他在接受"屈骚体"的艺术形式、"香草美人"的审美意象、"惊采绝艳"的浪漫诗风的同时,赋予了新的内涵。

《郁离子》作为刘基的代表著作之一,其中蕴含刘基的经学思想、廉政思想等各种思想。有不少学者对于刘基《郁离子》进行了研究。佟建伟的《刘基〈郁离子〉主要思想管窥》[4]认为刘基的《郁离子》反映出其民本、德刑并举互济、量才而用尽其职的为政思想,遵循经济规律、诚信为本、重视货币管理的经济思想,以农为本、天地之盗、固守职业、听民自为、宏观调控的农业思想和重视用兵之道、兵农合一、以德治军、好战必亡的军事思想。张凯红、刘洪强的《刘基〈郁离子〉题名来源道教考论》[5]认为刘基《郁离子》的"郁离"二字是刘基在命名时借鉴了道家

---

[1] 王寅寅:《关于明中都书"紫极"字砖与刘基书法艺术范式的相似性比较和情境类推》,《艺术生活》2021年第3期,第43—49页。
[2] 张卫红:《论刘基诗中变风变雅精神的源流》,《开封文化艺术职业学院学报》2022年第2期,第1—3页。
[3] 孟修祥:《论刘基对屈骚的审美接受》,《长江大学学报》(社会科学版)2021年第4期,第51—56页。
[4] 佟建伟:《刘基〈郁离子〉主要思想管窥》,《温州职业技术学院学报》2022年第1期,第34—38页。
[5] 张凯红、刘洪强:《刘基〈郁离子〉题名来源道教考论》,《温州职业技术学院学报》2022年第1期,第29—33页。

典籍里的词,在《郁离子》中有着知节制与求适度、福祸相依的相对主义、妖鬼之说与神仙道术、保护自然与归隐之心等道家思想的体现;除《郁离子》之外,刘基本人的其他作品也表现出了一些对道家思想的认同,进而论证了《郁离子》中"郁离"二字与道家思想联系的合理性。刘涵的《刘基〈郁离子〉中所蕴含的大同色彩》[1]一文阐释了《郁离子》中所体现的大同色彩的思想以及这些大同色彩思想的源流,论述其大同思想的现实意义。文中,作者认为《郁离子》中传达出爱民利民的民本思想、选贤举能的人才观念、讲信修睦的和谐思想,这些思想正展现了与大同思想相似的理念。南炳文的《刘基关于国家管理队伍的论述初探——初读〈郁离子〉》[2]一文通过对刘基在《郁离子》中关于国家管理队伍的十点举例论述的梳理解读,阐释了刘基对于元朝腐朽统治的批判以及刘基具体的国家管理思想。

此外,对于刘基其他著作的研究也继续问世。周玉华的《刘基对柳宗元〈天说〉中"天人说"的接受》[3]论述了刘基著作的思想与柳宗元《天说》中思想的相似之处,揭示了刘基的《天说》上下两篇对于柳宗元《天说》的继承和发展,最后作者也肯定了刘基《郁离子》题名是来源道教的观点。谢元春、吴礼权的《刘基〈卖柑者言〉的政治修辞学分析》[4]对刘基的《卖柑者言》进行了政治修辞学分析,作者认为《卖柑者言》的创作目的不是给读者讲故事,娱乐读者或是讲道理,而是借助寓言中虚拟的人物跟顾客之间的对话,以高超的政治修辞技巧将文章所要表达的反对元朝腐朽统治的主旨思想清楚地呈现出来,使读者对于元末黑暗的政治现实有一个清醒的认识,从而为推翻元朝腐朽统治制造舆论。顾瑞雪的《刘基〈拟连珠〉的思想情怀》[5]认为刘基的《拟连珠》中表达了举贤授能、人君之德、古今治乱、立身处世等方面的思想。刘基认为作文的目的在于明道以厉行,学以致用,这体现了刘基秉持的儒家诗教观和强烈的文化复古情怀。此外连珠体在其作品中复归最初的谏诤和讽兴教化的功能,深刻彰显了他经世致用的思想特点。

---

[1] 刘涵:《刘基〈郁离子〉中所蕴含的大同色彩》,《名作欣赏》2021年第5期。
[2] 南炳文:《刘基关于国家管理队伍的论述初探——初读〈郁离子〉》,《浙江工贸职业技术学院学报》2021年第4期,第32—35页。
[3] 周玉华:《刘基对柳宗元〈天说〉中"天人说"的接受》,《温州职业技术学院学报》2022年第1期,第24—28页。
[4] 谢元春、吴礼权:《刘基〈卖柑者言〉的政治修辞学分析》,《修辞研究》2022年第2期。
[5] 顾瑞雪:《刘基〈拟连珠〉的思想情怀》,《三峡大学学报》(人文社会科学版)2022年第6期,第87—93页。

对于刘基思想的总体研究主要如下。李万进的《刘基的儒学心性思想》[①]对刘基的心性论进行了细致深入的阐述,从天道衍生万物角度论述了心与性、情之间的关系,心性与精神修养的关系,并涉及理气、人道等,指出刘基阐述的心性论承袭了程朱理学,旨在通过修养心性成就圣人之道,实现内圣外王的儒家理想。夏咸淳的《刘基:谋略家和学问家的双重角色》[②]通过对《郁离子》等刘基学术著作的梳理,阐释了刘基学术思想的总体特征。郑任钊的《刘基的"大一统"思想与"聚人之道"》[③]对刘基著作中"大一统"思想进行了论述,揭示了刘基由"大一统"的思想启发到"聚人之道"政治主张的提出这两者之间的内在联系。杨俊才的《钟馗役鬼与刘基倡廉》[④]通过解读刘基《题钟馗役鬼移家图》,发现刘基对于多数人认可的钟馗正面形象是驳斥的,由此论述了刘基的廉政思想的特征及其现实意义。廖春阳的《鬼神何灵,因人而灵:刘基鬼神思想辨析》[⑤]通过对刘基著作中"有神论"与"无神论"思想之间矛盾的解读,认为刘基思想本身是一种无神论,但在特定情况下通过有神论实现其政治目的、教化目的。俞美玉的《刘伯温用兵之道》[⑥]通过对刘基军事著作《百战奇略》以及《郁离子》《拟连珠》中的军事实践记载,从战争观、用兵之道核心、用兵之道关键、用兵之道法门以及用兵之道运行保障五个方面阐释刘基的军事思想。俞的另一文《刘基思想对永嘉学派继承与发展》[⑦]对刘基思想进行归纳总结,并通过梳理永嘉学派事功学说特点,两相比较,认为刘基思想对永嘉学派事功学说既有继承,也有发展,其实质是对理学和事功之学进行融合;更强调事功以"仁"为依归,驾勇成仁;更强调明道用道;认为刘基思想还有着心学痕迹,其思想甚至是理学、心学、事功之学三学统一。杨桦的《试论刘基的经济思想》[⑧]阐释了刘基以农业生产为主的经济思想,对刘基经济思想的成因和地位进行了分析,客观评价了其曾发挥的积极作用。

---

① 李万进:《刘基的儒学心性思想》,《温州职业技术学院学报》2022年第1期,第17—23页。
② 夏咸淳:《刘基:谋略家和学问家的双重角色》,《浙江工贸职业技术学院学报》2022年第2期,第58—64页。
③ 郑任钊:《刘基的"大一统"思想与"聚人之道"》,《宁波大学学报(人文科学报)》2022年第4期,第85—91页。
④ 杨俊才:《钟馗役鬼与刘基倡廉》,《丽水学院学报》2022年第4期,第7—15页。
⑤ 廖春阳:《鬼神何灵,因人而灵:刘基鬼神思想辨析》,《科学与无神论》2021年第5期,第54—60页。
⑥ 俞美玉:《刘伯温用兵之道》,《孙子研究》2021年第1期,第24—33页。
⑦ 俞美玉:《刘基思想对永嘉学派继承与发展》,《浙江工贸职业技术学院学报》2021年第4期,第36—40页。
⑧ 杨桦:《试论刘基的经济思想》,《浙江工贸职业技术学院学报》2021年第4期,第41—45页。

结　语

综上,过去两年以来对于刘基的研究较为深入全面。可这些研究多是对刘基个人言行、著作、思想的研究,将刘基的研究与元末明初的社会历史更加紧密地结合起来,将刘基与同时代历史人物进行对比研究的文章还是较少。且对于刘基思想的研究虽然数量多,但其参考史料多为刘基的《郁离子》《拟连珠》等经典的著作,对于刘基所著数量庞大的诗歌、寓言等多种形式的"小著作"研究较少。最后,对于刘基思想与中国古代其他思想学说的对比、刘基思想在古代思想史中的地位与影响也少有涉及,之后的研究可以深入探索。

(杨定中,温州大学人文学院2021级硕士研究生)

明代温州书院研究

——以贞义书院为例

林烜伊

摘　要： 明代温州地区学术文化兴盛,温州当地学术的兴盛发展,以书院讲学、传道、教化民众为特色,其规模之大,实属史无前例。伴随明朝社会政治局势,明代温州书院发展变迁的脉络经历了沉寂、初步恢复、飞速发展、衰落四个阶段。在明代温州书院发展高峰时期的嘉靖年间,贞义书院这一具有突出性代表的书院脱颖而出。结合张璁与贞义书院关系,梳理贞义书院的发展脉络、授课讲学,探讨张璁当朝的思想主张与治学之道。对比贞义书院的前世今生,探究贞义书院对当今温州的现实价值,具有重要意义。

关键词： 明代；温州书院；贞义书院；张璁

前　言

书院是各个流派建立与发展的重要平台,也是交流思想、传播文化、学术交流的绝佳场地。自宋朝以来,书院逐渐成为中国古代与官方学校并存的一种特殊的教育机构,也是我国古代学术创新与传播的一个重要基地。考察我国古代书院的发展历程及其吸取的教训,对于认识我国古代的教育、人才培养体制、古代学术的变化、社会的影响具有重大的理论和现实意义。[①] 明代中叶,由于土地兼并的加剧,百姓的赋役负担加重,社会矛盾日趋复杂,一系列改变对传统的道德秩序造成了很大的影响。[②] 明代也恰恰处于封建社会向半封建半殖民地社会转化的一个历史转折时期,温州的学校教育在此期间出现了很多新的特征,研究

[①] 兰军：《明清温州书院研究》,温州大学 2013 年硕士学位论文。
[②] 兰军：《晚明书院与地方赋役制度变革——以嘉兴仁文书院为中心的考察》,《嘉兴学院学报》2020 年第 4 期,第 34 页。

考察其特点具有深刻的历史意义。① 温州书院熬过了明前期半个世纪的衰落，再到明朝中叶寻得机会发展，最终于嘉靖年间，发展达到了顶峰。

书院在宋代最为蓬勃发展，对于明代时期书院的研究还较有足够的深入空间，且温州处于独特的耕读文化背景下，其书院在温州当地的发展，在全国居于领先地位。温州书院文化中也含有温州当地富有传统特点的耕读文化的独特性，贞义书院作为明代嘉靖年间首辅张璁一手创办的书院、温州唯一奉旨敕建的民间书院，存在较高的研究意义。学界有关温州贞义书院的详细研究较为稀缺，未见相关学术专著，通过分析明代温州书院研究状况，以贞义书院为代表，本文希望厘清贞义书院在明代温州书院中的地位与代表性。在长期的历史发展过程中，书院在授课讲学中的教学制度与教学方法以及管理组织形式等方面，为现代教育留下了很多启示和思考，值得我们在发展高等教育中加以吸收和传承。

一、明代温州书院的整体发展状况

明代是温州书院发展史上的光辉时代，在其历史上起到了承前启后的功能。明朝书院随着明王朝政局的跌宕起伏，由崇尚陈朱理学到与湛、王之学的融合，出现了前朝闻所未闻的盛局，并带来了一场声势浩大的思想解放运动。

在明初，帝国正处于百废待兴之际，统治者首先考虑建设官方学校，地方上兴建府、州、县各级学校以及大力兴办社学，基本解决全国士子求学与出仕等问题，温州当地兴建学校，加快恢复良好的环境。据《光绪永嘉县志》记载：

> 宣德丙午夏五月，飓风起，海上朽木扬沙石，民居官宇十仆，其二三而朝学，仅存门庑，倾圮尽无……名进士拜监察御史，才德著闻，有宰执之荐捧圣书来治，于温自下车以来，政通人和，百废俱兴，顾瞻邑学独圮弗治，大惧无以称上旨，乃进师生而谓之曰学校，以敷宣教化作与贤良必宏，其规模以为施教之地。②

在兴办官学的同时，明朝时期温州政府对于民办为主体的各地书院的态度

---

① 朱鹏：《元明清时期的温州学校教育》，《温州师范学院学报》（哲学社会科学版）1990 年第 2 期，第 41 页。
② 张宝琳：《光绪永嘉县志》卷七《学校志》，台北：成文出版社，1983 年，第 32 页。

则是大相径庭,既没有统一的政策扶持,又明里暗里进行限制乃至禁止。洪武五年,据《宁波府志》记载:

> 革罢训导,弟子员归于邑学。书院因以不治,而祀亦废。[1]

从正统时期起,明朝当局的公共资源持续性流失,致使政府政治权力作用的发挥受到了一定程度的影响,并逐渐进一步动摇上层建筑的稳定。

为了解决以上问题,明朝各阶层都自发地对各种相关制度问题进行梳理与反思,从而使得"改革"成为当时的主流思想。在各项重要制度进行改革之时,书院的发展与当朝政治局势的变化关系紧密,为了能够适应封建时代的政治需要,温州的官员们开始在中央以外,尤其是不同的学校之外开设书院,进行一系列修复、重建,甚至敕建。在几十年各阶层的努力之下,温州书院也在弘治年间凭借着官学腐败开始迅速发展,数量超过此前朝代之和,并在嘉靖年间达到了发展的高潮。

随着万历年间的明朝政治每况愈下,温州书院的发展速度较正德、嘉靖期间有所减缓,在隆万时期,由于府、州、县学完全走向腐朽,书院已经完全代替了官学,成功跻身当时人才培养领域中重要的教育机构,并与科举考试中的乡试挂钩,书院已经基本上变成科举考试制度的附庸。书院发展后,陈朱理学的官方地位被湛、王之学动摇,又因建书院讲学在后期演变成官官勾结、官位升迁、结党营私的场所,遭到当权者的忌恨与憎恶,酿成了嘉靖、万历、天启时期轰轰烈烈的三毁书院,后被誉为"明季三毁书院"的劫难,[2]标志着明代书院开始进入衰落阶段。而连年战事以及集团争斗中往往殃及池鱼,随着明王朝统治的摇摇欲坠,书院也日益没落。

以上是明代温州书院发展的大致脉络,明代书院总体上从先进发达地区往偏远落后地区进行推进,温州可谓是先进地区其中一个代表。值得一提的是,明朝的书院数量已超1500所。包含在内的浙江已被记载173所,温州便占了其中62所,占比高达浙江省36%。[3] 温州在独特的耕读文化背景下,以"半耕半读"为合理的生活方式,其耕读文化在与永嘉学派相结合之下,温州书院的发展综观整个浙江书院具有不可替代的意义。

---

[1] 曹秉仁:《雍正宁波府志》卷九,台北:成文出版社,1974年,第484页。
[2] 邓洪波:《中国书院史》,上海:东方出版中心,2004年,第197页。
[3] 李国钧:《中国书院史》,长沙:湖南教育出版社,1994年,第536页。

二、贞义书院的发展

(一)贞义书院的发展概况

贞义书院被称为温州历史上十大书院之一,是温州唯一奉旨敕建的民间书院,也是地方官员在地方各类学校之外开设兴办的书院。该书院由明朝最高统治者授予匾额,并特意下旨修建,以示其认可和支持。贞义书院可以被称作是明代温州书院在其发展的高峰时期(嘉靖年间)具有突出性重要代表的书院,并且被后人誉为温州教育界的一座秀丽的丰碑。在贞义书院被尽心创办的同时,温州当地尤其是龙湾区人民也在积极创办各色书院,例如永嘉场二都英桥里(今龙湾永昌堡)人王激在郡城慈山修建了鹤山书院,招收学子进行讲学。书院的百花齐放,既弥补了官方学校的不足,又大大促进当地读书文化,温州龙湾当地的耕读文化也在书院深厚的历史文化底蕴下悄然地孕育发展。

贞义书院在敕建前并未命名为"贞义",在其敕建以前的十年,该书院名为"罗峰"。明武宗正德十三年戊寅(1518),张璁在乡荐后,为了应对科举考试,在入试前,于五都姚溪(今龙湾瑶溪)创办了贞义书院的前身——罗峰书院,书院中有屋三间,园五亩,招收学生30余人,进行讲学。[①] 但由于当时的张璁还未及第,手持经费不足,书院不得应有的修葺,陷入日益衰败的危机中。随着张璁在正德十六年(1521),即明世宗登基前一年进士及第,后深受世宗看重,原本的罗峰书院也一改前貌,拥有较之前更广阔的发展,在嘉靖七年被赐予新名:

> 按张氏闻知录有罗峰书院在瑶溪山中,考廣与记初名罗峰书院,嘉靖时赐名贞义。[②]

贞义书院的敕建来之不易,张璁结合个人坎坷的求学生平,在《请赐书院额名的奏折》中记载了敕建贞义书院的背景:

[①] 王兴文、兰军:《明代温州书院体系的构建及特征》,《温州职业技术学院学报》2012年第3期,第8—12页。

[②] 张宝琳:《光绪永嘉县志》卷七《学校志》,台北:成文出版社,1983年,第32页。

臣自八岁就家塾,二十岁游郡庠,二十四岁领乡荐,屡举礼闱不第。是非有司之不明,实臣学术之未至也。乃于西去臣居十五里许地名姚溪,建为书院一区,以为藏修之所,并会学徒讲学于其间。奈何顽钝无成,鞭辟不进。①

嘉靖七年戊子(1528),张璁奉敕扩建其未第时的读书之处姚溪精舍,并由世宗赐名为"贞义书院"。院内敕建"抱忠堂""敬一亭",其前及左右并立"翰林学士""寅亮天地""燮理阴阳""理学名臣""中兴贤相""黄阁元辅"等六座牌坊。其中"抱忠堂"与"敬一亭"更有相关史料记载:"敕建贞义书院,在五都瑶溪,邑人大学士张孚敬未第时溪浒读书,及入相奉敕建院名贞义堂,名抱忠,今废"②。张璁在书院当中修建了敬一亭,"嘉靖七年,敕建碑亭,奉勒圣谕,御制敬一箴,御注范氏心箴、程氏四箴,各系学同"③。圣谕碑当中为《进御注四箴》文。嘉靖六年(1527),张璁因世宗赐阅宋代内阁范浚《心箴注》,进程颐《四箴》("视、听、言、动"箴言),嘉靖皇帝释注《四箴》,张璁建议摹刻"五箴注"及《敬一箴》,至该年十二月,"六箴"均摹刻立石于翰林院后堂。嘉靖皇帝又撰文立喻碑,以统一格式颁行天下,皆世宗皇帝亲笔正书刻石。

贞义书院里的贞义堂,改名为抱忠堂,敬一亭亦是在官方支持下修建,于嘉靖十年辛卯(1531)七月,张璁首次因政治纷争而退伍,在其解甲归田的时候,曾在书院旁边修建房屋用于全家居住,又在书院内外重新创建了御书楼,用来尊藏世宗皇帝所赐敕诰、诗书、文札。嘉靖十一年(1532),三月初五抵京师,仍为内阁首辅。八月,以言官论弹劾,再回老家。九月返里,仍住瑶溪山中。再次归山时,张璁于书院中创建如下景观:

三园:来青园、钟秀园、菜园;
七亭:留胜亭、观荷亭、放鹤亭、万竹亭、千橘亭、来鸥亭、溪山一览亭;
二门:待旦门、学首门。
两水系:"九曲涧""三条湘"(环建栏杆,驳岸砌石)

---

① 张孚敬:《太师张文忠公集奏疏》卷四,明万历四十三年张汝纲、张汝纪等刻本,北京:国家图书馆出版社,2014年,第151页。
② 张宝琳:《光绪永嘉县志》卷七《学校志》,台北:成文出版社,1983年,第32页。
③ 张孚敬:《嘉靖温州府志》卷一《学校》,明天一阁嘉靖刻本,上海:上海古籍书店,1964年,第10页。

十二桥:揽月桥、跑马桥、显德桥、随云桥、怀忠桥、彰贤桥、栏杆桥、承恩桥、鸣珂桥、大岩桥、龙潭桥、济川桥;

九坊门:"翰林学士"(书院山房前)、"寅亮天地""燮理阴阳"(书院前,议正郊社日月之祀所立)、"理学名臣"(书院左,议正先师孔子祀典所立)、"中兴贤相"(书院右)、"黄阁元辅""青宫太师""文焕""恩光"。

张氏一品家庙:在贞义书院左前、三条湘侧、来青园前"仿朱子祠堂制,创家庙共为五龛",立《家庙议碑》于一品家庙中。①

此时,贞义书院成为当时温州家喻户晓的园林胜地。不仅如此,为避免其如以往罗峰书院日益衰落,皇帝高度重视贞义书院的修葺,在明世宗的圣旨下,贞义书院的日常修葺得到保证。由于贞义书院在当时受到明世宗的高度重视,朝廷中也有不少猜忌之人,为了避免书院遭到他人毁坏,张璁向皇帝递上《辞免修建书院》奏折,讲到:

嘉靖七年三月初四日,少保吏部尚书文渊阁大学士,臣张孚敬奏,奉圣旨,卿所奏,足见笃学以勉后来之意,书院名与做:贞义,堂名更做抱忠,仍著彼处有司就其书院中,盖敬一亭一座,以置朕之《五箴》抱忠堂门等处,或有损坏亦与修葺,完日具奏。(又初八日奏奉)。②

嘉靖十六年(1537),张璁在瑶溪山上休养生息,在此期间他在贞义书院门前的荷塘边刻了一块石碑,并在上面写下了《观荷亭记》。嘉靖三十七年(1558),贞义书院在一场倭寇入侵的大火中被夷为平地,经历过纷乱的战火,书院只剩下了几处残垣断壁。《太师张文忠公集》中记载:

嘉靖三十五年(1556)九月,倭寇自楠溪出,夺舟渡江,屯居龙湾,分掠永嘉场。贞义书院毁于嘉靖三十七年(1558)倭火。③

---

① 汤日昭、王光蕴:《万历温州府志》卷三《建置》,北京:中国书店,1992年,第40页。
② 张孚敬:《嘉靖温州府志》卷一《学校》,明天一阁嘉靖刻本,上海:上海古籍书店,1964年,第12页。
③ 张孚敬:《太师张文忠公集奏疏》卷末,明万历四十三年张汝纲、张汝纪等刻本,北京:国家图书馆出版社,2014年,第617页。

（二）贞义书院的日常授徒讲学

嘉靖年间兴建书院的著名学者王守仁写道：

> 守仁平生唯有讲学一节耳，故其属纩之际，家童问何所嘱，乃应之曰："我他无所念，平生学问方才见，尤未能与吾党共成之，为可恨耳"。①

讲学对于书院制度建设与发展的重要性可见一斑。明朝中叶，书院兴盛起来，逐渐蓬勃发展，信心十足地进入了社会生活的方方面面，成为官宦、平民乃至底层民众政治、文化、教育生活中不可缺少的一部分。张璁修业期间在温州罗峰书院收徒教学，收有生徒约三十人，大都是青年学子，有宗族从侄，有故交世子，有远近慕名而来的平民百姓等。贞义书院受众面广，对普通百姓均给予开放，山林布衣、乡村长者、百姓、佛教僧人皆可入内聆听讲学。

书院的授课内容以儒家经典、名家诗文、时事政治为主要特色，儒家的"礼学"思想贯彻其中。贞义书院的宗旨，并不是单纯的识字教书，而是致力于建设一项能够建设礼俗观念、教化民众、博采众长的教育事业。张璁对礼学问题有着深度的钻研，对礼学有着自己独特的见解，是一个礼学专家，对儒家思想的内圣学说有深入的研究和真切的体证。如果说张璁的好友王守仁的思想是提纲挈领"由一到万"的方法，那么张璁在书院中的治学思想则是"由万到一"，张璁做事治学，反反复复要求的是一定要在实际的事务当中去行持，要求学者从事而入，探究其中规律，最终由术而入道，由事而入道。这种"由万到一"的方法可能比较"繁琐"，但适用范围更大，适合人群也更广。在贞义书院讲学期间，张璁深研习"三礼"，潜心著述，编著了《礼记章句》八卷、《仪礼注疏》五卷、《周礼注疏》十二卷、《社律训解》六卷，其中《礼记章句》更是被称为"毕生之力皆在此"，为后世"大礼议"提供了理论基础。

张璁在贞义书院讲学的期间培养出众多人才，留名的有：徐道、娄恪、项相、夏鲸，及从侄张钿、张铁、张綱、张纷八人。在课徒讲学期间，张璁开辟富春园，创建兰菊轩（在富春园侧）、宾竹轩，莳花种竹，栽松园杏。

---

① 薛应旂：《嘉靖浙江通志》，台北：成文出版社有限公司，1983年，第2257页。

三、张璁与贞义书院的联系

《明实录》对张璁给予了高度的评价:"然终嘉靖之世,语相业者,迄无若孚敬云。"[1]张璁敢于革新,缓和了社会土地兼并百年的积弊,革新了科举制度,并改革明朝当时校风,以提高学堂的育人功效,在张璁的改革下,嘉靖前期也是明代史上整治学风效果较为明显的时代。

从"罗峰书院"到"贞义书院",离不开明世宗的鼎力支持,而这一切也有赖于明世宗对张璁不同一般的关注。在明朝中期,由于政治改革需求,明朝的内阁体制逐渐变得以王权为依托,作为传达君主意愿的中央组织,也逐渐对朝廷的政策产生了实质性的影响力,首辅的地位慢慢凸现,成为了一国"一人之下,万人之上"的宰相。永乐朝以后,明代历史长河中出现了极大的政治撕裂,所伴随发生的就是民族文化势力政治的综合较量——大礼议之争。由于杨廷和集团的彻底瓦解,张璁等"大礼新贵"也逐步出现,逐渐得到了明世宗的信服与尊重。

虽在历史长河中,张璁往往被天下人评价为急功近利、擅长抓住机会,凭借着大礼议契机才得以升官加冕。明世宗也深知张璁作威作福的为人,屡次撤职,而他之所以一再任张璁为宰相,大部分原因是顾及最初大礼议之争时,在明世宗孤身作战之下,张璁敢于冒天下之大不韪与明世宗为伍,抗衡朝野的反对声。所以在嘉靖初年,明世宗十分重视不畏显贵的张璁,且经常夸奖:

> 一清为首辅,翟銮亦在阁,帝侍之不如璁。尝谕璁:"朕有密谕毋泄,朕与卿帖悉亲书。"璁因引仁宗赐杨士奇等银章事,帝赐璁二章,文曰"忠良贞一",曰"绳愆弼违",因并及一清等。[2]

明世宗关照张璁,其中一个重要表现则是体现在世宗对待贞义书院的态度,他想通过亲笔撰名来确保贞义书院不会被轻易废弃,据《嘉靖温州府志》记载,世宗皇帝如是说:

> 圣旨卿当时学首博识多闻,以勤勉克笃,其初而又加敬慎以节其

---

[1] 《明世宗实录》卷二百二十一",嘉靖十八年二月二日乙己,台北:"中研院"历史语言研究所,1962年,第 4577—4578 页。
[2] 张廷玉:《明史》卷一百九十六《张璁传》,北京:中华书局,1974 年,第 5178 页。

身,力辅朕躬尽心职务专,以王道匡朕,兢兢自持,又虑后学,恐废特以堂院名额为请朕亲撰以赐于卿,才德学行未足以尽褒,示览所陈谢具见勤诚,朕知道了(三月初九日工部奏奉)。①

张璁和贞义书院关系匪浅,双方之间就像是兰亭和王羲之、池上楼和谢灵运、沈园和陆游一样。贞义书院在敕建以前,更追溯到张璁在及第以前,曾经七次参加会试都以失败告终,终于登第时已经四十七岁。他建罗峰书院,还是在于修业,因而课徒之余,著书撰文,深研"三礼"(《礼记》《周礼》《仪礼》)。他把人生的志向、坎坷的仕途、忧郁的心情,都投入自然山水之中,遍历瑶溪山水、大罗山各名胜古迹,写下了许多瑶溪山水诗文,以及"忧国我头白""乡村白日尚纵横,犬豚毋宁尽逃避""杜陵心独苦,贾谊泪长流"等诗句,表达了忧国忧民的胸襟。在贞义书院的敕建上,以及此后在贞义书院中作的各类诗文都不难看出张璁在登第后的意气风发和壮志情怀。

张璁是一位民间出身的布衣宰相,在温州乡间居住将近半个世纪,深受温州耕读文化影响,往往描写温州瑶溪当地风景,张璁常以"山中相"自居,虽身居山林,却胸怀天下,忧国忧民。在当时修建罗峰书院的时候,张璁当时的旧号为"罗峰",后更号改为"张罗山",也就是大罗山的名字。张璁在《罗峰书院成》中将浓郁情感寄托于山水,写道:

> 卧龙潭下书院成,白鹿洞主惭齐名。松菊已变荒芜径,溪壑更添吾伊声。苍生有望山中相,白首愿观天下平。青衿登进乐相与,日听沧浪歌水情。②

该诗作后,张璁的情感仍滔滔不绝、意犹未尽,他提笔又写了一首《中秋有怀罗峰书院落成》,流传至今:

> 去岁山堂夜,比邻集碎翁。
> 鼓吹喧树下,瓜果出园中。
> 奄觉风尘隔,能忘月色同?

---

① 张孚敬:《嘉靖温州府志》卷一《学校》,明天一阁嘉靖刻本,上海:上海古籍书店,1964年,第12页。
② 张孚敬:《嘉靖温州府志》卷二《山川》,明天一阁嘉靖刻本,上海:上海古籍书店,1964年,第2页。

于今谁与主,难得信音通。①

正德十三年(1518),在罗峰书院中,张璁完成了《礼记章句》一书的撰写,同时他在书院讲学时还撰作了其他诗词,并大力开展讲学授课,在书院改名前就已经凭借着罗峰书院的办学成绩受到众人赞誉,在当时被世人尊称为"罗峰先生"。

张璁的晚年基本上都是在贞义书院度过的。嘉靖十四年乙未(1535),张璁因为生病回乡,他住在贞义书院中,写下《陈奏愚情》《谢准休致敕官护送》诸疏。嘉靖十五年(1536年)七月初七,明世宗希望召张璁回朝,并让锦衣卫千户刘昂入山探听张璁的病况,若是病情稍有好转,命其连夜赶回。张璁在同月来到丽水,未曾想病情加重只能回到山中,此后在明世宗的再一次召回下,于金华病情复发,返回深山。嘉靖十六年(1537)三月,在贞义书院门前的荷花池边,张璁写下了《观荷亭记》。那年春天,他接到圣旨,准许让他的侄子张郡侍养,并催促他回京,但他的病还没有痊愈。同年,《嘉靖温州府志》八卷,在瑶溪山中纂修完成了。

四、贞义书院的重生

民国初年,书院遗址上先后发掘出青石狮子一对,雕刻精致,形态逼真,均为一品家庙原物,今天收藏在瑶溪张氏小宗内。近两年,龙湾区委、区政府将致力于龙湾文化的光辉重现,重振传统文化教育、尊师重教、崇尚学术的楷模,贞义书院的重生正是给了龙湾文化辉煌发展的一个新契机。温州唯一一所受诏敕建的民间书院——贞义书院,获省级非物质文化遗产"张阁老民间故事"加持,在2021年2月21日正式授牌开院。龙湾区将通过现代化的展陈方式,展现贞义书院的发展历程以及张璁的历史成就,再现几百年前贞义书院的风华正茂,从而显现温州市龙湾区深厚的历史和文化遗产。

贞义书院在经历修缮后,建筑风格突出,主要体现明清时期的建筑特色,书院当中保留了大量的殿堂、院落、回廊、门台等。走进院子,就能看见其中的照壁明显仿制明朝的规模,正中立着一块石碑,上面刻写着明嘉靖敕建贞义书院的诏书。书院分为三大区域,分别是兰菊轩、宾竹轩、抱忠堂。此外,还可依区域举办一系列的传统文化教育、儒学研究、书画鉴赏、教育培训、文创展览、对外交流等

---

① 张孚敬:《嘉靖温州府志》卷二《山川》,明天一阁嘉靖刻本,上海:上海古籍书店,1964年,第2页。

活动,让远近的市民在远离喧嚣的瑶溪静心读书,体验悠久传统国学的力量。

在这所书院里,进去参观的游客不难发现展览室中陈列的展品讲述了当时张璁在乡间的许多轶闻轶事与典故掌故,这些典故在民间流传得愈加广泛,由此也逐渐形成了一种民间口头文学——张阁老传说。张阁老的故事,流传于瓯江八百里,向黄岩,向台州,向平阳,向苍南,这些流淌过张阁老故事的土地无一不在深深受其影响。凭借着贞义书院当中对于张阁老故事绘声绘色的展览,温州这一民间口头文学中的瑰宝才得以源远流长、经久不衰。流传至今的张阁老传说有鲜明的人民性:传说中的张阁老爱憎分明,慈悲为怀,关心弱势群体,照顾家乡和乡亲,充满了浓浓的亲情、人情、乡情。究其深层原因,在于张阁老的雄心壮志,勇于改革,坚忍不拔,讲乡情、重亲情的形象,是温州人民奋发向上、勇于创新、同心协力、相互帮助、不断进取的精神象征。

"张阁老传说"是一种口头文学,在民间广泛传播。《张阁老的故事》《张阁老故事专辑》《张阁老故事专辑续集》《张阁老传说》等,均已被编撰出版。民国年间,温州宿儒游长龄先生,曾将其编撰成《张阁老的故事》,共收集40余篇文字资料(仅存34卷);温州市文联于1980年发行了《张阁老故事专辑》,共收录28篇故事;1981年,续篇发表,共收录22篇;1984年,洪瑞钦与杨秉正先生共同创作了《张阁老传说》,收录了40个传奇故事,9个故事讲述其才能,11个故事讲述其品德,20个故事讲述乡情亲情;龙湾区文化广电新闻出版局于2014年完成了《张阁老传说》的整理出版工作。

贞义书院给张璁的精神传播带来了强劲的力量,龙湾区不仅借贞义书院展现张璁的历史功绩、清廉自持等崇高品质来树立楷模、激励后人,还将举办一系列的讲座、文化体验活动,丰富市民的精神和文化生活,加速龙湾"一区五城"的建设,打造文化高地,成为滨海新城最幸福的城市。

后　记

综上所述,随着元末明初社会动荡,中国书院进入了明代270多年的发展历程,受到明朝前期统治者文教政策的影响,地方书院在每况愈下的官方学校间跻身而出,更如本文所述,明代温州贞义书院有幸在明世宗与张璁的力推下获得官方敕建。本文主要从明代社会政治背景变迁入手考究明代温州书院的发展态势,在发展高峰时期抓住温州贞义书院作为代表性书院进行探讨研究,从贞义书院的官方地位、发展脉络、庭院构建、授课讲学、教化群众等方面,紧密结合张璁与贞义书院难割难分的关系,探讨张璁在当朝的思想主张与治学之道,明代温州书院的发展在明清鼎革之际为清代书院开创先声。在贞义书院毁于倭火的几百年后,温州龙湾区利用现代化的展陈技术,将贞义书院的发展历程、张璁的历史贡献等重新梳理,再现书院昔日的辉煌,并进一步展现温州市龙湾区深厚的历史文化底蕴。

(林烜伊,温州市第十二中学教师)

永嘉场东瓯王信仰调查

张卫中

摘　要：从一个地方的民俗我们可以了解它的文化，从一个地方的文化我们又可以看到它的历史，一个地方的民俗是当地百姓在特定的文化背景下，经年累月逐步形成的，具有长期性、地方性和传承性，不可能从外地移植过来，或凭空自创。本文试图以永嘉场东瓯王信仰个案的田野调查为中心，同时结合其他相关文献，调查明清以来永嘉场东瓯王信仰的地方文化象征转化的历史过程，以期揭示东瓯王信仰传统、地方百姓文化创造的相互关系。

关键词：永嘉场；东瓯文人始祖；田野调查

永嘉场，旧称"永嘉盐场"，现称"永强"，属温州市龙湾区。从地理位置看，永嘉场位于瓯江口南岸与东海交接部，东临东海，南接瑞安，北眺瓯江口，西靠大罗山，境内西南环山，中部平原，自成体系。永嘉场从唐代开始盐业生产，素有"山海平原，鱼米之乡"之称，文化是积淀厚重，古迹众多。在温州地域开发史上，东瓯的驺摇地位突出，助汉击楚，驺摇是第一位被封建王朝封王的首领。他结束了这一地域"蛮夷"地位，历来受这一地域内民众的崇敬，世称"永嘉地主昭烈广泽王"[①]。后演化为温州最重要的地方神，其庙宇也被视为最早古迹，如清人梁章钜在《浪迹续谈》所言："温州旧迹，以东瓯王庙为坡光，犹吾闽之祀无诸也。"[②]

东瓯王庙在温州各地广有分布，永嘉场建造多处的东瓯王庙来尊奉这位"地主爷"。从2011年7月开始，笔者在近一个月的业余时间中到温州市东部永嘉场乡村进行田野调查，实地考察了部分庙宇，对一些耆老和庙宇管理人进行口

[①]　王瓒、蔡芳：《弘治温州府志》卷十六《祠庙》，上海：上海社会科学出版社，2006年。
[②]　梁章钜：《浪迹续谈》卷二《东瓯王庙》，福州：福建人民出版社，1984年。

访,获得一些口述资料,也搜集到一批民间历史文献。本文现拟梳理调查中获得的各种资料,理写报告,以供大家参考,文有不足之处,敬祈指正。

一、永嘉场东瓯王庙分布及类型

根据实地考察及访谈,永嘉场现存东瓯王庙列表如下:

表1 永嘉场现存东瓯王庙列表

名称	地点	建筑年代	占地面积（平方米）	活动状况	备注
普门堂	普门村	不详	不详	配享	近年新修建
东瓯观	蓝田村	不详	约1600	正常开展	又称东瓯王庙,近年修建
东瓯王庙	建新村	清代后期	约300	正常开展	又称沙村下殿,2009年修建
东瓯王庙	上朱垟村	始建元代	约1000多	正常开展	原称东海庙,1999年修建
东城观	新城村	不详	不详	配享	永昌堡东城造
东瓯王庙	下垟街	不详	不详	无	原庙遗址
关公庙	蕚芳村	清代	不详	配享	2007年修建
东瓯王庙	殿前村	明代(嘉靖前)	约400	正常开展	1950年停止活动 原称李浦庙 2001年新修复活动
太阴宫	八甲村	光绪三年	1200	配享	解放后,在此宫配享
东瓯王庙	度山村	清初期	约2000多	正常开展	2005年修建,展望路4号
东瓯观	度山村	不详	不详	正常开展	近年新修建,诸募桥西边

注:本表供参考之用。

永嘉场东瓯王庙可分为二种类型。一种为主神庙,庙名称之为"东瓯王庙"或称"东瓯观",主神即东瓯王"地主爷"。另一种为配祀庙,东瓯王作为配享,比如东城观、关公庙、太阴宫、普门堂等庙宇均如此。这些庙所在地是今天的龙湾区永中街道殿前村、度山村(展望路)、度山村(诸募桥西边)、上朱垟村、普门村、新城村;海滨街道蓝田村、建新村;永兴街道蕚芳村、下垟村235号(原庙遗址)以及沙城街道八甲村,共计十一处。① 将其转化为空间分布图如下。

---

① 其他地方尚有东瓯王庙遗存,目前还没有详细的考察信息,还需详细调查,有待补全。

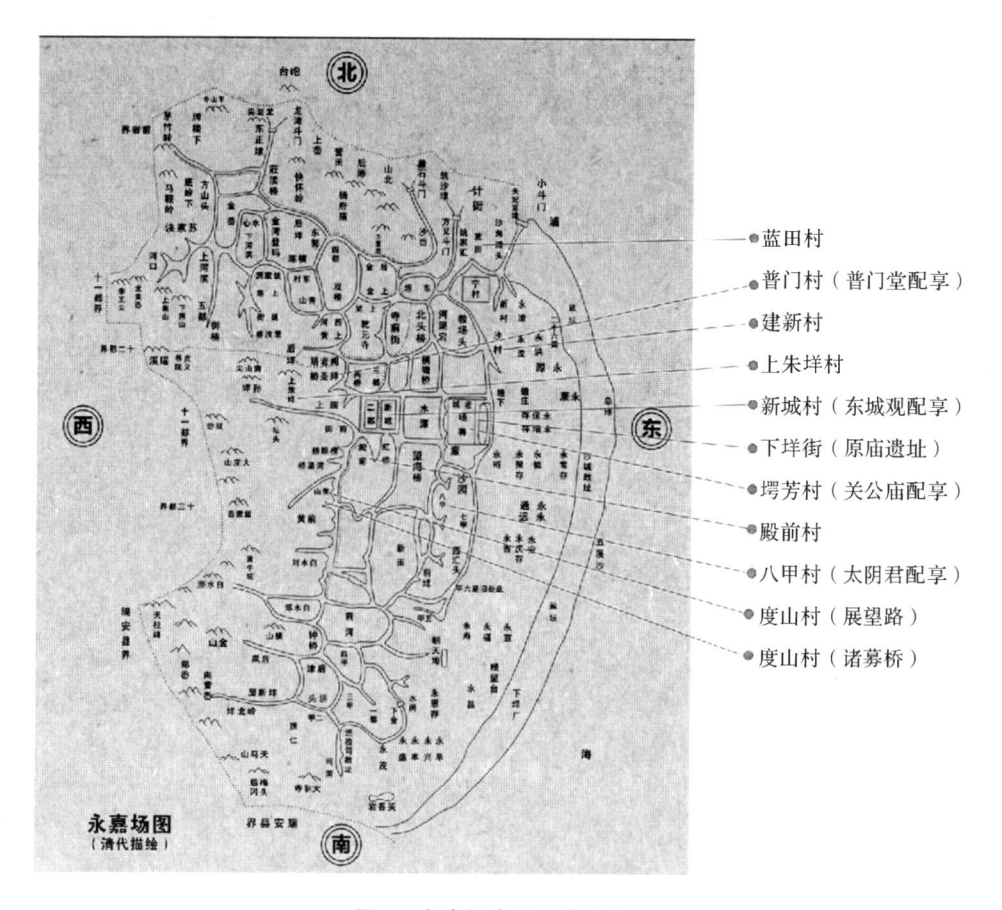

图 1　永嘉场东瓯王庙分布

注：永嘉场，旧称永嘉盐场，现称永强，现属于温州市龙湾区，亦是现龙湾区的主体部分。

永嘉场最早的东瓯王庙,惜毁于宋乾道二年(1166)洪灾。现存永嘉场东瓯王庙初建年代大部分为明清时期,这几年有些经过了翻修重建,有些还进行了扩建。如位于上朱垟村后岸东瓯王庙,据碑记所述,该庙原称东海王庙,始建元代,在明永乐年间改为今名。

1927年由本地陈沛璋公出大洋200元,重建开间二进,东西厢房及戏台,因庙年久失修,先后在1982年和1999年由当地村民集资进行扩建修复。其中1999年共计扩修费用约75万元,经8个月竣工。其集资由当地陈氏、黄氏、朱氏等姓氏村民及各地姻亲共同捐资完成(近年因旧村改建,整体拆除移异地)。

度山村展望路4号东瓯王庙,始建于康熙年间,原来庙五间两进占地面积362平方米。在2004年由当地村民集资进行改造扩建,现在占地面积约2000

平方米,七间两进,前进戏台,两边厢房各7间,其二层楼结构,周边围墙,门前大路广阔,工程造价220万余元。是日前本区域内最大一座东瓯王庙。

沙村建新村东瓯王庙是在2009年重修的庙,庙内的壁画与塑像及整体装饰等特别精美鲜艳。二楼正中的神龛上只摆放东瓯王坐塑像,像正前放置神位及案桌。其形象和装饰与其他村庙建筑有所不同,在东瓯王塑像的右边一个神龛内供奉陈府圣王,左边的神龛则供奉五通尊神。楼内外正上方悬挂着"东瓯文人之祖"匾额。

下垟街235号东瓯王庙现作为商场用地。当地村民在2007年改建关公庙时把东瓯王神位立在关公庙内配享祭拜。这应当理解为民众对"地主爷"崇拜的一种延伸表现。近千年永嘉场东瓯王庙多次进行扩建和修缮的变化,与民群的参与集资有着十分值得探讨的渊源。据有关史料记载,明嘉靖年间,永嘉华盖乡二都建有东瓯王庙二处,其一在永兴堡内,其二在李浦村。永兴堡内的东瓯王庙就是今下垟街235号旧址,当地人称"蕚芳大殿",俗称"下殿"。其建造历史可追溯到明嘉靖年间,明项乔[①]撰有《通政溪桥王公配享东瓯王庙碑记》,记载其以王钲肖像配享,因他在筑石堤维护永嘉盐场有功于当地盐民生计,被称"与东瓯王殆相倚为灵长"而配享东瓯王庙。据明《嘉靖永嘉县志》载:"东瓯王行庙在永嘉场盐课司东。嘉靖甲午重新奉封,通政王公钲配享,公有硕德,为里人所依戴,又具奏请均盐课折色于通县,并修筑沙城、社氓德之,每岁总催代役。盐课司官率众致祭,青田陈中州有记。"[②]由于年代久远,该庙被改为商业用地,仅留下庙宇部分遗址。

二、永嘉场东瓯王庙仪式活动

永嘉场东瓯王庙仪式活动比较丰富,据各庙的管理人员与当地村民介绍,正常农历每月初一和十五当地信女都到庙里点香灯来祭拜"地主爷"。每年农历三月初八,各东瓯王庙都要举行祭拜活动,主庙与配享各有差别。

新中国成立前,永嘉场大部分东瓯王庙都有庙产。每年举行祭拜酬神活动时,都由一户村民主办,其费用由当年田产收入来支付。

如今,这些庙宇虽然没有庙产支持仪式活动,但是有的村落或者信众组成名为"东瓯王爷班"的神明会,集中的资金也相当丰厚,祭拜活动也相当充实,不但

---

① 项乔(1492—1552),字子迁,号瓯东,今龙湾区沙城街道七甲人。项乔撰著有《瓯东私录》《瓯东文录》等书。

② 王叔果、王应辰:《嘉靖永嘉县志》卷四《祠祀志·庙》,北京:中国文史出版社,2010年。

在仪式活动期间举行聚飨,而且村民自愿出资单户或纠合多户认订几场戏,请外地戏班来庙内演戏。演戏时间约一星期,有些庙演半月。如上朱垟村、蓝田村、度山村近年来每年都有戏班来庙内演戏。有些庙也请唱词先生到庙内唱数木词,唱几天。农历三月初八,永嘉场东瓯王庙业常热闹,"神人共赏"。

八甲村的太阴宫内配享东瓯王"地主爷",原来是无庙,当地百姓在清咸丰十年间从温州华盖山麓东瓯王庙分得香火,塑像祭祀。神像由珍贵木料雕成等人坐状穿戴衣冠,奇寓民家,"人神共居"。一年一度轮流,每年正月十四、十五神像出巡,俗称"抬佛",每日下午、晚上各一趟,沿下横路街道,南起七甲门前垟,北至下垟街范公桥行程约3.5公里,每到一地都备办香案祭拜,并由请佛先生读路察文,八甲含地四社,佛轿两杠分4段、每段3人。大社左杠前段;二社右杠前段;三社大杆后段;四社右杆后段,共计12人。前后轿头背各2人,轿头抬各1个,共计6人,合计18人。其他抬否亭,打罗6人,背头牌、执事、旗子、灯笼10余人。还制定了"东瓯王"入驻人家条件、入驻的手续、入驻过程、入驻后服务等实施办法。这种民间信仰活动直到1948年下半年才终止。此后不知何年当地村民才把东瓯王塑像放置太阴宫内,作为配享来祭拜。因此"抬佛"这种民间信仰活动在八甲村年老村民中记忆深刻,使这些人群与太阴宫有了不同程度的联系,加深了他们对东瓯王的认同。

笔者特地拜访了沙城镇七甲地方的项有华光生,先生过去从事请佛礼生职业,祖上传至他已有四代。他拿去一本《请神科书》,永嘉场人也俗称"神单"提供翻阅,并且同意笔者拍照,现谨录部分内容如下:

……温州府主城隍尊神,永嘉县主城隍尊神,永嘉地主汉敕东瓯圣王,郡城内外列庙王候。拜请沿江直下一切威听:

上至茅竹岭上,水仙峒庄五位候王、岭平堂平山寺伽蓝土地尊神,路亭土地尊神……坦头地主东瓯圣王,坦头寮土地尊神……上朱垟东瓯圣王、永福堂伽蓝土地尊神、前后陈府圣王、各位五通大人……李浦老殿东瓯圣王,右展郑使候王。前街寮伽蓝土地尊神,行案三天下王元师。前街、河渠各显陈府圣王,各位五通大人。度山头前后二展东瓯圣王,行案通天都府五显灵官华光大帝……八甲行案东瓯圣王,后匝展五位候王……场署土地尊神,大展东瓯圣王,福德院伽蓝土地尊神,天仙圣母元君,荸芳城头郑使候王……殿东瓯圣王,舞台后陈府圣王……普门堂伽蓝土地尊神,同庙老案地主东瓯王圣主,大保尊神拜请……大罗山东各殿神明，一切圣众，上至（罗山一带，溪、源、潭、洞），下至（沿江海口、水国龙宫），南至（瑞安梅岗交界）北至（茅竹、分水派流），有宫、无宫，有庙、无庙，停枝歇树，新出晚现，腾空过往，桥梁路通，有权无职，有职无权，未受爵禄，迎清不到，书写未周一切咸听……三声龙角送神明，惟顾从圣返回宫。乘云宝马归殿府。留恩赐福保太平。

永嘉场人称"神单"是民间信仰的权威文件，"神单"中体现"东瓯圣王"所在地点，如坦头、上朱垟、李浦、度山头、八甲、场署、下殿、普门堂等，与今天的永嘉场东瓯王庙遗存分布基本吻合。近年来，永嘉场东瓯王庙的重修扩建、仪式活动均有捐款记录，种种资料说明，东瓯王信仰在永嘉场存在着长期延续的历史结构，它一直是这个区域民众日常生活不可缺少的一部分。

殿前村的东瓯王庙，位于永中街道殿前村李浦中路，民间所称的"李浦老殿"，俗称"上殿"，为李浦庙旧址改建而成。李浦庙在明洪武年间王氏环庵公自九甲移居雁泽桥时已有记载，明王瓒有《李浦庙》："庙门正对双溪开，河流亦自双溪来。东瓯海潮日吞吐，大罗山势常崔嵬。"①明嘉靖时，百姓从华盖山西麓东瓯王庙分香至华盖乡二都李浦庙。清嘉庆十二年(1807)重修(民国初年改建)。近年，殿前村东瓯王庙恢复活动，也显示了永嘉场东瓯王信仰的深远的生命力。有关资料说明，在永嘉场无论经过自然灾害或社会动乱，世代聚居于东瓯王庙周围的人们，始终还保留着对"瓯越人文始祖"东瓯王的记忆，并使之成为一种珍贵的文化资源。2014年1月7日，龙湾区申报的东瓯王信仰被列入第七批温州市非物质文化遗产名录。

结　语

上述是笔者关于永嘉场东瓯王信仰的初步调查记录，不揣简陋，撰写这份田野报告，意在抛砖引玉。希望能有专家与学者走进永嘉场做深入研究，将东瓯王研究延伸到更广领域，从地域社会与民间信仰的角度审视信仰与大众日常生活的关系。此文献给温州建郡1700周年。

（张卫中，温州市历史学会副秘书长）

---

① 张卫中、王运辉：《王瓒集》卷一《李浦庙》，北京：人民日报出版社，2003年。

明清时期温州的风灾潮害和地方应对

涂新楠

摘　要：温州在明清时期是灾害较为多发的地域，在方志中多有相关灾害记载。明清时期的温州灾害，以风灾、潮害为主。其多发生在夏秋季节，在时空分布上呈现出明显的季节性与集中性。风灾潮害不仅造成人员伤亡，而且还摧毁房屋、淹没农田，水利设施、海防等也都受到损失。面对灾害，当时的地方社会积极应对，以修筑水利设施、赈灾等措施消弭天灾。这些明清时期温州风灾潮害的应对经验，对今天仍具有重要启示意义。

关键字：明清；温州；风灾；潮害

关于自然灾害的研究，学术界的成果是非常丰富的。具体到某一时段或者某一地方的灾害史研究，离不开对我国历史气候变化研究。竺可桢先生的《中国近五千年来气候变迁的初步研究》用物候方法推测古气候变迁，并与世界其他区域比较，开创性地指出历史时期世界气候是有变迁的。[①] 20 世纪 80 年代开始，我国的灾害史研究进入繁荣期。《浙江灾异简志》《中国古代重大自然灾害和异常年表总集》《近 600 年来自然灾害与福州社会》《自然灾害与中国社会历史结构》《中国灾害通史》《中国历史时期气候变化研究》[②]等著作相继出版。21 世纪后，我国灾害史研究成果丰富且角度多维。成赛男的《中国历史气候变化影响研究的思考与前瞻》指出我国历史气候变化的研究重点已经转向关注气候与人类

---

① 竺可桢：《中国近五千年来气候变迁的初步研究》，《考古》1972 年第 1 期，第 15—38 页。
② 陈桥驿：《浙江灾异简志》，杭州：浙江人民出版社，1991 年。宋正海主编：《中国古代重大自然灾害和异常年表总集》，广州：广东教育出版社，1992 年。王振忠：《近 600 年来自然灾害与福州社会》，福州：福建人民出版社，1996 年。复旦大学历史地理研究中心：《自然灾害与中国社会历史结构》，上海：复旦大学出版社，2001 年。袁祖亮：《中国灾害通史》，郑州：郑州大学出版社，2008 年。满志敏：《中国历史时期气候变化研究》，济南：山东教育出版社，2009 年。

社会相互作用机制,并在极端气候事件上展开跨学科研究。① 论文成果方面,朱凤祥、尹小梅、王子今、吴芷菁、金城、刘恒武、张国旺、李智君②在风灾潮害研究领域均有建树。但部分研究的重点仍然在风灾潮害的时空分布。下至温州的风灾潮害与其对地方社会影响的论文成果,吴松弟、王春红③偶涉笔触于此,潘猛补④与日本学者本田治⑤的关注对象都是宋代发生的乾道海溢,对其他时期尤其是明清温州风灾潮害的研究仍有较大空白可言。这给本文写作提供了一些空间与可能性。

一、方志所见明清温州的风灾潮害

温州位于我国沿海,其所受的自然灾害以台风为主。因台风登陆带来的大风与强降水所引起的大潮被称为"风暴潮"。在明清时期的温州方志中有许多大风、大潮记载。但其成因难以分辨。⑥ 故在此仅以"风灾潮害"为名,概而论之。

依据明清时期温州府以及永嘉县、乐清县、瑞安县、平阳县、泰顺县等府县地方志书中对自然灾害的记载,初步统计得出明初以来至清光绪年间温州的风灾潮害有50次。这其中乾隆三年(1738)至光绪十五年(1889)的灾害记载仅来自于《光绪永嘉县志》与《光绪乐清县志》。现将这一时期方志中的灾情列表如下。

---

① 成赛男:《中国历史气候变化影响研究的思考与前瞻》,《中国史研究动态》2021年第6期,第73—79页。

② 朱凤祥:《清代风灾的时空分布情态及危害》,《商丘师范学院学报》2011年第8期,第40—43页。尹小梅:《明代风灾研究》,江西师范大学2014年硕士学位论文。王子今:《汉代"海溢"研究》,《史学月刊》2005年第7期,第26—30页。吴芷菁:《中国古代海溢灾害的初步分类研究》,郑州大学2006年硕士学位论文。金城、刘恒武:《宋元时期海溢灾害初探》,《太平洋学报》2015年第11期,第92页—100页。张国旺:《元代风暴潮灾述论》,《隋唐辽宋金元史论丛》(第七辑),上海:古籍出版社,2014年,第307页—314页。李智君:《海洋政治地理区位与清政府对澎湖厅经略——以风灾的政治救助为中心》,《社会科学战线》,2012年第11期,第65—77页。

③ 吴松弟:《温州沿海平原的成陆过程和主要海塘、塘河的形成》,《中国历史地理论丛》第22辑,上海:上海人民出版社,2007年,第10页。王春红:《明清时期温州的灾害、应对及启示》,《浙江工贸职业技术学院学报》,2022年第3期,第58—64页。

④ 潘猛补:《南宋乾道二年温州水灾考述——兼与吴松弟先生商榷》,《温州职业技术学院学报》2013年第13期,第15—19页。

⑤ 本田治:《南宋时期的灾害与修复系统——以乾道二年台风袭温州为例》,京都:立命馆大学出版社,2000年,第692—717页。

⑥ 潘猛补:《南宋乾道二年温州水灾考述——兼与吴松弟先生商榷》,《温州职业技术学院学报》2013年第9期,第15—19页。

表1 明清温州方志中风灾潮害记录

年份	具体时间	受灾情况记载	记载出处	受灾范围
洪武八年（1375）	秋七月	大风雨海溢，永嘉、乐清、瑞安、平阳沿江居民多淹没	《乾隆温州府志》	永嘉、乐清瑞安、平阳
洪武九年（1376）	秋七月初二	大风雨，沿江田禾尽没，事闻，上遣官赈恤	《乾隆瑞安县志》	瑞安、平阳①
宣德元年（1426）	五月	永嘉、乐清二县飓风急雨，自旦至暮，坏廨宇、仓库、祀丰、坛庙	《乾隆温州府志》	永嘉、乐清
宣德六年（1431）	六月	飓风大作，坏公廨、祠庙、仓库、城垣	《光绪永嘉县志》	永嘉
成化二年（1467）	六月	平阳飓风暴雨三日夜，山旁屋坏，平地水满五六尺，人多淹死，田禾无收	《万历温州府志》	平阳
成化十六年（1481）	八月	平阳有龙自海起，拔神祠民居	《乾隆温州府志》	平阳
弘治二年（1489）	六月	永嘉、平阳飓风暴雨，摧屋折木	《乾隆温州府志》	永嘉、平阳
正德十三年（1518）	六月十九日	大水②	《光绪永嘉县志》	永嘉、瑞安③
嘉靖八年（1529）	八月	大风雨海溢	《乾隆温州府志》	永嘉
嘉靖十一年（1532）	七月二十七日	大风雨，扬沙折木，坏棂星右门	《光绪分疆录》	泰顺
嘉靖十三年（1534）	八月	飓风大作，什温州卫治及佛寺民居	《乾隆温州府志》	永嘉
嘉靖廿六年（1547）	夏六月	飓风坏民居，伤禾稼	《光绪乐清县志》	乐清
嘉靖四十年（1561）	夏六月	大风雨，拔仆永嘉县学朝门及民间房屋	《万历温州府志》	永嘉

---

① "（洪武）九年七月初二日，飓风猛雨复作，沿江禾尽没，是后沿江居民以海岸低塌，洪潮易人，具呈各宪准着，各都筑造海塘。"参见金以埈：《康熙平阳县志》卷一二《祥异》，合肥：黄山书社，2022年，第731页。

② "正德十三年夏六月大风雨水溢，漂没死者甚。"故虽《光绪永嘉县志》记为"大水"，仍视为风灾潮害。参见陈永清：《乾隆瑞安县志》卷一〇《灾变》，上海：上海书店出版社，1993年，第894页。

③ "正德十三年夏六月大风雨水溢，漂没死者甚。"参见陈永清：《乾隆瑞安县志》卷一〇《灾变》，上海：上海书店出版社，1993年，第894页。

续 表

年份	具体时间	受灾情况记载	记载出处	受灾范围
隆庆二年(1568)	秋七月二十六日	大风雨,漂沿海民居、田地无算	《乾隆温州府志》	永嘉、乐清[①]泰顺[②]
隆庆三年(1569)	秋七月	又如之,于是三江大柒前塘及能仁寺塘尽坏	《光绪乐清县志》	乐清
万历二年(1574)	六月	大风雨七昼夜,永嘉沿溪民多溺死,瑞安县山摧地裂压人畜	《乾隆温州府志》	永嘉、瑞安
万历九年(1581)	夏六月	大风雨	《乾隆瑞安县志》	瑞安
万历十九年(1591)	秋八月	乐清海溢,晚禾尽伤	《乾隆温州府志》	乐清
万历三十五年(1607)	闰六月二十八日	大雨彻五日夜不止,水暴溢,一城为壑,昆阳三港间,居民溺死以千计,至有母子相抱浮尸于江者	《光绪永嘉县志》	永嘉、瑞安[③]平阳[④]
万历卅六年(1608)	秋七月	大风雨	《乾隆瑞安县志》	瑞安
万历卅八年(1610)	秋八月	山乡龙起,海浪高数丈,覆船倒屋,男女漂溺百余	《乾隆瑞安县志》	瑞安
万历四十二年(1614)	秋八月	大风雨	《乾隆瑞安县志》	瑞安
万历四十七年(1619)	六月初五夜	大风雨,潮没沿江田禾	《乾隆瑞安县志》	瑞安
天启六年(1626)	闰六月初二夜	大风水溢	《乾隆瑞安县志》	瑞安
崇祯四年(1631)	八月	龙从永嘉江中起,循郡城南度松台山,飞石拔木,坏城垣及民居数十处	《光绪永嘉县志》	永嘉

① "隆庆二年秋七月大风雨海溢,漂沿海民居田地无算。"参见李登云:《光绪乐清县志》卷一三《灾祥》,台北:成文出版社,1983年,第2228页。
② "隆庆二年七月二十六日大雨,一昼夜,大水漂民居田园。"参见林鹗:《光绪分疆录》卷10《灾异》,台北:成文出版社,1975年,第541页。
③ "(万历)三十五年闰六月,大风雨水溢。"参见陈永清:《乾隆瑞安县志》卷一〇《灾变》,上海:上海书店出版社,1993年,第897页。
④ "(万历)三十五年自五月不雨,至闰六月二十八日大雨彻五日夜不止,溢民多溺死。"参见金以埈:《康熙平阳县志》卷一二《祥异》,合肥:黄山书社,2022年,第732页。

续 表

年份	具体时间	受灾情况记载	记载出处	受灾范围
顺治五年（1649）	秋	飓灾饥馑	《光绪永嘉县志》	永嘉
康熙七年（1668）	七月五日	大风雨，损坏城垣处舍，市可通舟	《乾隆温州府志》	永嘉、乐清①瑞安②
雍正十一年（1733）	七月十四日	飓风大作，坏瑞安营战船，沉溺官兵林逢春等，奉文赈恤	《乾隆温州府志》	瑞安
乾隆二年（1737）	无	大水，明年春，奉文运米赈粥	《乾隆温州府志》	永嘉、平阳
乾隆六年（1741）	无	海水溢，沿江田亩淹没，奉文赈恤	《光绪永嘉县志》	永嘉
嘉庆元年（1796）	秋八月壬寅朔	飓风为灾，是日天阴，晡时风雨次，入夜暴烈，雨雹交下，大风拔木，雷掣潮激，或云蛟斗比。晓方止，压坏城乡官民庐舍，毙人口牲畜无算。时魁制宪，阅兵在温，驰奏抚恤。案陈汝瀛偶记"元年八月初一，飓灾异常，是夜二更将尽，南方天裂有大火，若轮甫出天际，火光迸散，大风随至，航船深没甚移，其夜南塘民房被风坏者门户皆有烧痕。"	《光绪永嘉县志》	永嘉、乐清③
嘉庆五年（1800）	六月	飓风	《光绪永嘉县志》	永嘉
嘉庆八年（1803）	五月	飓风	《光绪永嘉县志》	永嘉
嘉庆十四年（1809）	六月初六初七	两夕飓风	《光绪永嘉县志》	永嘉
嘉庆廿一年（1816）	秋八月朔	潮大至，漂沿海田禾	《光绪乐清县志》	乐清

---

① "康熙七年夏六月，大风雨，秋七月，大水害稼。"参见李登云：《光绪乐清县志》卷一三《灾祥》，台北：成文出版社，1983年，第2230页。
② "（康熙）七年早禾将熟，忽大风水，自一都至七都谷如秕糠。"参见陈永清：《乾隆瑞安县志》卷一〇《灾变》，上海：上海书店出版社，1993年，第898页。
③ "（嘉庆元年）秋八月朔，飓风大雨，夜五鼓，电光烛天赤如火，坏城垣宇庐舍无算，压死者以百计，奉文赈恤。"参见李登云：《光绪乐清县志》卷一三《灾祥》，台北：成文出版社，1983年，第2230页。

续 表

年份	具体时间	受灾情况记载	记载出处	受灾范围
嘉庆廿三年(1818)	六月廿九日	大风拔木	《光绪永嘉县志》	永嘉
嘉庆廿四年(1819)	七月十六日	骤雨狂风	《光绪永嘉县志》	永嘉
嘉庆廿五年(1820)	秋	是秋飓灾,郡邑大疫	《光绪永嘉县志》	永嘉
道光十二年(1832)	秋八月二十日	飓风大雨,坏田庐人畜,洋面漂没营船,连日洪潮入城,河水为浑,晚禾歉收	《光绪永嘉县志》	永嘉
道光十三年(1833)	六月初十	大风潮害禾、茶、坑	《光绪永嘉县志》	永嘉
道光十四年(1834)	六月十七八等日	飓风大雨	《光绪永嘉县志》	永嘉
道光十五年(1835)	秋	大风潮,漂溺舟师、商舶无算,官兵王大成等领兵四十余人没于海,田禾歉收	《光绪永嘉县志》	永嘉
道光廿三年(1843)	八月	风灾,晚禾歉收	《光绪永嘉县志》	永嘉
道光廿六年(1846)	七月十四日	飓风大雨兼旬为灾,坏永嘉文庙及公廨民居	《光绪永嘉县志》	永嘉
道光廿七年(1847)	秋	飓风为灾	《光绪永嘉县志》	永嘉
咸丰五年(1855)	七月初八夜	飓风发屋折木	《光绪永嘉县志》	永嘉
咸丰五年(1855)	八月初十日	飓风亦如之,幸田禾无损	《光绪永嘉县志》	永嘉
光绪五年(1879)	六月二十一日未刻	大风雨坏官廨民居,一炊许,风止,该龙风也	《光绪永嘉县志》	永嘉
光绪七年(1881)	七月十八夜半	大风毁垣拔木,早晚二禾俱丰收	《光绪永嘉县志》	永嘉
光绪十五年(1889)	八月廿七日夜	大风,屋为风拔,有压死者	《光绪乐清县志》	乐清

二、明清温州风灾潮害的时空分布

(一)年际分布

如上,我们对明清温州风灾潮害的时间与范围作了初步考统计,对其整体概况有了初步的认识。从明初以至清末 500 余年,我们平均以 100 年为尺度,对其时限内的温州地区的风灾潮害分布集中的程度,大体划分出五个不同的时间段如下,以便进一步考察各阶段之间不同的对比关系。

第一阶段:洪武八年至成化二年(1375—1467),共计 93 年。这期间发生风灾潮害 5 次,其中洪武九年大风雨至成化二年飓风间隔 51 年。

第二阶段:成化三年至隆庆二年(1468—1568),共计 101 年。这期间发生风灾潮害 9 次,时间分布均衡,平均约每 11 年发生 1 次。

第三阶段:隆庆三年至康熙七年(1569—1668),共计 100 年。这期间发生风灾潮害 13 次,时间分布较为均衡,平均约每 8 年发生 1 次。

第四阶段:康熙八年至嘉庆元年(1669—1796),共计 128 年。这期间发生风灾潮害 4 次,其中乾隆六年海溢至嘉庆元年飓风间隔 56 年。

第五阶段:嘉庆二年至光绪十五年(1797—1889),共计 92 年。这期间发生风灾潮害 19 次,时间分布均衡,平均每 4.8 年发生 1 次。

为了更系统地体现风灾潮害的年际分布情况,以便对五个阶段风灾潮害分布情况进行对比,并与各阶段内综合指标进行比照,下面以各阶段记载的风灾潮害次数为依据,制作成图 1,以备参考。

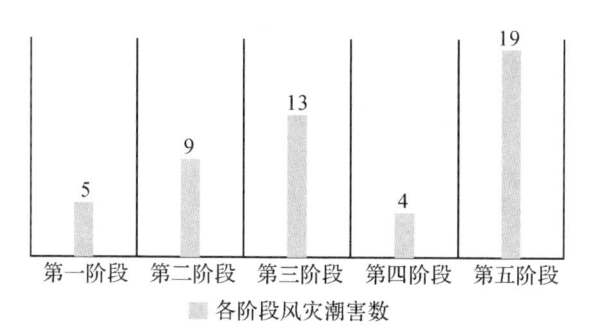

图 1 各阶段风灾潮害数量统计

由上述数据与上图各阶段风灾潮害数对比,可以清楚地看出明清时期温州的风灾潮害在年际分布上表现出如下特征:

第一,各阶段风灾潮害发生数分布不平均。第一阶段至第三阶段,风灾潮害发生数逐渐上升。而明清时期温州风灾潮害发生数的低发期出现在第四阶段,多发期出现在第五阶段。即嘉庆元年(1796)以前的这128年间,温州风灾潮害危害较小;而嘉庆元年(1796)以后的92年即清朝中后期,温州的风灾潮害比较严重。

第二,各阶段内风灾潮害发生数分布不平均。在第一阶段中,间隔长达半个世纪才有风灾潮害记载;在第三阶段中,万历三十五年(1607)至万历四十二年(1614)这8年间发生风灾潮害4次;在低发期第四阶段中,雍正十一年(1733)至乾隆六年(1741)这9年间便发生风灾潮害3次,而乾隆七年(1742)至嘉庆元年(1796)这55年间仅发生1次。

(二)季节与月份分布

如上,我们对明至清光绪年间风灾潮害的年际分布状况进行了考察,下面再考察其季节以及月份分布状况。参看表2。

表2 明清时期温州风灾潮害的季节与月份分布

夏			秋			未详
共计19次			共计29次			2次(季节月份未详)
四月	五月	六月	七月	八月	九月	
0次	2次	17次	12次	13次	0次	
			4次(记载为秋季,但月份未详)			

由上表可以看出明清时期温州所遭受的50次风灾潮害,除了2次季节和月份不详之外,其余48次风灾潮害集中分布于夏秋两季的五至八月,存在明显的季节性与集中性。

从季节分布状况来看,夏季发生风灾潮害19次,占总数(48次)的40%;秋季发生风灾潮害29次,占总数的60%。二者并无显著差距,再相较于冬与春季发生次数均为0次,符合风灾潮害季节性分布的基本规律,即集中于夏秋季发生。

从月份分布状况来看,以有明确月份记载的风灾潮害次数为依据,六月是明清时期温州风灾潮害的绝对高发月份,发生风灾潮害17次,占总数(44次)的39%。七、八月是明清时期温州风灾潮害的相对高发月份,七月发生风灾潮害12次,占总数(44次)的27%;八月发生风灾潮害13次,占总数(44次)的30%。五月是明清时期温州风灾潮害的相对低发月份,发生2次,仅占总数(44次)的约4%。

为了更直观地体现风灾潮害在各月份的分布状况,以及各月份的次数所占总次数的百分比情况,特制作图2,以备参照。

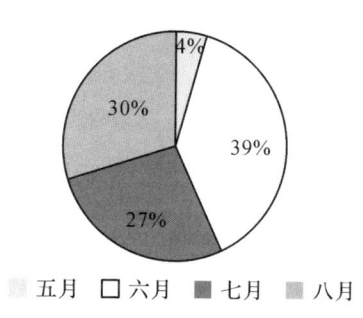

图2 各月份风灾潮害数量对比

(三) 空间分布

温州位于沿海地带,风灾潮害主要表现为台风、海潮的破坏作用与其次生涝灾害。地理条件是影响温州风灾潮害的主要因素,沿江、沿海地带的是风灾潮害多发区。为了探明明清时期风灾发生比较频繁的区域,为现代的风灾潮害预防工作提供历史借鉴,下面对明清时期风灾潮害的空间分布状况作一考察。因乾隆年间至光绪年间的灾害记载仅来自于《光绪永嘉县志》与《光绪乐清县志》,其对风灾潮害影响范围局限于当地,故本段考察明清时期温州的风灾潮害分布时仅选择洪武八年(1375)至乾隆二年(1737)这363年间的29次风灾潮害记载。

从受灾范围来看,明清时期温州发生的风灾潮害中:

影响范围波及四县的灾害1次。为洪武八年(1375)大风雨,永嘉、乐清、瑞安、平阳四县受灾;

影响范围波及三县的灾害3次。为隆庆二年(1568)大风雨,万历三十五年(1607)大雨,康熙七年(1668)大风雨,受灾县分别为永嘉、乐清、泰顺三县,永嘉、瑞安、泰顺三县,永嘉、瑞安、平阳三县,永嘉、乐清、瑞安三县;

影响范围波及二县的灾害6次。为洪武九年(1376)大风雨,宣德元年

(1426)飓风,弘治二年(1489)飓风,正德十三年(1518)大水,万历二年(1574)大风雨,乾隆二年(1737)大水,受灾县分别为瑞安、平阳二县,永嘉、乐清二县,永嘉、平阳二县,永嘉、瑞安二县,永嘉、瑞安二县,永嘉、平阳二县;

影响范围波及一县的灾害19次。其中永嘉县受灾6次,乐清县受灾3次,瑞安县受灾7次,平阳县2次,泰顺县1次。

可以看出,明清时期的温州风灾潮害的受灾范围是相当大的,影响范围波及二县及以上的灾害有10次,占总数(29次)的34%,从侧面可以看出温州这段时期遭受的台风等灾害强度之高。

从各县受灾次数来看,永嘉县受灾15次,乐清县受灾7次,瑞安县受灾13次,平阳县7次,泰顺县2次。可以看出,明清时期温州风灾潮害波及的空间分布范围是相当广泛的。但就温州府县内部而言,各县之间有很大的差异,反映出风灾潮害区域分布空间的不均衡性。为了更直观地反映各省市之间的对比关系,特制作图3,以备参照。

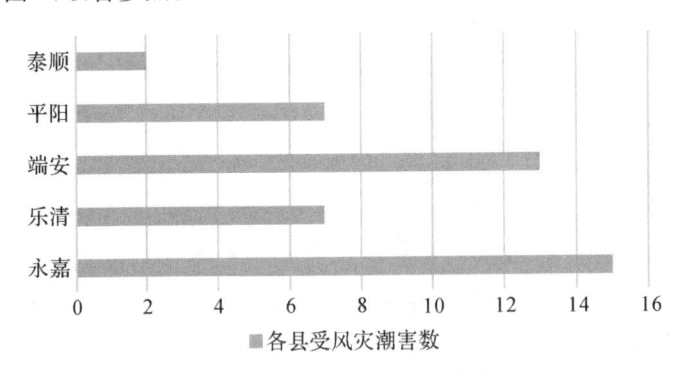

图3 各县风灾潮害数量统计

由上图各县受风灾潮害的数据和对比中,可以清楚地看出,明清时期的温州风灾潮害呈现出明显的集中地带,永嘉、瑞安二县是明清时期温州风灾潮害的高发县,其中永嘉县受风灾潮害影响15次,占总数(28次)的54%,可谓明清时期温州风灾潮害的绝对高发县。而泰顺县相较于其他四县深处内陆,发生受风灾潮害影响2次,占总数的7%,符合风灾潮害区域性分布的基本规律。

以上考察了洪武八年(1375)至乾隆二年(1737)间温州风灾潮害的整体空间分布,瓯江南北岸局部的风灾潮害空间分布也有其特点。以乾隆三年(1738)至光绪十五年(1889)间永嘉县与乐清县的风灾潮害记载为例,在21次风灾潮害中,乐清县仅受灾3次,而永嘉县受灾19次。这样大的差异性在于"温州—海门登陆。一般情况下,这类台风进入近海区域时,由于温州一带盛吹西北—西风,会有减水(负增水)现象出现"①。可见并非是位于温州至海门一带的乐清县受台风影响次数少于永嘉县,而是在西北风与西风的作用下减弱了台风的影响,使其难以成灾,故在方志中的风灾潮害记载少于永嘉县。

三、风灾潮害对温州地方的危害

通过上文分析可以看出,明清时期温州的风灾潮害在时空分布上存在特性。而其造成的危害,随受风灾潮害大小、人口密度、经济发展状况、年代、季节等复杂因素影响,记载各不相同,但其也存在以下共同点:

(一)伤及人与建筑

人员伤亡是灾难最显著的伤害。"洪武八年(1375)秋七月初二夜,大风雨海溢,潮高三丈,平阳九都十都十一都等处,男女死者二千余口。"②可见洪武八年(1375)大风雨致平阳2000余人死亡,根据平阳县当时的户口"明洪武,户五万四千八百九,口一十七万三百五十八"③,这场风灾潮害中的遇害人数约占当时平阳人口的1%。除却暴涨的江水与海水,大风下民房的倒塌也危害着人们的生命。"(成化)十六年(1480)八月,平阳有龙自海起,经五都拔神祠至四都,拔民居十八家,压死者众。"④十八间民房倒塌并压死了居住的人。"[嘉庆元年(1796)]秋八月朔,飓风大雨,夜五鼓,电光烛天赤如火,坏城垣宇庐舍无算,压死者以百计,奉文赈恤。"⑤数百人因房屋倒塌而遇害。

民房倒塌外,其他建筑设施也一并被破坏。"宣德元年(1426)五月永嘉乐清二县飓风急雨,自旦至暮,坏廨宇、仓库、祀丰、坛庙。"⑥"[嘉靖十三年(1534)]八月飓风大作,什温州卫治及佛寺民居。"⑦可见风灾潮害对官舍、仓库、祭坛、寺庙等建筑设施的破坏。

---

① 谢亮、卓向正:《温州港台风风暴潮分析以及其预报》,《浙江气象科技》1991年2期,第5—8页。
② 汤日昭:《万历温州府志》卷一八《灾变》,济南:齐鲁书社,1996年,第2026—2027页。
③ 金以埈:《康熙平阳县志》卷三《户口》,合肥:黄山书社,2022年,第206页。
④ 汤日昭:《万历温州府志》卷一八《灾变》,济南:齐鲁书社,1996年,第2028页。
⑤ 李登云:《光绪乐清县志》卷一三《灾祥》,台北:成文出版社,1983年,第2232页。
⑥ 李琬:《乾隆温州府志》卷二九《祥异》,台北:成文出版社,1983年,第2589页。
⑦ 李琬:《乾隆温州府志》卷二九《祥异》,台北:成文出版社,1983年,第2589页。

(二)对农业与水利设施的破坏

风灾潮害造成的第二大损失便是在农业方面。

第一,对农田与农作物的机械损伤。[①] 如"(洪武)九年(1376)七月初二日,飓风猛雨复作,沿江禾尽没"[②]"隆庆二年(1568)秋七月,大风雨,漂沿海民居、田地无算"[③]"(万历)四十七年(1619)六月初五夜大风雨,潮没沿江田禾。"[④]"(嘉庆)二十一年(1816)秋八月朔,潮大至漂沿海田禾"[⑤]可见风灾潮害对农田与水稻的直接破坏。而部分史料更是明确记载了飓风对农作物的损害情况,"孝宗宏治二年(1489)六月初七日夜,飓风挟雨自东北来,声如怒雷,摧屋折木,禾稻损十之四"[⑥]。"隆庆二年(1568)秋七月,永嘉大风雨,荡去溪乡田地无数。是年谷收十之三。"[⑦]若根据永嘉县在嘉靖年间的夏税秋粮,"岁进夏税麦六千四百一十五石四斗四勺……秋粮米一万九千四百三十一石九斗九升五合九勺。"[⑧]弘治二年(1489)的飓风至少造成了 2566 石粮食的损失,而隆庆二年(1568)大风雨使 13602 石粮食融于水中。

第二,对土壤环境的生理危害。[⑨] 如《乾隆温州府志》卷一二《水利》中苏伯衡《重修江口陡门记》:"初陡门之未作也,众流既莫遏,而海卤水亦以害稼,民交以为病,自作陡门然后溢不患溺干有所仰,而惠利及于二乡矣。"可见风灾潮害下海水倒灌,致使沿海地区土壤盐碱化加剧,对庄稼造成危害。而海塘、陡门、埭等水利设施,便是为了抵御风灾潮害带来的生理危害所建,"居民蓄淡御咸,恃塘无

---

① "风害:大风对工农业生产和人民生活的危害。大风对农业生产尤其对农作物的危害尤为突出,风害包括机械损伤和生理危害。前者如折枝损叶、落花落果、授粉不良、倒伏和脱粒等;后者主要是水分代谢失调,有时亦可加剧其他不利的气象条件、盐分和沙尘等危害。"详参孟昭华、彭德荣主编:《中国灾荒辞典》,哈尔滨:黑龙江科学技术出版社,1989 年,第 30 页。
② 金以埈:《康熙平阳县志》卷一二《祥异》,合肥:黄山书社,2022 年,第 731 页。
③ 李琬:《乾隆温州府志》卷二九《祥异》,台北:成文出版社,1983 年,第 2592 页。
④ 陈永清:《乾隆瑞安县志》卷一〇《灾变》,上海:上海书店出版社,1993 年,第 897 页。
⑤ 李登云:《光绪乐清县志》卷一三《灾祥》,台北:成文出版社,1983 年,第 2233 页。
⑥ 张宝琳:《光绪永嘉县志》卷三六《祥异》,台北:成文出版社,1983 年,第 1377 页。
⑦ 汤日昭:《万历温州府志》卷一八《灾变》,济南:齐鲁书社,1996 年,第 2035 页。
⑧ 程文ربٍ:《嘉靖永嘉县志》卷三《贡赋役》,北京:中国文史出版社,2010 年,第 100 页。
⑨ "风害:大风对工农业生产和人民生活的危害。大风对农业生产尤其对农作物的危害尤为突出,风害包括机械损伤和生理危害。前者如折枝损叶、落花落果、授粉不良、倒伏和脱粒等;后者主要是水分代谢失调,有时亦可加剧其他不利的气象条件、盐分和沙尘等危害。"详参孟昭华、彭德荣主编:《中国灾荒辞典》,哈尔滨:黑龙江科学技术出版社,1989 年,第 30 页。

恐水害,即水之利也。"①

第三,便是对水利设施的破坏。"[隆庆三年(1569)]又如之,于是三江大崧前塘及能仁寺塘尽坏。"②海塘与沿海地区的陡门、埭毁坏的主要原因是风灾潮害,下面是《乾隆温州府志》卷一二《水利》中明确因明清时期的风灾潮害而受毁的水利设施:

  永嘉县:蒲州埭、下垟埭、莲花浦埭;

  乐清县:刘公塘;

  瑞安县:沿江圩岸塘、月井陡门;

  平阳县:九都海塘、外塘、沙塘陡门、江口陡门。

若下至四县县志,明清时期因风灾潮害而受毁的海塘、陡门、埭数量只会更多。足以体现风灾潮害对沿海水利设施的破坏。

(三)影响海防

一方面,风灾潮害威胁着沿海官兵与战船。如"洪武八年(1375)秋七月初二夜,大风雨海溢,潮高三丈……防倭官军及船只尽漂流没溺"③"(道光)十二年(1832)秋八月二十日,飓风大雨,坏田庐人畜,洋面漂没营船"④"(道光)十五年(1835)夏旱,秋大风潮,漂溺舟师、商舶无算,官兵王大成等领兵四十余人没于海"⑤。

另一方面,集中于夏、秋两季五至八月发生的风灾潮害,为温州的沿海海防提供了便利之处。"大汛以春分二月中此阳和方深,东北风盛作,日本岛夷与诸国互市,或乘风剽掠,可以猝至温台,故防之。夏至后,南风盛,海水热,蛟龙起,飓风作,彼既难来,我亦难哨,故此时撤防。"⑥可见明清时期温州人已经初步认识到海水表层温度与台风生成存在某种联系。现代气象学对二者之间的具体关

---

① 李琬:《乾隆温州府志》卷一二《水利》,台北:成文出版社,1983年,第676页。
② 李登云:《光绪乐清县志》卷一三《灾祥》,台北:成文出版社,1983年,第2228页。
③ 汤日昭:《万历温州府志》卷一八《灾变》,济南:齐鲁书社,1996年,第2026—2027页。
④ 张宝琳:《光绪永嘉县志》卷三六《祥异》,台北:成文出版社,1983年,第1381页。
⑤ 张宝琳:《光绪永嘉县志》卷三六《祥异》,台北:成文出版社,1983年,第1381页。
⑥ 李琬:《乾隆温州府志》卷八《兵制》,台北:成文出版社,1983年,第425—426页。

系作了阐释"在热带和亚热带地区,海面因高温加剧海水蒸发,导致气体上升,形成局部低气压中心,四周冷空气向中心汇入并在地转偏向力的作用下发生逆时针旋转;如果中心气压不断降低、汇入空气转速不断加大,即形成台风。"① 夏秋季节倭寇侵扰的减少一方面是风向的转变,另一方面便是此时风灾潮害发生频率高,不利于海上航线,使温州沿海较为宁靖。

(四)次生灾害

风灾潮害造成的危害是瞬时的,但风灾潮害后的次生灾害对温州会有更长时间的影响。因农业受毁导致的饥荒,如"弘治二年(1489)夏六月,永嘉、平阳飓风暴雨,摧屋折木。三年(1490)五县大饥"②。因尸体处理不及时导致的瘟疫,如"(嘉庆)二十五年(1820)旱饥,是秋飓灾,郡邑大疫"③。

四、地方应对——以洪武八年大风雨、乾隆二年大水为例

"温州位于强潮海岸,自人类定居在沿海平原之日起便产生了修建海塘以拦阻海潮的需要。因此,其在历史上的海塘修建活动极为频繁。虽然温州的古方志主要记载明清的海塘修建活动,但这并不能证明温州的海塘修建开始较晚,或者早期的海塘规模较小。"④ 海塘与沿海的陡门、埭共同组成了从风灾潮害中保卫温州人民生命与财产安全的一条防线。但这些水利设施无法完全阻挡潮水的侵袭,当一场大型的风灾潮害过去后,各地的海塘、陡门、埭均会出现不同程度的受损。

洪武八年(1375),一场巨大的风灾潮害席卷温州,永嘉、乐清、瑞安、平阳四县,受灾范围如此之广以至于在明清时期温州遭受的风灾潮害中仅此一例。这其中受灾最为严重的为平阳县,2000余人遇害,"洪武八年(1375)七月间,飓风大雨,海溢高三丈,沿江居民漂荡死者二千余人,事闻命官赈恤"⑤。沙塘陡门、

---

① 魏稳:《全球变暖导致台风加剧》,《科学》2020年第4期,第7—11页。
② 李琬:《乾隆温州府志》卷二九《祥异》,台北:成文出版社,1983年,第2590页。
③ 张宝琳:《光绪永嘉县志》卷三六《祥异》,台北:成文出版社,1983年,第1380页。
④ 吴松弟:《温州沿海平原的成陆过程和主要海塘、塘河的形成》,《中国历史地理论丛》第22辑,上海:上海人民出版社,2007年,第10页。
⑤ 金以埈:《康熙平阳县志》卷一二《祥异》,合肥:黄山书社,2022年,第731页。

江口陡门受毁,"沙塘陡门……明洪武乙卯飓风,海复溢,县令叶素德命僧募修"①"江口陡门……洪武时风潮冲坏,县丞彭尚贤重修"②。因《康熙平阳县志》中明确提到"飓风",推断此次风灾潮害为台风引起,且台风强度高,于平阳登陆。

乾隆二年(1737),另一场风灾潮害发生在永嘉、平阳二县。"乾隆二年(1737)大水,明年春,奉文运米赈粥。"③在受灾后第二年,即乾隆三年(1738)的赈灾中,平阳县的九都海塘、仙口塘、宋埠士塘、江口塘、白沙塘、外塘一并被修筑"平阳县九都海塘……国朝乾隆三年(1738)委员重修。"④"仙口塘……乾隆三年(1738)奉文修筑上塘一□□十二丈,又筑宋埠士塘三百八十丈。"⑤"江口塘……国朝乾隆三年(1738),修筑土塘五百丈。"⑥"白沙塘……国朝乾隆三年(1738)委员增筑。"⑦"外塘……国朝乾隆三年(1738),奉文自江口起及三官堂瓦窑林家院舥艚阴均大埭至老城止,共筑土塘九百二十丈,又名新塘"⑧,故其虽无明确大风大潮记载,仍将其视为风灾潮害。

巨大的风灾潮害肆虐过后的年份里会出现大规模的修筑水利设施的工程。这两场风灾潮害均对平阳县的沿海海塘、陡门、埭造成了破坏,之后的重修工作也一并被记载于方志之中。故本文以此为例,通过海塘、陡门、埭的重建考察温州地方社会对风灾潮害的应对措施。

(一)中央政府应对措施

乾隆二年(1737)大水后,平阳县的九都海塘、仙口塘、宋埠士塘、江口塘、白沙塘、外塘六座海塘经历了增筑或重修。且为"委员""奉文",可见是由中央指挥、出资的大规模工程。

乾隆二年大水的灾情信息在乾隆三年(1738)二月壬子传到中央,乾隆皇帝从温州府的收成中侧面了解到乾隆二年(1737)大水的灾情:

---

① 李琬:《乾隆温州府志》卷一二《水利》,台北:成文出版社,1983年,第668页。
② 李琬:《乾隆温州府志》卷一二《水利》,台北:成文出版社,1983年,第668页。
③ 李琬:《乾隆温州府志》卷二九《祥异》,台北:成文出版社,1983年,第2598页。
④ 李琬:《乾隆温州府志》卷二九《水利》,台北:成文出版社,1983年,第681页。
⑤ 李琬:《乾隆温州府志》卷二九《水利》,台北:成文出版社,1983年,第681—682页。
⑥ 李琬:《乾隆温州府志》卷二九《水利》,台北:成文出版社,1983年,第682页。
⑦ 李琬:《乾隆温州府志》卷二九《祥异》,台北:成文出版社,1983年,第682页。
⑧ 李琬:《乾隆温州府志》卷二九《祥异》,台北:成文出版社,1983年,第682页。

> 大学士总理浙江海塘、管理总督事务嵇曾筠奏：温州府属永嘉、乐清、瑞安、平阳、四县，收成歉薄。动拨省仓谷二万石，由海运赴温。知县许芠臣、怠玩民瘼。副将周腾凤、纵兵生事。皆臣料理失宜之处。惟有痛加自责。另委干员，协同该地方官，赈粜兼施，不使一夫失所。①

在嵇曾筠的奏折中，可以看到温州地区灾害情况向中央政府传递的速度，同时还可以看出中央政府对温州地域以粮食收成为主的勘灾手段。其提到的"动拨省仓谷二万石，由海运赴温"便是《乾隆温州府志》卷二九《祥异》中"明年春，奉文运米赈粥"，与嵇曾筠提出的平粜方案，可见官方对此次灾害的赈灾措施。

同时，嵇曾筠作为总理浙江海塘的官员，他的奏折中也展现温州过去修筑海塘、陡门、埭等水利工程中可能存在的问题：在海塘近处取土，导致海塘低洼、极易坍塌；在取用土方时破坏民房、田地、墓地；百姓土地被占用后，官方补偿银两、免除田税不及时。嵇曾筠总结这些问题后，给出了合理的解决方案："一、取用土方，宜远隔塘身，豫行签售也……二、塘工取土田地，应随时给价豁粮也。"②

但在后续修筑平阳县海塘中仍遭遇特殊情况：

> 大学士总理浙江海塘兼管总督事嵇曾筠奏：浙省江海塘埽工，需用土方甚多。……又如温州府属之平阳县，册定每土一方，厚二尺二寸，价银一钱二分。今分别远近难易，按宽长一丈厚一尺之例科算。实需银八九分不等，较原定二尺二寸、价银一钱二分，每多不足，尚应加增。再查土方尺寸，从前拟定成规，未免厚薄不齐，应请循照河工宽长一丈、厚一尺之例，画一办理。③

可见在修筑海塘过程中，因各地土方体积、价格不一导致的差异。这些问题与情况并不只是个例，而是温州地方社会在其他修建大规模水利工程中所必然

---

① 《清实录·高宗纯皇帝实录》(二)卷六三，乾隆三年(1738)二月壬子条，北京：中华书局，1985年，第35页。

② 《清实录·高宗纯皇帝实录》(一)卷四三，乾隆二年(1737)五月癸丑条，北京：中华书局，1985年，第765—766页。

③ 《清实录·高宗纯皇帝实录》(二)卷七一，乾隆三年(1737)六月庚戌条，北京：中华书局1985年，第146页。

也会遭遇的。《清实录》中的记载补充了方志中缺失的明清时期温州修建海塘、陡门、埭所会遭遇的具体问题与实际情况。

(二)地方政府应对措施

洪武八年(1375)大风雨后,平阳县的沙塘陡门与江口陡门得到了修缮。其中,沙塘陡门为民间集资重修,故在此先按下不表。但地方政府在其重修后,出资设立了闸夫。"沙塘等陡门闸夫二十名,每名银二两。"[①]"设闸夫六名,以时开闭,岁给工食。"[②]可见沙塘陡门闸夫这一职位至少延续到了万历年间,并在清朝时消失。"沙塘陡门……国朝顺治十八年(1661),迁在界外,闸板朽坏,咸卤冲入,田亩无收。康熙九年,展复义民陈瑞峰募化修理,仍建亭其上,三乡之民出粟赡僧启闭。"[③]若以其延续至万历末且一直设六名闸夫为统计数据,洪武八年(1375)至万历四十八年(1620)这246年间,沙塘陡门闸夫一职共耗费地方政府两千九百四十两。

沙塘陡门外,洪武八年(1375)大风雨下另有江口陡门受毁。《乾隆温州府志》卷十二《水利》援引了明初苏伯衡的《重修江口陡门记》详细记载了洪武十六年(1383)重修江口陡门的过程。据其所撰:

> 平阳之江口旧尝因海隄中断之,捷石为两涯,深广各三丈,内外贴石为左右翼,又敷石坛于前后,中涯植石楗折为双门,锲坎陷板以为扃,每门板十有二层,视水盈缩而闭纵之,覆以屋五间,号江口陡门……
>
> 洪武八年(1375)水暴溢,飓风激海为害,涯崩屋仆而门亦圮,今且九年矣,为县者更几人视之恬然。十六年(1383)夏,南康彭君尚贤来为丞,以公事过其地,亟谋兴作责成于水利所及之乡,大家之役于官者咸不劝,而趋输财出力,协谋并智,以任其事者九人又咸推,公谊督役,于是市石与木,揆日庀徒以备,以筑陡涯门扃,以至于屋悉复其旧,敛甃坚致,视昔过之,足支久远,又以馀力修平安渡马道一百二十五丈,以免人于淖。始事于九月庚申,而讫工于乙酉……

---

① 汤日昭:《万历温州府志》卷五《食货志》,济南:齐鲁书社,1996年,第472页。
② 李琬:《乾隆温州府志》卷一二《水利》,台北:成文出版社,1983年,第668页。
③ 李琬:《乾隆温州府志》卷一二《水利》,台北:成文出版社,1983年,第668页。

其详细记录了重修的经过与花费的时间。重修江口陡门此时为吃力不讨好之事,进展缓慢,直到洪武十六年(1383)新县丞彭尚贤上任后,仅花五日便完成重修。其还详细展示了重修前后江口陡门的样式与建筑材料,为明朝温州海塘、陡门、埭的建造方法提供了案例,下面是其他时期记载于《乾隆温州府志》卷十二《水利》的海塘、陡门、埭的建造方法：

宋以前：丁公埭……原田歌……有丁公者始教民治田,起大□其式,沉竹笼水中,捷以巨石,藉以栖苴,因地勇磬折行,水稍沟以灌溉田,水势所至尽可耕稼；

宋：屿南大埭……里人赵汝铎出力条筑,下用大松椿上用长石砌叠,改造夹岸,两塘二百四十五丈,并包印屿、石马、鱼池三埭,又于泻水处建大陡门五间,旁为石碇三间；

元：阴均陡门……大德元年,州判皮元闻芦江报恩寺有讲师曰融致书借力劝化,有总管汤士宣捐赀为倡。遂广置料物,以十二月经始,先筑上下堰,堰水施工,鳌石碇斲石限更致,板闸二十层,纤罅必窒,表里坚好,十年二月讫工,由是三十六深,得蓄泄之宜,四十万亩免乾溢之患,有年将不一书其利普哉。

地处浙南的温州海塘的建造方式的演变与浙北钱塘江沿岸海塘从竹笼木桩塘至重力式桩基石塘的转变大致相同。[①]

(三)民间应对措施

如上所述,沙塘陡门的重建为民间出资。"沙塘陡门……明洪武乙卯(1375)飓风,海复溢,县令叶素德命僧募修。"[②]可以看出,洪武八年(1375)修缮沙塘陡门的资金来自于僧人的募集而非朝廷出资。这次修缮沙塘陡门虽没有给出具体耗资,但可从他处窥测。

沙塘陡门虽位于瑞安、平阳交界处,但洪武八年应由平阳县全权负责"(康熙)二十六年(1687)瑞安典史高旺、平阳县丞范文邦协濬,自后定例,平邑濬南

[①] 郑肇经、查一民:《江浙潮灾与海塘结构技术的演变》,《农业考古》1984年第2期,第156—171页。

[②] 李琬:《乾隆温州府志》卷一二《水利》,台北:成文出版社,1983年,第668页。

岸，瑞邑濬北岸"①。雍正十三年（1735），雍正十一年（1733）飓风袭瑞安的两年后，平阳县修缮沙塘陡门耗资二百两"雍正十三年（1735），分巡温处道芮复传捐俸二百两，饬瑞平两县兴修续，知府庄柱饬筑上下土"②。而另一座位于瑞安、平阳交界处的万全陡门及其附属设施的修建则耗费近三千二百五十两，"万全陡门，即塘角陡门。在瑞安界三十八九两都，地方有大河，可荫两邑田十余万亩，年久陡门淤塞。乾隆十一年（1746），总督马尔泰捐俸三百两，镇道府县其捐八百四十七两，邑人刘凌瀚捐七百二两，瑞（安）民醵资四百一两，平（阳）民醵资千两，建大陡门三座，小陡门一座，东西筑两埭，旋遇山水大发，陡埭俱坍，续瑞民请复未果行"③。如上，不考虑白银购买力变化的情况下，洪武八年（1375）沙塘陡门的修缮费用由平阳县民间出资，应当在二百两以上一千两以下。

在清朝也不乏民间的义举。乾隆二年（1737）大风雨后的乾隆三年（1738）温州地区陷入饥荒，虽有朝廷赈济，但饥饿仍在民众腹内响起：

> 郑芳，字用久，公正慕义，慷慨好施，邑有公事屡行倡。乾隆三年岁饥，与同邑刘凌瀚各捐助赈银一千两，分司唐渐上其事，芳以岁贡生，议叙主簿瀚由监生，议叙主簿加捐县丞各宪旌其门。④
> 张瑞煌，字尚子，其先系出永嘉三都，徙居郡城，生平慷慨好施。乾隆戊午岁灾遭疫，居民□□，施粥济饥，有死于道者，施棺木以□之，复倾千金□集云山暨沙岙旷地以置义冢。其他，建憩亭，施□药，修桥梁，捐义田，懿行尽，多观察。吴公士端郡守□公柱，屡旌其义。年七十八而卒。子撰基克承父志，乡□咸称其德云。瓯郡十余年屡遭水旱，赖朝廷赈邮，并开海运以纾，民困其时。徽商徐廷芝先备价至江苏运米后，商米云集，民无缺食。又乐清生员瞿作梅捐赈之数，与郑芳、刘凌瀚埒，亦以急公尚义邀恩，议叙今本志遵生不立传之例，凌瀚、作梅未敢，遽录他若。永嘉郑珍如、高朝选，瑞安戴高、陈舜，俱施粥、平粜。虽为数不及三人，而古道可嘉附识以劝来者。⑤

---

① 李琬：《乾隆温州府志》卷一二《水利》，台北：成文出版社，1983年，第668页。
② 李琬：《乾隆温州府志》卷一二《水利》，台北：成文出版社，1983年，第668页。
③ 李琬：《乾隆温州府志》卷一二《水利》，台北：成文出版社，1983年，第674页。
④ 李琬：《乾隆温州府志》卷二〇《义行》，台北：成文出版社，1983年，第1650页。
⑤ 李琬：《乾隆温州府志》卷二〇《义行》，台北：成文出版社，1983年，第1651—1652页。

在上文风灾潮害的危害中,论及次生灾害时提到风灾潮害后的饥荒与瘟疫才是更难处理的问题。郑芳、刘凌瀚、张瑞煌、徐廷芝、瞿作梅、郑珍如、高朝选、戴高、陈舜九人作为地方士绅均出资救饥,其中张瑞煌更是出资收殓尸体、开设义冢,防止瘟疫的传播。这些民间义举正是温州风灾潮害的最后一道防线。

除了修筑水利设施和民间义举等灾后措施外,灾前的预测也是在应对风灾潮害时极为重要的措施。但相较于我们今天的气象预测,古代温州人只能通过经验来判断,由此衍生出近似于民间传说的生物预警:"风痴草,万历志其叶一折风凝一次,二三如之,土人恒占焉。瑞安县志,生山间,其叶如蒻,每年视叶之截,知风之次数及先后。"①"(嘉靖)二十六年(1547)春三月有野牛浮海至李家奥,邬奥人杀而食之,夏六月飓风坏民居,伤禾稼。(按隆庆志)有白袋似牛,而白入江则兆水,野牛疑似白袋"②。

结　语

本文第一、二节统计了明清时期方志中温州地区风灾潮害的记载,并在时空分布情态分析得出:其在时间分布上,集中于五至八月的夏秋季节;在空间分布上,高发于永嘉、瑞安两县。第三节通过人员房屋、农业、海防、灾后四个方面统计分析明清时期温州受台风摧残的情况。第四节对地方社会的应对措施展开研究,以具有代表性、典型性的风灾潮害为例,聚焦于海塘、陡门、埭的重修工作,展现中央、地方、民间三个层面对温州风灾潮害的应对。本文希望能够为当下学者了解温州地区风灾潮害以及温州地方社会提供参考,并服务于温州现今的水利建设和防灾救灾工作。

（涂新楠,龙湾区第三中学教师）

---

① 李琬:《乾隆温州府志》卷一五《药类》,台北:成文出版社,1983年,第762页。
② 李登云:《光绪乐清县志》卷一三《灾祥》,台北:成文出版社,1983年,第2228页。

论清初迁界及对温州社会的影响

吴彬彬

摘　要：清顺治十三年(1656)，清政府通过了一项特殊政策，即迁界令。此举是为了减少以郑成功为首的东南义师对沿海金钱和食品的持续需求。在受到迁界令影响的地区中，浙东地区仅次于闽广两省，其中又以温、台为巨。永嘉、平阳、瑞安及乐清四县是温州沿海地区受迁界影响的主要区域。此次迁界之处，哀鸿遍野，工商萎缩，百姓流离失所，迁徙途中死者数以万计，其骸骨可堆成万人塚。此后，这些沿海地区直至康熙二十三年(1684)，才解除所设界线，允许迁民回到界外恢复生产生活，史称"复界"。清初迁界及过程中的一系列措施，对当时甚至是近代以来的温州社会都产生了重大影响。

关键词：清初；迁界；温州；社会影响

前　言

清初迁界是该时期东南地区的重大事件。这个问题引起了学术界的广泛关注，研究成果也比较可观。但学者的研究大多或是从"事件史"角度研究迁界事件的缘由、结果和整体社会影响，或是从"地方史"角度研究地方社会变迁，且两个研究角度的研究成果多聚焦在受迁界影响最广的福建、广东两省，较少关注仅次于二省的浙江温台地区。实际上，温州地域位置十分重要。它位于浙江南部，毗邻福建北部，是浙闽的重要联结处。据孙延钊先生所著的《明季温州抗清事纂》记载，郑成功于清初频繁派遣兵士攻打温州，筹取粮饷。[①] 正因此，出于阻断郑师钱粮来源的目的，清廷对温州地区迁界令的实施亦十分重视。其次，温州市

---

① 孙延钊：《明季温州抗清事纂》，陈光熙：《明清之际温州史料集》，上海：上海社会科学院出版社，2005年，第2—20页。

现存相当大量的迁界资料。正如上文所言,温州共有四县经历了清初迁界,其中就有三县——乐清、永嘉、平阳的地方志,保存着康熙时期较为全面的文献记载。另外还有时人(朱鸿瞻、李象坤、王志彪等)和后人(孙延钊、罗诚等)编写的反映温州迁界状况的资料,可作为温州沿海移民的反映,是研究这一时期温州地域内迁界过程及其对温州社会影响的可靠依据。

笔者基于该研究背景,意识到学界对温州迁界至复界这段历史未给予充分重视。虽然近年来亦有学者意识到这段空白,但总概迁界复界与温州社会影响二者关系的还是少之又少。本文主要探讨顺治十八年(1661)至康熙二十二年(1683)间,在正式迁界至全面复界的过程中,温州沿海四县所涉及的政治、经济、民生等方面的重大变化。通过讨论,笔者希望对温州地区迁界复界过程的社会变革历史有更深入的了解;更加深刻地理解迁界复界事件的具体影响;能够从区域整体史明晰该事件对温州社会发展的多个方面的深远影响,能够为当代温州建设提供有效的借鉴。

一、清廷迁界政策的酝酿

首先,清廷的迁海令政策并不是清朝统治者一时的心血来潮,也绝非是横空而出的。它的背后,是清廷官员们依据反清势力的涨落而酝酿出的渐进过程。

清朝迁海令的实施,主要目的是遏制郑成功及其领导的东南义师势力,阻止沿海地区为其提供钱粮,供其发展壮大。

《明季温州抗清事纂》中便有顺治十二年(1655)间,郑成功频繁往温台地区筹取粮饷的记载:"五月,郑成功遣忠振伯洪旭攻台、温……八月,甘辉等北上阻风,就温、台二府取粮……十一月三十日,至平阳蒲门城内取饷。"[①]

该部分明确记载了郑成功至温台地区取粮的次数频繁,或是多次派遣将领率义师以武力掠夺百姓,或是支持反清势力的民众自愿为东南义师筹集粮饷。此外,郑成功率领义师攻温州取饷的事例每年均有一至两三次的记载。除了浙东温台地区,闽广两省更是郑成功势力活跃的主要地带。可以说,对福建、广东、浙江沿海地区三省的筹饷和掠取活动,是东南义师军费与军粮的主要来源。

---

① 孙延钊:《明季温州抗清事纂》,陈光熙:《明清之际温州史料集》,上海:上海社会科学院出版社,2005年,第10页。

这种情况威胁到清政府的统治,很快引起了清廷的注意。于是在顺治十二年(1655)六月,清廷就采取了迂回的打压政策,即向沿海百姓下达"不许片帆入海"的禁海命令。

顺治十六年(1659)五月,郑成功大举北伐抗清,六月便直指南京,这是对清政府在东南地区统治的巨大威胁。虽然郑师北伐终告失败,但顺治帝经此一役也认识到,郑成功势力拉拢了大部分两岸民众,获得了他们的支持,这一形势对清政府统治极为不利。加之其惧于郑师显示出的雄厚实力,方集思广益,听取了黄梧、房星烨、房星焕等人"坚壁清野"的建议,于顺治十八年着令:"寸板毋入海,粒米毋越疆,犯者磔死连坐。"①

该命令一出,即重申"不许片帆入海"的禁令,且强调钱粮亦不得外流,否则就要遭受严酷的刑罚。清政府对迁海令的解释冠冕堂皇,它将郑成功领导的东南义师势力称为盗贼和入侵者,指责他们频繁侵犯浙江、福建、广东等沿海地区。所以清政府将这些地区的民众迁往内地,目的是确保百姓的安宁。但事实上,清初迁海令的实施对温州社会造成极大的破坏。

清初迁海令涉及的省份共有河北、山东、江苏、浙江、福建、广东六省。其具体执行在每个地域都有所不同。按照清朝的规定:"滨海居民一律内迁30里至50里,在靠海一侧开界沟、筑界墙、立界碑、修炮台,派兵驻守,在沿海与内陆之间形成一片无人区。"②

实际上,清廷在各地最终设立的界线距离,并非统一如顺治帝旨意规定的那样,迁移30里至50里,而是受到了各地具体地势、地形的限制和各地方官员主观意志的影响。故而迁海令涉及的各地在迁界范围都有所不同。

在本文主要讨论的浙江温州地区,各县域亦并非一概迁界同等距离:"永嘉议将一都至五都濒海民内徙,以茅竹岭为界;乐清弃地九十,存里四十二;瑞安迁弃五里;平阳迁弃十余里。"③

从以上记载中,我们或可以得出这样一个结论:在温州地区执行迁界的县域中,乐清所受影响最大,平阳、永嘉处于中等程度,瑞安受害最小。

---

① 孙延钊:《明季温州抗清事纂》,陈光熙:《明清之际温州史料集》,上海:上海社会科学院出版社,2005年,第13页。
② 王日根:《明清海疆政策与中国社会发展》,福州:福建人民出版社,2006年,第416页。
③ 孙延钊:《明季温州抗清事纂》,陈光熙:《明清之际温州史料集》,上海:上海社会科学院出版社,2005年,第13页。

二、迁界过程及对温州沿海地区的影响

清初迁界对温州社会影响甚广,小至迁民个人人身和财产安全受到威胁,大至温州地方经济、政府财政、社会文化文化等多个方面发展受阻,更甚者出现倒退现象。

(一)大量迁民流离失所

迁界令自中央发出,势如雷霆,在闽广浙三省内迅速实施开来。迁海的界线一经划定,清廷便迫不及待地敦促地方政府加紧实施,甚至不惜对民众运用强硬手段:"朝命甫下,奉者过于严峻,勒期仅三日,远者未及知,近者知而未信。逾二日,逐骑即至,一时跄踉,富人尽弃其资,贫人夫荷釜,妻褓儿,携斗米,挟束稿,望门依栖。起江浙,抵闽粤,数千里活壤捐作蓬蒿,土著尽流移。"[1]

可见,清廷的实施方法完全不考虑民生,过于严酷。它不仅只允民众三日的搬迁期限,还在逾期两日后大举派兵摧毁他们的屋宅,以绝迁民回返之心。在某些地区,更是不等迁民逾期,尚在期限内便暴力驱赶民众入界。如温州平阳蒲门:"于顺治十八年辛丑闰七月一日奉迁,大兵翌日抵蒲,尽驱男女出城。三百年之生聚,一旦俱倾;十万户之居庐,经燹而尽。"[2]

此外,居民被迁徙至界内后,清政府还下令:若仍有迁民胆敢私自出界,均"杀无赦"。在这般严令下,迁民人人自危,不得不暂时按捺住思乡之情,迁徙入界内安身立命。

固然不得不屈服,但对于重新安置的迁民来说,找到安顿下来的方法又是一大难题。被迫迁徙入界的民众大多都是依海而生的沿海百姓,捕鱼、制盐等生产方式是他们的主要生计。离开家园,也就是离开了维持生计之所,这不仅导致了他们精神的缺失,更造成大量迁民物质上的严重匮乏:"或旅处深山,喂虎之口,

---

[1] 陈迁鹤:《靖海纪事·叙》,施琅:《靖海纪事》,台湾文献史料丛刊第 6 辑,台北:台湾大通书局,1987 年,第 12 页。

[2] 项元生:《十禽言》,苍南县志编纂委员会:《苍南县志》,杭州:浙江人民出版社,1997 年,第 837 页。

或颠连古渡,葬鱼之腹,甚至鬻妻卖子,委壑填沟,万种惨伤,一言难尽。"①

首先,迁民离开故土,原有的宅屋尽毁。在迁徙过程中常常遭到暴力驱赶,风餐露宿。迁入边界后,那些没有朋友或亲戚可以依靠的人失去了居住的地方。有些人选择在山上生活一段时间,以免成为老虎或豺狼的食物。有些无法安居,只得不断颠沛于迁徙之途,最终葬身鱼腹。为了保命,更有甚者还做出卖妻鬻子这般违背纲常伦理的举动来。这一众迁民的遭遇,不是天灾,而是清廷为了自保造出的人祸,时下可谓民生艰难,实令人扼腕叹息。

为了生存下来,一大批迁民不得不走上烧杀掳掠的道路:"近见村落之间,聚党至数百人,伐人荫木,夺人鸡彘,劫人食谷。良民畏其声势,无敢拒亦无敢诉,官府耳目因以弗及。顷稽刑府,按乡略责惩数人,然凶锋方炽,不为少遏。"②

该记载为清代瑞安人朱鸿瞻迁界过程中的所见所闻,他指出这种情况的出现,是防范了一大陆外的贼寇势力,又新增了大陆内的一股贼寇势力。是故,出于巩固统治的根本需要,清政府势必要优先考虑如何妥善安置迁民,解决迁民入界后的生计问题。

为此,清廷向各地方下达了谕令:"今若不速给田地居屋,小民何以资生?著该督抚详察酌给,务须亲身料理、安插得所,使小民尽沾实惠,不得但委属员草率了事。"③

就内容上来看,清廷还是关注到了迁民对田地和屋宅的急需,命令地方尽快满足迁民安置的需求,不得敷衍了事。不过,清政府下达命令容易,各地的具体执行却遭到了重重困难。

一方面,温州府的迁海范围包括永嘉、乐清、瑞安、平阳四县的沿海地区,其迁民总计约三万四千七百人,人数庞大。另一方面,安置大量迁民还需要巨额钱粮,这是已受迁界影响的地方政府无法负担的。清政府只管下发谕令,却没有向地方拨发资金或实施减免赋税等具体的支持措施,迁民的安置均由地方政府独立解决。这无疑是给地方财政施加了压力。基于此,清廷要求各地妥善安置迁民的命令迟迟未得到落实,直到迁海半年后,也就是康熙元年(1662),浙江省内

---

① 《民国平阳县志》卷七十三《十禽言序》,《中国地方志集成·浙江府县志辑》第62册,上海:上海书店,1993年,第728页。

② 朱鸿瞻:《竹园类辑》卷六《安插迁民议》,陈光熙:《明清之际温州史料集》,上海:上海社会科学院出版社,2005年,第461—462页。

③ 《清实录》第4册《圣祖实录1》,北京:中华书局,1985年,第84页。

才着手安置迁民。在此需要注意的是,只有一小部分满足条件的迁民能得到官府的援助。依据浙江官府的规定,他们只为因迁界而流离失所的贫民提供房屋和田地等支持,其他界内有屋宅者、有亲戚者、原不耕田而靠手艺谋生者等均不在其考虑范围之内。这些人中只有"十分之五或六"符合温州府援助的条件,这大大减轻了国家的负担。

除了有选择地安置迁民外,浙江政府为迁民提供的土地情况也不容乐观。政府分给迁民的田地大多位于浙江东部的深山之中,是经过当地农民验证的、难以耕种的不毛之地。得到分配的迁民们不仅不能靠这些田地谋生,还要向地方缴纳土地赋税。若是有迁民较为幸运,能分配到可用的田地,还会被政府追收迁界前尚未征收的赋税。这对小民生计来说实在是雪上加霜。在温州,大部分迁民因惧怕被追讨赋税,宁可无田,也不愿意接受政府分配的荒田。民生凋敝,致使温州社会局面愈发混乱。有如前文所说,温州瑞安地域的迁民聚集起来,打家劫舍。又有平阳县:"迁民黠悍者,倡率愚民,所在抢夺殷户积谷,几至大变。"① 更有甚者直接加入了郑师,从清朝百姓转为反清人士。

另外,温州其他未被纳入温州府安置范围内的迁民,其生活状况也不像官府想象的那样好。受迁界影响的平阳、乐清、永嘉等县域均有相关记载。

平阳县:"佃田者'秧针未下先定租,不管年荒与年熟',租房者'灶房卧房共一处,地为床,衣作被,居停之居神佛座,父母妻儿共坐眠,相看泪珠浑如注'。"②

乐清县:"往岁抚恤迁民之役,制府委其事于公。单车徇下邑,遍及穷壤,集哀鸿以十数万计。已又愀然于露胔涂殡,曰:'夫人也,故昔日登生齿之版者也。今乃宿莽栖之,砂砾委之,谁实为其父母焉者?'檄下所部,悉掩所暴骼,营万人坑……今春麇盖出西郊,陟翠微岭,瞩寺旁有废塔可容万骨……"③

永嘉县:"严令遣使,余从闽回,尚未至家,闻限十日为居民搬运蓄储,才至五日,兵丁拥集,抢掠一空。余家悬磬,无可运,儿辈仅携书籍数箧,半途遇兵丁,截路遍搜,无当意者,遂翻书入水,掠空箧而去。追迁居民之后,永强距海三十里,南北长五十里之地,田禾弃而不收,房屋祠庙,悉遭焚毁,而当路仍征

---

① 《康熙平阳县志》卷一二《时变》,《稀见中国地方志汇刊》第18册,北京:北京书店,1992年,第1015页。

② 《民国平阳县志》卷七十三《十禽言序》,《中国地方志集成·浙江府县志辑》第62册,上海:上海书店,1993年,第728—729页。

③ 李象坤:《郡司理嵇公建翠微山义冢碑记》,蔡听涛:《菊庵集选》,合肥:黄山书社,2012年,第137—138页。

索赋税甚急。"①

这种种情况都反映出,清初温州地区大量的迁民安置问题未得到妥善处理,迁民背井离乡,民生凋敝,导致温州社会弊病丛生。

(二)大片界外田地废弃

前文已经提到,清廷在沿海地区划出界线,分为界内与界外,以杜绝郑师的侵扰。其后,清廷依据所画界线修建足有三丈之高的木城,木城内3里至5里均设置防兵看守,一来防止界内居民私逃回界外,二来防范郑师及其他海寇势力侵犯沿海。如此一来,在高大木城的阻隔和重兵把守之下,百姓想要继续留在界外或是假意迁入再偷渡回界外都是较为困难的,界外大片的田地最后成为了无主之地。在温州地区,迁海令主要影响了永嘉、乐清、平阳、瑞安四县:"永嘉议将一都至五都濒海民内徙,以茅竹岭为界;乐清弃地九十,存里四十二;瑞安迁弃五里;平阳迁弃十余里。"②

这些土地大致可分为三类:建筑用地、耕地和沿海盐场。

首先说一说被废弃的建筑用地。这类土地上或建有政府行政和军事机构,或建有民居。在乐清迁界中,沿海驻有兵力的卫所在所划界线之外:"磐石卫城……顺治十五年十一月初一,海寇破其城,防将熊应凤力战而死,被害甚酷。十八年奉遣隳城。蒲岐城,顺治十五年,寇党据之。十八年奉迁隳城。后所城,(顺治)十五年十一月初八,与县同毁。十八年奉迁。"③

若说明代建造的卫所已不受清廷关注,废弃卫所亦得以收回小股非必要兵力,并未对乐清县造成重大影响。那么乐清原县治的废弃及迁移就更能凸显迁界一事对当地的重要影响了。顺治十五年(1658),乐清县治被毁,影响县衙官员的正常办公。迁海令正式颁布后,其县衙被迁至界内大荆镇,随之改变的亦有一县之政治重心。

在平阳迁界中,平阳人的主要居住地(即万全平原、小南平原、江南平原以及

---

① 王志彪:《玄对草·后集》,陈光熙:《明清之际温州史料集》,上海:上海社会科学院出版社,2005年,第432页。
② 孙延钊:《明季温州抗清事纂》,陈光熙:《明清之际温州史料集》,上海:上海社会科学出版社,2005年,第13页。
③ 《康熙乐清县志》卷二《城池·卫所城》,罗诚:《清初迁界与移民——以顺治十八年的温州迁界为中心》,《中国社会经济史研究》2018年第2期,第30页。

南港平原)都在界线以外,该县田地、屋宅"弃置过半"。与成为废墟的乐清卫所不同,平阳界内被夷为平地的金乡卫、蒲壮所是其重要的军事据点,其拆除对平壤的沿海边境防卫造成了重大打击。

第二类是废弃的耕地。对于以自给自足的小农经济为特点的中国农民来说,耕地的废弃无疑是重大的打击。据统计①,温州府原有二万四千六百一十三顷耕地,经历迁界、展界后统计留有一万六千四百九十九顷。在温州平阳县,四大平原不仅是民众主要居住地,也是主要的耕作地,总计约七千七百五十一顷,如此辽阔的沃土竟然在顺治十八年(1661)的迁界中全部废弃。在乐清县,乐清记载的"弃九十里"包含大半沃野。时人对界外弃地徒有此描述:"沿海农民罢耕种,桑田而沧海矣。久之闸埭倾,溪河淤,潮汐汩没,田亩抛荒。"②

另据康熙《永嘉县志》记载,永嘉的十万二千三百多亩的田地(主要包括今大罗山以东的龙湾地区,永嘉场,七都岛)均因沿海而遭废弃。时人王志彪赋诗云:"五十里余庐井稠,民风物望甲东瓯。罗山佳气钟台辅,蜃浦祥源毓素侯。子弟吴中推秀出,诸生鲁国尽名流。无端一炬灾诸族,目惨焦墟四望愁。"③

而温州瑞安因迁地里数较少,且瑞安靠海地区本非人口居住集聚地,迁地范围少有建筑与耕作活动,故以上两类废弃土地对其影响可以说微不足道。

还有一类是沿海盐场。温州山地众多,耕地较人口少,加之其濒临东海,其优越的地理位置以及适宜的气候条件有利于盐业的发展,以产盐、贩盐谋生的温州百姓数以万计。《重修两浙盐法志》记载:"各场煎丁,均属无籍贫民,惟恃煎盐以为糊口,既无升斗之储,更无负贩之业,惟赖商人课本赴场,源源接济,随煎随售尽付现钱。"④

温州产盐历史悠久,最早可追溯至春秋时期。经过长期发展,盐业已成为温州的经济支柱。基于此,笔者认为迁界导致大量盐场的废弃才是对温州百姓及地方政府最为重大的打击。温州五大盐场均位于四县的迁界范围内。在乐清县的沿海地区,有温州重要的盐场——天富北监场、长林场,二者均在顺治十八年(1661)迁弃。永嘉场是温州最早的盐场,唐代便设立,经宋元明三代发展,到清

---

① 李琬、齐召南:《康熙温州府志》卷十《田赋》,民国三年(1914)刻本,第604—610页。
② 王度昭:《陈令重修学宫修浚陡闸溪塘碑》,吴明哲:《温州碑刻二集》(上),上海:上海社会科学院出版社,2002年,第448—449页。
③ 王志彪:《玄对草·后集》,陈光熙:《明清之际温州史料集》,上海:上海社会科学院出版社,2005年,第432页。
④ 延丰《重修两浙盐法志》卷十六,《续修四库全书·八四一·史部》,上海:上海古籍出版社,2002年,第241—242页。

初已闻名于世,成为温州的富庶之地,却终因迁界付之一炬。平阳的天富南监场也在迁界过程中惨遭废弃。前文曾提及瑞安所受迁界影响最少,其中最大的影响便应是延袤80里之广的双穗盐场的迁弃。

上述三类土地的弃置,用今天的眼光看可以说是生产资源的严重浪费,清廷财政亦因此受挫。

(三)百姓课税大幅加重

迁海令势如雷霆,具体实施的期限也不过几日罢了。面临突如其来的迁徙命令,地方政府积存了大量未征收的赋税,据郑宁先生研究显示:"界外弃置田土当年未及征收的赋税总计银 122965.5 两、米 15698.8 石。八月,清廷在全国加派练饷,浙江界外弃置田地也被摊派银 25558.5 两;还有历年所欠的旧赋,计银 115299.3 两、米 14239.3 石。这些银、米构成了迁海之后的'积逋'问题。"[1]

除土地赋税,历来为温州赋税收入重要来源的盐税也有巨额拖欠。正如上文所述,温州五大盐场全部被遗弃在界外,盐场工人被清廷强制驱赶,盐税及工人的无业虚课均尚未征收。

从地方政府和当地百姓的角度来看,他们自然是希望朝廷不再追讨这些税收。正如前文所述,迁民迁界后大多穷困潦倒,连生计都无法维持,又何来余钱可缴纳赋税?而地方政府在清廷谕令下需尽快落实迁民的安置,自然要优先考虑民生问题。但清政府当时因养兵而正处于财政紧缺的时期。是故,清廷一方面喊着妥善安置迁民的口号,但另一方面又不愿免除迁界当年未征收的以及旧年拖欠的赋税。它的解决办法是,将界外拖欠的赋税分摊到同邑百姓和该地盐商身上,迁界之地减少的赋税差额则摊派至相邻未受迁界影响的地区。如此一来,不仅是迁民背负高额的课税,邻地人民的负担也大大加重了。

摊派完赋税,清廷还下达了催征命令:"沿海人民于十八年七月后始行迁移,彼时照期,钱粮必俱催完。"[2]

为进一步督促地方官员完成征收赋税的任务,清廷还严令"若有迟延,从重处置"。由此,各地官府只得于征税一事上加快进度,便是有怜惜百姓民生艰难的官员,也会被迅速革职惩处,以此警示其他地方官员强力催科。是故,当时出

---

[1] 郑宁:《催科为重:清初浙江迁海的善后作为》,《史学月刊》2018年第2期,第57—66页。
[2] 朱昌祚:《抚浙疏草》卷三《再请蠲免宁台温迁弃无征疏》,清康熙年间刻本,第3册,第9页。

现迁民为贼为寇、加入郑师反清的情况也就不足为奇了。

温州地区被称为催科最为不力之地,两年间就有十几位官员被革职惩处。即便如此,温州府征收的税额至康熙二年(1663)九月止,也已征收至"十之六五"。在官府催征的压力之下,迁民们陷入了水深火热之中:"温州府原额户口人丁32万余,康熙二十年虽历经展界招徕,却只有19万余。"①

可以想象,李象坤等人所述的"万余骸骨"未必就是夸张说辞。

三、迁界后的温州经济发展

随着康熙二十二年(1683)的全面复界,上述清初迁界对当时温州地区产生的危害或多或少有所缓和。更重要的是,经过迁界复界,温州鱼盐之利尽失,劳动力骤减,对外贸易中断数十年,从而严重打击了温州经济发展,为日后生产力的长期落后埋下祸端。

一方面,温州赖以生存的盐业生产遭到重创。迁界前,温州盐业发展繁荣,成全全国闻名的存在。例如,仅长林场一场在1801年足产盐一百八十万斤。《乐清县志》记载:"合销四千五百引,给发温、处二商配销。温、处二府属民食厫,有存盐,借运外所嘉、松、台等处代销。"②

温州盐场产出的食盐在满足本地百姓需求外,还能通过贸易供给嘉、松、台商人买卖。由此可见,温所盐场具有很强的食盐生产能力。但盐业的繁荣情况在清初迁界后急转直下。前文提到,温州五大盐场均因处于界外而遭废置:"其中,永嘉场场灶全弃界外,灶丁迁徙四散,课银题蠲,场官奉裁;长林诸场灶丁不复烧煎,民食杭盐,价昂数倍,穷民每多淡食;双穗场坦荡尽弃界外,仍留无业虚课一千八十余两,责灶籍士民白赔;南监场自经燬迁界未能整复而废。"③

即便康熙二十二年(1683)全面复界,温州地区也因迁界丧失了大量人口,荒废大片盐场,盐业发展情况亦实实在在地低迷了一段时间。

另一方面,禁海政策并未随复界销声匿迹,而是延续了下来。

康熙二十三年(1684),金世鉴上疏说:"浙江沿海地方,请照山东等处现行之例,听百姓以装载五百石以下船只,往海上贸易捕鱼。预行禀明该地方官登记姓名,取具保结,给发印票,船头烙号。其出入,令防守海口官员验明印票,点明人

---

① 《乾隆温州府志》卷一〇《户口》,《中国方志丛书》,台北:成文出版社,1983年,第590页。
② 鲍作雨、张振夔:《道光乐清县志》卷五,北京:线装书局,2009年,第378页。
③ 张方华:《清代温州盐业考述》,温州大学2014年硕士学位论文。

数。至收税之处,交与该道,计货之贵贱,定税之轻重,按季造册报部。"①

从中可看出,复界后沿海并非完全开放。不仅有对船只装货量的严格限制,且出海的船只要遵照清廷登记造册的严格管理。虽然在此之后,清廷并不是完全禁止沿海人民的出海活动,但对他们的出海始终有限制,且限制的范围随着社会情况不断变化,时严时松。这种政策仿若六月的天气般阴晴不定,对近代温州社会经济的发展造成严重阻碍,使其在很长一段时间内裹足不前。

其实,温州的海外贸易在宋元时期已经发展到相当水平。1131年,南宋在温州地区设立市舶司,温州的海外贸易逐步发展完善,呈现出一派繁荣景象。温州府的温州口、瑞安口、平阳口、旁口宁村、状元桥及平阳的大渔等,均为贸易聚集地。在当时被称为世界大商港的泉州也与温州港有着密切贸易往来。时人所作诗句"远从刺桐里,来看孤屿峰"②便是对泉州商人赴温州进行贸易活动的记载。此外,温州港内还经常能看见日本商船,双方建立起了长期的贸易关系。

但是清初迁界以后,温州的海上对外贸易中断了将近二十年。其间,无论是民间私人的贸易活动还是官方的市舶贸易均一度完全停顿,致使温州社会经济发展停滞的同时,社会的对外交流也骤减,社会闭塞性大大加重。是以这不仅是对经济的破坏,也是对中外地区文化交流的阻塞。

直到1876年《烟台条约》签订,这样的局面才有所转变,温州由此成为浙江地区的重要辅助港口。在与宁波港和上海港保持密切贸易往来的同时,也参与到国外进出口贸易活动中去。在19世纪末,温州的对外贸易总值稳定增长,也意味着温州地区的海上商业贸易逐步回到正轨。

近代温州经济实现的飞跃在改革开放之后。温州成了中国民营经济的先发地,运用"温州模式"创造出世界瞩目的"经济奇迹"。

余 论

除以上清初迁界的危害外,清初迁界对抵御反清势力、巩固统一多民族国家统治还是有一定作用的。但总体而言还是弊大于利。有学者直言:"迁海自始至终都是以极其野蛮的方式摧残沿海居民的一场骇人听闻的暴行。"③

---

① 王先谦:《东华录·康熙三十三年》,《续修四库全书》,上海:上海古籍出版社,2002年,第137页。
② 翁卷:《苇碧轩集·送翁应叟》,《永嘉四灵诗集》,杭州:浙江古籍出版社,1985年,第188页。"刺桐"指代泉州,"孤屿"指温州港内的江心屿。
③ 顾诚:《清初的迁海》,《北京师范大学学报》1983年第3期,第64页。

笔者对于该观点是认同的。虽是出于安定社会的目的，但清廷在迁界的整个过程中始终优先考虑自己的利益，因此侵害了众多迁民的利益及地方社会的发展。

在迁界之初，清廷不予民众充足的迁徙时间，还派遣兵士以暴力手段强制驱逐沿海居民入界。不止如此，清廷还将界外屋宅付之一炬，在界线上筑起三尺高的木墙，派兵驻扎防守，杜绝迁民回返的可能。这一系列措施致使大量迁民流离失所，求生艰难。清政府意识到迁民安置问题亟待解决，却只是空喊口号，将问题抛给地方各督抚，对地方官员的上奏索物一概不理。面对巨大的经济压力，浙江省直到迁界半年后才开始选择性地安置迁民，为在界内无屋无亲的农户贫民拨发贫瘠的荒田。这一举措并未在安置迁民问题上起到效用，反而让迁民认识到清廷虚伪面目下自私自利的本质，有些迁民不愿受田，无法维生，成为迁界过程中万具骸骨之一；有些宁愿不为良民，集结为贼寇，扰乱温州社会的和平与安宁；还有些抛弃清朝百姓的身份，成为东南义师中的反清分子。

界外的耕地和温州五大重要盐场亦未得到妥善处理，其当年未及时征收的赋税更是成为压倒骆驼的稻草。清政府为筹措养兵的军费，不顾地方政府与百姓的需求与期盼，连发催征谕令，催促地方官员尽快征收赋税。温州府在迁界范围内民生最为艰难，催征效果最为不力，却也在清政府的压力下与两年间征收六成五的巨额赋税。

随着康熙二十二年(1683)的全面复界，上述清初迁界对当时温州地区产生的危害或多或少有所缓和。更重要的是，经过迁界复界，温州劳动力骤减，赖以生存的盐业生产遭到重创。禁海政策延续，温州自宋元繁荣的对外贸易中断了20年，从而严重打击了温州经济发展，为日后生产力的长期落后埋下祸端。

综上，清初迁界事件对温州地区造成严重危害，甚至对温州近代社会发展也造成深远影响，埋下了隐患。当然，迁界事件也有一定的积极作用，例如抵御了东南义师的攻势、巩固了国家统一等，但这并非本文讨论的主要内容，故在此不作赘述。

以史鉴今，温州社会未来的发展该何去何从？笔者认为，应吸取清初迁界的教训，恰当利用温州沿海的优势地理位置发展对外贸易，绘制海洋事业发展的宏伟蓝图，推动社会间现代文明的交流与传播。

（吴彬彬，温州龙港市第四中学教师）

清末温州庚子教案中地方官府的应对

陈如意

摘　要：光绪二十六年（1900）在温州发生的一起以神拳会为主体的反洋教事件，是近代温州史上较为轰动的一次民教冲突。19世纪末至20世纪初，温州地区的民教矛盾较为突出，受全国义和团运动影响，地方反洋教民间组织神拳会兴起。神拳会的壮大使得在温传教士的人身财产安全受到严重威胁。地方拳民强烈的反教卫道诉求、外国势力的逼压与恫吓以及清廷招抚的态度影响着神拳会的发展走向。地方官府为维护辖地的统治和社会秩序，面临镇暴和反教的困境，但也存有腾挪应对的弹性空间。最终，地方官府联合乡绅镇压了神拳会，后续处理中地方官府消极妥协和反抗力争的方式对维护统治的作用有限。

关键词：温州；庚子教案；神拳会

"教案"，即近代中国普通民众与伴随列强进入中国的基督教传教势力之间的冲突，是近代中国社会矛盾的一面镜子，它所映射的既有中国内部的社会矛盾，也有中国与西方之间的文化冲突。1900年，由义和团运动引发的"庚子之难"是最受关注的重大事件。与此同时，受到全国义和团运动影响，这一时期的各地反洋教活动异常激烈，同样发生于1900年的温州庚子教案便是其中之一。19世纪末，温州地区民教矛盾突出，地方民众自发形成反洋教组织，其中以神拳会最盛。神拳会是以练神拳的方式抵御番人兴中国[1]，不乏有宗教迷信色彩。神拳会的壮大使得在温传教士的人身财产安全受到严重威胁，多方势力卷入，最终地方官府联合乡绅镇压了神拳会。

目前学术界对温州庚子教案已有一些研究。胡珠生的《温州近代史》[2]中对

---

[1]　胡珠生：《温州近代史》，沈阳：辽宁人民出版社，2000年，第158页。
[2]　胡珠生：《温州近代史》，沈阳：辽宁人民出版社，2000年，第155页。

神拳会反教活动有详细的描述,史料主要来源于《温州文史资料》[①]。关于神拳会的论文研究较少,主要有马允伦的《义和团运动时期的浙南拳民运动》[②],这篇文章给予神拳会高度的评价,认为神拳会的斗争是具有反帝爱国的性质,具有强烈的时代色彩。李世众的论文《晚清教会势力的楔入与地方权力格局的演变》[③]提到,神拳会反洋教过程中社会各阶层力量对比不断变化,他进一步提出这是地方不同阶层博弈的结果,给予笔者较大的启发。此外还有一些研究晚清浙江基督教和教案的文章或多或少地涉及神拳会反教,其中有刘家兴的《晚清浙江教案研究》[④]、张毅《基督教与晚清温州社会》[⑤]等。值得一提的是,温州大学的一篇论文《清朝温州社会的冲突与治理》[⑥]围绕神拳会事件,系统阐述了神拳会兴起的背景以及温州地方社会各阶层对此事件的应对及后续处理,作者从一个较长的时间跨度进行研究,涉及的社会阶层群体也十分广泛。

总的来说,关于温州庚子教案的现有研究较少关注地方官府在教案处理中所面临的困境及其应对的问题。在近代中国特定的政治和社会环境下,温州地方官府作为事件具体的处理者,需要在普通民众、上级官府、外国势力之间竭力周旋,同时又要维护自身独有的利益,从中可以反映近代中国地方治理的诸多特点,值得我们关注和思考。

一、庚子教案的爆发和各方的态度

温州庚子教案指的是1900年前后发生在温州以神拳会为主体的民间组织领导的反洋教斗争。温州民教矛盾缘起何处?教案是如何爆发的?涉案各方又是如何看待?

(一)民教矛盾与教案的爆发

温州地区的民教矛盾缘起已久,矛盾大体起于两个方面。

[①] 政协温州市委文史资料研委会:《温州文史资料(第五辑)》,杭州:浙江人民出版社,1989年,第289页。
[②] 马允伦:《义和团运动时期的浙南拳民运动》,《温州师专学报》1980年第6期,第106—113页。
[③] 李世众:《晚清教会势力的楔入与地方权力格局的演变》,《史林》2005年第5期,第114—125页。
[④] 刘家兴:《晚清浙江教案研究》,杭州师范大学2013年硕士学位论文。
[⑤] 张毅:《基督教与晚清温州社会》,扬州大学2013年硕士学位论文。
[⑥] 谭谋:《清朝温州社会的冲突与治理》,温州大学2021年硕士学位论文。

其一，外国教会势力恃教横行，归根到底源于不平等的条约。教会拥有治外法权，他们通过介入地方政治势力来吸纳平民入教，规定：凡是在温入教者纳税可免，这就导致投机取巧的佃户、亡命之徒等把教会当作护身符，纷纷加入其中。而这些人往往是最不守法的人，最容易激起官方和非教徒中国人的愤恨。然而传教士的蛮横行为没有受到本国政治力量的约束，外国势力反以军事力量助长其气焰。法国驻浙领事赵保禄动不动就恫吓地方官府"即飞调火轮船来此攻击"①。

其二，传言引发教案。地方民众散布传言往往成为引发教案的直接原因。传言在古老的中国似乎有特殊的功效，能够在特定的环境下引起集体的应和。②近代温州发生的教案与揭帖③有密切的关系，地方民众多用揭帖来宣传未验真伪的传言，制造传言这种反教手段屡试不爽。浙江巡抚刘秉琦称温州地区"民间深恶洋人，尝有匿名揭帖"④。在庚子教案发生的早期，永嘉茹溪乡间社庙出现神像被剜去眼睛、破开内脏，外间纷传为耶稣教人所为。传言是否为真，暂不讨论，但传言切实加剧了本土宗教和外来宗教的矛盾。传言之所以会广泛传播且被相信，与其实际的心理和社会背景有很密切的关联，可以说传言这种舆论导向成为有力的反洋教策略与手段。

早在1884年温州甲申教案处置后，西方传教士得到了大量的赔款，他们将这笔钱用于扩建教堂，发展教会，使得原有的民教矛盾进一步激化。1900年前后，北方各省掀起了轰轰烈烈的义和团运动，影响遍及全国。温州虽然地处东南，距离北方义和团运动的地区较远，但早在光绪二十四年（1898）就已经出现神拳会，"打神拳"始见于光绪二十四年（1898）的张棡《杜隐园日记》：

> 连日乡愚打神拳纷纷妖言，谓此月十五日定当起事，破灭番人。为首者在上港马屿约于本日丑时祭旗，以致地保上城报祸，城为之闭，纷纷戒严。然久久卒无端倪，亦可见民之讹言矣。⑤

教案的爆发与神拳会的兴起关系重大。受到全国局势的影响，1900年3月到1901年1月间，温州平阳和瑞安的神拳会一度声势浩大，成为东南地区轰轰

---

① 奕䜣：《筹办夷务始末》卷五，北京：中华书局，2008年，第79页。
② 刘家兴：《晚清浙江教案研究》，杭州师范大学2013年硕士学位论文。
③ 唐朝以后农民起义者向公众进行文字宣传的一种方式。
④ 苏萍：《谣言与近代教案》，上海：上海远东出版社，2001年，第2页。
⑤ 俞雄：《张棡日记》，上海：上海社会科学院出版社，2003年，第65页。

烈烈的反洋教中具有"神拳"特色的一支队伍,是庚子教案中反洋教的主体力量。神拳会是以"打神拳"的形式开始组织的,在温州地区形成了两股势力,一个是瑞安"神拳会"首领许阿雷带领的队伍;一个是平阳金宗才带领的队伍。1899年,马屿仙皇竹人许阿雷因有事暂避莘塍,许阿雷应地方民众的邀请,在家设立分坛,宣扬练神拳的目的在于"抵御番人兴中国"[①]。民众大为赞同,神拳大盛,瑞安"自城厢以及清泉、崇泰、帆游三乡十二都恶番人教者,皆乐为神拳弟子,读书人亦多附和"[②]。神拳会逐步壮大,在各地通过焚烧教堂等方式反对洋教。当时的外国传教士收敛了传教的嚣张气焰,多个月内没有寻衅滋事。光绪二十六年(1900)四月上旬,当时温州城内谣言四起,街道上贴满了匿名的揭帖,都是关于驱逐外国传教士势力、鼓动民众百姓的话。很多地方写了"应天顺命,除灭异教"的字样。平阳金宗才领导的神拳会也已纷纷造势,分散飘票,明目张胆地在木桥头一带活动。到这个时候,平阳神拳会的声势最为浩大,调动的会员达 3500 人。

(二)各方的态度

地方民众是反洋教群体中最坚定的力量。温州庚子教案中参与的民众多为神拳会成员。神拳会是反对洋教自发形成的民间群体组织。非官非绅之"民",其地位处在社会最底层,受外国教会势力之害最深。由于受到文化等多方面的限制,在历史记载上,民众往往成为一个失声的群体,因此相关的史料研究并不多见。但是我们可以从神拳会的宗旨、揭帖内容及民教矛盾来窥见民众的诉求。

地方民众最主要的诉求是驱逐异教,抵御番人。地方民众认为练神拳的目的在于抵御番人兴中国,可见地方民众对洋教及外国势力的仇视心理。在温传教士直接侵害了民众利益,一方面传教士借口"还堂",盗买盗卖,强占土地;另一方面,外国教会多吸纳为生活所迫的投教者、逃脱罪责的地痞无赖,成为他们的"保护伞",这种超越普通民众的政治经济特权,容易引起民众对外国势力及洋教的仇视心理。当时传言四起,在街道上贴满了匿名的揭帖,"应天顺命,除灭异教"的字样,更能反映出这一点。

不仅如此,地方民众的诉求也更多地体现在"卫道"的需要,存有"卫道"的心理。尤其是温州地区民众有很强烈的排外思想,造成此种情况的原因较复杂,我

---

① 胡珠生:《温州近代史》,沈阳:辽宁人民出版社,2000年,第158页。
② 胡珠生:《温州近代史》,沈阳:辽宁人民出版社,2000年,第158页。

们不展开论述。反洋教直接的冲突是文化方面的冲突,天主教以及基督教宣扬的内容与中国传统主流思想有很大的差异,中国民众在价值观和宗教观念上与西方处在对立状态。例如,在庚子教案发生之前的甲申教案就很能说明这个问题。甲申教案爆发的原因是教徒不肯为地方的庙会捐资,使得杨茂奶等人火烧教堂,引发了一场轩然大波。究其深层原因:西方天主教信仰一神论,唯一信奉上帝;而地方民众则认为地方庙会活动是一场娱神活动,地方神保佑一方的平安,西教徒生活在这个地方,自然也受到了地方神的保护,需要捐资。受过中国传统文化熏陶几千年的中国民众在外来文化征服的野心面前奋起反抗,捍卫自己所坚守的"圣道"。

近代外国势力楔入温州,成了温州社会官、绅、民外的第四种势力,促成了温州官、绅、民几种势力的消长变化。外国势力的主体在温州庚子教案中主要分为两类:一类是在温传教士,一类是外国驻温领事馆及驻浙总领事。

教案爆发前,西方传教士凭借着在政治特权上的优势蛮横传教。陈旭麓先生在他的著作《近代中国社会的新陈代谢》中指出:"1840年以后,传教士是与商人一起东来的,但由于教士比商人更具有献身精神,因此,西洋宗教在中国登陆之后,比商品走得更远,甚至深入穷乡僻壤。"[1]正是由于西方宗教的传道者有着这样的超人意志和近乎狂热的献身精神,洋教在温州得到了迅猛的发展。而民教矛盾也随之加深,苏慧廉的妻子曾经记载了民众反教的情形,"一群'暴民'在苏慧廉的住所前汇聚,瞬间屋外的石头嗖嗖地向门窗飞来,木制的后门支撑不住轰然倒塌,这时苏慧廉正急匆匆往后门赶,他看到了院子里正聚集着一大堆男子……"[2]

教案爆发时,地方反教组织使用焚烧教堂等暴力手段,引起了传教士极大的恐惧。基层的传教士往往先是逃离教堂,到江心屿的外国领事馆寻求庇护。外国领事馆先隐忍不发联合地方官府妥善安置受到生命威胁的传教士,并通过联系驻浙总教区领事馆负责人,派军舰将传教士接往宁波总教区暂避风头,派遣军舰的另一目的是用军事武力手段震慑民众以及地方官府。在成功送走传教士后,外国驻温领事馆立即致函地方官府向其施压,要求尽快抓获反洋教主谋。

1900年,清廷对义和团的招抚命令又加剧温州庚子教案的复杂性。义和团运动在反对外国势力上起到的积极作用,面向全国,清廷让各直省督抚招纳与义

---

[1] 陈旭麓:《近代中国社会的新陈代谢》,上海:上海人民出版社,1992年,第140页。
[2] Lucy Farrar Soothill, *A Passport to China*, London: Hodder and Stoughton, 1931, p.37.

和团性质相近的反洋教民间组织。上令下达,温州地方官府却没有立刻施行。同年六月,东南各省督抚制订《东南互保章程》,拒绝执行清廷中央诏谕。由于温州地区的庚子教案属于地方性教案,不至于由清廷亲自出面解决。温州地方官员将维护清廷统治的一派调离温州,这使得清廷对教案的态度与诏令在地方具体的施政当中并没有显著的作用。

二、地方官府的腾挪与应对

地方民众强烈的反教卫道诉求、外国势力的逼压与恫吓以及清廷招抚的态度影响着神拳会的发展走向。地方官府为维护辖地的统治和社会秩序,面临镇暴和反教的困境,但也存有腾挪应对的弹性空间。

(一)联合乡绅

神拳会兴起时,很大一部分地方乡绅是支持神拳会的主张,民众很大程度上也受到地方乡绅的影响,纷纷加入壮大了队伍。在胡珠生编著的《温州近代史》中曾有记载。当然此时的乡绅之所以投身到反洋教阵线中,主要也是因为其切身利益受到教会的侵犯,甲申教案处置后,传教士获得大量赔款并获得土地以修建教堂。从经济利益方面来看,教会强占房产、土地,必然严重损及乡绅的地方利益。乡绅在基层是房产、土地的主要拥有者,被教会强占后,损失的不仅是房产、土地本身,还有可供剥削的佃户。从政治权益方面看,乡绅凭借其功名资格、财力物力等,在地方上享有很高的社会威望。这对乡绅来说是一种不可缺失的资本。依据社会心理学,社会威望是社会身份最重要特征之一,是社会承认的一种特殊尺度。[1] 但是西方传教势力的楔入犹如现代医学中人体器官的异体移植,不可避免地产生了激烈的排斥反应。[2] 传教士们因条约特权横行乡里,而且大力发展教徒并纵容他们的不法行为,乡绅们最直接地感受到自己的权威被冲击动摇,故在中外矛盾较为突出时,毅然站在了反对外国教会势力的阵线。地方民众多附和地方乡绅的主张与晚清以来地方乡绅获得了较大的地方政治参与空间的关系密切,晚清推行地方自治,实际上是"官治""自治"与"绅治",即国家权

---

[1] 董丛林:《晚清教案危机与政府应对》,北京:中华书局,2017年,第4页。
[2] 李世众:《晚清温州权力关系格局透视》,华东师范大学2005年博士学位论文。

力与地方社会的接触与对话。① 他们在地方文教秩序的建设方面发挥了积极主动而非辅助的作用,并在很大程度上分享了官府在该领域的主导权。② 可见地方乡绅对民众起着很大程度的教化和舆论引导作用。

但是随着势力壮大,部分地方乡绅对神拳会的态度有所转变。神拳会吸纳了许多佃农,这引起了地方乡绅的恐惧,惊呼拳民"能抢救屋,即能劫殷户""倘不急图,势必蔓延,不可收拾。"③ 他们纷纷提出筹办团练以防万一。刘绍宽《厚庄日记》中的庚子部分,有大量士绅如何频繁往来商讨筹备团练事务的记录。详细阐述了如何戒备拳民,如何组织团练等问题,最后议定《团练章程》《禀帖》等文件。④ 孙诒让任团防总董,陈葆善提出一系列储备粮食、练兵、购买军械、镇压暴乱、建设海防等意见。孙诒让提出本次筹办团练的目的在于"同人商议总以清土匪、镇内变为主,海防则姑置为缓图,以其费多而毫无把握也。"⑤ 其中也提到了"处民教",有处理、协调乡民和教民关系的意思,对教民的敌视情绪似乎减弱了很多。

地方乡绅出于利益的考虑,与民众短暂的联合已经破裂,在庚子教案发生时已不复存在。尽管此时乡绅与民众反对洋教的共同目标仍然存在,但是士绅对反洋教已不再感兴趣。关乎自身利益,士绅对民众的集体反洋教行为怀有极大的戒备之心,他们对此表现出了比官府更为深切的关注。突出表现在义和团运动时期,他们对官方招抚拳民的政策表示强烈的反对,他们认识到"此等地痞,能抢教屋,既可劫殷户"⑥。乡绅直接称拳民为地痞,此时乡绅与拳民关系已十分恶劣。在《张棡日记》1900 年十一月十三日,记叙了作者与孙诒让的晤谈,先生又云:闻近日隔江(飞云江)神拳又有蠢动之意,彼处殷户者半迁徙于城矣,想冬防又有一番吃紧也。⑦ 地方乡绅的利益受到拳民的直接侵害,可知乡绅是很难赞同清廷招抚拳民的政策。

随着部分乡绅态度的转变,为地方官府腾挪应对提供了较大空间,主张剿抚的地方官员也开始寻求利益同盟者。

---

① 尤育号:《清末地方自治与士绅的社会政治参与及其限度》,《温州大学学报》(社会科学版)2019 年第 6 期,第 101 页。
② 尤育号:《因地制宜:晚清温州士绅与儒学的地方性实践》,《中国文化研究》2020 年第 3 期,第 68 页。
③ 胡珠生:《温州近代史》,沈阳:辽宁人民出版社,2000 年,第 159 页。
④ 刘绍宽:《刘绍宽日记》,北京:中华书局,2018 年,第 270—286 页。
⑤ 政协温州市委文史资料研委会:《温州文史资料(第五辑)》,杭州:浙江人民出版社,1989 年,第 108 页。
⑥ 胡珠生:《温州近代史》,沈阳:辽宁人民出版社,2000 年,第 158 页。
⑦ 俞雄:《张棡日记》,上海:上海社会科学院出版社,2003 年,第 65 页。

(二)兼剿兼抚

地方官府内部的分歧与拉扯,出现了对神拳会既剿又抚的特殊情况,而这又源于清廷与东南督抚诏令不一。1900年六月,温州知府启续到平阳各地落实清廷中央的招抚政策,召集一些乡绅议事,其中有乡绅认为招抚是很不合时的政策,主张剿抚,与知府的意见有所分歧,拂袖离去。出于官方招抚拳民的告示、地方官府态度不明朗的考虑,地方乡绅并没有公开镇压神拳会。但是随着东南督抚决定保护外国教会的命令下达后,温州地方官府也分成两派,以温处道王祖光为首的一派主张执行督抚的命令,以满人温州知府启续为首的一派坚决奉行清廷谕旨,启续在瑞安的招抚得到士绅项仲芳等人的支持。而王祖光等人不仅反对招抚神拳会,更是主张剿抚,极力保护列强在温州地区的利益,且多次致函英国税务司,提醒其严密防范,意在加强教堂保护并且在教案爆发时护送多名法国传教士离开温州。两派相持不下,加剧了官府的内耗。

不久,两派的持平局面很快被打破,两江督抚将主张招抚以启续为首的地方官员调离温州。值得一提的是,在启续撤任以前,新知府林祖述就已到温。可见王祖光这派早已密谋商定。消除此等东南互保的"外交障碍",主张剿抚的这派官员便可大展拳脚,公然支持外国传教势力并联合早已蠢蠢欲动的地方乡绅镇压神拳会。

平阳的地主团练有过镇压金钱起义的血腥经验,神拳会也担心当地团练的强大势力,仙居、陈家堡等多地的拳民受形势所迫不能出门,没过几日,钱库地区的拳民听到官兵要来镇压的消息,很快四处逃散,"沿途被人劫抢,军械、旗帜、旗号皆弃去"①。同时,钱库地区驻军奉命捉拿神拳会核心成员。听到消息,部分平阳拳民转移到马屿等地,与许阿雷所率领拳民会合。地方乡绅团练和地方官府的官兵多方联合调动,设计捉拿拳民首领,获得很大的成功。温州大部分神拳会被铲除,温州地区局势也很快恢复平静。

可是"神拳略敛迹,而教焰又大张"②,外国领事又致电督抚以戴姓教士被杀为借口,索求启守抵命,气焰十分嚣张与狂妄。这又使得新一轮反洋教斗争继续

---

① 胡珠生:《温州近代史》,沈阳:辽宁人民出版社,2000年,第161页。
② 胡珠生:《温州近代史》,沈阳:辽宁人民出版社,2000年,第162页。

爆发,乐清、永嘉多地传教士公所被捣毁或烧毁。在这一复杂的情况下,温处道王祖光、新知府林祖述向督抚盛宣怀报告:

> ……伏乞费神代致瓯领事,务必率同各教士等即乘下次普济来温,并嘱各教士传谕教民安分传习,毋有恃教欺凌、干预词讼等事,庶几民教永远相安。①

但是地方官府的微弱呼吁并不能使外国教会势力有所收敛,之后多地反洋教案件反复出现,尤以瑞安最盛。江南团局缴获拳民起事密件,告知当地团练总董杨镜澄,"作函禀县,请签柴密拿"②。瑞安县令盛鸿焘统带练勇数十名到瑞安华表捉拿首领张新栋。前期,拳民顽强抵抗,使得练勇落荒而逃,但很快瑞安县令调集多方兵力,赶赴华表桥头镇压。神拳会大伤元气,多人四处散遁逃离。神拳会受到镇压后,瑞安士绅项仲芳等托人劝诫神拳会首领张新栋到县里投案自首。至此,神拳会反洋教运动在官方和乡绅的联合镇压下宣告终结。

地方官府在剿抚神拳会的过程,不只是受到外国势力的逼压、地方督抚的催促,还有出于自身的政治角色、维护地方统治与秩序的需要。拳民反洋教行为实际上是挑战官方权威的表现,这是地方官府所不能容忍的。

三、教案议决和后续处理

(一)赔款和惩凶

第一,赔款、划定土地问题。教案的决议与处理往往是地方官府与外国势力妥协与抗争的产物,庚子教案不是某一天发生的,根据教案的群发性和间断性特点,数量不仅多,而且往往多案相互牵扯,案情复杂,一般是由浙江巡抚把管理地区的积案汇总,与外国官员和主教一起商定,拿出一套处理方案,奏报清廷核准。据刘绍宽光绪二十七年(1901)日记:"去年温州通府教案,计毁华式耶稣教堂约三十座,教民遭殃七十余家。"③为此,耶稣教和天主教的主教和传教士们要求

---

① 胡珠生:《温州近代史》,沈阳:辽宁人民出版社,2000年,第163页。
② 胡福畴:《温州近代史资料》,温州市教育局教研室编印,1957年,第178页。
③ 刘绍宽:《刘绍宽日记》,北京:中华书局,2015年,第155页。

"列强议定最后文件时不要忘记中国传教区的利益"。1901年6月,天主教浙江教区主教赵保禄向浙江巡抚提出有关温州等地传教区的赔偿问题。结果双方签署了《浙江省天主教教案调解书》①,调解浙江省天主教所有新老教案及其赔偿金额与损害赔偿。省府最终商定支付18万银元来解决天主教在本省范围内发生的一切讼事。后来这笔钱在温州主要被用来重建杜山头、萧家渡等地的教堂并且扩大教会用地。

第二,惩处神拳会首领及在教案事件中不作为的温州地方官府官员。《浙江省天主教教案调解书》中提及的神拳会首领许阿雷判刑15年。平阳神拳会首领金宗才被判"无期监禁"。《浙江省天主教教案调解书》中提及的被议官员郭钟岳以允准地痞流氓迫害教徒并敷衍其事为由被撤职。还有《浙江省天主教教案调解书》中未被提及的统领范银贵、前护镇胡硕因保护不力被革职。《浙江省天主教教案调解书》中重提当年早已解决的杨茂奶案件,成为这次调解的悬案。温州天主教主教刘怀德欲谋求更多在温利益,对杨茂奶案件穷追不舍,先后历时10年,法国多次调动舰队来温示威,归根到底是为了索取土地修建教堂。

(二)事件后续

上面所提到的赔款问题,是教案处理中较为明确的、可估量的。在外国势力咄咄逼人的态势下,地方官府签订《浙江省天主教教案调解书》只能妥协赔偿。教会的势力获得很大的发展,而教会创建新式学堂发展教育、移风易俗,一定程度上促进了温州地区的近代化。

但在惩罚相关官员和神拳会首领等方面,由于外国势力拥有的治外法权难以管控到中国官员和反教首领,且惩罚标准难以衡量,地方官府的处理可有较大的模糊性,存有比较大的弹性空间。庚子教案中,地方官府后续处理拳民闹教首领,情况十分微妙。其中提到的,瑞安神拳会首领许阿雷被要求判处15年,但在实际处置中,许阿雷下落不明。平阳神拳会首领金宗才被判处"无期徒刑",可见他当时未被杀害。《浙江省天主教教案调解书》中未提及张新栋,实际上,在项崧等士绅的劝诫与招抚下,张新栋投案自首,士绅一定程度上完成了地方官府难以办到的任务。最后在项仲芳等士绅营救下,张新栋被判3年后放回。由此可知,神拳会的主要首领基本上没有被判以重刑,地方官府在应对外国势力的压迫,因

---

① 方志刚:《温州神拳会与天主教》,杭州:浙江人民出版社,1984年。

自己的特殊地位采取消极态度处理反教首领。

值得一提的是,杨茂奶事件中外国势力索取土地的丑恶面目暴露无遗。新任温处道童兆蓉多次致函驳斥浙江天主教神甫赵保禄的无理要求。对于严重威胁到地方利益的情形,地方官府并不是一味地妥协屈服于外国势力,童兆蓉坚持"罪无可科,则教堂应保护,百姓亦应保护,亦不能以无据空言曲为附和"①的严正态度,一定程度上维护了地方利益和国家尊严。

温州地方官府尽管已不遵循清廷诏令,但从后续处理来看,地方官府试图应对教案的基本方针还是遵循了清廷处理教案的原则,基本上采取"持平办理"②力求"民教相安"③的方针,前者是解决教案的基本手段和原则,后者为着力追求的目标。"持平办理"的主体是教案的办理者,这包括清朝的官员和外国传教会势力及领事馆,清廷自己所遵循的原则,实际上对外国方面并没有很大的约束力,能实施法定命令的对象只能是清朝的官员,只能要求他们在办案中"持平"。"民教相安"则是要营造一种和谐局面,营造的主体牵涉面很广,包括清廷与地方官府、中国和外国、教士和民众等,但这也同样缺乏制约力,在法定范围所督饬的对象也只能是中方的各群体。

地方官府的消极妥协和反抗力争,一定程度上迎合了地方拳民愤愤不平的内心,适量挽回地方官府的公信力,但根本目的还是在于维护地方的社会秩序和统治。可是地方官府的这点努力已挽不回摇摇欲坠的中国传统政治社会。

结　语

总的来看,清末温州教案危机与地方官府的应对有以下的特点。

第一,舞台与角色。晚清温州庚子教案是客观的时代背景和中外各阶层主观能动表现的问题。④ 客观的时代背景虽说不是绝对不能改变的,但毕竟是特定的舞台,各种角色只能在它的框架下表演。对于教案危机的应对,地方官府也只能在这一特定舞台上作有限的回旋,即便如此,从中央到地方的各级官员,也有他的主观能动的腾挪余地。

第二,外交与内政。晚清官府应对教案危机时必涉及的两个方面。尽管研

---

① 胡珠生:《温州近代史》,沈阳:辽宁人民出版社,2000年,第165页。
② 胡珠生:《温州近代史》,沈阳:辽宁人民出版社,2000年,第172页。
③ 胡珠生:《温州近代史》,沈阳:辽宁人民出版社,2000年,第172页。
④ 董丛林:《晚清教案危机与政府应对》,北京:中华书局,2017年,第384页。

究当中需要将其分开,但实际上又是紧密联系且纠缠不清的,教案是一个繁难复杂的综合体。

第三,妥协与抗争。地方官府在教案处置当中的外交表现而言,是处在这两种皆有的矛盾和纠结当中。从地方官府在应对乡绅、拳民以及外国势力等群体中,妥协是基调,抗争受到很大的局限。上边所讲到的舞台限定,脱离舞台抗争是不现实的,更要关注社会各阶层在有限的空间里如何努力。

清末温州庚子教案只是晚清以来众多教案之一,但在其特殊的社会年代背景下,温州地方官府作为权力结构中间的一环,存有其无奈与抗争,这对于现在的基层的工作治理有一定的借鉴意义,要给予基层一些理解,同时利用基层的优势灵活应对。

教案很大程度上反映着文化冲突,当今的中国是开放的中国,文化的交流与互鉴不可避免存在摩擦,了解民教矛盾的原因、吸纳地方官府的恰当方法,对于新时代条件下正确处理宗教问题,防范社会危机因素的滋生,进行和谐社会建设,也可提供一定的历史借鉴。

(陈如意,温州榕园学校教师)

三槐李浦王氏家族文化研究

王绍新

摘　要: 历史传承下来的家族文化是家族的精神财富,对于每一个家族的成员来说都是一种荣耀,是把家族一代一代凝聚在一起的精神力量进行延续与发展。三槐王氏家族在北宋时期的形成和发展,是其家族发展史上最为光辉灿烂的一页,三槐堂的堂号也成为其家族认同的符号。三槐王氏祖居山东莘县,后落籍河南开封,南宋以后三槐王氏迁徙各地,王旦五世孙王俟依从父古公而居温州城南锦春里是三槐王氏南汴中的一支。了解李浦王氏家族文化也是继续探讨和认识宋以后三槐王氏家族的社会变迁。

关键词: 三槐李浦王氏;王氏家庙;王瓒;宗谱文化

一、三槐李浦王氏

三槐李浦王氏源自姬姓王族,尊周灵王太子晋为始祖,秦灭时,十八世武成侯王离被项羽所杀。其子王元、王威避乱隐居即墨山,后王元徙临淄为琅琊王氏始祖,王威归太原之广武为太原王氏祖。三十三世王导自临沂南渡居丹阳为江左王氏始祖。至五十二世祖王搏,唐光化三年(900)崔胤专权,当年六月己巳日,唐昭宗追昭逼死王搏于兰田驿。搏生四子:倜、谈、伦、言。王言避难占籍莘县曹门外鲁连村。宗谱记载王言原名王信,避难时去信之人字改为言。王言孙王祐,宋初为监察御史,因手植三槐于庭曰"吾子孙必有为三公者",其子王旦不负父望,宋真宗咸平四年(1001)封为参知政事,景德三年(1006)二月敕封王旦同中书门下平章事(丞相)。因王祐手植三槐于庭,故称其后裔子孙为"三槐王氏"。言生二世王彻。彻生三世王祐、王祉。祐生四世懿、旦、旭。旦生五世雍、冲、素。六世王巩是王素之子,王旦之孙。七世王奇,八世王俟。

靖康间,俟公偕九世彦觉依从父古公而居温州城南锦春里。十世详公号约

151

轩,十一世柏公字惟贞号植菴。淳熙初,从温州迁居永强九甲陈宅巷(见今永兴福善院旧石碑文)。惟贞公随父在九甲辟土创居,恢宏先业,建宗祠于监桥之北。并于嘉泰二年(1202)始修三槐王氏宗谱。直至三槐王氏十六世文燠公,号环菴,少年随父戍役南京石灰山,一家历尽诸艰故自号"环菴"。公生子五,孙二十七,曾孙八十,玄孙一百七十七人。明正德十四年诰赠礼部左侍郎。公自九甲陈宅巷再徙李浦村雁泽桥西(今榜眼桥),自力更生,新创基业,重建宗祠,并于永乐戊戌年(1418)重修王氏宗谱。因地处永嘉华盖乡李浦村,先祖又源自三槐王氏,故称本支宗脉为三槐李浦王氏。自立宗谱,新编行弟,宗祠立一匾《三槐堂》,一匾《德符堂》(见宗谱王瓒诗文)。尊三槐八世倓公为三槐李浦王氏一世祖。此即三槐李浦王氏之由来也。

二、王氏家庙

"王氏家庙"是龙湾区三槐李浦王氏之宗祠,族人俗称"榜眼王祠堂",改革开放后又称"王瓒家庙",现属浙江省文保单位。李浦王氏家族每年均在此举行春祭(农历正月十一)、秋祭(农历八月十五)以及清明祭祖扫墓等重大仪式,是李浦王氏家族子孙宣扬王氏宗族文化及举行祭祖活动的主要场所。三槐李浦王氏家庙碑记中记载:"余王氏始祖贞庵公,宋魏国文正公五世孙也。"李浦王氏宗祠建于明嘉靖庚戌(1550),皇上敕建坊表,赐额号曰:"王氏家庙,三槐世裔"。并赐御制一联:"肯构肯堂,绳其祖武。"三槐李浦王氏家庙是龙湾地区数一数二的宗族祠庙。

王瓒家庙位于龙湾区永中街道殿前村。北临李浦河,距永昌堡迎川楼约230米。家庙建于明正德年间,清顺治迁界庙毁,康熙时重建。乾隆年间毁于飓风,嘉庆十六年(1811)迁改建而成。家庙坐西北向东南,三进二院式布局,占地约1855平方米。平面呈长方形,沿中轴线依次为牌坊、门厅、正厅、花园。牌坊为四柱三楼冲天式结构,花岗岩青石质,明间两柱前立花岗岩石雕虎兽,额枋正面阳刻"王氏家庙",背面篆有"三槐世裔"字样的枋匾。坊前设旗杆石、月湖、风水墩。门厅为单檐悬山构造,面阔七开间。明次间开敞为门厅出入,两侧稍尽间封闭成厢房。门厅正上方挂有直匾"历朝宠命",正大门有对联曰:"质厚志谦一世人师钦盛德,行纯学笃两都儒范显荣名。"左大门联曰:"学问唯勤诗文朝野咸尊慕,心容俱整品德商邦共仰钦。"右大门联曰:"儒宦贤良三朝历事龙颜悦,隽才忠谨四典春科门下多。"门厅入内为天井,居中设甬道,甬道长5.2米,宽3.85

米,花岗岩条石铺就。甬道连接正厅前月台。正厅面阔七开间,计22.5米,居中三间突出成抱厦状。正厅上悬横匾"三槐堂"三个大金字,大厅上方四周挂满了各地宗亲馈赠的匾额,匾额下挂有李浦王氏历代世祖的彩色画像,栩栩如生,每副画像下面都有人物的生平简介与像赞。正厅后座塑有榜眼公坐像。正厅前设前廊,二侧耳房与廊庑连接。左右厢廊连接前厅与正厅,厢房面阔五间,室内布置有关王瓒生平简历及三槐李浦王氏宗谱资料。正厅后建有花园,20世纪90年代修复时,建有芙蓉亭、水池、假山。

王瓒家庙选址考究,保存完整。其建筑形制、梁架结构、木雕工艺等反映了时代的风格特点和当代的技艺水平,具有较高的历史、艺术价值。同时家庙作为宗祠建筑,反映了温州地区宗族文化传统,是研究当地风俗、文化和社会变迁的实物资料。

王瓒家庙周边还遗留有多处与王瓒有关的文物古迹:榜眼桥、拦路牌坊、王瓒墓、王瓒书院。王瓒书院位于双岙村与丰台村交界。明朝成化年间,华盖乡李浦村青儒王瓒,曾在白岩攻读经学。后人为纪念称白岩为王瓒读书处。2007年,族人集资50多万在遗址上建成三间二层的王瓒书院。并在白岩宫后进悬崖上,由浙江省文物局局长鲍贤伦亲笔书写,由李浦王氏三派大房裔孙王建飞独资镌刻"王瓒书院"四字。2013年又在路口竖立"王瓒书院"牌坊一座,在书院内立有名人书写的王瓒诗碑45个,后进悬崖上有王瓒摩崖题刻诗文10处,深刻地体现出李浦王氏家族的文化内涵。

三、三槐李浦王氏宗谱

三槐李浦王氏宗谱分廿四部,分别为《封》《植》《之》《勤》《必》《世》《乃》《成》《归》《视》《其》《家》《槐》《荫》《满》《庭》《德》《符》《荣》《耀》《晋》《公》《精》《灵》。前四部为全谱之精华,记载了王氏宗谱历次修谱的历代名人序约30余篇、像赞27幅、行状10余篇、人物传记160余篇、祭文17篇、墓志铭20余篇、皇帝敕命30余篇、内传、外传计30余篇、诗600余首,包括宋真宗、明孝宗、明武宗的敕谕以及明世宗的敕文,宗谱留下了欧阳修、苏轼、周必大、陈显伯、王瓒、方继学、侯一元、孙衣言等历史名人的遗墨诗文。这是一部王氏家族的正史,从中可以寻觅到王氏先祖的宗脉,找到历史的规迹,道德文化的楷模。这是一份无比珍贵的文化遗产。

李浦王氏宗谱始修于南宋嘉泰二年壬辰(1202),惟贞公于南渡后第一次修谱,观文殿大学士周必大序之。明永乐十六年戊戌(1418)芝秀、文燠公移居李浦雁泽桥后第一次主修。嘉靖二年(1523)十一月,文定公主修,同郡昆阳方继学序。嘉靖二十年(1541)中白公、鹤泉公、东湖公主修。万历九年(1581)介石公主修。江西布政使候一元序。清康熙二十二年(1683),明法公主修。乾隆元年丙辰(1736)竹卢公、雁滨公主修。乾隆二十四年己卯(1759)玉庵公、啸楼公、心斋公主修。嘉庆十六年(1811)标宗公、宏一公、昌淦公主修。有陆景华、单可尧、钱青、张麟经、宏津、标宗、项挺斯等序。光绪十年甲申(1884)条眉(景熙)主修。孙衣言、王树槐、涂如信序。1918年戊午昌年、春庭主修。蔡永庆、王绍志、景甫等序。我于己丑春(2009)应族长王逢棋邀请,曾参加李浦王氏宗谱续修工作,曾担任王瓒书院秘书长和龙湾区、温州市历史学会理事。次年圆谱后被龙湾区历史学会聘为学会谱牒研究员,2013年为温州市历史学会理事与浙江省历史学会会员。2014年与厦门大学教授张侃先生合作出版了《鹤泉集》,王瓒书院碑林竣工后又编撰出版了《王瓒书院碑林书法集》。

2016年中华王氏历史文化研究会主编的《王氏大成宗谱》出版,其中三槐部分记载俅公及彦觉的后裔是山阴派的起文、链文。将三槐南汴支永嘉派李浦王氏排除在外,没加记载。如何搞清楚俅公及彦觉是否陟居温州锦春里?这个问题很重要。所以王氏家族要我编写一本《三槐李浦王氏宗谱》,出版2000册送至湖州中华王氏历史文化研究会王听兰先生处,随同《王氏大成总谱》发行时一起免费赠送,将家族世系公诸于世。为此我查阅了李贵录先生编写的《北宋三槐王氏家族研究》一书。以(清)王庸敬《王氏通谱·三槐王氏》和(清)王国栋《王氏宗谱·三槐王氏》世系谱的资料为依据,并结合异地同宗上塘余姚王氏宗谱等资料编写了一份李浦三槐王氏的外纪世系五服宗谱支图。2020年5月份完稿后付梓印刷2000册。这本三槐李浦王氏宗谱将王言公作为一世祖,俅公为三槐李浦王氏八世祖。遗憾的是我将电子稿文本付梓后,出版时竟将30余篇艺文及宗谱序言删去,实为痛心,令人惋惜。

结　语

李浦王氏家族文化的传承、完善、发展需要年轻一代人的努力。许多人文资料如这次大派大房嘉后公与嘉会公祖墓的动迁中,共出土了30多个圹志、墓志。这些资料大大弥补了李浦王氏明代的人文史料,填补了王氏宗谱大派大房十三世至十七世中间的世系缺陷,更为研究明中期家族人文、温州地方史、家族宗谱、封建等级宗法制度、地方名门望族之间的姻亲关系等提供了史料。希望李浦王氏的年轻一代继续努力成为文化血脉的传承者,成为精神家园的守护者,先进文化的建设者。

(王绍新,温州市历史学会理事)

温州近现代史

刘景晨仕途与诗作

柯　健　王柯楠

摘　要：刘景晨,晚清温州士绅,精通经史,博学多才,书、画、诗、印俱佳,其中《题画梅绝句》自成一卷。他以拒绝曹锟贿选和编刊《敬乡楼丛书》而声名大振,刘景晨作为知识分子的风骨和爱国爱乡的精神值得我们敬仰,本文从他的仕途经历和诗画贡献对其进行简单的评价,借以透视其心路历程。

关键词：刘景晨；仕途；诗作

一、绪论

(一)研究缘起与意义

刘景晨,作为无党派代表人士,先后担任国会众议院议员、浙江省文史研究馆馆员、省第一届人民代表、温州市政协副主席等职,被公认为现代"浙江知名的耆宿"。他能够顺应时代的要求而不断进步,毅然拒绝曹锟贿选,在永嘉县城闹米风潮中仗义执言,出席叶芳将军决定温州和平起义的会议并慷慨陈辞。此外,他对浙南教育学术事业也做出了很大的贡献。但由于种种原因,现在的年轻人对刘景晨这位晚清士绅知之甚少,这不能不说是一种遗憾与忘却。斯人已去,风范犹存。此篇文章既是对这位先哲高尚人格的纪念和追思,也是后人对他精神的景仰与弘扬,更是对逝去那段历史的重温与反思。

(二)学术史回顾与本文创新

刘景晨是崛起于东瓯大地的近现代中国知识分子的典型代表,但由于他的影响和贡献主要都是对温州地方而言,没有在全国范围内掀起大的波澜,导致现在的青年大多不知道刘景晨先生为何许人,被历史湮没了。甚至于当马骅先生建议把刘景晨先生故居修理、挂牌时,得到的回答却是为刘先生设立故居还不够档次,换句话说就是没有资格。直到 2002 年,刘景晨故居才在鹿城区政协五届五次会议上被提案。此外,现存的关于刘景晨资料的稀缺也大大增加了研究难度。由于刘景晨成年以后南北奔波,晚年则高龄蒙冤,病故之后又被抄家,相当一部分作品来不及过录整理,以致散佚,尤其是文稿很少保存。其生前正式出版著作的屈指可数,据目前掌握的情况看,主要有专著两种,诗集、印谱各一种。《中国文学变迁史略》一部,与沈雁冰《近代文学体系的研究》合订为《中国文学变迁史》,上海新文化书社 1921 年 12 月初版,以后重印多次。《大若岩志》一卷,民国丁亥(1947)陈继严校印本,共 37 页,卷端具名"永嘉刘景晨贞晦纂"。《贞晦题画绝句》诗集一册,录 1931 年至 1934 年诗作 78 首。《现代篆刻第 9 集》印集一册,版心题"刘贞晦印存",收印拓 60 方。以上两部均 1934 年上海印行。

  史学界对刘景晨的研究很少,他作为一位人们知之甚少的学人,长期没有进入人们的视野。目前可供参考的资料主要有:卢礼阳、李康华编注《刘景晨集》(上海社会科学院出版社,2006 年),卷上文,计 71 篇,以体裁分类排列,依次为专著、序跋、叙传、公文、书信、启事 6 项,各项之内再按写作先后为序。卷下诗词联,均系年为序,附录部分则包括了佚作存目、序跋书评、函牍、酬唱和传记资料,最后为刘景晨年谱。杨瑞津编《刘景晨刘节纪念集》(香港出版社,2002 年),包括了刘景晨纪念文集和年谱传略。目前中国期刊网所刊登的关于刘景晨的文章少之又少。卢礼阳、李康化的《刘景晨生平、诗作与社会贡献》(《温州大学学报》,2007 年第 1 期)概述了刘景晨的生平事迹,着重叙说他在方志修纂、《敬乡楼丛书》校印、图书馆事业、文物保护工作等方面的突出成就与社会影响;探讨他的诗作风格特色,借以透视其心路历程。谢泳的《北大中文系的文学史传统——从刘景晨的〈中国文学变迁史〉说起》(《博览群书》,2004 年第 6 期)一文中,作者认为这本书虽然简略,但却体现了刘景晨远大的文学史眼光,不应当被人遗忘;在仅有的几篇文章里,大多关注的都是刘景晨在乡邦文献整理和文物保护方面的贡献。研究角度还比较片面。综上,目前对刘景晨的研究还有很大的空间。

(三)研究方法

  本文采用文献研究法和系统研究法,利用刘景晨遗留下来的抄稿和手稿等第一手资料以及后人对其进行出版整理的著作,比如《刘景晨集》等。通过对第一手资料的整理从而全面地、正确地再现一个真实的刘景晨。同时笔者也参考了当时文人对其的回忆录、评价等。刘景晨是一个历史人物,笔者坚持以史料学的方法为基石,有一分证据,说一分话,努力避免生吞活剥、削足适履,研究过于模式化,将解释学与实证研究的方法有机融合在一起。

二、家世和早年经历

刘景晨(1881—1960),字冠三,亦作冠山、艮三,号潜庐,后改号贞晦,别署有梅屋、梅隐、十二梅花屋居士、癖芋山人、补蹉跎室等。浙江永嘉县城北朔门头(今属温州市鹿城区朔门街道)人。祖父是木匠,父亲开木材铺为业。13岁师从县城仁美里私塾汤作奎。在这家私塾里,与邻居黄群同学,为后来从政与合作校刊乡邦文献奠定人脉基础。光绪二十五年(1899)考取府学生员。三年后参加杭州贡院乡试落榜。

科举制度废除后,刘景晨于光绪三十年(1904)冬考入京师大学堂优级师范馆就读,师事史学教习、一代名儒陈黻宸。1905年暑假期间返里,积极参与温州学务分处的筹备会议,开始涉足近代新式教育事业。光绪三十三年春卒业,获贡生衔。随后入上海澄衷蒙学堂任教。不久应陈黻宸之聘,赴广州任两广师范学堂地理教习。因受温州学务分处主要负责人孙诒让的赏识,光绪三十四年(1908)初返回故乡,执掌温州府中学堂地理教席,次年兼任温州师范学堂地理教习。

青年刘景晨意气豪迈,自许甚高。曾在温州师范学堂共事的同辈老友黄式苏后来忆述两人的交谊时说:"昔我初识君,踵门趋江浒。是时两少年,慷慨期自树。闻君侃侃谈,我讷惭无语。"[1]在一位长辈的心目中,"余望其气象,昂然负有耿介豪迈、不可一世之概"[2]。此时的他心有治世情怀,因此自然不满足于粉笔生涯,不甘于三尺讲台,而希望在更广阔的天地间有所作为,特别是在政坛上一展拳脚。可惜由于刘景晨秉性耿直,不善逢迎,不愿趋炎附势,宦途波折,一生坎坷。

三、仕途坎坷

1912年,中华民国成立,西方代议制度开始在神州大地试验。刘景晨踌躇

---

[1] 黄式苏:《贞晦六十生日赋呈四十韵》,《慎江草堂诗续集》,2003年铅印本,第97—98页。
[2] 王毓英:《刘母陈太夫人六十寿序》,《继述堂三刻文钞》,1922年温州务本石印本。

满志,踊跃参与议会选举,希望赢得一席之地。8月,省议会初选即告失利,但他没有气馁,转身投入国会议员的竞选活动,结果仍未遂愿。1913年1月,众议院浙江选区复选揭晓,他仅仅当选候补众议员,当时其挚友黄群与业师陈黻宸已成为正式议员。直到6月,刘景晨才获得浙江民政长关于接充缙云知事的委令。三十出头、自号潜庐的刘景晨,终于掌握一方用武之地。

可是好景不长,在任缙云知事期间,鉴于"浙省自上年光复以还元气未复",刘景晨认为"此时外省虽有战争,吾浙自应持以镇静,俾人民休养生息,不致重罹水火。都督前电布告宗旨,大众极表同情,现缙邑虽有谣传,而地方尚属安谧,景晨等自当遵奉命令,力任维持",①对二次革命持鲜明的反对态度。因此在任内对鼎新会、共进会、百子会等会党活动予以取缔,严加防范。而当次年8月,会党首领周永广等在缙云、仙居、永嘉县交界处聚众起事之际,他身为地方官,责无旁贷,秉承浙江督军朱瑞与巡按使屈映光的指令,协同警备队第四区统带梅占魁全力进剿,并将解送县公署的张陈银、杨岩青、楼茂云、张华福等四人提集审讯,以"内乱罪"判处死刑,按"军法"先斩后奏,以定人心。尽管巡按使饬复认可"先行正法,系出于一时权宜之计,姑准备案",但同时也明确指出,"惟嗣后惩治匪犯,应先请示,俟核准后执行,以昭慎重"。② 这就为他日后成为牺牲品埋下了伏笔。不满一个月,随着起事人马被荡平,刘景晨的缙云之事即告终结。第二年,他因此事成为被告,再经过整整三年的周折,坐"越权杀人罪",于1918年4月26日在金华被浙江第二高等审判分厅终审判处徒刑三年又三个月。

初入仕途,一年零三个月就匆匆卸任,而且为此身陷囹圄,这是刘景晨生平遭遇的一次重大挫折。他改号贞晦,立誓自此韬光养晦,重新审察自己的人生方向。不过此时,他仍是抱着积极入世的态度,密切关注时局发展的初衷始终如一。1921年刑满出狱,刘景晨先后于厦门大学、温州省立十中兼十师执教各一个学期,即递补为众议院议员,得以重返政界。旅京初期,他以积极的姿态参与宪政问题的讨论,期望积贫积弱的中国及早步入宪政的轨道,开辟民治的新纪元。可惜事与愿违,1923年,北京上演了一出曹锟贿选总统的闹剧。家境平平的刘景晨却不为金钱所动,在京公开反对曹锟贿选,揭露会议作弊。他也因此声名远扬,被称之为"硬骨头学者"。当时,北洋直系军阀首领曹锟,以5000至1万银元一票的高价贿买国会议员。按照当时的物价折算,5000银元大概与现在二

---

① 参见《饬缙云知事电详枪毙匪首麻维容由》,浙江巡按使公署饬第2618号,《浙江公报》第946册,民国三年十月三日。
② 详见《浙江第二高等审判分厅刑事控告判决刑控判第五五号判决》,1918年四月二十六日。

三十万相仿。刘景晨却不为金钱所动,断然拒绝出席选举。是年,他在北京,赋诗一首,诗云:"人间富贵镜中花,独立苍茫帝子家,唤取一夜留影去,长将冷眼看繁华。"抒发其愤世嫉俗的心情。讵料,在总统预选会签到簿上,"刘景晨"名下竟然有"到"字砑印,显系曹锟之流冒签。刘景晨怒不可遏,当即致函发表声明:

> 十日大总统选举预备会,景晨未尝出席。项阅报载出席人员列有景晨之名,殊深浩叹。大总统选举预备会,关系何等重大,而会场捏报人数,舞弊显然。应请阁下注意,十日之会是否有效?天下必有公判也。用特严重声明,希即饬科油印分送两院同人鉴察为幸。严厉谴责吴景濂等人的无耻行为。①

相隔一天,12日他又毫不含糊地列名《国会议员否认北京选举会通电》,再次郑重声明:

> 自后吴景濂等如有宣告常会开会,或执行总统选举之事实发生,同人等认为苟非虚报人数,即系冒名顶替,不惟绝对不负责任,抑且根本不生效力。②

对于支持被曹锟赶下台的总统黎元洪的"反直三角同盟"所给出的每月300银元的"反间之金",刘景晨同样做到拒而不纳,不为金钱所动,拒不出席选举会。可见他的壮举是为坚持共和制民主、法制之理想,并非参与军阀派系之争。他毅然拒贿之举所显示的硬骨头精神,深受两院有良知的同仁的赞赏,也得到社会舆论的好评。马叙伦指出:"于曹锟贿选总统之际,所谓国会议员者,其中不乏謷然自处之士或文誉满士林者,以伦所知,得区区五千圆之贿而乐受其污者多矣,景晨独矖然不滓,失厚禄显职而不悔。景晨故非裕于财者也,而乃若此。"③

此后尽管刘景晨还曾返回北京,介入议会的某些活动,然而只是余波而已,毕竟作用有限。他目睹"法统"荡然不存,进一步体悟到国运的艰难,心情与当初已经不可同日而语。"争之而不胜",难以挽救时局于万一,不得不黯然告别议员

---

① 刘景晨:《就大选预备会舞弊致吴景濂书》,录自《今日之大选形势》,《晨报》1923年9月12日,第二版,据合订本第26分册,人民出版社1981年影印本。
② 刘景晨撰,卢礼阳、李康华编注:《刘景晨集》,上海:上海社会科学院出版社,2006年,第556页。
③ 马叙伦:《刘太夫人七十序》,1932年,原件杨瑞津藏。

生活,从事其他职业。可以说曹锟贿选这一事件是刘景晨人生路上的一个重大转折点,在此之前,刘景晨始终持着积极入世的人生态度,然而数次的仕途受挫,时局的动荡,刘景晨感到自己已是"西风客路",还不如"天台归去",此时的他已经淡去了年轻时远大的政治抱负,留下的只是对政治风云变幻莫测的感慨和历经劫难后的嘘唏,渐渐不问政事,大有归隐姿态,避居温州不出,致力乡邦文化事业。但是这里的归隐并不是说刘景晨从此不问世事,相反,他始终以一颗赤子之心关心着民生。

1940年,温州风调雨顺,民食本可无虞,而国民党当局强行征购粮食20万斤,加上米商囤粮不粜,以致城内粮食奇缺,民怨沸腾。11月18日,居民成群结队拖着大油箱,涌向县府请愿。县长庄强华开枪,当场枪杀17人,并逮捕40余人。惨案发生后,群情激愤,商店罢市,学生罢课。省里特派保安处长宣铁吾前来调查处理。原欲加以镇压,召集各镇长及地方士绅开会。会上,刘景晨指责庄强华,说:"老百姓买不到米,作为县长竟一无所知,足见他平时对老百姓生活毫不关心,以致闹成风潮。对此,县当局不是劝导疏散,反而命令部队对准赤手空拳的百姓开枪,还逮捕律师公会会员及无辜市民多人,这是违法行为。要求立即撤职查办失职县长,严惩凶手,以平民愤;迅速调运粮食来温,以解民困;并对死伤市民抚恤、医治。"刘老先生为民请命,大义凛然的这番话,说得宣铁吾哑口无言。而参加会议的代表在刘老先生发言结束后,报以热烈的掌声。自此各法团代表开始纷纷起立发言,一致指责庄强华。后因舆论压力和各方人士的奔走,宣铁吾也不敢再事杀人或对群众横加镇压。正是有着刘景晨先生的仗义执言,才能避免酿成冤狱和更大血案。

更令人感动的是1949年5月温州和平解放前夕,浙南革命力量压境,温州专员叶芳,召集部下将领及开明士绅,商议和平解放事宜。刘景晨也应邀出席,当叶芳宣布接受和平解放方案、改编部队时,全场意见分歧,犹豫不定,刘景晨先生大声疾呼,要大家从大局出发,以全城百姓的生命财产为重,第一个表态支持和平起义。"这无异救温州人民于水火之中,我非常赞成,我想全城人民一定非常感谢将军的。"这事为温州的和平解放起了重要作用。

不管是在朝还是在野,刘景晨似乎始终跟腐败的当权者过不去,虽然清贫,却不趋炎附势,在其他地方士人敢怒不敢言之时,能够挺身而出,严厉谴责不法行为,不愧为温州的一位公正开明士绅。在其凛然正气,铮铮铁骨的背后更有其极为浓厚的内涵,那就是他关心人民疾苦,对民众的一份真诚的爱心。纵观刘景晨前半生的仕途生涯,可以说是失败坎坷的,但他在艺术方面却是成功的。

四、诗画俱全

刘景晨精通经史,博学多才,在诗词、书画和文史方面颇有建树。他的诗:古体、律诗、绝句、词曲一并收之;咏物、叙事、怀友、题画兼而录之,令人叹其诗情之盛,著述之富。既有"人生血肉终尘土""沧海横流一粟身"的慨然喟叹,亦有"六州几枭雄""玄黄从此战群雄"的时局风云,既有"卧游亦在翠微天""挥手烟云十万年"的豪放大气,亦有"繁华莫羡懵懂梦,在处心安便是乡"的人生真谛。从中不难发现刘景晨的诗作风格随着时局的变幻和他个人的经历不断发生改变。

晚清民初,时局动荡不安,内忧外患频仍,正因如此,刘景晨所写的基本都是"伤秋"诗,满怀伤感和悲愤之情。"五四"以后,刘景晨的诗作相当多,与当时的新气象相应,诗的意境日益扩大,"信手拈来微一笑,几生修到素心人。"此类信手拈来的诗句不乏其例。然而自1923年刘景晨拒绝曹锟贿选后,他鲜有歌吟。考其诗作,"唤取一衾留影去,长将冷眼看繁华",流露出相当的忧愁和不平之情。在他放弃仕途之后,其后期作品多为自娱之作。不问政事,有归隐之心,或与其潜心佛乘有关。如《寒川楼独坐清吟图》:"弹指沧桑谁管得,一楼吟坐且偷闲",体现出经历政治劫难后的沧桑之感。

综观刘景晨的诗作,他早期的作品充满着青年人的生气与张力,情感充沛,虽亦有对世事与人事的无奈与悲辛,但却掩饰不住"为赋新词强说愁"的痕迹,"强说愁"后总也不乏对生活的信心、人生的期许和世事的期望,显示出青年人永不放弃、受挫之后亦一跃而起的人生态度。然而随着世事的变迁,刘景晨渐渐褪去了原来的锋芒。"俯仰几桑海,寂寞老苋裘""大难来日,堪虑雨底绸缪""剩我孤吟者,短鬓亦成秋"等,都体现诗人对政局的无奈和对自身政治遭遇的不满。

令人注意的是,在刘景晨的诗中"梅花"这个意象总是反复出现。初版的《贞晦先生诗集》搜集了382首诗,其中就有120首与梅有关。后有《题画梅绝句》自成一卷。正如刘公次张宗祥元韵诗中所云"人生谁道百龄稀,万纸梅花万首诗"[①]。以下是刘景晨不同时期创作的三首咏梅诗:

题折枝梅花(1935)

梅花万树拥湖亭,我到孤山眼独青。折得数枝无插处,教谁料理古

---

① 杨瑞津:《刘景晨纪念集》,香港:香港出版社,2002年,第99页。

铜瓶。①

梅花(1938)

爱梅莫春溉,稚叶孳害虫。夏润秋益浇,叶老花自丰。如人懋德业,壮岁程其功。晚成岂不伟,刻苦宜幼冲。爱花先爱叶,皇然春雨中。树木犹树人,闻之卖花翁。②

梅(1940)

冷红竹外一支斜,点缀湖山阅岁华。艳绝何由更清绝,胭脂最好写梅花。③

看梅花,不张扬,不献媚,清心淡泊,不畏严寒,玉颜冰霜,鄙视俗艳,风雪飞花,暗香满天。但是梅花却是宽容、大度和谦逊的。即便人们赞美有加,她却从来没有"报与桃花一处开"的狂啸。

在诗人眼里,梅是属于圣洁的精神世界的代表。即使在《读嚼梅轩梁孟梅菊唱和诗,戏题二十八字》这样一种玩笑文字中,诗人仍然不无恭敬地写着"菊清梅洁字生香"的赞美之辞④。这是一种内心深层情感的自然流露,故而不论在文词遣运还是情感表白,都使人产生一种"天然去雕饰"之感。从刘景晨的咏梅诗中,可察其秉性倔强。在《嚼梅轩梁孟以黄菊黄梅同时着花为唱酬诗四绝句征和,次韵应之》中,诗人写道:"劫中情绪太郎当,却赋幽花梦转凉。菊本傲霜梅耐雪,不妨人意与俱长。"⑤本来属于文人雅士之间的文字唱和,居然变成了诗人表明其意愿与梅菊俱长的心志的机会,真可谓"处处露峥嵘"。

梅花是刘景晨一生的挚爱,不管何时何地,咏梅之作总是层出不穷。刘景晨自言喜梅之傲霜凌雪之品格,故在其丹青之作中,常画梅以自勉。他画的红梅,曾在1929年参展教育部第一届全国美术展览会,当时画家黄宾虹也有作品参展。黄氏对刘景晨梅花作品这样评价:"今观刘贞晦氏写梅花枝干,笔笔秀劲,俱用元明人法,红梅设色,尤为古雅绝伦,非其胸次高洁不办,望而知为文人杰作。"

普普通通的红梅、黄梅、绿梅和白梅,在诗人眼里,已经有了真实的生命,它

---

① 刘景晨、卢礼阳、李康华:《刘景晨集》,上海:上海社会科学院出版社,2006年。
② 刘景晨、卢礼阳、李康华:《刘景晨集》,上海:上海社会科学院出版社,2006年。
③ 刘景晨、卢礼阳、李康华:《刘景晨集》,上海:上海社会科学院出版社,2006年。
④ 刘景晨、卢礼阳、李康华:《刘景晨集》,上海:上海社会科学院出版社,2006年。
⑤ 刘景晨、卢礼阳、李康华:《刘景晨集》,上海:上海社会科学院出版社,2006年。

们是"分明肌骨皆冰玉"的美人,是"几生修到素心人"的老衲,是"盈盈索笑入林来"的稚女,是"春风东阁伴清吟"的名士。刘景晨年复一年地在"梅花生日写荷花"(《庚申六月六日偶写墨梅一小帧,口占七绝三首以记之》),在"晴和逢腊八,独出买梅花"(《初八日买梅花归赋》),只因梅花不仅是他的精神寄托,更已成为他生活中不可或缺的伴侣。"瘦到梅花终有骨,冷红酣斗北风中""绝爱梅花人莫笑,百花惟此耐清寒"(《溯初兄见示偶吟》)。刘景晨画梅、咏梅、爱梅、惜梅、师梅、友梅的心境,在他的数百首咏梅诗中表现得淋漓尽致。

梅花是中国文化人所景仰的风骨,亦是刘景晨先生的人格象征。特别的是,刘景晨所爱之梅单单是野梅,而把宫梅、官梅当作对立面猛加抨击。这是他不同时期写的两首绝句:

壹阁何曾少俊才,荒江老屋思悠哉;
道人不作世情语,阅书宫梅画野梅。①

琼芯何曾择地开,低檐陋巷试徘徊;
道人心眼清如镜,未见官梅胜野梅。②

宫梅是养在宫廷、御苑的,多为盆栽,大概就是龚定庵揭露的那种经人"斫直,删密,锄正",变成畸形的病梅。官梅,顾名思义是官府种的,衙门里有,驿站、江亭也有,杜少陵所谓"东阁官梅动诗兴"者,即此物也。而刘景晨之所以不画宫梅,不喜宫梅,只是因为他称之为"病树"的那些梅没有生气,缺膝断椎,叫人看着也累;官梅也差不多,即使在野外的官栈,也得忍受种种折腾,就像那些找不到靠山的小官小吏,一辈子卑躬屈膝,低声下气地迎送来来往往的达官贵人。更有一些自己也是被损害的,却要把因加害者的摧残造成的残肢废腿当作资本向加害者大唱赞歌,这是刘景晨最看不起的。

野梅则不然,身无媚骨,无假无欺,虽然清贫,却不趋炎附势,虽具野性,却不荒纵,所以他把野梅称为"真梅",当作自由的象征,"任教吹破高楼笛,自在含苞自在开",他要的就是这种"真"、这种"自在"。在刘景晨的理念中,野梅的"野",并不指向原始野性,更不是野蛮、愚昧的代名词。"野",是"朝"亦即"朝堂"的对应,野,所显示的真,是包含生命活着的真实的本身形态。刘景晨把自己定位于

---

① 杨瑞津:《刘景晨纪念集》,香港:香港出版社,2002年,第62页。
② 杨瑞津:《刘景晨纪念集》,香港:香港出版社,2002年,第62页。

"野",从他的《红梅园》(温州博物馆藏)中,我们可以看出他是一个具有浓厚人间情愫的大地之子。即使宦游偶入"壹阁",也总是"念哉民生艰","长将冷眼看繁华"(《癸亥三月万牲园看牡丹摄影即题》),他的心总是牵挂着普通民众。霜风里瑟瑟颤抖着的草木,茅草间几声促织的低吟,都会勾起他对民间饥寒的聊想。即便在品赏友人的草蟲画册,也会电击反应似的作出种种表示:担心蚱蜢飞向农田,劝阻它"莫将喙足伤禾稼,海内荒荒正苦饥",怕蜻蜓们误入捕猎者的圈套,提醒它"莫近蜘蛛防触网"(《题郑曼青草蟲册页八帧》)……所以1940年永嘉发生闹米风潮,他能够挺身而出,仗义执言,我们也就不足为奇了。

  无论是选择从政为官还是选择归隐从文,刘景晨都能始终保持一颗真诚的心,秉持自我。真诚,天然地注定要面对两大死敌,一是丑恶的社会,一是丑陋的自我。真诚,往往要同时在两个战场上与敌周旋,在外部世界,抵抗权力话语的弹压,打破谎言、虚假和一切邪恶的围剿;在内部世界,清除贪欲、伪善和恶念的祸乱;唯其如此,真诚才具有价值和意义。坚持真诚很难,以真诚之心去做更难,古来多少真诚之士,因真诚而被邪恶撕得粉碎,饱读经史的刘景晨自是最清楚不过了,殊为难得的,是他明知不可为而为之。

结　语

  刘景晨并没有显赫的家世,还曾身陷牢狱,仕途坎坷,归隐故里,但他凭着手中的一支秃笔,在动荡的时代安身立命。他的刚直、真诚、才情,傲立于时代。提到他的为人,很难离开风骨两字。真正的风骨,是硬码,而不是傲骨。曾国藩说过:"不可误认简傲为风骨。风骨者,内足自立,外无所求之谓,非傲慢之谓也。"[①]风骨不是外在的傲慢,而是内在的自足自立。真正有风骨的应该是,站立如松,不会羡慕别人起高楼,不盯街上的霓虹灯、标语、广告,不会去看现在街上流行什么,只要微微地闭上眼睛就能够听到松声如海。刘景晨所拥有的就是这样一种精神。"富贵不能淫,贫贱不能移,威武不能屈。"综观刘景晨的一生,在辛亥革命前后能继承永嘉学派的遗风,肩负时代风云的激荡,表现积极入世的态度,志于以所学匡时济世。到"五四"以后就两样了,世变益急,忧患益深,刘景晨既致慨于旧民主主义革命的换汤不换药,又跟不上新民主主义革命曲折前进的步伐。于是栖止山林,潜心佛乘,埋头经史,重理旧学。间亦发为诗歌,本无意与

---

① 曾国藩、李瀚章:《曾国藩书信》,北京:中国致公出版社,2011年,第199页。

提倡新文学、鼓吹新文化者相抗衡,仍然不免在新的革命思潮面前受到冲击,终于抑郁而终。王季思先生对刘景晨评价道:"就是说在辛亥革命前后是进步的以及所作的贡献。在五四运动后跟不上新民主主义革命的曲折前进的步伐。"[①]

(柯健,温州大学人文学院2021级硕士研究生;王柯楠,温州大学人文学院2021级硕士研究生)

---

① 杨瑞津:《刘景晨刘节纪念集》,香港:香港出版社,2002年,第19页。

痛失玉橒兮长忆君

——记赵瑞椿先生二三事

陈钧贤

摘　要：以亲身经历和详实资料，通过一幅木刻、一封信、一副挽联、一则短评、两次与会、一篇短文，记述温州籍的中国著名版画家赵瑞椿与第一代的老版画家彦涵、诗人马骅对中国版画界著名烈士陈九、林夫和温州版画界已故的唐唯逸、张兆鑫，以及对温州籍的中国历史名人南宋丞相陈宜中、国家级非遗名人瓯塑大家谢新宝的研究、宣传工作的重视，并于细微处还原艺坛清流赵瑞椿的谦谦君子之精神风貌。

关键词：赵瑞椿；版画家；交游研究

图 1　赵瑞椿（1935—2023）

赵瑞椿先生是天赋的瑞玉，本该长寿的大橒，不料在 2023 年 3 月 21 日深夜传出噩耗，先生因年迈，已经在当晚 7 时 32 分逝世，享年 88 岁。对于先生的离去，我的心情一直沉浸在悲痛之中，他的音容、耿直性格和凛然正气，一直萦绕在心而难以平静——我应该写点文字为他作最后的饯行。

赵瑞椿先生的年龄与我大哥相仿,都是温州中学走出的优秀学生,一个是中央美院毕业,一个是南京大学毕业;一个是全国闻名的大画家,擅长版画、油画、连环画,还是美术理论家和教育家;一个是默默无闻的科技工作者,虽然把青春年华都奉献给热爱的古生物研究,选择的门类却是国内最冷僻的白垩纪叶肢介,因此一生平淡,作为弥补,唯一只有努力遵循老子名言"为无为之事,乐恬淡之能"。

赵瑞椿先生的大名,在我孩提时便听我大哥经常说起,他俩的关系始终停留在校友的层面,而我却与赵瑞椿先生非常有缘——最后成为志同道合的好朋友;我俩对好多人与事的看法、观点高度一致;多年的交往,相互的关系,可以用一句老话概括,那就是"君子之交淡如水"。

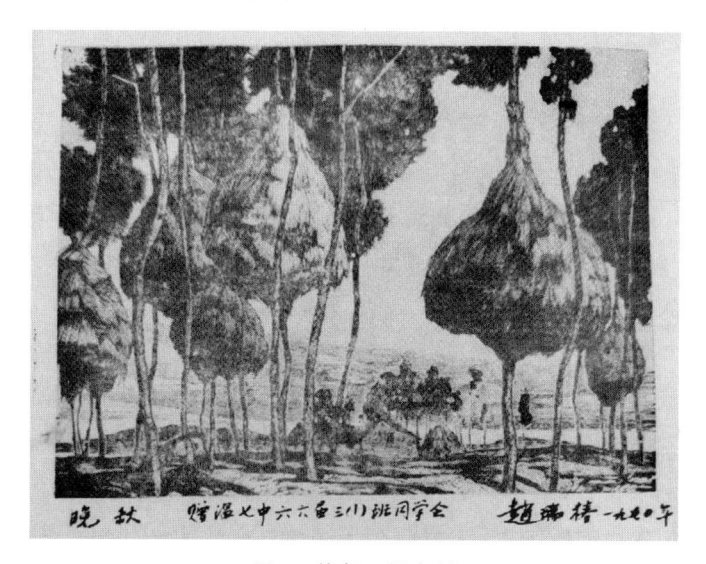

图 2　缘起一幅木刻

我早年在落霞潭畔、妙果寺侧的温州七中(现为温州艺术学校)就读。1990年2月,我与同学王永生等筹办首次同学会,大家欢聚一起都很开心。意犹未尽之际,一致同意应该出一本纪念册,取名《霞潭妙果》。当时在温州的书画名家不少,在我们狭隘的认知范围内,觉得最为著名的是两位,一是德高望重的书法名家蔡心谷先生,如能请他题签甚为乐事;如能得到大家都期盼敬仰的版画家赵瑞椿先生赠画一幅,更是锦上添花。对于蔡、赵两位先生我们仅久闻其名,而从未有过直接接触。我们的班主任缪家庆先生一口答应帮此大忙。他说,两位先生都是温州民革成员,而且同在一个教育支部,一个为人谦和,一个性格耿直,均声誉卓著、有口皆碑。果不其然,我们很快就如愿以偿收到蔡的题签和赵的画作,且都是无偿的馈赠,时至今日30多年过去,我们还没有给两位先生任何回报,只是在当时请班主任转达了口头谢意,想想真是惭愧。但这却是我与赵瑞椿先生结缘的开端。

赵瑞椿先生赠送给我们的是一幅黑白木刻作品《晚秋》。画面表现晚秋的乡间景象,充满浙南风情,映入眼帘的是一颗又一颗的大树,好些挺直的树上都集垛着秋收的成果稻秆,作为点缀的其他树木,也是不屈不饶地向上伸展,寓意深深,似在勉励莘莘学子们努力,期盼将来都有满满的收获。作品下方空白处有亲笔题签:"晚秋　赠温七中六六届三(1)班同学会　赵瑞椿一九九〇年"。该作品最初发表于1982年《人民文学》,1988年展出于祖国宝岛台湾省台北"大陆首届木刻展"。赵瑞椿先生把如此珍贵的得意之作无偿赠送,给我们留下的不仅是美好的回忆,更是无价的情谊!

一封封信

1985年,我进入民政部门,在温州革命烈士纪念馆从事烈士研究和宣传工作,发现温州籍革命烈士林夫——鲁迅先生亲自培养的第一代青年木刻家,是一位非常值得深入研究和宣传的中国新兴版画先驱人物,而馆藏资料却非常之少。为此,我花10年时间搜集,终于在1995年出版了《林夫版画集》。就在这10年,我与林夫的战友或同一年代的老一辈版画家李桦、力群、杨可扬、邵克萍、金逢孙、胡一川、古塞等老同志成了忘年交;与第二、三代的版画家赵延年、杨涵、夏子颐、葛克俭、赵瑞椿、朱维明、黄嘉善、张兆鑫等老同志或同仁也成了忘年交或好朋友。在诸位大家的鼓励下,我渐渐对中国新兴版画史的研究产生兴趣。特别对版画界的革命烈士和已故的版画界先驱人物夏朋、野夫、张明曹、洪天民、陈光宗、郑胜乎、唐唯逸等心怀崇敬,并将其一一列为重点研究对象,不断搜集资料,撰写文稿在报刊发表。

2001年,这时我已转入文化部门,在温州市展览馆工作。这时,赵瑞椿先生已经调往广州画院,虽然未曾同事,但因其宿舍就在五马街公园路老馆的后面,我俩仍然有见面的机会。10月23日有幸参加"古塞先生纪念会暨《古塞艺术作品选》座谈会",聆听中国文联主席周巍峙同志及温州文艺界代表发言,在翻阅古塞同志的这本刚刚出版发行的遗作时,偶然发现附录的一篇文章《西北战地服务团的美术工作》(原载于1985年《晋察冀文艺研究》),文中提到陈九是革命烈士:

"我特地在这里记下一笔,深切地怀念着为革命事业在战斗中献身了的同志们、战友们。还有鲁艺美术组的同学,《台儿庄胜利》(即《光荣的战迹》)的木刻作者陈九同志,也在战斗中牺牲的。我们今天回忆战争年代的美术工作者,是应当把他们的功绩也记下一笔。"

陈九木刻《光荣的战迹》是一幅不朽的经典名作,载入《中国新兴版画五十年》等国家级大型美术史册;被中国美术馆、神州版画博物馆等国家级大型美术馆珍藏。其研究价值不言而喻,从此,我对陈九的研究产生强烈的兴趣,为追寻陈九烈士染血的光荣足迹,开始资料的搜集工作。

图 3 陈九作品

历时数年,积累资料不少,有价值的却不多,当获悉上海的老版画家杨可扬同志曾与陈九有过联系,我便去信请他回忆。回信说,陈九曾在上海新华艺专就读,他们参加过同一个木刻学习班,但不知他的籍贯。直到 2005 年,才获得突破性进展——

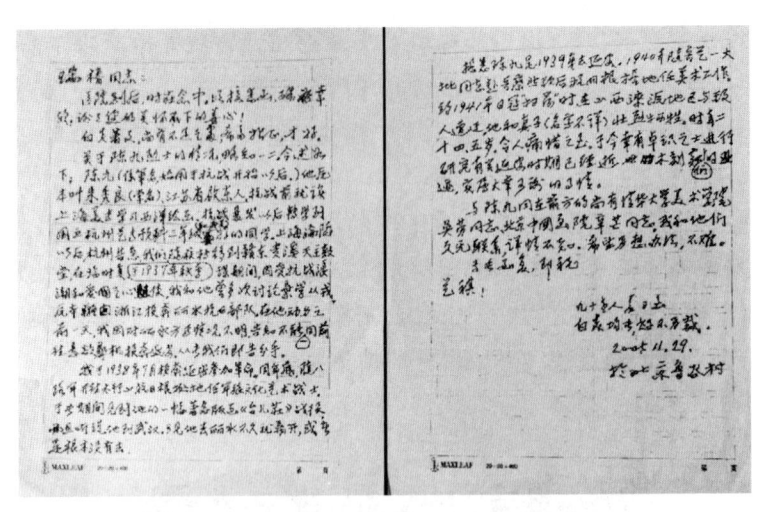

图 4　彦涵老师给赵瑞椿先生的亲笔信

一次偶然机会,我从赵瑞椿先生处获得一条重要线索:他母校北京中央美术学院的老师彦涵同志与陈九曾是国立杭州艺专的同学。赵瑞椿先生立即帮助我,给90岁高龄的彦涵老师写信。彦涵老师接信也立即于2005年11月29日回信,说"陈九(系笔名,始用于抗战开始以后)本名朱秀良,江苏省启东人。抗战前就读上海美专,学习西洋绘画。抗战爆发以后转学到国立杭州艺专预科三年级,和我是要好的同学"。同时在信中还了我莫大鼓励——"于今幸有卓识之士进行研究有关延安时期已经逝世木刻家们的业绩,实属大幸可谢的事情。"

经与中国美术学院联系,我恳请查阅当年的学生档案,得知1949年以前的档案已移交浙江省档案馆,便请温州档案馆时任副馆长陈丹青同志出面直接找省馆,很快得到了令人欣喜的回复,并收到一份陈九1937年7月入学时填写的《国立杭州艺术专科学校学生生活状况调查表》(以下简称《调查表》),虽然是传真件,但看起来仍然清晰。其上的具体内容见下表。

表1　国立杭州艺术专科学校学生生活状况调查表

调查项目	具体信息
系别	绘画系
姓名	朱秀良
生年月日	民五十月一日
年龄	二十二岁
籍贯	江苏省海门县

续　表

调查项目	具体信息
从前毕业学校	至廿六年七月在新华艺专附师学校毕业
永久通讯处	江苏海门竖河镇朱合兴号
家庭情况	曾祖陈迁祥亡;祖父陈少卿亡;父陈铭溪四十二岁(1896—1945?),农;母蔡云仙四十四岁(1894—?);妹二人,十二岁(1926—2005)、十岁(1928—1993)。
家庭住址	江苏海门竖河镇西乡
本人经济来源	由父给
保证人情况	俞念祖,三十岁(1908—?)。
保证人籍贯	江苏南通
保证人职业	学
与本人之关系	友
保证人现在住处	本市建设厅
校外住处	岳坟街善福庆
校内住处	宿舍斋号
膳食方法	包

陈九所填《调查表》透露的信息非常准确、重要,我又立即发函到江苏省启东市民政部门查询,没有在烈士资料中找到与"陈九""朱秀良"相关的任何信息。接着去信江苏省《南通日报》,请求媒体介入调查,协助寻访陈九的亲人和知情者。在报社的重视下,由特派资深记者吴盈同志协助,这事总算得到解决。

最终查明,陈九,原名陈肇祖,1916年10月1日,出生于江苏省海门县竖河镇西乡二补村(今启东市兆民镇通兴村)。为家中长子,也是唯一的儿子。妹妹陈冠珍和陈冠贤,年龄分别比他小8岁和10岁。在哥哥下落不明的漫长日子里,当地传言说哥哥离开上海当兵去了。也有臆断说他后来去了台湾。她们的思念之情从不敢公开表白,只是偶尔在儿女面前流露,提及有一个哥哥,叫陈肇祖,年轻时到上海求学,后杳无音信。可惜姐妹俩已于1993年和2005年先后抱憾逝世。

陈九是在抗日战争前线牺牲的革命烈士,陈家也在抗日战争和解放战争期间为革命做出过贡献。

陈家以务农为生,到了陈九的父亲陈铭溪时,已积聚了30多亩土地。据当地知情者陈士冲回忆说,陈铭溪是开明地主,为保地方安宁,避免海匪肆扰,曾组织武装民团,还在青黄不接之时,开仓接济穷人。1930年,红十四军活动期间,当得知部队缺少武器装备和给养,就拿出自家的枪支弹药和粮食贡献给红军。这在当时非常难能可贵!

1940年,新四军东进抗日至南通地区,在海门启东一带活动时,部队曾住在陈铭溪家。陈家成了部队的后方医院。[①] 另一位知情者陈素兰(2006年80多岁,当年的卫生队队员)记得,当时陈家的住房是当地最好的,是"七架梁、五柱着地"的瓦房,五六间打通后,可容纳几十名伤员。后来,陈九的大妹陈冠珍也参加了革命,随卫生队转移,小妹陈冠贤本来也想参加新四军,但因当时,父亲已患脑溢血亡故(1945年左右),她留下照顾母亲蔡云仙而未能随行。据陈九的外甥女王孝萍说,她母亲身高1米68,力气大,从战场上抢救伤员时,背上背着一个,手上还能夹一个。王孝萍的爸爸王应华是新四军战士,在战场负伤后就是陈冠珍背下来的,从而成就了战友变夫妻的美好姻缘。

陈九早年先后就读江家镇三益高等小学校和三益初级中学。在同学眼中是一位长得很帅的高个儿小哥,外号"小姑娘",从小就爱好画画。据同班至好同学朱秀丰回忆,他没听过陈九,但班上确有个姓陈的同学,叫陈肇祖,初二时借了他大哥朱秀良的初中毕业证书去上海投考艺术学校。他又记起了陈肇祖父亲名字等,与《调查表》内容完全吻合。

《国立杭州艺术专科学校学生名册》上贴有照片,可惜已经模糊,难以修复。赵瑞椿先生利用电脑稍作处理,于2006年3月31日先给老师彦涵寄去,请他过目。4月7日,就很快得到彦涵老师回信确认:

> 寄余陈九烈士遗像,如同学时期形象重现,甚为念念!今签名寄还一帧,至请查收。另一帧我当珍藏之,永作纪念。

陈九照片也请《南通日报》吴盈同志转给知情老人朱秀丰辨认,一眼就认出:"这就是陈肇祖!"

至此,田野调查证实,彦涵老师和朱秀丰老人的记忆都准确无误!"陈九——朱秀良——陈肇祖"三个姓名之间的关系,也已完全厘清!

---

① 涉及南通党史的资料由《南通日报》记者吴盈进行田野调查并与当地党史部门核实后提供。

图 5　陈九烈士遗像

一副挽联

2011年6月15日,95岁的马骅先生怀着《大爱者的祝福》安然走完人生旅程,带着诗与美的追求前往天国,去与《陨落的星辰》会合。

赵瑞椿先生与马骅先生的儿子马大正是要好同学,同时他俩知道我长期研究中国新兴版画界的先驱者,其中温州籍著名革命烈士林夫曾与马骅的父亲是战友,我与马大正父亲马骅又是忘年之交,赵瑞椿先生便找我商量,如何更好表达我和赵瑞椿共同的心声,以寄托哀思。当时商定,以两个人的名义写一副挽联,我首先声明"诗言志",撰写挽联从不苛求平仄,只重内容情感的表达,注意对仗工整和押韵。赵瑞椿先生即完全同意我的观点,便有了如下内容的挽联——

沉痛悼念马骅老师
与林夫野夫战友同为鲁迅学生红色记忆存沪滨;
办诗社诗刊文艺皆仰莫洛乡贤诗人大爱留芳名。

后学赵瑞椿　陈钧贤　拜撰敬挽

马骅先生笔名莫洛,1916年出生于温州城区百里坊。1932年开始在《十中学生》上发表自己的第一篇作品《春尽花残》,一生著有诗集《叛乱的法西斯》《渡运河》等,散文诗集《生命树》《大爱者的祝福》《梦的摇篮》等,文艺传记史料集《陨

177

落的星辰》,专著《写作基础知识讲话》等。诗歌是马骅先生生活中诗意的凝结。他被浙江省作家协会评为"浙江当代50杰",被浙江省文联评为"浙江省有突出贡献的老文艺家",并被授予温州市第六届文学艺术创作特别贡献奖。

  以真善美为前提的"大爱",是马骅先生诗文中常唱不衰的主题,而"大爱"更是他的一生的践行与不懈的追求。马骅先生不到20岁就参加革命,接触与传播马克思主义学说,历任《浙江日报》副刊主编,温州中学副校长,浙江师范学院现代文选及习作教研室主任,杭州大学中文系写作教研室主任,中国民主促进会温州市委员会主任委员,温州市文联第一届主席,省写作学会会长,温州市第四、五、六届政协常委。从新民主主义革命年代到新中国建立后的和平时期,从年少时参加爱国学生运动,入党参军投身革命,在"文革"中遭受迫害,马骅先生从来没有放弃对信念的追求。

  马骅先生1936年在上海的一段红色记忆鲜有人提及。那是10月19日清晨5点,鲁迅先生因病在上海去世。10月22日,出丧的那一天,上海的上万民众自发组成了上万人的游行队伍,为鲁迅先生送行,在灵柩上,覆盖着一面白旗,上书三个大字:"民族魂"。等到万国公墓墓地的时候,现场已是人山人海。在为鲁迅先生送行的上万人的游行队伍中便有版画先驱林夫、野夫,以及马骅、胡今虚等温州人的身影,他们从此成为战友。1942年6月林夫在赤石暴动中牺牲,而后马骅先生与林夫的战友情谊一直在延续——1948年马骅先生编著的《陨落的星辰》出版,内载有国内最早纪念文章《林夫·木刻家》。我在1995年出版的《林夫版画集》,其中就有马骅先生的帮助、鼓励和支持。借此机会我要再次表示衷心感谢!

图6　林夫参加鲁迅殡礼

一则短评

2012年4月7日,《温州日报》刊载了我的一篇拙作《不矜持处见功夫——温州研究中国美术史先驱唐唯逸》。文中涉及一则美术评论,虽然简短,但这不足300字,却展现了赵瑞椿先生的点睛之笔。同时,演绎出感人至深的背后故事。

为了写好文章,开笔前,我特意拿着几幅唐唯逸先生1942年发表的木刻作品复印件,去请教赵瑞椿先生,毕竟唐唯逸先生是一位活跃于抗战期间的版画家,如何准确评价其木刻作品,得尊重专家意见。赵瑞椿先生见到70年前的木刻作品复印件就像遇到久别重逢老朋友似的,异常兴奋和高兴,细细端详之后,并没有马上作答,而是嘱咐我与其后人联系,问问是否还有其他作品,最好是原作。我即用电话向寓居平阳的唐唯逸先生儿子一川同志作了转达,请他近期来温州一趟。并吩咐,赵瑞椿先生最近正全力以赴在家创作细密油画《永嘉旧事》长卷,当时年纪78岁还不算太大,但腿脚已经出现明显病变,行走甚为不便,仍然坚持每天起早贪黑地抢时间在画室认真作画。

图7 1942年发表在《瑞中校刊》上的《人畜同映》木刻画

没过几天,那天正是3月15日,一川同志起大早赶车到温州,携带其父仅存的在新中国成立初期创作的两幅木刻遗作《朱德肖像》《饶漱石肖像》,奉请赵瑞椿先生品赏。赵瑞椿先生边看边赞不绝口地说:"这两幅作品很珍贵,一定要保管好!温州正在筹备版画展览,可否先放我这里,等事竣之后再通知取回?"一川同志连说:"好!好!"怕过多打扰会影响先生工作,便起身告辞。赵瑞椿先生礼送客人之后,即坐到电脑前抓紧写了一则美术评论给我,发件时间是"2012-03-15 10∶32(星期四)"内容如下:"1931年鲁迅先生邀请日本内山加吉在上海开办木刻讲习班作为新兴木刻运动的开始,至1942年在温州出现唐唯逸的木刻作品仅

11年时间,当时落后的中国,从艺的人很少,冒着生命危险从事革命木刻运动的人更少,唐逸唯是同时代木刻家中出类拔萃的一员。他的作品在主题上均是表现鬼子的侵略、人民的苦难,体现时代最强音。对木刻语言的把握也可称同时代木刻家中最佳者,他已懂得在黑白之间最重要的灰颜色如何恰当处理以达到画面丰富协调,这是成熟的标志,他娴熟的三角刀技法也证明这一点。回顾鲁迅先生提倡新兴木刻运动以来,历经抗日战争、延安木刻运动、浙南游击队木刻运动迄今,唐唯逸的木刻与当今温州木刻家有某种内在的联系。"一则不到300字的超简短美术评论,为我拙作润色不少。行文至此,我真要从内心再次感谢赵瑞椿先生的无私帮助。

2013年8月16日,唐一川同志接赵瑞椿先生电话,告知展览已经结束,请在方便时来温取回家父参展作品。翌晨,一川同志又一次赶车到温州。当再次见到赵瑞椿先生时,没想到会给他两个惊喜:一是家父两件参展作品,不但完璧归赵,还无偿给托好裱好装了玻璃镜框;二是主动请他一起在《永嘉旧事》画面前合影留念。说话口气非常诚挚和蔼:"您父亲和我一样都搞版画,是同行,但他是前辈,我们俩也可以说是木刻世交的朋友了。"他一边说一边亲自拿出照相机和三脚架,摆好位置,调整好角度,采用自动拍,记录下这令人终身难忘的时刻——2013年8月17日上午9时12分。临别还送一川同志四袋上好云南绿茶,以表示对温州版画展览筹备工作的支持。

近日,一川同志惊闻赵瑞椿先生噩耗,悲痛泣然,无限感慨地说:"赵瑞椿先生是我平生第一次亲眼见到的全国闻名大画家,竟然如此平易近人!为人谦虚守信!待人客气有礼!凡事认真,就像他画细密油画那样一丝不苟,真不愧是艺坛清流,谦谦君子!永远值得我们敬仰!更值得我们学习!"

图8 赵瑞椿先生与温州早期版画家唐唯逸先生的儿子一川同志合影

两次与会

《瓯塑大家谢新宝》新书首发式于 2014 年 6 月 21 日在市图书馆举行。该书是我历时 3 年,经多方田野调查、史料钩沉,勾勒出谢新宝 78 年的人生历程及传承谱系,希望引起社会各界对民间美术大家研究的关注,有更多的人共同参与,有更多的发现和突破。

书中不仅展示了谢新宝其人其作,还以家族传承和社会传承两大版块,呈现了包括谢氏三代传承人及门生在内的近 30 位艺人作品和艺术特色。这本书的出版明确解答了一个重大问题——国家级非遗项目瓯塑的创始人是谁?其贡献是什么?同时这本书填补了温州工艺美术史和油画史研究空白。

民间工艺现在已经作为非物质文化遗产得到了国家的重视和保护,但在历史长河中,向来得不到重视,也难登大雅之堂,很多作品也便湮没无闻,难以搜寻。因此收在书中的谢新宝的作品并不多,唯有一幅瓯塑《下九流群塑》因被其后人珍藏得以流传至今。那生动的人物群像、浓郁的市井气息特别引人关注。市社科联调研员洪振宁先生赞誉《瓯塑大家谢新宝》是一本为民间艺人立传的书,第一次将笔触伸向一位瓯塑大师的"意义不同凡响的开山之作":"看了这些作品,你不能不承认,温州确实有大师。平民艺术大师塑造了平民的形象,这是最能代表温州文化特点的东西。"

当德高望重的赵瑞椿先生出现在会场,显得特别亮场,作为全国著名的大画家,他是那么谦虚而具有亲和力,他的发言没有套话废话,简短扼要,声音洪亮,铿锵有力,引来掌声一片。他坦诚地说:"原先对瓯塑并不了解,但认真研究了书中的作品,才认识到瓯塑是很丰富的艺术形式。我认为,民间艺术是民族艺术的主流,最能体现民族的理想和愿望,是最接地气的艺术形式。从事民间艺术的人数向来都是最多,力量也最大,但从来没有看到有谁为民间艺人立传。敦煌艺术就是成百上千的民间艺人创造的艺术宝库,但不要说没人立传,很多人连名字都没留下来。因此,历史赋予我们责任,在任何时候都要重视对民间艺术的研究和学习。温州人敢为人先,编著出版《瓯塑大家谢新宝》,这是我在国内看到的第一本为民间艺人立传的好书!很有开创意义!温州作为百工之乡,民间工艺繁荣兴盛,期待能看到更多为民间艺术家立传的佳作!"

这次会后还有一个插曲,一般都不会有人注意,主办方为了表达对发言贵宾的谢意,要一起吃个便饭,事先已经口头通知,可刚一散会,赵瑞椿先生便悄然不见了,打他手机也打不通,过了好大一会儿,打他家里电话才接通,才知道他早已健步走出会场,自己打车回府了。只听那头传来非常简短的回复:"我已经到家。谢谢!"我说:"太不好意思了。"他说:"这有什么不好意思,我是来开会,又不是来吃饭。只要这个会值得去,我就一定会去!"我与赵瑞椿先生的这段对话非常简短,却让人对先生的高尚人品肃然起敬!

几年后,温州美术界宣传乡贤南宋丞相陈宜中研讨会于 2019 年 2 月 16 日在温州书画院,由戴宏海先生等各界友好共同策划顺利召开。会议得到了温州大学、新闻媒体、文化部门、龙湾区陈宜中后裔及有关部门的大力支持,凝聚了温州一批最优秀的美术工作者欢聚一堂,畅所欲言;会议旨在号召温州美术工作者以乡贤陈宜中为题材创作历史人物画,这是温州首次召开关于陈宜中的研讨会,在温州地方史,尤其美术史上有着非凡的意义,标志着温州美术界宣传陈宜中已经正式吹响了冲锋号!

陈宜中(1218—1279)是一位非常值得深入研究的历史人物,同时也是一位非常值得后人崇敬、纪念的历史人物。不仅是温州历史上第一位丞相,宋朝最后一位丞相,更是一位敢与"蒙古之神忽必烈"抗争的伟大民族英雄和爱国主义者,具有特别研究价值的伟大政治家、战略家——在宋、蒙(元)两军的交战史上,都始终会出现耀眼的三个字——"陈宜中"!在南宋灭亡这一影响人类历史进程的重大事件中,世界经典战役载录的可歌可泣、悲壮无比的南海崖山海战中,陈宜中始终作为一个灵魂式人物存在。陈宜中在东南亚开辟的海上军事、文化丝绸之路,至今仍然有着特殊的研究价值和现实意义。

陈宜中不仅是温州人的骄傲,更是温州的一张金名片,他不逊色于历史上任何一位文化名人。如何打造这张文化名片?我寄希望于美术界,因为画家的语言更适应当今的视听语言丰富的互联网时代!

赵瑞椿先生对这次研讨会非常重视。于是在开会前夕,我特地到他家送请束,先生被赵师母推着轮椅出来与我一番寒暄之后,我说明来意,并送他一册中国文史出版社刚刚出版发行的《中外学者研究陈宜中资料汇编》,由于字数较多,洋洋180万字,便作了扼要介绍。他一边听,一边翻阅,见是我编著的,脸上马上露出欣慰的笑容,一口答应参加明天的研讨会。当我起身告辞,他又再次重复:"你放心!我明天一准去!"

第二天,赵瑞椿先生如期而至,真没想到,他是由夫人和女儿一起推着轮椅来的,因为行走困难,无法上到二楼的会议室,好多人下楼抬他。赵师母轻声对我说:"先生今天身体状况不是很好,要发言,是否可以让他先来?"我说可以,马上与主持会议的温州大学教授、浙江省历史学会副会长、温州历史学会会长刘建国先生沟通，即刻作了调整，大家以热烈的掌声欢迎赵瑞椿先生发言。他说："把乡贤陈宜中推向全国，推向世界，给陈公一个较为公正的评价，是一件很有意义的工作。"发言的字数不足50个字，可谓简短至极，可字字掷地有声。赵瑞椿先生在如此欠佳的身体状况之下，仍然信守诺言，坚持到场，尽可能多坐一会儿，认真听取大家的发言。其夫人对先生的病情最为了解，当出现不适的细微变化，便跟我商量，是否可以先走，我说可以，转念一想，先生来此一趟非常不易，应该留个合影，作为永恒的纪念。便再次与主持人沟通，即刻再次调整议程，把大会合影提前。大家都非常理解，非常感谢赵瑞椿先生抱病到会支持，所作发言虽然简短，却给与会者带来极大鼓舞。这张集体合影非常珍贵，珍贵之处在于这是赵瑞椿先生最后一次参加会议，最后一次与各界人士合影，细品照片，则会让亲历者感受到一位全国闻名的大画家风范！

图9　合影（前排右一为赵瑞椿先生）

一篇短文

2020年10月，中国美术学院出版社出版发行《张兆鑫美术作品集》，其中收录赵瑞椿先生特地撰写的1300字的短文《为人民歌唱——纪念著名画家张兆鑫》。

2017年4月30日温州著名美术家张兆鑫先生因病辞世，家属把所有遗作做了整理，几乎全都留在家乡，并捐献给了温州美术馆。温州美术馆即决定出版一本画册、举办一次展览，作为回报。

关于出版《张兆鑫美术作品集》，家属在事前曾与我商讨，如何保证质量、提高档次。我建议，请美术界的同仁各写一篇纪念文章，当撰写者名单确定后，家属觉得有个别画家年事高、身体不好，平时又没有过多来往，不好意思贸然开口，如赵瑞椿和朱维明两位先生。以我对两位先生的了解，他们都有一个共同点——值得去做的事，一定会去做，而且一定会认真做好！

我先后与赵瑞椿和朱维明两位先生沟通，朱是电话联系，赵是登门拜访，他俩都是一口答应，没有二话。

赵瑞椿先生写的文章和他的发言一样，都具有一个非常明显的特点，简短扼要，没有套话、废话，这一点很值得我们学习和践行！

赵瑞椿先生在写这篇文章的时候已经83岁高龄，而且身体状况大不如前，但思路仍然非常清晰。老话说："题好一半文。"他看了张兆鑫先生生前出的画集，便确定以《为人民歌唱》作为文章标题。文章分三大部分：开头，首先表达出自己的那种痛惜深情——"著名的美术家张兆鑫先生悄然离世，我作为他的同行，无不感到分外的痛心和十分的惋惜"，紧接着写道，"兆鑫先生出生于朔门大街近朔门码头的地方，我与他二哥张兆书是高中同班同学，经常有联系"。乡情亲情跃然纸上，读来倍感亲切。第二部分，从专业角度对以歌颂人民为主要题材的优秀作品的思想性和艺术性作充分肯定，特别指出："画家张兆鑫是一位有时代责任心，敢于担当的严肃艺术家。他埋头认真创造艺术，但绝不玩'艺术'。亲属从他遗物中，找不出丁点玩趣味的作品。真称得上是一位正直、正派的艺术家。正因为他具有这种崇高的品格，我们特别思念和缅怀他。""张兆鑫不仅掌握一手木刻的好刀法，而且还能画出一手好油画，这对这位画家来讲也是很难很难的。这说明他是一位从不气馁、力求进取的学者，为初学者树立了榜样，也让同行们刮目相看，这就是画家张兆鑫留给我们的精神和思想的遗产。"最后，以所获各种荣誉记录作为结尾。

赵瑞椿先生写的《为人民歌唱》是他生命的最后绝唱，文章虽然极短，留给我们的将是久久难以忘却的纪念和无限的缅怀思念！

（陈钧贤，温州展览馆研究馆员）

项乔哲学思想的延续:醉心中西文化融合的哲学家项退结

陈贤宝

摘　要:台湾地区哲学流派新士林的重要代表人物之一项退结教授是温籍哲学家。他以天主教信仰为精神取向,力图融合中西文化传统,思考宗教思想与传统中国文化相通之处。这种既传承传统又开拓融合的哲学思想,与同为永嘉场项氏、明代温州著名学者项乔的哲学思想一脉相承。本文介绍项退结教授接受西方文化教育的经历,介绍项退结不断强调和凸显儒家思想的学术成就,剖析永嘉学说对项退结"植基于宗教生活但又落实于人文使命"超越意识和哲学思考的影响。

关键词:项退结;宗教哲学;文化融合;项乔

明代温州"学者型官员"项乔(1493—1552)的哲学思想有"通达""融通"的特征,在生活哲学视阈下,他"不主一家",重视化解理学与心学的对立、调和朱子之学和阳明之学的差异,提倡"道学只在力行,不在讲解""力行近仁"等观点。他上承永嘉学说事功实行的思想基因,糅合朱子、阳明与永嘉学派事功的理念,创立了自己独具特色的哲学理论,被视为明代温州理学的代表人物之一。

项乔的这种既继承中国古代的道统、又具有与时俱进的创新思想,其实质就是永嘉学说"经世致用""务实创新"的体现。在其500年后,这种思想同样体现在永嘉场项氏中的一位著名哲学家项退结先生身上。项退结是台湾地区哲学流派新士林的重要代表人物之一,其哲学思想以天主教信仰为精神取向,立足宗教思想研究,力图融合中西文化传统的宗教哲学,思考宗教思想与传统中国文化相通之处。项退结从小就接受西方文化教育,他的人文主义植根于他深刻的宗教生活,又落实于他的人文使命,二者融合无间。其哲学思想的主要贡献和努力方向就在于此,因而有着与众不同的特色。

一、人生之途：接受西方文化教育的东方学者

1923年，项退结出生于浙江省永嘉县（现温州市龙湾区沙城七甲）。其父亲因家庭变故而居龙湾区下垟街。1929年，来往于温州宁波的父亲将全家迁往宁波，给项退结创造了接受教会教育的机会。少年项退结在宁波读完初小，进入教会学校"私立增爵学社"，以非常特殊的教育方式接触到中西文化黄金时代的思想。1941年，项退结进入宁波神学院，接受哲学、神学教育。他十分勤奋，还自学《西洋哲学史》《印度哲学》，尤其关注佛教哲学。除了拉丁文、法文外，他自学希腊文、英文，花了大量的时间从事翻译，1947年编著了《新答客问》。4年的神学教育让他沉浸于哲学与宗教思想，为以后研究哲学打下了学术根基。

1949年11月，他在意大利米兰，攻读圣心大学哲学博士，修业哲学课程、拉丁文学、意大利文学，研读了大量的东西方哲学古典名著，又特别选修了生物学与心理学，对荣格心理学产生浓厚的兴趣，后来就以荣格心理学作为博士论文题材。在圣心大学学习之余，他游历意大利，参观名胜古迹。他关注中国问题，在侨胞中演讲中国问题，关注中国形势发展；发起"星期日午后学习中文运动"，并义务教授意大利儿童、侨胞儿童学习中文。

1953年11月，以最优等成绩获得圣心大学哲学博士学位后，项退结到奥地利因斯布鲁克医学院实习，分析精神病与神经病现象，由此对中国禅宗产生浓厚的兴趣。次年去德国，任王石"中国研究社"主任，研究中国民族文化。

1962年夏季返台。两年后，创办综合性月刊《现代学苑》，对有重大影响的中西各种思潮作详尽而可靠的述评，发表涉及世界著名学者的文章颇多。1971年，项退结在政治大学哲学系教授西洋哲学史，1972年任哲学系主任、教授。1990年10月，赴歌德大学做客座教授，讲授中西哲学融合，推崇孔孟儒家思想的超越精神。20世纪90年代以来，他一直在台湾地区的高校从事哲学教育、哲学研究，是台湾地区新士林哲学中避不开的著名哲学家。

二、哲学之路：力图融合中西文化传统的宗教哲学家

从1949年至1962年，项退结在欧洲待了13年，在思想文化上一直认同西方文化中的理性思考、艺术创造与宗教思想。受荣格思想的影响，他深入学习中

国传统文化中的《易经》《道德经》、禅宗典籍等,这拓宽了他的精神境界,也加深了他对中国传统文化的理解。在德国期间,他就以"中国人性格""民族心理学"为研究对象,完成论文《中国民族性研究》。

20世纪60年代,他研究存在主义和逻辑实证论,出版《现代存在思想研究》和《迈向未来的哲学思考》(1975年修订),介绍和批判了逻辑实证论。他认为,中国人应该把几千年积存的智慧结晶,推陈出新地献给整个世界。该书获"第一类关于阐扬中华文化的最优著作奖"。

20世纪70年代前后,他认识到以中国文化补充西方文化不足的重要性,转而积极从事中西思想互补的工作,在各类国际哲学研讨会上频频发表论文,阐述中国哲学思想与中西思想的融合问题,认为中国自孔孟至宋明所发展的心性理论完全可以和西洋理论相融合。他不断强调和凸显儒家思想的超越意识和宗教精神,认为中国思想必须重新找到新的立足点,坚持和维护儒家思想的精神义理。

在当代中国哲学学者中,项退结特别关心中国哲学方法论问题,他在《中国哲学之路》中提出中国哲学四种研究方法,如哲学史的溯源方法、现代诠释学强调的视域交溶法、逻辑与字义语义的分析、中西哲学适当比较等。

这些观点,从他参加一些国际哲学会议的发言、论文可知一斑,包括《人者天地之心、阴阳之交的现象学诠释》《论阴阳合德的的哲学评估》《心术与心之领导——儒家道德哲学之心理层面》《中国哲学与西方宗教传统中的人》《从海德格思想看儒家与现代系统思想》《试论中国哲学研究方法》等。

项退结醉心哲学,出版哲学专著有《现代中国与形上学》《人之哲学》《中国人性格素描》《中国人的路》等。他花了大量的心力,编译、增订了布鲁格的《西洋哲学辞典》,对台湾哲学界产生积极影响。1994年,三民书局出版了他的《七十浮迹》,以自传方式,"比较生活化,由实际生活引入思想",从作者的求学生涯延伸至今,勾画出一条思想发展的轨迹。

三、故乡之情:有着浓厚故乡情结的思想学者

项退结出生于温州龙湾,成长于宁波,求学于欧洲,生活在台湾。他5岁前生活在龙湾,不甚了解永嘉场,说:"面积相当大,分成好几个地区。其中至少有三个称为'甲'""何以在这里穷乡僻壤会有个建造城墙(永兴老城),我一直都无

从索解。"①但这些,无碍他对故土永嘉场的浓厚情结。他记得沙城七甲是项氏聚居之地,有一个很像样的项氏宗祠,过年时非常热闹。他最深印象的物事里,居然有"温州大馄饨"和下垟街抬佛②:

> 这里的馄饨特别软特别香。那次尝到"温州大馄饨"的经历特别令人怀念。民国二十一年(1932)冬,母亲回故乡探望外祖父母。从宁波乘轮船抵温州以后,必须乘小船到永嘉场附近。以后必须翻过一座山,步行到外公家。就在翻山之前,我觉得饥寒交迫。母亲就替我买了一碗馄饨果腹。那真是没世难忘的美味。
>
> 永嘉场留下的另一个深刻印象是驻留在民家的大神像。新春元宵节那天,约莫十余尊大神像坐在巨大无比的轿中,整天出巡;晚上,无数民众提着灯笼前导,神像都被抬到我家附近的一个广场中来回驰骋。每尊神像的大轿子都需要三十多壮丁来抬,真难得有这么多人自告奋勇,记得我的小舅也曾咬着牙根去抬大轿。这时锣鼓喧天,数条龙灯齐舞。

据他的描述,他对记忆中的"温州大馄饨""永嘉场抬佛""拼字龙"这些温州美食、龙湾民俗的印象极其深刻。这些,说明他对故乡别有一番亲切感,东方情结浓厚。1993年6月,"中国哲学在中国历史的回顾与发展"研讨会在花莲市召开,中国人民大学教授、同乡张立文先生与会,老乡见老乡啊,项退结跟张立文先生交流了许多问题,包括记忆中的家乡城堡。两个月后,国际中国哲学会第八届学术研讨会在北京举行,项退结教授的发言被安排在第一天下午第一场,第二天上午第一场又安排为主席主持研讨,这样安排的主要原因是同乡哲学家张立文、陈来都在上午发表论文。就这样,这场研讨会成就了温籍三位哲学家同场交流学术的雅事。项退结对本次会议的记录很详细,包括大陆学者的论题、中西文化融合感想、北大陈来教授筹备研讨会的困难与努力。会议期间,在张立文教授的陪同下,项退结参观了北京著名的寺院广化寺,后来又参观了白云观与孔庙。回台前,他去苏州,听昆曲吴歌、登虎丘、撞寒山寺钟、走枫桥。这些让深受西方哲学和中国传统文化双重影响的项退结教授十分感慨。

---

① 项退结:《七十浮迹——生活体验与思考》,台北:三民书局,1994年,第234页。
② 项退结:《七十浮迹——生活体验与思考》,台北:三民书局,1994年,第235页。

相比之下,项退结童年、少年、青年时期都在宁波度过,多种语言的阅读能力也是在宁波培养的,宁波是他的第二故乡,对他的影响就深刻多了。他说自己一生读书看报构思时,始终用宁波话向自己说话,用普通话诵念文学,等于需要把宁波话转译为普通话,不管哪种语言,尤其数字最后必须用宁波话重说一次。说到底,项退结先生就是一位有着浓厚故乡情结的哲学家。

可惜,项退结先生一直没回温州,家乡人对他也知之甚少。2014年国庆期间,项退结教授的家人回龙湾寻根,带来一本《七十浮迹》,我在《沙城镇志》中增加了他的简介,也算告慰已在天堂里的、饱含家乡情结的项退结教授。

(陈贤宝,龙湾区文广旅体局文化遗产科八级职员)

21世纪孙诒让研究述评

孙　烨

摘　要：21世纪以来，学界在孙诒让学术著作和学术思想与孙诒让地方政治实践研究方面继续深耕。孙诒让研究呈现繁荣局面，具有总结性、系统性的研究成果增多；孙诒让小学研究成果大量涌现；研究视角更加多元化，研究范围更加广泛。但也表现出跨学科研究不足，理论阐述和思想研究少，比较研究有待加强的问题。

关键词：21世纪；孙诒让；研究述评；学术史

孙诒让是清末著名的经学家，被梁启超等人评为"清代朴学殿军"。孙诒让的《周礼正义》《墨子间诂》《契文举例》等著作为学界所称道。章太炎曾评价《周礼正义》："郊社禘祫则从郑，庙制昏期则从王。益宣究子春、少赣、仲师之学，发正郑贾，凡百余事。古今言《周礼》者，莫能先也。"[1]孙诒让研究发轫于20世纪初。1910年王景羲写成了《墨商》一书，对《墨子间诂》进行了研究。此后，相关研究成果还有任铭善《孙仲颂先生之周礼学》(《图书展望》1947年第5期)、沈文倬《孙诒让周礼学管窥》(《孙诒让研究》1963年)、胡朴安《研究甲骨文之书——首先研究之孙诒让》(《中国文字学史》商务印书馆1937年)等。[2] 21世纪以来，对孙诒让的研究依然火热。二十几年间以"孙诒让"为主题出版的图书有13种，传记5本，全集两套，论文集1本，稿本汇编1本，专题研究4本。以孙诒让为篇名关键词的文章，中国知网上有100余篇。[3] 本文选取这些成果中比较有代表性的进行分析，以此来概括21世纪以来"孙诒让研究"的特点和趋势，给对"孙诒让"有兴趣的读者提供帮助。

---

[1]　朱芳圃编：《民国丛书》第4编《孙诒让年谱》，上海：上海书店，1992年，第77页。
[2]　刘思文：《孙诒让著述学术研究述评》，《杭州电子科技大学学报》（社会科学版）2016年第1期，第49—53+58页。
[3]　这些数据仅限于笔者能查到的资料，如有遗漏，深表歉意。

目前而论,学界针对孙诒让的研究大致沿着两条路径进行:一是侧重于研究孙诒让的学术著作和学术思想;一是侧重于孙诒让的地方政治实践研究。这两条路径中又以前者的成果最丰富。

一、孙诒让学术著作和学术思想研究

孙诒让著作等身,研究涉及经学、诸子、文字训诂等诸方面。其中以"礼学""墨学"和文字训诂学研究最为世人称道。学界对孙诒让学术著作和学术思想的研究也多围绕这三方面展开。[①] 孙诒让于"礼学"方面用工颇深,成就颇高。孙诒让所著《周礼正义》被梁启超誉为"清代经学家最后的一部书,也是最好的一部书。"[②]可见孙诒让"礼学"成就之高。近年来,学界关于孙诒让的"礼学"研究主要从两方面展开,一是对孙诒让所著《周礼正义》内容的研究,一是孙诒让"礼学"思想研究。

孙诒让《周礼正义》内容研究方面,学界针对孙诒让的"礼学"成就,解经方法和解经过程中材料的取舍等问题进行了探讨。孙诒让曾说"为先秦古经,周公致太平之法,自无疑义。"[③]孙诒让认为周公为《周礼》的作者。而实际上,《周礼》的作者一直是学界的公案。与郑玄同里的临硕就认为《周礼》是"末世渎乱不验之书"[④]。何休认为《周礼》是"六国阴谋书"[⑤]。为什么孙诒让坚持认为周公是《周礼》的作者呢?邱林总结了孙诒让坚持《周礼》为周公所作的四点原因:一是受乾

[①] 无论是治墨还是研究《周礼》,孙诒让多用小学的方法。可以说,小学之术是孙诒让学术研究的重要方法。这样看,笔者把孙诒让的学术著作和学术思想研究分为"礼学"研究、"墨学"研究和文字训诂学研究似乎不太合适。因为文字训诂学研究属于方法论研究,与前面两者不在一个层面。笔者将他们三者并列是基于以下三点考虑。首先,文字训诂学的方法是孙诒让学术研究的重要方法,但不是唯一的方法。孙诒让在研究中还吸收了西学的内容。如《墨子·经下》"临鉴而立,景到。"孙诒让释云"盖凡发光、含明及光所照物,蔽而成阴,三者通谓之景……郑复光《镜镜詅痴》云:'光线自阔而狭,名约行线。约行线愈引愈狭,必交合为一而成角,名交角线。两物相射,约行线自此至彼,若中有物隔,则约行线至所隔之物而止。设隔处有孔,则射线穿孔约行,不至彼物不止。如彼物甚远,则约行必交,穿交而过,则此之上边必反射彼下边,此之左边必反射彼右边者,势也,能无成倒影乎?塔影倒垂,此其理也'"。(孙诒让:《墨子间诂》,北京:中华书局,2009年,第323页。)其次,孙诒让有专门研究文字训诂学的著作。最后,从文章结构和内容上来说。若将孙诒让"礼学"研究和"墨学"置于孙诒让文字训诂学研究之下进行论述,文章会出现条理不清的现象,不利于读者阅读。

[②] 梁启超:《中国近三百年学术史》,北京:东方出版社,1996年,第211页。
[③] 孙诒让、王文锦、陈玉霞:《周礼正义》,北京:中华书局,2013年,第6页。
[④] 阮元:《周礼正义》,《十三经注疏》,北京:中华书局,1980年,第636页。
[⑤] 阮元:《周礼正义》,《十三经注疏》,北京:中华书局,1980年,第636页。

嘉学派的影响,二是受传统古文经学的影响,三是为了应对今学经学的冲击,四是孙诒让个人能力的局限。① 但是孙诒让在《周礼》作者问题上的"固执己见"并没有影响他对《周礼》的注疏。可以说孙诒让是本着实事求是的原则注《周礼》的。叶纯芳通过对孙诒让对郑玄和贾公彦的纠缪指出了孙、刘注经的立场。郑玄注经欲成一家之言,孙诒让注经欲解经,不欲成一家之言,而孙对乾嘉之学非常推崇,故多用清人的注疏成果。作者认为"他(孙诒让)是以清人之是为是,郑注、贾疏如何解经,他不甚在意,他想建立的,是清人的《周礼》观。"② 关于孙诒让的解经方法,李文武指出孙诒让是以义例解《周礼》的集大成者。孙诒让以义例解经具有:含有治国安邦的理念,承袭家学,取材广泛、博引众书和使《周礼》有径可循四个特点。③ 孙诒让遍览群书,以实事求是的解经方法注《周礼》不仅对周礼研究贡献巨大,也可帮助我们更好地理解其他典籍。如赵振铎就认为《周礼正义》中的很多材料可以帮助我们注解《集韵》。④

相较于对孙诒让所著《周礼正义》内容的研究,孙诒让"礼学"思想研究稍显薄弱。陈安金和孙邦金认为相较于传统的西学中源说,孙诒让的中西文化观有以下三个显著的特点:健康的文化保守主义、保守的文化多元主义、温和的政治理想主义。⑤ 也有学者综合考据和经世两方面,系统研究孙诒让的"礼学"。如董小梅从考据和经世两方面入手,梳理了孙诒让周礼学研究的轨迹以及孙诒让学术思想转变。董小梅认为前期孙诒让的学术仍属于经学范畴,受永嘉学术和家学的影响,主张经世致用。后期孙诒让的学术开始突破传统经学的藩篱,欲以中华本有文化为根基,调和中西,颇具维新色彩。在学术与政治相互影响下,孙诒让走出了一条独特的汉学家之路。⑥ 此外,《清人经典诠释的取向及特色——以"三礼"诠释为中心的考察》《晚清江浙礼学研究——以扬州、浙东、常州为中心》等礼学史研究成果中亦有关于孙诒让的"礼学"研究。但其大多是概括性的,在此不再加以赘述。

总的来看,21世纪以来的孙诒让"礼学"更加多元。既有综合性研究成果又

---

① 邱林:《孙诒让"周公作〈周礼〉"说评析》,《烟台大学学报》(哲学社会科学版)2018年第2期,第97—106页。
② 叶纯芳:《孙诒让〈周礼正义〉郑非经旨、贾非郑意辨》,《中国经学》2017年第2期,第69—90页。
③ 李文武:《〈周礼正义〉训诂释例》,《湖南第一师范学院学报》2022年第4期,第79—84页。
④ 赵振铎:《从〈周礼正义〉看孙诒让对〈集韵〉的研究》,《四川大学学报》(哲学社会科学版)2006年第4期,第87—91页。
⑤ 陈安金、孙邦金:《论孙诒让的礼学研究与中西政治文化观》,《哲学研究》2012年第9期,第6页。
⑥ 董小梅:《考据与经世——孙诒让周礼学研究》,华中师范大学2016年博士学位论文。

有专门性研究成果,既有对《周礼正义》内容的分析,也有对孙诒让"礼学"思想的阐释。

在孙诒让"墨学"研究上,学界关于孙诒让"墨学"研究之研究主要集中于两点:一是《墨子间诂》的校勘和训诂研究,二是孙诒让的"墨学"成就研究。

在校勘和训诂方面,孔丹的《〈墨子间诂〉训诂方法研究》总结了孙诒让《墨子间诂》的训诂方法。① 相较于孔丹的研究,席芬还总结了《墨子训诂》的训诂术语。如"犹、犹言、犹云、谓、谓……也、之谓、谓之等。"②孙诒让注《墨子》时旁征博引,广泛吸收前人优秀的研究成果,集清代"墨学"之大成。在征引前人研究成果时必然要对他人成果作出取舍,通过分析孙诒让对不同材料的取舍,我们可以看出孙诒让的治学方法和治学态度。易敏就从是者从之、阙略者补之和非者正之三个角度分析了《墨子间诂》城守篇对王氏父子注释的取舍。③ 这从侧面说明了孙诒让的"墨学"研究与前人"墨学"研究的关系。将孙诒让与他人进行比较的还有杜国庆的《毕沅与孙诒让〈墨子〉校勘比较研究》。他从校勘背景、校勘方法和校勘成就三方面比较了毕沅和孙诒让《墨子》校勘的成就,证明了孙氏的"墨学"和毕氏的"墨学"研究有明显继承关系。④ 如果说《毕沅与孙诒让〈墨子〉校勘比较研究》是比较了不同时代学人关于"墨学"的研究,重在阐释毕沅和孙诒让"墨学"研究的异同。那么沈传河的《清代墨学研究》则是梳理了清代墨学发展的过程和特点。作者按照时间顺序,分三个阶段,梳理了清代墨学的发展,重点阐释了清代各时期"墨学"的特点和影响,有助于我们从清代墨学的全局审视孙诒让的墨学研究。作者指出向前看,(孙诒让)集前人《墨子》研究之大成,成绩斐然。向后看,孙诒让"墨学"所取得的诸多成就,推动了民国"墨学"的发展,为后世"墨学"研究奠定了基础。⑤ 人无完人,金无足赤,学术研究亦然。且《墨子》一书注释难度极大,有失误之处在所难免。孙诒让也曾坦言"兵械名制,错杂舛牾,无可杂证。今依文诂释,略识辜较,亦莫能得其详也。"⑥近年来,不少学者对《墨子间诂》中的失误之处进行了补正。朱焱炜发现《墨子间诂序》中的"孟胜"注墨

---

① 孔丹:《〈墨子间诂〉训诂方法研究》,曲阜师范大学 2011 年硕士学位论文。
② 席芬:《〈墨子间诂〉训诂研究》,西北师范大学 2015 年硕士学位论文。
③ 易敏:《〈墨子间诂〉城守诸篇对王氏父子注释的取舍》,《河北大学学报》(哲学社会科学版)2006年第 1 期,第 120—122 页。
④ 杜国庆:《毕沅与孙诒让〈墨子〉校勘比较研究》,温州大学 2012 年硕士学位论文。
⑤ 沈传河:《清代墨学研究》,扬州大学 2019 年博士学位论文。
⑥ 孙诒让:《墨子间诂》,北京:中华书局,2009 年,第 490 页。

子乃"鲁胜"注墨子的笔误。①秦彦士通过考古发现和出土文献对《墨子间诂》的备城门篇进行了补正。②对《墨子间诂》失误之处做出系统辨析的是许剑飞。许剑飞从标点、释义和校勘三方面对《墨子闲诂》的失误之处做了全面的整理。③这类研究纠正了《墨子间诂》中的错误,为读者阅读《墨子间诂》提供了方便,有助于我们更好地理解墨子的思想。

在孙诒让"墨学"成就研究方面,学界取得了共识。现今学界基本都认为孙诒让集前代"墨学"研究之大成,对《墨子》内容进行了系统的校订和整理,对"墨学"的源流、传授,墨子弟子的事迹和价值做了初步的探讨,为后世"墨学"研究提供了滋养,为近代"墨学"复兴做了铺垫。④孙诒让治墨的成就显著,故学界对此方面的研究以概述为主。

通过上文我们可以看到,关于孙诒让墨学的研究许多为学位论文,多总结和归纳,理论色彩不浓。但在孙诒让的学术生涯中,无论是"礼学"研究还是"墨学"研究无不充满着经世致用的色彩。所以我们大可把视野放宽,挖掘文本背后蕴含的思想。在这方面,罗检秋的《论孙诒让的经世之学》⑤值得我们学习和借鉴。罗检秋从孙诒让经世之学产生的原因、变迁、内容和实践四个层次,递进地论述了孙诒让的经世之学。其中,论述最精彩的当属"道器并重的经世之学"部分。作者认为器道并重是孙诒让经世之学的重要内容。孙诒让的器道并重思想表现在,他认为西有西体,而中体中本就蕴含了近代的科学原理,这实际上突破了洋务派"中体西用"的藩篱,也表现了清末儒家思维模式的变化。最后,作者指出,孙诒让的经世之学并没有提留在理论层面,而是落实到了现实实践层面。

在孙诒让文字与训诂校勘研究上。张之洞曾言"汉学所要者二:一音韵训诂,一考据事实。音训明,方知此字为何语;考据确,方知此物为何物,此事为何事,此人为何人,然后知圣人此言是何意义。"⑥孙诒让受乾嘉汉学的影响,治学多用文字学和训诂学的方法。对于孙诒让的文字学和训诂学的研究上世纪就已

---

① 朱焱炜:《孙诒让〈墨子间诂〉序中的一个笔误》,《汉字文化》2018年第20期,第90—91页。
② 秦彦士:《孙诒让〈墨子间诂〉校补示例(以〈墨子·备城门〉诸篇为例)》,《求索》2006年第4期,第214—216页。
③ 许剑飞:《〈墨子闲诂〉失误考辨》,湘潭大学2008年硕士学位论文。
④ 详见:邹海城:《孙诒让与近代墨学的复兴》,湖南科技大学2019年硕士学位论;胡雪冈:《读孙诒让〈墨子间诂〉札记》,《温州大学学报》(社会科学版)2007年第1期,第7—11页;孙中原:《孙诒让在墨学史上的学术地位与贡献》,《南通大学学报》(社会科学版)2010年第4期,第12—16页。
⑤ 罗检秋:《论孙诒让的经世之学》,《杭州师范大学学报》(社会科学版)2018年第5期,第32—41页。
⑥ 司马朝军:《輶轩语详注》,上海:华东师范大学出版社,2010年。

经开始,并取得了丰硕的成果,但比较零散,没有系统性和综合性的研究著作。21世纪已降,相关研究成果逐渐增多,理论阐释也更加深入。程邦雄和方向东分别就孙诒让的文字学和训诂学展开了系统性研究。其研究成果对后世多有启发。

方向东的《孙诒让训诂研究》是较早对孙诒让的训诂学进行全面系统研究的著作。方向东的研究主要从理论研究和实践研究两方面展开。在理论研究上,方向东探究考察了孙诒让的文字观、音义观和词义观。在实践研究上,作者结合他人研究对孙诒让的研究成果进行了补正。[①] 程邦熊的《孙诒让文字学之研究》分方法论、规律论和字论三部分对孙诒让的文字学进行了综合性和系统性的研究。在方法论部分,作者总结了孙诒让考据甲骨文和金文的方法:据形考释、据音考释、据义考释。在规律论部分,作者从文字的起源、文字的发展和象形文字的三阶段论等方面分析了孙诒让的文字理论。[②] 字论部分,作者从宏观探讨了孙诒让考释甲骨文和金文的总体情况。几乎与方、程二人同期[③]的研究著作还有朱瑞平的《孙诒让小学谫论》。这是一部综合研究孙诒让小学研究的著作。朱瑞平总结了孙诒让文字学、训诂学和校勘学的方法,并结合这三方面对孙诒让的学术成果作出了评价。作者认为从微观角度看,孙诒让对后世学术的影响超过章太炎,更是余樾所不能比;从宏观角度看,孙诒让不似俞樾那样保守,又不似章太炎那样激进,其学术成就当在两者之间。[④]

孙诒让治墨,治《周礼》多用小学的方法。此外,孙诒让也著有《契文举例》《名原》《古籀余论》《古籀拾遗》等理论著作。因此,除了方、程二人的综合性研究成果,学界还涌现了许多综合性或就事论事的成果。如钱慧真以《周礼正义》为依据,对孙诒让的名物训诂进行了研究。[⑤] 谭飞从考释方法、文字学理论和具体考释三方面简要概述了孙诒让古文字学研究的贡献与局限。[⑥] 相较于方、程二人的研究,这些研究多以孙诒让的某部著作为研究对象,对方向东和程邦雄总结的孙诒让训诂的方法和文字考据的方法多有所吸收,突破之处在于这些研究论证更加细致。

[①] 方向东:《孙诒让训诂研究》,北京:中华书局,2007年。
[②] 程邦熊:《孙诒让文字学之研究》,北京:中华书局,2018年。
[③] 上文所引方、程二人的著作分别由二人的博士论文《孙诒让训诂研究》《孙诒让文字学之研究》改写而来。
[④] 朱瑞平:《孙诒让小学谫论》,北京:商务印书馆,2005年。
[⑤] 钱慧真:《〈周礼正义〉所见孙诒让名物训诂研究》,山东大学2009年博士学位论文。
[⑥] 谭飞:《孙诒让古文字研究的贡献与局限》,《古汉语研究》2020年第1期,第120—125页。

二、孙诒让的地方政治实践研究

孙诒让家族是晚清时期温州有名的文化家族,对于温州乡邦文献的整理和近代温州教育转型做出了突出的贡献。近几年,学界以不同的视角阐释了孙氏文化家族的形成。

潘德宝从地理空间的角度,以孙衣言、孙锵鸣兄弟的科宦之路为线索,探究了孙诒让家族文化形成与其家族主要成员仕途轨迹的关系。作者认为家族文化与地域文化的相关绾结是是双向的互动相遇。孙衣言在京做过文学侍从,后入曾国藩幕府,与桐城派文人来往密切,故孙衣言其实是文学之士,与后来孙诒让的研究相去甚远。孙衣言宦游江淮之地时,孙诒让受到江淮朴学之士的影响,学术更加偏向经学。而孙氏家族与永嘉学派的相遇是在他们回归瑞安之时。① 作者在此阐释了孙氏家族与不同地域文化之间的关系,为我们审视孙氏家族文化提供了一个新的视角。但对于孙氏为何重返温州后拾起以前不太重视的永嘉之学,作者的论述略显单薄。

凌一鸣从社会文化史的角度,以孙氏家族策略的转变及其原因为重点,探究了孙衣言、孙锵鸣和孙诒让两代人如何利用乡土资源并借助自身的政治资源和学术资源建立地区文化权威的问题。作者指出,文化家族或文化权威的建立并不是孙氏的目的,重新回到地区政治的中心、参与地区的治理才是孙氏的最终的目的。与潘德宝相比,凌一鸣在他的论文中详细地阐述了孙氏家族重拾永嘉之学的原因。② 以社会政治史的视角描绘了瑞安孙氏的起落盛衰,对于我们从宏观上了解瑞安孙氏家族的变迁大有裨益。晚清时期,瑞安有孙、项、黄、陈四大家族。凌一鸣对其他家族和士绅着墨不多,这使其很难透过孙氏家族的盛衰探究蕴含在背后的社会政治变迁。

而以温州为中心,探究近代地方社会政治变迁的是李世众。他运用社会学的理论和概念,以晚清温州发生的若干重大事件为对象,研究了蕴含在背后的地方官和士绅以及士绅内部不同集团的关系。书的第四章以孙诒让的办学活动为中心,考察了在办学过程中地方官、上层士绅、下层士绅三者的关系。作者认为,晚清兴学高潮到来时,兴学与清末立宪自治的理念相伴。士绅与地方官存在着

---

① 潘德宝:《孙诒让家族文化演变与地理轨迹试探》,《浙江师范大学学报》(社会科学版)2013年第2期,第39—45页。
② 凌一鸣:《晚清文化家族的构建——以瑞安孙氏为中心》,浙江大学2018年博士学位论文。

严重的分歧。对于地方官来说,控制办学权有利于巩固自己的权势,但糟糕的财政状况使清廷不得不依赖士绅办学。而对于士绅来说,科举的废除使他们丧失了与国家权力的联系,办学可以延伸自己的权力。[①]

上述研究成果的研究对象都是家族或群体,其中虽涉及孙诒让,但专门针对孙诒让的论述不多,更多是将孙诒让作为家族的家长和地方士绅的代表加以论述。学界专门针对孙诒让的地方政治实践进行论述的有邱林的《二十年宿怨:孙诒让与陈虬——从温州戊戌府试打人案谈起》和赵飞跃的《孙诒让女学教育观与近代温州女学教育体系的建立》等成果。邱林以温州戊戌府试打人案为窗口,讨论了孙诒让与陈虬的关系。作者认为学术上的分歧和陈虬自命不凡的性格是孙诒让和陈虬结怨的原因。[②]若我们从社会史的角度审视孙陈20年的恩怨,似乎也可以得出这样的结论:孙、陈的结怨源于对地方权力的争夺。赵飞跃在文中阐述了孙诒让女学教育观产生的原因和内容,统计了孙诒让在温办的女校,并论述了孙诒让女学教育观的影响。[③]办学是晚清温州士绅参与地方管理,延伸自身权力的重要手段。出于救亡图存和扩大自身权势的需要,孙诒让积极参与地方办学。孙诒让的办学活动体现了孙诒让的教育思想。相关研究如向康文的《论孙诒让的专业教育观》从孙诒让的办学实践出发,探究了孙诒让专业教育观的转变。[④]李娟的《孙诒让的普及教育思想》对孙诒让普及教育的对象、经费和师资来源进行了探讨。[⑤]

三、总结与反思

21世纪以来的孙诒让研究,呈现出一些特点。

一是总结性、系统性的研究成果增多。21世纪以来,孙诒让研究呈现繁荣局面。2000年,由中国训诂学研究会主办,瑞安市承办了"孙诒让研究国际研讨会"。会议期间,中国训诂学研究会和浙江大学古籍所发起了整理《孙诒让全集》的倡议并得到积极响应。2005年,中国训诂学研究会又主办了"纪念《周礼正

[①] 李世众:《晚清士绅与地方政治——以温州为中心的考察》,上海:上海人民出版社,2006年。
[②] 邱林:《二十年宿怨:孙诒让与陈虬——从温州戊戌府试打人案谈起》,《历史教学问题》2017年第2期,第56—62+139页。
[③] 赵飞跃:《孙诒让女学教育观与近代温州女学教育体系的建立》,《温州职业技术学院学报》2018年第2期,第27—31+92页。
[④] 向康文:《论孙诒让的专业教育观》,《时代教育》2015年第20期,第7—8页。
[⑤] 李娟:《孙诒让的普及教育思想》,《丽水学院学报》2009年第3期,第55—57页。

义》出版百年暨陆宗达先生百年诞辰学术研讨会"。会后,中国训诂学研究会将两次会议的论文整理成集,命名为《孙诒让研究论文集》出版。而《孙诒让全集》(18册)则于2011年付梓。2016年凤凰出版社又出版了丁进主编的《孙诒让集》(27册)。两套书收录了孙诒让的全部著作,为学界进行孙诒让研究提供了极大便利。2003年上海社会科学院出版社出版《温州文献丛书》,其中的《孙衣言孙诒让父子年谱》比较详细地记述了孙氏父子的一生。专著和论文方面,方向东和程邦雄二人的著作全面总结了孙诒让训诂学和文字学的理论与实践,直接影响了之后研究孙氏训诂学和文字学的学者。邱林的《孙诒让的学术与生平》对孙诒让的学术思想、生平活动和政治态度进行了全面的考察。

二是孙诒让小学研究成果的大量涌现。孙诒让治学承袭乾嘉汉学,考据多而阐释少。故学界对孙诒让学术史的研究也以孙诒让小学研究为主。如王斐和程邦雄总结了孙诒让运用偏旁分析法考释甲骨文的方法。他们指出:"孙诒让是第一个将偏旁分析法提高到一种具有科学意义的研究手段的人。"[1]

三是研究视角更加多元,研究范围更加广泛。学界不在局限于文字训诂和学术史的研究。在孙诒让的地方政治实践研究中,越来越多的学者开始使用文化史、社会史和政治史的方法研究孙诒让。对于孙诒让的研究范围也日渐增大。之前,学者对孙诒让的研究多聚焦他的周礼学和墨学两方面。如今,针对孙诒让《尚书》学、目录学、版本学、诸子学等方面的研究开始出现。如林康的《孙诒让〈尚书〉学研究》通过梳理《尚书骈枝》《十三经注疏校记》,归纳了孙诒让《尚书》学成就,完善了孙诒让的学术谱系。[2] 马玲探究了孙诒让合理的著录次序、精细的考核、注明收书的出处、作者以及卷数变化情况、辑录体、案语、叙例周详得当的目录学思想。[3] 陆秋玲的《温州经籍志》对《温州经籍志》材料来源、刊行情况、编排特点做了初步论述,是目前少有的研究《温州经籍志》的成果。虞万里的《孙诒让石刻学成就初探》揭示了孙诒让石刻学的研究历程,研究了孙诒让石刻学与文字学的关系。[4] 这些成果大大拓展了孙诒让研究的范围,完善了孙诒让研究的谱系。

总之,当前关于孙诒让的研究已经取得了丰硕的成果,但仍然存在一些问题。

---

[1] 王斐、程邦雄:《孙诒让考释甲骨文的偏旁分析法》,《语言研究》2016年第4期,第95—100页。
[2] 林康:《孙诒让〈尚书〉学研究》,山东大学2023年硕士学位论文。
[3] 马玲:《孙诒让的目录学思想探究》,《河南图书馆学刊》2018年第6期,第138—140页。
[4] 虞万里:《孙诒让石刻学成就初探》,《史林》2008年第3期,第12—27+189页。

一是跨学科研究不足。近年来,跨学科研究一直是学者努力的方向,但是因为学科细分严重,学科间知识结构差别大,需要投入大量的精力,所以真正跨学科的成果不多。孙诒让个人经历丰富,又对温州社会影响较大,为我们提供了一个观察社会变迁和地方士绅权力变化的典型案例。所以我们可以在孙诒让地方政治实践研究中引入政治学的理论或分析方法。

二是思想研究少。21世纪以来总结性、系统性成果的大量涌现。几乎孙诒让每一部著作都有研究它的硕士论文。相较于总结性成果的丰硕,理论性成果和孙诒让思想研究的成果则略显单薄。总结性有其价值,但缺乏思想的研究,难免会出现碎片化和就事论事的情况。而孙诒让深受中国传统学术的影响,又处于"千年未有之大变局"中,接受了某些西方的观念,其思想是变化的、复杂的,也是典型的。除了《周礼正义》《墨子间诂》等考据类的著作外,孙诒让还留下了《周礼政要》和许多书信。这些材料的存在有助于更好地了解孙诒让的思想。透过分析孙诒让也能帮助我们了解在当时的背景下部分士绅是如何自处,如何应对时局的变化。

三是比较研究有待加强。孙诒让处于中国传统学术转型的前夕,尚有许多经学大师。如果我们将孙诒让置于那个特殊的历史时期,比较他与不同经学家和地方士绅的异同,能帮助我们更好地认识孙诒让的学术成果和思想,评价他对中国传统学术的贡献和局限。在这些方面,袁靓、程邦雄等学者已经做出尝试,期待将来有更多的成果出现。

(孙烨,温州大学人文学院2021级硕士研究生)

推考孙诒让对陈傅良《周礼说》刊版源流之疑惑

陈志坚

摘　要：《周礼说》是陈傅良的代表作,《宋元学案》收录序文。宋赵希弁《读书附志》上录：《周礼说》三卷,旧刊于《止斋文集》中,曹叔远别为一书而刻之。孙诒让在跋《止斋集》文中,疑问《周礼说》和《止斋集》"其原流分合莫能明也",本文先从赵希弁《读书附志》,再从曹叔远、《止斋集》考析,顺藤摸瓜,予以推考。

关键词：孙诒让；陈傅良《周礼说》；赵希弁《读书附志》；曹叔远；《止斋集》

孙诒让著的《温州经籍志》,光绪三年(1877)定稿,其中卷三经部礼类,陈氏傅良《周礼说》条,首引宋赵希弁《读书附志》上："《周礼说》三卷,右朝奉郎秘书少监陈傅良所进也。旧刊于《止斋文集》中,曹叔远别为一书而刻之,且为之说。"①

光绪五年(1879)正月,孙诒让《止斋集跋》首段疑问《周礼说》《止斋文集》分合之由来："陈直斋《书录解题》所载《止斋集》凡二本：一本五十二卷,即曹文肃公叔远所编,嘉定壬申温州教授徐凤刊于永嘉郡斋也；一三山本五十卷②,据荆谿吴氏《林下偶谈》,盖蔡文懿公幼学所刊。其本明以后已不传,无由稽其同异。赵希弁《读书附志》谓止斋《周礼说》旧刊集中,曹文肃别为一书而刻之,检文肃为此集后叙,云集旧未成编……则文肃以前,《止斋集》无刻本,赵氏所云载《周礼说》者,殆即三本矣。然蔡、曹两本并出嘉定间,而蔡刻稍后……若其本载《周礼说》,当由文懿所增。文肃编集时,《周礼说》故不系《止斋集》,非由析出别行,不审赵志何以有文肃别为一书之语。且蔡本既增《周礼说》,则卷弟自当溢出,顾反少二卷。今《周礼说》及三山本《止斋集》并佚,代祀緜邈,书缺有间,其原流分合莫能明也。"③

陈傅良《周礼说》于绍熙年间(1190—1194)撰进光宗。《止斋集》于嘉定戊辰

---

① 孙诒让、潘猛补：《温州经籍志：孙诒让全集》,北京：中华书局,2011年,第116—118页。
② 三山：指福州。古福州城内乌山、于山、屏山鼎立。
③ 陈傅良、周梦江：《陈傅良集》,杭州：浙江古籍出版社,2022年,第739页。

(1208)由曹叔远编成,五十二卷,嘉定壬申(1212)温州州学教授徐凤雕版于郡斋,现存世《止斋集》即以曹叔远本为祖,本中无《周礼说》,另三山本由蔡幼学稍后所刊,其文五十卷,如果增入《周礼说》而卷数反少,孙诒让有疑。故孙诒让跋尾《止斋集》首段末:"今《周礼说》及三山本《止斋集》并佚,代祀緜邈,书缺有间,其原流分合莫能明也。"

一、先考赵希弁《读书附志》

卷上经解类:《周礼说》三卷:"右朝奉郎秘书少监陈傅良所进也。旧刊于《止斋文集》中,曹叔远别为一书而刻之,且为之说。"①

卷下别集类,无《止斋文集》,有张栻《南轩先生文集》四十四卷,朱熹《晦庵先生文集》一百卷、续集十卷,陆九渊《象山先生文集》二十八卷外集四卷,叶适《水心先生文集》二十八卷。

赵希弁《读书附志》一卷是附于宋晁公武(字子止,号昭德先生)《郡斋读书志》四卷(袁州本)后。同附另有赵希弁校辑《郡斋读书后志》二卷和《考异》一卷。《郡斋读书志》是我国现存最早的具有解题的私家藏书目录。《郡斋读书志》宋理宗淳祐九、十年黎安朝袁州刊本,有赵希弁《昭德先生读书后志序》:"昭德先生校井氏书,为《读书志》四卷,番阳黎侯传本于蜀,刊之宜春郡斋,且取希弁家所藏书,删其重复,摭所未有,益为五卷,别以《读书附志》。……淳祐庚戌日南至,江西漕贡进士秘书省校勘书籍赵希弁谨序。"②

参证黎安朝序文:"《昭德先生读书志》四卷,盖所得南阳井氏藏书也。……宜春士赵希弁,公族之秀,博学好古,藏书亦富,遂以属之校正。因即其所藏之目参焉:已载者不复取,未有者补其缺……,益为五卷,别以《读书附志》,并锓诸梓……。淳祐己酉日南至,宜春郡假守番阳黎安朝谨书。"③

由上二序文可知,《读书附志》为淳祐九年(1249),番阳黎安朝权知袁州(唐时曾称宜春郡),属赵希弁据其自家藏书补志。《四库全书总目》史部四十一,目录类一,列首部为《崇文总目》十二卷(永乐大典本),次即为《郡斋读书志》四卷《后志》二卷《考异》一卷《附志》二[一]卷(两江总督采进本):《郡斋读书志》四卷,宋晁公武撰;《后志》二卷亦公武所撰,赵希弁重编;《附志》一卷则希弁所续辑

---

① 晁公武、孙猛:《郡斋读书志校证》,上海:上海古籍出版社,2011年,第1094页。
② 晁公武、孙猛:《郡斋读书志校证》,上海:上海古籍出版社,2011年,第1348页。
③ 晁公武、孙猛:《郡斋读书志校证》,上海:上海古籍出版社,2011年,第1349页。

也。……希弁,袁州人,宋宗室子,自题称江漕贡进士,秘书省校勘,以辈行推之,盖太祖之九世孙也。①

考《〈(正德)袁州府志〉校注》卷之七科第、岁贡、恩列入监、辟举、吏员;卷之六职官、名宦;卷之八人物等均无赵希弁之名,也无黎安朝之名。而曹叔远则列卷之六职官、名宦之名。

据《袁州府志》,莫非赵希弁仅止漕贡,省试不取,进士不第?而黎安朝也许因假守(权知)袁州,时间很短,或它因府志失志。

又考《南宋馆阁录续录》续录卷九,官联三秘阁校勘:宝庆以后一人,李心传;绍定以后二人,王休、杜游;端平以后一人,曾三异;嘉熙以后二人,钱时、吴如愚;淳祐以后三人,骆养正、吴槃、黄梦松;合计九人,没有赵希弁。②

又考《宋代官制辞典》秘阁校勘:职事官名,隶秘书省。南宋理宗绍定元年(1228)正月始置(《馆阁续录》卷6《故实》)。选人资序,无品。序位在秘书省正字之下、史馆检阅之上。在秘书省供职,或校勘文字,或参与修史(《宋史·儒林》卷438《李心传传》、《馆阁续录》卷9)。③

再细阅《馆阁续录》卷9官联三秘阁校勘,从李心传、钱时二条得释:"李心传字微之,隆州人。二年正月以布衣召,三年十一月特补从政郎、差充秘阁校勘;绍定二年三月特与改合入官,四年正月特赐同进士出身,是月为将作监丞兼国史院编修官、实录院检讨官。""钱时字子是,严州人。二年五月十五日以布衣特补迪功郎差充,仍上本州取时所著《周易释传》、《尚书演义》、《学诗管见》、《论语古文孝经大学中庸四书管见》、《两汉笔记》、《国史宏纲》缮写缴进;十一月添差浙东提举常平司干办公事。"④

又详阅赵希弁《读书附志》卷上史类得证。《补史记》(一百三十卷):"右唐司马贞补司马迁之书也……希弁尝考诸家之说,为《读史补注》一书,颇加详焉。"《资治通鉴纲目》(五十九卷序例一卷):"右晦庵先生朱文公所编也……希弁所藏夔本,为板四千二百有奇。吉本二千八百,而且无陈、李二公之序。希弁又曾参以泉本,校其去取之不同,并考温公、文公之书法,为《资治通鉴纲目考异》。淳祐丙午,秘省尝下本州借本书写云。"《续资治通鉴纲目提要》(五十九卷):"右《资治通鉴纲目提要》,存其纲而去其目,如《春秋》之经也。希弁所藏乃赵希栎刻于庐

---

① 永瑢等:《四库全书总目》卷八五,北京:中华书局,1965年,第729页。
② 陈骙、张富祥:《南宋馆阁录》,北京:中华书局,1998年,第354页。
③ 龚延明:《宋代官制辞典》,北京:中华书局,2017年,第265页。
④ 陈骙、张富祥:《南宋馆阁录》,北京:中华书局,1998年,第355页。

陵者。"《续资治通鉴编》(九百四十六卷):"右巽岩先生李文简公焘仁甫所修也。……希弁所藏蜀本,视书坊所刊者为详。希弁尝为《续资治通鉴编补注》一书,以补诏敕奏篇等阙云。"《建炎以来中兴系年要录》(二百卷):"右陵阳布衣李心传微之所修也,知泸州许奕奏进之。修国史曾晙又尝乞令其弟太常博士道传缴进,得旨降付国史院。然其中阙疑尚多,希弁尝为《补注》一书,颇为详备云。"①

赵希弁为宋宗室子,其家三世藏书如林,喜好搜罗各种版本,阅读书籍,参互校勘,补注史籍宏富。淳祐丙午(1246)秘书省还曾下文袁州,借写他所撰《资治通鉴纲目考异》。如此即使赵希弁仅止漕贡,也如布衣李心传、钱时那样,被召秘阁校勘为可释;淳祐己酉(1249)受袁州权知州黎安朝所托校正《郡斋读书志》,并撰《读书附志》,校辑《读书后志》为可证。

虽然赵希弁家藏没有《止斋集》,但他在秘阁校勘,以他身份和工作便利,他看过《止斋集》和《周礼说》可信。

二、次考曹叔远、《止斋文集》

《袁州府志》卷之六职官,宋知事:曹叔远,宝庆二年(1226)任。详《名宦》。卷之六职官,名宦:曹叔远,字器远,瑞安人。少学于陈傅良,年十九以《春秋》魁乡荐,登绍兴[熙]第。久之,李璧荐为国子录。忤韩侂胄,罢通判涪州,守遂宁。……入朝为工部郎。宝庆间出知袁州,减秋苗斛面米七千四百余斛,浚李渠,兴学校,惩嚚讼,邦称大治。以太常卿召除权礼部郎中,终徽猷阁待制,谥文肃。②

曹叔远,宝庆二年(1226)出知袁州,减秋税赋,疏浚李渠,兴办学校,惩治嚚讼,邦称大治,盛誉名宦。

"宋代地方政府刻书成风,成为整个宋代书籍出版业的主体之一。""府州军监一般均从事书籍出版,是地方政府出版的主要机构。"③曹叔远,名宦袁州,出版先生进献光宗《周礼说》,自然成理。赵希弁"《附志》著录书籍具有明显的地方特色","大量著录袁州相关书籍依然是《附志》的突出特点"④。赵希弁,作为宋宗室子,久居袁州,家世藏书,又为秘阁校勘,其言"曹叔远别为(《周礼说》)一书

---

① 晁公武、孙猛:《郡斋读书志校证》,上海:上海古籍出版社,2011年,第1105—1113页。
② 欧阳文、鄢文龙:《正德袁州府志校注》,广州:暨南大学出版社,2019年,第110、146页。
③ 田建平:《宋代书籍出版史研究》,北京:人民出版社,2018年,第90、94页。
④ 马楠:《江西漕贡进士赵希弁的私家藏书——〈读书附志〉综理》纪要,"书志学与书籍史系列"讲座(北京大学人文社会科学研究院),2021年11月13日。

而刻之",因地有缘,因家有藏,因职佐信。只是"(《周礼说》)旧刊于《止斋文集》中"尚无足征和释理。

继考曹叔远《止斋先生文集序》:"先生禀抱天颖,研尽学力,据六经奥会,执九经百家之辔,俾环向以趋于一。披剔文义,蹢蹢众纠,究明帝王经世宏模,而放于秦汉以下治乱兴衰之故……其纲领条目,靡不该具。……故今裒次,断自梅潭丁亥之后。凡为歌辞、古律诗、内外制、奏状、札子、表、启、书简、序、记、杂着、祭文、墓志、行状,总五十一卷,即先生燕坐之斋以为集名。若成书,则有《读书谱》二卷,《春秋后传》十二卷,《左氏章指》三十卷,《周礼进说》三卷,《进读艺祖皇帝实录》一卷。未脱稿,则有《诗训义》《周汉以来兵制》《皇朝大事记》《皇朝百官公卿拜罢谱》《皇朝财赋兵防秩官志稿》,别自为编,附识其目,庸熄淆乱。先生名傅良,字君举,世系历官具见于《神道碑》、《墓志铭》、《行状》云。嘉定戊辰,门人承直郎太学博士曹叔远谨序。"①

此序说明,《止斋文集》于嘉定戊辰(1208)年编成,其所编之文起自陈傅良屏居梅潭丁亥(1167)之后,总五十一卷,楼钥撰《神道碑》、蔡幼学撰《行状》、叶适撰《墓志铭》等应附录一卷。在此之前已成书,则有《读书谱》二卷、《春秋后传》十二卷、《左氏章指》三十卷、《周礼进说》三卷、《进读艺祖皇帝实录》一卷等。

此为前序,5年后又有后序——曹叔远《止斋先生文集后序》:"先生《春秋后传》诸书,今参知政事楼公既属永嘉守施公栻刊寘郡斋矣。惟文集旧未编成,盖俗所传如《城南集》之类,皆幼作,先生每悔焉。故叔远所诠次,断自梅潭丁亥以后,抑先生意云。尔而裒搜众录,参别唯久,至嘉定戊辰始就绪。又不揆,辄陈述先生问学独出之旨,人所未及知者,僭为序文,冠诸篇端。楼公复以属郡守杨公简续刊之,杨谢不能。郡博士徐公凤慨然曰:'是吾志也,吾起慕敬于兹久。'乃与前吏部侍郎蔡公幼学更加订定,即廪士羡缗数万,亟成之。于是后学咸得观先生全文,而楼公美意始无憾焉,徐公之赐厚矣。徐公,建安人。弱冠登进士第,以亲老不调者十余年。初官永嘉,搢绅逢掖称贤无异词,而又汲汲然惧儒先遗文之泪其传,而无以私淑诸人也,是真可为人师矣。嘉定癸酉三月,门人承直郎新荆湖北路转运司干办公事曹叔远谨再识于集左。嘉定壬申,郡文学徐凤锓板于永嘉郡斋。"②

曹叔远在《后序》中,首句"先生《春秋后传》诸书",当指《春秋后传》《左氏章

---

① 陈傅良、周梦江:《陈傅良集》,杭州:浙江古籍出版社,2022年,第729—730页。
② 陈傅良、周梦江:《陈傅良集》,杭州:浙江古籍出版社,2022年,第731页。

指《读书谱》《周礼说》《进读艺祖皇帝实录》等早于《止斋文集》已成之书。"今参知政事楼公"是指楼钥①,楼钥开禧三年(1207)冬至为《春秋后传》《左氏章指》作序,不久又撰《宋故宝谟阁待制赠通议大夫陈公神道碑》。楼钥隆兴二年(1164)教授温州,与陈傅良"为布衣交,义兼师友",淳熙十四年(1187)又出知温州,后与陈傅良"同在西掖,同摄北门",同寅协恭,情如弟昆,他信服陈傅良学识,他在《春秋后传左氏章指序》中谦称"与止斋游前后三十年不得卒业于其门"。他与陈傅良同列庆元伪学逆党籍,"自庆元改元补外,因遂投闲,十有三年",韩侂胄诛后,楼钥起为翰林学士,迁吏部尚书兼翰林侍讲,继除端明殿学士、签书枢密院事,升同知,进参知政事,嘉定间位两府者五年。

考《弘治温州府志》卷八宦职,南宋知州施氏只有施械(朝奉大夫知,嘉定元年),没有施栻,施械后为杨简(嘉定三年知)②,与曹叔远《后序》中前后俩知州吻合。楼钥与杨简,一鄞县一慈溪,均为庆元府(即明州,今宁波市)人;一隆兴元年(1163)进士,一乾道五年(1169)进士,俩人同乡,都有文名,德行嘉义,"相与之厚",敬为畏友。绍熙五年(1194),楼钥举荐杨简(时为乐平知县),其后杨简晋京官为国子博士,庆元党禁,杨简同与列,按说关系应该不差,那为何楼钥属杨简刊刻《止斋文集》,"杨谢不能"? 嘉定三年(1210),杨简已七十岁,其年杨简"两章引年"请求致仕退休,一章丐祠请求祠禄休闲,上皆不允。也许杨简以身体原因婉言谢绝楼钥,但作为知州,他只要同意刊刻,拨付费用就可,那谢绝的真实理由值得思索。

是经费问题? 杨简到郡,"首罢妓籍,尊敬贤士,廉俭自将,善政尽举,采士民善行,集曰《乡记》,镂板于学以劝来者"③。体恤百姓,不催税赋,然"虽不督赋而财未尝匮,不设法、不立额而课未尝亏"④。看来经费不是大问题,当然宽余不多,支出节束也有可能。徐凤刊刻《止斋文集》经费由州学廪生捐募数万缗钱而成,不费州府公钱。再说杨简前任施械已刚刊刻陈傅良《春秋后传》《左氏章指》《进读艺祖皇帝实录》等书,杨简怠慢情有可原。

---

① 楼钥(1137—1213),南宋明州(今宁波)鄞县人,字大防,号攻媿主人。隆兴元年进士。初教授温州,后知温州,绍熙年间与陈傅良同朝,历官至大学士、书枢密院同知、参知政事,位两府者五年,赠少师,谥宣献,有《攻媿集》。

② 杨简(1141—1225),南宋明州(今宁波)慈溪人,字敬仲,世称慈湖先生。乾道五年进士。曾官富阳主簿、绍兴府司理、乐平知县、国子博士。继遭斥,以祠官家居。嘉定元年起复,三年出知温州。后官至敷文阁学士,以太中大夫致仕。赠正奉大夫,谥文元。杨简是陆九渊心学的重要传人,与袁燮、沈焕、舒璘等被称为"甬上四先生"。

③ 王瓒、蔡芳、胡珠生:《弘治温州府志》卷八,上海:上海社会科学院出版社,2006年,第168页。

④ 冯可镛、叶意深、李春梅:《慈湖先生年谱》,《宋人年谱丛刊》(约园刊四明丛书本),成都:四川大学出版社,2003年,第6657、6598页。

是学术分歧？杨简传陆九渊心学。小承父诲,自讼内讼,太学循理,"三才万物,万化万事,幽明有无,通为一体",富阳侍诲,杨问本心,陆举扇讼①,是者知是,非者知非,此即本心,杨乃忽省,本心皆有。杨简训学:"人性至善,人性至灵,人性至广、至大、至高、至明,人所自有,不待外求,不待外学。"②所传心学,"学由《中庸》,尊德性而入,故其用功不以循序为阶梯,而以悟入为究竟"③。与朱熹理学"性即理"、薛季宣、陈傅良、叶适等永嘉学派"事即理"不同,陆九渊、杨简、袁燮等心学则是"心即理"。"其教人以发明本心为始事,此心有主,然后可以应天地万物之变"。因此,也可解释为何杨简没答应刊刻《止斋文集》,而镂板《乡记》,表彰乡士乡善行懿德,感化人心。

杨简心学与陈傅良永嘉之学,有异有同,同的是均是儒学一宗,宋学一派,其本同根、其心同仁。虽然进学方法不同,路径不同,重点不同,但四书五经,三代王道,周公周礼,同尊共仰,时学日习,又是异中本同。杨简《遗书·家记十》论治务最急者五条,其中三条跟《周礼》有关。其第一条是谨择左右大臣、近臣、小臣。"周公作《立政》之书,专言王左右常伯、常任、准人、缀衣、虎贲为出治之本"。此条内容契合陈傅良《周礼说》格君心纲目之内容。其第三条是罢科举而行乡举里选。"三岁大比,兴其贤者、能者,以宾礼礼之。""《周礼》:'王再拜受之,登于天府。'"此内容正是《周礼》地官司徒乡大夫之职中所述。其第四条是罢设法导淫。"《周书》痛禁群饮,至于杀之。"其治务次急者八条,也是多条内容与《周礼》有关,特别是第六条"取《周礼》及古书,会议熟讲其可行于今者,三公定其议而奏行之。"其条目首推《周礼》。④

杨简如此推重《周礼》,由此我们可以推释《止斋文集》与《周礼说》的分合源流。陈傅良《周礼说》是绍熙三年壬子(1192)撰成。陈傅良《止斋文集》是曹叔远嘉定元年戊辰(1208)编成,正文五十一卷,如加楼钥撰《神道碑》、蔡幼学撰《行状》、叶适撰《墓志铭》等则附录一卷。杨简嘉定三年庚午(1210)知任温州,虽其婉言谢辞楼钥刊刻《止斋文集》,但又许州学教授徐凤审订《止斋文集》集资刊刻。

---

① 遗书·象山行状,简时摄事临安府中,始承教于象山。及反富阳,又获从容侍诲。简一夕发本心之问,先生举是日扇讼是非以答。简忽省此心之清明,忽省此心之无始末,忽省此心之无所不通。

② 冯可镛、叶意深、李春梅:《慈湖先生年谱》,《宋人年谱丛刊》(约园刊四明丛书本),成都:四川大学出版社,2003年,第6613—6614页。

③ 冯可镛、叶意深、李春梅:《慈湖先生年谱》,《宋人年谱丛刊》(约园刊四明丛书本),成都:四川大学出版社,2003年,第6635页。

④ 冯可镛、叶意深、李春梅:《慈湖先生年谱》,《宋人年谱丛刊》(约园刊四明丛书本),成都:四川大学出版社,2003年,第6682—6691页。

《宋元学案·慈湖学案》列徐凤为杨简门人,真德秀《西山集·徐凤墓志》言"慈湖杨公谓可与语道。"①可以推见:徐凤审订《止斋文集》中征求过知州杨简意见,杨简建议增入《周礼说》。按真德秀《西山读书记》卷24《礼要旨》所录陈傅良《周礼说》格君心四篇,计字约1170个字②,推算正朝纲、均国势各四篇,合计十二篇约3000～5000字,可并为一卷。如此,徐凤起先增入《周礼说》的《止斋文集》应为五十二卷,另附录一卷。推此为徐凤审订《止斋文集》刊刻样稿,仅有很少量流出,后蔡幼学又建议省并。《蔡幼学年谱》③:嘉定二年己巳(1209)蔡幼学为朝议大夫、试尚书吏部侍郎、兼直学士院、兼侍读,嘉定三年庚午(1210)至嘉定五年壬申(1212)年间,蔡幼学提举(江州太平)兴国宫,祠禄在家。蔡幼学职高资老,建言有力。徐凤嘉定五年壬申(1212)于是移出《周礼说》,仍按曹叔远原编正文五十一卷,另附录一卷正式刊刻《止斋文集》。《淳熙三山志》:蔡幼学嘉定六年癸酉(1213)二月,以大中大夫,龙图阁待制知福州后,至嘉定八年乙亥(1215)十二月,除宝谟阁直学士,提举玉隆万寿宫。蔡幼学知福州期间,刊刻五十卷本《止斋文集》。④

以上只是白板末学推考,陈傅良《周礼说》与《止斋文集》分合源流,孙诒让之疑有待确证以解定。

(陈志坚,温州市叶适与永嘉学派研究会副会长)

---

① 冯可镛、叶意深、李春梅:《慈湖先生年谱》,《宋人年谱丛刊》(约园刊四明丛书本),成都:四川大学出版社,2003年,第6658—6659页。
② 真德秀:《西山读书记》,《四库全书》(第705册),上海:上海古籍出版社,1987年,第727—729页。
③ 蔡建设、谢公望:《蔡幼学年谱稿本》。
④ 梁克家等:《淳熙三山志》,《文渊阁四库全书》(第四八四册印影),台北:商务印书馆,2008年,第330页。

孙诒让及其思想观念简述

何 康

摘 要：晚清一代朴学大师孙诒让，出生于鸦片战争的后八年，终于辛亥革命的前三年，历经鸦片战争、太平天国运动、维新运动、甲午中日战争等大事件，见证了清朝的没落，同时也看见了中华民国新时代即将到来的曙光。为此，孙诒让的生平是曲折却又精彩的，处于这个特殊时期，他的思想观念同样是具有十分重要的研究价值的。基于此，本文将分为两大部分探讨孙诒让及其思想观念，第一部分主要研究孙诒让的生平及其贡献，第二部分研究孙诒让的主要思想观念。通过这两部分的研究，我们可以发现鸦片战争到辛亥革命这段时期政治和社会的动荡及变化，对于孙诒让先生的思想及行为的驱动作用。

关键词：孙诒让；生平经历；思想观念

孙诒让，浙江瑞安人，被认为是晚清的经学后殿和一代朴学大师，章太炎、梁启超等学者都对他有着很高的评价。其著作主要包括《周礼正义》《温州经籍志》《名原》《墨子间诂》等。孙诒让逝世后，几代人经过努力，对其遗作进行了整理与收集，为后来学者研究孙诒让先生提供了重大贡献。

近些年来，学界对于孙诒让先生的研究主要集中于以下四个方面：第一，研究孙诒让先生的著作，例如《周礼正义》《墨子间诂》《温州经籍志》等，包括李文武《〈周礼正义〉训诂释例》[1]、王兴文《〈墨子间诂〉与20世纪30—60年代墨学的全面复兴》[2]、夏诗荷《孙诒让〈墨子间诂〉的版本整理与墨学复兴论述》[3]等；第二，对孙诒让的生平及学术进行研究，包括胡福畴、洪震寰《试论孙诒让的生平及其

---

[1] 李文武：《〈周礼正义〉训诂释例》，《湖南第一师范学院学报》2022年第4期，第79—84页。

[2] 王兴文：《〈墨子间诂〉与20世纪30—60年代墨学的全面复兴》，《学术交流》2006年第10期，第31—34页。

[3] 夏诗荷、向伟：《孙诒让〈墨子间诂〉的版本整理与墨学复兴论述》，《泰山学院学报》2011年第2期，第40—43页。

思想》[1],邱林《孙诒让的生平与学术》[2]等;第三,对孙诒让的教育思想及教育活动进行研究,包括刘宁宁《孙诒让"以应所需"教育理念对职业教育的启示》[3]、童富勇《孙诒让普及教育思想评述》[4]等;第四,对于孙诒让的商业活动进行研究,如尤育号《清末温州的士绅、商会与地方社会略论》[5]等。综合来看,在涉及孙诒让思想观念方面,虽然一些学者,例如胡福畴、洪震寰在《试论孙诒让的生平及其思想》[6],赵飞跃在《孙诒让女学教育观与近代温州女学教育体系的建立》[7]中对于孙诒让的部分思想观念(例如教育观、女性观等)进行一些涉及,但其研究尚且单一,未能比较完整地表现孙诒让先生的思想观念全貌,因此此方面仍有较大研究空间。

一、孙诒让的经历及其贡献

(一)生平经历

1848年,孙诒让出生于鸦片战争后八年的乱世之中,此时的中国已经逐渐沦为一个半殖民地半封建社会,成为西方列强所争夺的对象,可直到1895年甲午战争爆发前,孙诒让的思想及行为并未受到这种时局的冲击。孙诒让出生于官僚地主家庭,父亲曾位居安庆知府、江宁布政使等高位,这使得孙怡让生活相对宽裕且受到很好的庇护,对中国当时的社会情形也并未有多大关注。这段时期的他更多受到家族的影响,对于文献典籍有着莫大的兴趣,在读书著述之余,也对乡邦文献进行整理收集,为后来《周礼正义》和《墨子训诂》等诸多著作的成书做了大量准备工作。在其三十多岁时,中法战争爆发,这对孙诒让造成了一些

---

[1] 胡福畴、洪震寰:《试论孙诒让的生平及其思想》,《温州师范学院学报》1963年第1期,第59—69页。
[2] 邱林:《孙诒让的生平与学术》,华东师范大学2018年博士学位论文。
[3] 刘宁宁:《孙诒让"以应所需"教育理念对职业教育的启示》,《兰台世界》2014年第18期,第126—127页。
[4] 童富勇:《孙诒让普及教育思想评述》,《教育评论》1987年第4期,第54—57页。
[5] 尤育号:《清末温州的士绅、商会与地方社会略论》,《史志学刊》2019年第3期,第45—52页。
[6] 胡福畴、洪震寰:《试论孙诒让的生平及其思想》,《温州师范学院学报》1963年第1期,第59—69页。
[7] 赵飞跃:《孙诒让女学教育观与近代温州女学教育体系的建立》,《温州职业技术学院学报》2018年第2期,第27—31页。

触动,为此,他曾和地方相关人员共同建设过城乡防务,但总体而言,"溺于章句之学,于世事无所解"①仍是他的当时生活状态。

1895年,甲午中日战争爆发后,清政府很快落败投降,不久签订了丧权辱国的《马关条约》,这件事让埋头于书堆中的孙诒让受到了极大的刺激,他看到了清政府的腐败无能,同时也认识到中国正处于危难之际。也是从这时起,孙诒让转变了思想,不再只顾着忙于经书,而是和当时诸多名人志士探求救国救民之法。1895年,孙诒让为探讨兴儒救国之论,与黄绍弟、王恩植、杨世环等人创办瑞安算学书院;1896年,在阅读梁启超《变法通义》后大受启发,呼吁清廷积极开展变法。同时,他受到孙中山"兴中会"、康有为等"强学会"的影响,也想尝试创办一个"以尊孔兴儒为名,以保华攘夷为实"的兴儒会②。尽管兴儒会最终没有组建成功,但也能看出此时的孙诒让对于救国救民之法的思考,以及对强国御侮所做出的努力。孙诒让逝世的前几年,中国又经历了义和团运动及八国联军侵华战争,清政府签订《辛丑条约》,完全沦为了半殖民地半封建社会。在全国人民极致愤慨、在自身统治岌岌可危的情形下,清政府开始假意示好,提出要废科举、兴学堂等,这使得孙诒让借此更加呼吁变法图强,并将自己的精力加倍投入兴办教育之中。1908年,孙诒让逝世。作为一个伟大的爱国学者,孙诒让为中国,尤其是为浙江地区做出了巨大贡献。

(二)贡献

纵观孙诒让的一生,他的主要事迹在于学术研究与教育兴国方面,因此本部分也主要围绕这两部分探讨孙诒让的卓越贡献。

首先,孙诒让在学术方面有着很大贡献。他十分擅长经学、诸子学、考据学、校勘学及地方文献整理等诸多方面,并都有着卓越成就。从后代学者对其著作的研究状况来看,他的代表作《周礼正义》《墨子间诂》具有很高的学术价值。孙诒让所作《周礼正义》共费时26年,集前人研究之大成,书中广泛而又详细地征引各种文献,为《周礼》可信度提供了强有力的证据。至于《墨子间诂》,与孙诒让个人的政治观念有关。晚清之际,政治腐败,孙诒让希望引用墨子"强本节用、劳心苦志、该综道艺、应变持危"③的思想警醒世人,希望高层和下层人民共克难

---

① 孙诒让:《籀庼述林》,北京:中华书局,2010年,第97页。
② 胡福畴、洪震寰:《试论孙诒让的生平及其思想》,《温州师范学院学报》1963年第1期,第58页。
③ 孙诒让:《墨子间诂》,北京:中华书局,1986年,第87页。

关。不仅如此,此书还吸收了近代西学思想,使得墨学又成为近代显学,他对《墨子》进行精密的校注,使得至今为止,几乎没有一本对于《墨子》的校注能超越《墨子间诂》。孙诒让对于甲骨文的考释也有贡献,他的《契文举例》是我国第一本考释甲骨文的著作,弥补了在王懿荣逝世后甲骨文著录和研究的缺乏。在地方文献整理方面,孙诒让同样下了很大功夫,他于1877年编撰的36卷《温州经籍志》,著录了从唐宋至(清)道光年间温州六县的历史,被誉为目录学界称为最著名的地方艺文志,同时该书也为后人了解温州古代历史提供了重要借鉴。当然,孙诒让的学术贡献也不仅仅于此,此处仅列举其主要学术成就,其他便不再一一叙述了。

其次,孙诒让在教育兴国上,尤其是对浙江教育的发展贡献颇多。其一,办专业学校以应时需。鸦片战争后,西学在中国的影响力越发深厚,这对孙诒让有很大启发,他认为西方政教理法多以算学为根底,因此提出"专课算学,以应时需,特致用之一端"[1]。为此,1896年,孙诒让创办"专授算学"的瑞安学计馆。学馆采用新式学校形式,传授学生西方数理知识,后他又认识到西方"政学"和中外时事的重要性,将学习科目扩大到算学、中文、西文三科。在当时国内空谈兴学育才的情形下,孙诒让已开风气之先。[2] 其二,重视学会建设。孙诒让不仅仅重视学校建设,同时也关注学会组织。1897年,孙诒让创立温州蚕学馆,规定"搜集历来相传之中国种桑养蚕旧籍,兼采近时新译出版之法、日本各国蚕桑学书,并作教材,以资讲习"[3],从而培养了一大批养蚕技术人员,促进了浙江南部地区养蚕业发展。1902年,为改良民风,促进地方教育发展,孙诒让成立瑞安演讲会。同年,为促进社会改良,提高女性地位,他于1902年成立"劝妇女解缠足会"[4]。1903年,为了应对当时温州地区偏僻,交通不利,外地教师不愿来此讲授应聘的情况,孙诒让成立了师范教育研究会。诸如此类的学会还有很多,体现了孙诒让为促进教育做出的巨大努力。

同样,作为温州人的孙诒让自然也为自己家乡的教育建设做出了伟大贡献。1908年,孙诒让去世时,温州两府已经有各级各类学校多达309所,教育水平在浙江各府中排名前列。

---

[1] 孙诒让:《墨子间诂》,北京:中华书局,1986年,第97页。
[2] 童富勇:《孙诒让对浙江近代教育的贡献》,《华东师范大学学报》1933年第1期,第86页。
[3] 孙诒让:《为创办蚕学馆告温州同乡书》,张宪文:《孙诒让遗文辑存》,杭州:浙江人民出版社,1990年,第90—91页。
[4] 孙诒让:《墨子间诂》,北京:中华书局,1986年,第83页。

综合来看,孙诒让的前半生醉心学术,后半生在民族危机不断加深的形势下投身于救国救民的行动之中。无论是丰富的学术遗产,还是后期对近代教育所做出的贡献,都是空前伟大的,是孙诒让爱国情怀的体现。

二、孙诒让的思想观念

纵观孙诒让一生,尽管他的前半生更多将自己心思投入学术之中,但自甲午中日战争、维新运动、义和团运动、八国联军侵华战争等诸多事件后,他的思想观念经历了一个复杂的演化与转变的过程,此部分主要研究他的政治观点与态度、对于西方文化的观点与态度及对于教育的看法与主张,即他的政治观、西方文化观、教育观。

(一)政治观

孙诒让的政治思想很大程度可以从《周礼政要》(阐述孙诒让改革主张的政论著作)中看出来,他在其中对清廷政治、军事、财经、交通卫生方面提出一系列主张。例如,在政治方面,希望清廷罢宦官、免跪拜、取缔八股取士法、清户口等;在经济方面主张开发水利,奖励发明创造,发展林业、畜牧业等;在军事方面,主张加强军法、优化兵器等;在交通卫生方面,则主张废科举、奖励民间办学、开报馆等①。这些从表面上来看似乎并无不妥之处,相反还能看出孙诒让对于清廷的劝谏之心,但仔细观察便可以发现,孙氏的观点更像是对一个已经四分五裂的容器进行小修小补一般,根本没有触及清末社会问题的本质,也没有认识到变革制度的重要性,仅仅只是资产阶级改良主义观点。再来看看当时的社会背景,清政府在经历义和团运动后,反动的本质已经彻底暴露,几乎完全变成一个联合外来侵略势力共同压迫本国人民的"施暴者",因此推翻其统治早已刻不容缓。当时的有识之士,如邹容、章太炎等人发表著论,大肆宣传革命,人心所向,革命已是大势所趋,尤其是1905年同盟会的成立,更加将革命推向风口浪尖。而反观之孙诒让的政治纲领,是仍然对于腐朽的清政府抱有希望,仍希望晚清政府通过小修小补的变法达到挽救民族危亡的目的。孙诒让的这种政治观念已经在某些方面牵制着革命的发展,对于清廷的反国家反人民的本质也起到掩饰作用,是背

---

① 胡福畴、洪震寰:《试论孙诒让的生平及其思想》,《温州师范学院学报》1963年第1期,第59页。

离时代发展趋势的。这种资产阶级改良主义思想是他政治观中一个局限。

比较有意思的是,尽管孙诒让的资产阶级改良主义政治观占据他整体政治思想的很大一部分,但他似乎也存在微弱的民主革命思想。孙诒让曾读过黄宗羲的《明夷待访录》,书中的朴素民主主义思想给了他一些影响。1897 年,在校写顾亭林诗集时,他不仅表达自己"寸楚之志",还特别写下了一句诗"亡国于今三百年"[1],深痛表达了自己怀念故国的苦楚。章太炎也常说:"诒让发言,常有隐痛"[2]。维新变法失败后,清廷残忍杀害戊戌六君子,孙诒让听说后,悲愤而言:"国事其尚可问耶"[3]。仔细品味孙诒让这些带有隐痛的发言,似乎可以说明他是存在微弱民主革命思想的。其次,对于民主革命者的同情与"包庇"同样可以说明这点。清末,在章太炎等革命者被清廷通缉时,孙诒让等人暗中通风报信,使得其能够逃亡海外;在革命烈士秋瑾被捕时,孙诒让也曾多次想要凭借与张之洞的师生情意希望张氏可以出面主持秋瑾事件,以此希望挽救她的生命。孙诒让作为一个资产阶级改良主义者,可以为革命者做到如此地步,也恰恰说明了他自己也随着时局变化,在政治观上沾染了一些民主革命的因素。

同时具有资产阶级改良观和微弱民主革命观,这看似很矛盾,实则不然。孙诒让出生于地主阶级,又受到家族影响,阶级意识深固,对于农民革命深感厌恶,因此他是反对,甚至可以说是厌恶暴力的。然随着民族危机的加深,孙诒让逐渐参与到地方实业的兴办中,他的身份逐渐向资产阶级知识分子转变了。综观甲午中日战争后,不少资产阶级知识分子,例如康有为等人,虽是提出一些有利于国家民族富强的建议,但总体来说,皆是小修小补,对于民主革命者所提出的"暴力"措施深感恐惧,这可以看出当时大多资产阶级分子并非想要推翻清政府的统治,相反,清政府制度政策的很多方面他们是认可的,仅仅是希望其做出一些改变而已。资产阶级这种软弱性和妥协性是当时社会的通病,孙诒让作为群体一员存在这种思想不足为奇。但随着清政府不思进取,仍然欺骗民众,假意变法;随着民主革命思想的迅速壮大,随着民心越发靠近民主革命者,孙诒让对于清政府也越来越失望,在迷茫之际,自然观察起革命者的动向,从而也获得了一些民主革命思想。

---

[1] 章太炎:《章太炎学术论著》,浙江:浙江人民出版社,1998 年,第 212 页。
[2] 章太炎:《章太炎学术论著》,浙江:浙江人民出版社,1998 年,第 212 页。
[3] 张棡:《张棡日记》,北京:中华书局,2019 年,第 47 页。

(二)西方文化观

鸦片战争后,西学东渐,西方数理知识、优秀的科技成果吸引了国人的眼球,孙诒让同样也受到了很大影响。早在19世纪70年代,孙诒让就曾阅读过魏源的《海国图志》、冯桂芬的《校邠庐抗议》,后又阅读梁启超的《变法通议》、谭嗣同《仁学》等书,不仅如此,对于中译的《天演论》《格致汇编》等西方书籍,孙诒让也有涉猎。广泛的阅读给他带来了丰富的知识,大大加深了他对于西方文化的了解,也为其西方文化观点的形成奠定了基础。

首先,在对待西方文化的态度上,孙诒让是比较理智的。他曾在《籀庼遗文》中提到西方人:"圆颅而方趾,固犹是人也,而谓彼独擅其长,吾必不能学步,是诬人以自贼也,耻孰甚焉"①,这也代表孙诒让并不认为中西方人存在什么智力差距,中国落后于西方是因为中国的固步自守,西方的强盛是因为其对于数理学问的多年积累与实践。因此他又提出:"中国之必逊于彼者,彼求新而我守故,彼专精而我习楛耳。……此则不学之故,岂真智巧之不如彼哉"②,即认为中国想要改变落后局面,必须认识到自己的不足,学习西方优秀文化,从而赶超西方。孙诒让这种思想是很中肯的,是对于中西文化认识理解较为深入的,他在对本民族抱有信心的同时,也看到了西方文化中的一些可以借鉴的长处,并希望中国可以取其精华为己所用。

其次,在孙诒让看来,中西方文化存在相通之处。例如,孙诒让十分欣赏西方的医学,认为"泰西医有学堂、学会,以其研究,故凡为医者,必在学堂毕业,官察其术果精善,乃给以文凭,准其以技行于世,始得以医自名,违者罪之"③,这表达了其对于西方医学正规性、先进性的赞同,相比之下,中国医学缺乏创新,技术也较为落后。但孙氏并不是指中医赶超不了西医,相反,他对中医的发展充满信心。他认为早在神农氏时,中医就已经存在,历史悠久,偶有不灵,往往也是因为古代所留医书的真伪性问题。晚年间,他曾在郑绩甫《伤寒方论》序言中写出这样几句话:"祝由之术神妙奇诡,与今西儒以'以太'、'人电'治心免病之说大致略同"④,可见他认为西方文化只是中国文化的另一种更先进的形式而已,中西方

---

① 孙诒让:《籀庼遗文》,北京:中华书局,2013年,第445页。
② 孙诒让:《大戴礼记斠补·外四种》,北京:中华书局,2010年,第442页。
③ 孙诒让:《大戴礼记斠补·外四种》,北京:中华书局,2010年,第445页。
④ 孙诒让:《籀庼遗文》,北京:中华书局,2013年,第524页。

医术本源其实是相通的。

当然,作为一个坚定的儒学主义者,对于某些外来西方文化,他也存在排斥思想。例如,对于基督教在中国的流行,他认为:"窃谓景教流行,燎原莫遏,以耶稣基督之诬诞,《新约》《旧约》之鄙浅,而乡曲儇子崇信哗然,非有悦服之诚,实藉富强之助"①,由此可见,对于基督教,孙诒让认为其打着"信仰"的幌子,实则歪曲民众理念,实在应当抵制。

(三)教育观

正如上文所言,孙诒让为中国教育,尤其是为浙江近代教育做出了巨大的贡献,作为一个爱国主义教育家,孙诒让的教育观同样值得一探。

一,十分注重教育,认为教育是解决万难的法宝。孙诒让在生涯的后期,投入到教育兴国之中,很大一部分原因是与其教育观有关。他认为当时清末的内忧外患,是清朝"政教未修"②"人才之衰弊,学艺之不讲,朝野之间岌焉有不可终日之虑"③所致。政治不清明,人才也不多,自然社会各方面就落后,从而沦落成为西方列强欺侮的目标,而教育正是救国救民的一个关键,想要富国强兵,"要不越政教二科"④。因此他主张清朝要重视教育,废除科举,广纳人才,用教育来服务政治;主张民众应当多受文明熏陶,自强御侮,为自己的国家贡献一份力量。针对孙氏这种思想,首先应当肯定他认识到了教育的重要性,教育乃是民族振兴的基石,确实是应当被重视,应当发展的。但孙诒让几乎将一切解决之法都归于教育,幻想以教育改革起手对社会进行资产阶级的改良,似乎忘了教育作为上层建筑之一是服从于经济基础的,而当时清末的经济基础几乎仍属于封建经济的范畴。不去变革制度而是幻想通过教育改变经济基础是完全行不通的。

二,宣扬教育普及,尤其重视女性教育。孙诒让认为我国"自秦以来,无国民之教育,其号为文明者,大抵为士人,求其不为利禄而学者,殆十不得五人"⑤,同时又认为"教育之能否普及为强弱之符验"⑥,因此他将普及教育放在一个十分

---

① 孙诒让:《籀庼遗文》,北京:中华书局,2013年,第345页。
② 孙诒让:《籀庼述林》,北京:中华书局,2010年,第73页。
③ 孙诒让:《籀庼述林》,北京:中华书局,2013年,第97页。
④ 孙诒让:《籀庼述林》,北京:中华书局,2010年,第71页。
⑤ 孙诒让:《学务本议》,《中国近代教育史资料汇编》,上海:上海教育出版社,1997年,第490页。
⑥ 孙诒让:《学务本议》,《中国近代教育史资料汇编》,上海:上海教育出版社,1997年,第492页。

重要的位置。为了贯彻他的普及教育理念,孙诒让主张"优异下户学生之父兄"[1],"重官绅子弟不入学之罚"[2],以奖罚并重的方式,从而使得官僚亦或是平民的子弟都有获得受教育的权利;同时他又关注到学生在不同发展阶段的特性,主张因材施教。他提出"教育学童与成学,心理脑力,难以强固"[3],应当"以错综离奇博其兴趣"[4],在吸引学生兴趣时启发他们,而不应当"强其诵读,以应格令"[5]。在教育人员的普及上,孙诒让格外重视女性教育。他在谈到中西方文明之时,认为"国民普通知识要人人平均,才能够共同努力,以谋文明进步。如西国文明,在现在算得极盛了,他原因在于无分男女、无分贵贱,无一人不识字。一切士农工商都有普通的知识,所以个个人都是有用之材"[6],即认为西方国家文明程度高的原因在于男女不分贵贱,可以同时入学,男女都有着一定的知识水平。因而他主张"男女平等,咸得入学"[7],希望社会重视女性教育,从而通过男女知识水平的提高,来提高中国的文明水平。对于封建社会上流传的"女子无才便是德"的落后思想,孙诒让十分不赞同,相反他认为"吾国之弱,在于下流社会智识太劣,……体育、智育、德育三者必须实在进化,方有翻身之忘"[8],因此他根据当时温州府实际情况,创办温州蚕学馆、女校、实用学塾等教育学校,来全面促进女子德、智、体多方面的发展。孙诒让的努力是有成效的,经过他的努力,温州府的教育普及度得到大大提高,女子入学在当地渐成风气。

不仅如此,孙诒让对于西方数理知识也十分推崇,积极将其引入学校教育中。同时,他也十分注重师范教育,注重培养老师的师德和教学热情,像当时的温州师范学堂就是孙诒让晚年为师范教育的发展做出的努力。

综合来看,尽管孙诒让是个资产阶级改良主义者,他的教育观不可避免会受到政治观影响,从而存在弊端。例如他所宣扬的普及教育,更多是希望下层社会能够更好服务统治阶级。但不可否认的是,孙诒让的初衷是正确的,他是希望通过教育达到国家兴旺的目的;从成果上来看,孙诒让确实为温州地区提供了更多的教育资源,也提高了温州地区民众的教育意识。

---

[1] 孙诒让:《学务枝议》,《中国近代教育史资料汇编》,上海:上海教育出版社,1997年,第499页。
[2] 孙诒让:《学务本议》,《中国近代教育史资料汇编》,上海:上海教育出版社,1997年,第499页。
[3] 孙诒让:《籀庼述林》,北京:中华书局,2010年,第492页。
[4] 孙诒让:《籀庼述林》,北京:中华书局,2010年,第492页。
[5] 孙诒让:《籀庼述林》,北京:中华书局,2010年,第492页。
[6] 北京图书馆文献丛刊编辑部:《文献:第20辑》,北京:书目文献出版社,1985年,第198—199页。
[7] 孙诒让:《周礼政要》,瑞安普通学堂刻本,1902年,第30页。
[8] 文成县地方志编撰委员会:《文成县志》,北京:中华书局,1996年,第961页。

结　语

综观孙诒让的一生，一半在为他的学术奋斗，一半在民族危机中探求救国救民之法。他的奋斗是有成效的，无论是优异的学术著作，还是在探索救国救民之法中为教育做出的贡献，都是为后人留下的瑰宝。学习了解孙诒让及其主要思想观念，我们可以更加透彻地感受到处于近代民族危机中的孙诒让是如何思考、如何行动的，从而对其有更加深刻的认识与感悟。

（何康，温州大学人文学院2022级硕士研究生）

族规家训中蕴含的温州人精神

——以《永嘉楠溪族规家训》为例

楼 颖 吴牧辰

摘 要:温州人精神是改革开放后温州人民为谋求发展所展现出的一种精神样态。从"四千精神""四自精神"到"敢为天下先,特别能创业"的温州精神,再到随着时代的发展,应运而生的新时代温州人精神,它呈现的是与时俱进的时代性与特色鲜明的地域性。而从《永嘉楠溪族规家训》不难看出,温州人精神植根于温州这片土壤,更与温州地区的族规家训紧密相关。温州人精神的内涵不仅是对族规家训中修身立志、孝悌为本、勤奋治学、爱国思想等教育规范的良好传承,更是对勤于奋斗、勇于发展的不懈追求。

关键词:族规家训;温州人精神

一、温州人精神的内涵

(一)温州人精神的起源与发展

"精神"一词,最早出自《吕氏春秋·尽数》中的"圣人察阴阳之宜,辨万物之利以便生,故精神安乎形,而年寿得长焉",是指人的意识、思维活动和一般心理状态,即灵魂。

民族精神是一个民族在历史长期发展当中所孕育而成的、向世界展现出的精神样态。中华民族精神博大精深。2002年11月8日,江泽民在中国共产党第十六次全国代表大会上的报告《全面建设小康社会,开创中国特色社会主义事业新局面》中阐释了中华民族的精神:"民族精神是一个民族赖以生存和发展的精神支撑。一个民族,没有振奋的精神和高尚的品格,不可能自立于世界民族之林。在五千多年的发展中,中华民族形成了以爱国主义为核心的团结统一、爱好和平、勤劳勇敢、自强不息的伟大民族精神。"2013年3月5日,习近平在第十二届全国人民代表大会第一次会议上指出,以爱国主义为核心的民族精神,把整个伟大的中华民族凝聚在一起,是兴国之魂、强国之魂。党的十八大以来,习近平不断强化中华民族精神标识,对中华民族精神内涵进行科学阐述,坚持从历史走向未来,从延续民族文化血脉中开拓前进。中华民族精神流淌于每一个中国人的心间。

而在中华民族扎根的每一个不同区域,受地理、历史、人文等不同环境的影响,便会产生不同种区域性人文精神,以彰显不同地域人们的独特精神追求,"温州人精神"[①]便是其中一种极富代表性的精神,温州从来都不乏特有的精神,尤其是在改革开放之后。

20世纪80年代,温州人吼出了"四千精神",在全国轰动一时。"历经千辛万苦,说尽千言万语,走遍千山万水,想尽千方百计。"是当年温州人艰苦创业、寻求发展的生动写照,也是温州乃至浙江人民的一笔宝贵精神财富。

1986年11月6日,时任温州市委书记董朝才在《温州日报》上发表《努力建设与改革实践相结合的精神文明》一文,在该文中首次提到"温州意识"的概念。而后,同年12月中旬,温州试验区精神文明建设理论讨论会与会代表首次讨论规定"温州精神"的内涵,主要是"自立自主、崇实务实、竞争开拓、奋勇创新"[②]。

1987年10月,时任温州市社科联副主席的洪振宁同志在《温州探索》试刊号上发表《"温州精神"的主要特征及其他》一文,其中将温州人精神的内涵概括为"自立、务实、开拓、创新"八个字。[③]

1993年10月,温州市召开温州精神与温州形象研讨会。在会上,时任温州市委书记的张友余将温州精神概括为"四自精神",即"自主改革、自担风险、自强不息、自求发展"。

1995年12月,我国著名经济学家钟朋荣赴温州考察,在与时任平阳县委书记董希华的对话中,将温州精神概括为"白手起家、艰苦奋斗的创业精神;不等不靠、依靠自己的自立精神;闯荡天下、四海为家的开拓精神;敢于创新的创新精神"。[④]

---

① 即温州精神。
② 蔡克骄、陈瑕:《温州模式与温州人精神——兼谈温州人精神面向未来的变革与重构》,《温州师范学院学报》(哲学社会科学版)2000年第21卷第1期,第56—61页。
③ 洪振宁:《散思断想》,香港:香港天马图书有限公司,1997年,第185页。
④ 钟朋荣:《向温州学什么》,《光彩》1998年第11期,第36—37页。

1998年，在项光盈主编的《跨世纪的温州》一书第四章指出，温州精神的主要内容包括：(1)热爱温州，关心温州，为建成一个高度文明的现代温州而奋斗的精神；(2)作为创造"温州模式"的温州人的光荣感、自豪感以及进一步完善和发展"温州模式"的责任感和区域意识；(3)敢为天下先，"取吃第一口"的改革开放、开拓创新的观念；(4)坚持实事求是，勇于唯实不唯书的科学精神；(5)勇于吃苦耐劳、奋勇拼搏、艰苦创业的个性品格；(6)商品经济观念以及与此相适应的其他一系列现代观念；(7)"小题大做"（小商品、大市场；小规模、大协作；小机器、大"动力"；小利、大干；小能人、大气晚）的精神；(8)求新求异、求多样、求美的意识；(9)讲实际、讲实惠的意识，重务实、重实践的精神。①

1998年10月，著名社会学家费孝通在第三次来访温州后，在《筑码头闯天下》一文中写道："我已经不是第一次被温州精神所感染、所激动。我体会到温州精神就是不甘心落后，敢为天下先，冲破旧框框，闯出新路子，并且不断创新"。②

1998年12月29日，时任温州市委书记的蒋巨峰在温州市纪念党的十一届三中全会召开20周年的大会讲话中，把温州人精神解释为"敢为天下先，特别能创业"。③

1999年时任温州师院政史系教授的蔡克骄在当年第2期《浙江师范大学学报》上发表《温州人文精神剖析》一文，文中把温州人文精神的特点概括为"追求功利、讲究排场、富于竞争、习于机巧、注重信誉、善于模仿与创新"④。

2000年11月，时任温州市长的钱兴中在纪念叶适诞辰850周年暨永嘉学派国际学术研讨会上则把温州精神的核心定位为"务实创新"。

2003年10月，在温州商人与温州人精神论坛上，时任温州市委书记李强用四句话概括温州商人的特点：一是恋乡不恋土，二是敢冒知进退，三是自信不自满，四是重利不守财。并把温州人精神概括为9字："敢为人先，特别能创业"。⑤

---

① 陈飖：《温州模式与温州人精神——兼谈温州人精神面向未来的变革与重构》，《温州发展论丛》，长春：吉林人民出版社，2003年，第262页。
② 费孝通：《筑码头闯天下》，《瞭望》1998年第7—8期。
③ 陈飖：《温州模式与温州人精神——兼谈温州人精神面向未来的变革与重构》，《温州发展论丛》，长春：吉林人民出版社，2003年，第262页。
④ 蔡克骄：《温州人文精神剖析》，《浙江师范大学学报》1999年第2期，第28—31页。
⑤ 温州新闻网：《嘉宾畅谈温州商人与温州人精神论坛》，《温州商报》2003年10月12日，https://news.sina.com.cn/c/2003-10-12/1128903425s.shtml。

(二)新时代温州人精神

在 2020 年 4 月 16 日召开的"激扬新时代温州人精神大会"上,时任温州市委书记的陈伟俊提出弘扬和发展新时代温州人的精神。陈伟俊指出:"温州是一座历经磨难、创造无限荣光的城市,温州人是一个永不言败、勇于超越自我的群体。温州人精神根植于温州悠久灿烂的历史、薪火相传的文脉,是长期奋斗发展中积淀下来的宝贵财富,始终激励着温州人民励精图治、勇立潮头,始终支撑着、引领着温州改革发展、奋勇争先、赶超跨越。新时代温州人精神在弘扬'敢为人先,特别能创业创新'的温州精神基础上,持续注入'追求卓越、守正出新、富于创造、大气包容、美美与共、奋斗奋进'的时代内涵。"[①]

新时代温州人精神持续激扬,让海内外温州人的文化认同、情感认同、价值认同、发展认同进一步得到增强。

(三)温州人精神的实质

纵观温州人精神的发展历程,它是在改革开放以来温州人民在为发展社会经济、谋求生活富裕的艰苦创业中形成的一种独特的思想品格;是在建设有中国特色社会主义的实践中形成的能够维系、引导和推进温州发展的内在驱动力;是温州人优秀品格的高度概括和集中体现;是当代社会主义精神在温州的具体化;是温州文明的基本内涵和重要特征。

温州人精神的形成,既是社会发展的产物,也是历史传承的精髓。从宏观来看,它与中华民族精神一脉相承,是勤劳勇敢、自强不息精神的深入发展;而从微观来看,它与地域人文特点紧密相关,所谓"一方水土养一方人",而族规家训便如那"一方水土",滋养一代代族人的精神家园。

---

① 新华网:《新时代温州人精神是什么?——专访浙江省委常委、温州市委书记陈伟俊》,《瞭望东方周刊》2020 年 4 月 16 日。

二、《永嘉楠溪族规家训》概述

(一)族规家训的含义

概括来说,族规家训也称作族规家法,是中国传统宗法制度下用于约束宗族成员言行的行为规范和道德准则,通常刻录于家典、宗谱等文本之中,以供时人和后世遵行。

而要研究族规家训,首先得了解我国传统家庭尤其是古代家庭的特点,即首先得了解我国传统的家与家族之间的关系。

关于我国的家,麦惠庭曾在所著《中国家庭改造问题》一书中作过比较论述,他说:"外国人所讲的家庭(family),是指两代血缘关系——父母和子女——所构成的团体而言;而我国原有的所谓家庭,是包含两代以上血缘关系构成的团体,即英文叫做 clan(就是一族的意思)者是。"①这段论述可以说明我国传统的家庭在某种程度上就是家族,或者说是与家族紧密地联系着。

事实也确是如此,自有文献可征的殷周直至清末,在漫长的岁月长河中,我国的家庭与家族一直就是一体的。这种一体性表现在两个方面:其一,家庭即家族。众所周知,我国古代有所谓的"义门",这种义门就是累世同财共居的大家庭,它兴起于东汉,而到宋代却普遍地流行起来。徐扬杰在研究宋代家族情况时曾指出:在宋以后的农村社会生活中,累世同居共财,同爨合食的大家庭是一种十分普遍的社会现象,例如在宋代,江州德安陈氏就是最著名的一个。天下义门陈氏的发祥地位于江西省德安县西部车桥镇。唐宋时期的江洲义门陈家族,创造了三千九百余口、历十五代、三百三十余年聚族而居、同炊共食、和谐共处不分家的世界家族史奇观,其规模之大,在历史上是少见的。其二,若干以血缘关系为纽带的小家庭构成家族,族中有家法族规,族长即共同的家长。他们"聚族而居,往往棋置数百户,重宗谱,严别异,姓各有祠,祠立之长,家法一听长约。先公家之急,二税应期无逋"②。这种家族团体中的小家庭就是通常所谓的"五口之家"或"八口之家",甚至更多一些,它们在中国古代虽占据多数,但却往往一族同

---

① 朱明勋:《中国传统家训研究》,四川大学 2005 年博士学位论文。
② 徐扬杰:《中国家族制度史》,北京:人民出版社,1992 年,第 369—370 页。

居一个村落,甚至几个相邻的村落同居一族,由严密的家族组织团结起来。实际上这种聚族而居的小家庭,起初也是若干代同居在一起的,只因家族繁衍兴旺,故逐渐分析异体。但各个家庭仍以祠堂为中心而尊其祖,而敬其宗,通过家法族规而收族而融于一体,故可以说是一个具有共同利益,享有共同荣辱的较松散的大家庭。这一点可以古代(主要是指宋以后)的族谱为证。朱明勋指出:"古代的族谱一般由四部分构成:一是全族的世系和血缘关系图表;二是本族有史以来制订的各种家法族规、家训、家范,祖宗训子言论等;三是祠堂、祖坟、族田的位置、范围;四是家族的历史。第一、四条是全族维系的纽带,第三条是全族共同生活的经济基础,第二条是家族的行为规范。这样,整个宗族的小家庭成员因血缘关系之故必得以家法族规为准绳,若有违犯,小者轻处,大者重处,辱没祖上者还会被逐出族门。故我们说古代的这种家族是一种较松散的大家庭是完全可以的。"①

因此,族规家训以儒家理念为精神内核,不仅是对长辈给予晚辈的谆谆教诲的传承,也是对当时社会的精神风貌的反映,更能为区域的人文精神发展提供丰厚的养分。

一个家庭或一个族群是整个人生教育的基础和起点,是个体身心健康成长的港湾。从先秦到明清,温州地区受其地理环境限制,其官方教育一直很不健全并且受教育的人数非常有限,同时由于战争或其他原因,官方教育也是断断续续,家庭承担了主要社会育人功能。而族规家训则为家庭教育提供了可靠的依托与可行的蓝本。

(二)《永嘉楠溪族规家训》的内容

1. 永嘉的历史

"永嘉"最早作为历史纪年的时间概念出现在西晋时期,指晋怀帝司马炽统治时期的永嘉元年至七年(307—313)。自东晋太宁元年(323)建立永嘉郡(今属浙江温州),南朝刘宋人郑缉之撰写《永嘉郡记》后,"永嘉"便在自然地理概念与行政地理概念的基础上,作为文化地理概念出现在历史典籍中。清《光绪永嘉县志》云:"温在浙东号为名郡,而永嘉倚郭为县,广轮二三百里。东南际大海,西北阻群山,襟江带湖,绮壤绣错,水陆之美无不饶,衍盖东南一都会矣。然而南通闽

---

① 朱明勋:《中国传统家训研究》,四川大学2005年博士学位论文。

越,北接台栝,使车络绎,商旅辐辏,公私亦少困焉。"①

而温州古称瓯越、东瓯。郑缉之《永嘉郡记》"瓯水"条云:"水出永宁山,行三十里,去郡城五里入江,昔有东瓯王都城,有亭,积石为道,今犹在也。"②孙诒让在《永嘉郡记集校》中云:"永宁山在今永嘉县,绵亘贤宰、仙桂、永宁、清通四乡。瓯水盖即今楠溪。"③可知,东瓯古城在瓯江北岸的楠溪下游一代,属永嘉郡范围。

历史上是先有永嘉郡,后有温州府,可以说永嘉县是温州的"母县",是温州的历史之根、文化之源。因此,永嘉地大物博、姓族众多,不仅以山水田园风光称著于世,更以宗族团结、崇尚传统远近闻名。

2.《永嘉楠溪族规家训》的内容

《永嘉楠溪族规家训》采集永嘉楠溪、西溪、菇溪、仁溪流域的各姓氏宗谱,共一百四十五篇,概括来看,主要内容包括:(1)孝悌为首,(2)耕读为本,(3)修身为准,(4)整肃门户,(5)尊卑秩序,(6)善择婚姻,(7)丧葬宜简,(8)宗族事务,(9)缴纳税赋;(10)社会关系。各姓氏的族规家训虽各有差异,但却能从中提炼出强大的精神内核,以调节个人与家族、社会的关系,促进个人在社会中的生存与发展。④

三、《永嘉楠溪族规家训》中的温州人精神

(一)重视道德教育

所谓道德教育是指以修身齐家为主要内容的道德教育,是族规家训中的核心内容,教导子弟要做到立大志、明人伦、倡勤俭等。而从《永嘉楠溪族规家训》可以看出,传统家训中传承的修身立志、孝悌为本、勤奋治学、家国情怀四大核心思想,为温州人精神的形成奠定了深厚人文基础。

1.修身立志

中国自古就重视修身,尤其重视道德修养,因为"德者事业之基,未有基不固而栋宇坚久者"⑤。立志是修身立德的第一步。孔子提出:"君子志于道,而耻恶

---

① 张宝琳、王棻、孙诒让等:《光绪永嘉县志》,上海:上海古籍出版社,1996年,第21页。
② 郑缉之、孙诒让:《永嘉郡记校集本》,政协瑞安市文史资料发员编印,1993年,第25页。
③ 郑缉之、孙诒让:《永嘉郡记校集本》,政协瑞安市文史资料发员编印,1993年,第25页。
④ 刘成足:《永嘉楠溪族规家训》,北京:中国文史出版社,2016年。
⑤ 洪应明:《菜根谭》,北京:时代文艺出版社,2001年,第125页。

衣恶食者。"①立志,指的是人们确立所追求的奋斗目标以及为达到该目标而下定的决心。王守仁在《教条示龙场诸生》曾说:"志不立,天下无可成之事,虽百工技艺,未有不本于志者。"明代姚舜牧在《药言》中提出:"凡人须先立志,志不先立,一生通是虚浮,如何可以任得事?"朱熹在《朱子语类》中指出:"为学须先立志。志既立,则学问可次第着力。立志不定,终不济事。"这些警示格言,都体现着立志的重要性,它是一个人的修身之本。同时,立志应高尚远大。诸葛亮在《诫外甥书》中强调:"夫志当存高远。"《圣祖庭训格言》中记载:"志之所趋,无远不届;志之所向,无坚不入"。一个人既已立志,就应该立大志,即将目标定得高远一些。最后,立志须躬行践履。吴麟徵在《家诫要言》中提到:"立身作家读书,俱要有绳墨规矩。"意为学习、做事要有准备,对自己长期严要求。陆游在《陆游集·剑南诗稿》中以诗教子:"人人本性初何欠,字字微言要力行""学贵身行道,儒当世守经"。

《永嘉楠溪族规家训》中提倡"修身为准"。

在族规篇中:沙头镇花坛黄村王氏族训中写道"学人之长,毋得道他人之短"。桥头镇黄堡村槐川(菰溪)王氏宗规中写道"勤俭以保家计,礼让以杜争端。养性勿嗜狂药,谨言以慎枢机。"岩头镇溪南村卢氏族规族训中写道"修身养性,存善施仁。"沙头镇渠口村叶氏四箴中有一箴为"守己"。桥下镇叶岙叶氏宗族祖宗遗训中写道"制行严以律己,处世宽以待人"。岩头镇陈岙深固村陈氏族规中写道"礼、义、廉、耻,人之四维"。三江街道箬隆周氏族训中写道"立身处世,清廉精诚"。桥下镇桥下村戚氏劝惩中写道"守礼仪以肃纪纲""守本分以戒奢淫"。

在家训篇中:上塘浦东村叶氏家训中写道"琢玉成器,教子成人"。上塘东山下村杨氏祖训中写道"锋不磨不利,玉不琢不成"。桥头镇金村金氏家训中写道"知足不贪,忍辱不祸,怡养性情,端正心术"。岩头镇填垟村周氏家训中写道"崇礼让""尚节俭""励气节"。上塘下堡村南氏传家箴言中写道"立身不求无患""处世不求无难""究心不求无障""行道不求无魔""谋事不求易成"。上塘八里山村钱氏家训中写道"心术不可得罪于天地,言行皆当无愧于圣贤"。桥下镇东山村黄氏传家宝训中写道"明礼义而先修身"。上塘横溪村谢氏家训中写道"见人之善扬之,见人之恶掩之"。上塘柯师湾村虞氏家训十则中有一则为"明礼义"。可见,正直廉洁、恪守礼教的修身思想一直为当地人所推崇。这正是温州人精神的人格基础,它体现着温州人对自我的严苛要求。

---

① 杨伯峻、杨逢彬:《论语》,长沙:岳麓书社,2009年,第47页。

2.孝悌为本

"百善孝为先",孝悌是家族伦理的核心内容。《说文解字》中"孝"意为:"善事父母者。从老省,从子。子承老也。"《尔雅》:"善父母为孝。"《礼记·祭统》:"孝者,畜也。顺于道,不逆于伦,是之谓畜。"(畜:顺从,驯服。)《说文解字》中指出:"悌,善兄弟也,"又说:"弟,韦束之次弟也。"即用绳子将芦围一圈圈地捆起来,捆住的"所有芦苇"就是"弟",引申为凡有次第就是"弟"。概括来说,善事父母为孝,兄弟友善为悌。孔子认为要稳定社会秩序,必先稳定家庭,而建立良好的家庭伦理关系是首要任务,因此孔子非常重视孝悌,认为孝悌是做人、做学问的根本。《大戴礼记·卫将军文子》中他曾说:"孝,德之始也;弟(悌),德之序也。"即孝,是道德修养的起点;悌,是指道德修养要遵循年龄序次。家庭伦理的目的在于维护家庭的基本秩序,而孝悌之道是实现家庭和谐的基本途径。

《永嘉楠溪族规家训》中提倡"孝悌为本"。

在族规篇中:沙头镇花坛黄村王氏族训中写道"孝悌为本",族规中写道"祭祀以尽孝思,孝悌以隶家风"。桥头镇黄堡村槐川(菰溪)王氏祖训中写道"子孙务宜孝悌为本"。沙头镇渠口村叶氏四箴八训中写道"竭力孝父母,小心敬叔伯"。桥下镇叶岙叶氏宗族祖宗遗训中写道"事亲必孝""事长必悌"。巽宅镇小渠新宅汤氏族训中写有"亲父子""友兄弟",并对两部分做了详细阐述。沙头镇珍川朱氏族范中写有"为子尽孝"。岩头镇陈岙深固村陈氏族规写有"孝悌乃百行之原,为仁之本"。中塘前一村李氏族训写有"敬祖先,孝父母。和兄弟,教子孙"。大若岩镇蒋山村杨氏族规写有"顺父母""睦兄弟"。溪下乡溪下村金氏祖训写有"崇孝道"。上塘河岙村郑氏族规写有"当父为慈,为子当孝。为兄当友,为弟当恭"。岩头镇抱岙村蒋氏族规条例中写有"孝亲""敬长"的篇目。沙头镇泰石村潘氏以古代二十四孝为蓝本,写有《新二十四孝行动标准》。

在家训篇中:桥下镇尤山村尤氏家训中写道"百行之原,孝立为先"。乌牛街道寺庄垟叶氏家训中写道"敦孝悌而尽人伦"。碧莲镇巨川吕氏家训中写道"子弟当教以孝悌、忠信之道"。岩坦镇新龙村应氏祖训中写道"孝为百行之源……故为人子者,须当爱敬交尽……兄弟系同气最亲之人……毋得乖戾以伤太和"。上塘朱岙、戈田两村张氏家训中写有"孝父母,和兄弟"。金溪镇茶坑村季夫子家训中写道"事亲必孝,事长必敬,兄友弟恭"。茗岙乡外徐村郑氏家规中写道"生身父母,同胞兄弟,皆一本骨血,孝顺友爱,宜勉勿失"。瓯北赵宅村家训中写道"孝事双亲,友爱兄弟"。桥下镇东山村黄氏传家宝训中写道"敦孝悌而尽人伦"。岩头镇抱岙村蒋氏家规和上塘阮家降蒋氏祖训中均有写道"孝顺父母""和睦兄弟"。桥头镇三屿上梨村蔡氏家规中写道"首以孝悌忠信,使之五伦之道"。可以看出,几乎所有的族规家训都将"孝悌"放入其中,并且放在首要的位置,崇尚孝道是亘古不变的传承。这便是温州人精神的不竭动力,它体现着温州人对家庭的责任意识。

3. 勤奋治学

正所谓"书中自有黄金屋,书中自有颜如玉"。读书是传统家训中亘古不变的永恒内容。朱熹在《朱子家训》中指出:"诗书不可不读"。曾国藩曾留下十六字箴言"家俭则兴,人勤则健,能勤能俭,永不贫贱",其中便把"勤于治学"作为其家训之一。康熙在《庭训格言》中也强调勤奋学习的重要性:"人勤习一事,则身增一艺,若荒疏,即废弃也。"纵然不能做到十八般武艺样样精通,多读一本书便多长一分见识,而眼界的高低往往决定着人生成就的多少。

《永嘉楠溪族规家训》中饱含勤读思想。

在族规篇中:沙头镇花坛黄村王氏族训中写道"子孙只宜勤学勤耕"。岩头镇溪南村卢氏族规族训中写道"勤务本,多读书"。沙头镇渠口村叶氏八训中有"劝学"一训。沙头镇樟鸟村陈、孙两姓族训中写有"重勤读"篇目。鹤盛镇东皋村周氏族训及三江街道箬隆周氏族训中均写有"勤于耕读,贤良家兴"。枫林徐氏族范中写有"勤耕读"的篇目。岩头镇陈岙深固村陈氏族规中写有"人必读书,始能明礼义,识时务"。桥下镇桥下镇桥下村戚氏劝惩中写有"勤耕读以全名利"。上塘陡门村陈氏祠规写道"族中必建书馆,延请名师。子弟至六七岁即送入学,自幼教训,敦诗说礼,不可令其暴弃"。

在家训篇中:沙头镇古庙村文房朱氏太祖遗训中写有"勤种田园,苦读诗书"。上塘东山下村杨氏祖训中写道"金带紫袍,知是窗前勤苦"。瓯北罗浮林氏家训中写有"教子孙两行正路,惟读惟耕"。茗岙乡外徐村郑氏家规中学有"书无人勤则有获。勤耕苦种,衣食根源……耕读以务本业"。岩头镇抱岙村蒋氏家规中写有"以勤俭耕读为本业"。上塘阮家降蒋氏祖训中写有"勤劳生产,衣食丰盛;苦读诗书,化裕超群"。可见,耕读为本的思想一直在乡村盛行。勤学苦读便是温州人精神的坚定信念,它影响着温州人对社会的价值贡献。

4. 家国情怀

一是"爱国"。如岩头镇岩头镇溪南村卢氏族规族训中写有"爱祖国"篇目;沙头镇渔田村叶氏祖训中写有"保卫国家,巩固国防"。沙头镇樟鸟村陈、孙两姓祖训中写有"轮国贼"的篇目。瓯渠吴氏族规(新)中写有"报效祖国做栋梁"。瓯北罗浮林氏族规中写有"尽忠报国"。大源林山林氏祖训中写有"爱国敬业"。岩坦镇岩坦村戴氏族规六宜中写有"宜热爱祖国"。上塘浦东村叶氏家训开篇就写有"爱祖国"。岩头镇鲤溪村李氏家训中写有"爱国爱乡""忠国家"。桥头前堡村魏氏家训写有"爱国守法"。

二是"纳税"。大若岩镇蒋山村杨氏族规中写有"完国税"的篇目。茗岙乡茗岙胡氏族规中写有"钱粮关系国课,如有顽梗,里甲效尤"。枫林徐氏族范、族规中写有"急户役"篇目。岩头镇霞美村滕氏族规中写有"租税乃国家重务,迟速必不可免者,合族子孙务宜早办完纳,毋得延捱自取罪辱"。岩坦镇闪坑村戴氏劝世良言五字歌中写有"积极纳赋税"。上塘阮家降蒋氏祖训的十守中写有"国家兵役,尽忠报效"。上塘长源村鄢氏家训中写有"完国课"篇目。将爱国思想融入族规家训中,这便是温州人精神的根本内涵,体现温州人深厚的家国情怀。

(二)发展创新理念

《永嘉楠溪族规家训》在传承传统家训的核心思想的同时,也与时俱进,有很大程度的发展,这为温州人精神的发展,提供了重要支持与动力。

1. 奋斗意识

勤于奋斗造就了温州人精神的强大内核。如岩头镇岩头镇溪南村卢氏族规族训中写道"为造福子孙,遗德社会,虽力营运,多精技艺,勇攀高峰,不遗余力"。沙头镇渠口村叶氏四箴、八训中写道"人生天地间,富贵谁不欲。己力不经营,日用安得足"。瓯北东村陆氏祖训学道"'业精于勤荒于嬉'这个道理不单是读书人说的,凡是从事农工商贾者,也都应当勤劳"。大若岩镇蒋山村杨氏族规写道"古训曰:少壮不努力,老大徒伤悲。士农工商曰四民。贤能者,以诗书蜚声艺坛;厚纳者,就稼穑以谋稻粱;玲珑者,籍货殖以求丰足;无本者,专一技以获衣食。对游手好闲者,当劝之、惩之"。枫林徐氏族规中写道"汉书曰:游手游食,无耻之兆""韩子曰:业精于勤,荒于嬉,不专为读书议也"。岩头镇霞美村滕氏族规中写道"夫人一勤,则天下无难事,其功名富贵,无不自勤中来也"。

这种以勤为本的理念,造就出走遍千山万水、吃尽千辛万苦的优良品格,正是温州人精神的核心内涵。

2. 发展意识

发展成就温州人精神的独特魅力。如岩头镇岩头镇溪南村卢氏族规族训中写有"营农圃,谋生计"篇目,其中便指出"现代发展不拘一业,工、农、商、兵因人所善,各随体质而为生计"。桥下镇叶岙叶氏宗族祖宗遗训指出"士农工商,择业必正"。瓯渠吴氏在新族规中写有"发展工业勤耕种,活跃经济富家门"。岩坦镇岩龙村季氏族规中写有"农工商贾各有常业"。大源林山林氏祖训写道"工农商学,各守一业"。上塘河岙村郑氏族规中写有"或耕或读,或工或商以绳祖武功"。岩坦镇岩坦村戴氏族规中的"六宜"指出"工农商学,立业之基。专精一业,致富可期"。桥头镇东行村戴姓族规中写道"无论务工、务农、经商、就学、习文、习武、从政为官等都要兢兢业业,专心致志,有所作为,有所成就,有所贡献"。这种发展不拘泥于传统的耕读为本的思想,这正是温州人精神中千方百计求发展的来源,体现温州人开拓进取的发展意识。

结　语

从对《永嘉楠溪族规家训》的分析可以看出,温州人精神植根于温州这边土地,是对一个个在这边土地上生活着的家庭或家族传承的思想理念的提炼升华。族规家训中所归纳的道德标准与所蕴含的治理智慧,为温州人精神的形成提供了价值真理。而温州人精神在吸收族规家训精华的同时,又在与时俱进,为地区谋求更好的发展贡献力量,更为国家的繁荣昌盛添砖加瓦。家族家训就犹如那一点点星火,最终串成的是温州人精神这个火炬,并让其光芒照亮神州大地。

(楼颖,温州大学人文学院2022级硕士研究生;吴牧辰,温州大学人文学院2022级本科生。)

竹枝词所见近代温州的城乡社会及其变迁

童 孟

摘 要：温州竹枝词作为一种地方性史料，题材广泛丰富，记录了温州地区的风土人情、信仰习俗以及经贸发展。在温州开埠之后，西方新潮也随之而来，影响着百姓生活的方方面面，百姓的日常生活也因此变得更为丰富多彩。在近代温州竹枝词当中也十分鲜明地反映了当时民众生活以及社会在西方新潮的影响下发生的种种变化，例如：在经济方面，轮船、电灯的出现；在服饰方面，西装、皮鞋、八字襟的出现；在民俗方面，文明结婚、扑克等的出现。本文试以近代温州竹枝词为主要史料，从普通大众的角度更好地了解近代温州城乡社会及其变迁。

关键词：竹枝词；民众生活；社会变迁；近代温州

自1840年西方资本主义国家强行打开中国大门之后，整个中国便开始了翻天覆地的变化。温州虽在开埠之前或多或少地已经受到外来文化的影响，但是其真正开始大变化是从1876年开埠之后。温州城乡社会的种种变化又在地方文人的文学创作——"竹枝词"上反映出来。作为一种"地方性知识"的温州竹枝词，题材广泛，留存丰富，带有浓厚的地域特色和文化底蕴，真实地记录了近代温州的民情风俗、民众的日常生活和时代变迁带来的新事新潮，是研究温州社会变迁不可多得的史料。

受新文化史潮流的影响，作为文学作品的竹枝词的史料价值引起学者的关注。已有学者以竹枝词为核心史料研究社会变迁和日常生活。例如王笛《城市之韵：19世纪竹枝词里的成都日常生活》[①]，以竹枝词作为主要史料，透过竹枝词看地方精英是如何看待成都普通百姓的日常生活，以展示那时中国城市的公共

---

① 王笛：《城市之韵：19世纪竹枝词里的成都生活日常》，《社会科学战线》2019年第5期，第121—137＋282页。

生活。在这篇文章中,王笛认为竹枝词是白话先锋,是一种客观的历史史料。董丛林的《由"丙寅词"看天津近代社会》①描述了自天津开埠之后天津社会受到列强侵略以及侵略之后带来的影响,主要体现在经济、政治以及社会风气层面。徐笑运的《上海开埠通商后商人阶层的生活风尚——上海竹枝词的社会史解读》②,也是以竹枝词为核心史料,描述上海开埠以后,商人阶层发生的种种变化。董文和徐文所描写的都是开埠之后社会发生的种种变化,与温州开埠之后的情况极为相似,为本篇论文写作思路提供了莫大的帮助。张敏也在其《试论晚清上海服饰风尚与社会变迁》③中,以竹枝词为史料介绍了上海开埠之后服饰风尚的变化。田一颖、刘利民、李忠华的《竹枝词视域下的清末民初武汉社会风尚》④,介绍了武汉在新旧势力交锋中孕育出了新的社会风尚,这也是社会转型时期出现的新的转变。通过前面对于现有的竹枝词的文章当中,我们能够发现其他地区(例如上海、天津等)都有相应的学术文章介绍从竹枝词看近代社会的某种变化。对于温州竹枝词的研究,主要集中于民俗学领域,如李军红《温州竹枝词人生礼俗考》⑤,从生育礼俗、成人礼俗、婚嫁礼俗、丧葬礼俗四个方面以竹枝词为核心史料阐述温州人生礼俗的特点,全面介绍了温州的人生礼俗。虽然竹枝词有补史、证史的作用,但是其本身还是不可避免地会存在有内容错误的情况,在汤欣玛的《竹枝词对清末贵州民族的误记——以刘韫良〈牂牁苗族杂咏〉为例》⑥一文当中就介绍了《牂牁苗族杂咏》对于民族文化解释错误、民族习俗错误等情况。总体而言,关于近代以来温州出现的新事新物或者说以竹枝词说明温州社会变迁的相关研究,并不多见,具有一定的研究价值。

本文拟以竹枝词为核心史料,从社会文化史的视角探讨近代温州,特别是在开埠之后,地方社会出现的变迁,在此基础上思考竹枝词对于社会史研究的价值。主要史料来自叶大兵先生搜集汇编的《温州竹枝词》一书,这本书比较完整地收录了温州各个地区的竹枝词,对于了解温州地区的社会风气、社会习俗有莫

---

① 董丛林:《由"丙寅词"看天津近代社会》,《河北师范大学学报》(哲学社会科学版)2014年第1期,第15—22页。
② 徐笑运:《上海开埠通商后商人阶层的生活风尚——上海竹枝词的社会史解读》,《南京晓庄学院学报》2017年第2期,第117—122+124页。
③ 张敏:《试论晚清上海服饰风尚与社会变迁》,《史林》1999年第1期,第47—56页。
④ 田一颖、刘利民、李忠华:《竹枝词视域下的清末民初武汉社会风尚》,《兰台世界》2013年第3期,第70—71页。
⑤ 李军红:《温州竹枝词人生礼俗考》,浙江大学2015年硕士学位论文。
⑥ 汤欣玛:《竹枝词对清末贵州民族的误记——以刘韫良〈牂牁苗族杂咏〉为例》,《兴义民族师范学院学报》2022年第4期,第1—7页。

大帮助。此外,胡珠生的《温州近代史》有助于比较全面地了解温州地区自1840年以来一直到新中国成立的历史变迁。本篇文章欲以竹枝词为基本史料从四个方面来了解近代温州社会的变迁。

一、风土与人情

竹枝词原来是劳动人民所创作的民歌。唐代诗人刘禹锡在《竹枝词》新辞的序文中说:

> 竹枝,巴歈也,巴儿联歌,吹短笛击鼓以赴节。歌者扬袂睢舞,其音协黄钟羽,末如吴声。含思宛转,有淇濮之艳焉。①

从这个序文当中不难看出古代竹枝词不仅与歌曲、乐器还与舞蹈相结合,充分反映出古代劳动人民的智慧与情趣,体现当地的风土人情。竹枝词的题材大都与当地的风土人情有关,温州竹枝词也不例外。在郭钟岳的《东瓯百咏》、方鼎锐的《温州竹枝词》以及戴文俊的《瓯江竹枝词》均有大量的竹枝词用以歌颂当地的风土人情。这三者的目的大致都希望后人能通过所写的竹枝词领会温州的地理人文、民间风俗、社会风貌等方面。现以方鼎锐的《温州竹枝词》为例来说明这一形式的近代温州竹枝词。

(一)自然与经济环境

前文已经提到竹枝词能够反映当地的风土,在方鼎锐的《温州竹枝词》中也有大量的竹枝词反映当地的自然环境以及自然环境所带来的馈赠,例如:

> 东海王
> 汉家封邑赐驺摇,山海包罗擅沃饶。
> 百代沾濡明盛治,蛮烟瘴雨已全消。②

---

① 叶大兵:《温州竹枝词》序言,北京:文化艺术出版社,2008年,第1页。
② 方鼎锐:《温州竹枝词》,叶大兵:《温州竹枝词》,北京:文化艺术出版社,2008年,第91页。

斗城
阛阓天然布斗城,景纯当日善经营。
九山抱郭青如接,白鹿衔花瑞早呈。①

这两首都是对温州地理位置的描述。驺摇因灭楚有功,被封为"东海王"封地正是在温州。而温州"山海包罗"地理位置优越,物产丰富,加上经过长时间的治理,温州已然成为了风景秀丽之地。第二首中的"九山""青如接"与第一首中的"山海包罗"正好相互对应起来,说明温州是背山靠海的地理位置。这种优越的地理环境也有利于商贸的发展:

小苏州
繁华胜地足色留,画槛珠帘近水楼。
扇影衣香歌舞胜,游人争说小苏州。②
日中为市
漳泉大贾飞樯集,粤海奇珍巨槛来。
况复梯航通四泽,日中为市自无猜。③

第一首诗十分清晰地展现了温州地区景色优美、歌舞升平、引人流连忘返的景象,正是这一繁华的景象让人们把温州又称为"小苏州"。发展到明清时期,温州因其优越的地理位置成为物资中转的枢纽,各种物品、奇珍异宝在温州交易或者中转到其他地方,商贸十分发达。

(二)人文与社会环境

除了当地的风土以外,方鼎锐的《温州竹枝词》中也有大量描绘温州的人文环境的作品,温州当地的一些标志性建筑承载了当地人民的人文特色,如:

---

① 方鼎锐:《温州竹枝词》,叶大兵:《温州竹枝词》,北京:文化艺术出版社,2008年,第92页。
② 方鼎锐:《温州竹枝词》,叶大兵:《温州竹枝词》,北京:文化艺术出版社,2008年,第104页。
③ 方鼎锐:《温州竹枝词》,叶大兵:《温州竹枝词》,北京:文化艺术出版社,2008年,第116页。

墨池
墨池遗迹尚巍然,亭阁园池位置偏。
节俭更须兼正直,故应遗爱继前贤。①

状元桥
四灵诗格继风骚,文笔偏宜塔影标。
一自梅溪魁甲第,题名艳说状元桥。②

这两首则主要是讲述温州的人文环境。第二首讲述了王羲之的墨池遗迹虽然位置偏僻,但仍然保存得十分完好,从侧面反映当地人民对于文化艺术的尊重。在作风方面,节俭正直、对百姓仁厚的官员更是一直被歌颂。第四首叙述了温州后生继承了四灵的文笔风骚,更有多人高中状元,这也反映了当地有很浓厚的文化氛围,并且人民对此十分重视。由此不难看出,温州除地理条件优越外,人文情怀(不论是为人品德还是文化氛围)也十分深厚。但是发展到近代,这种优良的人文环境却有些不良的风气掺杂进来,例如:

总镇署
当年筹海建雄关。统帅舟师镇百蛮。
此日西风吹戍角,黄花满地老兵闲。③

花会引
拷蒱争赌推牌九,觞政喧闻战抢三。
更有新传花会引,奇门卅六任人参。④

曾经镇百蛮的舟师如今只剩下老兵清闲地戍边,这在一定程度上反映了政府对于沿海管理的松懈,也是后来中国积弱的缩影和伏笔。除此之外,社会上赌博的不良风气盛行。这两首诗反应的人文环境主要是社会在长久的安宁之下已经没有了当初的危机意识,反而渐生腐败。前后形成鲜明的反差,其实已经向人们预示了泡沫下的巨大危机。

---

① 方鼎锐:《温州竹枝词》,叶大兵:《温州竹枝词》,北京:文化艺术出版社,2008年,第96页。
② 方鼎锐:《温州竹枝词》,叶大兵:《温州竹枝词》,北京:文化艺术出版社,2008年,第98页。
③ 方鼎锐:《温州竹枝词》,叶大兵:《温州竹枝词》,北京:文化艺术出版社,2008年,第116页。
④ 方鼎锐:《温州竹枝词》,叶大兵:《温州竹枝词》,北京:文化艺术出版社,2008年,第118页。

二、风俗与信仰

（一）城乡风俗及其变迁

在温州竹枝词当中,风俗信仰也是众多文人写作的对象。在方鼎锐的《温州竹枝词》中也介绍了温州当地的风俗以及信仰,例如:

尝新
门庭乐事叙天伦,耕读家风守朴纯。
早稻初登先祀祖,红莲白粲共尝新。①
煨春
炉烧榾柮竞煨春,梅柳先开物候新。
粔籹粉粢争利市。双声爆竹闹比邻。②
扫墓
清明扫墓似游湖,斗酒黄鸡麦饭俱。
落日昼船箫鼓动,分明一幅上河图。③
赛会逐疫
迎神赛会类乡傩,磔攘喧阗满市过。
方相俨然司逐疫,黄金四目舞婆娑。④

第一首描绘了温州的尝新习俗。温州地区耕读文化淳朴,每家每户新米收割之后,先将新米祭祀先祖再邀请街坊邻里品尝新米制作的米饭,一同享受丰收的喜悦。第二首讲述了温州地区的人民在立春时煨"春茶",迎来一年的新气象,家家户户做各种糕点,邻里之间爆竹声声,展现了一幅新春画卷。第三首叙述了清明节扫墓时,有的人会雇船,一路鼓吹,在船上摆满宴席,昼出暮归,与游湖的场景类似。清明扫墓这一壮观的场面与清明上河图中所描绘情境相差无几,展

---

① 方鼎锐:《温州竹枝词》,叶大兵:《温州竹枝词》,北京:文化艺术出版社,2008年,第99页。
② 方鼎锐:《温州竹枝词》,叶大兵:《温州竹枝词》,北京:文化艺术出版社,2008年,第101页。
③ 方鼎锐:《温州竹枝词》,叶大兵:《温州竹枝词》,北京:文化艺术出版社,2008年,第102页。
④ 方鼎锐:《温州竹枝词》,叶大兵:《温州竹枝词》,北京:文化艺术出版社,2008年,第103页。

示了百姓安居乐业、生活宁静的一面。第四首是对当地赛会的描写。每年三月，温州郡地会举办赛会逐疫，迎神像出庙，寄托了当地百姓希望风调雨顺、固国安民的愿望。

在社会习俗方面，《东嘉新竹枝词》当中有相当一部分作品都提到了婚姻礼俗的变化。"挺向新娘一鞠躬，金丝眼镜竞雌风。"①"西邻姊妹私相约，也学文明好结婚。"②新式的婚姻礼俗简化了中式婚姻的繁琐仪式，并且摒弃了其中不合理的仪式，体现了自由民主平等之风，这种文明婚姻也受到了女性群体的欢迎。西方思想在温州地区的传入还拉开了女性群体解放思想的幕布。中国古代的社会地位很长一段时间都是男尊女卑，女性群体很难有接受教育的机会，甚至以女子"三寸金莲"的畸形脚为美。女子的"三寸金莲"畸形脚在初来中国的西方人眼中简直就是"怪谈"。"近来女子解文明，远足纷纷各出城。"③"智识开通女学生，平权力把自由争。皮鞋穿上天然足，三五齐群结伴行。"④女性受到了西方先进思想的影响之后，将腐败风俗涮除净尽，甚至开始为自己乃至整个女性群体争取应有的权利，这有力地促进了社会进步以及中国的近代化。

（二）民间信仰与西教东渐

地理位置以及气候使得温州深受疫灾的影响。古时，人们并没有发达的医疗技术，所以常把希望寄托于鬼神以求心安，换言之，温州的民间信仰比较突出。比较常见的信仰有温琼、观音、陈十四娘娘等。如陈十四娘娘："呼邻结伴去烧香，迎庙高台对夕阳。锦绣一丛齐坐听，盲词村鼓唱娘娘。"⑤也正是温州地区迷信鬼神的民俗造成了其与西方传教士频繁的纠纷。例如：西方传教士曹雅直刚到温州时，温州人民见他是金发碧眼，与当时本地人常穿的服装也不同——他习惯穿西装，而且因为腿部有残疾，走路时需要使用拐杖，当地的人觉得曹十分可

---

① 姜外门史：《新竹枝词》《东嘉新竹枝词》，叶大兵：《温州竹枝词》，北京：文化艺术出版社，2008年，第235页。
② 闻潮馆主人：《新竹枝词》《东嘉新竹枝词》，叶大兵：《温州竹枝词》，北京：文化艺术出版社，2008年，第244页。
③ 闻潮馆主人：《新竹枝词》《东嘉新竹枝词》，叶大兵：《温州竹枝词》，北京：文化艺术出版社，2008年，第243页。
④ 鹅爱轩主人：《新竹枝词》《东嘉新竹枝词》，叶大兵：《温州竹枝词》，北京：文化艺术出版社，2008年，第246页。
⑤ 郭钟岳：《东瓯百咏》，叶大兵：《温州竹枝词》，北京：文化艺术出版社，2008年，第71页。

怕。当时经常有吃人的传闻传出——"凶手"相貌与外国人十分相似。因此他"外出或传道时,时常被人围困,周围群众尾随乱叫起哄,甚至投掷石子,曹无法脱身时,即撒一把铜钱,乘众人抢拾之机脱逃;一次过瑞安马道,官府派兵护送,可见初时传道之艰难"[①]。

开埠之后,西方传教士在中国进行传教,主要是通过建设教堂、开设学校、新办医院来实现。温州地区的百姓由一开始的极度排斥外来宗教,到后来有相当一部分人信仰基督教,这主要得益于传教士在当地开设的学校以及医院。如:苏慧廉在白累德的资助之下,建造了"温州白累德医院"。不论是规模,还是设施,白累德医院都是当时浙南地区最好的医院。"来朝礼拜关心甚,听唱朗朗赞美诗。"[②]传教士通过在华创办学校、医院等公共基础设施的方式,对人民的思想起到暗暗转化作用,信奉基督教的群众数量越来越庞大。例如:

> 苏慧廉说,包医生"将传教与治病救人结合在了一起,治愈肉体也医治心灵,达到了'双重治愈'。每天,他和他的中国助手都会在男病房中为住院病人祈祷;而在女病房中,我们也高兴地看到包莅茂夫人被妇女们围着,每日为她们讲授基督教救赎的意义。因此,不管是来看病的还是住院的,其中都有不少人成了基督徒。在那里,建立起不止一个教会,对我们及基督徒的反感及偏见慢慢在消融"[③]。

通过苏慧廉说的这一段话不难看出,西方传教士通过让当地人民能够信仰宗教,完善当地的基础设施,获得了当地百姓的好感,达到了消解矛盾的作用。

[①] 高建国:《基督教最初传入温州片断》,《温州文史资料》(第七辑),政协温州市委文史资料研委会编印,1991年,第343页。

[②] 姜外岷:《新竹枝词》《东嘉新竹枝词》,叶大兵:《温州竹枝词》,北京:文化艺术出版社,2008年,第237页。

[③] 详见沈迦:《寻找·苏慧廉》,北京:新星出版社,2013年,第214—215页。

三、物产与商贸

(一)"百工之乡"

在鸦片战争以前,温州是以自给自足的小农经济为主的自然经济,这也是全国共同的经济特征。除此之外,温州是浙南闽北土特产的集散市场,商业素称繁盛,手工业颇为发达。[1] 竹枝词当中也有不少反映了温州本地的商业贸易以及手工业特色的作品。

温州素有"百工之乡"之称,在手工业方面最富有盛名就数温州的传统丝织品——瓯绸。"五色丝缲织锦衾,织成红绿浅和深"[2],从竹枝词对于瓯绸的描述可以看出瓯绸色彩鲜艳,虽然"素丝不类台州绢,花样难工濮院绸"[3],但是因为它的彩色回纹别具风格,在市场上也有着比较抢手的地位。除了瓯绸之外,温州的妇女自幼就会编织龙须席。龙须席是用龙须草制成的,"三牌坊畔麦风凉,龙须席草比侬长"[4]。龙须草本性阴凉,用其制成的枕席、床席也十分清凉舒适。在清朝康熙年间,龙须席就被列为朝廷的贡品之一。温州的造纸业也极具代表性。宋朝时期,温州的蠲纸被列为浙江三大名纸之一。"瘦金笔势迥超伦,纸敌澄心白似银。"[5]从竹枝词的描述能够看出作者对蠲纸有着极高的评价,认为蠲纸能够与澄心纸相媲美。但比较遗憾的是到了明代宣德年间,蠲纸的生产停止了,蠲纸的生产技艺也逐渐失传。温州因为地处亚热带季风气候区再加上位于沿海地区,降水量比较丰富,受海洋影响比较大,出现了许多因地制宜的产品。例如:棕鞋、乌油伞。"何用游山双不借,棕鞋也似笋鞋轻。"[6]棕鞋最大的特点就是轻快、干燥,可以渗汗,这与温州当地的地形还有气候有着密不可分的关系。温州的乌油伞与寻常的油纸伞也有不同之处,"玉骨玲珑妙翕张,乌油伞盖制精良"[7]。乌油伞的制作非常精良,而且因为用了黑伞油,伞的牢固吸热和抗风能

---

[1] 胡珠生:《温州近代史》,沈阳:辽宁人民出版社,2000年,第12页。
[2] 郭钟岳:《东瓯百咏》,叶大兵:《温州竹枝词》,北京:文化艺术出版社,2008年,第49页。
[3] 方鼎锐:《温州竹枝词》,叶大兵:《温州竹枝词》,北京:文化艺术出版社,2008年,第105页。
[4] 戴文俊:《瓯江竹枝词》,叶大兵:《温州竹枝词》,北京:文化艺术出版社,2008年,第124页。
[5] 戴文俊:《瓯江竹枝词》,叶大兵:《温州竹枝词》,北京:文化艺术出版社,2008年,第141页。
[6] 方鼎锐:《温州竹枝词》,叶大兵:《温州竹枝词》,北京:文化艺术出版社,2008年,第101页。
[7] 方鼎锐:《温州竹枝词》,叶大兵:《温州竹枝词》,北京:文化艺术出版社,2008年,第105页。

力也比较强。由此我们能够看出,温州本地有很多手工制品是与当地的自然地理环境相适应的。

(二)商业贸易及其变迁

在商业方面,"烽火幸留完善地,繁华依旧小杭州"[①]。温州因为社会相对安定,经济发展比较快,成为一个富庶繁华的城市,于是有了"小杭州"的称号。市场上商品种类繁多,"龙泉磁器青田石,都向城西市上寻"[②]。其中瓷器、玉器在城西街中的店铺都可以找得到,这也反映了当时本地商业贸易的规模之大、种类之多。温州商业贸易发达的一个重要原因是地理位置优越,前面提到它是浙南闽北的货物集散地,福建的货物能够很快运往温州。例如:"近喜轮舟飞迎到,绛囊争啖荔枝香"[③]"莫愁色香味俱变,船自莆阳信宿开。"[④]从福建到温州的船只一两天就可来回,让温州地区的人们能够吃上不是本地特产的新鲜荔枝。这也侧面显示了温州海上交通的便利。

温州出口以茶、柑、矾、靛、竹、木、盐、铁、药材等货物为主,尤以茶叶最为大宗。[⑤] 据《瓯江逸志》记载:"瓯地茶,雁山为第一。"这是对雁茗的高度评价。雁荡山高,雨多,比较适宜茶叶生长,有一种"雨茶珍重紫云浮"[⑥]的紫茶更是不可多得的茶中精品。除茶叶以外,瓯柑也是出口的大宗货物之一,"垂垂丹实晓烟含,佳品尤逾橘柚柑。"[⑦]瓯柑因其品质的优越,被列为贡品之一,深受各地人民的喜爱,成为温州地区的一张名片。

与其他沿海地区相似,影响温州对外贸易的两个最大因素是海上恶劣的自然因素以及海禁政策。

风信

劝郎莫贩茶与丝,劝郎航海且迟迟。

---

① 郭钟岳:《东瓯百咏》,叶大兵:《温州竹枝词》,北京:文化艺术出版社,2008年,第89页。
② 方鼎锐:《温州竹枝词》,叶大兵:《温州竹枝词》,北京:文化艺术出版社,2008年,第100页。
③ 方鼎锐:《温州竹枝词》,叶大兵:《温州竹枝词》,北京:文化艺术出版社,2008年,第109页。
④ 郭钟岳:《东瓯百咏》,叶大兵:《温州竹枝词》,北京:文化艺术出版社,2008年,第82页。
⑤ 胡珠生:《温州近代史》,沈阳:辽宁人民出版社,2000年,第11页。
⑥ 戴文俊:《瓯江竹枝词》,叶大兵:《温州竹枝词》,北京:文化艺术出版社,2008年,第136页。
⑦ 方鼎锐:《温州竹枝词》,叶大兵:《温州竹枝词》,北京:文化艺术出版社,2008年,第108页。

>　　天边云色卜风信,黑云起处避风痴。①
>　　　　贩米船
>　　贩米船从海上来,黄粱满载十分回。
>　　莫愁谷贱伤农甚,每为年丰海禁开。②

因为温州地处沿海地区,夏秋季节多飓风,这也是从事海上运输贸易的农户担忧的事情,经过长时间的观察,温州历代人民学会观察不同的云色用以预测"风信"。虽然顺治时期就颁布了禁海令,限制海上贸易。但面对闽浙区域粮食不足的情况,清政府又时常开放粮食海禁,允许通过海运的途径实现粮食调控。③ 于是温州地区的农民不怕当地粮食因为压低价格而损害自己的利益,因为到了开海禁时,能够有一个好的收获。

温州的开埠给当地的经济造成很大的冲击,一方面促进着近代经济的发展。首先是国内外轮船运输航线的开辟。温沪航线是最早开辟的航线,从1881年开始,有货轮自温州途径宁波再到达上海,这打开了温甬经济贸易之间的新局面。此后,温州通商口岸相继开辟通往福州、厦门、香港、新加坡等航线。随着温州通往各地航线的增多,温州港的进出口贸易量有了一个显著的增长。如:"1877年,进口洋货净值是223506海关两,进口土货净值是21903海关两,出口土货值是18117海关两,共计263526海关两。十年之后,进口洋货净值是353831海关两,进口土货净值是133502海关两,出口土货净值是105598海关两,共计592931海关两。"④洋货的大量倾销,打破了原来以家庭为单位的自给自足的小农经济的市场格局,也导致大量的手工业者破产。但是另一方面,温州地区的劳动人民与市场有了更多的直接性接触,另外,由于国外资本主义对温州的农副产品的青睐,农村的商品经济也逐渐发展起来。

此外,洋货又对土货造成巨大威胁。"饮食日用曰洋货者,殆不啻十之五矣。"⑤在这种情况下,社会上出现了一种崇洋媚外的风气:"凡物之极贵重者,皆谓之'洋',重楼曰洋楼,彩轿曰洋轿,衣有洋绉,帽曰洋箕,挂灯曰洋灯,火锅名为

---

① 郭钟岳:《东瓯百咏》,叶大兵:《温州竹枝词》,北京:文化艺术出版社,2008年,第80页。
② 郭钟岳:《东瓯百咏》,叶大兵:《温州竹枝词》,北京:文化艺术出版社,2008年,第67页。
③ 谢祺:《清代海禁与东南沿海粮食调控的博弈》,《福建论坛(人文社会科学版)》2022年第12期,第63—75页。
④ 周厚才:《温州港史》,北京:人民交通出版社,1990年2月,第64页。
⑤ 姚贤镐:《中国近代对外贸易史资料:1840—1895年》,上海:中华书局,1962年。

洋锅。细而至于酱油之佳者亦名洋秋油,颜料之鲜明者亦呼洋红洋绿。大江南北,莫不以洋为尚。"①面对这种情形,温州曾掀起国货运动,"何术能教塞漏卮,关屯国货首维持。移山费尽愚公力,此意瓯人知不知"②。抵洋货运动实施起来是比较费力的。朱英在《论近代商人参与抵制洋货遭遇的困境中》提到:"过去,学界在论述抵制洋货运动时,大多会提及有许多商人激于民族大义与爱国热情,积极参加抵货运动,但同时又强调有不少商人唯利是图,私下继续定购和销售洋货,这些奸商乃是破坏抵制洋货运动,并使运动最终陷于失败的罪魁祸首。"③

四、新事新物与日常生活

在收录的温州竹枝词当中除了传统的竹枝词题材,还有另外一部分新颖题材的竹枝词,这部分竹枝词基本是依据1840年鸦片战争开始后,西方新兴事物传入中国,影响百姓日常生活及生产所作。1840年西方资本主义国家以暴力的形式打开中国的大门是以林则徐的禁烟运动为导火索。"可怜三月春风里,四野犹红罂粟花"④,其实在鸦片战争开始之前,英国就已经向中国贩卖鸦片,"玉环厅之苔山、田岙,永嘉县之廊下、花坦、岩头、岭头、楠溪,乐清之芙蓉、旸岙,平阳县之南港、赤溪、金乡等各处,向有奸民栽种,熬烟售卖"⑤。而鸦片的盛行又导致内地广泛种植罂粟。中国大门打开之后,首先受到影响的就是沿海地区。1876年清政府与列强签订《烟台条约》,温州成为通商口岸,"自从瓯埠通商后,屡见洋轮鼓浪来"⑥。洋人的到来拉开了温州走向近代的帷幕。

温州辟为通商口岸之后,进出口贸易有了显著的增长,这就意味着洋货对于本土自然经济的冲击。与此同时,洋货和新事新物也在一定程度上促进了民众日常生活的变迁。例如手工业方面,洋布的进口使得土布受到严重威胁,"顾主

---

① 严昌洪:《西俗东渐记:中国近代社会风俗的演变》,长沙:湖南出版社,1991年,第42—43页。
② 芙蓉吟馆主人:《新竹枝词》,《东嘉新竹枝词》,叶大兵:《温州竹枝词》,北京:文化艺术出版社,2008年,第240页。
③ 朱英:《论近代商人参与抵制洋货遭遇的困境中》,《江海学刊》2022年第1期,第201—209页。
④ 芙蓉吟馆主人:《新竹枝词》《东嘉新竹枝词》,叶大兵:《温州竹枝词》,北京:文化艺术出版社,2008年,第239页。
⑤ 《清实录》,北京:中华书局,1986年影印版,第146—147页。
⑥ 花信楼主人:《新竹枝词》《东嘉新竹枝词》,叶大兵:《温州竹枝词》,北京:文化艺术出版社,2008年,第229页。

漫嫌高价格,将奴颜色细端详"①。甚至出现了买家嫌弃土布价格太高,对于产品的质量要求也更为严苛的情况。古代服式,虽然代有更易,但从东周的曲裙袍服到清代的长袍马褂,总的传承倾向是宽大松缓。② 近代温州出现了八字襟的服饰,"短短襟儿八字开,重襈四角称身材"③。可见此时已有女子身穿比较衬托身材的服饰,打破了传统的服装的限制。同时衣服的颜色样式也发生了很大变化,"砖灰墨绿夸新样,寄语侬家休染红"。以前温州地区的人民大都是染成红色,但是受到外来文化的影响,也与之前大不一样,服饰不似之前的艳丽,逐渐有朴素之风融入,穿着观念发生转变。除此之外,百姓生活方式中最明显的改变就是出现了电灯:"电杆高于九仞墙,钢丝密密似罗张。"④人们夜晚外出时不用再随身携带灯火,电灯的传入极大地方便了民众的日常生活。摄影也出现在民众的日常生活中。古时,人们想要留念某物或者某地时,都是采用绘画的方式,但是这种方式比较费时费力。"与郎摄影怕人知,妙术同昌亦自奇。"⑤相片相比于绘画作品来说占地比较小,便于随身携带。当时摄影的传入既颠覆人们的认知,同时又引起人们对于新事物的好奇心。严昌洪认为:一个社会参加娱乐活动的人数的增多,人们闲暇时间的增长,娱乐方式的多样化和现代化,娱乐内容的日趋高雅、健康,是那个社会发展和开放程度提高的一种体现。⑥温州传统的娱乐活动丰富多彩,例如:龙舟竞渡、木偶戏、斗蟋蟀等。西方各国也有着自己独特的娱乐活动,到了近代,打扑克和观新剧等娱乐活动传入中国。无疑,这些新兴娱乐活动在一定程度上可以促进近代化的发展,但是也给温州人民带来了很多的负面影响。"翻嫌麻雀非洋气,近日瓯中扑克来。"⑦当时很多人将扑克作为一种赌博所用的媒介,"一掷思赢巨万财,岂知避债竟无台"⑧。这导致很多人债台高

---

① 姜外门史:《新竹枝词》《东嘉新竹枝词》,叶大兵:《温州竹枝词》,北京:文化艺术出版社,2008年,第236页。
② 严昌洪:《西俗东渐记:中国近代社会风俗的演变》,长沙:湖南出版社,1991年,第152—153页。
③ 芙蓉吟馆主人:《新竹枝词》《东嘉新竹枝词》,叶大兵:《温州竹枝词》,北京:文化艺术出版社,2008年,第239页。
④ 吟红女史:《新竹枝词》《东嘉新竹枝词》,叶大兵:《温州竹枝词》,北京:文化艺术出版社,2008年,第245页。
⑤ 听秋楼主人:《新竹枝词》《东嘉新竹枝词》,叶大兵:《温州竹枝词》,北京:文化艺术出版社,2008年,第242页。
⑥ 严昌洪:《西俗东渐记:中国近代社会风俗的演变》,长沙:湖南出版社,1991年,第179页。
⑦ 花信楼主人:《新竹枝词》《东嘉新竹枝词》,叶大兵:《温州竹枝词》,北京:文化艺术出版社,2008年,第232页。
⑧ 花信楼主人:《新竹枝词》《东嘉新竹枝词》,叶大兵:《温州竹枝词》,北京:文化艺术出版社,2008年,第232页。

筑,影响社会安定。在海上交通方面,前面以及提到温州开埠最直接的体现就是在经济层面,经济方面影响的第一个方面就是国内外航线的开通,"沪上航通甬与瓯,椒江更复驶轮船"[1]。光绪七年(1881)开始,招商局温沪客货轮中途兼弯宁波,温甬之间经济和贸易的联系得到加强。[2] "轮船邮递交通便,百有原来是永嘉。"[3]"七十水程朝夕返,交通进胜昔时多。"[4]轮船的使用也使得海上交通更为便利,去往目的地的时间大大缩短,"汽笛呜呜晓色寒,寒烟一缕向空盘。"[5]"南浦无须动别情,朝朝汽影复轮声。"[6]温瑞塘河是温州的母亲河,全长三十多公里,轮船的出现将几天的往返路程缩短到一天。从这也不难看出,交通的便利有利于百姓生活的提高以及经济贸易的发展。

余论:近代温州竹枝词的特点及其社会史价值

晚清时期,国势山河日下,但与之形成反差的是此时的西方国家迅速发展壮大,为了满足国家发展需要,疯狂对外进行殖民扩张。远在东方的中国被他们视为一只待宰的羔羊。在这种时代背景之下,温州竹枝词吟咏的题材不断拓展,有三个特点尤为突出:第一,山水文化特点突出。瓯江山水诗是众多文人墨客喜爱的创作题材,近代温州竹枝词也不例外,在竹枝词当中吟咏山水题材的作品占了相当大的一部分。例如:华盖山、积谷山(山内还有飞霞洞)、江心屿的东西双塔、楠溪江以及各种名楼、名园等。如"且园",在郭钟岳笔下是:"且园花草总精神,何处重寻且道人。后李前秦名望重,又听退叟颂声新。"[7]在方鼎锐笔下又是:"且园名胜冠东瓯,铁岭高徐各创修。添种梅花三百树,天教仙吏恣夷犹。"[8]在

---

[1] 花信楼主人:《新竹枝词》《东嘉新竹枝词》,叶大兵:《温州竹枝词》,北京:文化艺术出版社,2008年,第230页。
[2] 胡珠生:《温州近代史》,沈阳:辽宁人民出版社,2000年,第92页。
[3] 花信楼主人:《新竹枝词》《东嘉新竹枝词》,叶大兵:《温州竹枝词》,北京:文化艺术出版社,2008年,第233页。
[4] 仲宽:《新竹枝词》《东嘉新竹枝词》,叶大兵:《温州竹枝词》,北京:文化艺术出版社,2008年,第248页。
[5] 花信楼主人:《新竹枝词》《东嘉新竹枝词》,叶大兵:《温州竹枝词》,北京:文化艺术出版社,2008年,第231页。
[6] 姜门外史:《新竹枝词》《东嘉新竹枝词》,叶大兵:《温州竹枝词》,北京:文化艺术出版社,2008年,第236页。
[7] 郭钟岳:《东瓯百咏》,叶大兵:《温州竹枝词》,北京:文化艺术出版社,2008年,第55页。
[8] 方鼎锐:《温州竹枝词》,叶大兵:《温州竹枝词》,北京:文化艺术出版社,2008年,第95页。

戴文俊笔下又是这样:"且园僚友夜谈诗,北斗平临雉蝶移。槛外白莲娇欲堕,鹭鸶飞下立多时。"①三者均有对且园的描绘,但各有特色。第二,海洋文化特别浓厚。温州的地理位置是"山海包罗"的,临近海洋,受到海洋的影响也比较大。直到现在,居民生活中,尚有信海神、种涂田、食海鲜、放海灯,擅海运和造船等各种和海洋有关的民俗文化。②如:"梅头城里有人家,梅头台下浪淘沙。百年争取桑田利,半数章安半永嘉。"③临海的土地经过时间变迁以及人为作用的影响成为可以耕种的涂田。又如"桃花浪暖鲎鱼肥。味比江南是更非。日莫网来孤屿下,银刀出水雪花飞"④。鲎鱼又称凤尾鱼,味鲜美,生活在近海区域,这也是海洋带给温州的赠礼。第三,证史叙事特点明显。在东嘉新竹枝词中能够看到温州开埠后给温州社会带来的新事物以及影响的缩影。例如:"储蓄票兼公债票,温州今已设银行。"⑤"时髦衣饰效西装,渐染欧风举国狂。"⑥竹枝词作品题材的广泛,尤其有相当多的竹枝词是对人们日常生活的反映,这也就极大地提高了竹枝词证史的能力。又如:"十三十四日仓皇,道上纷纷争出亡。侬亦催郎赶紧走,下塘不好到中塘。"⑦这是杨淡风所写的有关1927年闽军过温的记事竹枝词,反映了当时百姓恐慌,四处逃散的情形。

以上三个特点生动形象地再绘了当时民众的日常生活,以及民众对于西方新事物的反应和态度,基于此,本文从社会史的角度研究了近代温州社会变迁下近代温州的民情风俗、民众的日常生活以及时代变迁。

唐圭璋对于竹枝词有这样的评价:"《竹枝》内容则以咏风土为主,无论通都大邑或穷乡僻壤,举凡山川胜迹、人物风流、百业民情、岁时风俗,皆可书写。非仅诗境得以开拓,且保存丰富之社会史料。"⑧他认为竹枝词不仅仅只是诗词,更是在竹枝词中蕴含了丰富的社会史史料。从晚清开始,中国就处于一个大变革、

---

① 戴文俊:《瓯江竹枝词》,叶大兵:《温州竹枝词》,北京:文化艺术出版社,2008年,第137页。
② 叶大兵:《温州竹枝词》前言,北京:文化艺术出版社,2008年,第8页。
③ 方鼎锐:《温州竹枝词》,叶大兵:《温州竹枝词》,北京:文化艺术出版社,2008年,第112页。
④ 郭钟岳:《东瓯百咏》,叶大兵:《温州竹枝词》,北京:文化艺术出版社,2008年,第64页。
⑤ 花新楼主人:《新竹枝词》《东嘉新竹枝词》,叶大兵:《温州竹枝词》,北京:文化艺术出版社,2008年,第231页。
⑥ 花新楼主人:《新竹枝词》《东嘉新竹枝词》,叶大兵:《温州竹枝词》,北京:文化艺术出版社,2008年,第234页。
⑦ 杨淡风:《丙寅(1927)冬浙海陆省防军抵温记事竹枝词》,叶大兵:《温州竹枝词》,北京:文化艺术出版社,2008年,第412页。
⑧ 徐恭时:《〈上海洋场竹枝词〉序》,顾炳权:《上海洋场竹枝词》,上海:上海书店出版社,1996年,第3页。

大动荡时期。东方文化与西方文化不断碰撞、交融,在这种情况下,社会也发生了天翻地覆的变化,近代温州竹枝词所用的题材也大多是西方文明对温州当地人民产生深刻而剧烈影响的新潮流、新事物。所以近代温州竹枝词当中保存了比较丰富的社会史资料。

伴随着西方经济、文化进入温州地区,近代温州社会出现了许多新变化。对温州地区以家庭为单位的能够自给自足的自然经济造成严重的破坏,温州地区人民的生产生活方式发生翻天覆地的变化。在面对西方事物时,虽然温州人民一开始十分抗拒。如洋布占据市场导致以土布为家庭经营的农户破产以及民教矛盾十分尖锐。但随着温州地区的人民认识到西方事物并不全然都是不好的,又慢慢开始逐渐接受西方文化所带来的事物以及影响。例如:

自由言论渐文明,一纸乡评遍鹿城。漫美汝南公月旦,近从瓯海听湖声。①

报章自可开民智,清议难逃削笔权。瓯海风声收笔底,是非黑白谅无偏。②

这两首竹枝词都是写人们通过报馆的文章或者通过报馆发表自己的意见,让其他处于底层人民意识到当今社会发生的巨大变化,所以说"开民智""言论渐文明"。

本文以社会史的角度,从普通人的角度出发——以竹枝词为主要史料构建论文的主要体系。近代西方资本主义文明以一种强有力的方式推开了近代温州的大门,但是又以一种润物细无声的形式悄然影响着人民的民众生活以及社会的变迁,近代温州呈现新的社会风貌、社会气象以及思想观念。如:近代温州人民由极度抗拒基督教到后来的基督教在温州地区发展迅速,近代女性意识的觉醒以及一些陋习的废除,因此从社会史的角度出发,以竹枝词为主要史料研究近代温州的社会变迁及民众生活是一种新的研究尝试。

此外,本文还存在不足之处,如对竹枝词史料挖掘不够深入,因温州竹枝词当中存在用方言叙述的情况,比较难以理解,只能粗略地进行阐述。另外,西方

---

① 仲宽:《新竹枝词》《东嘉新竹枝词》,叶大兵:《温州竹枝词》,北京:文化艺术出版社,2008年,第248页。
② 章安潜庵:《新竹枝词》《东嘉新竹枝词》,叶大兵:《温州竹枝词》,北京:文化艺术出版社,2008年,第249页。

资本主义文明对近代温州社会的影响涉及方方面面,但是由于资料的不足,只能选取其中一部分有代表性的方面作为本文的分析佐证,这也是本文的一个遗憾之处。

(童孟,温州大学人文学院 2019 级本科生)

新民主主义革命时期温州女性革命者窥探

李海淑　范欢欢

摘　要：自温州开展革命斗争以来,出现了许多杰出革命者,但学术界把目光大多聚焦在男性革命者身上,而对女性革命者的研究则十分有限。鉴于此,本文从三个不同视角入手,对温州女性革命者进行考察,就其崛起原因、革命活动、革命精神等方面进行梳理和分析。

关键词：温州女性革命者；崛起原因；革命活动；革命精神

1921年中国共产党成立,温州紧跟党的步伐,于1924年成立中共温州独立支部(简称"温独支"),此后温州革命队伍不断壮大,女性革命者也发挥着举足轻重的作用,在许多领域做出了突出贡献。然而学术界历来重视对男性革命者的研究,对女性革命者的研究和介绍则相对薄弱。随着女性研究视角的推广,越来越多的学者开始关注女性革命者,围绕秋瑾、向警予等女性人物推出了一批研究成果。这些研究有的侧重于个别女性革命者的介绍,有的则关注某一时期的女性革命者的活动。本文选择温州女性革命者作为研究对象,就其崛起原因、革命活动、革命精神等方面进行梳理和分析。

一、温州女性革命者崛起原因

(一)温州女学教育的兴起与女性思想启蒙

温州女学教育的发端,要追溯于近代温州教会女学。1875年,英国以"马嘉理事件"为借口扩大对中国的侵略,次年胁迫清政府与其签订《烟台条约》,温州被辟为商埠。随着温州对外开放程度的提高,不断有外国传教士进入温州。与此同时,西式学校教育也被引入温州。1878年,苏格兰传教士曹雅直与其妻子在温州城区铁井栏附近买地创办温州第一所女子寄宿学校,开始时仅有两三个贫苦家庭女孩入学,后规模慢慢扩大,至1902年改称为育德女学堂。① 1904年,英国人苏露茜在丈夫及英国基督教循道公会著名传教士苏慧廉(William Edward Soothill)支持下,于温州市区康乐坊天灯巷公馆里创办艺文女学堂。教会女学提供免费教育,禁止裹脚缠足等封建陋习,提倡妇女解放,促使温州社会加大对女学教育的关注。但教会女学教育动机始终不纯,其以培养基督教信徒为目标,强迫学生参加宗教活动,又实施野蛮体罚制度,具有落后迫害的一面。

随着清末戊戌维新、辛亥革命等运动开展,全国范围内掀起"国办女学"运动,有识之士意识到妇女教育和妇女解放对解决中国社会基本问题起着不可忽视的作用,他们企图通过知识教育启蒙女性思想,唤醒女性自觉意识,使广大妇女投入反帝反封建斗争中去,壮大革命队伍。② 温州本地知识分子也意识到提高女性知识与素质,不能让传教士越俎代庖,知识阶层应主动承担女性启蒙的责任。1903年,寓居瑞安的四川人萧侃在瑞安市区汇头街创办摒弃教会女学的宗教色彩——女子蒙学堂,虽该学堂仅有学生10余人,课程也只围绕国文、历史、地理三门科目教学,却开温州各县女学风气先河。此后,乐清、瑞安、平阳等地经由孙诒让先生帮助也先后创办女校,而孙诒让先生的办学实践,培养了温州第一代女性知识分子,开启了近代温州妇女解放之先声③。

(二)五四运动后马克思主义妇女观在温州的传播与女性意识的觉醒

1919年五四运动的爆发,使得妇女觉醒、争取解放之斗志与思想上升到一个新层次,一大批进步女性走上妇女解放道路。李大钊、陈独秀等部分知识分子首先在《新青年》等杂志积极发表有关苏俄等国家女性解放运动及其胜利的文章,将广大妇女解放同民族兴亡相联系,引领妇女向现代化变迁、进步。在新文化思想影响下,广大知识分子倡导男女同校、大学解除女禁等,再次引发女子教育改革,促使全国包括温州等地女性解放思潮不断深入。④ 因此在温州人民响

---

① 毕晓春:《信仰的塑造:温州基督新教传教研究(1867—1907)》,南京大学2015年硕士学位论文。
② 温州市教育发展服务中心:《新学先声:近现代温州女学简史》,http://jysg.wzer.net/art/2014/12/3/art_186_3313.html,2014年12月3日。
③ 温州市教育发展服务中心:《新学先声:近现代温州女学简史》,http://jysg.wzer.net/art/2014/12/3/art_186_3313.html,2014年12月3日。
④ 鲍琴、张寅红:《五四新文化运动时期的女子教育与妇女解放》,《牡丹江师范学院学报》2011年第2期,第57—60页。

应社会号召而纷纷开展抵制日货斗争时,温州女性革命意识逐步觉醒,勇敢挺身抵抗,开始登上温州政治舞台。1919 年 6 月,乐清三所女校师生表示"我女界……亦国民分子,不甘为亡国之奴隶,因而奋起直追",随后成立女子救国联合会,积极讨论抵制日货救国之法;十中、十师学生组织讲演团、救国十人团,至永嘉等地演讲,唤醒温州民众爱国热忱;温州女性革命先行者又带领女性知识分子,先后成立温州女子讲演团等组织,集会声讨卖国贼。

十月革命一声炮响为中国送来马克思主义,马克思主义不仅为中国革命、中华民族命运的未来带来光明,也给处在水深火热和压迫之中的女性带来希望,让她们看到女性有拥有独立、自主等权利的可能。五四运动之后,伴随着马克思主义及其妇女观在中国的广泛传播,陈独秀、李大钊、向警予等马克思主义者开始站在无产阶级的角度思考和回答妇女解放的实现途径这一系列问题,并初步形成较为完整的科学体系。马克思主义妇女观的传播使无数温州妇女在教育和革命过程中逐渐觉醒,为温州独立支部领导温州妇女运动和无产阶级革命事业奠定思想基础。

(三)"温独支"的成立与女性革命的开端

"温独支"成立前,经过若干思想启蒙运动熏陶,被传统封建礼教束缚的温州女性逐渐觉醒,她们开始在生活习惯、婚姻自由、社会地位平等、受教育机会、参与政治事务等方面争取和男性平等、自由的权力,不断在解放自身的道路上艰难奋斗。但由于温州受地理环境封闭等多因素制约,当时顽固守旧思想依然根深蒂固,导致温州女性受教育程度普遍较低、自由婚姻仍备受议论等现象。[①]

"温独支"成立后,党支部在妇女工作方面开展更为深入,其第一项重要活动便是成立国民会议温州女界促成会。温州女界促成会组织女性成立宣传团体,鼓励女性高喊"提倡男女平等"等口号,公开支持女性追求男女政治经济地位平等。它通过专门团体领导,使温州妇女解放运动更权威化、组织化。"温独支"也十分重视调动温州女子师范学校的学生参加革命活动,女师学生普遍投入温州妇女解放运动,参与响应五卅运动游行示威等革命活动,成为温州妇女解放的先锋。除此之外,"温独支"还通过关心女工经济生活和政治地位、吸收女性入党等工作,引导一大批女性积极参与政治斗争,不断强化温州地区革命力量。[②]

---

① 谭桂涛:《中共温州独立支部研究(1924—1927)》,温州大学 2015 年硕士学位论文。
② 徐云江:《温州青年运动研究(1919—1949)》,温州大学 2019 年硕士学位论文。

(四)全国战势的紧迫与温州女性革命高潮

1931年,九一八事变爆发,日本对中国发动武装侵略,全国各地掀起抗日爱国风潮。随着抗日战争的爆发,中国的土地不断被占领,城镇、村庄被大肆毁坏,屠杀、掠夺、轰炸、奸淫,此等恶行充斥中国大地,中国社会面临着前所未有的打击和毁灭。老人、妇女、儿童群体被迫走向硝烟弥漫的抗日之战。1946年,国民党反动派在美帝国支持下,公开撕毁停战协议,悍然对解放区发动全面进攻。中国共产党为保卫解放军区人民利益,结束国民党反动派的残暴统治,英勇进行自卫,开启伟大的人民解放战争。战争往往是残酷的,而残酷的战争现实使广大妇女群众意识到,想要生存,唯有与中国共产党统一战线,同日本侵略者、国民党反动派进行坚决的斗争,唯有战胜日本侵略者、国民党反动派,才能获得全国解放乃至实现全妇女真正的解放。[①]

在全民战争的大环境下,大量男性参军或承担其他战时工作,战争带来不可估量的人员伤亡。因此,在这种紧迫形势下,女性不得不自发承担起抗战工作:或以战争主力,直接参与前线极其惨烈的对敌军事战斗;或以后备力量,参加后方生产、医疗工作。随着革命形势愈发严峻,妇女群体也愈发自觉地参与战争之中,构成革命和战争胜利的重要力量,为新民主主义革命事业做出独具女性特色的贡献。

近现代温州女性不是突然实现觉醒,而是经过一个循序渐进的过程。从总的进程来看,温州女性首先经过教育,提高知识与素质,因而被初步赋予独立思考能力;后随着五四运动、学习马克思主义等思潮兴起,温州女性斗争意识逐渐提高,产生摆脱封建旧俗束缚、追求自由平等的自主意识;随后的"温独支"使温州女性解放运动持续发展,"温独支"向温州社会发出女性也可以投身政治的信号,使温州女性开始从事革命工作;最后随着全国战势的紧迫,全民族的爱国情绪高涨,温州女性也加入抗战队伍,甚至在一线正面对敌,可以说温州女性自此得到初步的"全面解放"。

---

① 靳玉娟:《抗战时期邓颖超对培养妇女干部问题的思考》,《毛泽东思想研究》2006年第1期,第36—39页。

二、新民主主义革命时期的温州女性革命者

(一)敢作先锋的榜样女杰

清末民初,在西学东渐和新式教育影响下,东南沿海温州开风气之先,女子教育日盛,民间女学勃兴,女子思想得到解放。到20世纪20年代,知识分子意识到资产阶级革命的软弱性与妥协性,纷纷转向无产阶级革命,一部分思想先进的女性开始同男性革命者一起投身于党的建设。"温独支"的建立,便有若干女性革命者无私奉献的身影。

胡识因(1893—1974),原名世英,化名吴式、郑耐冬,永嘉县人。1906年就读于英国教会创办的艺文女学,因受秋瑾革命事迹影响而政治早熟,故而在察觉教会学校虚伪真貌后毅然离校,先后从大同女校、杭州女子工艺学校和上海女子体操学校毕业。受"五四运动"爱国思潮鼓动,胡识因在温州创办新民小学同时执教于女子师范,尝试以教育方式实现温州妇女解放,积极协助党组织培养若干温州女教师和女革命者来壮大温州革命力量。在胡识因本人言传身教下,女师学生普遍投入温州妇女解放运动,成为温州现代革命的主力军之一。1924年,在谢文锦的帮助下,胡识因加入中国共产党,12月"温独支"成立,胡识因首任支部书记。次年,胡识因利用其在温州妇女界的影响力组织成立温州国民会议女界促成会("女促会"),通过创办女工夜校、谋求女性同工同酬等形式提高温州女性知识水平及思想觉悟。"女促会"是温州党组织对产业女工最早的文化扫盲和政治启蒙,具有极大的社会舆论效应,在温州妇女解放史上具有里程碑意义。[1] 1925年1月,胡识因根据中共中央指示以个人身份加入国民党后,联合郑尘侧、王超凡等"温独支"老党员帮助组建国民党临时县党部,并于次年1月,在排除西山会议派[2]干扰下,领导永嘉县国民党左派改组县党部,使党部气象一新。五卅惨案爆发后,温州人民在胡识因等党员带领下开展罢工、罢课、罢市、游行斗争,

---

[1] 中共温州市委党史研究室、中共温州市鹿城区委党史研究室:《中共温州独立支部与国民革命运动》,北京:中共党史出版社,1998年,第323页。

[2] 1925年3月孙中山去世后,随着全国革命的发展,国民党左右派分化激烈,11月。国民党出现反对"三大政策"的西山会议派,不仅大搞分裂活动,还竭力阻挠胡识因以特别妇女代表身份出席国民党"二大"。

不断开拓温州革命新局面。胡识因于1926年6月离开温州,道路虽坎坷,却从未停止革命步伐,杭州、上海、武汉等地均有其革命身影。1974年3月,胡识因病逝于温州。①

姚平子(1897—1941),温州市区人,幼时受父亲影响,从小根植革命精神。1907年,姚平子就读于大同女学,与胡识因成为同窗好友。在校就读期间,正逢辛亥革命推翻清朝统治、建立中华民国之际,姚平子偕同大同女学50多名女同学,排除世俗偏见,上街参加庆祝游行,开温州女性开放风气之先河。毕业后,姚平子受聘在女子学馆任教(后升为该校校长),任教期间,姚平子开展改革教育,在原有国文、算数科目基础上,增设格致、唱歌、体操等课程,从扩宽知识层面进一步提高女性知识文化素养。同时她大力鼓励师生剪发辫、松小脚,使很多温州女性摆脱封建旧俗束缚,借此不断推动温州女性解放进程。1925年,姚平子因其在温州妇女界的声望和在女子师范学校讲课的有利条件,受邀参与组织创办"女促会"。此后,姚平子积极投身于"女促会"组织的相关革命工作,为温州革命作出积极贡献,光荣成为温州早期女共产党员。② 1926年,"温独支"派姚平子前往定海小学(坐落于舟山)任教,以帮助舟山筹建"定独支"党组织,其影响力从温州蔓延至舟山,为党组织的活动提供制做出贡献。1941年,姚平子得知第四子牺牲消息后,病逝于温州,时年44岁。③

庄竞秋(1887—1979),又名琴秋,温州城区人。1920年,庄竞秋到胡识因创办的新民小学任职音乐教员,同时兼任温州女子师范学校教师,与胡识因成为同事,二人在此期间相识相知。1924年,在胡识因推荐下,庄竞秋加入中国共产党,成为候补党员,同年12月,庄竞秋与谢文锦和胡识因等人共同参与组织"温独支"。尔后,"女促会"成立,庄竞秋积极投身于解放温州女性宣传工作,在温州师生群体中广泛传播男女平等思想,为温州女性革命发展竭力奋斗。1925年2月,庄竞秋成为正式共产党员。1926年,庄竞秋在"温独支"的指示下,协同姚平子前往定海小学帮助舟山筹建"定独支"党组织工作。1927年初,庄竞秋返回温州参加永嘉县党部妇女运动工作。由于受到四一二反革命政变侵害,庄竞秋避居福建,随后又辗转上海等地,与共产党组织失去联系。

---

① 《浙南儿女革命风采》,浙江省新四军历史研究会浙南分会编印,2009年,第44—50页。
② 中共温州市委党史研究室、中共温州市鹿城区委党史研究室:《中共温州独立支部与国民革命运动》,北京:中共党史出版社,1998年,第328页。
③ 胡济:《"温独支三女杰"之姚平子的二三事》,温州网,http://news.66wz.com/system/2021/03/22/105355061.shtml,2021年3月22日。

新民主主义革命胜利后,庄竞秋在温州第一小学任教,将毕生精力奉献于教育事业,积极撰写提案、建议,通过教育的手段培养一批新思想女性,为党的革命建设献计献策,继续为女性的未来出谋划策。1979年,庄竞秋病故于温州,享年92岁。①

全学梅(1913—1930),瑞安人,为瑞安南区妇女运动领导之一。全学梅出生于瑞安一个贫困农民家庭,幼年丧母,为维持家庭生计,年幼的全学梅要承担家务,使其佃农父亲在农闲时外出兼职水泥工而无后顾之忧。经过常年艰难困苦的生活磨练,全学梅养成大胆、坚强、吃苦耐劳精神。1927年,全学梅就读于中共举办的农业夜校,在夜校中接受了革命教育,因其学习期间动员女青年加入夜校,获得党组织认可,并于次年加入中国共产党。入党后,全学梅主动负担起领导瑞安全区妇女解放运动重任,并取得较大成果,从妇女会组织建立到妇女会在瑞安南区农村得到普遍发展,全学梅只用了不到一年的时间。1930年1月,瑞安县委根据永嘉中心县委第二次扩大会议决议,广泛组织农民武装暴动,建立地下交通站,由全学梅担任交通员。全学梅任职期间,与仙降、陶山、塘下等地成功取得沟通联络,出色完成各项任务,推动瑞安革命积极发展。为使瑞安革命顺利进行,全学梅还号召各乡各村妇女配合并支持其家人参加红军工作,同时做好提供草鞋、筹备粮食及武器等后勤保障工作。1930年10月,全学梅不幸被反动军警逮捕,治安会多次对她严刑逼供,软硬兼施,但她仍坚贞不屈,大义凛然,为人民的解放事业献出自己年轻而光辉的生命,牺牲时年仅16周岁。②

从总体特征来看,新民主主义革命初期的女性革命者多为知识分子,参与革命前接受过思想洗礼,有一定高度的文化素养,且在妇女群体中享有一定社会地位,能够引导并指挥妇女工作。在新民主主义革命大浪潮中,胡识因等人逐渐意识到革命与妇女解放运动有千丝万缕的联系:妇女思想解放为革命提供新生力量,有利于革命顺利发展;而革命的进行又不可避免地伴随着妇女思想解放。妇女的自由平等对推动革命发展具有不可估量之作用,因此,早期女性革命者皆追求妇女独立解放,从而帮助国家实现民族解放。

---

① 中共温州市委党史研究室、中共温州市鹿城区委党史研究室:《中共温州独立支部与国民革命运动》,北京:中共党史出版社,1998年,第328—329页。
② 谢瑶:《全学梅:甘洒热血献清春》,《瑞安日报》2020年5月25日。

(二)英勇抗战的砥柱女兵

1931年九一八事变爆发,日本开启扩张侵略中国计划,企图从东北、华北开始一步一步蚕食中国领土。1937年,为加快对中国的侵略扩张政策,日军又制造七七事变,中国人民爱国情绪高涨,在全国范围内掀起反侵略斗争高潮,国共顺势开展第二次合作。1938年,日军飞机首次空袭温州,此后,温州遭日军飞机频繁空袭。抗战期间,日军先后三次侵占温州,[1]其所到之处,尽现烧杀抢掠、奸淫妇女的残暴行为,使用毒气和细菌武器残害浙南居民,罪行累累,罄竹难书。日军大肆入侵期间,国民党反动派不顾国家危亡,猛向共产党同志背后插刀。面对残暴的日军和盟友猝不及防的背叛,温州地区各县委一面抵抗侵略,一面又躲避国民党反动派追击,前仆后继为革命事业奉献牺牲,这其中不乏有女性的英勇身影。

林心平(1919—1942),又名秋侠、梁玉,平阳县人,后迁居水头镇。林心平兄长林怡(杨进)在其幼时参加革命,故林心平时常在与兄长的通信中得到启发和引导,埋下革命种子。1935年一二·九运动爆发后,时年就读于温州师范简易部的林心平带领温州地区学生开展罢课和示威游行活动以激发学生爱国热忱,国民党地方当局以最高公费待遇诱惑林心平退出学生运动,林心平毅然拒绝后被校方开除回家。同年7月,林心平在找兄长的途中适遇吴毓同志,提出加入革命请求,吴毓以刻印散发《浙南反帝大同盟告浙南青年书》传单作为考验,林心平欣然接受,连夜刻印数千份传单并依次传遍水头镇学校及民户场所的各个角落,为浙南抗战宣传工作作出了贡献。1936年8月,林心平被浙南地下党委以重任,将密信经上海交以陕北党中央,林心平出色的政治表现得到上海地下党组织赏识,于次年调她到上海政治交通站工作。在七七事变日本占领上海后,林心平被调往延安抗日军政大学学习,其政治觉悟和军事素质得到进一步提升。林心平先后在中共中央长江局、中共浙江省金华特委承担统战工作,工作期间,她主动接近刚入伍的青年,对涉世未深的青年同志宣传共产党抗日主张,扩大地方抗日武装游击队伍,为部队输送不少优秀的抗战力量。1941年皖南事变后,林心平根据"十大救国纲领"制定抗日救国教育大纲,动员青年参加革命队伍,一大批

---

[1] 张洁:《抗日战争时期温州第三次沦陷的背景、经过及其特点》,《温州师范学院学报》1995年第4期,第16—17页。

觉悟高的青年学生受其鼓舞后投入新四军部队,浙南武装力量得到不断加强。1941年,为防止国民党反动派联合日本侵略者达成伪化长漰地区目的,林心平只身带6名短枪人员深入官林地区,对敌伪发动政治攻势,在短短几个月内,林心平削弱了敌人的统治力量。1942年6月,林心平不幸被捕,受尽酷刑,最终为国献身,年仅23岁。[1]

陈洛涟(1920—1943),又名乐莲,乐清人。陈洛涟家庭条件较为优渥,其父亲是乐清莲池头村当地有名乡绅,因此陈洛涟从小便接受良好教育,1937年考入温州中学。在温州中学就读期间,陈洛涟参加革命读书会,接受革命思想熏陶,埋下革命火种。卢沟桥事变后,陈洛涟加入温州当地中华民族解放先锋队,积极投身温州抗日救亡宣传工作。次年,经新四军诸温州通讯处介绍,陈洛涟加入新四军军部,因其出色表现被军部教导总队录用,入教导总部第八队学习,同年成为中国共产党党员。1941年皖南事变后,陈洛涟随军前往苏北阜宁县工作,曾任中共江苏阜宁县区委书记、县妇救会主任,为阜宁县妇女解放工作贡献很大。1943年3月,陈洛涟奉命与新四军部队赴延安学习,途中遭遇日军重兵保卫,陈洛涟在激战中中弹负伤,仍忍着剧痛鼓励战友们,同时迅速处理随身所带的党的文件。为了掩护战友们安全撤退,陈洛涟与丈夫田守尧严守前线,最后跳海撤退时陷入深沟,二人不幸被海水淹没,陈洛涟是年仅24岁。[2]

薛洌真(1921—2017),瑞安人。薛家原先是瑞安大户人家,到薛洌真父辈这一代家境日紧,薛洌真因经济原因,中学未读完就被迫退学,先后任职天后宫小学教师和瑞安医院护士,以补贴家用,时年仅15岁左右。薛洌真思想进步,具有革命觉悟,学生时代就已参加瑞安战时服务队,积极宣传抗日思想,为瑞安抗战事业的开展起到积极作用。1937年卢沟桥事变后,薛洌真决定去皖南投奔新四军,沿途北上时,恰遇金华地区前线战事告急,军队不断产生新伤员,部队急需医护人员。薛洌真遂报名参军,被分配至八十六军七十师野战医院,顺势成为战地记者,参与战前救护工作。参军期间,薛洌真与其丈夫相识,二人紧紧跟随野战医院辗转南北,拯救了不少战士生命。在残酷的战场环境下,面对母亲离世和孩子夭折两大悲事,薛洌真却从未停下抗战的脚步,冒着生命危险抢救受伤战士。新民主主义革命胜利后,薛洌真随丈夫回天台定居,安乐度过晚年。[3]

---

[1] 《浙南儿女革命风采》,浙江省新四军历史研究会浙南分会编印,2009年,第313—320页。
[2] 中共温州市委党史研究室:《浙南百名英烈传》,杭州:浙江人民出版社,2020年,第365—368页。
[3] 何光明、蔡仁敏:《瑞安老兵(1937—1945)》,北京:中国民族摄影艺术出版社,2016年,第121—123页。

郑明德(1925—1942),又名爱珠,平阳县人。郑明德出生于革命家庭,其父郑海啸为革命工作者,郑明德自幼便接受革命教育,唤醒革命觉悟。1936年,年仅11岁的郑明德成为一名地下交通员,为中共平阳县委送信,给中共平阳县委的革命事业开展做出了贡献。1937年卢沟桥事变,揭开全民族抗战序幕。郑明德为挽救国家危难于水火,积极参加抗日宣传工作,呼吁平阳县人民保家卫国。1938年,浙南红军北上皖南改编为新四军。为做好抗日战争准备,郑明德发动平阳县妇女为战士赶做400多双军鞋,缓解了军队军鞋匮乏窘迫。同年,怀有爱国抱负的郑明德加入游击队,在中共平阳县委宣传部附设的流动红星图书馆工作,工作期间她积极向村民做宣传工作,热情教授村妇识字、唱歌,多方面帮助县委开展工作。1941年3月,郑明德正式加入中国共产党,根据中共平阳县委指令,随武工队前往平西区开展群众工作。武工队在返回驻地途中不幸被国民党反动派发现行踪,为掩护游击队转移,郑明德负伤被捕,在狱中备受酷刑,面对国民党反动派威逼利诱下,她未透露丝毫消息。1942年6月27日,年仅17岁的郑明德在"打倒国民党卖国贼""共产党万岁"的响亮呼声中前往刑场,从容就义,献出了宝贵生命。1949年后,郑明德被人民赋予"浙南刘胡兰"光荣称号。①

金式瑜(1926—1948),又名金小凤,雁荡石件头村人。1946年,金式瑜从乐清师范学校毕业后,怀着教育爱国之心回到故乡,先后在环山、石件头等村开展教学工作,对学生进行爱国主义教育,呼吁学生参与爱国运动,以挽救民族危机。1948年2月,金式瑜向括苍支队发出参与游击队的申请,游击队组织认为金式瑜的教师身份有利掩护开展地下工作,遂安排她成为地下交通员。金式瑜具有极高的政治觉悟,在工作期间机智勇猛、谨慎沉着,多次安全及时地将党内文件情报转送出去,全力助力共产党事业的发展。1948年6月,国民党反动派到白溪进行"清剿",金式瑜加紧对党内文件和进步书报作了处理,将重要文件及时转移,凭借其杰出政治敏锐减少党内秘密的泄露。然而金式瑜也没有躲过国民党反动派的迫害。当月,反动派丁昌周在抓捕金式瑜后,对其实施烙铁、扎针等酷刑,再派女性反动员娇气劝诱,软硬兼施,却始终未能使金式瑜屈服,最终金式瑜在刑场挺胸昂立,高喊"中国共产党万岁"英勇就义,回声盘旋在雁荡山上,该年金式瑜仅22虚岁。②

抗战时期的温州女性革命者依旧是知识分子阶层占据多数,她们从小便接

---

① 《浙南儿女革命风采》,浙江省新四军历史研究会浙南分会编印,2009年,第321—324页。
② 《浙南儿女革命风采》,浙江省新四军历史研究会浙南分会编印,2009年,第330—334页。

受良好教育,学生时代就通过各种组织学习革命思想,有的甚至出生于革命世家,思想先进,易走上革命斗争道路。由于全国形势逐渐紧迫,此时温州女性革命者的活动,不仅围绕温州女性解放斗争展开,更多地是直接参与战斗,活动形式呈现多样化。

(三)舍己为人的平民英雄

新民主主义革命时期,温州地区还涌现出许多义无反顾投身民族解放事业的优秀女性,她们以不同身份,在不同岗位上为革命奉献牺牲,她们的革命警惕性高,保密意识强,在重要时刻展现了女性的坚忍和刚强。她们不仅是党和人民最坚实的后盾,也是革命的先锋。

黄三嫦(1900—1960),平阳县人。黄三嫦出生在平阳县九两村的贫苦家庭,从小勇敢、独立,具有较强的个性思维。1930年,黄三嫦跟着红十三军攻打平阳县城,战斗失利后,在国民党反动派的追捕下,黄三嫦被迫逃往福建。在泉州时,黄三嫦与其丈夫相识相恋,二人回到凤林村结婚。1933年,经由郑海啸和吴毓(是年在凤林小学教书)介绍,加入中国共产党,此后更加积极投身革命活动。1937年9月,为配合中共闽浙边临时省委、红军挺进师组织的抗日救亡运动,黄三嫦利用其在妇女群体中的号召力,组织发起凤林村抗日妇女联合会,动员妇女学习文化,向妇女宣传抗日救亡的重要性,鼓动妇女做军鞋、参与抗日募捐义卖活动等。经过黄三嫦的努力,凤林村不少妇女的革命意识被唤醒,越来越多的妇女支持亲人参加抗日战争,有的还自发自觉走上革命道路,为革命事业付出极其艰辛的劳动。1940年7月,黄三嫦接任凤林村交通站站长,不仅为地方党组织送信、送饭,还积极配合党的地下工作。1945年,国民党顽军大力开展"清乡"行动,为保护烈士林瑞清遗子的安全,黄三嫦将大儿子送往娘家,以烈士之子冠上其儿子姓名,冒着生命危险养育烈士后代。新民主主义革命胜利后,黄三嫦把费尽千辛万苦保存下来的革命文物交予国家,为国家史学研究事业提供了极为珍贵的原始材料。[①]

潘翠英(1917—1948),瑞安人。潘翠英出生在瑞安义翔五十四都(今属文成县)一贫苦农村家庭,她活泼聪颖、身强力壮、能说会道、善于交际。1938年3月,潘翠英由珊溪山根的刘际满介绍加入共产党,通过教唱革命歌曲、带领妇女

---

① 《浙南儿女革命风采》,浙江省新四军历史研究会浙南分会编印,2009年,第335—338页。

做军械、张贴革命标语等活动发动当地妇女参与抗日救亡活动。1941年5月,国民党利用"清乡"的机会将她逮捕入狱,关押了两年,在狱中与化名王莲英的任曼君相识,并深受任曼君影响,思想觉悟得到提升。不久,潘翠英被其国民党丈夫保释出狱。1942年11月,大峃区委派遣党员刘日璋策反牢头,潘翠英与党员赵颜卿等人一起,赶在敌人要对任曼君下毒手的前夕,里应外合救出了任曼君,这一事件更加坚定了潘翠英的革命决心。1945年8月,潘翠英与丈夫解除夫妻关系,从此一心扑向革命,配合地下党开展革命任务。1948年1月,潘翠英在执行刺杀敌人魏焕楣任务时不幸暴露,为避免连累当地老百姓,她主动现身被抓。潘翠英被抓后遭受了一个月的惨无人道的酷刑折磨,即使身上多处溃烂,骨瘦如柴,依旧未透露半句党的秘密,在飞云江涛涛浪声中,伴随着两声枪响,潘翠英从容牺牲。[①]

1947年2月,在反动派抓不到共产党人而焦躁难耐时,温州反动派头目吴万玉带领军队包围根据地瓯北蓬溪村,抓走妇女,其中有地方干部和地下党员的家属潘美翠、盛杏蕊、李碎蕊等,企图以恐吓的手段从妇女口中得知共产党的秘密。吴万玉在抓到盛杏蕊后满怀希望,亲自提审,妄图从她口中探出消息,期间吴万玉对盛杏蕊多次用刑,把盛杏蕊的双腿和臀部打得皮开肉绽、创伤腐烂。在严刑拷打下,盛杏蕊仍咬紧牙关,她始终只回答三个字"不知道",誓死不透露任何有关共产党的消息。[②]

堂妈,乐清人,姓名不详,村民亲切称呼其为堂妈。丈夫早年就已去世,膝下无子女,她与兄长相依为伴,生活条件十分艰苦。堂妈将改善生活的希望寄托于共产党,她将党放在心中,把游击队队员当作亲人。1947年4月,长年在外坚持游击斗争的周夏杰返乡探亲被特务发现,在周夏杰被两名特务包围攻击时,堂妈不顾性命安危,用身体挡住特务的进攻,机智勇敢地化解危机,帮助周夏杰逃离。次日特务派人逮捕堂妈,堂妈为保护村子、村民免受特务侵害,从避难的泽基岭头返回村中,主动现身承受严刑拷打。山面区委设法营救堂妈,经过半个多月的折磨,堂妈终于安全回村。[③]

黄大妈,黄杰(四都区委干部之一)之母,乐清人,有过地下工作经验。1947年,四都区委干部黄杰、黄朝钦、黄志华、黄志卿四人在老家郭公山执行公务,特务头子黄朝铭得到情报后,埋伏在黄杰家附近等待时机。次日,黄杰家燃起炊烟

[①] 中共温州市委党史研究室:《浙南百名英烈传》,杭州:浙江人民出版社,2020年,第465—470页。
[②] 《浙南儿女革命风采》,浙江省新四军历史研究会浙南分会编印,2009年,第473页。
[③] 《浙南儿女革命风采》,浙江省新四军历史研究会浙南分会编印,2009年,第473—475页。

时,黄朝铭派遣本地特务进入黄杰家中,企图引诱黄大妈说出革命同志的下落,黄大妈凭借其丰富的地下斗争经验和政治敏感,当场识破特务奸计。特务恼羞成怒地冲进黄大妈家中搜查,恰逢黄朝钦进屋,被特务夹击,黄大妈急中生智,扑身咬住特务,用火钳攻击,用生命为黄朝钦争取撤退时间。①

受当时地理环境和政治因素影响,不少妇女承担了地下交通员这一重任,如"谷大妈"、刘素贞等,都是温州优秀的交通员。她们受党组织委托,冒着坐牢甚至被杀害的危险,装扮成普通百姓,帮助党组织传递重要情报和文件,曾多次完成党组织的通信联络任务。谷大妈(乐清人)受儿子革命影响成为出色的交通员,关怀、照顾党的同志,对革命、同志投入真挚情感;②刘素贞为掩护红军伤病员转移,故意毁坏载运国名党反动派渡河的船只,最终在五步溪壮烈牺牲;③郑香妹(湖岭人)受丈夫影响成为地下工作者,坚持为党送信、送货物,替党的同志站岗、放哨、引路、探听消息,直至革命胜利;④失去三位亲人的老共产党员王玉英(苍南人),为维护党的秘密,将自己的舌头剪短;⑤何碎娇(瓯海人)一家不顾自身安危,危急时刻多次把党员同志藏在家中,助党员同志渡过难关,却将自己的生死置之度外;叶碧云(温州人,具体籍贯不详)在温州艺文学校就读期间,受中共产党员王屏周影响开始从事党的地下工作,支持丈夫将家庭住房作为中共永嘉县委主要秘密活动的联络点之一,并鼓舞三个孩子参与革命工作。⑥

除此之外,还有无数农村家庭妇女,尽管未曾参与过一线革命战争,但她们却用自己的实际行动为党的事业做出了贡献。王香不辞辛苦,号召村民为党员军队做鞋;⑦金银满(湖岭人)无微不至地关怀、照顾负伤的革命同志;⑧章阿香(湖岭人)在特务包围村庄时急中生智保护革命同志,助力同志平安脱险;⑨林志善母亲(湖岭人)用自然的演技,巧妙化解送信同志被国民党清乡兵追捕危机;⑩

---

① 《浙南儿女革命风采》,浙江省新四军历史研究会浙南分会编印,2009年,第475—477页。
② 《浙南儿女革命风采》,浙江省新四军历史研究会浙南分会编印,2009年,第403—407页。
③ 《浙南儿女革命风采》,浙江省新四军历史研究会浙南分会编印,2009年,第303—309页。
④ 《浙南儿女革命风采》,浙江省新四军历史研究会浙南分会编印,2009年,第469—470页。
⑤ 《王玉英狱中断舌保守党的秘密》,浙江在线,https://zjnews.zjol.com.cn/ztjj/gjdar2021/bnbd/202106/t20210603_22625104.shtml,2021年6月6日。
⑥ 《浙南儿女革命风采》,浙江省新四军历史研究会浙南分会编印,2009年,第392—394页。
⑦ 《浙南儿女革命风采》,浙江省新四军历史研究会浙南分会编印,2009年,第463—464页。
⑧ 《浙南儿女革命风采》,浙江省新四军历史研究会浙南分会编印,2009年,第470页。
⑨ 《浙南儿女革命风采》,浙江省新四军历史研究会浙南分会编印,2009年,第470—471页。
⑩ 《浙南儿女革命风采》,浙江省新四军历史研究会浙南分会编印,2009年,第471页。

泰顺刘大娘大义灭亲,用毒草毒杀其出卖组织、背叛革命的儿子[①]……1944年国民党顽固派再次发动"围剿",李柏红[②](平阳人)为保护党员同志不被国民党反动派发现,将自己刚刚出世的儿子闷死,以防止孩子哭声暴露行踪。这些普通的温州妇女,在革命事业面前倾尽所有,用其坚毅的品质,为党和人民奉献着自己的一切,用坚定不移的斗争,推到着国家和民族奔向解放。她们大义灭亲,以血内之躯滋养革命嫩芽,她们向死而生,在波澜壮阔的革命画卷中留下浓墨重彩的一笔。

从总体趋势来看,温州女性革命者群体已不再是以知识分子阶层为先锋,而是逐渐扩散至普通平民阶层,她们不一定都接受过良好的知识和思想教育,却有着独树一帜的政治敏感。而这些女性革命者也并非都直接参加战斗,更多的是从事地下工作,间接辅助党组织开展革命工作。

三、温州女性革命者群体的主要革命精神

(一)忠贞不渝的爱国精神

爱国、爱民是温州女性革命者们具备的主要特征。以胡识因为代表的温州女性革命者都有着浓厚的爱国情感,她们深知温州妇女解放是壮大武装革命力量的重要法宝之一,而想要完成温州妇女解放,唯有实现民族独立、国家强盛。因此她们心系革命事业,坚定不移地坚持革命信仰,积极领导带动温州女性参与革命,为民族、为国家、为温州的利益不断奋斗,以实际行动诠释强烈的爱国情怀。

(二)坚韧不拔的自强精神

温州女性革命者们在开展革命活动时,无不展现着坚韧不屈的高尚品格。她们克服千难万阻加入革命,绝对服从党组织安排,在艰苦的战争环境下,始终心系使命,顽强斗争,任劳任怨。即便斗争中被国民党反动派抓捕,受尽侮辱、拷

---

① 《断肠草——泰顺一个地下交通站的革命故事》,搜狐网,https://www.sohu.com/a/460921664_120207149,2021年4月15日。
② 《浙南儿女革命风采》,浙江省新四军历史研究会浙南分会编印,2009年,第342—344页。

打等折磨,也依旧保守党的秘密,绝不走露半点消息,始终保持自身的战斗精神和勇气,与邪恶势力抗争到底。

(三)视死如归的奉献精神

温州女性革命者们不仅勇敢坚毅,还都有着善良的心灵。在险恶的斗争环境中,她们帮助女性摆脱封建礼教束缚;助力党组织宣传革命思想,不断壮大革命力量;抢救前线受伤士兵,挽救生命损失;辅助地下工作,保障组织间的沟通联系;抗击反革命者,掩护党的同志安全撤离。她们为了党和人民的事业,舍小家为大家,甚至牺牲身家性命,这都是无私奉献精神的集中表达。

结　语

革命事业的成功离不开女性革命者的无私奉献,她们不仅用自己的双手创造了美好生活,也用她们的精神影响了一代又一代人。实际上,自温州地区开展革命战争以来,温州女性革命者队伍便不断发展、壮大:她们有的是优秀的女性领导人,有的是平民巾帼英雄,更多的则是普通妇女群众。她们面对革命斗争时,已经展现出高度的思想觉悟,用实际行动捍卫革命事业。她们无私奉献,不求回报,是党和人民最坚实的后盾,为国家英勇献身,为温州解放贡献积极力量。这些女性革命者是我们全面了解女性革命者群体的一个重要切入点,应加大对女性革命者的关注和研究,赓续独属于女性的巾帼魅力,这对全面加强党的领导和党的建设,巩固党的组织,也具有十分重要的意义。

(李海淑,温州大学人文学院2022级硕士研究生;范欢欢,温州大学人文学院2022级硕士研究生)

近代温州士绅粜米研究

——以《张棡日记》为中心

陈红英

摘　要：随着1876年《烟台条约》的签订,温州成为通商口岸,传统的温州社会开始出现急速的社会转型。在这个转型的过程中,一些传统的事物开始走向衰落,而新的因素不断增长。在温州传统社会,士绅粜米原是民众购买粮食的重要渠道。但随着社会的发展,士绅粜米逐渐被专业的米商所取代,在专业米商的刺激下,士绅粜米的市场性变得更加明显。另一方面,虽然粮食买卖行为的市场性不断增长,但士绅粜米作为荒年救济的地方传统惯例仍旧得以延续。士绅在这一时期的粜米行为兼具市场性与慈善性,其动机的复杂性实际反映的是中国从传统社会向现代社会过渡过程中复杂性的缩影。

关键字：士绅;近代;温州;粜米;《张棡日记》

随着1876年《烟台条约》的签订,温州开埠,近代温州的社会经济发生巨大变化。在这场巨变中由于多方的原因温州从一个粮食出口地转变成粮食进口地,粮食问题导致温州频发闹米风潮。在米潮中温州士绅起到举足轻重的地位,他们的粜米活动对缓解地方粮食危机起到关键作用,本文所要讨论的即是中国近代温州士绅粜米问题。士绅这一群体在中国近代社会固然起着重要作用,但如果将研究目光投放到近代温州所有的士绅,它的研究难度无疑是巨大的。因此本文在考虑自身能力及各方因素下选择以士绅张棡为着眼点,以《张棡日记》为中心,通过《张棡日记》中所记载的粜米活动来分析温州士绅粜米。

本文内容所用到的核心史料是中华书局在2019年所出版,由温州市图书馆整理的《张棡日记》十卷本。现存的《张棡日记》主要有三个版本：一是日记原稿现存于温州市图书馆；另一版是俞雄在2003年所出的日记选编版,内容仅为《张橺日记》全文的六分之一;[1]还有一版就是本文所引用的中华书局版。《张橺日记》全文有270多万字,记录了张橺在1888年至1942年间的日常生活,前后达55年,时间跨越了半个多世纪。不论从时间跨度之广还是内容涵盖总量之丰富来说都是不可多见的一部日记巨著。目前对于《张橺日记》的研究利用不算特别多,原因可能在于张橺只是一个地方性人物。目前对《张橺日记》的使用大多局限在地方史范围内,如俞光所编《温州古代经济史汇编》[2]里就将《张橺日记》中有关于粮价的记载作为史料编入,尤育号在其专著《因地制宜:晚清温州士绅社会研究》中将张橺作为个案进行了社会文化方面的研究。[3]此外,晚清粮食问题方面,陈春生在其专著《市场机制与社会变迁:18世纪广东米价分析》中通过对晚清粮食物价的分析论述了区域粮食贸易粮价变动的问题。[4]但暂时还没有学者将这一日记作为研究士绅粜米的史料。笔者一方面是希望本文能在士绅粜米这个"小领域"有所创见,同时也希望通过论述温州士绅粜米活动,来对中国近现代转型这个"大题目"有所观照。

一、粜米的类型与过程

粜米作为一种买卖不可能是单向的,那么探讨士绅粜米的对象,也就是购买群体就变得非常重要。据张橺记述,粜米对象大致可以分为六类人:朋友、邻里亲戚、普通乡人、面坊、米铺以及牙人。而这六类人又可以细归为两种粜米类型。

第一种是与邻里熟人之间的粜米。如果将熟人之间的交易细分则可以划分为三类人。首先第一类是朋友。张橺与朋友之间的粜米在日记[5]中屡见不鲜,如1897年4月2日的日记中张橺记录:"收筠仙兄粜谷定钱英洋五元。"[6]1899年4月13日的日记中,张橺又记录了与另一位朋友之间的米粮交易:"收蓼洲兄粜谷红洋二元。"[7]从这两条日记的记录来看,张橺将粮食粜售给朋友时的数额

---

[1] 张棡、俞雄:《张棡日记》,上海:上海社会科学院出版社,2003年。
[2] 俞光:《温州古代经济史汇编》,上海:上海社会科学院出版社,2005年。
[3] 尤育号:《因地制宜:晚清温州士绅社会研究》,上海:上海三联书店,2019年。
[4] 陈春生:《市场机制与社会变迁:18世纪广东米价分析》,北京:中国人民大学出版社,2010年。此外关于晚清粮食问题的文献还有:严中平等编的《中国近代经济史料统计资料选辑》;郑友揆:《十九世纪后期银价、钱价的变动与我国物价及对外贸易的关系》;王业键的《清代(1644—1911)物价的长期趋势》等。
[5] 从此处起本文中所出现的日记均指代的是《张棡日记》(中华书局版)。
[6] 张棡:《张棡日记》(第一册),北京:中华书局,2019年,第332页。
[7] 张棡:《张棡日记》(第一册),北京:中华书局,2019年,第458页。

是比较小的,且双方交易时货币为英洋和红洋。英洋即鹰洋,为墨西哥银元。①红洋②为温州市场货币之一,在日记中也多次出现且同英洋一样是当时温州市场上的主要货币。第二类是邻右亲戚。如1898年5月2日的日记中:"收正弟粜谷洋一元,富五粜豆洋四元"③以及1924年9月11日的日记中:"午后付粜阿昌侄孙早谷一百零五斤,收二元。"④张棡与邻右亲戚之间的粜售记录相较于与其朋友的记录来说会多一些,不论是在前期张棡家底丰厚时还是在张棡没落后,即便张棡手中粮食短缺,也很难推却粜米的请求,如1940年秋季"物价之贵,已达极点",张棡亲戚次石坚持要求以低价向其买粮100斤,张棡虽然手头仅有存量400斤,最后也"因谊难固却,只得允分与之"⑤。同时需要注意的是,张棡向邻里熟人、亲戚朋友售卖时一般数目都不大,可见是临时性行为,且多要付定钱,定钱反映的是熟人之间为了应对粮价波动的相互信任,尤其是在灾年,带有一定互惠性质。第三类是普通乡人,张棡对这类人粜卖的数量极大,且往往在固定时间、固定地点集中粜卖,是温州传统社会士绅在乡里粜米的主要形式。如1898年6月14的日记中,"自晨至晚,约粜米八百九十升,计丁二百十六口"⑥。以及1906年2月5日的日记中:"灯下称外仓谷五百斤,为穷氓过年之需,计每元值谷五十斤。"⑦张棡与普通乡人之间的粜米记录在日记中也有多处出现,其数额大多几百斤至几千斤,人数也往往高达数百,且售卖的多为稻米而非小麦,稻米即口粮(小麦一般是卖给面坊),可见对于一般乡民而言,张棡扮演的实际就是乡里"米商"的角色。此种针对乡民的大规模常态性粜米,毫无疑问具有很强的经营性质,但不可否认,在灾年又带有一定道义上的慈善性,因为张棡完全可以在灾年将稻米全部售卖给米铺获取厚利,但他没有这样做,其动机兼有传统士绅维持地方稳定的责任感与地方传统社会惯例两个方面,也就是说一般乡民会期望,甚至默认士绅在灾年"必须"出面粜米,一旦士绅打破此惯例,大概率会引发抢米潮。

---

① 成志伟:《收藏辞典》,北京:知识出版社,1992年,第59页。
② 猜测可能是光绪元宝或是台州仿造的"坤洋",因为掺铜而泛红。参见中华人民共和国杭州海关译编:《近代浙江通商口岸经济社会概况:浙海关、瓯海关、杭州关贸易报告集成》,杭州:浙江人民出版社,2002年,第418页。
③ 张棡:《张棡日记》(第一册),北京:中华书局,2019年,第398页。
④ 张棡:《张棡日记》(第六册),北京:中华书局,2019年,第2814页。
⑤ 张棡:《张棡日记》(第九册),北京:中华书局,2019年,第4514页。
⑥ 张棡:《张棡日记》(第一册),北京:中华书局,2019年,第412页。
⑦ 张棡:《张棡日记》(第二册),北京:中华书局,2019年,第934页。

第二种是与商户之间的粜米。在张棡的所有粮食交易中，与商户的交易数额最大。按照商户身份的不同大致可以分为三类。第一类是面坊。相比于其它两种商户，张棡与面坊的交易是在日记中最早出现的，且数额较大。如1897年2月25日的日记中："是日九里潘协丰面坊来称小麦……粜九里人小麦一千四百斤。"①此处的"九里面坊"在日记多次出现，在同年的4月18日②以及6月26日③也均有出现，可见张棡在瑞安主要就是将小麦出售给九里面坊，这是一种纯市场行为。第二类是米铺，如1924年10月23日的日记中："粜长生米铺早谷四百斤，收大洋十元。"④以及1936年4月22日的日记中："是日四儿家粜仓谷三千余斤，每一百申价三元二角六，当收莘塍老薛米行钞币一百零六元。"⑤作为一个手中握有大量粮食的地主，为了获得除粮食之外的其他生活物资，他需要将大量的粮食售卖出去。但是邻里熟人只能消耗其中的很小一部分，这种零散的粜售也并不利于张棡的利益最大化，这就需要像米铺这样的专业米商。第三类是牙人。牙人也就是中间人，负责联络地方士绅与其他客商，尤其是外地客商，在温州郡城与瑞安之间的粮食贸易中，牙人起着重要的中介作用。同时牙人也是向张棡籴米的商户，如在1923年12月11日的日记中："是日粜伢郎陈阿明早白三千二百廿五斤，当收谷洋一百元正。"⑥需要注意的是，牙人往往本身就是米商，一些客商也会扮演牙人角色。后文将会对牙人进行进一步的深入探讨。张棡在日记中提及与客商的交易额往往很大，如在1919年9月15日的日记中："粜温州客早谷三千二百斤，每百斤计一元七角。"⑦1921年8月13日的日记中："八句钟将早谷粜与塘下客，计一千一百斤，申大洋二十九元七角正。"⑧从上述提到的三类商户，其实不难发现张棡向商户售卖同样也有三个特点：第一，数目偏大，一般在10元至100元之间。第二，与客商交易需要中间商，也就是牙人。牙人是士绅与客商之间为了应对粮食交易出现风险的相互保障，带有一定规避风险的性质。第三，与商户之间的粜售记录多，且多出现于日记的后几册。这种现象符合时代背景，说明随着社会的转型，士绅粜米的市场化倾向在不断加强。因此时

---

① 张棡：《张棡日记》（第一册），北京：中华书局，2019年，第326页。
② 张棡：《张棡日记》（第一册），北京：中华书局，2019年，第333页。
③ 张棡：《张棡日记》（第一册），北京：中华书局，2019年，第346页。
④ 张棡：《张棡日记》（第六册），北京：中华书局，2019年，第2832页。
⑤ 张棡：《张棡日记》（第九册），北京：中华书局，2019年，第4021页。
⑥ 张棡：《张棡日记》（第六册），北京：中华书局，2019年，第2735页。
⑦ 张棡：《张棡日记》（第五册），北京：中华书局，2019年，第2231页。
⑧ 张棡：《张棡日记》（第五册），北京：中华书局，2019年，第2466页。

间愈往后,张棡与商户之间的粜售便愈发频繁且数额巨大,但后来因为张棡的家道中落,其粜售粮食的记录自然而然地减少了。

接下来笔者将试着还原张棡整个粜米的详细过程。张棡作为地主,平日里粜售粮食是一种常态,张棡会将粮食分置于四个粮仓之中:外仓①、前进仓②、西楼仓③以及胙众仓④,待需要粜售粮食时张棡再将粮食从仓谷中取出。张棡一般在农历三月和五月进行常态性粜米,因为这个时候正是青黄不接之时,民众大多缺粮,需要士绅进行粜米,因此在这个时间段张棡粜米的次数会大大增加。但从整体来看,每个月都能看到张棡粜米的记录,即使是在即将过年之时张棡仍在粜米,如1906年2月5日张棡记载:"灯下称外仓谷五百斤,为穷氓过年之需,计每元值谷五十斤。"⑤张棡在粜售粮食的种类上也非常多样化,并不局限于某一类型粮食,如早谷、焦谷、京谷、小麦、茹丝、大豆、淮豆及岩水豆等。张棡与熟人、乡民之间一般以粜售稻谷口粮为主,而与商户之间的粜售内容则会因商贩售卖的商品不同而不同:如与面坊多是粜售小麦与大豆,而与米铺则以米粮为主。除此之外张棡粜售时的粮价同样也值得关注。粮食在传统中国属于最大宗的商品,粮价的变动不仅仅反映市场的粮食需求和货币流通情况,在很大程度上也反映了其他物价的变动。⑥

从1895年有粜售记录开始一直到整个日记的结束,粜米的价格总体来说呈现两个特点:首先是粜米的价格呈现上涨的趋势。1895年3月28日的日记记录:"开外仓粜谷,约收一百余元,计每元焦谷九十斤。"⑦这里明确表明了九十斤焦谷售价为一元。到1898年9月23日时:"粜三春焦早谷七十三斤,收洋一元"⑧,价格变为七十三斤售价一元,明显价格有所提升。但是因为1898年为灾年,"本年连遭三次大水,亦水灾之奇者也"⑨,所以粮食价格的上涨一定程度上与该年为灾荒年有一定关系,而这一结论在下一次粜售价格变化中也得到了印证。1899年9月18日的日记记录:"下午粜仓内新早谷,每洋一元计燥谷八十

---

① 张棡:《张棡日记》(第六册),北京:中华书局,2019年,第2906页。
② 张棡:《张棡日记》(第二册),北京:中华书局,2019年,第645页。
③ 张棡:《张棡日记》(第二册),北京:中华书局,2019年,第2906页。
④ 张棡:《张棡日记》(第九册),北京:中华书局,2019年,第4280页。
⑤ 张棡:《张棡日记》(第二册),北京:中华书局,2019年,第912页。
⑥ 陈春声:《市场机制与社会变迁:18世纪广东米价分析》,北京:北京师范大学出版社,2020年,第1页。
⑦ 张棡:《张棡日记》(第一册),北京:中华书局,2019年,第195页。
⑧ 张棡:《张棡日记》(第一册),北京:中华书局,2019年,第425页。
⑨ 张棡:《张棡日记》(第一册),北京:中华书局,2019年,第427页。

五斤。"①与1898年相比,谷价似乎有所回落,因为1899年并不是荒年也没有遭遇其他严重的天灾。但这没有改变谷价上涨的总趋势,与1895年的价格相比谷价仍然呈现上升趋势。这种上涨的趋势在后面的日记中仍在不断得到加强,如在1906年11月23日的日记中记录:"灯下称外仓谷五百斤,为穷氓过年之需,计每元值谷五十斤。"②而1907年4月21日的日记中记录:"是日本家粜谷,家秋门叔新立章程,每元定谷四十五斤。"③价格上涨的原因是多方面的,不仅与自然灾害有关,也与战争有关系,同时也不能否认存在着部分的人为因素,如漏海私运,海关方面即认为1911年的米潮完全是因为"奸商"私运福建,激成闹米风潮。④

其次是粜米对象不同价格不同。张棡在粜售粮食的过程中面对不同的售卖对象所给出的价格看似相差无几,但是仔细对比能发现他们用同等额度的货币所购买到的粮食的数额其实存在差异。如在1922年的4月24日的日记中:"八句钟付粜焕浩仓谷一百零八斤,申洋三元,先收一元。"⑤从张棡对粜米对象的称呼以及所粜售数额可知焕浩应为张棡的邻里熟人,这时的单价为36斤售一元。而同年5月29日的日记记录:"十句钟金吞阿明来,兼带花园客至买谷,计每百斤二元九角……"⑥很明显这里的花园客是商户,张棡将谷粜售给商户时的价格为34斤售一元。显然张棡粜给焕浩的价格会比给花园客的要更低。而这种差异主要是由张棡粜米动机的不同引起的。

探讨粜米的对象是十分必要的,对象的变化反映的不仅仅是粜米类型的多元,同时也是士绅粜米动机的折射,以及传统中国乡里间经济运行与内在秩序的彰显。

二、牙人与市场化

近代士绅粜米的一个时代特点是与市场的联系日益紧密,发展至后期,士绅较少直接向一般乡民售卖,而是转向以牙人、米铺为主要粜卖对象的模式。

---

① 张棡:《张棡日记》(第一册),北京:中华书局,2019年,第481页。
② 张棡:《张棡日记》(第二册),北京:中华书局,2019年,第934页。
③ 张棡:《张棡日记》(第二册),北京:中华书局,2019年,第964页。
④ 包来翎:《宣统三年(1911年)温州口华洋贸易情形略论》,1911年3月16日。转引自徐蔚葳:《近代浙江通商口岸经济社会概况:浙江关瓯海关杭州关贸易报告集成》,浙江:浙江人民出版社,2002年,第592页。
⑤ 张棡:《张棡日记》(第六册),北京:中华书局,2019年,第2552页。
⑥ 张棡:《张棡日记》(第六册),北京:中华书局,2019年,第2563页。

牙人是维系交易双方的纽带,在士绅与客商的交易中起着重要作用。在日记中,牙人可以划分为两种类型。

第一种是非专业的临时性牙人。从日记所记内容可知这些临时性牙人要么是张棡的熟人,要么是地方上有一定地位的人。如在日记中多次出现的朱阿藻[1],再如福钱[2]、裕崇[3]、夏老培[4]、张阿法[5]、夏庆水[6]等,这些人都是与张棡有关系的熟人或者在地方上有一定地位的人,籴米并不是他们的主业。张棡日记中"坐局"这个词相当精准地反映了这类人所扮演的"坐镇局面"的角色,这些临时性牙人与张棡一起,发挥了维持地方秩序的功能。

第二种既是专业的牙人,也是会向张棡籴米的商户。主要以客商为主,在日记中出现的有:温州客、花园客、塘西谷牙、前池买谷客、陈阿明、吴庆良、塘下客等。通过这些专业牙人或客商,可以看到一幅温瑞平原粮食贸易的广阔图景(粮食贸易路线主要有两条:一条在瑞安内部,一条在郡城与瑞安之间)。因为第二种牙人人数较多,笔者在这里以陈阿明为代表进行重点介绍。陈阿明在日记中多次出现,如在1922年4月23日的日记中:"陈阿明同塘西谷伢来买谷,已秤仓谷四百斤,以行情不对,停而不秤,当付大洋十元零八角。下午阿明另换一客来买谷……"[7]以及1923年12月11日的日记中:"是日籴伢郎陈阿明早白三千二百廿五斤,当收谷洋一百元正。"[8]据笔者统计,陈阿明一共出现了五次,是所有伢人中出现频率最高的一位,并且既是张棡与其他客商之间的中间人,也是向张棡籴米的商户。并且从张棡对陈阿明的称呼可见双方之间的关系并不是一种很亲密的亲朋关系,而是纯粹的商业伙伴关系。同时陈阿明的每一次出现都与籴米有关,且他每一次出现的时间跨度都较大。可见他并非临时性的,而是一种专业性的牙人,并且长期从事这一行业。陈阿明熟悉行情,且交往客商极多,如前文所述即便中途出岔子的交易,陈阿明也能极力促成交易,陈阿明有时也会以商户的身份直接向张棡购买数千斤粮食,可见陈氏绝非小贩。张棡一般在称呼其他牙人时都会直呼其名,或称呼为"某某谷客",而称呼陈阿明时将其唤作"籴伢

---

[1] 张棡:《张棡日记》(第二册),北京:中华书局,2019年,第673页。
[2] 张棡:《张棡日记》(第五册),北京:中华书局,2019年,第2231页。
[3] 张棡:《张棡日记》(第六册),北京:中华书局,2019年,第2771页。
[4] 张棡:《张棡日记》(第六册),北京:中华书局,2019年,第2785页。
[5] 张棡:《张棡日记》(第七册),北京:中华书局,2019年,第3349页。
[6] 张棡:《张棡日记》(第四册),北京:中华书局,2019年,第1550页。
[7] 张棡:《张棡日记》(第六册),北京:中华书局,2019年,第2552页。
[8] 张棡:《张棡日记》(第六册),北京:中华书局,2019年,第2735页。

郎",这个"郎"字既反映张棡对其业务能力的肯定,也在一定程度上透出基于依赖的欣赏,同时专业化牙人的出现也暗示了温瑞平原粮食市场的扩大。

在传统社会,士绅粜售的对象主要是邻右和乡人,但是在近代这一特点发生了变化,形成了一种新的趋势,即粜售对象以商户为主,较少直接粜售给一般乡民。下面笔者将尝试通过对比在1895—1911年以及1918—1937年张棡记录粜米行为较为集中的两个时间段论证这一趋势。从日记来看,张棡在1895—1911年这一段时间内记载其粜米给乡人的日记约有61篇[①],而粜米给商户的篇目约有8篇。很明显,通过61与8两个数字的对比可以清楚看到张棡这十六年里粜米的主要对象是民户,其粜售与商户的次数少之又少。在粜给民户的61篇日记中有49篇日记写于1898年,从1898年9月20日的日记中:"是日大风大雨,潮水又大,平地之水满溢四五尺,闻下垟涂园均遭潮没。本年连遭三次大水,亦水灾之奇者也。"[②]可知该年是荒年。正如前面所说,在荒年时粜米主要是作为一种救荒措施,而这也是符合士绅粜米的特点。接下来看1918—1937年间的数据,其中张棡粜米给乡人的日记约有11篇,而粜米给商户的篇目约有21篇。很明显张棡与商户之间的粮食交易往来增加了,甚至超过了与民户之间的交易频次。同时在1918—1937年间也发生过多次的灾荒,并且在1919年以及1927年还爆发过米潮。但是张棡粜米的主要对象还是变成了商户而非乡人,由此可以看到随着社会的转型,士绅与市场之间的联系日益紧密,其粜米的对象转变为以专业的米商为主。其实专业米商的出现对于士绅来说有着双重的意义:一方面,士绅粜售的对象增加。对于士绅来说,批发性的出售粮食给商户会比零售性的出售粮食给乡人带来更高的利润。另一方面,米商的出现虽然让士绅增加了粜米对象的选择,但同时也是一个强劲的竞争对手。因为米商也进行粮食的售卖,并且相比于士绅粜米的不固定性来说,米铺对于民众来说是一个更加稳固的购米渠道,这也能解释为什么张棡针对乡人的粜米行为会越来越少。

温州开埠,城市人口的增长导致商品性粮食需求增高,必然导致粮食市场的扩大化、专业化与市场化。专业化牙人的出现,正是这种时代大趋势的反映,当然也就不可避免地导致了士绅粜米活动发生结构性变化。

---

① 在1904到1905年张棡并没有记日记,但并不能说这两年张棡没有粜米,所以在1895到1911年这16年中有日记留存的年份中张棡粜予民户有61篇。同理粜予商户的日记篇目亦是如此。

② 张棡:《张棡日记》(第一册),北京:中华书局,2019年,第427页。

三、米潮与籴米

在中国古代时常爆发"民变""民乱",这些变乱的发生通常是由粮食问题所引起的。缺粮的民众在走投无路的情况之下走上街头进行抗议,甚至哄抢粮食,从而形成米潮,因此米潮实际上是民众的一种抗议方式。温州开埠后,温州社会发生巨变,由传统社会开始向现代社会转型。在这场巨变中温州粮食问题越来越严峻,从一个粮食出口地转变成粮食进口地,粮食危机愈演愈烈,米潮也更加频繁。那么为什么温州会发生抢米风潮呢?

近代温州米潮爆发有许多原因,与本文主题相关的因素主要有两个:一是士绅闭粜。如张棡在1898年5月22日的日记中记录:"近来米价腾贵,饥民夺食。闻永邑道、府、县衙署均被民毁,烟税关委员被殴,亦遭抢掠,而南门外沈姓闭仓不粜,乡民扰闹,请营弹压,以致营兵竟枪毙乡民二人,伤一人,遂激大变,沈家房产掳抢一空。"[1]沈姓"闭仓不粜"最终成为了米潮爆发的导火线。米潮爆发从根源来说是因为民众需要粮食,而他们获取粮食的渠道发生了障碍,无法获得维持生活所必需的粮食。在专业的米商出现前,士绅是民众籴米的主要对象,而士绅的"闭粜"导致民众无法籴米,那就极有可能在"闭粜"士绅所在的区域酿成抢米风潮。民众除了无法忍受士绅的"闭粜"外,同样也无法忍受士绅粜米不公。如1898年6月27日的日记中记录:"早晨看乡人同前林争斗,盖因粜米不公。"[2]士绅地主在荒年将粮食平粜给乡民是一种约定俗成的传统救荒措施。在春秋时期,"劝分法"就已经产生,其指的是在灾荒年份朝廷劝谕一些有能力的人或者家族为受灾群众进行平粜。这一方法在宋代时就已经成为一种治理灾荒的重要举措,[3]因为有这样的地方惯例存在,所以灾荒发生后不论是政府还是贫民都认为士绅地主有责任平粜粮食。如果士绅选择逃避这种惯例或者进行不公平的粜米,在民众眼中就是对地方惯例的一种破坏,乡民自然有"习惯法"所赋予的"权利"进行抗议,而米潮就是其抗议的方式之一。抢米按参与者的不同可以分为两类:一类是邻里抢米,一类是乡里抢米。邻里抢米相对来说规模会更小一些,因为个别士绅"闭粜"影响的主要是其邻右,普通乡民还可以通过其他士绅进行籴

---

[1] 张棡:《张棡日记》(第一册),北京:中华书局,2019年,第407页。
[2] 张棡:《张棡日记》(第一册),北京:中华书局,2019年,第412页。
[3] 张文:《荒政与劝分:民间利益博弈中的政府角色——以宋朝为中心的考察》,《中国社会经济史研究》2003年第4期,第27—32页。

米。但如果大量士绅选择"闭粜"或者政府过分压榨民众则更容易引起众怒,由此爆发地方性的抢米狂潮。

  温州米潮爆发的第二个原因是米价过高。专业米商出现后,民众购米的渠道也随之增加,并且相比于士绅粜米的不固定性,米铺对于民众来说是一个更加稳固的购米渠道。而在市场作用下,米价过高则成为了抢米风潮爆发的又一重要原因。张棡在日记中对由米价升高所导致的米潮也多有记载,如1898年5月22日张棡记述:"近来米价腾贵,饥民夺食。"①以及同年的6月4日的日记中:"闻东门外米店因高价滋闹,袁邑尊正考试不外出,而协台、城守均出弹压,余同诸友各赶至城门边,以门已闭而回。"②可见专业牙人与米铺的出现,从市场化的面向来看固然是一种"现代化"的进步,但士绅"坐局"责任感与灾年设场粜米义务的消退,也导致地方秩序出现了功能性的缺口,如果政府不出面填补此缺口,那么地方必然会在经济增长的同时更易动荡。

  温州爆发米潮后,民众通常会以一种特殊的仪式向富户、米铺甚至政府表示不满,这种仪式就是拖煤油箱。如1907年6月28日张棡记载:"在冕卿家约待至九点钟、始见开台演剧,冕卿即邀予等坐戏厂上观剧。不料戏演未半本,忽闻一群流氓拖洋油箱齐声发喊,谓荒年米价尚未定,何得夤夜演戏,顿将台上灯一齐打灭,戏子均纷纷下台。"③一般拖煤油箱的都是孩童,在这里孩童其实象征着饥荒下的弱势群体。在唐湜所写的《骚动的城》里便描绘了孩童拖着煤油箱的情景:

    洋油箱,孩子们拖着你
    正如拖着锋利的犁
    犁过大街,犁过城市的心脏
    犁在人民的肩背上
    罢市,喧嚣的呼喊起来了
    罢工,城市的高大的建筑撼动了!④

---

① 张棡:《张棡日记》(第一册),北京:中华书局,2019年,第407页。
② 张棡:《张棡日记》(第一册),北京:中华书局,2019年,第408—409页。
③ 冯筱才:《"拖洋油箱":近代温州闹米风潮的仪式与政治》,《华东师范大学学报》(哲学社会科学版)2016年第4期,第101页。相关原文参见《张棡日记》。
④ 唐湜:《骚动的城》,上海:星群出版公司,1947年,第31页。转引自冯筱才:《"拖洋油箱":近代温州闹米风潮的仪式与政治》,《华东师范大学学报》(哲学社会科学版)2016年第4期,第101页。

那么幼童拖煤油箱发起抗议的诉求是什么？米潮的发生从根本上来说是因为民众缺粮，而价格或供应不足等原因使得贫民无法购得所需粮食，因此幼童拖煤油箱就是希望士绅富户平价粜售粮食或者政府能提出解决粮食不足的办法。但是当其诉求得不到满足时，贫民们只能通过更加激烈的方式获取粮食，即爆发抢米风潮。当米潮发生后，贫民们主要针对的对象是：士绅地主、米铺、地方政府。在前面已经提到抢米主要分为两种：邻里抢米以及乡里抢米。很显然邻里抢米其实是一种向士绅或米商这样的富户表达强烈不满的方式。当灾荒或米粮紧张时，绅富向贫民平价粜售粮食实际上已经成为一种地方惯例，但平价粜谷并不符合绅富逐利的本性。因此有的士绅不愿意平粜而选择闭粜，有的米商则利用粮荒之机囤积居奇抬高米价。他们的做法是对"劝分法"的破坏，对地方惯例的破坏，引起贫民的强烈不满，因而向他们发起抗议强抢米粮。如1927年3月9日张㭎记载："又闻温郡连日乱民罢市闹米，各米铺均遭捣毁……"①以及在1898年5月23日的日记中："是晚本地乡民因大房粜谷滋闹，又将老朱家、钰弟家捣毁。恐非至妥至善之法不足以弭变也。"②如果说邻里抢米表现的是民众对于绅富的抗议和不满，那么乡里抢米则更多表现出乡人与国家之间的矛盾，表现出对政府无能的一种反抗。在中国传统的政治制度中，地方政府官员有责任监控地方粮价的变化。若发生灾荒或其他粮食问题时，官员需要及时解决问题并开展救助，③而地方官员的无能往往是导致米潮进一步发展的重要原因。如1940年庄华强米案的发生正是国民政府处置不当所造成的。④ 政府的无能表现在其救荒政策的不恰当上，如1928年10月18日张㭎记载："遭此灾荒，而政府又严行减租之事，真令人坐困饥寒矣。"⑤从这条日记中可知政府在饥荒发生后下令减租，减租对于需要交租的贫民来说确实不失为一件好事，但对于因天灾已经损失惨重的绅富来说无疑是一件坏事。正因为地方官员行事之时未曾多方考虑，导致绅富与地方官员的关系日益紧张。这一点从日记中张㭎对政府的不满，也可以看出。他认为"可见征粮之弊，民国尤甚于前清也。"⑥并且对于米潮中省

---

① 张㭎：《张㭎日记》（第七册），北京：中华书局，2019年，第3156页。
② 张㭎：《张㭎日记》（第一册），北京：中华书局，2019年，第407页。
③ 冯筱才：《"拖洋油箱"：近代温州闹米风潮的仪式与政治》，《华东师范大学学报》（哲学社会科学版）2016年第4期，第105页。
④ 温州市政协文史资料委员会：《温州文史资料》（第九辑），杭州：浙江人民出版社，1994年，第100页。
⑤ 张㭎：《张㭎日记》（第七册），北京：中华书局，2019年，第3342页。
⑥ 张㭎：《张㭎日记》（第四册），北京：中华书局，2019年，第1544页。

议员家被捣毁,寸物无留,张棡认为其为"咎由自取"①。官绅关系的日益紧张,也使得米潮爆发变得更加频繁与猛烈。

在近代温州,米潮的爆发无疑是比较频繁的,仅在《张棡日记》中就有八篇日记专门记载当时所发生的米潮。但不论是从温州还是浙江其他地区,抑或是全国范围来说,近代米潮的爆发都是频繁的。其爆发的原因从前期来说大多与天灾以及收成不佳有着莫大的关系,但是随着社会的发展其爆发原因也开始出现了变化,粮食市场化所导致的士绅责任消退、传统秩序破而不立是其中一个重要原因。

四、粜米的动机

前面已经提到,张棡粜售粮食时,对象不同价格也会有所不同,而这种差异的产生则与士绅粜米的动机息息相关。通过对日记内容的分析,张棡粜米的动机主要可以分为两方面:

首先,张棡粜米的活动,无论是在晚清还是民国,大体上都是一种市场性行为,其最主要的动机是为了换取日常消费所需的货币,其他动机都是附带性的,处于从属地位。张棡作为地方上有一定资产的士绅,日常生活所需的开销是比较大的,这一点从日记中所记录的日常支出就可看出。如在1921年8月13日的日记中:"八句钟将早谷粜与塘下客,计一千一百斤,申大洋二十九元七角……池维桓来卖纱,内人从之买杜头青纱一丈七尺,计价大洋四元二角六分五。"②从这条日记可知张棡粜一千一百斤的粮食仅得二十九元七角,但是他买纱这一项花销就花去了四元多。同时张棡子女众多,子女的婚嫁费用亦是一笔不小的开支。随着温州开埠,温州与外界的联系日益加强,海内外之间的贸易也愈益频繁,日常的买卖交易都需要使用货币。身为地主的张棡手中握有大量的粮食,他获取日常交易所需货币的主要途径就是粜售粮食,而这一点在日记中也可以很清晰地看见。如在1921年6月28日的日记中:"下午粜自家小麦于宋阿银,计麦六百斤,大洋二十四元。先收十七元应用,余另日找来。"③以及在1932年12月21日的日记中:"一检仓内新京粜与各户已达四千三百八十三斤,计收大洋一

---

① 张棡:《张棡日记》(第七册),北京:中华书局,2019年,第3156页。
② 张棡:《张棡日记》(第五册),北京:中华书局,2019年,第2563页。
③ 张棡:《张棡日记》(第五册),北京:中华书局,2019年,第2454页。

百二十元正,因所负急需偿还,故不得不平价粜也。"①从这两条日记的内容可以看到张棡不论是日常应用所需货币还是还款所需货币都是通过粜售粮食获取。如前文所述,张棡在各阶段市场性的粜售数量也是最多的,可见虽然张棡粜米的动机是多方面的,但是为了获得日常所需货币是其粜米最重要的动机。

其次,张棡粜米除了为换取日常所需的货币外,同时也出于一种士绅责任。士绅阶层在中国前近代社会中一直是一个具有特殊社会地位的群体,其在拥有特权的同时,也需要承担相应的社会责任,而这种责任的表现之一即是参与地方公益。②温州属于沿海地区,夏天极易遭到台风等恶劣天气的侵袭从而形成严重的水灾或其他灾害③,如1898年10月1日"是日大风大雨,潮水又大,平地之水满溢四五尺,闻下垟涂园均遭潮没。本年连遭三次大水,亦水灾之奇者也"④。以及1901年8月7日的日记中:"宋三和来说,前日飓风,被灾者是永邑临干涂地方,约冲去五十余家,牲口人民,当伤四五百之数,亦可谓巨灾矣。"⑤而天灾往往导致农作物的减产,如在1920年的"稻被水没十去八九,而送来之谷大半青粒无熟,想多谷之家定叹耗折不少也。"⑥粮食的歉收对于无地或少地的穷苦人民来说无疑是巨大的打击。士绅拥有大量的土地,粮食减产虽然也会对其产生影响,但尚有余力的士绅在天灾发生后,一般会展现其对民生的关切⑦,同时也会通过粜米来帮助乡民度过缺粮的难关。如1921年"岁值凶荒"⑧,张棡在7月5日的日记中记载:"是日为予家值派平粜门牌米,即在东厅发粜,大儿、次儿执笔,乃宝侄量升。"⑨这条日记中的"值派"二字可以将其理解为轮值,也就是说在灾荒年份进行粜米并不是张棡一时的善举,而是当地所有士绅都参与进来的一个约定俗成的救荒之策,是体系化的。而这一点1907年3月31日的日记也足以证明:"闻说本年粜谷均按户发票,不许乱粜,亦救荒之善策也。"⑩分析日记中所记录不同年份的粜米次数会发现,每逢荒年张棡粜米的次数相比于丰收年份会

---

① 张棡:《张棡日记》(第八册),北京:中华书局,2019年,第3733页。
② 王国梁:《善在官民之间:清代贵州士绅与地方公益》,《贵州社会科学》2019年第6期,第64—69页。
③ 简婷:《近代温州灾荒及灾害赈济》,《湖北广播电视大学学报》2014年第10期,第68—69页。
④ 张棡:《张棡日记》(第一册),北京:中华书局,2019年,第426页。
⑤ 张棡:《张棡日记》(第二册),北京:中华书局,2019年,第687页。
⑥ 张棡:《张棡日记》(第五册),北京:中华书局,2019年,第2331页。
⑦ 张棡:《张棡日记》(第二册),北京:中华书局,2019年,第687页。
⑧ 张棡:《张棡日记》(第五册),北京:中华书局,2019年,第2428页。
⑨ 张棡:《张棡日记》(第五册),北京:中华书局,2019年,第2455页。
⑩ 张棡:《张棡日记》(第二册),北京:中华书局,2019年,第957页。

大大增加,这在一定程度上说明张棡粜米是一种履行士绅责任的表现。但是在这里需要说明的是士绅履行责任参与公益并非都是主动的。如1898年5月22日的日记中:"近来米价腾贵,饥民夺食。闻永邑道、府、县衙署均被民毁,烟税关委员被殴,亦遭抢掠,而南门外沈姓闭仓不粜,乡民扰闹,请营弹压,以致营兵竟枪毙乡民二人,伤一人,遂激大变,沈家房产掳抢一空。不知为民上者,如何善其后也。"[1]沈姓闭仓不粜激起民愤,最终导致房产被抢夺一空。可见粮荒发生后士绅不愿平价粜谷一方面可能会加剧粮荒形成米潮,另一方面士绅自身财产安全也会受到威胁。所以一定程度来说荒年士绅粜米不一定全为自愿,既是不愿、不敢违犯惯例,也是不愿、不敢违犯众怒。

综上可知,张棡粜米的动机是非常复杂的,一方面是为了换取日常所需货币,而另一方面也是出于士绅责任与义务。正因为粜米动机的复杂性,所以张棡在粜米与商户和粜米给邻里熟人时其价格才会存在差异。粜米给商户是一种纯市场行为,而粜给邻里、熟人与一般乡民则不同,其中不仅有"人情",也有对地方习惯的遵守。

结　语

本文从分析温州士绅张棡粜米的类型、过程以及动机等一系列基本问题入手,讨论了传统中国社会向近代社会转型过程中士绅粜米与市场化的关系。在传统的中国社会,士绅粜米一直以来被认为是一种"亦救荒之善策也"[2]。但是温州开埠后,城市人口的增长导致粮食需求增高,必然导致粮食市场的扩大化、专业化与市场化。这种时代大趋势,也就使士绅粜米活动发生了变化:士绅与市场的联系加强。这一点从张棡粜米的时间与对象也能清楚地感受到。1898年是张棡粜米次数最多的一年,一共粜米49次。一个很重要的原因在于这一年是荒年,在饥荒发生后士绅有责任通过平价粜谷来帮助乡人度过粮食短缺的日子。这一年,张棡集中粜米的时间主要集中在农历的三月和闰三月,其他月份也有,但是次数极少,这个时间段正是粮食尚未成熟的时候,而其粜米的对象是邻里熟人,并没有对商户进行过粜米。当时间跳转到1921年,该年"岁值凶荒"[3],同为灾年但张棡粜米的次数并不多,共有六次。六次粜米并不集中于三月或者五月,

---

[1] 张棡:《张棡日记》(第一册),北京:中华书局,2019年,第407页。
[2] 张棡:《张棡日记》(第二册),北京:中华书局,2019年,第957页。
[3] 张棡:《张棡日记》(第五册),北京:中华书局,2019年,第2428页。

而是主要集中于六七月。并且这年粜米的主要对象由邻里熟人转变为商户,其中仅有一次是粜售给乡人,其余五次都是粜售给客商。从以上的分析可以看到同为灾年,但是张棡粜米的时间和对象发生了巨大的变化,随着近代社会的转型,士绅粜米实际上更倾向于是一种市场性行为。但如果把士绅粜米的动机以及这一行为的实质仅认为是由市场所驱动,这种分析也是不全面的。

　　本文的定性分析许多都是基于数据统计与量化分析,但中国社会,无论传统中国还是现代中国,很大程度都是一个"人情"社会,士绅粜米所体现的人情味在《张棡日记》中屡见不鲜,而这些"人情味"是无法通过量化手段分析的。毫无疑问,这是许多学人尤其是西方学人在研究近代中国时常犯的一个错误,也是本文很大的一个弱点。作为研究者,对文本的解读,关注点也许不应该过分放在冰冷的数据,"同情共感"或许才是进一步推动相关研究、读懂张棡、认识温州士绅群体以及理解中国从传统社会向现代社会过渡过程中复杂性的关键。

（陈红英,温州荆山公学教师）

刘耀东《疚斋日记》的乡村日常生活史价值

杨洪娜

摘　要：日记是兼具日常性、个体性、丰富性等特点的私人记录。浙南士绅刘耀东所撰《疚斋日记》,记录了自晚清到新中国成立初长达60余年的变动时代下的生活经历和时代观感,内容宏富,包罗万象。借助日常生活史的理论与方法,可从刘耀东朴素而细碎的记述中,追寻特定历史与生活情境中的日常,发现近代浙南乡村的生活状态、生活方式、生活观念及其变迁,进而考察近代乡村日常生活与乡村社会变迁的互动关联机制。刘耀东《疚斋日记》的乡村日常生活史价值,有待发掘和利用。

关键词：刘耀东；《疚斋日记》；日常生活史研究；浙南乡村

自改革开放以来,中国的日常生活史悄然兴起,成为社会史研究繁荣的标志之一。随着日常生活史研究的深化与拓展,日记作为一种既具日常性、个体性特征,又能反映个人与社会、国家之关联及阶层与阶层之互动的私人性记录,日益引起学界重视。从个体日记中,往往可见个人与社会、国家的关联,生活与社会的交错,人群与人群的互动,因而日记是研究日常生活与社会变迁不可多得的资料渊薮。在浙江地区的文化历史上有一位绕不过去的历史人物,他就是明代诚意伯刘基的第二十世裔孙——浙南士绅刘耀东。而其撰写的《疚斋日记》,时间跨度长达六十年之久,记录了乡村日常生活的诸多史实细节,可从中追寻特定历史与生活情境中的日常,具有较高的史料价值。

一、刘耀东及其日记概述

刘耀东(1877—1951),字祝群,号疚斋居士,又号启后亭长。浙江青田县南田(今文成县南田)人,明代诚意伯刘基第二十世裔孙,系清廪贡生。刘耀东出身书香门第,早年肄业于丽水莲城学院,后留学日本,先后加入光复会、同盟会。回国后任教于温州、金华、处州等地。辛亥革命后,曾任松阳、鄞县、宜兴等县知事。1919年,44岁的刘耀东弃官隐归故里,以读书著述自适。刘耀东一生笃志于学,才思敏捷,治学严谨,学识渊博,尤精于经史。

刘耀东一生致力于整理乡邦文献,以其文学成就被列入"青田三才子"和"括苍四皓",名噪一时,还被《浙瓯日报》记者撰文尊为"青田大文豪"。他编著有《括苍文书》、《南田山谈》二卷、《南田山志》十四卷、《石门题咏录》四卷、《刘文成公年谱稿》三卷和《韩湘严先生年谱》二卷等,但刘耀东存世文献中最珍贵、最具价值的便是其自15岁始记至74岁止的《疚庼日记》。而"疚庼"之得名,源于刘耀东人生的一次悲痛经历——中年丧子之后的自号,他在1920年八月一日的日记中记载道:"今为亡儿周年忌日……回首去年今日为人儿断绝人世至辰,忽忽一年,伤心千古,未能为父,疚心如何?此余别署疚庼之昉也。"[①]刘耀东自丧子后便自号为"疚庼"居士。

现行《疚庼日记》是以刘耀东哲嗣刘天健先生所收藏的复印件《疚庼随笔·劫余日记》一册、《疚庼日记》二十二册为底本进行整理出版的。《疚庼随笔·劫余日记》抄本一册,原稿藏于温州市图书馆,该册前二十页为《疚庼随笔》,后为《劫余日记》。关于后者,刘耀东日记称:"遭劫之际,遗落于书架之后,后得自辛卯至己未秋二十九年之日记,犹有劫余长物,不可谓非幸事也。"[②]《疚庼日记》稿本二十二册亦藏于温州市图书馆,起于1919年,止于1950年,撮要而记。1949年政权更迭之际,刘耀东似有预感,将《疚庼随笔·劫余日记》与《疚庼日记》第一至二十册送交籀园图书馆馆长梅冷生保存,而第二十一、二十二册日记因县政协文史特邀委员李德岳的有意保护而留存。

《疚庼日记》是近代浙南现存的一部具有较高史料价值的日记。据刘耀东自称,他从光绪十七年(1891)15岁即开始记日记(现存日记始于1905年),至1950年,历经一个甲子,记录了清末、民国到新中国风云变幻的社会生活,是一部难得的鲜活史料,可谓是历史长卷。刘耀东在最后一天的日记中写道:"南田山中之老悖(自谦背理老者),积有甲子一周之日记,不知古人亦有先我而成者否?"由此可见他对于自己的日记的重视。

1919年,刘耀东辞官归隐,开始居乡生活。自1920年后的日记对于刘耀东

[①] 刘耀东、翁钦、王芳:《疚庼日记》(第一册),《文成文史资料》第三十一辑,文成县政协学习文史委员会编印,2016年,第87页。

[②] 刘耀东、翁钦、王芳:《疚庼日记》(第一册),《文成文史资料》第三十一辑,文成县政协学习文史委员会编印,2016年,第9页。

的日常生活有着极其详细的记载,这一部分的日记尤其能够体现当时的乡村生活状况,对研究近代浙南乡村日常生活和社会变迁具有较高价值。

二、乡村生活的日常叙事

日记是兼具日常性、个体性、丰富性等特点的私人记录。"兹置此册,凡关于地方宗族之事迹,隅有所忆,随笔记之。衰朽日逼,悠悠我思,后之览者,或亦谅余之用意欤?"[1]《疚颅日记》内容宏富,包罗万象,堪称是在饮食酬酢、书法字画、诗词歌赋、栽花种果、对联、匾额、书信、中西医、民情民俗等领域的百科全书式的巨著,对于研究刘耀东以及地方文化史,特别是浙南乡村日常生活史具有重要的价值和意义。

(一)乡村危机下的生活状态

民国以来,时局动荡以及连年灾荒,导致乡村经济凋敝,社会失序,乡村危机之声不绝于耳。《疚颅日记》中多有对战乱、灾荒时期乡民生活状态的记载。

当时军阀割据混战,社会秩序混乱,而且在相当一段时间内,频繁战乱一直扰乱着中国社会。检阅《疚颅日记》,有多处出现刘耀东因"兵匪"(号称"国军"和地方变相的土匪)肆虐,家庭遭到洗劫而发出的感叹与愤慨。那时,乡民生活困苦,身遭离乱,无家可归,深受流离之苦。兵匪肆虐横行,严重破坏了正常的乡村社会的政治生态与秩序,给民众的日常生活带来巨大冲击。浙南乡村因保卫力量弱小,更易遭受乱兵和土匪的劫掠,致使其无法正常生产生活,百姓四处逃难,流离失所。

同时,浙江灾荒频发,灾害种类众多,尤以水灾、旱灾、风灾、虫灾、疫灾为重。灾荒发生频率极高,几乎无年不灾,地域范围十分广泛,严重的灾荒常常遍及全省大部分县市。日记中对各类灾害均有所记载。如水灾频发,"农民损失甚多,道路、桥梁、堤岸之遭水冲坏者,又复不少"[2],房屋、农作物等被严重毁坏,甚至人员死亡,灾民生活陷入绝境甚至自杀者也很多。旱灾也时有发生,且

---

[1] 刘耀东、翁钦、王芳:《疚颅日记》(第一册),《文成文史资料》第三十一辑,文成县政协学习文史委员会编印,2016年,第5页。

[2] 刘耀东、翁钦、王芳:《疚颅日记》(第一册),《文成文史资料》第三十一辑,文成县政协学习文史委员会编印,2016年,第150页。

灾情严重。浙南山区为旱灾多发之地,日记中多处记载"乡民数千人入城祈雨,布置周详"①的久旱祈雨情形,各地农作物枯萎,河流干涸,航运停止,广大农民生活陷入绝境。除此之外,日记中还记有雹灾,雹如枣大,"雹之为害甚于炮弹"②,民不聊生。

浙南乡村因遭受乱兵和土匪的劫掠,加上各类自然灾害频发,致使水利破坏,农业歉收甚至绝收,土地荒芜,农业生产被破坏,乡民无法正常生产生活,四处逃难,流离失所,民多挨饿,加速了乡村经济崩溃的进程。乡民在兵匪直接的劫掠和间接的政府财政崩溃之下,负担日甚一日。乡村危机之下,浙南乡村的日常生活世界发生了从安居乐业到流离失所,从田园生活到黑暗乱世的巨变,处于崩溃的边缘。

(二)动荡时局的个体观感

历史叙述,因记录者的视角、立场不同,而侧重点、详略不同。《疢疷日记》中记录了很多反映当时历史事件的史料,刘耀东客观地对各时期的朝野见闻、时事评述与社会风貌作了详实可靠的叙述,为治史者提供了宝贵的第一手历史资料与历史线索,并且这些资料是刘耀东亲见、亲历和亲闻的,可信度非常高。

日记中记载了当时一些运动的经过、表现,以及刘耀东对其的困惑或感想。譬如,刘耀东次儿在写给父亲的信中提到五四运动,"旅行至杭,游西湖三日,原与同学偕还沪上,以沪上各校学生因山东交涉,政府又欲直接与日虏谈判,又须罢课,势必纷扰不已。"刘耀东对于"近来学生以爱国为口头,以罢课为手段"的五四运动,发出"嚣竞成风,不知所,奈何奈何!"③的感慨。1949年四月二十二日,日记中记述"国共和平谈判决裂"④一事,民心动摇,物价狂涨。日记用很大的篇幅记述了"匪"情肆虐。如1949年,当时解放军挥师南下,盘踞在鲁苏边境的国军李延年部队往南逃窜,"自杭经婺入栝,初拟取到永嘉,航海赴闽。及抵青田上

---

① 刘耀东、翁钦、王芳:《疢疷日记》(第一册),《文成文史资料》第三十一辑,文成县政协学习文史委员会编印,2016年,第63页。
② 刘耀东、翁钦、王芳:《疢疷日记》(第一册),《文成文史资料》第三十一辑,文成县政协学习文史委员会编印,2016年,第229页。
③ 刘耀东、翁钦、王芳:《疢疷日记》(第一册),《文成文史资料》第三十一辑,文成县政协学习文史委员会编印,2016年,第81页。
④ 刘耀东、翁钦、王芳:《疢疷日记》(第四册),《文成文史资料》第三十一辑,文成县政协学习文史委员会编印,2016年,第270页。

游,知永嘉失守,遂折入小溪,于夏历四月十五,至岭根、林坑等处"①,详细记载了他们的逃窜路线以及逃窜过程中大肆洗劫、肆虐地方的经过。刘耀东多次深叹"乱世之苦"②,"乱世做人之苦"③。

当时中国社会动荡,兵匪劫掠肆虐,政府财政崩溃,经济秩序混乱,物价飞涨,百姓负担日益加剧。日记中多处记录了当时社会的经济情况,刘耀东在1949年的日记中频繁地提及当时米面粮油等日常生活必需品的的物价。以米为例,四月二十日"米每金券万元仅购得四勺",第二天则"米价万元半勺",第三天"米价十万元仅三斤半"④,"物价逐日加倍"⑤,以至于"中央印制之钞甚缺"⑥,而至五月"金圆券不能通用"⑦,刘耀东哀叹"食用之困"⑧,百姓困苦,发出"国民党政府之流毒,抑何至于此极乎?"⑨的愤叹。

相对闭塞的地理环境将其乡居的青田与大部分繁荣的地区分离开来,且当地特有的方言也阻碍了青田与其他地方的交流,因此当地信息相对闭塞。刘耀东之所以能对一些社会事件做出判断,并有所观感,除了亲身经历体验与友间传闻,大部分来源于当时的报刊。如光绪卅二年(1906)农历三月初三,刘耀东与贝允昕畅谈时局,又阅读当天报纸知"江西南昌县令江某惨死案"⑩,这是当时轰动一时的"南昌教案",秉公办事的南昌知县江召棠因拒绝法国天主教南昌主教王安之扩

---

① 刘耀东、翁钦、王芳:《疚颅日记》(第四册),《文成文史资料》第三十一辑,文成县政协学习文史委员会编印,2016年,第275页。
② 刘耀东、翁钦、王芳:《疚颅日记》(第二册),《文成文史资料》第三十一辑,文成县政协学习文史委员会编印,2016年,第41页。
③ 刘耀东、翁钦、王芳:《疚颅日记》(第二册),《文成文史资料》第三十一辑,文成县政协学习文史委员会编印,2016年,第26页。
④ 刘耀东、翁钦、王芳:《疚颅日记》(第四册),《文成文史资料》第三十一辑,文成县政协学习文史委员会编印,2016年,第270页。
⑤ 刘耀东、翁钦、王芳:《疚颅日记》(第四册),《文成文史资料》第三十一辑,文成县政协学习文史委员会编印,2016年,第267页。
⑥ 刘耀东、翁钦、王芳:《疚颅日记》(第四册),《文成文史资料》第三十一辑,文成县政协学习文史委员会编印,2016年,第273页。
⑦ 刘耀东、翁钦、王芳:《疚颅日记》(第四册),《文成文史资料》第三十一辑,文成县政协学习文史委员会编印,2016年,第277页。
⑧ 刘耀东、翁钦、王芳:《疚颅日记》(第四册),《文成文史资料》第三十一辑,文成县政协学习文史委员会编印,2016年,第273页。
⑨ 刘耀东、翁钦、王芳:《疚颅日记》(第四册),《文成文史资料》第三十一辑,文成县政协学习文史委员会编印,2016年,第277页。
⑩ 刘耀东、翁钦、王芳:《疚颅日记》(第一册),《文成文史资料》第三十一辑,文成县政协学习文史委员会编印,2016年,第22页。

大传教特权的要求而被刺惨死,刘耀东发出"深痛我国主权衰弱之苦"①的愤叹。此外,光绪卅一年(1905),他阅农历七月初二的《中外日报》云"浙省争矿事"②。光绪卅二年(1906),他阅农历二月二十日的《上海日报》知"江督劝告妇女解缠及咨各省文告"③。宣统三年(1911),他阅读农历八月廿三日的《民立报》知当时武昌、宜昌、长沙皆先后失守,④十月初十阅报知"南京已克服"⑤。1949年10月1日,所有报纸均公布中国人民政治协商会议通过《中华人民共和国政府组织法》《政治协商会议共同纲领》⑥。另外,刘耀东阅读的报纸还有《上海中外日报》《神州日报》《杭州白话报》⑦《国粹学报》《浙江日报》《东南日报》⑧等报纸。

(三)日常生活的多重面相

历史是人的历史,生活亦是人的生活,一个人的生活际遇和生命经历,往往可以折射出一个时代的影子。日记能生动呈现个体的生活体验与感受,特别是个体的情绪,这是其他文献所无法替代的。《疢庼日记》记载了刘耀东的日常饮食起居、身体状况、生活琐事、经济收入、日常开销、亲友往来、情感世界等,这一部分内容可谓十分细致琐碎,最生动不过地呈现其生活样态,有利于刘耀东个人生活史的研究。

交游往来的记载在《疢庼日记》中占有相当大的比重。从日记看来,刘耀东并不孤傲,其在归隐期间与当时的众多人物有往来,大都是社会上的名流贤达,

---

① 刘耀东、翁钦、王芳:《疢庼日记》(第一册),《文成文史资料》第三十一辑,文成县政协学习文史委员会编印,2016年,第22页。

② 刘耀东、翁钦、王芳:《疢庼日记》(第一册),《文成文史资料》第三十一辑,文成县政协学习文史委员会编印,2016年,第17页。

③ 刘耀东、翁钦、王芳:《疢庼日记》(第一册),《文成文史资料》第三十一辑,文成县政协学习文史委员会编印,2016年,第22页。

④ 刘耀东、翁钦、王芳:《疢庼日记》(第一册),《文成文史资料》第三十一辑,文成县政协学习文史委员会编印,2016年,第54页。

⑤ 刘耀东、翁钦、王芳:《疢庼日记》(第一册),《文成文史资料》第三十一辑,文成县政协学习文史委员会编印,2016年,第56页。

⑥ 刘耀东、翁钦、王芳:《疢庼日记》(第四册),《文成文史资料》第三十一辑,文成县政协学习文史委员会编印,2016年,第300页。

⑦ 刘耀东、翁钦、王芳:《疢庼日记》(第一册),《文成文史资料》第三十一辑,文成县政协学习文史委员会编印,2016年,第32—33页。

⑧ 刘耀东、翁钦、王芳:《疢庼日记》(第三册),《文成文史资料》第三十一辑,文成县政协学习文史委员会编印,2016年,第188+227+229页。

如孙诒让、刘绍宽、张子京、杜冠卿等,也有少数平头百姓。日记有许多关于民国文人以及政界人物的记载,包括刘耀东对这些人物的看法、评价等,留下了不可多得的观察与记录。

  与刘耀东往来最多、最频繁的是地方文人。譬如,刘耀东从学于晚清经学大师孙诒让,得名师传授,学业大成。在《劫余日记》中他多次提到孙诒让对其事业的引领与帮助。刘耀东归隐后,日记中记载其曾因"求富韬及富伟、富宗礼三人之字而不可得"①,及思购《万姓统谱》而不可得,遂形之幻梦,梦见孙公"卧胡床吸烟"②,询问其富韬之字为何,公曰:"未详,可检《万姓统谱》考之。"③刘耀东对于恩师十分敬重,感情格外深厚,这些在日记中都有具体记载,"感恩知己,无日不思,幸得于梦中见之,晤对一如畴昔"④,即使梦中看见孙公亦"遂起,立命旁坐"⑤。《疢顾日记》中关于刘耀东与刘绍宽的交往占有较大篇幅,记载详细。刘耀东与刘绍宽感情深厚,亦师亦友,认为他"维杖履优游,著作宏富,名山盛业,及身早成,辱附就叫,曷胜景仰"⑥。例如在庚申年二月初三日刘耀东写道:"次饶、志领、赞文皆十余年旧友。"⑦在对其"聘师课季儿"⑧一事上与刘绍宽商谈,借助其帮助,最终"以次饶介聘墨庵教授季儿"⑨,还致书请求其协调和解墓山纠葛⑩。

---

  ① 刘耀东、翁钦、王芳:《疢顾日记》(第一册),《文成文史资料》第三十一辑,文成县政协学习文史委员会编印,2016年,第305页。
  ② 刘耀东、翁钦、王芳:《疢顾日记》(第一册),《文成文史资料》第三十一辑,文成县政协学习文史委员会编印,2016年,第305页。
  ③ 刘耀东、翁钦、王芳:《疢顾日记》(第一册),《文成文史资料》第三十一辑,文成县政协学习文史委员会编印,2016年,第305页。
  ④ 刘耀东、翁钦、王芳:《疢顾日记》(第一册),《文成文史资料》第三十一辑,文成县政协学习文史委员会编印,2016年,第305页。
  ⑤ 刘耀东、翁钦、王芳:《疢顾日记》(第一册),《文成文史资料》第三十一辑,文成县政协学习文史委员会编印,2016年,第305页。
  ⑥ 刘耀东、翁钦、王芳:《疢顾日记》(第一册),《文成文史资料》第三十一辑,文成县政协学习文史委员会编印,2016年,第164页。
  ⑦ 刘耀东、翁钦、王芳:《疢顾日记》(第一册),《文成文史资料》第三十一辑,文成县政协学习文史委员会编印,2016年,第78页。
  ⑧ 刘耀东、翁钦、王芳:《疢顾日记》(第一册),《文成文史资料》第三十一辑,文成县政协学习文史委员会编印,2016年,第74页。
  ⑨ 刘耀东、翁钦、王芳:《疢顾日记》(第一册),《文成文史资料》第三十一辑,文成县政协学习文史委员会编印,2016年,第77页。
  ⑩ 刘耀东、翁钦、王芳:《疢顾日记》(第一册),《文成文史资料》第三十一辑,文成县政协学习文史委员会编印,2016年,第189页。

两人还经常互通书信并互赠物品,刘耀东曾写《寄刘厚庄先生书》[1],就撰修县志一事诣前请教,住其家,与其外出游玩,访友聚餐,辞别前刘绍宽还赠其一部新纂县志[2]。刘耀东曾获极为罕有的大雪梨两颗,认为梨"质白性冷,可喻君子之德",于是留以馈之。在刘绍宽六十岁生日时,赠六种礼物[3]为其祝寿,后刘绍宽寄"五言长歌五十韵"[4]祝贺刘耀东六十寿。刘耀东因友索求刘绍宽《厚庄文钞》,寄书求之,获赠《厚庄文钞》四部[5],刘绍宽还寄其赠王梦楼《临定武兰亭》及苏东坡《种橘帖》[6]等。此外,日记中还记载了与刘耀东契合无间的"生平第一至友"[7]——张寿镐,闻其中风终时,放声大哭,"悲痛曷已"[8];自弱冠订交的"文章知己"[9]杜师业;等等。

刘耀东与当地政治人物也交流甚广。他与历任青田县长均有往来,如"以廉明称"的"不可多得之能吏"郑迈[10]、翁柽、以定邦、童鑫森等。1949年2月2日,叶逸凡邀刘耀东晚餐,同席的有曾任陆军少将、松江统捐局局长的韩郁堂,闽省县长陈子超及前青田县长以定邦等人。[11] 韩郁堂还曾"偕其似君柏松"[12]来拜访刘耀东,其子柏松时任永嘉国税局长。刘耀东的"文章知己"杜师业不仅仅是文

---

[1] 刘耀东、翁钦、王芳:《疢顾日记》(第一册),《文成文史资料》第三十一辑,文成县政协学习文史委员会编印,2016年,第164页。

[2] 刘耀东、翁钦、王芳:《疢顾日记》(第一册),《文成文史资料》第三十一辑,文成县政协学习文史委员会编印,2016年,第168—169页。

[3] 刘耀东、翁钦、王芳:《疢顾日记》(第一册),《文成文史资料》第三十一辑,文成县政协学习文史委员会编印,2016年,第167页。

[4] 刘耀东、翁钦、王芳:《疢顾日记》(第二册),《文成文史资料》第三十一辑,文成县政协学习文史委员会编印,2016年,第208页。

[5] 刘耀东、翁钦、王芳:《疢顾日记》(第一册),《文成文史资料》第三十一辑,文成县政协学习文史委员会编印,2016年,第300页。

[6] 刘耀东、翁钦、王芳:《疢顾日记》(第一册),《文成文史资料》第三十一辑,文成县政协学习文史委员会编印,2016年,第280页。

[7] 刘耀东、翁钦、王芳:《疢顾日记》(第一册),《文成文史资料》第三十一辑,文成县政协学习文史委员会编印,2016年,第177页。

[8] 刘耀东、翁钦、王芳:《疢顾日记》(第一册),《文成文史资料》第三十一辑,文成县政协学习文史委员会编印,2016年,第186页。

[9] 刘耀东、翁钦、王芳:《疢顾日记》(第一册),《文成文史资料》第三十一辑,文成县政协学习文史委员会编印,2016年,第214页。

[10] 刘耀东、翁钦、王芳:《疢顾日记》(第一册),《文成文史资料》第三十一辑,文成县政协学习文史委员会编印,2016年,第214+211页。

[11] 刘耀东、翁钦、王芳:《疢顾日记》(第四册),《文成文史资料》第三十一辑,文成县政协学习文史委员会编印,2016年,第253页。

[12] 刘耀东、翁钦、王芳:《疢顾日记》(第四册),《文成文史资料》第三十一辑,文成县政协学习文史委员会编印,2016年,第253页。

人身份,其曾被选为众议院议员,还曾任大总统政治咨议等职务。其留学日本时的同学陈叔通建国后曾任中央政府委员会、政协全国委员会副主席等职务。

此外,刘耀东与温州以外的政治人物亦有往来。如刘耀东曾为先高祖祠堂屏风四处求友人法书,中堂由当时的丹徒税务所长商衍鎏、江阴税务所长舒树基、东台县令胡为和、举人杨绍廉四人所书,两庑由上海税务所长俞璋、前扬州府知府关椿寿、前建德知县吴辅勋、前江苏知县现震泽税务所长游拯四人所书。[①] 在刘耀东舅母张太夫人高节大年之时,他还恳请当时的江苏政务厅长蔡宝善、下关税所长张寿镐等人赠匾额以褒扬其舅母。[②] 其老友沈钧儒[③]任北京最高法院院长时,刘耀东向其写信陈述民间疾苦。他还曾与湖南贝允昕(元徵)谈论当时社会时局[④]。

刘耀东交游往来的交际场所既有新式的剧院、西餐馆[⑤]、大西洋菜馆、东亚酒楼[⑥],也有一品香菜馆、悦来菜馆[⑦]、同兴楼[⑧]、瑞星酱园[⑨]等老字号酒楼。

关于医疗方面,刘耀东在日记中记述了许多自身及其家族、亲戚、朋友等人的疾病症状、受诊治疗、药剂等情况,何日有病、染何症状、持续时间、治疗过程、服用何药、何时痊愈,记载详细。如刘耀东内子冒风,寒热交战,身体尽痛,足胫冷如水洗,头重齿乾,"以人参、败毒散加防风、荆芥治之"[⑩],一剂而愈。其孙儿口内重龈,后又发鹅口疮,继而感冒,服药不愈,终夜啼哭不安,后"以鲜

[①] 刘耀东、翁钦、王芳:《疢顾日记》(第一册),《文成文史资料》第三十一辑,文成县政协学习文史委员会编印,2016年,第86页。

[②] 刘耀东、翁钦、王芳:《疢顾日记》(第一册),《文成文史资料》第三十一辑,文成县政协学习文史委员会编印,2016年,第75页。

[③] 刘耀东、翁钦、王芳:《疢顾日记》(第四册),《文成文史资料》第三十一辑,文成县政协学习文史委员会编印,2016年,第353页。

[④] 刘耀东、翁钦、王芳:《疢顾日记》(第一册),《文成文史资料》第三十一辑,文成县政协学习文史委员会编印,2016年,第22页。

[⑤] 刘耀东、翁钦、王芳:《疢顾日记》(第一册),《文成文史资料》第三十一辑,文成县政协学习文史委员会编印,2016年,第102页。

[⑥] 刘耀东、翁钦、王芳:《疢顾日记》(第一册),《文成文史资料》第三十一辑,文成县政协学习文史委员会编印,2016年,第130页。

[⑦] 刘耀东、翁钦、王芳:《疢顾日记》(第一册),《文成文史资料》第三十一辑,文成县政协学习文史委员会编印,2016年,第155页。

[⑧] 刘耀东、翁钦、王芳:《疢顾日记》(第一册),《文成文史资料》第三十一辑,文成县政协学习文史委员会编印,2016年,第102页。

[⑨] 刘耀东、翁钦、王芳:《疢顾日记》(第四册),《文成文史资料》第三十一辑,文成县政协学习文史委员会编印,2016年,第291页。

[⑩] 刘耀东、翁钦、王芳:《疢顾日记》(第一册),《文成文史资料》第三十一辑,文成县政协学习文史委员会编印,2016年,第83页。

车前草叶及白苦株草之根同捣汁蒸熟饮之",安睡半日后霍然无病,认为"此两味草药之中病,极神妙也"①。两月后孙儿诸病悉除,刘耀东不禁感叹"医道之难,小儿尤不易治疗也"②。刘耀东一次在回青田县途中,因秋寒且衣服单薄,受寒腹痛,后"服温中药始愈"③。除此之外,日记中还记载了日常伤风感冒、接种牛痘、疝气、中风、足痹、麻疹、腹痛胀气、目疾等。就日记记载的内容判断,刘耀东并非对医药一窍不通,有多次自己及家里人染病都是其开药治疗,刘耀东还喜欢阅读医疗类的书籍,如《本草纲目》④《幼幼集成》《温病条辨》《医垒元戎》《时方妙用》⑤等。日记中疾病与医疗方面的记载丰富且详实充足,刘耀东较为充足的医学知识是重要原因之一。另外,虽然刘耀东平日对中、西医都有颇多接触,但仍认为西药见效快,"恐治标耳"⑥,"我国医理之精,非西医所能及也"⑦。日记中所记的疾病体验与医疗经历对于研究这一时期的医疗史具有重要的史料价值。

刘耀东爱好广泛,尤爱侍弄花草,"老年无可为乐,惟莳花最得佳趣"⑧,想要"种花以娱老"⑨。日记中记载了各种各样的花类,他在新宅后院筑花墩,栽茉莉、丁香、木瓜、天桃、绣球、芙蓉,在前后墙下栽种了十六株柑桔,在后院正中载种了一株外甥怀萱送来的牡丹,以冠群芳,旁边有一位友人送来的山茶、芍药,⑩

---

① 刘耀东、翁钦、王芳:《疚颐日记》(第一册),《文成文史资料》第三十一辑,文成县政协学习文史委员会编印,2016年,第113页。
② 刘耀东、翁钦、王芳:《疚颐日记》(第一册),《文成文史资料》第三十一辑,文成县政协学习文史委员会编印,2016年,第114页。
③ 刘耀东、翁钦、王芳:《疚颐日记》(第一册),《文成文史资料》第三十一辑,文成县政协学习文史委员会编印,2016年,第106页。
④ 刘耀东、翁钦、王芳:《疚颐日记》(第一册),《文成文史资料》第三十一辑,文成县政协学习文史委员会编印,2016年,第300页。
⑤ 刘耀东、翁钦、王芳:《疚颐日记》(第三册),《文成文史资料》第三十一辑,文成县政协学习文史委员会编印,2016年,第43+46+308页。
⑥ 刘耀东、翁钦、王芳:《疚颐日记》(第三册),《文成文史资料》第三十一辑,文成县政协学习文史委员会编印,2016年,第236页。
⑦ 刘耀东、翁钦、王芳:《疚颐日记》(第三册),《文成文史资料》第三十一辑,文成县政协学习文史委员会编印,2016年,第320页。
⑧ 刘耀东、翁钦、王芳:《疚颐日记》(第三册),《文成文史资料》第三十一辑,文成县政协学习文史委员会编印,2016年,第293页。
⑨ 刘耀东、翁钦、王芳:《疚颐日记》(第一册),《文成文史资料》第三十一辑,文成县政协学习文史委员会编印,2016年,第181页。
⑩ 刘耀东、翁钦、王芳:《疚颐日记》(第一册),《文成文史资料》第三十一辑,文成县政协学习文史委员会编印,2016年,第195页。

作为他的"归隐之厅""终老之计"①,发出"半世浮沈无建树,十年辛苦为栽花"②的感慨。后还载种了五色俱全的鸡冠花③,从高邮携归的紫白藤花、丹桂④等。刘耀东还偕劲持弟前往徐园看兰花、杜鹃花,"鹃有十余种,甚美丽,兰则寻常",回忆起民国四年,在如皋县看鹃花,"有一本开花至万朵者"⑤,尤为难得。

  作为一位传统的浙南乡村士绅,辞归故里后的刘耀东倾尽全力修缮保护与其南田刘氏祖先相关的文物古迹,尊敬先贤,祭奠祖上,在日常生活中延续了传统的文化基因。如每年四季八节前后,刘耀东虔诚地躬诣宗祠与先茔,敬奠烹饮,参加主祭或陪祭,延续其传统日常生活公共活动空间特色。刘耀东与不同人群的社会交往、对地方公益及其他公共事务的积极投入与参与,其实是在社会生活的层面上延续了某种士绅传统。但随着新俗、新物、新制的出现,刘耀东的物质生活与精神文化生活有所变化,他并不盲目崇拜外来文化,但对新式生活也并无抵触之意,他会偕好友前往公共体育场观看"演放气球"⑥,用西餐⑦,去大西洋菜馆赴宴⑧,应邀往"神仙世界观剧、打谜,并观西女跳舞"⑨等。在传统生活之余,刘耀东的生活世界在新式事物的逐渐影响下,开始糅合进一些新式生活方式。但在新旧交织的社会环境中,刘耀东的生活仍保留着浓厚的传统特质。

---

① 刘耀东、翁钦、王芳:《疢顾日记》(第一册),《文成文史资料》第三十一辑,文成县政协学习文史委员会编印,2016年,第192页。
② 刘耀东、翁钦、王芳:《疢顾日记》(第一册),《文成文史资料》第三十一辑,文成县政协学习文史委员会编印,2016年,第193页。
③ 刘耀东、翁钦、王芳:《疢顾日记》(第一册),《文成文史资料》第三十一辑,文成县政协学习文史委员会编印,2016年,第201页。
④ 刘耀东、翁钦、王芳:《疢顾日记》(第一册),《文成文史资料》第三十一辑,文成县政协学习文史委员会编印,2016年,第213页。
⑤ 刘耀东、翁钦、王芳:《疢顾日记》(第一册),《文成文史资料》第三十一辑,文成县政协学习文史委员会编印,2016年,第156页。
⑥ 刘耀东、翁钦、王芳:《疢顾日记》(第一册),《文成文史资料》第三十一辑,文成县政协学习文史委员会编印,2016年,第83页。
⑦ 刘耀东、翁钦、王芳:《疢顾日记》(第一册),《文成文史资料》第三十一辑,文成县政协学习文史委员会编印,2016年,第145页。
⑧ 刘耀东、翁钦、王芳:《疢顾日记》(第一册),《文成文史资料》第三十一辑,文成县政协学习文史委员会编印,2016年,第155页。
⑨ 刘耀东、翁钦、王芳:《疢顾日记》(第一册),《文成文史资料》第三十一辑,文成县政协学习文史委员会编印,2016年,第156页。

结　语

综上,刘耀东《疢顑日记》记载了从清末、民国到新中国初长达六十年风云变幻、波谲云诡的社会生活,记录了刘耀东纷繁复杂的生活世界图景,从其日常生活事件的视角可以梳理出刘耀东的人生经历。从刘耀东朴素而细碎的日常生活表象中,亦可以挖掘日常生活背后的逻辑与意义,并在浙南乡村生活状态、生活方式、生活观念及其变迁的考察中,形成关于日常生活与乡村社会变迁互动关联机制的一般归纳和理论概括。

《疢顑日记》是一部难得的鲜活史料,但未见充分利用。对《疢顑日记》中的日常生活史资料进行整理与研究,进一步思考日记史料产生的过程、目的、意义以及背后的权力关系,在实证研究中考察其对史学研究的价值与局限,不无学术价值。

(杨洪娜,温州大学人文学院2021级硕士研究生)

晚清民国时期士绅社会权势的嬗变

——以平阳士绅刘绍宽为例

杨 斌

摘 要:平阳士绅刘绍宽自晚清开始积累文化资本并编织关系网络,清亡时已跻身为温州头面士绅。民国以降,刘氏在乡仍保有相当号召力和影响力,随着地方渐而被纳入国家"统合"进程,其对地方事务的参与逐渐由主动转为被动。党治以后,士绅参与地方事务的合法性遭到质疑,活动空间进一步被挤压。刘绍宽虽未完全丧失社会权势,但在地方社会已渐次边缘化,士绅圈子也逐渐演变为一个"社会孤岛"。

关键词:士绅;社会权势;刘绍宽;温州

士绅作为传统中国社会特殊的精英群体,素号"四民之首"。士绅群体作为连通官、民之间的桥梁,在地方事务的具体运作中往往发挥着较大作用。时至近代,中国社会进入较为剧烈的转型期,各类社会矛盾错综复杂,社会结构不断分化、演变。在此期间,士绅群体以其身份的特殊性扮演了多重角色。绅权作为权力体制以外的非正式权力,社会影响几乎贯穿整个近代中国。

自1948年费孝通、吴晗等学者合著《皇权与绅权》,高度提炼出"绅权"这一概念后,绅权即作为学术概念开始受到海内外学者的关注。学界有关近代士绅社会权势的研究成果颇为丰富,但既往研究多将士绅阶层视为同质化的整体,集中于某一重大事件或某一地域展开论述,对个案研究着力不多,尤其是近代社会变迁与士绅社会权势的升降、时局更迭与士绅社会权势的互动在个人层面的展示,仍有进一步探讨的空间。本文选取的研究对象刘绍宽和核心史料《刘绍宽日记》,此前也为部分学者所聚焦。李世众观察了刘绍宽积累文化资本、编织关系网络进而获取社会权力的过程,认为刘氏的文化资本与关系网络呈现交互作用、互相加强的状态。① 徐佳贵对刘绍宽的经历与观念所反映出的近代"乡"与"国"之关联的变迁,做了梳理与分析,认为近代地方士人与"国"的关系呈现出"始进终退"的轨迹。② 本文则拟以平阳士绅刘绍宽的日记为基本史料,对刘氏数十年生涯做一相对长程的分析,以期立体地透视晚清民国时期士绅社会权势的动态嬗变。这一嬗变过程可作为观察近代社会变迁的一个微观窗口,以期为相关研究提供更细致的反思。

一、跻身士绅与权势资本的累积

刘绍宽(1867—1942),字次饶,号厚庄,平阳县刘店(今属浙江省龙港市)人。1868年,因生母薛氏病故,刘绍宽被过继于伯父刘铭新(已故)门下,由伯母杨氏抚养。次年,继母杨氏携其居于张家堡杨家,由是刘绍宽长年居此并开始接受旧式教育,学习句读、四书五经、八股文等以应科举。刘绍宽与杨家的这层先赋性关系,为其日后文化资本的累积和关系网络的拓展奠定了重要基础。

1883年,刘绍宽初涉科场考取县学附生,迈入士绅的行列。③ 处于士绅阶层底端的生员要跻身上层士绅,通常意味着要在科场获取进一步的功名。因此刘绍宽在考取生员后,继续学习旧学以应科场,希冀迎来更大回报。1884年,他跟随平阳县学训导吴承志,学习顾栋高《舆地歌诀》、贾昌朝《群经音辨》及顾炎武有关论学的书信,学术开始向小学、考据、地理等方面拓展;通过阅读蓝鼎元的《棉阳学准》,明晰了阳明心学与朱子学说之不同;刘绍宽二舅杨愚楼提点其阅读理学著作《近思录》,使其接触到义理之学,明确了理学各派的区分。④ 1888年,刘绍宽师从瑞安学者金晦成为他旧学生涯的重要转折点,其自称"盖余平生之学问,自六岁入学,至廿二岁而一转变"⑤。刘绍宽在金晦的指引下阅读《严氏学记》,"余于是始知有习斋之学"⑥,此后便深受经世思想影响。金晦除对刘绍宽

---

① 李世众:《晚清趋新士人刘绍宽的文化资本、关系网络与社会权力》,《历史教学问题》2013年第6期,第22—28页。
② 徐佳贵:《始进终退:再论近代地方士人与"国"的关系变迁——以刘绍宽〈厚庄日记〉为个案》,《史林》2017年第3期,第118—133+221页。
③ 陈镇波:《刘厚庄年谱》,《苍南文史资料》第16辑"刘绍宽专辑",苍南县政协文史资料委员会编印,2019年,第271—273页。
④ 王理孚:《白沙刘先生年谱》(未完稿),张禹、陈盛奖:《王理孚集》,上海:上海社会科学院出版社,2006年,第171页。
⑤ 刘绍宽:《刘绍宽日记》,北京:中华书局,2018年,第355页。
⑥ 刘绍宽:《刘绍宽日记》,北京:中华书局,2018年,第7页。

学术养成起到较大影响外,其传授的颜李之学对刘绍宽人格也起到塑造作用,并对刘绍宽日后的象征资本累积起到正向作用。① 刘绍宽能跟随金晦研习颜李之学,有赖于其三舅杨镜清将金晦邀至张家堡杨家。可以说,刘绍宽旧学的养成与杨家的这层先赋性关系密不可分。

在刘绍宽孜孜汲取旧学以奋力科场时,以西学为核心的新学已然勃兴,刘绍宽亦受到时代大环境影响,开始接触新式学问。1890年,刘绍宽开始订阅《申报》以接触外界讯息,同年阅读新书《身理启蒙》。② 此后数十年刘绍宽徜徉于新学旧知之间,总体上呈现出中体西用的倾向,晚年则回归旧学。和晚清多数旧式文人一样,刘绍宽没有系统地接受过新式教育,他阅读新式书籍多从兴趣和实用角度出发,对新式学问的汲取呈现出一种碎片化倾向。1894年,刘绍宽与友人陈锡琛等筹建书社时就提出"不学礼,无以立",主张购置《九通》《三礼统考》等古书,认定西学"不过十年即成尘羹饭土矣"③。应该注意到,晚清旧式文人阅读新书新报多是一种应时之举。在"莽莽欧风卷亚雨"④的时代,新学作为一种时髦又具有实用性的知识体系,晚清旧式文人对其大多浅尝辄止,仅以此作为个人成功之路上的一种铺垫,并不以为立身行道之本。⑤ 刘绍宽对新学的汲取,大体上也是如此。

1896年,刘绍宽在科场上的奋斗迎来了回报。是年,刘绍宽参与拔贡选拔式,成为拔贡生。拔贡为清代五贡之首,拔贡生可以通过朝考取得做官资格,为时人所重。刘绍宽成为拔贡生,是其人生路径的一大转折。获得拔贡身份后,刘绍宽在乡连宴三日,邀宴宾客包括"十都各地众","外乡亲知","江南各都及诸刘姓"⑥,基本覆盖刘绍宽乡里全部关系网络,而大摆筵席的高调庆贺方式亦可以看出拔贡身份对刘绍宽的重要意义。从此年开始,刘绍宽即"多涉乡里俗事"⑦,

---

① 李世众:《晚清趋新士人刘绍宽的文化资本、关系网络与社会权力》,《历史教学问题》2013年第6期,第24页。
② 刘绍宽:《刘绍宽日记》,北京:中华书局,2018年,第31页。
③ 刘绍宽:《刘绍宽日记》,北京:中华书局,2018年,第93—94页。
④ 梁启超:《奉酬星洲寓公见怀一首次原韵》,《饮冰室合集·文集之四十五(下)》,北京:中华书局,1936年,第9页。
⑤ 罗志田:《科举制的废除与四民社会的解体——一个内地乡绅眼中的近代社会变迁》,收入罗志田著:《权势转移:近代中国的思想与社会》(修订版),北京:北京师范大学出版社,2014年,第53—80页。潘光哲:《晚清士人的西学阅读史(一八三三—一八九八)》,台北:"中研院"近代史研究所,2014年,第371—384页。
⑥ 刘绍宽:《刘绍宽日记》,北京:中华书局,2018年,第157页。
⑦ 刘绍宽:《刘绍宽日记》,北京:中华书局,2018年,第158页。

其社会权势开始对当地社会生活产生影响。

在刘绍宽早年的关系网络中,瑞安孙诒让是极其重要的一环。刘绍宽文教事业的起步多有孙诒让的引领和启发,可以说孙诒让是其早期事业的引路人和重要助力者。其中的渊源即来自张家堡杨氏与瑞安孙氏的世交背景。1899年孙诒让与刘绍宽初次相见,而后联系日切。① 相识当年,孙诒让即劝刘绍宽等人筹办化学堂。1902年孙诒让去函刘绍宽,劝其"急办县学堂",从公私两个方面及操作可行性展开论述。② 刘绍宽听从孙诒让之建议,与平阳知县胡为和及士绅陈锡琛商办平阳县学堂。③

1904年刘绍宽自日本考察学务归来,在瑞安会见孙诒让。不久孙诒让去函刘绍宽,邀其来温州府城商议府学堂之事,信中直称"平邑诸贤,殆无逾我兄者",给予刘绍宽高度评价。孙诒让对刘绍宽撰写的《东瀛观学记》一书亦不吝赞美,称此书"于中国学界大有裨益",并应刘绍宽之托欣然作序,在序中盛赞刘绍宽"湛深经术、淹达时务",又预言"平邑学务将从此大兴"。④ 需要注意的是,1893年平阳士绅黄庆澄即东渡日本考察,回国后作《东游日记》出版,亦是孙诒让为之作序,此书对包括教育在内的日本近代化情形都作了相应介绍和评价。⑤ 清末新政时,全国已兴起留日风潮,留日学生如过江之鲫。刘绍宽至日本时,温州籍学生在日留学者已有三十余人。他本人对于中国学生留日盛况亦有相当认识,称"东江英俊来如鲤,此去终南捷径多"⑥。由此观之,孙诒让对《东瀛观学记》的称赞明显有提携之意。刘绍宽撰写、发表《东瀛观学记》,通过"立言"积攒起一定文化资本,而孙诒让在序中的提携更促进其文化资本的正向累积。

1904年,留日学生陈琪(青田人)、黄群(平阳人)、吴钟镕(永嘉人)归国后以温州和处州两府距省城较远为由,向温处道童兆蓉提议两府"设一管理学务之机关",事经波折,温州士绅最终合力使得温州例外设立"温处学务分处",为温处两

---

① 陈镇波:《刘厚庄年谱》,《苍南文史资料》第16辑"刘绍宽专辑",苍南县政协文史资料委员会编印,2019年,第286页。
② 谢作拳、陈伟欢编注:《瑞安孙家往来信札集》,杭州:浙江大学出版社,2017年,第172页。
③ 陈镇波:《刘厚庄年谱》,《苍南文史资料》第16辑"刘绍宽专辑",苍南县政协文史资料委员会编印,2019年,第289页。
④ 孙诒让:《东瀛观学记序》,《龙港文史资料》创刊号"刘绍宽",浙江省龙港市政协文史组编印,2020年,第2,3页。
⑤ 黄庆澄等:《东游日记 湖上答问 东瀛观学记 方国珍寇温始末》,上海:上海古籍出版社,2005年,第4页。
⑥ 刘绍宽:《刘绍宽日记》,北京:中华书局,2018年,第382页。

府学务统筹机构。① 值得注意的是,这一机构并不局限于文教场域,温处学务分处章程中调查部一条规定明确指出"调查人员所至之处,学务以外,凡山川、风俗、户口、物产、农工商业及地方利病有所闻见,均可随时记录,归送编检部以备参考",可见该机构在设立之初即被士绅视为拓展地方事权的抓手。② 由于温处学务分处的这一特性,有论者精确地指出,"温处学务分处是一个非常理想的'绅权'与'官权'消长起伏的观察点"③。孙诒让被推为温处学务分处总理后,欲提携刘绍宽为副总理,刘绍宽未就。孙诒让赞其"力任学务而不欲居其名",为刘绍宽"另易一位置",即温处学务分处编检一职。④ 刘绍宽任职温处学务分处后,自称"是年为教育服务温州全郡之始"。这标志着刘绍宽的文教事业走出平阳县域,其影响力亦开始辐射整个温州府的范围。⑤

1906年,孙诒让鉴于温州府中学堂的种种弊端,着手整顿温州府学堂。期间,徐定超、黄绍箕、陈黻宸等人皆来电推举孙诒让担任中学堂监督一职。而孙诒让则力荐刘绍宽担任,陈黻宸随即电告刘绍宽表示支持,并劝勉其"放胆为之"⑥。清末的新式学堂往往是一个地方新思潮、新知识的集结地,也是当地知识精英的集结地。温州府中学堂作为彼时温州的最高学府,其地位和影响力已超然于文教场域。1911年温州响应武昌起义时,有传言曰永嘉人欲奉温州府中学堂监督刘绍宽为首长宣布温州独立,亦彰显了温州府中学堂重要的社会地位。由此可见,刘绍宽担任温州府中学堂监督(校长)一职,为刘绍宽自身获得了配置资源的相当权力和较高的社会地位,可谓其文教事业的顶峰。

除孙诒让外,刘绍宽与其他士绅的交往也为自身文化资本的累积和文教事业的开拓起到重要的正向作用。如1898年刘绍宽赴京朝考的三个多月中,与宋恕、黄绍箕等名流密切往来,言谈之间涉及学术、政治、中外形势等方面。刘绍宽更是在日记中长篇累牍地记载宋恕等人的言论。⑦ 王理孚在《白沙刘先

---

① 孙延钊、徐和雍、周立人:《孙衣言孙诒让父子年谱》,上海:上海社会科学院出版社,2003年,第326、327页。

② 孙延钊:《孙籀公与清季温处地方教育》,周立人、徐和雍:《孙延钊集》,上海社会科学院出版社,2006年,第369页。

③ 李世众:《晚清士绅与地方政治——以温州为中心的考察》,上海:上海人民出版社,2016年,第267页。

④ 刘绍宽:《厚庄师友函札》,《龙港文史资料》创刊号"刘绍宽",浙江省龙港市政协文史组编印,2020年,第250页。

⑤ 刘绍宽:《刘绍宽日记》,北京:中华书局,2018年,第417页。

⑥ 刘绍宽:《刘绍宽日记》,北京:中华书局,2018年,第432页。

⑦ 刘绍宽:《刘绍宽日记》,北京:中华书局,2018年,第194—211页。

生年谱》中指出了这番交游的意义,"是岁因往来京沪,结识黄仲弢、宋燕生诸先生,获闻国学要领及中外政治之异同,且目睹康梁党狱之诡谲,激刺殊深,浩然有当世之志"①。

总的来看,刘绍宽自获取拔贡功名成为平阳县较高阶士绅后,就积极投身地方文教事业,不断累积文化资本的同时也进一步密切与孙诒让、陈黻宸、宋恕等人联系,不断编织和强化其关系网络。期间虽遭遇清政府停废科举而导致士人阶层逐渐没落和四民社会解体这一过程,②但刘氏仍凭借不断累积的文化资本与层层扩张的关系网络,使自身的社会权势进一步抬升。在清王朝覆灭时,刘绍宽已经由平阳县一底层士绅成长为温州的头面士绅。

二、鼎革以后的应对与境遇

1911年武昌起义爆发,辛亥革命的浪潮很快席卷全国。而温州的"革命"则显得较为平和,未出现大规模武力冲突。此番"改朝换代"在温州更多地体现于官员、绅士、革命派多方合作又相互博弈的暗潮涌动中。刘绍宽作为温州府中学堂监督,则在府城切身参与到了这场"改朝换代"之中。

11月初,杭州光复的电讯传来温州后,全城哗然。11月6日,温处道道台郭则沄、温州知府李前泮、防营统领梅占魁召集师范学校与中学校长、教员及士绅余朝绅、陈祖纶十余人开会于道署衙门,设立治安维持会并出告示安民。③ 同日,浙江省立第十中学(原温州府中学堂)、温州师范学校两校部分教师聚于中学礼堂开会,谋求组织革命政府,中学监督刘绍宽、监学刘项宣与师范学校监督黄式苏与会。7日,姚养吾、潘毓骏等倾向革命者邀请温处道道台郭则沄、温州知府李前泮、防营统领梅占魁至师范学校开会,商议组建革命政府事宜,郭则沄与李前泮明确表示不参与革命,而梅占魁则态度暧昧。④ 刘绍宽于会后"检查各机关存储",发现"有废除旧官僚,潜谋独立之意",于是"遍揭字条,声明除学务外,一切不与闻"。知府李前泮"见条大骇,邀商处置",刘绍宽告知李前泮"可潜来中

---

① 王理孚:《白沙刘先生年谱》(未完稿),张禹、陈盛奖:《王理孚集》,上海:上海社会科学院出版社,第186页。
② 罗志田:《科举制的废除与四民社会的解体——一个内地乡绅眼中的近代社会变迁》,《权势转移:近代中国的思想与社会》(修订版),北京:北京师范大学出版社,2014年,第53—80页。
③ 刘绍宽:《刘绍宽日记》,北京:中华书局,2018年,第534页。
④ 陈守庸:《辛亥革命时温州光复的回忆》,《温州近代史资料》,温州市教育局教研室、中学历史教学研究会编印,1957年,第194、195页。

学,余力保任之"。① 不久,金晦函告刘绍宽,永嘉人欲奉刘绍宽为首长宣布独立,当晚刘绍宽即避于小南门内金德泰南货店。8日晨,听到道台郭则沄、知府李前泮俱遁的消息后,刘绍宽与姚养吾、潘毓骏等十余人往迎防营统领梅占魁,成立军政分府。而后,刘绍宽与师范学校校长黄式苏一道寻找郭则沄与李前泮,得知李前泮确已遁走,郭则沄躲于贫民工艺所,欲遁不得。9日,刘绍宽与梅占魁会晤后,帮助郭则沄顺利乘船离温。②

至此,温州此番变革看似仍无甚波澜,实际上"一般新旧绅学诸人,觊觎权利,如蝇见腥,不期而集"③。在杭州参与革命活动的陈黻宸与人发生抵牾返回温州,随即展开了夺取温州事权的活动。陈黻宸召集温州头面人物于余朝绅家中开会。针对梅占魁掌权,陈黻宸在会中"深以武人握全府军政为非,谋欲挤之"。鉴于对现有秩序的维持和梅占魁据有武力的事实,受邀出席会议的刘绍宽、黄式苏等"皆不敢赞成"④。在多位士绅没有表示支持的情况下,陈黻宸仍张贴出以自己为首长的政府名单告示,刘绍宽、黄式苏在此告示中皆被委为"教育部副部长"。此布告一出,旋即被人撕去,后又张贴出一条讨伐陈黻宸的布告。⑤ 这场带有投机意味的夺权活动至此彻底失败,陈黻宸本人也离开府城回到瑞安。直到徐定超接受浙江都督汤寿潜的委派回温主持军政分府后,温州局势才进一步明朗。

刘绍宽、黄式苏等有一定影响力的老辈知识精英在温州的"改朝换代"中既没有表现出对清王朝的过度依恋,亦没有采取激烈措施助力"革命",更多地是"顺势"而为,努力维持旧有的利益格局和话语权。刘绍宽在鼎革中充当重要的中间角色时,还差点被永嘉人奉为首长宣布独立,其社会地位与个人声望可见一斑。总的来看,这一时期充当"学校领袖"的士绅对地方局势有相当参与度和影响力,地方上"政"与"学"的关系亦十分密切。

与此同时,刘绍宽的家乡平阳县也出现了权力真空和权力争夺。平阳县得到省城"光复"消息后,议长黄光多次联络诸绅以商讨应对事宜,而平阳县万全乡

---

① 刘绍宽:《刘绍宽日记》,北京:中华书局,2018年,第534页。
② 刘绍宽:《刘绍宽日记》,北京:中华书局,2018年,第535页。
③ 叶玉林:《辛亥革命温州光复记》,《温州文史资料》(创刊号),温州市政协文史资料委员会编印,1985年,第113页。
④ 刘绍宽:《刘绍宽日记》,北京:中华书局,2018年,第535页。
⑤ 叶玉林:《辛亥革命温州光复记》,《温州文史资料》(创刊号),温州市政协文史资料委员会编印,第117+118页。

士绅宋存法(宋恕二弟)欲趁机夺取地方事权、屡生事端。① 加之此时地方上的闹米风潮愈演愈烈,平阳县政局一度风云变幻,无人能够力挽残局。不久,在省咨议局任职的平阳籍士绅陈锡琛、王理孚返回平阳,二人联合原平阳知县田泽深与黄光、姜会明等地方士绅打击宋存法,以士绅"分科办事"的方式稳定局势并瓜分了地方职权。其中,刘绍宽被委以"民政"职责,因其不在乡,由陈锡琛代行。② 平阳县鼎革之后局势不稳、政治混乱,而刘绍宽不居乡里、置身事外却仍毫不费力被委以重要事权,彰显了刘绍宽强大的关系网络。

刘绍宽不似一些有意扩权者,他在此番变革中无意夺取额外的地方事务权,更关切的仍是维系自身中学校长的职责。由于时局已变,省立十中的经费不能照常发放,刘绍宽请徐定超设法支给,"维持至甲班毕业"。而学生的伙食费亦被会计员挪用,刘绍宽"挪移还之",导致自己"不名一钱",只好向陈守庸、吴煕周"各支来一百元,携归度岁"。③ 1912 年春"开学后,有新辈私议学校亦须革命者"。刘绍宽没有想到自己努力维持学校原有的教学秩序,此时竟也成了被革命的潜在对象,于是"力请辞职"。④

回到平阳后,刘绍宽任平阳县教育会会长,并参与共和党平阳县分部的创建,不久转任乐清县教育科长,辞去教育会长一职。⑤ 1913 年 5 月接省署公文,转任永嘉县第一科科长,不久辞职,又转任省公署民政科科员。⑥ 1914 年 3 月被委任为乐清县第三科科长,主管乐清县教育。8 月,因科长一职的薪酬被减少,有感于"酒醴不设"而辞职。归途路过永嘉,承永嘉知事之请,任永嘉县第三科主任,旧历年末即辞职。虽然步入仕途,但刘绍宽认为这两年的从政经历"游幕依人,所与游者多沾不良习气,自治日疏",虽然"宾东两得,事无掣肘",但"较之在学校时有良友相与辅善者,相去绝远也",于是"不复入政界"。⑦ 刘绍宽在乐清任职时参与组织无闻社,在社序中以"未阶尺寸以显于世","惟优游乡里以终老"作自我嘲解,⑧体现出社会转型期地方士绅难以调适的尴尬境遇。

---

① 黄光:《辛亥光复日记·光复残恨》,马允伦:《黄光集》,上海:上海社会科学院出版社,2005 年,第 364 页。
② 黄光:《辛亥光复日记·光复残恨》,马允伦:《黄光集》,上海:上海社会科学院出版社,2005 年,第 369 页。
③ 刘绍宽:《刘绍宽日记》,北京:中华书局,2018 年,第 535 页。
④ 刘绍宽:《刘绍宽日记》,北京:中华书局,2018 年,第 537 页。
⑤ 刘绍宽:《刘绍宽日记》,北京:中华书局,2018 年,第 538、539 页。
⑥ 刘绍宽:《刘绍宽日记》,北京:中华书局,2018 年,第 558、559 页。
⑦ 刘绍宽:《刘绍宽日记》,北京:中华书局,2018 年,第 574 页。
⑧ 刘绍宽:《无闻社序》,《厚庄文钞》卷三,民国八年刻本,温州市图书馆藏,第 17 页。

1915年,刘绍宽担任《平阳县志》副纂,原瑞安知县符璋为总纂,而实际工作多由副纂刘绍宽主持。《平阳县志》直至1926年方才付梓,历时十年的修志活动一定程度上成为鼎革之后刘绍宽达成自我实现的重要途径。1917年11月,刘绍宽接省令再度主掌省立十中,而1918年就因为专任两位后进"布置一切"导致大规模学潮,刘绍宽坚持严办鼓动罢学者,革去3名教员,开除80名学生。刘绍宽因此事亦遭人控告,旋即通电辞职。① 同年,温州大绅徐定超乘坐"普济轮"自沪返温途中遇难。刘绍宽在此年日记的按语中写到"此来瓯中父老俱殁,如徐班老、余筱璇、陈经郛、墨农、陈介石丈、孙仲容师、黄仲弢、叔庸诸丈,皆已殁",表达出对老一辈知识精英逐渐凋零的悲叹,更是借以喟叹近年来个人际遇的不顺。②

　　刘绍宽卸任校长后,继续参与修志和地方文教事业。不久,"五四风潮"开始触及温州,对老一辈知识精英造成较大精神冲击。1919年7月,部分学生在省立十中成立"新学会",次年创办《新学报》宣传新文化,抨击旧文化。③ 1920年,永嘉人梅雨清发起倡导"国粹"的"慎社",与"新学会"对立。慎社社员王毓英(永嘉廪贡)邀请永嘉举人吕渭英加入慎社后,平阳刘绍宽、王理孚、黄光、姜会明及永嘉举人陈寿宸等亦先后加入。由于这些入会者"均系各县大绅士","慎社声名鹊起,要求入社者顿增"④。部分旅温外籍士人,如余杭王渡(温属清理官产处处长),安徽休宁汪莹、吴兴林鹍翔(二人先后任瓯海道尹)等亦加入。虽然"五四风潮"抵达地方后,相当一部分青年学子迅速加入运动,但"慎社"的成立与人员构成皆表明老一辈知识精英在地方仍有跨越代际的强大号召力。如梅雨清后来回忆:其发起"慎社"的动机之一即是"冀能爬上绅士地位"⑤。1921年,梅雨清通过慎社奠定的人际网络,在林鹍翔等人的助力下当选浙江省议会第三届议员,达成了其"爬上绅士地位"的目标。由此可见,"新"与"旧"的区隔并不能以简单的代际差异来划分。而慎社能吸纳相当数量官员的加入,亦体现出"慎社"的活动仍保持传统的官绅交游色彩。

　　1922年2月,平阳县议会筹备选举,平阳士绅多摩拳擦掌、跃跃欲试。刘绍宽亦在所属的江南区广泛活动。经过多方活动,刘绍宽获得十都、十一都、廿一

---

① 刘绍宽:《刘绍宽日记》,北京:中华书局,2018年,第659页。
② 刘绍宽:《刘绍宽日记》,北京:中华书局,2018年,第659页。
③ 《永嘉新学会的宣言》,《新学报》第1期,1920年1月,温州市图书馆藏,112—114页。
④ 梅冷生:《慎社与瓯社》,潘国存编:《梅冷生集》,上海:上海社会科学院出版社,2006年,第93—97页。
⑤ 梅冷生:《慎社与瓯社》,潘国存编:《梅冷生集》,上海:上海社会科学院出版社,2006年,第93页。

都等地士绅支持,成功获选为议员。① 反观同县的万全选区前后历经五次选举,宋存法和徐允璋虽亦多方运作,最终却功亏一篑,皆未当选。刘绍宽当选议员后即谋划选举议长,经历"许多波折"并花费一千余元后方才如愿。刘绍宽自言其竞选议长是因为"县志在刊未竣,恐正副议长或非其人,将有干涉县志使不能成刊之事",于是"牺牲金钱与名誉,竟所弗计矣"②。然此次"复入政界",刘绍宽体验甚差,认为"大好光阴消磨于无谓谈话中,至为可惜","在会数年,地方匡益甚鲜","县议会之虚掷光阴,最为可惜"。③ 刘绍宽凭借多年的资本积累和关系网络的编织,在士绅争夺激烈的情况下通过多方活动仍能当选议员、议长,展示出他在平阳一众士绅当中有不可小觑的影响力。议长一职具有不可比拟的象征资本,但刘绍宽显然也高估了县议会议长一职所能带给他的社会能量和社会资源。由于议会未带来太多实际功效,刘绍宽的生活重心仍集中在居家课读、编修县志、地方文教事业中。

民国以降,在近代化趋势下社会结构、阶层流动均发生系列深远变化,"地方"被逐渐纳入"国家"的统合进程。刘绍宽努力适应时局,发挥其文化资本、关系网络的作用,积极参与多种社会事务,但其社会活动的轨迹已明显由晚清时期的主动而为逐渐转成被动应对。传统士绅在地方事务中仍保有一定影响力,但绅权已有倾颓之势。刘绍宽在1926年日记的按语中写道:"是年前后皆课徒,颇欲为后进造就几人,而竟无专心向学者。习俗移人,实由新说之烈于洪猛,余亦愧无真实学问,足以收吸才智而造就之,可叹也!"④传统士绅念兹在兹的旧学已不被"后进"所重视,而刘绍宽更无力扭转这一趋势。刘绍宽只能以编修县志、参与地方文教、巩固固有关系网络来坚守自身价值,聊以自慰。随后而来的党治,则更使其在地方事务中的话语权渐次边缘化。

三、党权下移与士绅的边缘化

清亡以后,政党政治成为中国政局的主流形式,刘绍宽及其学生王理孚也曾组建共和党平阳分部,进而谋求国会议员职务。但民国初年军阀混战,政党政治虚有其表。1924年,孙中山"以俄为师"改组国民党,建立起党派与军队

---

① 刘绍宽:《刘绍宽日记》,北京:中华书局,2018年,第729页。
② 刘绍宽:《刘绍宽日记》,北京:中华书局,2018年,第732页。
③ 刘绍宽:《刘绍宽日记》,北京:中华书局,2018年,第732页。
④ 刘绍宽:《刘绍宽日记》,北京:中华书局,2018年,第845页。

紧密结合的体制。1926年,国共合作发起北伐战争,时局发生重大变化并迅速波及地方。

1926年11月,国民党平阳县临时党部成立,开始积极活动并发展党员。[①]次年2月,北伐军将要过境平阳,县议会、参事会决定成立欢迎联合会,刘绍宽被推为总主任,具体事务由王理孚、陈锡琛、姜会明等负责。[②]然而此次北伐军过境,与之前的军阀武装滋扰截然不同。2月6日,平阳县议会场所已被党部占据,并用以接待北伐军何应钦部前方筹备处长展国枢一行。对此,议长刘绍宽也只能无奈喟叹,"县议会从此消灭,其会场为党部机关矣"[③]。随着党部活动日益侵占士绅的活动空间,刘绍宽对党治亦愈加不满,在日记中直斥"范介生立国民党部,内多坏人,事事掣肘,且党人多右土匪,无理取闹,乱世小人道长"[④]。继而又发生县农会下乡宣传反对苛捐杂税,致使盐民毁掉盐场;党部限定谷价,禁止粮食外运两事。[⑤]这两件事皆使刘绍宽大为不满,甚至拒绝党部庇佑下的新任知事来片邀商闹米事。[⑥]4月,刘绍宽本人长期任职的平阳县教育会被撤销,代之以平阳县教职员联合会。[⑦]同月,刘绍宽担任的旧温属图书馆馆长一职,亦被瓯海党部联合会公举他人担任。[⑧]对于长期躬耕地方文教事业的刘绍宽来说,被夺去教育会职权可能是民国以来遭受到的最大的冲击。

值得注意的是,平阳县临时党部的组成人员大多与刘绍宽等传统士绅有着相当交际,如临时党部常务委员范任就曾求学于刘绍宽,二人有师生之谊。但在临时党部采取激进改革措施的情形下,这种脆弱的关系网络并不足以抵挡改弦更张的趋势。

4月17日,平阳县开始"清党",临时党部有中共党员背景成员皆逃。4月底,临时党部改称"平阳县非常执行委员会"。与此前的临时党部相比,非常执行委员会较为尊重原有的士绅权力格局,曾邀刘绍宽、黄光等士绅参与党部活动。7月,平阳县"清党"委员会和改组委员会开始预备,而改组委员会核心成员亦与

[①] 中共平阳县委党史研究室:《中国共产党平阳历史大事记(1919.5—2010.12)》,北京:中共党史出版社,2011年,第5页。
[②] 刘绍宽:《刘绍宽日记》,北京:中华书局,2018年,第848、849页。
[③] 刘绍宽:《刘绍宽日记》,北京:中华书局,2018年,第848页。
[④] 刘绍宽:《刘绍宽日记》,北京:中华书局,2018年,第849页。
[⑤] 刘绍宽:《刘绍宽日记》,北京:中华书局,2018年,第849页。
[⑥] 刘绍宽:《刘绍宽日记》,北京:中华书局,2018年,第850页。
[⑦] 刘绍宽:《刘绍宽日记》,北京:中华书局,2018年,第857页。
[⑧] 刘绍宽:《刘绍宽日记》,北京:中华书局,2018年,第858页。

刘绍宽等传统士绅关系密切,并有意利用传统士绅的能量来达成既定政治目的。8月5日,改组指导委员徐箴来访刘绍宽,同月刘绍宽、陈锡琛等七人被委为公款公产委员会。① 但刘绍宽认为供职于公款共产委员会"事多掣肘,无所作为",辞职不得县长应允,经王理孚疏通省政府后方才辞职。②

  1927年10月,平阳县党部改组完成。党部运作逐渐进入正轨后,没有改变通过笼络士绅来达成既定政治目标的手段,许多地方事务仍邀士绅参与。1930年5月,红十三军主力攻打平阳县城,县政府、党部召集刘绍宽、阮伯陶、姜会明和黄光等绅士"议犒赏及助饷事"③。8月,温州六县共同举办联合县立中学校,刘绍宽被推为校长。④ 10月,刘绍宽被佛教会举为监察员,被县政府委为公债募捐员。⑤ 党治以后,刘绍宽又被陆续委以社会职务,足见县党部以让渡部分社会事权的方式,充分利用刘绍宽等传统士绅所具有的社会能量和关系网络。

  随着形势不断发展,士绅参与地方事务的传统惯性也面临挑战。1936年6月,夏克庵致信刘氏称:"吾辈总以匿迹销声为是,否则,偶有小错,则幸灾乐祸者群起而下石矣,务乞各善其身,宁坐大陆之沉,毋为嫠妇、杞人之举。"⑥同日,王理孚亦来函称:"吾侪号称绅士,对地方已无可为力,对官厅亦以土劣等夷视之,亦何乐而与闻人事耶?"刘绍宽认为"此皆深有刺激而为此愤慨之言","诚有许多委曲在也"⑦。同年9月,刘绍宽致信平阳县教育科长林仲章托以文献展览之事,林氏以"现有土匪,搜括不易"为由婉拒。刘绍宽为此大为不满,在日记中直斥林氏"殊为谬妄",并认定林氏"于文化事业茫然不能插手",是因为"渠与老辈王志澂、周井庐、夏克庵、鲍拙中等不相近"⑧。文教场域本是近代士绅在地方事务中的着力点,文献整理更是民国鼎革以后士绅实现自身价值的重要媒介,刘绍宽反而在此处无法施展,不难看出传统士绅在地方事务中的话语权日趋倾颓。

  无论是主动抑或被动,刘绍宽作为士绅不时参与平阳地方事务及乡里"俗事",在以往"政"与"学"关系密切时原是常态。但在党治之下,士绅反成为党国"革新"的对象,随着党权的不断下移,士绅的社会权势不断被挤压。虽然在党治

---

① 刘绍宽:《刘绍宽日记》,北京:中华书局,2018年,第875、878页。
② 刘绍宽:《刘绍宽日记》,北京:中华书局,2018年,第897页。
③ 刘绍宽:《刘绍宽日记》,北京:中华书局,2018年,第1018页。
④ 刘绍宽:《刘绍宽日记》,北京:中华书局,2018年,第1032页。
⑤ 刘绍宽:《刘绍宽日记》,北京:中华书局,2018年,第1048页。
⑥ 刘绍宽:《刘绍宽日记》,北京:中华书局,2018年,第1641页。
⑦ 刘绍宽:《刘绍宽日记》,北京:中华书局,2018年,第1641页。
⑧ 刘绍宽:《刘绍宽日记》,北京:中华书局,2018年,第1681页。

时期,士绅并未彻底丧失在乡的社会权势,但结合士绅自身的感受和体验,绅权已渐次边缘化,社会事务亦愈发不能为士绅所置喙。

结　语

晚清时期,刘绍宽通过博取功名、兴办学务累积文化资本,与孙诒让、陈黻宸、黄绍箕、宋恕多有事务往来,编织关系网络,文化资本与关系网络互相交织、促进合成刘氏较大的社会能量。其担任温州府中学堂监督,更是跻身为温州头面士绅,获取地方社会较大社会权势。这一时期刘绍宽等传统士绅,积极主动参与地方事务以图"由乡及国"来挽救时局。辛亥革命爆发,刘绍宽无意成为清朝遗老但也未积极投身革命,试图置身事外维持中学校长职责。民国初年,刘绍宽数次担任科长,一度重掌省立十中,但体验皆不佳。编修县志成为其达成自我价值的重要途径。随着近代化趋势的不断发展,传统士绅视为立身行道之本的旧学,已愈发不被青年人所重视,刘绍宽等只得通过结社等方式组成小圈子,聊以自慰。党治以后,传统士绅由于固有关系网络的连接,被动卷入党治之中。随着党权不断下移,地方事务主导权已被党部掌握,而士绅之地方参与权被限定在部分可资党部利用的"留守地"中,绅权呈现边缘化趋势。

事实上,刘绍宽在民国阶段并未完全丧失社会权势,其文化资本、关系网络持续发挥着作用。但由于传统社会官绅互动的格局已经打破,且社会的近代化趋势已非传统士绅所能逆转,于是士绅对时局的观感愈发不佳,对时局的感受亦愈发不满。士绅对上难以和官员达成良性互动,对下又逐渐丧失参与地方事务的合法性,士绅们只得互相唱和、彼此垂怜,士绅圈子逐渐演变为一个"社会孤岛"。

（杨斌,温州大学人文学院2020级硕士研究生）

20世纪早期温州江南白沙盐民斗争研究

吴梦颖

摘　要：温州产盐历史较早,盐民斗争诞生也早。近代以来,西方列强侵入中国,带来政治和经济上的双重压力,加之盐政体制不完善,私盐泛滥成灾,盐商盐官勾结,社会矛盾激化,致使温州盐民斗争频繁发生。本文以20世纪早期江南白沙盐民斗争为例,梳理温州盐民地区代表白沙乡所遭受的压迫,分析在压迫之下掀起的盐民斗争、建立的白沙农盐民协会对浙南革命局势的影响。研究证实了20世纪早期温州江南白沙盐民斗争是确切的历史真相,斗争虽多次遭受反动当局的镇压,却推动了浙南革命形势的发展,冲击了浙南反动派的统治秩序,培育了革命骨干力量,为后世留下宝贵的精神遗产。

关键词：20世纪早期；温州江南；白沙盐民斗争；白沙农盐民协会

自古以来,盐一直是国民经济中不可或缺的重要元素,盐业问题也备受历代王朝的关注和重视。位于沿海地区的温州是浙江的主盐区,盐场较多,产盐丰富,有着悠久的盐业生产历史,早在唐肃宗乾元元年(758)就设置永嘉监,为全国十监之一。[1] 与之相对应,盐民斗争也较早出现。盐民斗争是特殊历史时期的产物。古代,当下层亭户的盐本钱被上户与盐吏"掩取"到"所存无几"甚至"请钱亭户往往徒手而归"时,便可能成群结队地向盐吏和上户去讨索——"亭户动成百数请钱"。在宋宁宗嘉定二年(1209),温州地区就发生了盐民暴动。近代以来,中国社会的半殖民地半封建化程度逐渐加深,温州作为对外开放口岸,不可避免地遭到当地政府和外国殖民势力的双重压迫,人民负担沉重,苦不堪言。民国时期,由于盐政体制的不完善,私盐泛滥成灾,盐商盐官勾结,盐工(盐民)与食盐消费者(主要是广大农民)深受盐商、外国列强和封建势力的重重压榨和剥削,生活悲惨。为求生存,他们进行了一系列的请愿、罢工、焚烧盐厫及反抗盐税警

---

[1] 温州市盐业志编纂领导小组：《温州市盐业志》,北京：中华书局,2007年,第1页。

等斗争,温州平阳江南地区的白沙盐民斗争就是近代以来温州盐民斗争的典型代表。20世纪早期,今龙港市的白沙(时属平阳县)盐民,在共产党的领导下,先后进行攻打方良盐堆、"杀警焚堆"暴动,参加永瑞平三县农盐民武装联合大暴动,多次配合红十三军攻打平阳县城等战斗。这一系列的武装斗争,对革命队伍的锻炼和革命武装的建立有着积极作用,也为日后温州革命形势的高涨埋下伏笔。

一、20世纪早期温州江南白沙盐民斗争兴起的原因

平阳县江南海滨乡镇为产盐区域,产盐历史悠久。早在宋真宗咸平二年(1000),今龙港市白沙、芦浦、舥艚等地就开始晒盐,并在慕贤东乡石渠里(今龙港市芦浦石路)设有天富南监场管理盐业,与乐清县玉环岛的北监盐场合称温州天富场南北监。宋神宗熙宁五年(1072)以盐场产量多少而定分数,天富南监场被定为十分,可见当时生产已具有相当规模。

而之后的平阳江南地区作为温州地区四大平原与六大盐场之一,既是产粮区又是产盐区,当地盐民遭受的压迫也就比其他地区更重,掀起的盐民暴动较其他地区尤多,其中又以江南白沙的盐民斗争最为显著。白沙,古时属于平阳县慕贤东乡十都,现是龙港白沙社区。民国《平阳县志》称"白沙里",原包括十都的刘店、方良、章良、二河、缪家桥及十一都的虹桥、孙店等处,亦有从海城缪家桥开始经二河、章良、方良、第七河、刘店至象岗(北)这一段的说法。那么缘何江南白沙盐民斗争最为显著?主要有以下原因。

(一)反抗斗争的历史传统

首先,先天的盐业生产条件造就了当地反抗斗争的历史传统。在历史上从方良到缪家桥就建有十个盐场,缪家桥的海头村更是因建有盐廒曾命名为盐廒村,可见该地产盐之盛,而盐场往往又涉及利益,成为逐利是非之地,盐民所受盐商盘剥之沉重不言而喻。早在明朝后期就有缪氏抗盐税打死盐役,受缉捕潜居江山乡章家楼、门楼底等村的事件发生。[①] 清乾隆二十九年(1764),因沙涂增

---

① 林亦修、郭重孟:《苍南陈靖姑宫庙境社研究》,上海:上海三联书店,2018年,第153页。

涨,土卤甚旺,奏请于舥艚地方设灶招丁煎办,动帑收买。① 煮出之盐,由政府出价收购,再交盐商承领,运往县境内住卖。然而自舥艚设灶开煎以来,盐商程恒升、程恒泰勾结官吏,创设苛例:挨户分发高价盐单,逼迫按丁口配买,如不受则以"抗配"之名予以逮捕惩处,致使百姓在拘抑盐价、短斤少两下怨声载道。于是前有乡民王宗修控诉盐务当局,然因盐商与政府相勾结,当局下达的"禁止盐商摊派"成为一纸空文,仍然阳奉阴违。后有乡民鲍天兆冒死再三上呈复诉,最终总督指示道台,道台下令盐运司"查议",严禁这种派售,才解决了乡民因盐事苦累垂三十年之久,乡民深感其为民除弊之功,特立鲍公祠为其奉祀。虽然盐商在此事之后并未受到处分,但这一反抗精神为白沙当地留下了良好的斗争传统。

(二)盐政体制的不完善

其次,白沙盐民斗争激烈,与温州近代以来盐政体制的不完善也有重要关系,主要集中在原盐经营与盐税征收两个方面。在原盐经营上,清朝实行民制、商收、官督、商运、商销的"商专卖制",这种制度与专商引岸制度相关,即由官府颁发引票,盐商持票在指定盐场购买规定数额的盐,并将其运至指定引地进行销售。而根据当时清政府"引地内,即得一专卖权,无论盐价之贵贱,盐质之优劣,引地内之居民非吃不可,否则除淡食外,别无他策"②的规定,百姓往往只能为盐商所鱼肉,致使私盐泛滥,而在这一境况下,被官府严格管控、不得擅自制盐贩盐的盐民所受之压迫又最为沉重。反观盐商却因其掌握了大量财富,不仅经济地位显赫,还拥有一定的政治权力,能够与官府相勾结,操纵盐价,敲诈勒索,导致阶级矛盾尖锐。温州平阳地区又恰好属于官盐不易行销而私盐又难堵截的厘地,故问题突出。清末民初,专商引岸制度被继续沿用,平阳南监场由于靠近闽境,私盐充斥,官府几乎无法控制,为了堵截走私活动,开始组建盐警部队,如1915年,驻平阳南监场及沿浦有盐警十一团295人(其中三分之一驻瑞安双穗场)。③ 但私盐仍难禁止,而且除了官商勾结私贩以外,还出现盐警掩护私盐运行出口和抽收规费的现象,积弊很深。总之,由于专商引岸制度的存在,盐民无法直接向民众销售自己生产的盐,必须经过盐商、盐官以及盐警的层层盘剥,盐

---

① 温州市盐业志编纂领导小组:《温州市盐业志》,北京:中华书局,2007年,第75页。
② 马寅初:《财政学与中国财政:理论与现实》,《马寅初全集》第13卷,杭州:浙江人民出版社,1999年,第239页。
③ 温州市盐业志编纂领导小组:《温州市盐业志》,北京:中华书局,2007年,第188页。

民对于这种盐务管理极为反感,最终被迫走向联合当地民众共同发起暴动这一抗争方式。

在盐税征收上,由于清末战争频发,军饷需求增加,为了应对庞大的开支,清廷开始采用征收盐厘的方式增加财政收入,以补充税制体系之外的财源。同治光绪年间(1862—1908),温州地区采取的就是按斤抽厘的办法。而盐厘制度的施行,极大地提高了盐的成本,盐商为了填补差价,便将此税额转嫁于民,盐厘积弊的问题日益凸显。本来伴随着议和条约的签订,战争赔款就被清政府以盐税加征的方式附于百姓身上,给百姓的生活带来了沉重的负担;而地方在征收盐厘时,又存在着官吏中饱私囊的现象,尽管之后政府为了遏制这种趋势的进一步发展,将盐厘征收权交给当地有名望的绅士。但从平阳白沙地方士绅刘绍宽的日记"往刘店,为盐厘事同柢斋与缪家桥,遂同颜碎德兄同至儒桥头,以煎丁均在坛未归,复回至缪家桥"。"晚饭后煎丁来,仅开各灶号名、地段而已,未收一钱,约七月初五日来收"①来看,当时征收盐厘的状况不容乐观,进而能够窥见盐民身处社会底层,生活困苦,为了维持生计,只好想方设法逃避征税之全貌。

此外,清季至民初,盐税曾作为举借外债的抵押品。据民国《平阳县志》记载:"民国以来,盐政改押外债。国家设稽核公所,以外人领之。"②可知当时平阳县将盐税征收权给予英国用来抵债,而在英国和北洋政府的双重压迫下,平阳盐税激增,每担盐税从1919年12月的5角2分银元,增至1921年7月的1元银元。③ 盐民在炎炎酷热下顶着烈日劳作,流着汗与血晒成的食盐,只能卖给鳌江坛盐总局,除了纳盐税和被盐商剥削之外,他们每担盐的收入都不到一块银元,生活十分艰难。

综上所述,江南白沙乡盐民斗争的多发归因于盐业发展中,官、商、民三者之间关系的失衡,食盐背后高昂的经济利益与不完善的盐政制度,使得盐民深受官府和盐商剥削,导致盐商、官府和盐民之间逐渐呈现出一种对抗的趋势。尤其是近代以来,战争连年不断,温州地区作为对外开放口岸,在军需浩繁、天价赔款、清政府不作为的情况下,盐税制度紊乱,税额逐年加征,盐民在当地政府和外国殖民势力的双重压迫下,生活困苦不堪,无心于盐业生产,为了生存,迫不得已奋起抵抗,为大革命前后温州江南白沙盐民斗争埋下伏笔。

---

① 刘绍宽:《刘绍宽日记》,北京:中华书局,2018年,第508—509页。
② 中共苍南县委党史研究室:《浙南四兄弟——叶廷鹏、吴信直、张培农、陈卓如生平事迹》,北京:中共党史出版社,2013年,第27页。
③ 温州市盐业志编纂领导小组:《温州市盐业志》,北京:中华书局,2007年,第217页。

二、20世纪早期温州江南白沙盐民斗争概况

盐业是平阳江南白沙的支柱性产业,在当地有相当数量的居民是以晒盐为主业、兼营农业的盐民。民国时期,随着场产制度的整顿,南监场自舥艚至象岗一带筹办产盐归堆、铲毁私坦以来,盐民的生活不断恶化,在盐价与盐税的上升、盐务当局尤其是驻场盐警(税警)的压迫日益加剧的情况下,江南白沙地区的盐民也组织起反抗斗争,斗争主要分为盐民自发性的局部反抗、共产党领导下的盐民斗争、大革命失败后盐民运动的继续三个阶段。

(一)盐民自发性的局部反抗

20世纪20年代初期,平阳白沙乡方良村盐商方慎生与官府勾结,包揽盐税,在方良设立了江南第一个盐堆(仓),私设低价强迫收购全部食盐,不许盐民自行销售。并在乡治所刘店建立盐警队,催购食盐,守护盐堆,征收盐税,盐民利益深受其害。在白沙刘店发生盐警开枪打死盐民刘开挺事件后,平阳江南盐民不堪盐场当局、盐警欺压与盐税盘剥,以盐警无故杀人为由,自发地掀起了第一次"杀警焚堆"的江南盐民大暴动,以缪家桥海头村青年盐民吴信直为首领,率领盐民夜袭方良盐堆,杀伤盐警数人,缴获枪支弹药,并纵火烧毁盐堆。暴动震惊平阳,县政府立即派兵到方良、刘店、缪家桥等地镇压,烧毁盐民住宅,抓走盐民杨氏两兄弟,并在入狱后将之杀害。温州市盐业志对此案的后续处理方式有这样的记载:"后开明士绅刘绍宽出面帮助调停。他以每耙盐坛摊派5块银元,缪家桥群众拿出200块银元,海头村吴如善和缪洪勃各捐助150块银元,了结了毁盐堆之案。"[1]然此案发生后,盐民吴信直认识到,这次暴动之所以迅速遭到反扑和清算,致使多名参与暴动的盐民惨遭杀害,是因为斗争缺乏系统组织,于是他开始寻找能够领导盐民获得解放、拯救盐民于水火的组织。

此次杀警焚堆的行为,表明农盐民与地主的阶级矛盾已经十分尖锐。它点燃了白沙农盐民反苛税求生存的革命星星之火,催化了当地盐民的觉悟,为之后共产党在江南白沙地区建立组织、开展革命斗争创造了有利条件。

---

[1] 温州市盐业志编纂领导小组:《温州市盐业志》,北京:中华书局,2007年,第219页。

(二)共产党领导下的盐民斗争

1924年12月,中国共产党在温州建立中共温州独立支部(简称"温独支"),以温州城区为活动中心,领导温属各县党的工作。在"温独支"的领导下,轰轰烈烈的盐民斗争在江南白沙地区广泛兴起。

1925年,平阳县场署重新整饬治制,先后在白沙路一带设立18座盐堆(仓),各设司秤、仓管1名,盐警2—4名,配以枪弹。此后,盐民被任意压榨盘剥,生活艰辛。据载,"晒盐时,规定盐民早上领签晒盐,盐仓人员到坦估产,傍晚升旗扫盐,违时者罚款,甚至规定分道进仓,错走者作偷盐论处。缪家桥一位叫缪壬邦的盐民,挑盐进仓,为抄近路'违规',被吊打示众,盐被充没,并处罚银洋二十元。因家中无余资,只得卖女抵赔。似此处罚,吊打,盐工致残、致死者,案例之多,实难尽述"①。官府镇压愈残酷,盐民愈迫切希望早日改变自己的困境。

1926年8月,吴信直经陈步全和叶廷鹏等人介绍,联系上"温独支"。9月16日,"温独支"成员李益龙、游馥、陈步全等人来到江南白沙缪家桥,在吴信直的配合下,召开盐民骨干会议。会议号召盐民团结起来,推翻反动统治,争取自己当家作主。会后,吴信直和盐民骨干到各村宣传革命思想,深入发动盐民群众,着手重建盐民暴动队,并广泛筹集刀枪武器,为第二次攻打盐堆做准备。1926年9月26日凌晨,吴信直和盐民骨干方式惠、方理存、傅承吉等人带领盐民,联合"温独支"成员李益龙、游馥、陈步全,在新美洲至肥艚的江南海塘上集合,分两路向江南18座盐堆发起进攻,进行了"烧堆缴枪"的平阳江南盐民第二次大暴动。盐警闻风逃遁,18座盐堆尽数拆毁,众人缴获一批枪支和弹药。据载:"这次暴动规模空前,影响极大,大涨了盐民的革命志气,增加了共产党在盐民中的威信。"②吴信直也因此看到了组织的力量和重要性,对斗争的前途充满信心。自此,江南白沙、海城、龙江一带的农盐民武装暴动开始在党的领导下,由自发逐渐走向自觉的革命道路。

与此同时,随着国民革命军北伐的推进,浙江各地的革命团体进一步加强了与当地农盐民的联系。1926年秋,王国桢和张培农在广州农民运动讲习所第六

---

① 《苍南文史资料》第一辑,中国人民政治协商会议浙江省苍南县委员会文史资料研究委员会编印,1985年,第44页。

② 中共苍南县委党史研究室:《浙南四兄弟——叶廷鹏、吴信直、张培农、陈卓如生平事迹》,北京:中共党史出版社,2013年,第31页。

期学习结业后,作为中央农民运动特派员回到永嘉、平阳,组织和领导当地农民革命运动。张培农在平阳和游侠、施味辛、章尚友等人一起筹建国民党县党部,并深入农村,发动农盐民,开展筹建农盐民协会的工作。张培农在听闻江南白沙农盐民抗暴斗争之火已点燃后,来到缪家桥与江南盐民领袖吴信直接触,二人志同道合,共同领导农盐民斗争。1926年12月29日,吴信直、张培农和李孚忱等人在缪家桥召开农盐民大会,会议宣布废除苛捐杂税,实行减租减息,受到广大农盐民的积极响应。

1927年1月,平阳县农民协会正式成立,张培农被推选为协会主任。在县农民协会的领导下,平阳各地农盐民协会相继成立。其中,南监场农盐民协会(又称"白沙农民协会")于2月7日在白沙缪家桥盐厫亭成立,吴信直担任会长。后因加入协会的人数剧增,为了便于开展工作,协会又设立了方良、缪家桥、儒桥头三个盐民分会。南监场农盐民协会成立后不久,吴信直就带领盐民展开斗争,据载"2月18日,发动群众烧毁象岗至舥艚一带盐仓,击伤盐警多名"[1]。与此同时,吴信直还率领协会成员包围了宜山区龙江黄家洞大地主、盐局局长胡振木的住宅,并对其进行批斗,胡振木被迫承认自己的罪行,革命群众烧毁了胡家的田契债券,还将胡家的财产分给贫苦民众,得到农盐民的大力支持。此举极大地削弱了土豪劣绅的威望,提升了农盐民协会的威信,为农盐民运动的顺利开展扫除了障碍。江南盐民在江南地区长期以来抗争传统的影响下,迅速发展为平阳农盐民运动的主力。

在北伐战争节节胜利的影响与推动下,平阳革命运动迅猛高涨。为适应形势发展的需要,吴信直、张培农、叶廷鹏等人带领农盐民协会骨干,进一步发动群众,广泛开展废除苛捐杂税、减租减息、粮食平粜、打击土豪劣绅等斗争,有力地打击了农村的反动势力。伴随着协会威信的提升,广大农盐民对协会更加信赖,踊跃参与协会领导的各种斗争。正如当时县农民协会秘书李孚忱的诗中所言:"千百农友笑颜开,齐声万岁苏维埃",彰显了当时广大贫困农盐民的欢呼声和对共产党领导他们翻身求解放的高度赞扬。

面对农盐民运动的深入发展,当地的土豪劣绅们试图破坏协会组织,用各种手段扼杀其运动。平阳县城以讼棍吴醒玉为首的土豪劣绅公然张贴"兔死狐悲,唇亡齿寒,党匪不灭,寝食难安"等标语,指使爪牙寻衅滋事,破坏农会。为了制止土豪劣绅破坏农盐民运动的反动行径,吴醒玉被当作首恶,成为全县农盐民协

---

[1] 《浙江通志》编纂委员会:《浙江通志·盐业志》,杭州:浙江人民出版社,2017年,第414页。

会的斗争对象。最终,张培农、吴信直、叶廷鹏等农盐民协会领导人带领众多协会成员,举行示威游行,并在平阳县城揪斗了大劣绅吴醒玉。此次斗争沉重打击了地方反动势力,促使农盐民协会在平阳县农村树立了权威地位,土豪劣绅再不敢公开与其作对,形成了这一时期平阳县革命斗争的高潮。

正当革命运动蓬勃发展之际,蒋介石发动四一二反革命政变,温州地区的革命形势随之急转直下。据载,"平阳国民党右派林骅等在省防军驻平阳警备连支持下发动政变,改组国民党平阳县党部"[①]。原先声势浩大的各地农盐民协会或遭解散或被勒令整改,在如此严峻的形势下,张培农、叶廷鹏、吴信直等一批农盐民运动领导人被迫转入地下活动。

尽管农盐民协会创立与活动的时间较为短暂,但其发展迅速,带来了深远的影响。在大革命失败后,中国共产党正是以农盐民协会为组织依据,在协会骨干成员的帮助下,迅速召集一大批农盐民,通过发动农盐民起义来反抗国民党的反动统治,为中共党组织在浙南地区的重建与领导农盐民武装暴动奠定基础。

(三)大革命失败后盐民运动的继续

四一二反革命政变后,由于国民党反动军警的破坏,"温独支"的活动被迫中止,平阳政权也落入国民党右派手中。与此同时,地主豪绅乘机反攻倒算,加租加息,对农盐民进行残酷的政治迫害与经济剥削,使广大贫苦民众的生活更加艰难,农村阶级矛盾更加激化。在国民党反革命白色恐怖和地主豪绅卷土重来的背景下,平阳江南农盐民协会的成员革命信念愈发坚定,在党的领导下,他们自觉拿起武器,坚持武装反抗国民党的残暴统治,多次与敌人展开殊死斗争,发展成为农盐民武装暴动的重要力量。

诚然,原先平阳县各地的农盐民协会相继被解散或整顿,共产党员和革命群众被排挤出农盐民协会之外。但是共产党及农盐民协会领袖与农盐民的联系并未中断,他们在平阳农村地区的影响力仍旧很大。1927年4月20日,张培农、吴信直会同王国桢、叶廷鹏、林珍、李孚忱等召开会议商量对策,会议一致认为,江南南监场农盐民协会,曾多次打盐堆杀盐警缴枪支,武装斗争基础良好,确立

---

① 中共平阳县委党史研究室:《中国共产党平阳历史大事记(1919.5—2010.12)》,北京:中共党史出版社,2011年,第7页。

白沙缪家桥为全县农军活动中心,展开武装反抗。

6月上旬,为了还击国民党右派的猖狂进攻,张培农、吴信直、叶廷鹏、游馥、林珍等人在位于江南新安的环川农协会秘密召开会议。会议制定了组织农盐民武装攻打平阳县城,推翻国民党统治的计划,同时决定:在敌强我弱、城墙高险的情况下不宜明攻硬拼,只能暗中袭击取胜,夺取枪支弹药武装自己。在国民党右派背叛革命、疯狂镇压平阳革命的紧要关头,环川会议确立了以武装斗争、夺取政权为导向的方针,是一次至关重要的会议,也表明了平阳共产党人在国民党右派的进攻下自觉地走上武装反抗压迫的道路。

环川会议结束后,张培农等人分头向白沙、宜山、钱库等地农盐民协会传达会议决定,并就攻城战斗做了组织部署。1927年6月17日,张培农、叶廷鹏、吴信直等率领平阳江南白沙一带农盐民300多人,埋伏于平阳县城外的东门山,由于起事比较匆忙,队伍没有经过军事训练,又缺乏作战经验和严密的组织纪律,在行动中不慎暴露目标,引起守城敌人的注意,失去有利战机,农盐民武装被迫撤离,连夜分散到江南各地。事后,国民党政府派兵到白沙一带搜捕暴动人员,烧毁民房并杀死数位盐民,张、叶、吴等协会领导人再次遭到通缉。随后不久,张培农在前往永嘉的途中遭到国民党反动派扣押,被押至温州省防军第四团团部监禁,并以"领导盐民暴动"的罪名受到刑讯逼供,平阳农盐民运动也因主要领导人被捕而暂时陷入沉寂。此次江南农盐民武装袭击平阳城的行动虽未成功,但显示了平阳人民不畏强暴、勇于反抗的革命精神,在这一特殊时期鼓舞了革命群众,对反动当局起到一定的震慑作用,也揭开了浙南农盐民武装暴动的序幕,打响了浙南武装反抗国民党反动统治的第一枪,为后来温州地区共产党人领导武装斗争积累了经验。

1927年12月3日,根据中共浙江省委制定的武装暴动计划,浙南温州被选定为全省暴动中心地点之一。1928年1月,中共浙江省委派郑馨至温州整顿浙南党组织。他在瑞安秘密召开永嘉、瑞安、平阳等县党骨干会议,传达中央八七会议精神,后成立中共浙南特委,建立中共永嘉、瑞安、平阳等浙南地区县委,领导农盐民开展斗争,准备武装暴动。3月省委扩大会议后,根据"浙江党的工作之前途,仍是武装暴动夺取政权的前途"精神,中共浙江省委增派林平海、王屏周来温州协助郑馨加紧暴动的准备工作。至6月期间,在林、王二人的召集下举行了多次永嘉、瑞安、平阳三县党的联席会议,成立了浙南联合暴动总指挥部,制定了三县农盐民联合大暴动的具体计划。平阳县成立了暴动领导小组,由林平海和游侠任正副组长,吴信直、叶廷鹏、游馥、林珍、陈步全等为成员。其中,吴信直负责筹建江南地区农盐民武装暴动队伍并带领队伍攻打平阳县城南门的任务。暴动发生于 6 月 27 日傍晚,①但由于组织欠周,且情报泄露,起义军攻打平阳失利,永嘉与瑞安方面也因恶劣天气、指挥部中止导致攻城计划夭折。

永嘉、瑞安、平阳三县农盐民联合武装暴动,也叫平阳农盐民第二次暴动,史称"二打平阳城",是八七会议后全国近百次不同规模反抗国民党反动派的武装起义之一。由于低估了敌强我弱的客观实力对比,盲目进攻县城,加之其他因素干扰,起义再次失败。但暴动产生的政治影响是不可忽视的,它有力地遏制了国民党反动派和封建地主的猖狂气焰,扩大了党组织在农盐民群众中的影响力,为平阳日后的农盐民暴动积累了宝贵的经验教训,加强了温属各县革命力量的联系,从而为党在浙南继续开展武装斗争奠定基础。

自第二次攻打平阳城失败以来,国民党军警对参与暴动的共产党员和革命群众展开了大规模的捕杀,平阳地区的农盐民武装暴动再次遭受挫折,革命力量被严重削弱,革命形势陷入低潮之中。由于原先众多领导人出走避难或牺牲,这一时期领导平阳县革命斗争的重任实际落在了江南白沙盐民领袖吴信直身上。此后,吴信直在盐民中积极开展活动,吸纳盐民骨干力量加入中国共产党,增强党在农村的影响力,为农村党支部的建设做出了重要贡献。

吴信直在二打平阳城后带领队伍撤回江南,与陈步全取得联系,召开盐民骨干会议,总结两次攻城失利的原因是农盐民武装军事知识匮乏,且装备武器低劣,枪支数量不足。于是趁当时平阳城内敌人紧张守城之际,成功带领盐民队伍到离县城较远的金乡警察分所夺取枪支弹药来加强队伍的武装力量,据载:"30 日,吴信直(今海城乡人)等率领农盐民武装夜袭金乡警察公所,杀伤警察 1 人,缴获全部枪械。"②金乡缴枪后,平阳县政府出动了大批军警前往江南地区,展开清查和搜捕行动。在群众的掩护下,吴信直等盐民骨干隐蔽起来,继续开展斗争。

在积极推进武装力量发展的同时,吴信直也在暗中开展党的建设活动。1928 年秋,张培农到缪家桥与吴信直取得联系,召开农盐民骨干会议,宣传革命形势,并与吴信直一起在白沙介绍了一批骨干分子加入中国共产党。同年 10

---

① 《刘绍宽日记》中也记述了这一事实:"晚间得信,今晚共党起事。"参见刘绍宽:《刘绍宽日记》民国十七年 6 月 27 日,北京:中华书局,2018 年,第 914—915 页。

② 苍南县地方志编纂委员会:《苍南县志》,杭州:浙江人民出版社,1997 年,第 130 页。《刘绍宽日记》中也记述了这一事实:"昨夜金乡警察枪械被匪劫去。"参见刘绍宽:《刘绍宽日记》民国十七年 7 月 1 日,温州市图书馆编,方浦仁、陈盛奖整理,北京:中华书局,2018 年,第 915 页。

月,中共缪家桥党支部正式成立,由吴信直担任支部书记,①随后又在朱家斗、雅店桥等地发展党小组。党组织的成立与壮大,使得广大革命群众紧密团结在一起,推动了革命事业的蓬勃发展。在党组织的引领下,共产党员成为江南农盐民武装的中流砥柱,带领农盐民在更加艰苦的斗争中奋勇前行。

1929年期间,吴信直与温州永嘉中心县委的同志频繁接触,积极配合中心县委的工作,带领江南农盐民开展反对国民党反动政府土地陈报的斗争,并借此机会打击反动派的武装力量,从而扩大党的政治影响。1929年10月,中共永嘉县委在关于温属各县工作总报告中将永嘉西楠溪、平阳白沙、瑞安大岙并列为最重要的武装工作区域,②可见此时江南白沙地区农盐民工作的发动情况良好。

1930年1月,中共中央巡视员金贯真到浙南视察工作。他先在平阳召开了县委和支部等会议,并与党的活动分子讨论了开展盐民斗争、扩大盐民组织、建立盐民工会等问题,对中共平阳县委进行了重新改组,任命吴信直为中共平阳县委书记,负责建设平阳县委、开展武装斗争等工作。紧接着又在瑞安肇平垟举行了中共永嘉中心县委第二次扩大会议,确定永嘉西楠溪、瑞安西区、平阳江南为浙南游击战争的中心区域,并要求在该地区组织农盐民赤卫队进行游击战争。会议结束后,吴信直返回江南,组建农盐民赤卫队,扩大革命队伍,配合浙南红军的活动,为浙南红军的扩军做好准备。与此同时,叶廷鹏来到白沙缪家桥,与吴信直共同商议执行党的"发动群众,收缴敌人武器,支援红军"的任务。

3月9日,浙南红军游击队总指挥部在永嘉、仙居两县交界处的黄皮寺成立,成为领导浙南武装斗争的核心。3月中下旬,王国桢、雷高升等率领浙南红军游击队20多人来到平阳,在中共平阳县委书记吴信直、叶廷鹏等人的接应下,袭击了白沙瓯盐公所,缴获枪支和弹药后返回永嘉西楠溪红军总部,支援浙南红军游击总队。3至4月间,吴信直在江南发动当地农盐民反对土地陈报和抗缴陈报税的同时,又组织农盐民赤卫队开展闹荒斗争,这些举措减轻了农盐民的经济负担,受到了广大群众的拥护和大力支持,吸引了更多的人参加革命斗争。4月8日,吴信直、叶廷鹏等再次率领缪家桥农盐民赤卫队,袭击江南白沙一带盐堆,收缴许多枪支弹药,用于支援筹建游击队。5月,浙南红军游击队占领永嘉

---

① 中共苍南县组织史:《中共缪家桥支部组织机构和领导人名录表》,1928年10月,苍南县档案馆藏,档案号:J007-001-119-001。

② 《中共永嘉县委关于温属各县工作总报告第一号》(1929年10月),中央档案馆等:《浙江革命历史文件汇集·地县文件(1927—1929)》,1986年,内部发行,第182页。

枫林镇后,与平阳、瑞安及仙居等县的部分游击队集中整训。整训期间,根据中央的指示,浙南红军游击队被正式改编为中国工农红军第十三军,胡公冕任军长。张培农、吴信直等也带领江南赤卫队员前去整训,并参加了红十三军成立大会。

之后,在中央"赤化浙江"思想的指导下,红十三军军长胡公冕率领红一团转战青田、瑞安等地,但在得知瑞安县城已有准备且戒备森严后,临时改变攻打瑞安的计划,下令直攻平阳县城。5月24日,中共平阳县委书记吴信直率平阳农盐民赤卫队前来接应,与红军及其他赤卫队汇合后,兵分两路向平阳县城进发。一路进入县政府衙门,县长叶燕荪越墙逃脱,红军和赤卫队缴获县印,打开监狱,释放被关押群众,进展较为顺利;一路前去包围国防军第七连驻地城隍庙,却因向导领错路,延误了战机,致使敌军获得喘息时间,抢先占据城内制高点,再加上驻城南的巡缉队增援反扑,形势发生逆转,部队被重兵包围,为避免更大伤亡,最终被迫退出平阳城。但部分在战斗中失散和负伤的战士,因城门关闭,道路不熟,未能及时撤出,大部分被捕牺牲。虽然这次战斗以失败而告终,但产生的政治影响很大,冲击了反动统治秩序,打击了国民党反动派的嚣张气焰。苏联《真理报》上刊载了红十三军攻打平阳城的战斗消息。《上海报》也于5月31日对此作了报道。

然而自第三次攻打平阳县城失败后,敌人更加疯狂地搜捕、屠杀红军和赤卫队员,在血腥镇压下,平阳党组织接连受到严重破坏,农盐民武装遭到很大损失。中共平阳县委书记吴信直也在这年赴永嘉参加中共浙南第一次代表大会途中不幸被捕,平阳农盐民运动进入低谷。

总的来说,在大革命失败后的革命低潮时期,江南白沙一带众多革命志士并没有就此一蹶不振,而是加入中国共产党,建立起中共平阳县委,并坚定不移地进行武装斗争。然而在"左"倾冒险思想的影响下,他们忽视了当地的实际情况,多次策划并发动农盐民暴动攻打平阳县城,致使党组织遭受严重破坏,不少骨干成员被逮捕或牺牲。不过江南白沙的共产党员在历经种种磨难后,仍然保持旺盛的革命斗志,高举武装斗争的旗帜,前仆后继地投身于战斗之中,例如早期共产党员张培农、吴信直、林珍等人率领农盐民进行了激烈的革命斗争,创造了许多令人动容的英雄事迹。在此期间,江南等地成为平阳革命运动的核心区域,尽管革命运动遭到敌人的镇压,但共产党员在群众中播下的革命种子,必将为革命事业结出丰硕的果实。

三、20世纪早期温州江南白沙盐民斗争的特点与影响

(一)江南白沙盐民斗争的特点

1.盐民斗争自觉化

从三个阶段的盐民斗争方式来看,盐民斗争从自发性的斗争变为自觉性的斗争。第一阶段的盐民斗争是盐民在受到沉重压迫后,由个人自发组织队伍与政府、压迫者作斗争,且斗争前少有完善计划,目标达成后盐民即分散各地。直至1926年9月,吴信直领导第二次盐民暴动并取得胜利,盐民斗争才逐渐向自觉化发展,具体表现在此次暴动的前期准备工作:明确召开了盐民骨干会议,成立了领导组织,有详细的计划与目标支撑。尤其是在1927年4月张培农、吴信直等农盐民协会领导人带领农盐民斗争了土豪劣绅之首吴醒玉后,广大受压迫的盐民群众充满斗争精神,勇于反抗残酷的压迫,继而成为平阳地区开展革命斗争的中坚力量,愈发自觉地投身于温州革命的浪潮之中。四一二反革命政变后,虽然中共党组织遭到极大破坏,但是在面对国民党的武装镇压政策,"温独支"成员张培农、吴信直、叶廷鹏等人依托于农盐民协会,于1927—1930年组织农盐民先后参与三次攻打平阳县城的战斗,使盐民自觉地参加到武装反抗国民党反动派的斗争中。由此可见,盐民的斗争方式彻底地从无目标计划且依赖群众自发性升华为有目标计划、群众自觉的斗争。

2.盐民斗争组织化

从三个阶段的盐民斗争组织形式来看,盐民斗争从原先无组织的斗争变为有组织的斗争。第一阶段虽然爆发了盐民斗争,但并无出现固定的盐民组织将盐民团结起来与压迫者展开斗争。伴随着大革命的兴起,情况发生变化。1926年9月16日,吴信直与"温独支"游馥、叶廷鹏、陈步全等人在江南白沙缪家桥召开的盐民骨干会议是盐民斗争有组织化的开端。此后,盐民意识到只有团结起来共同反抗压迫才有斗争取得胜利的可能。而"温独支"成员张培农从广州农民运动讲习所结业回平后,结合当地盐民斗争特点,领导各地创办农盐民协会,为盐民斗争提供了相对稳定的组织形式。经过宣传游说,广大盐民的积极性被调动起来,盐民组织的规模逐渐扩大,在农盐民协会领袖张培农、吴信直等人的领导下,盐民成为斗争土豪劣绅与武装暴动的骨干力量。相较第一阶段的盐民斗

争,以农盐民协会为外在形式的盐民斗争有了明显的提升:斗争更加坚决,发挥的力量更强,持续的时间更长。

3.盐民斗争政治化

从三个阶段的盐民斗争目的来看,盐民斗争从原先的经济要求变为政治诉求。第一阶段的盐民斗争主要关注减轻盐税等与盐民自身利益相关的经济问题,而大革命及之后的盐民斗争要求已超出了经济层面,开始追求制度与政治目标。大革命期间,农盐民协会提出的"一切权力归农会"的口号就是其斗争目的政治化的表现。而1927年4月斗争吴醒玉的目的是削弱平阳地区地主阶级的势力,确立农盐民协会的权威,进而推翻北洋军阀的反动统治。1927—1930年三次攻打平阳县城的战斗,更是旨在通过武装斗争的方式推翻国民党反动派统治、建立无产阶级政权。显然,在中共党员的领导下,随着斗争的深入发展,盐民越来越重视政治层面的愿望,怀揣着对一个全新政权引领他们走向自由的期盼。

(二)江南白沙盐民斗争的影响

1.推动革命形势发展

江南白沙盐民斗争推动了革命形势的发展。由于斗争反映的是当地农盐民在剥削压迫下的经济诉求,故在斗争伊始就带有反压迫的革命性质,直接推动了平阳人民的革命斗争。国共第一次合作时期,在县农会和南监场农盐民协会的领导下,斗争不断取得胜利,地主豪绅被迫做出让步,农盐民的政治经济地位得到提高,革命意识进一步觉醒,将此时平阳革命水平提升到一个较高的阶段。大革命失败后,虽然平阳地区的革命形势一度陷入低谷,但是江南白沙地区仍有中共党员与革命群众坚持地下斗争。在斗争过程中,他们与上级领导组织汇合,并与周边地区建立联系,呈现出地区间联合斗争的态势,从而推动农盐民武装暴动浪潮迭起,促使革命形势再次走向高峰。

2.冲击反动统治秩序

江南白沙盐民斗争冲击了浙南反动派的统治秩序。在前两个阶段,江南盐民领袖吴信直率领广大农盐民英勇作战,数次攻打垄断食盐、包揽盐税的盐堆,杀死欺压盐民的盐警并纵火烧毁盐堆。这些缴枪支、杀盐警、焚盐堆的行动,引起了反动当局的恐慌,革命群众纷纷遭受逮捕与通缉,在一定程度上冲击了统治秩序。之后,在农盐民协会的领导下,江南各地开展打倒土豪劣绅、废除苛捐杂税等斗争,促使革命群众更加积极地与反动派作斗争。尤其是第三个阶段组建的农盐民暴动,南监场缪午堆堆长缪光超给南监场场长的呈报中记录了"本月廿四日晚间,忽起谣喙轰轰烈烈,谓平阳被匪占去,由是各处匪党均乘机勃发,一似鼎沸之势"①。温处盐务行政局指令也有类似情况记载:"呈悉江南匪共勾串暴动专以抢劫堆盐……派兵驻鳌江以资镇慑。"②可知这一时期的革命斗争沉重打击了国民党反动派的嚣张气焰,进一步冲击了其统治秩序。

3. 培育革命骨干力量

江南白沙盐民斗争培育了盐民领袖与盐民骨干,为共产党组织领导盐民斗争奠定了基础。如江南白沙缪家桥的吴信直通过领导盐民斗争逐渐崛起为盐民领袖,进而成为农盐民协会的领导人,在农盐民协会的组织宣传和盐民斗争的推进过程中发挥了不可替代的作用,使得大革命失败后,江南农盐民协会能够成为发动农盐民武装暴动的重要力量,为当时正遭受通缉的中共党员、农盐民协会领导人领导受压迫群众开展革命活动提供了便利。与此同时,吴信直在江南白沙地区积极推进党员队伍建设,成立缪家桥党支部,广泛宣传党的革命理念,进一步扩大了党的影响力,为该地党组织积累了斗争经验。而江南白沙农盐民武装也成为党组建红军的武装基础,许多农盐民队员在斗争中不断积累经验、锤炼自我,成为继续斗争的革命骨干力量,埋下了革命火种,为此后红军挺进师开辟浙南游击根据地奠定坚实基础。

4. 留下宝贵精神遗产

江南白沙盐民斗争留下了宝贵的精神遗产。国共第一次合作破裂以后,国民党反动派疯狂屠杀革命群众,在革命陷入低潮的关键之际,江南白沙农盐民协会成员不仅没有退缩,反而更加坚定地高举革命的大旗,他们以革命大无畏精神,不怕牺牲,前仆后继,尽管历经千锤百炼,仍然不屈不挠,成为开展革命的一支重要力量。在他们身上集中反映了浙南人民强烈的革命愿望和不畏强暴的优良品质,为浙南更加辉煌灿烂的革命未来注入新的精神动力。而在斗争中牺牲的革命先烈们也为后人追溯红色血脉、延续党的优良传统提供了滋养与力量,成为中华民族团结奋进、自强不息的宝贵财富。比如,为纪念革命先烈、弘扬革命斗争精神而设立的

---

① 南监场:《南监场公署呈为报口报土匪抢劫堆盐并掳掠办事人员情形的详》,1930年5月26日,平阳县档案馆藏,档案号:L003-002-319-004。

② 南监场:《温处盐务行政局(报匪情已分函驻温旅团长派兵剿办并派兵一连常驻鳌江的指令)》,1930年5月29日,平阳县档案馆藏,档案号:L003-002-319-007。

海头盐民亭革命纪念馆与鲸头仰英亭革命纪念馆是苍(南)龙(港)平(阳)著名的爱国主义教育基地与红色旅游经典景区,而苍南革命烈士陵园更是成为人们追寻"红色记忆",进行党史学习教育的首选之地,这些红色地标正是缅怀革命先烈们留下宝贵精神遗产的重要载体,他们身上的红色基因也必将代代相传,生生不息!

结　语

近代以来由于温州江南白沙地区盐民所受压迫之沉重,盐民斗争频繁发生。第一阶段的盐民斗争带有明显的自发性特征,在盐民难以忍受反动派暴行的背景下,由盐民个体领导发起,然而也因为盐民自身力量的单薄,极易受到反动当局的镇压与迫害,存在局限性。但这场盐民反抗反革命武装压迫的大暴动在一定程度上增强了盐民的反抗意识,点燃了平阳人民革命斗争的火种。第二阶段的盐民斗争是在国共两党合作开展北伐战争时期进行的,比较突出的变化是盐民协会这一组织的成立,协会在成立后深入农村进行调查研究与组织宣传,通过广泛开展废除苛捐杂税、减租减息、打击土豪劣绅、粮食平粜等系列斗争,对地主豪绅的剥削压迫进行了反抗,减轻盐民的经济负担,提高盐民的政治地位和觉悟,增强盐民内部的凝聚力,是对盐民群众深刻的革命洗礼。随着盐民对中共了解的加深,支持力度逐渐提高,盐民斗争的组织规模日益扩大,进而推动革命形势的发展,为中国共产党在温州发动武装暴动提供组织条件的同时奠定坚实的群众基础。第三阶段是大革命失败后,革命领导人通过转入农村开展地下斗争进而组织农盐民武装队伍反抗国民党反动统治的特殊时期,尽管这一时期的盐民斗争大多以失败而告终,但其影响却是深远的,它反映了党领导下的浙南人民不畏强暴、奋起抗争、英勇杀敌的英雄气概,在浙南地区的革命斗争中留下了一段辉煌的历史篇章。尤其是通过武装暴动,保存了党的组织,扩大了革命力量,形成了一批有组织、有战斗力的农盐民武装队伍,这对红十三军、红军挺进师的活动和斗争都有积极的影响。

总之,20世纪早期温州江南白沙盐民斗争是确切的历史真相,斗争虽多次遭受反动当局的镇压,但在浙南平阳革命史上产生了较大的影响,具有重要的历史价值,它推动了革命形势的发展,冲击了浙南反动派的统治秩序,培育了革命骨干力量,为后世留下宝贵的精神遗产。

(吴梦颖,温州市第三十中学教师)

1927年清党前后革命青年的分化
——以温州萧铮为例

朱 红

摘 要：孙中山逝世以后，国共矛盾愈演愈烈，为了与中共争夺地方组织的领导权，陈果夫以国民党中央组织部的名义派出一批青年干部整理党务，萧铮便是其一，作为中央特派员，他于1926年10月被派往浙江监督党务。1927年3月，蒋介石与张静江达成合作，成立了南昌国民政府，这一情形使得蒋介石阵营的革命青年逐渐分化。萧铮等革命青年的分化过程，不仅显露了蒋介石阵营内部的矛盾，而且展现了革命青年在政治斗争中为革命洪流裹挟的实质。

关键词：萧铮；特派员；清党；温州

一、萧铮早期活动轨迹

萧铮最早参与政治活动是在1919年五四运动中，作为青年学生，他参与了永嘉县浙江第十中等学校、浙江第十师范学校、温州艺文中等学校和瓯海甲种商科职业学校这四所中学的学生联合救国会，在街头宣传取消"二十一条"卖国条约，并在码头参与了查禁日货行动，后遭到逮捕。[①] 获释后，萧铮又与浙江省立第十中学学生张冲、郑异、李藩、朱焘等同学一起倡议组织醒华学会，宣扬新思潮。[②] 1922年，萧铮受同学和亲友鼓励前往上海求学。适逢孙中山因广东军阀陈炯明叛乱从广东来到上海，出于对孙中山的敬仰，萧铮与同学孙绍良前往上海环龙路国民党党部，亲耳聆听了孙中山的讲话。这次经历，不仅在萧铮心中留下"实业计划""平均地权"等革命理念，还令他深深折服于孙中山的个人魅力。又

---

① 陈世奇：《五四运动在温州》，温州市政协文史资料委员会：《温州文史资料第四辑》，杭州：浙江人民出版社，1988年，第138页。

② 胡珠生：《温州近代史》，沈阳：辽宁人民出版社，2000年9月，第289页。

因当时在上海没有合适的学校就读,萧铮来到杭州就读法政专门学校。在杭州,萧铮又结识沈定一,据萧铮回忆:当时的沈定一颇为左倾。① 沈定一关心佃农,组织农会,宣传"二五减租"等观念让萧铮十分信服。萧铮在杭州只读了一年书,据其自己回忆,这是因为一来不喜欢法律专业,二则是向往政治中心——北京,因此决定离开杭州前往北京。1924 年,萧铮辗转考入北京大学,由于本身就是喜谈革命的热血青年,先前又受到孙中山和沈定一的影响,加之身边的同学郑异等都已加入国民党,他便也正式加入国民党。1925 年 3 月孙中山去世之后,萧铮追随顾孟余、朱家骅、丁惟汾等人离开北京赶赴广州参加革命。②

萧铮来到广州以后,陈果夫成为萧铮在政治上的"贵人",可以说萧铮在 1926 年之后的政治生涯始终都与陈果夫捆绑在一起,那么陈果夫又是如何与萧铮建立关系的呢?其间引线搭桥的关键人物是在温州政军两界颇具影响力的戴任。戴任在辛亥革命时,任宁波、温州统领,后为浙军温处司令兼旅长,1917 年出走广州之前是温州地区的实权人物。1924 年,陈果夫在上海负责为黄埔军校招生,因为有大量温州籍学生参与招募,由此陈果夫与戴任结识。萧铮与戴任是同乡,萧铮抵达广州之后,戴任将萧铮介绍给了陈果夫,而萧铮毕其一生始终保持着对戴任的尊敬。如 1935 年,萧铮在南京组织开发西北协会,就曾推举不懂农业的戴任为理事长。1947 年 4 月,在戴任去世之后,萧铮专门向文官处为其争取革命先进的褒奖③。由此可以看出,戴、萧两人交情匪浅。萧铮自 1926 年通过戴任结识陈果夫后,迅速与陈结成牢固的上下关系,并始终为之驱策。外界也一般认为萧铮是陈果夫的"心腹"④,并将萧铮视为 CC 系⑤的干将⑥。

二、特派员萧铮与整理浙江党务

孙中山逝世以后,广州国民政府内部的国共矛盾越来越表面化。1926 年 7 月 13 日,陈果夫被蒋介石委以中央组织部代理部长职务,随后陈果夫开始着手

---

① 萧铮:《萧铮回忆录:土地改革五十年》,台北:台北"中地所",1980 年,第 7 页。
② 萧铮:《萧铮回忆录:土地改革五十年》,台北:台北"中地所",1980 年,第 10 页。
③ 《国民政府明令褒扬戴任陈复陈强黎建侯潘贯能牟鸿勋陈宏诰贾慕夷叶开鑫徐建侯等革命》,国民政府档案,档案号:001-036000-00099-000。
④ 卢礼阳:《马叙伦》,石家庄:花山文艺出版社,1999 年,第 158 页。
⑤ 中国国民党内以陈果夫、陈立夫及其亲信为中心所形成的一个反动集团。
⑥ 李增荣:《国民党永嘉县各级民意代表选举内幕》,《温州文史精选集 3　1946—1952　温州文史资料第 17 辑》,温州市政协文史资料委员会编印,2003 年,第 77 页。

从共产党手中夺回中央组织部与地方党部的控制权。在此背景下,萧铮先是被安排在国民党中央组织部内担任干事,主要工作是掌管党籍,重新办理登记,换发新党证。① 随后不久,萧铮加入陈果夫的政治训练机构,该机构主要用作调训各级干部,其成员还有郑异、余俊贤、丁惟汾等。②

虽在国民党二届二中全会通过整理党务案之后,共产党人退出中央党部,但因蒋介石手下几乎没有几个可用的党务干部,所以他依然无法掌握整个党务。③ 另外中共一向将眼光向下,从事着大量国民党人不愿从事的下层民众运动工作,在民众中有较强的影响力。④ 据记载:"当时之国民党员,几乎半数以上为共产党员。"⑤陈果夫不能放任浙江省国民党党部为共产党分子掌握,为了逐渐改变这一局面,他委任萧铮为特派员,王宇春为助理特派员,先来浙江探查情况,并着手整理浙江党务。⑥ 后派陈希豪、葛武棨等人前来协助,萧铮主要活动范围在温州,王宇春在湖州,陈希豪则被派往宁波。⑦

当萧铮和王宇春等人奉命来到浙江时,浙江的共产党人刚刚击败西山会议派的进攻,并掌握了浙江党务的主导权。在1926年1月的国民党"二大"上,共产党人宣中华揭露了沈定一破坏党务的叛徒行径,3月国民党浙江第一次全省代表大会正式成立省党部时,宣中华当选执委会常务委员(兼宣传部部长),并且担任省党部中共党团书记,至此扭转了以沈定一等"西山会议派"垄断浙江国民党组织的局面,形成了以宣中华、潘枫涂等共产党人为主要领导的国民党浙江省党部。1926年5月举行五卅惨案周年纪念会时,西山会议派王超凡造谣诬陷当时温州独立支部的共产党员郑恻尘策划暴动⑧,王超凡这一行为触发众怒,最终以失败告终。王超凡是马叙伦的弟子,在温州担任过《温州大公报》编辑主任⑨,

---

① 萧铮:《萧铮回忆录:土地改革五十年》,台北:传记出版社,1980年,第12页。
② 陈立夫:《成败之鉴:陈立夫回忆录》,台北:正中书局,1994年,第65页。
③ 杨奎松:《国民党的"联共"与"反共"上》,桂林:广西师范大学出版社,2016年,第174页。
④ 《关于对广州政治关系和党派关系调查结果的报告》,1926年9月12日,《联共(布)、共产国际与中国国民革命运动(1926—1927)》(上),北京:北京图书馆出版社,1998年,第456页。
⑤ 李成廉:《中国国民党平阳县党组建前后的活动》,《平阳文史资料 第11辑》,温州市政协文史资料委员会编印,1993年,第65—73页。
⑥ 杨奎松:《国民党的"联共"与"反共"上》,桂林:广西师范大学出版社,2016年,第174页。
⑦ 《中国国民党浙江省鄞县执行委员会公函》,宁波档案馆藏,革命历史档案13-1-76。
⑧ 陈仲雷:《第一次国共合作期间温州大革命风云》,《温州文史资料 第4辑》,杭州:浙江人民出版社,1988年,第155页。
⑨ 中共龙湾区委党史区志办公室:《王超凡》,《龙湾人物志》,北京:中国民族摄影艺术出版社,2019年,104页。

创办了永嘉孙文主义协会①,并曾担任永嘉临时县党部主要负责人职务。经此一系列事变之后,西山会议派在省党部的影响力大不如前,同时也使以王超凡为代表的西山会议派在温州独立支部中的地位一落千丈。

  1926年秋,萧铮到温州前的县党部便是处于这一情况,县党部以共产党人为主导。而整个浙江的情况更为复杂,夏超接受北伐军的劝说,宣告浙江"独立",但在进攻孙传芳部队时被杀,萧铮欲与夏超接洽的意图破灭,只能另想办法进入浙江。萧铮设法在上海找到宣中华、韩宝华、查人伟、潘枫涂等浙江省党部委员,与他们商量返回浙江的办法,以响应北伐战争。此时沪杭一带,军警滥捕党人,造成恐怖,萧铮建议将浙江省党部迁往他的家乡温州,方便开展工作。"1926年冬,共产党人宣中华、蒋本青、郑侧尘、胡识因和国民党人萧铮、查人伟、韩宝华、汪志清等所组织国民党浙江省党部代表团,由甬退温暂驻办公,军阀孙传芳仍盘踞浙江北部各县。"②据萧铮在回忆录中回忆:在温州时,宣中华等共产党人不通温州话,无法与当地人士接触,所以将温州各县的党务都交给萧铮处理,萧铮便在温州所属各县成立县党部,积极做组织民众和宣传主义等工作。③

  王宇春原是与萧铮一起被陈果夫派往浙江的特派员,据王宇春1926年在湖州从事党务工作时的同事温延龄回忆:王宇春被特派到浙江的任务是策划县以下组织起来推翻县党部,如县党部尚未成立,即筹建属于他们系统的县党部;要他鼓动各县县党部起来反对省党部,等待时机成熟,然后再策动各县县党部联合起来改组省党部执监委员,一定要做到驱除共产党员和一些所谓"不稳分子",发动自下而上的清党活动。④

  按理说萧铮接到的任务内容应该与王宇春相差无几。但1926年秋,萧铮与宣中华一起将国民党省党部迁到温州后,萧铮并未与中共敌对,甚至可以说是偏向中共的。例如,萧铮在平阳组织国民党平阳县党部时,推荐他在温州十中的同学游侠(中共党员)以个人名义加入国民党,⑤之后不久,游侠就在国民党平阳县党部工作,1927年1月担任平阳县党部执委兼组织部部长。又例如萧铮在温州

---

① 《永嘉孙文主义协会》,《民国日报》1926年1月21日。
② 陈仲雷:《第一次国共合作期间温州大革命风云》,《温州文史资料 第4辑》,杭州:浙江人民出版社,1988年,第157页。
③ 萧铮:《萧铮回忆录:土地改革五十年》,台北:传记出版社,1980年,第13页。
④ 温延龄:《张人杰与浙江"清党"两三事》,《浙江文史集粹 第2辑 政治军事卷 下》,杭州:浙江人民出版社,1996年,第307页。
⑤ 卜金池:《游侠传略》,《平阳文史资料选辑 第5辑》,平阳县政府文史资料研委会编印,1987年,第29页。

以特派员身份做宣传工作时,主要就是以"耕者有其田"和"二五减租"为宣传口号,并且此口号一出,听到此政策在浙江光复后就可以开始实行,农民都非常兴奋,纷纷申请加入国民党。其实"二五减租"最早是1926年10月,在广州召开中央及各省联席会议中鲍罗廷的推动下形成的《本党最近政纲决议议案》中提到的,萧铮也是打着这一为农民减租的旗号宣传,萧铮之后也因这一做法被"诬为赤化分子"。在陈果夫的回忆录中也提到过,"萧铮等试图实行耕者有其田农业政策的党员,都曾经被人诬为赤化分子"①。

陈果夫在他的回忆录中提到:"从十五年到十六年间最主要的成就,可以说是把原有分散在各地的忠党分共力量重新集合起来,也可以说是一种穿线作用,而做这一种穿线工作的同志,我们是十分慎选的。第一要能够避开共党的视线,第二要老同志认为他不偏不倚,而且必须具有忠于国家民族,忠于本党主义,认识共党阴谋,信仰领袖的真诚才行。"②显然萧铮就是这样从事穿线工作的同志。但对于这些同志的描述实际上还是模糊的,"信仰领袖,忠于国家民族,认识共党阴谋",这些都是较为抽象的目标,在实际行动上缺乏指导意义,无怪乎在1927年初形势巨变之下,革命青年们无所适从。由此可见先前温延龄认为王宇春的任务是分共这一说法,并不准确。直至1927年2月北伐军光复杭州,萧铮等人在温州成功迎接东路军入境,国民党省党部得以重新公开,萧铮作为特派员的使命终结,他在清党前在温州所做的事情在史料记载中常常被简略带过,并不是做的事情不重要,大概是所做之事隐蔽,加之立场模糊,当事人又有意避讳,所以不易探查,但萧铮在温州秘密清党之事确实是四一二反革命大范围清党前的一个前奏。

三、清党前夕的浙江"三二七"会谈

1927年2月,北伐军攻占杭州以后,萧铮与王宇春相继返回杭州,此时革命形势已经与1926年10月他们被特派到浙江前完全不同,1926年10月时,蒋介石仍然对共产党抱以处处合作的态度,不似西山会议派般敌对共产党。1927年1月,形势开始发生急速转变,蒋介石联合西山会议派的代表张静江,召开"中央临时会议",决定改都南昌。早在1926年底,蒋介石已经多次召开国民党中央决

---

① 刘伟坤:《沧海拾贝》,长春:吉林人民出版社,2017年,第211页。
② 陈果夫:《陈果夫先生全集 第5册 生活回忆》,台北:近代中国出版社,1991年,第74页。

议,决定定都武汉,许多中央委员和国民政府委员已经在汉即将开始办公,这一突然转变,不仅使国民党高层错愕,更使得众多国民党青年一时无法辨别形势,也无法理清蒋介石与张静江的关系。萧铮与王宇春就是众多国民党青年中的一员,他们趋同的革命认知与革命理想根植于 1927 年之前,更多受到孙中山的影响,而今面对巨大的形势转变,每个人都惘然无措,继而采取的应对措施也是不尽相同,国民党内的革命青年开始迅速分化。

有的像王宇春这样继续延续革命性,也有的像萧铮这样成为国民党内的"意志薄弱的稳健份子"①。3 月 27 日,王宇春到达杭州与省党部接洽,当晚萧铮便找到王宇春,向他提出:"现在的国民党已非真正的国民党,并且告知之前南昌中央又派郑异陈希豪等人来浙援助,张静江在南昌以中央名义改组江西党部的原因,以及与张静江开会提到必要时候采取暴力手段干涉省党部。"②王宇春听后认为张静江可能不是真心为党国,实在不行就辞职不干,萧铮也答应。萧铮先王宇春一步到达杭州并且与张静江接触,接受张静江代表国民党南昌中央的任务,并且在王宇春到达杭州当晚就紧急前来告知王宇春,实际上是紧急前来与王宇春商量在新形势之下的应对方法。彼时二人都是没有跟上形势的"革命青年",且二人都受陈果夫的指派来到浙江,关系更为亲近。虽然王宇春在谈话中透露出"亲共"的意图,但萧铮在怀疑张静江以及分共问题上,也是犹豫不决。3 月 28 日,萧铮还将南昌国民政府派来人员的姓名,在浙江各地活动的地点密码以及通讯处告知于他,由此可见,萧铮仍然十分信任王宇春。3 月 29 日,谈话后两天发生了杭州职工会被捣毁的事件,当晚王宇春通过与萧铮、郑异以及陈希豪三人的谈话,判断杭州联工会事件系他们所为。从人员分派、经费发放和密码本可以看出,萧铮必然是参与了此次活动,在之前的谈话中,萧铮认可王宇春的说法,现在却组织捣乱破坏活动,如此行为虽矛盾,但也可以理解,在形势的巨大转变之下,萧铮一时无法做出判断,只能随波逐流,先完成派发下来的任务,成为党内"意志薄弱的稳健份子"。如若是王宇春,断然不会如此,这可能也是萧铮未让王宇春参与此次事件的原因。

3 月 29 日晚谈话之后,王宇春便在杭州各报上发表通电,并且将此事告诉当时浙江省党部的负责人宣中华,宣中华与萧铮在温州时建立的革命友情至此

---

① 《中央党部组织部驻浙特派员王宇春宣言》(1927 年 3 月),中国国民党党史馆藏,汉口档案,档案号:13359。

② 《中央驻浙特派员王宇春上中央党部代电》(1927 年 3 月),中国国民党党史馆藏,汉口档案,档案号:13358。

破裂。谈话实际上直接导致王宇春发表通电,通电使宣中华派纠察队抓捕萧铮,萧铮只能被迫逃走。这番举动,导致无论之前萧铮的立场态度是如何,此时也只能坚定地站在国民党一边,因为中共已经因通电一事对他毫无信任。另外值得深究的一处是,在萧铮回忆录中,萧铮提到王宇春宣言时,写到王宇春指"我是密谋清党的主持人"①。但实际笔者在查阅王宇春的通电宣言中,并没有发现王宇春有此说法,王宇春只提到"此种阴谋的领袖,不言而知其为昏庸老朽的张静江"②。通篇王宇春对于萧铮都称之为"萧同志",十分亲厚,甚至王宇春认为萧铮等青年只是为张静江所利用。

王宇春此时的举报,处于四一二反革命政变之前这一个关键的时间点,将国共之间的矛盾推到风口浪尖。一个蒋介石阵营的革命青年突然将矛头指向与蒋介石合作的张静江,他的突然倒戈,使得南昌方面的合法性更加受到质疑,一时在国民党内部也掀起巨大波澜。但根据王宇春与萧铮在地方党部参与的活动我们可知,陈果夫将两人派往浙江时可能并未给出明确的分共任务,明确的任务只是与夏超联络和整理浙江省党务③。就萧铮而言,他十分支持减租运动,并且以"耕者有其田"和"二五减租"为口号,参与农民运动。在与宣中华一起在温州开展党部工作时,也一直采取较为温和的手段,与宣中华关系也颇为融洽,但通电的发布,使萧铮陷入被动,无法再站在亲共的模糊线之上。萧铮逃离杭州到达上海之后,迅速找到陈果夫,第一时间汇报他在浙江所获得党部中共产党以及国民党左派的情形,并为清党的进行提供工作方法。而宣中华也因未抓住萧铮,后续没有采取措施。不久四一二反革命政变就开始了,浙江省党部随之改组,而萧铮也被派为执行委员,正式加入清党行动。宣中华、王宇春等人在上海清党过程中被捕,而后被残忍杀害,王宇春原本是国民党特派员且为陈果夫同乡,颇被信任,但最后却命丧黄泉,原因大概就是他发表了通电宣言,西山会议派张静江害怕通电以及宣言进一步发酵对自己的名声不利以及震慑国民党中许多国共定位模糊的人。而萧铮因通电被宣中华排除在队伍之外,暂时在此次清党中顺利度过。继续在四一二反革命政变中兼任执行委员和组织部部长,清理完省党部的共党之后,又开始各县的清理工作。

此时的萧铮认为清党之后仍要加强民众运动,实行"二五减租"等具有革命

---

① 萧铮:《萧铮回忆录:土地改革五十年》,台北:传记出版社,1980年,第15页。
② 《中央驻浙特派员王宇春上中央党部代电》(1927年3月),中国国民党党史馆藏,汉口档案,档案号:13358。
③ 萧铮:《萧铮回忆录:土地改革五十年》,台北:传记出版社,1980年,第12页。

性的行动,以践行此前在温州发动民众时的诺言,但遭到以张静江为代表的西山会议派的反对。虽然张静江在清党之前与萧铮背后的陈果夫、蒋介石等国民党新右派站在同一阵营,但清党结束之后,以张静江为首的国民党元老即"西山会议派"开始在很多政策上与陈果夫为代表的国民党新右派意见相左。突出表现先是在政治分会省党部农民部部长的人选上,张静江与萧铮产生分歧,后是马叙伦将在宣中华身上搜到的日记交给张静江。那本日记里面记录的尽是在温州开会后活动的情形,马叙伦认为:"小自己二十岁的这个青年人是省党部最积极的一份子,一切不轨之事都是萧铮和他的同乡郑异干出来的,这帮人都是共产党。"张静江看了之后,便直接到国民党中央党部告发,将萧铮等一行人扣押。萧铮虽机敏逃脱了追捕,受到陈果夫保护洗脱嫌疑,但后也因此事,被要求暂时不要再回浙江。浙江国民党党部中以陈果夫为代表的国民党新右派的势力暂时消减下去,而以张静江、马叙伦为首的西山会议派的势力渐渐扩大。也正是因此次事件,萧铮不久之后顺势加入CC系,真正意义上划入陈果夫阵营。

四、萧铮的经历背后:革命青年的分化

王宇春和萧铮的经历不是个例,他们的个人行为背后是革命趋势的转变。在新文化运动、五四运动之时,革命还具有较强的包容性,但是在大革命时期发生了变化,革命开始出现较强的"排他性",非此即彼的特点迫使原本模糊的革命立场走向清晰,革命青年也不得不经历选择的痛苦,是继续保留革命性还是沦为"意志薄弱的稳健分子"? 四一二反革命政变之前,以张静江为首的西山会议派与以蒋介石为首的国民党新右派联合在一起,意图将共产党与国民党左派驱除出国民党队伍,爱国革命青年是他们最好的武器,清党前以整理党务为名利用他们秘密调查国民党中的共产党以及国民党左派情况,但一旦他们对主导者构成威胁,就会立刻被放弃,王宇春就是如此。王宇春无疑是亲共的,但也是忠于国民党政府的,而在四一二反革命政变的节点上,因为西山会议派与国民党新右派的清党图谋,他不得不被杀害。萧铮更是如此,先是在王宇春通电事件被宣中华划为国民党新右派,在共产党以及国民党左派无立足之处,因此时在清党中还能发挥作用所以暂时得以保全。而后在西山会议派与国民党新右派争夺浙江省党部控制权时,首当其冲,张静江因一个莫须有的本子就可以将萧铮判定为共产党,真可谓身如浮萍,任人鱼肉。萧铮作为特派员被派到地方时,行动上与共产党人宣中华一起以"二五减租"为口号号召农民,可谓是行动上的左派,但组织上

直属于国民党中央陈果夫。这种误解确也使萧铮常常受到两方面的误会,被中共认为是右派,被西山会议派认为是左派,在今看来这些行为是割裂的,但我们将它放在20世纪20年代的背景之下却又变得合理。现在有左右派之分,但当时并没有,更何况当时的国共正处于合作,又有着共同的信仰与革命目标,根本无法轻易将二者区别开,有革命意识的青年就像是军队冲锋陷阵的士兵,当将领突然调转方向时,大多数士兵可能还并未察觉就已身死。所以此时萧铮被迫与中共为敌又被西山会议派攻击,最后唯有紧靠陈果夫才能立身。至此,我们才可以说萧铮真正进入了陈果夫的阵营,此前简单评判一个青年是国民党左派或是国民党右派确实过于草率,革命中的青年没有主动权,不过是为革命洪流所裹挟。

我们从萧铮晚年对这段时期身份的缘饰中探查到蛛丝马迹,萧铮曾经在其1980年的回忆录中写道:"余设法在上海找到宣中华、韩宝华、查人伟、潘枫余(此数人为浙江省党部委员)见面。"而在1998年《温州会刊》四十年特辑中他写的《浙江推行"二五"减租始末》一文中却非常准确地将这些同志称为"国民党原有的几位委员"[①]。从之前的浙江省党部委员到准确的国民党委员,我们可以明显感受到萧铮对于自己是国民党站位的强调。以及萧铮曾在回忆录中叙述张静江震怒时说他们一帮人都是共产党。而在1998年的这篇文章中也改为了:"这一帮人都是反动派!"用词从"共产党"变为"反动派"。两次用词的变动或许是出于时代的考虑用词更加谨慎,但更多是出于不想将自己与共产党有所关联的考虑,萧铮在后期想明确划清自己曾经那个时期在国民党与共产党界限的行为,更加印证了他在当时真实身份的模糊性。

另有一个事例可以从侧面印证界限模糊的事实,在四一二反革命政变发生时,之前由萧铮介绍进入国民党的高中同学游侠,因被判定是共产党员而遭到逮捕。此后游侠一直在中共工作,但因1932年一·二八事变,与中共中央失去联系时,萧铮写信邀游侠住在他家,并介绍游侠为陈立夫写"四维八德"的文章,而后萧铮又推荐游侠做了国民党海军总司令部的"秘书主任",直至1949年游侠又与地下党组织取得联系,向共产党提供国民党海军情报。萧铮与游侠之间的来往加之游侠身份的不断转变,确实为萧铮大革命期间的真实行动蒙上阴影。萧铮明知道游侠是共产党但仍然与他来往,这个行为显得十分矛盾,只有一种可

---

① 萧铮:《浙江推行"二五"减租始末》,《温州会刊》(四十年特辑),台北市温州同乡会编印,1998年,第71页。

能,萧铮认为游侠当初在四一二反革命政变时是被国民党误判为共产党员的,如果不是这一错误判断,游侠极有可能以国民党党员的身份在国民党中留下来。出于这种认识,萧铮选择在游侠落难时帮助,让他继续在国民党队伍中工作。我们也能从中理清,四一二反革命政变,"清"走的是谁,"留"下的是谁,对一些国民党青年来说,可能也不是不甚清楚,"留"下的通过之后的行为来坐实自己的政治站位,而"走"的也不一定是确实无疑的共产党。

萧铮只是当时的一个代表,但这绝不是个例。他对自己的缘饰归根到底是大革命时期国民党、共产党界限模糊,第一次国共合作早就造成国共无法剥离的现实局面,蒋介石等人为了强行将共产党人从国民党中清除,造成这一时期的革命青年的身份模糊。这段时期的革命青年原本带着革命理想和革命热情投身革命,命运却各不相同,而在之后的革命道路中,前赴后继的革命青年仍然在不断重演萧铮、王宇春等人的经历。

(朱红,温州大学人文学院2021级硕士研究生)

陈竺同研究中外文化交流述评

施文燕　张　洁

摘　要：文化是一个国家的精神财富，文化交流是促进人类社会进步的动力之一。中国文明延绵不断，离不开与他国文化的交流和融合。本文以温州文化名人陈竺同所著的《中国文化史略》《两汉和西域等地的经济文化交流》为基础，结合其相关的论文，阐述陈竺同研究中外文化交流的背景、内容及其优缺点。本文认为，他的中外文化交流研究具有注重双向交流、重视史料真实等优点，同时也存在着有些问题需待深入的缺陷。

关键词：陈竺同；学术研究；文化交流；述评

温州是一个具有深厚文化底蕴的城市，同时也出现了诸多的历史文化名人。以历史学而论，近代以来有周予同、苏渊雷、沈炼之、徐规、陈崇武、夏鼐、翁同文等。本文所述的陈竺同，是一位专注于文化研究的温籍史学家，由于各种原因，对其了解的人不多，而对其进行的宣传及研究则更是匮乏。

在过去的数十年间，对中外文化交流的研究有所建树的人不可谓少，如张星烺、向达、陈寅恪、季羡林、周一良、章巽、何芳川等。但陈竺同立足于原始史料，对中外文化交流的研究也取得了丰硕的成果。为此，本文以陈竺同的主要著作《中国文化史略》《两汉和西域等地的经济文化交流》为基础，阐述其研究中外文化交流的背景、内容与优缺点。

一、陈竺同研究中外文化交流的背景

（一）学成归来，情系故土

陈竺同（1898—1955），原名经，字啸秋，1898年出生于永嘉县（今鹿城区）小南门一小商人家庭。"1915年毕业于浙江省立第十师范学校，后在南京支那内学院师从欧阳渐(1871—1943),学习印度哲学,奠定了其从事外来文化史和亚洲史研究的基础。"[1]

1925年初任教于温州艺文学校,同年5月底,一场反帝爱国的五卅运动兴起于上海并席卷全国。当时陈竺同正在永嘉艺文中学教书,温州青年学生纷纷罢课以响应运动号召,参加示威游行。艺文中学的学生自愿停课,也想加入游行队伍,得到陈竺同、谷寅侯等教师的支持。那时,艺文中学的校长乃英国人蔡博敏(中文名),其人十分仇视中国人,激烈反对学生的爱国行为,甚至还持手枪守住校门,不准学生外出。学生不堪受其欺压,奋起反抗,为首的数十名学生竟被直接开除。陈竺同为学生们的爱国行为据理力争,希望校长收回成命,却反被威胁。最终,几位教师带领一批学生,愤然离开艺文中学,共同筹建了"瓯海公学"(今"温州第四中学"前身)。

(二)颠沛流离,忠于职业

"1927年陈竺同加入中国共产党,大革命失败后他认为中共力量还没有发展成熟,选择脱离中共,赴日本东京帝国大学研究院专攻《墨经》与因明互证,以及婆罗门教传入中国的历史。1929年因其出版《日本势力下二十年来的满蒙》,对日本暴行直言不讳,引起日本人敌视。1930年归国,先后执教于复旦大学和中国公学,后受杨东莼招引,离沪赴桂林师范专科学校任教。1947年全面抗战爆发后,因担忧故土安危,回到温州中学和温州师范学校。"[2]1938年秋起,他又颠沛流离于粤北、滇南和桂林,并曾任广西大学文理学院史地系主任。任职期间,史地系遭遇过不少打击,但在陈竺同的努力下,全都克服。如"1947年国民党反动派以莫须有的罪名逮捕了杨荣国、张毕来两位先生和高言弘同学,并投入监狱中关押起来"[3]。陈竺同不畏国民党强权,既没有停开两位先生的课,也没有请人代课,而是另辟蹊径,采用变通的方法继续给学生上课。

(三)讲课之余,倾心研究

陈竺同一生虽辗转流离,但多在大中院校从事历史文化教学,为从事外来文化史和亚洲史的研究提供了有利的条件。在授课之余,他潜心阅读,收集史料,

---

[1] 周梦江:《怀念陈竺同老师》,《温州读书报》2009年1月13日。
[2] 周梦江:《怀念陈竺同老师》,《温州读书报》2009年1月13日。
[3] 粟冠昌:《忆吾师陈竺同先生》,《广西文史》2006年第3期,第61页。

专注研究,先后在《暨南学报》《南洋研究》《中西医药》等刊物发表了若干论文,且注重原始史料的运用。他吸取唯物史观、社会学与考古学的方法和观念,从文化的内在出发,结合大量的史书和田野考古实物,提出中国文化发展的"两个时期",而这"两个时期"的文化发展与外来文化息息相关。1954年陈竺同由广西大学调至中山大学,1955年因病去世。

二、陈竺同研究中外文化交流的内容

在中外文化交流的长河中,西域位于"中原文化"与"西方文化"的交汇地,特殊的地理位置导致其站在"东西文明"交汇的前沿,经长时间的选择、吸收、融合,形成了独具特色的"西域文化",同时又不断地对"东西方文化"进行"回流"。汉武帝时张骞于公元前138年出使西域后,逐渐兴起了一条以西安为起始,途经河西走廊、新疆、中亚及安息(伊朗),并结合地中海各国的"陆上丝绸之路"。北宋以后,又在沿海兴起了"海上丝绸之路"。这样,海陆两条丝绸之路,肩负起了东西方政治、经济、文化交流的重任。

陈竺同十分关注汉魏以来在丝绸之路上产生的中外文化交流成果,他以受外来文化影响的程度,将中国文化的发展划为两个大阶段,认为从汉魏以来,与异域文化的接触是繁而久的,而魏晋之后的文化交流,相较之前,不仅交流地区进一步扩大,交流的内容也更为丰富。为此,他在研究中国文化发展的过程时指出:"文化进程是实际生活的各部门的进程……第一阶段是先史期与有史期的殷周秦汉,乃是中华民族的本有文化的发展,虽然两汉输入异域文化,但仅限于局部,而且是混合的。"①"第二阶段是从魏晋一直至明清,外来的文化重重叠叠地输入,不但混合而且差不多起了化合的作用,这是东亚文化整个的流变的文化动态,谁都不能否认。我国文化与东亚文化的总体,发生怎样的演变关系——混合或化合,而形成今日中华各大民族的民主国家的文化内在。"②

(一)关于"汉族文化"西传

"社会文化的发展,被经济技术所规定,而经济的发展,又被技术所规定,技术过程一变化,经济过程也就跟着变化,而使文化异常的发展了,周代的铁器

---

① 陈竺同:《中国文化史略》,上海:文光书店,1949年,第144页。
② 陈竺同:《中国文化史略》,上海:文光书店,1949年,第144页。

发明,来替代铜器,普遍地被应用在农具与战具上,这是产生了一种新的文化形态。"①两汉交通西域后,先进的汉族文化传入西域等地,最明显也是最首要的,当在生产技术方面的影响。

近代以来的史学家大多认同周代已经使用铁器,提出铁器起源于"西周晚期"。陈竺同认为考察铁器的起源,在运用古籍记载的基础上,更应重视实物的发现。譬如铁钱,在春秋时管仲的"轻重篇"内已有记载,但早期一直没有实物来支撑,直到清末吴大澂发现了周代铸造"铁钱"的钱范,才证实周代已使用铁的货币。那么铁是如何被用来做农具与武器的呢?这离不开铁器的优点——体积庞大与分布普遍。尽管西周所炼的青铜器要比铁器硬度大,但在农业生产发展占首要地位的社会里,大规模的农作需要大量的农具支撑,而为了维护王权稳定,兵器生产也必不可少,在青铜器无法满足需求的背景下,铁器文化加速发展。那么中国的"铁器文化"又是如何影响西域的呢?他从史书中寻找到相应资料,史称婼羌国:"山有铁,自作兵。"②"自宛以西……不知铸铁器,及汉使亡卒降,教铸作它兵器。"③他认为西域一些国家早知冶铁,但在技术上却逊于中原,直到汉代,中原的铸造与冶金技术传入西域,才使西域的铸冶技术大为改进,改变了过去"兵刃朴钝,弓弩不利"④的情况。汉初,在民间可以自由开铁矿冶铸,铁器文化由此推广到广东,直至长沙王垄断铁器。吕后一度禁止运输铁器去南越,同时狄夷请求增加运铁。可见,当时铁器已占据中外经济的重要地位。

其次是穿井建造技术。俗话说民以食为天,西域在水源较少的情况下,很难保证足够的粮食生产。因此"井渠法"传入对当地农业发展贡献巨大。西汉作为农业发展的第一个高峰,建造了不少大型水利工程,其中"井渠法"就是其一。汉武帝时:"万余人穿渠,自徵引洛水至商颜下。岸善崩,乃凿井,深者四十余丈。往往为井,井下相通行水。"⑤尽管开凿井渠,最初的宗旨并非灌溉农田,但无巧不成书,给后人利用河水或地下水,通过地下渠道灌溉农田以启发。国人发现大宛城无井,传授"穿井法",后由大宛传播开来。

---

① 陈竺同:《中国文化史略》,上海:文光书店,1949 年,第 43 页。
② 班固:《汉书》卷 96《西域传第六十六上》,北京:中华书局,1998 年,第 2857 页。
③ 班固:《汉书》卷 96《西域传第六十六上》,北京:中华书局,1998 年,第 2871 页。
④ 班固:《汉书》卷 70《陈汤传》,北京:中华书局,1998 年,第 2269 页。
⑤ 司马迁:《史记》卷 29《河渠书》,北京:中华书局,2010 年,第 2330 页。

(二)关于"外来文化"东入

1. 西域人的东来

两汉交通西域后,东西方交流日益发达,西域人也抱着各自的目的源源不断东来。除去经商人员外,陈竺同认为大致可分为"辅助政治""表演西域技艺""传译梵典"[①]三类。

首先,辅助政治的胡人。其中当推金日䃅最为典型。他本是匈奴休屠王的太子,休屠王因不肯降汉被杀,金日䃅偕母亲沦为俘虏。他归降西汉后,从一名"官奴"渐成"马监""侍中附马都尉""光禄大夫"。甚至在汉武帝临终时,被授命与霍光等人共同辅助少主,官至"车骑将军",晋封"穗侯"。金日䃅的荣迁,离不开汉武帝的任用贤能,但归根结底还是金日䃅的特殊才能。他善于养马且养得特别肥壮,对于极重视军队骑兵的汉武帝来说显然是不可多得的人才,遂被封为"马监",并赐姓"金"。这种辅助政治的胡人,其后并不少见。

其次,表演西域技艺的胡人。西汉成帝时大批胡人来汉表演"大校猎"("人兽搏斗"),胡人可借此获得官爵。除"大校猎"外,还有大秦人中的"眩人"来献技。"眩人"就是会"吞刀吐火,植瓜种树,屠人截马"[②]的魔术艺人。中国的魔术在先秦时便形成,但与大秦人的表演不同,中国早期的魔术更像戏法,多是运用日常生活的小物品,靠表演者双手便能完成。其中,又以彩豆为手法之祖。张骞出使西域后,大秦国与大宛诸国派遣使臣来汉献技,传入了古罗马和印度的幻术。《旧唐书·音乐志》载:"大抵散乐杂技多幻术,幻术皆出西域,天竺尤甚。"[③]日后,这些西域艺技更是成为两汉雕刻艺术的创作内容,如嘉祥县洪福的汉书石刊,"吐火把戏与鼓翼的裸体跪拜"[④]。

再次,传译梵典的学人。陈竺同在书中提到,斯坦因在于阗附近的尼雅废址发现了一些用梵文雅语书写佛经的木牍,以及用国王名义颁布勒令及书有年代的文书,其所提到的时代,如摩诃罗阇、梵天子之类都是印度式的称号。根据它所指示的时代,可知是张骞出使大月氏前后留下的。同时,所有一切佉卢文的文书,用的是一种古代印度俗语,掺杂一大部分雅语名词。可见,"我们有充分理由

---

① 陈竺同:《两汉和西域等地的经济文化交流》,上海:上海人民出版社,1957年,第19页。
② 班固:《汉书》卷61《张骞李广利传第三十一》,北京:中华书局,1998年,第827页。
③ 刘昫等:《旧唐书》卷29《志第九·音乐二》,北京:中华书局,2000年,第724页。
④ 陈竺同:《中国文化史略》,上海:文光书店,1949年,第67页。

以为不仅字体,连语言也是出于旁遮普的西北部同邻近外印度河的地方"①。这些文书被发现的区域,与古代西藏文籍中所记载的当地传说恰好吻合,证明西汉时印度梵众已进入我国边疆。但是梵典大范围传入中国以及佛教真正意义上的传入,则是在东汉。相传东汉明帝夜梦金人,傅毅认为这是印度佛像,明帝派蔡愔等人出使天竺,取得佛像和梵典。永平八年(65)蔡愔同中天竺沙门摄摩腾、竺法兰返洛阳建白马寺,之后印度佛教不断东来。陈竺同在书中提到,传译梵典最早的一次乃是摄摩腾与竺法兰合译四十二章经,以后又有中亚细亚人东来传译梵典,如大月氏、安息、康居等国学人②。由于他们的传译,佛经在社会中广为传播,到魏晋南北朝,佛教已十分昌盛。

2."石器文化"中的外来艺术

一切艺术都是社会生活的反映,秦汉间的平面石雕刻,不仅出现了石人与动物像,而且在石碑与建筑物上,出现了石刻文字与图画,都具有外来艺术的作风。尤其是汉代的石刻画像,将西域输入的文化生活作为石雕艺术的题材,内容极为广博。前面提到的表演西域艺技的胡人,那些"吐火""弄丸"的魔术把戏都成了汉代画像石上的素材。而西域输入的裸体舞,在这些西域素材中最具异域风情。裸体舞在中国古代早期也曾有之,但随着历史的发展逐渐消失。陈竺同以为汉代受儒家思想的支配,断不可能出现裸体舞,汉代石刻对裸体舞的刻画应是完全受外来文化影响。如:李刚墓祠内的石刻画像,雕刻着六个西域的胡人,他们的形象和骑马的姿势,跟我国的古圣贤像有明显不同;山东肥城的孝堂山石画像,刻画着在云中跳跃的裸体童子及生角戴高帽的番王,同时出现了骆驼队和乘象的武士们,还刻画着南越的鼎饰,或兽身人首,或人首鸟身,以及海外贯胸国用杖贯穿胸的奇形怪状③。上述石雕的题材,既涉及西域的特产,又有风俗习惯甚至神话故事。据此,我们可以了解西域人的日常生活和精神面貌,是文化交流史上的重要资料。

除这些平面石雕刻外,贵族墓前林立的立体石像则是将西域雕刻术更为生动地显现出来。汉时的帝王陵墓前排列着巨大的石象、石麟、石马、石辟邪,大臣墓前则排列着石虎、石羊、石人等。这种立体石像装饰,据说始于汉武帝时的霍去病墓,到东汉越发流行。立体石像中以石狮子最具代表性。狮子并不是中原

---

① 斯坦因:《西域考古记》,北京:中国旅游出版社,2017年,第88页。
② 陈竺同:《两汉和西域等地的经济文化交流》,上海:上海人民出版社,1957年,第26页。
③ 陈竺同:《两汉和西域等地的经济文化交流》,上海:上海人民出版社,1957年,第40页。

本土产物，《说文解字》中也没有"狮"字，最早将狮子作为贡品进入中国，据载是："章帝章和元年(87)安息国遣使献师(狮)子、符拔。"①四川雅安县发现的东汉高颐墓前的石狮，长有翅膀，这种石雕翼狮体现了西域安息的特殊作风，随佛教一并传入中国。《佛说太子瑞应本起经》载："佛出生时，有五百狮子从雪山来，侍列门侧。"在佛教的认知中，"狮子"是具有独特地位的神兽，随着佛教在中国地位日益提高，狮子也越发受到敬仰，且蒙上了神秘色彩。加上狮子本身的勇猛，人们更觉狮子灵性，为满足人们"驱除邪祟、祈求平安"的心理，便衍生出石狮雕刻，摆放在陵墓前，充作守卫或镇墓的角色。日后，又逐渐形成独具特色的中国"狮文化"，不仅进入官服体制，还衍生出舞狮等民俗节目。

石狮雕刻不仅体现西域雕刻术，还与西来的犍陀罗艺术有着密切联系。"犍陀罗艺术"可称为"希腊化的佛教艺术"。犍陀罗地区处于东西文化交点，在历史上曾经先后被波斯人、亚历山大帝国、孔雀王朝、希腊-巴克特里亚王朝等占领，外族入侵导致希腊、罗马以及中亚文化不断输入，与印度本土文化相交融。到了迦腻色迦王建立犍陀罗国后，又因崇尚佛教，大兴寺塔，并派遣教徒向外传播佛教，使得犍陀罗一带成为佛教中心。公元一世纪左右，印度出现了"大乘佛教"与"小乘佛教"，宣扬"今生之后，再无来世。此生灭后，神、人皆不得见"②。不同的是"大乘佛教"强调众生平等，人人皆能成佛，主张观佛、造佛等简单途径来修行。他们认同用人的形象和人世的审美去塑造佛陀，这与当时犍陀罗地区流行的古希腊"神人同形"的人体艺术契合。因此"大乘佛教"在犍陀罗地区获得了空前的发展。"犍陀罗艺术的实质在于希腊罗马艺术与佛教信仰的结合，属于文化融合后的艺术再创作，是一种新的艺术体。"③而佛像、佛教故事与文中所提的石狮，更是犍陀罗式石雕的特色，犍陀罗艺术在两汉交通西域后逐渐传入中国。

3."铜铸文化"

汉时由于生产力发展，我国的青铜用品逐渐为铁器、瓷器所取代。例外的是铜镜在此时却获得特殊的发展。汉时铜镜以青铜为主要原料，镜背面纹饰精美，题材广泛，融合了中外文化，具有很高的艺术性，它如汉代的石刻雕像一样体现

---

① 范晔：《后汉书》卷88《西域传第七十八》，北京：中华书局，1999年，第2344页。

② 文森特·亚瑟·史密斯：《牛津印度史》，牛津：牛津大学，1988年，第153页。转引自徐晶：《佛陀造像缘起探析》，《江西社会科学》2013年第1期，第253—256页。

③ 杨芸芸：《试论犍陀罗艺术的起源》，《边疆经济与文化》2015年第11期，第118页。

了当时的社会风貌。陈竺同在《两汉和西域等地的经济文化交流》中以汉镜中的典型代表作"汉海兽葡萄鉴"为例,这种铜镜题材的组合纹饰,包括瑞兽、葡萄纹、孔雀、有翼飞马等珍禽走兽,而汉镜以葡萄作为题材是汉代输入西域物种的最佳明证。"葡萄"旧作"蒲桃"或"蒲陶",是伊兰语的音译,与"苜蓿"同为大宛的特产。汉朝使者将其从西域取回后,首先在离宫别馆旁种植作为示范。之后,逐渐推广到民间,由此传播开来。大宛人以葡萄酿酒,史载"富人藏酒至万余石,久者至数十岁不败,俗嗜酒"①。葡萄输入繁殖后,便取作织锦与铜铸图像题材。瑞兽则是以狮子为原形,进行艺术的再创作,其纹饰的雕刻,受西域波斯萨珊王朝的艺术作风影响。可见,从小小的一面镜子,便显现出中外文化交流融合的种种痕迹。

作为"铜铸文化"的另一表现形式——"铜像",其铸造是有政治原因的。"秦始皇二十六年,收天下兵,聚之咸阳,销以为钟鐻,金人十二,重各千石,置宫廷中。"②秦始皇统一六国后,为消除民间叛乱,便将国内所有的铜器收集起来烧熔,之后便铸造了体积庞大的铜钟与阿房宫前的12个铜人。而秦始皇铸铜人像也是受西域作风的影响。传说秦始皇在临洮发现12个西域的"长狄"(即"胡人"),长五丈多,认为这是国家的吉兆,便将烧熔后的铜器铸造成"狄人"模样以为纪念。据说每个铜人各重24万斤,身长5丈,足履长6尺,称为"金狄"③。秦时铜铸人像艺术,不仅是庞大,而且应用到小巧的造像上。汉高祖刘邦入咸阳时,曾看见的12小金人,手执琴、筑、笙、竽等乐器,栩栩如生。

4. 梵典中的"譬喻文艺"

"佛典之文几于无物不比,无比而不有言外之意于其间。吾人欲研究佛典文学,必先研究其用比,而后其最大的佳处乃见;即其精华与价值亦见。"④在汉魏六朝时,中国与印度有了很密切的接触,随着佛教和大量梵典东来,"譬喻文艺"也随之传入,并随着中国社会环境而改变,成为中印文化交流中最具特色的成果。陈竺同在论文中将"譬喻文艺"的重要性点出,旨在强调其在中印文化交流史上的地位。

"譬喻文艺"在印度与西域的宗教中非常发达,宗教徒们为了传教时博取听

---

① 班固:《汉书》卷96《西域传第六十六上》,北京:中华书局,1998年,第2870页。
② 司马迁:《史记》卷6《秦始皇本纪》,北京:中华书局,2010年,第520页。
③ 陈竺同:《中国文化史略》,上海:文光书店,1949年,第33页。
④ 陈竺同:《汉魏六朝之外来譬喻文学》,《语言文学专刊》1930年第1期,第48页。

众的爱悦心,解救一切痛苦,想象出许多譬喻。六朝时西域有一部文学读物《痴花鬘》(即《百喻经》),"痴花"指譬喻文艺的力量如群花绽放的痴态一般,"鬘"字有譬喻繁美的意义。从此书的名字,我们便可品味"譬喻文艺"的优美。尽管"譬喻文艺"的巧妙运用,确实达到了传教的目的,但在教徒眼中,"譬喻文艺"只是能治病的毒药、传教的工具,并没有挖掘背后真正的价值。

"譬喻文艺"先前不曾有,东汉末年我国在接受这种外来"譬喻文艺"时,也遭受过不少人的反对,少数人认为"譬喻文艺"完全是凭空想象,脱离事实,不值得运用。当时牟融答复:"事尝共见者,可说以实,一人见,一人不见者,难与诚言。昔人未见麟,问尝见者:麟何类？见者曰:麟如麟。问者曰:若吾尝见麟,则不问子;而云麟如麟,宁可解？见者曰:麟,麋身,牛尾,鹿蹄,马背。问者霍解。"[①]"盲人摸象"的故事也是同样的道理,将各个盲人譬喻的部分组合,便能使未看见过象的人,领略整个象的形状。一些人认为譬喻无法得到完整的真实内容,便将其认定为虚空,否定譬喻。陈竺同认为这是缺乏文学情味的表现,"譬喻文艺"不是简单地离开现实胡编乱造,而是靠着想象力,假借其他现实事物来进行譬喻。

"譬喻文艺"在中国的转变方式与其梵典中"譬喻文艺"输入的数量与内容成正比,为证明此关系,陈竺同特意叙述了各朝代"譬喻文艺"最典型的转变方式。他说最初输入我国的"譬喻文艺"当推东汉桓帝时安世高翻译的诗总集《法句譬喻经》[②],最初的翻译仅显现了外来"譬喻文艺"的最原始状态,限于翻译水平和翻译重点不同,未曾引起士大夫的特别注意。至魏晋南北朝时,外来"譬喻文艺"的梵典译品数量多且质量变好,文人名士接受"譬喻文艺"后的转变方式也更加新颖。我们熟知的曹操《短歌行》中的"譬如朝露"和曹植的《七步诗》,都是接受了"譬喻文艺"。随翻译水平的提高,士大夫、佛教徒,甚至术士们,也相互提倡"譬喻文艺",使其到处风行。甚至妇女们因望族的趋新关系,也可描写"譬喻文艺"作品。到梁武帝时,印度处于唯心论思潮的最高峰,"譬喻文艺"在舌战与笔战中运用最多,也影响到南朝时的文人们。

"譬喻文艺"看起来好像只是中印文化交流中的一个小问题。但陈竺同认为,如不将其解释清楚,恐怕会被部分史家抹煞了中印文学演化的史迹,一味地认为是中国自己的创作,造成中外文化交流史上的不幸。

---

① 僧祐:《弘明集》,北京:中华书局,2011年,第43页。
② 陈竺同:《两汉和西域等地的经济文化交流》,上海:上海人民出版社,1957年,第30页。

(三)关于"商业文化"相互影响

"商业文化"是人类社会文化活动与商业活动相交融的产物,东西方社会文化的差异决定了商业文化差异,如消费思维、生活方式、审美观念等。除输出国商品本身恰好弥补对方需要,能快速占取市场外,大部分输出国商品,输入东方或西方后必须尽快融入输入国,使其东方化或西方化。

西域输入的毛织品,有"毛织褥"和"毛布"两类。陈竺同引藤田丰八的《东西交涉史研究》提到西域输入中国的毛织褥分为"氍毹"与"氀毼",其中"氍毹"为波斯音译,原义"施用于榻"。"氀毼"则为阿拉伯语[1],两字通行于波斯及其他诸国。毛布则以"罽"为主,"罽"字本义指"鱼网",无论字形、字义,最初都与毛织品无关,故又多加了"糹"来指称"毛织品",并解释为"西胡毳布"[2],以此来指代西胡绒毛织品。由此,我们联想到以"织罽"著称的国家——"罽宾"("克什米尔"),也可推测出"罽宾"是最早将毛织品传入中国的。毛织品产地盛多,除罽宾外,也包括匈奴、乌孙、大月氏、天竺、安息和大秦等国。这些毛织品上多织有人物、鸟兽及各种花纹、云气。史载大秦产"氍毹毾氍罽帐之属皆好,其色又鲜于海东诸国所作……黄白黑绿紫红绛绀金黄缥留黄十种氍毹、五色氍毹、五色九色首下氍毹、金缕绣、杂色绫、金涂布、绯持布、发陆布、绯持渠布、火浣布、阿罗得布、巴则布、度代布、温宿布、五色桃布、绛地金织帐"[3]。可见,大秦国的毛织品种类繁多,色彩又丰富。当时中国并没有编织毛毡的技术,毛织品多是从海陆两路输入的新式商品,满足了国人对舶来品的好奇,被当作国人的衣料与饰物。

据史料记载,我国早期曾经"以五采彰施于五色作服"[4],将颜色分为"正色"与"间色"。"正色"为青、赤、白、黑、黄;"间色"则绿、红、碧、紫、缁。因为当时社会相对崇尚"正色","间色"并不流行。直到异域输入各种色料后,旧观念才有所改变。异域输入的色料颜色繁多,且比之前的五种正色更为美丽,故染人也逐渐采用外来色料进行染色。依据陈竺同所写的《汉魏以来异域色料输入考》,我国汉时习惯用"粉"涂饰面部以增美感,称为"傅面"。陈竺同引黄公绍《韵会》:"古

---

[1] 陈竺同:《两汉和西域等地的经济文化交流》,上海:上海人民出版社,1957年,第7页。
[2] 许慎:《说文解字》,北京:九州出版社,2001年,第436页。
[3] 陈寿:《三国志》卷30《魏书·乌丸鲜卑东夷传》,北京:中华书局,1995年,第861页。
[4] 慕平:《尚书·虞夏书·皋陶谟》,北京:中华书局,2009年,第42页。

傅面亦用米粉,又染之为红粉,后乃烧铅为粉。"[1]"傅面"乃人们追求美感的基本,操作与材料取得也相对简单,因此社会的需求量高。相比于早期简陋地用"米粉"傅面,异域制作胡粉的方法更符合国人的需求,红的色料以"燕支"为最佳且流传最广。《释名》写到后汉时国内妇女的化妆是:"唇脂,以丹作之,象唇赤","以丹注面,曰勺。"[2]可见,汉时并未采用"臙脂"做红色染料。但在匈奴区域,张骞通出西域之前,便有提取红花中的红色素,以制成"臙支"的记载。除人造颜料外,西域人也输入了天然的产物。我国绘画界素来认为,最优越的黄色颜料是"藤黄",因为"藤黄"是植物的分泌质,不会变色。而这种颜料是南海邻国的特产,输入我国较迟。据《百草镜》:"藤黄出外洋及粤中,乃藤脂也。以形似笔管者良,大块者名牛屎藤黄,不佳。"[3]这是满足了中国绘画的需要,追求更高的艺术享受,也符合文化上的需求。色料种类的增加带来的直接后果是民间对色彩应用的转变。由最初的仅仅满足日常刚需,逐渐变为追求更高级的审美和艺术享受,同时制造色料与染色的技巧,也促成了民族文化的演进。陈竺同搜集各种文献资料,将我国接受异域色料的史迹归为几种较系统的结论,不仅体现了我国对外来文化的包容,也有利于东亚民俗学的研究。

至于异域"香"的输入,陈竺同引朱昀评语:"经传中字句偶涉及香,而实非龙涎迷迭之比,如左传黍稷馨香,寥寥数则;以为香溯源于经传,殊属无谓。"[4]他认为我国古时对于香,其实并没有特别的热爱。那么香如何从名不经传到后来形成独特的"香文化"呢?汉魏六朝以来,异域输入奇香的主要动力可分为宗教与外交两个方面。汉武帝时获金人,西域宗教徒相继为金人入中焚香。因此,香最初的作用是烧香礼拜。但焚香是胡人自己的习惯,并非中原人的喜好。到魏晋南北朝,宗教徒用香去治病、施幻术以及旃檀刻像。当时婆罗门教徒入中甚多,间接传授了焚香避时疫的做法,普遍后贵族权臣则兴起了死后用异香制尸骸,避免尸体腐朽。到汉武帝时,西域各国以异香作为贡品。因此,香也作为一种奢侈品来使用,后逐渐扩展到民间。汉时权臣们取异域香品,含香净口、焚香熏衣,以供娱乐。汉宫苑里姬妾们则兴起用香品沐浴,增加美感。从唐到五代对香品的追逐日益狂热,权贵们相继寻找异域香品。可见,汉代以来异域香料的输入,虽然更多的是丰富了中国上流阶层的物质与精神生活,但从长远来看则对我国各

---

[1] 陈竺同:《汉魏以来异域色料输入考》,《暨南学报》1936年第2期,第94页。
[2] 王先谦:《释名疏证补》卷4《释首饰第十五》,北京:中华书局,2008年,第38页。
[3] 赵学敏:《本草纲目拾遗》卷7《藤黄》,北京:中国中医药出版社,2007年,第218页。
[4] 陈竺同:《汉魏以来海外输入奇香考》,《南洋研究》1936年第2期,第195页。

阶层的生活习惯和"香文化"的发展贡献巨大,也促进了中外香料贸易,推动了社会经济发展。

三、陈竺同研究中外文化交流的述评

季羡林说:"文化有个特点:一旦产生,它就要传播,在民族内部传播,又传播到民族地区以外去,这就形成了文化交流。通过文化交流。"①可见,研究一个民族的文化,决不能将视野局限单个民族,而应寻找其他民族与之交流的痕迹。陈竺同一生从事历史文化研究,对中西文化的交流研究做出了重要的贡献,形成了自己的研究风格和特质。

(一)特别注重双向交流

陈竺同在《中国文化史略》中认为:"任何时代的生产工具的代表作,乃生产能力的最高度的测量器,而正常显现出文化生活的最高峰。"②文化作为一个国家的软实力,其作用越来越明显。在文化发展的同时,又作用于政治和经济。文化交流作为一个国家国力的体现,对于接受先进文化的一方,这种交流不仅促进了当地的文明进程,更是促进了生产工具的更新,提高经济建设的速度。从史料中可知,中国的文化在各个时期都免不了与国外的交流,任何一种文化都不可能真正完全由自己独立创造。中国作为四大文明古国,在人类历史上的地位不言而喻,但在东亚文明史上,因为区域发展的不平衡,中国长时间站在输出一方,包括生产技术、思想理论、典章制度等各种文化形态,儒家思想的影响甚至持续到了千年后的今天。但陈竺同认为文化交流是双向的,中国在输出的同时也在吸纳外来文化。

由于森严的等级制度,中国古代崇尚"正色",直到异域输入各种色料后,旧观念才有所改变。而西方的色彩观,同样影响到了我国的陶瓷艺术,出现了如今丰富多彩的"陶瓷文化"。陈竺同认为,"瓷"字在两汉以前是没有的,两汉交通西域后,尤其是大月氏人带来的低温彩釉技术,为各色瓷器的发展奠定基础。最初瓷器的形式与图案都从古代铜器仿造而来,到佛教传入中国后,陶瓷器将佛元素

---

① 季羡林:《中外文化交流漫谈——从西域文化的传入说起》,《月读》2015年第9期,第64页。
② 陈竺同:《中国文化史略》,上海:文华书店,1949年,第19页。

中比较有象征意义的,如莲花、狮子、菩提融入制作。除了简单的佛元素复刻,中国还进行了创新、融合,使其本土化,将莲花同祥云、牡丹等结合,弱化宗教性,带有吉祥幸福的含义,逐渐得到百姓认同。

西方参与了中国瓷器文化的发展,中国也未曾停止对世界瓷器文化的贡献,当瓷器通过海、陆两条丝绸之路远销各国时,直接影响着各国的审美、风格、制瓷技术,文化交流是双向的。通过海、陆两条丝绸之路,中国将瓷器源源不断输向世界,制瓷技术也随之外传。如日本、高丽,最先接受了中国的瓷文化和制瓷技术。日本早在秦汉时期便开始与我国进行陶瓷艺术的交流,朝鲜一度充当着中日交流的中间人。日本正式开始烧窑业要追溯到古纹时代,硬陶烧制技术起源于中国江南地区,陶工经朝鲜半岛将其传播到日本,因此早期朝鲜与日本的硬陶在形制和风格上是极其相似的。唐代作为瓷器文化的鼎盛期之一,最负盛名的唐三彩和越窑青瓷对日本的影响很深。各个国家掀起了仿制风,出现了"新罗三彩""波斯三彩""奈良三彩"等,尽管不如唐三彩精美,却大大推进了本国制瓷技术的发展。在模仿、复刻中国瓷器的基础上,日本经过自己的本土化,最终烧制出融合日本文化的精美瓷器,一度与中国并驾齐驱。除亚洲外,其他地区也曾多次出土我国的陶瓷器,如伊朗的席拉夫、埃及的福斯塔特古城等,可见中国瓷器流传范围之广。因此,陈竺同明确地意识到:若想要全面研究中国或者外国的历史,中外交流史的研究是决不能跳过的。

(二)高度重视史料的真实

假如历史研究的史料不可靠,论据经不起推敲,就无法弄清事实,陈竺同在治史过程中极其强调"论从史出"。他认为研究历史,不仅需要大量的文字资料,还需实物资料加以支撑,从中寻找历史真相。但他认为并不是什么史料都可供使用,中国自汉魏以来与中外文化交流的史迹和历史记载并不少,但因各种原因日渐消亡,一部分学人因不了解其中底蕴,一味地臆度,这并非治史正确方法。因此,他在《汉魏以来海外输入奇香考》中,提到陈懋仁引法菀珠林"由余、秦穆公烧香供佛"以及引"周穆王于五台山造寺焚香供养文殊"[①],都是以"释氏"的妄谈为典故。他强调在运用史料时要懂得鉴辨真伪,否则会轻信伪史料,做出错误判断。他在描写"譬喻文艺"时,不仅将后汉魏晋以来的外来"譬喻文艺"及我国文

---

① 陈竺同:《汉魏以来海外输入奇香考》,《南洋研究》1936年第2期,第195页。

人接受后进行的转变全部结集出来,还按照时期将梵典中"譬喻文艺"的译典与我国文坛上的新产物相对照。这种整理分析是从范围极广大的典籍中去寻捡材料进行论证,虽耗费大量的时间与精力,但得出的结论是比较准确的。在陈竺同看来,虽然"譬喻文艺"是中印文化接触中演变出来的一个小问题,但如果忽视了这个问题,可能会在中印文学史上造成蝴蝶效应,导致世界历史上的大不幸。

(三)有些问题有待深入

陈竺同在《中国文化史略》中,其内容更多地是针对生产力发展的阶段和经济演进的次序去解释两汉前的中国文化史,他对古籍资料(并非简单地罗列大段材料而没有逻辑)进行整理,并在此间陈述自己的观点,内容相对来说较能让人理解。但此书碍于篇幅,没有做详细的解释,需要另找资料补充。而其过往所写过的论文、书刊,虽能找到些许,但仍有一部分尚未整理出来,造成许多问题无法解答。此外,因时代的限制,他在书中的有些描述,以当今的眼光去审视,也存在着一些问题。如秦始皇"十二金人"铸造的原因及它的去留问题,目前史学界仍还有争论。但他取用了传说与政治相结合的办法,去说明金人的铸造,以"终于被王莽、董卓、石季龙所毁灭了"[①]作为定论,难免让不知情的读者有些模糊。同时,在其论文《汉魏以来异域色料输入考》中对"红花""番红花"的描述虽有所差异,但未做深论,最后仍将其归为一种。此外,他提到"制靛技术"约于魏晋南北朝时期随"木蓝"传入中原,也没有足够的证据。

结　语

文化交流是当今学术研究的一大热门,陈竺同能够在 20 世纪的三四十年代,就把眼光投注到文化领域,写出数量较多的学术作品,这是难能可贵的。虽然在某些方面,出于各种原因,还存在着缺陷,但其注重史料、考证史料、删选史料,论从史出等,都是值得当下治史者效仿和尊崇的。

如何处理中外文化的关系,这一问题几乎贯穿整个近代中国,而陈竺同在研究文化交流时,又恰巧身处一个特殊的年代。在其心智成熟之时,1915 年的中国已揭开了新文化运动的序幕,为马克思主义在中国的传播奠定了基础。1927

---

① 陈竺同:《中国文化史略》,上海:文光书店,1949 年,第 33 页。

年加入中国共产党,为他在文化交流研究中灵活运用唯物主义埋下了种子,属最早一批接受唯物主义者。等到其著作《中国文化史略》出版时,我们也能发现其对唯物史观原理的运用已十分成熟。他依照古代生产力发展水平和社会经济的演进次序,来解释两汉前的中国文化,在彼时已是一种崭新的文化史研究思路。对于"外来文化",他从未一味否定或接受,而是实事求是,采取包容的态度去平等看待文化的多样性和双向交流的重要性,在其论文、专著中如实地阐述了外来文化的中国化,并强调在运用古籍文献的基础上,结合大量田野考古实物来支持这些论点。当时有些学者败给眼前不计其数的文献资料,有些学者忽视了"文化交流"中的小问题,不善辨别真伪,但陈竺同却巧妙地处理好了这些问题。他在文化交流研究中不仅涉及人文文化方面,还关注经济层面中的商业文化,不仅符合我国国情的发展,亦呼应了现今世界一体的趋势。他对一些重要事实的梳理和研究,不仅有助于弄清一些历史事实,更是帮助我们树立了文化自信,推动了我国文化事业的进一步繁荣。

(施文燕,温州市永嘉第二高级中学教师;张洁,温州大学人文学院副教授)

"清华学派"史家王栻生平与史学贡献

陈 奕

摘 要：王栻是我国著名历史学家，一生从事学术研究与教育事业，以严谨的治学态度著书立说，专攻清史，尤其着重于维新运动与严复的研究。本文回顾了王栻的生平、著作及其对教育事业与史学研究的贡献。作为"清华学派"的一员，王栻表现出中西融会、古今贯通的治学态度。教育事业中，坚持实事求是的原则，力主史学研究以"为现实服务"为目的。在史学研究上，着重史学理论，凸显史学功能，在考证史实的基础上坚持创新。传承王栻所具有的"清华学派"的学术特征和在教书育人中彰显的宝贵品质，对当代史学与教育事业的发展具有重要参考和借鉴价值。

关键词：王栻；史学；清华学派

"清华学派"一词最早指清华中文系，由王瑶（1914—1989）首次提出，之后由李伯重（1949）专门研究史学中的"清华学派"，本文中所指"清华学派"便是20世纪初产生，在此间涌现出的在中国史坛有重要作用的一批学者群体，其学派特征由何炳棣（1917—2012）总结为：

> 历史与社会科学并重，历史之中西方史与中国史并重，中国史内考据与综合并重。[①]

这批史家或是在清华国学院从事史学研究工作，或是毕业于此，或多或少与清华有不小的渊源，因而同属"清华学派"人物。这批学者既对西方史学理论加以引进，也对中国传统史学进行改造，做出创造性的转换。他们结合中西学理论，以之为指导，在中国历史、史料学、历史哲学等方面做出了重要贡献。他们的

---

① 何炳棣：《读史阅世六十年》，桂林：广西师范大学出版社，2009年，第68页。

学术特征主要表现在：其一，重视新史学思想的传播，蒋廷黻（1895—1965）就任清华大学历史系主任期间便注重何炳棣提出的"三重并重"的学术传统，以新史学思想打造清华大学历史系。其二，重视原始史料的应用。其三，视野开阔，研究历史时不只立足于一件事或一方面，而是从多方面多角度探究历史问题。王栻是"清华学派"中具代表性的一员，在学术研究中传承了上述特征。

同时，王栻作为"清华学派"的"末代人"，早年受到了较好的教育，但是少有具备进修深造的条件，且几乎每一个人生的重要时刻都未逢其时，经历抗日战争、解放战争、"文化大革命"等历史大事件，经受艰苦磨难，时运不济，在人生最该修身治学的年纪，却少有静心研学的环境，蹉跎了岁月。正因如此，"清华学派"末代学者中多专家而少大家，然虽经历如此多磨难，这批人却也多成为了中国知识界的元老人物，令人叹服。

1931年，王栻考入清华大学历史系，于1935年结业，后考入清华大学国学研究院学习。在抗战期间，王栻创办了平阳青年团和平阳临时中学，对国家自清朝以来的屈辱史进行了深入研究，开设"国耻课"；抗日战争结束后，王栻回到了金陵女子文理学院的历史系任教，后因其系并置，王栻又转到了南京大学的历史系，在南京大学历史系著书讲学，直至逝世。

目前，关于王栻的研究，除经盛鸿的《中国研究严复第一人——回忆我的导师王栻先生》（经盛鸿，《档案与建设》，2016年01期）、洪振宁的《纪念历史学家王栻》（来源：南京大学历史学院，2015年4月10日），平新乔的《我与王栻先生的〈严复传〉》（《南方周末》，2016年1月6日）等文章记述其生平经历与罗列其著述外，未曾有学者专述其史绩，以致少有知之者。由此，时值王栻先生逝世40周年，特撰此文以追忆。

一、走进清华大学前的教育情况

王栻（1912—1983），原名王载栻，字抱冲，浙江平阳人。王氏是平阳鳌江名门之一，氏族起源于英桥王氏，在明嘉靖年间，是温州府永嘉县的一个名门望族。在清朝嘉庆年间，从永嘉县迁至平阳，在鳌江定居，世代从商。其父王理孚，字志澄，为平阳先贤，在政治、经济和文化等方面都取得了丰硕的成果。早年受维新思潮影响，致力于改良救国，结识革命党人，思想进步。曾经参与创办鳌江最早的新式学校——鳌江公学，主持编撰的《平阳县志》是近代浙江方志中的佳作，也是温州仅有的一部在民国期间出版的县级志书。王栻，为王理孚的第三子，他之上是两兄弟、一大姐,下面还有兄弟姐妹六人。长兄王文川提倡实业救国,其创办的"王广源的商号"在平阳鳌江建立,还开通了鳌江至上海及其他地区的航线,对于当时鳌江乃至平阳的繁荣发展起到了促进作用。王栻就成长于这样一个知书识礼、勤俭有爱、历史悠久的大家庭中。

1924年,王栻高等小学毕业时,家中经济不好,其父便想让他去店中做学徒,王栻哭闹几天几夜,这才得以进入中学。中学时期是王栻思想启蒙的时期,而启发王栻产生唯有读书高思想的是大他八岁的同乡陈黄光。

陈黄光(1904—1935),号再华,陈再华的父亲与王栻的父亲王理孚同为鳌江公学创始人,因此从小就与王栻多有来往,他的妹妹陈秀梅后来和王栻成为夫妇,陈黄光1935年初为国民党广东省主席陈济棠(1890—1954)杀害,在黄花岗就义。

一日,陈黄光给王栻带来《三国演义》《水浒传》等书,这些书引起了王栻的浓厚兴趣。从此,王栻开始如饥似渴地阅读古今中外的书籍,甚至给自己立下了一个规矩,每年必须看完两百本书[①]。此时的王栻爱看《新月》,这是由新月社出版的月刊,王栻尤其崇拜胡适(1891—1962),胡适每次出新书,他都会买来看。

中学时期的王栻便展现出其超前的聪慧与对学问的追求:

> 我总觉得教师同课程是在压迫我的,是在牵制我的。我常常惊奇地想着教师为什么这样的浅学,同学们为什么对于学问没有兴趣。[②]

中学教育似乎是对王栻来讲过于浅显了,他时常觉得无趣与乏味。不过值得一提的是,王栻在中学读书期间,结交了一生的挚友夏鼐(1910—1985),他俩时常聚在一起,互相辩难。夏鼐在避难期间之所以能阅读一些创造社的小说及《三民主义》等书,皆仰赖王栻把大量的图书交与他保管。由此可见,王栻在考入清华大学之前就对历史十分感兴趣,且王栻博览群书,尤爱中国近代的作家,这些皆为其之后要进行的史学研究打下了基础。

前文提及,王栻的父亲王理孚虽然积极支持子女上大学读书,却因家中生活

[①] 平阳县政协文史资料研究委员会:《平阳文史资料选辑:第3辑》,平阳县政协文史资料工作组编印,1985年,第15—16页。

[②] 平阳县政协文史资料研究委员会:《平阳文史资料选辑:第3辑》,平阳县政协文史资料工作组编印,1985年,第246页。

并不富裕,希望子女能习工习商,毕业之后衣食自足。王栻的大哥、二哥只读到中学,之后在职业高中学商;因着男尊女卑的观念,大姐只读了小学。王栻上中学时家中拮据,父亲因此坚决要求王栻习商,还是大哥、二哥一起求情,王栻才得以升入中学。王栻初中毕业之后,听取陈黄光的建议,顺利进入了上海光华大学附属高中部。① 待王栻高中毕业之时,一家人已然从商,且在鳌江卓有成效,家中经济甚好,至此,王栻以优异成绩进入清华大学也顺理成章了。

二、走进清华后的求学状况

1931年,王栻以优异的成绩考入清华大学历史系。选择历史,是受他在光华中学的历史学科教师的影响,那位历史老师上课时手中只拿一支粉笔,便滔滔不绝地讲述,这让王栻非常佩服。

次年,夏鼐通过了转校考试,进入清华大学历史系二年级学习,两个交游多年的好朋友再次相聚,课余常常聚在一起,或是论述史学问题和哲学问题,或是同游,在此时期除了与夏鼐交好,与徐贤修(1912—2002)、吴景荣(1915—1994)等温州老乡也常有往来。

进入大学的王栻对当时大学的教育现状并不满意,他在给陈黄光的信中写道:

> 一年半年的大学生活,教我对大学失尽了信心,我再也不信大学是产生人才的地方,至少,我再也不相信大学所认为是最好的学生,会是他日社会上的人才。大学教授们,依然用钓饵式的方法,用文凭、分数、奖金来鼓励学生用功学问,学生依然是妓女式的买了时间,卖了脑筋,希望取媚于教授,希冀获得了良好的成绩及奖金。大学里的名师宿儒,青年英才,干的原来就是这套把戏……②

王栻没有勇气跑出大学之门,却想实现个人心灵上的自由,因而在读书学习上更为刻苦勤奋,夏鼐在日记评价王栻:

---

① 《鳌江开埠先贤王理孚与王文川》,中共鳌江镇宣传办编印,2002年,第21—48页。
② 中共广州市委党史研究室:《陈黄光文集》,广州:广东人民出版社,1993年。该书附录中收入了3篇王栻纪念陈黄光的文章。

此君敏而好学,在同乡中首屈一指。①

在大学的这段时期也是王栻知识上突飞猛进的一个时期,他的史学基础和思想观点都是在这个时期奠定和形成的。后来的抗日战争和时局动荡,使得王栻再难找这样的"黄金时代"。

1933年,王栻师从著名史学家张荫麟(1905—1942),开始着手毕业论文的写作,论文内容是对严复的研究,后来这篇文章在《大公报》由张荫麟与王栻联名刊出。1935年,王栻从清华大学历史系毕业,之后考入吴宓(1894—1978)主持的清华大学国学研究院,专攻清史。

王栻在潜心钻研学术之外,还留心观察生活。在清华大学求学期间,王栻写过不少散文,其中不乏游记漫笔,仅1936年王栻便发表了《长安游记之一:华清池》(《市街》,1936年第3期)、《漫笔:大龙》(《市街》,1936年第3期)、《漫笔:杂闻与杂感》(《市街》,1936年第4—5期)、《漫笔:鳌江地方》(《市街》,1936年第4—5期)、《以战争反对战争》(《市街》,1936年第7期)、《一封写给死者的信》(《市街》,1936年第7期)在内的六篇文章。在文章的字里行间,充满着他对生活的热爱与对祖国美景的喜爱,同时也对战争的局势显出隐隐的担忧。可以说,王栻能够在抗战期间表现出浓烈的爱国主义和社会责任感,与这段在清华的求学经历不无关系。

三、走出清华后的史学贡献

(一)钻研学术,成果丰硕

王栻在晚年时常感叹,自己学问浅薄:

> 我自问少年以后的四十年中,最多只能挤点时间,读了十年的书,我现在的学问积累,最多不过象三四十岁人的水平。②

---

① 夏鼐:《夏鼐日记(10卷)》,上海:华东师范大学出版社,2011年,第269页。
② 平阳县政协文史资料研究委员会:《平阳文史资料选辑:第3辑》,平阳县政协文史资料工作组编印,1985年,第24页。

尽管王栻所处时代动荡飘摇,但从1939年清华大学国学研究院毕业后,一直到逝世的40年间,王栻在学术上却是成就颇丰。

在1936年到1949年间,王栻先后发表了《明朝的太监与女人》(《宇宙风》,1936年第29期)、《中国历史科学化》(《大学》,1942年第7期)、《君权相权的交替》(《学思》,1942年第7期)、《西汉时代的中书与尚书》(《学思》,1943年第10期)、《清代的汉族世家(上)》(《学思》,1943年第1期)、《清代的汉族世家(下)》(《学思》,1943年第2期)、《薄俸与陋规》(《文史杂志》,1944年第1—2期)、《老帝国与新世界》(《文史杂志》,1944年第7—8期)、《谈清代的考试制度》(《中国青年》,1947年第2期附刊)、《慈禧太后的生平(上)》(《中国青年》,1947年第3期附刊)、《慈禧太后的生平(下)》(《中国青年》,1947年第4期附刊)等十余篇文章。先后出版《国耻史讲话》(独立出版社,1940年)、《慈禧太后传》(正风出版社,1948年)两部书。

1949年新中国成立后,王栻开始长期致力于中国近代维新运动史、严复(1854—1921)、张之洞(1837—1909)等历史人物的研究,先后发表《冯桂芬是不是一个具有资产阶级民主思想的改良主义者?》(《南京大学学报》,1956年第3期)、《胡适派"改良主义者"的反动面貌》(《南京大学学报》,1956年第3期)、《严复在维新运动时期(1895—1898)的思想与活动》(《南京大学学报》,1956年第4期)、《强学会人物及其派别》(《南京大学学报》,1957年第2期)、《戊戌政变前梁启超的维新思想》(《南京大学学报》,1962年第4期)、《戊戌变法中英国政府的态度》(《南京大学学报》,1962年第2期)、《张之洞与维新运动》(《南京大学学报》,1980年第4期)、《严复的生平及其思想》(《群众论丛》,1980年第2期)、《论郭嵩焘的洋务思想》(《南京大学学报》,1981年第3期)。

1957年,王栻出版了著作《严复传》(上海:上海人民出版社,1957年),这是中国历史上第一本完整论述中国近代名人严复的专著。《严复传》后来又几经修改,增补了"严复的政治理论和哲学思想"一章,1976年重新由上海人民出版社出版。

1960年,王栻写成数十万字的《维新运动(上、下册)》作为大学教材,1964年由南京大学铅印。这本书主要反映了王栻在20世纪五六十年代的研究成果。1981年,王栻在夫人陈秀梅和五子王平的协助下,对此书进行了较大的修改,增加了第四章,补写了容闳(1828—1912)、郭嵩焘(1818—1891)、宋恕(1862—1910)等早期维新人物的内容,并对20世纪五六十年代盛行的"改良主义"等提法,做原则性的订正。王栻患病后,由其学生对未刊著作进行整理,1986年5月由上海人民出版社出版。

1962年,王栻应中华书局之约,开始整理和校订近代思想家严复的所有作品,亦即后来的《严复集》。《严复集》由王栻主编,于1986年经中华书局出版。《严复集》一书共分5卷,约120万字,主要搜集与严复相关的诗歌、文章、日记、翻译按语和著译等,并做了校勘整理,是迄今为止收录严复作品集最全面、品质最佳的一部集子,成了研究维新运动,特别是研究严复必不可少的书籍。

王栻尚有手稿数卷未刊行,包括《严几道年谱》《清代汉大臣身家考》《清代汉臣身家表》(两册)、《甲午战后之联俄政策》;另有抄本二卷未刊行,包括《六斋卑议》《有关郑观应资料》。

(二)诲人不倦,以史育人

王栻在从清华大学和国学研究院求学期间并不太平,时值日本侵华,在北平的王栻也感到亡国的危机,本想学成再育人,未曾想七七事变的发生让王栻在研究生期间就步入课堂,言传身教,启发人们进行抗日救国运动。

1931年九一八事变中,王栻亦师亦友的挚友陈再华深感国难当头,要团结全体中华人民共同抗战,于是写出《奋起救国》这首歌词,由著名音乐家何安东(1907—1994)作曲,歌曲一经发表,立即轰动了整个南粤地区,激发了人们的爱国之情,鼓舞着人们积极抗战、抵抗外敌。王栻也深受感召,作为一位受过高等教育又具有强烈爱国心的学生,他自是希望能为抗战出一份力,但眼下,他还是要先完成自己的学业。

1937年卢沟桥事变是抗日战争全面爆发的标志。七七事变打破了王栻平静的求学生活。7月29日,国民党弃守北平。北平失守后,清华大学被日本人占领,成为日本人的军营和伤员医院。王栻和许多在北平就读的大学生都认清现实,深知和平无望,纷纷从北平南下。王栻返回故乡温州鳌江,联合一批进步青年,成立了平阳青年抗日救亡团,组织发动人民群众抗日救亡,他被推为平阳青年抗日救亡团理事会的理事长。

平阳青年抗日救亡团在民众中进行了一系列的抗战教育活动。王栻和那些从大学回到家乡的年轻人一起创办了《战讯》,并一齐筹款出资创办了《战报》,用这些报纸来报道前方战线的消息,后来又将规模扩大,称为《平阳日报》,并在1938年12月更名为《平报》。

与此同时,平阳抗日救亡团在鳌江中心小学的基础上,于1938年创建了平阳临时中学,以帮助因为战争失学的青少年为目的,吸纳、培养了一批新兴的抗日革命势力。王栻还以平阳抗日救亡团成员的身份,到平阳临时中学任教,在任职期间,王栻每周上两次"国耻课",并有计划、有步骤地对学生进行爱国教育,激发学生们的爱国热情。除此之外,王栻还经常以丰富的近代史知识,结合当时日寇入侵、民族危机的形势在街头面对广大民众开展演讲活动,常常使听众义愤填膺、热血沸腾。

总之,王栻和其他进步青年一道以平阳临时中学、《平报》为基地把当时鳌江的抗日救亡运动搞得热火朝天,培养了一大批爱国青年参军入伍,投身抗日救亡的运动。可惜的是,平阳临时中学仅仅办学两个学期就因国民党顽固派的阻挠停办,随后,王栻来到抗战后方,继续未尽的学业。

王栻于1939年顺利从清华大学国学研究院毕业,受金陵女子文理学院校长吴贻芳(1893—1985)的聘请到金陵女子文理学院任历史系教授兼系主任。1944年因二伯父王载彤(？—1944)去世,王栻从成都回鳌江吊唁,又逢母亲去世,等要回校时,已是交通阻断。不得返回成都的王栻为谋生存,只能于平阳简易师范学校执教。

1945年抗日战争胜利后,王栻受委任到浙江省总志馆中担任分纂一职。在抗战前任职的金陵女子文理学院于1946年迁回南京,因此王栻又重新于1947年回到母校任教。1952年,中国高校进行了一次大改革,金陵女子文理学院的历史系合并到了南京大学,王栻随之来到南京大学,担任了中国近代史、现代史教研室主任、副系主任、系务委员会委员、系学术委员会委员等职,他还加入了九三学社,为人教育事业奉献终身,直到1983年2月13日去世。

抗战胜利后,王栻还关心家乡发展。他在《鳌江公学大事记附言》一文中回顾了父兄创办的鳌江公学(即鳌江小学的前身)艰难的发展历程。鳌江公学诞生于甲午战争后,为的是教育救国,其制度、内容、宗旨都迥异于旧日私塾,在经历了地方父老的反对之后终于在1929年,迎来了黄金时期,成为鳌江镇庞大的唯一的教育机构。好景不长,抗战期间,公学蒙受了巨大的损失。在文末,王栻表达了自己对公学复兴的乐观态度,并提出了几点建议:要打好颠扑不破的经济基础;不惜聘用客卿;要办商业补习班[①]。

在南京大学任教期间,王栻不仅专注自身教学水平和学术研究上的提升,还关心学生生活,助力学生成长,在他长期的史学教育中,培养出了若干史学研究

---

① 平阳县政协文史资料研究委员会:《平阳文史资料选辑:第2辑》,平阳县政协文史资料工作组编印,1984年,第48页。

的人才及其他管理人才。

王栻到南京大学任教的第 14 个年头,也就是 1966 年,"文化大革命"开始了,取消高考,各大高级院校停止招生,一直到 1977 年才恢复高考。1977 年全国恢复高考之后,王栻共录取三届研究生,共 5 人。1980 年,其执教的最后一届,只录取 1 人,而这位研究生就是写下《中国研究严复第一人——回忆我的导师王栻先生》的经盛鸿,他的文章为我们了解王栻提供了更多的文字和图像资料。王栻晚年行动不便,研究生上课都是到王栻家中,夫人陈秀梅给学生倒一杯茶后,就将客厅空出来给王栻和学生上课。王栻对学生的关心不仅体现在学习中,更体现在生活上。如经盛鸿在《中国研究严复第一人——回忆我的导师王栻先生》中回忆,他在面对生活中的波折与困难时,也会积极寻求导师王栻的帮助,王栻时常鼓励他要对前途保持信心,相信只要努力,人生路上的那些苦难终将成为历史。王栻不仅是导师,更像个热心的父辈,给予学生生活的勇气和信心。从中我们也可窥见,不管是在研学读书时遇上抗日战争,还是遇上'文革'对学术环境造成重大打击,王栻始终抱着积极乐观的心态看待生活,相信苦难风暴常有,但终能雨过天晴。这种心态无疑也影响了他的学生们,带来了有益的影响。

王栻在注重对学生的培养之余,对国家时政也给予了关注,特别是对南京大学历史系今后的发展给予了极大的关注。据经盛鸿的纪念文章,1981 年冬,该系教职员工在该系的发展战略与道路上出现分歧,每个人都有自己的看法。照理说,年届七旬的老教授王栻完全有可能置身事外。但是他在面临"文革"结束之后学术环境百废待兴的局面下,在自己由衷热爱的历史学面前,情绪很难平静。思考再三,王栻决定在经过调查后,提出自己的意见。那次历史系的会议上,王栻陈述了他的意见和论证的过程。会中全体人员都被他的真诚与敬业精神所感动,此次演讲得到了现场热烈的掌声。[1]

(三)注重实用,突出特征

1.注重史学理论,体现"新史学"精神

王栻关于史学理论的研究,在《中国历史的科学化》一文中有系统的论述。文章主要分为"历史科学化的意义"和"过去的中国史学界"两大部分。在第一部

---

[1] 经盛鸿:《中国研究严复第一人——回忆我的导师王栻先生》,《档案与建设》2016 年第 1 期,第 30 页。

分,王栻对"历史"一词作了解释,他认为"历史"一词有史实、史录和史学三种意义。其次,王栻对"史学能否成为一种科学"的问题展开了讨论,他认为:

> 所谓历史的科学,就是以历史为对象,运用科学的方法与知识,以求其发展原则的学问。①

接着,他对"历史在本质上不能成为科学"的论调进行了驳斥,并提出了自己的看法,他认为与实验的自然科学相比,历史是一种不完美的科学,但我们不能因为不完美就否定历史的科学性质,中国的学者应该根据中国的史实参与建造"历史科学"的工作。然后,王栻提出了建造"科学的历史"的方法。"科学的历史"基于"科学的史录",而"科学的史录"的形成需要利用科学的方法和知识,主要包括史料的搜集、史料的考订和史料的裁剪三个方面。

在第二部分,王栻首先对中国史籍的数量做了统计和分析,他认为中国史籍数量虽多,但关于历史原理的书却很少,十之八九确有改造的必要。在"编年体""纪传体"和"纪事本末体"这三大体裁上,王栻主要对被高度赞扬的"纪事本末体"进行分析,认为存在三大缺陷:

> 一是不能融合贯通;二是记载的都是史事的经过,而不能记载制度文物的状况;三是在纪事中只提及政治,不提人民的生活,风俗习惯以及当时的思想文化。②

王栻认为在"科学的史光下",旧日的史书不过是一堆史料,有进行改造的必要。在史料的考订上,他也认为改造十分必要,他以清代考据学为例展开论述:首先,他承认考据学好的影响,即能利用科学的方法,整理好残缺的史料。其次,王栻着重分析了清代考据学坏的影响,一方面考据学与近代生活脱离,学者埋首于古史;另一方面,考据的对象是一些不重要的细节,鲜少讨论重要问题。最后,王栻从史料搜集、史料考据、史料裁剪和史料解释几个方面,再度强调历史科学化的必要性。

全文充分展现了王栻的史学理论素养和"新史学"精神。王栻对中国古代的传统史学进行了深刻的反思,例如,他认为:

---

① 王抱冲:《中国历史的科学化》,《大学》1942 年第 7 期,第 30 页。
② 王抱冲:《中国历史的科学化》,《大学》1942 年第 7 期,第 36 页。

历史的重心,不在帝王之家,而在广大的民众。①

批判了中国古代史书"不过是为帝王将相作家谱"的弊病。针对史书体裁的局限、史料考据的缺陷等方面的问题,王栻一一作了说明。王栻还在抗战期间创办抗日救亡团和平阳临时中学,这些史学实践也都体现了他对新史学的倡导。此外,他的《国耻史讲话》一书叙述了中国自鸦片战争到日本侵华的屈辱历史,写作动机就是为全体国民普及这段近代的屈辱历史,一改传统史学只为帝王提供借鉴的惯例。更是说明了新史学精神是20世纪救亡图强所需要的时代精神。

2. 重视原始史料,擅长考证史事

《中国青年》中登载的《谈清代的考试制度》一文中,王栻对当时人们嘲笑清代八股文章就连同当时的考试制度一起嘲笑的行为进行否定。他认为,清代的考试制度,尤其是考试的内容,虽然有许多缺点,但也比完全没有制度可循要好。他写这篇文章也是为了让读者较全面地了解清代考试制度,从而对其具有更为理智客观的看待。在文中,王栻讲解了清代考试制度中的学生、举人、进士三个阶段。清代考试制度是"科举必由学校",所有做官的人,都应由学校出身,再选拔而来。在科举制度下形成的"万般皆下品,惟有读书高"的社会风气,使得稍有经济能力的农工商子弟均可通过应试入仕,这一顺畅的社会纵向流动渠道,为吸纳民间人才加入国家管理、保持社会稳定,提供了一个重要的条件。文中史料多来自《傅增湘清代殿试考略》《大清会典》等文献,内容翔实可信,使该文科普性很强。

在《慈禧太后传》中,针对慈禧家世的问题,王栻也进行了比较翔实的考证。慈禧的家世是中国近代史上的一大疑案,考证极为困难。

在我们还没有找到别的可靠证据之前,我们只得承认官书的说法。②

王栻根据官书清史稿的记录,认为慈禧出身于一个衰败仕宦家中,没有受过良好的家庭教育,而并非谣言所说的汉人甚至西洋人。

在《戊戌政变前梁启超的维新思想》一文中,面对梁启超(1873—1929)这样一位在思想上"流质易变"的人物,王栻基于大量的史料,对戊戌政变前梁启超的维新思想做了一个细致的分析。《饮冰室文集》《变法通议》《清代学术概论》等著

---

① 王抱冲:《中国历史的科学化》,《大学》1942年第7期,第36页。
② 王栻:《慈禧太后传》,上海:正风出版社,1948年,第4页。

作及其与朋友间的往来书信在文中被大量引用。通过对这些史料细致入微地推敲,王栻看到了梁启超思想中复杂的一面。在戊戌政变前,梁启超的思想基本上与康有为(1858—1927)一致,但同时也受着严复和谭嗣同(1865—1898)的影响。例如,梁启超在时务学堂课艺批语:

> 屠城屠邑,皆后世民贼之所为,读扬州十日尤令人发指眦裂。①

王栻认为这样激烈的言辞不是一般改良主义的言论,更不是康有为敢说的,而更有可能是受了谭嗣同的影响。诸如此类的分析,在文中比比皆是。

3. 勇于独辟蹊径,敢于提出创见

《冯桂芬是不是一个具有资产阶级民主思想的改良主义者?》一文集中展现了王栻勇于独辟蹊径、敢于提出创见的精神。在文章的开篇,王栻就针对范文澜(1893—1969)、周辅成(1911—2009)等人的观点,提出了自己的反对意见,他认为冯桂芬(1809—1874)并不是一个具有资产阶级民主思想的改良主义者。首先,从冯桂芬的重要事业入手,指出冯桂芬"安徽乞师""江苏减赋",这两大事业都旨在巩固封建政权。其次,指出冯桂芬与镇压农民起义出身的曾国藩(1811—1872)和李鸿章(1823—1901)二人交往密切。最后,王栻通过对冯桂芬的代表作《校邠庐抗议》的剖析,指出冯桂芬:

> 坚守和约而并不主张反对外国侵略者特权,竭力主张创立官办军事工业而不主张发展民间资本主义,竭力主张开明君主专制而并不主张国会政治。②

由此,否定了冯桂芬是改良派的代表这样一种传统的说法。

在《维新运动》一书的第四章"百日维新及其失败"中,王栻举出当时存在的观点,有人认为维新运动的失败是光绪皇帝(1871—1908)或是慈禧太后(1835—1908)或是袁世凯(1859—1916)的个人因素,王栻对此种观点进行反驳:

---

① 王栻:《戊戌政变前梁启超的维新思想》,《南京大学学报》1962年第4期,第58页。
② 王栻:《冯桂芬是不是一个具有资产阶级民主思想的改良主义者?》,《南京大学学报》1956年第3期,第87页。

固然,这些原因都是运动失败的众多因素之一,但绝不是决定性的根本原因。按照这种观点考察问题,变法的失败就是偶然性的巧合,就没有规律可寻。①

有人认为维新运动失败的原因是其为一场改良主义运动,是绝对走不通的。王栻也反对这一观点:

按照这种观点,仿佛只要维新派改弦易辙,换一条武装暴动的道路,就可以实现资本主义的目标。然而,事实并非如此。……失败的原因不在于运动的道路。②

在对其他学术界的观点进行一一驳斥后,王栻就维新运动的失败原因提出了自己的见解:

维新运动的失败是必然的。失败的主要原因,不在于某个历史人物的个人因素,也不在于自上而下的改良方式,而在于经济基础的制约,在于民族资产阶级的幼稚弱小,在于敌我力量的悬殊。③

他认为维新运动失败的必然性在于当时的经济基础以及阶级力量对比等方面。19世纪的中国仍处在封建经济时期,民族资产阶级的力量微弱,无力改变晚清经济的根本性质,在强大顽固的封建势力面前不堪一击。

4. 宏观微观结合,博洽简约相融

在《维新运动》一书中,王栻利用了大量的史料来解释问题,他并没有局限于"百日维新",也没有满足于只讲一两个代表人物,他从19世纪70年代开始,几乎用了三分之一的篇幅,把改革的前前后后都进行了宏观的研究,在第一章"甲午战争前维新思想的酝酿"中,王栻先是举例维新思想的先驱者,分别阐述龚自珍(1792—1841)、林则徐(1785—1850)、魏源(1794—1857)、冯桂芬四人的思想,之后又就民族资本主义近代工业的产生进行了详细说明,阐述了早期维新思想

---

① 王栻:《维新运动》,上海:上海人民出版社,1986年,第380页。
② 王栻:《维新运动》,上海:上海人民出版社,1986年,第380—381页。
③ 王栻:《维新运动》,上海:上海人民出版社,1986年,第385页。

的代表人物与内容,这才进入第二章"甲午战争后维新运动的蓬勃发展",试图构建出维新运动的全貌,最终明晰:1898年发生的维新运动,并非梁启超、康有为急功冒进而突发的政治事件,也并非帝、后两党的党争与权利冲突所致,而是二十多年来的维新思想不断发展的必然结果。

在《维新运动》一书中,王栻没有泛泛而谈。第三章"维新运动参加者思想剖析"分三节对维新派志士的代表康有为、梁启超、谭嗣同和严复的思想和行动进行细致入微的研究,而除了维新运动的志士之外,王栻还关注到维新运动中的"帝党"人物,这里的"帝党",就是名义上以光绪皇帝为首脑,实际上以翁同龢(1830—1904)为领导的几人。对"帝党"的论述,王栻没有长篇累牍,而多引用文献资料,如梁启超的《戊戌政变记》、胡思敬的《国闻备乘》,用过去当时人的评述,说明当时帝党的政治力量超过了维新派的力量。此外,王栻还关注到维新运动中的"清流"名士,也就是当时最有权势的买办官僚集团,对这一集团,以张之洞为代表叙述了其从"清流"名士到洋务大员的变化过程,在此基础上,王栻通过维新派和"帝党"对张之洞的态度,表明张之洞为维新运动的投机分子,与维新派相互利用。

在《维新运动》一书中,王栻对维新运动的过程做了宏观的解读,又对维新运动的参与者进行细致微观的研究,详略得当,展现其深厚的历史写作功力。既有广度又有深度,博洽简约相融。

5. 致力学以致用,突显史学功能

王栻的《老帝国与新世界》一文,"老帝国"指的是大清帝国从清太祖努尔哈赤(1559—1626)统一关外,集中纷乱部落,一直到其六代孙儿乾隆(1711—1799)皇帝。在这两百年间,通过统一女真各部、夺取明代江山与开拓边区藩属,建立起来一个领土广阔、光辉灿烂的帝国。包含新大陆的发现与新航路的开辟两件大事在内的"地理的新发现"是欧洲近代史与古代史的标界石,到了十六世纪初麦哲伦(1480—1521)环球航行,将整个世界串通为一体,欧洲开始的商业革命也影响了整个世界,这象征着新世界的到来。新世界很快影响到了老帝国,商业带来的巨大利益,让人无法拒绝。新世界在老帝国面前是不平等且处于弱势的,当时中西的通商制度,大半由天朝制定,在通商制度下的西方商人,在入境出行等方面受到严格的限制。这种情况直到18世纪,新世界的领袖变成大英帝国,一切才开始转变。鸦片战争是老帝国的惨败,新世界用猛烈的炮舰打开了老帝国的大门。

全篇分为老帝国的规模、新世界的出现、中西的通商制度、和平交涉的失败四个部分,较为详细地讲解了"老帝国"与"新世界"这两个概念,在中西通商制度下,西方商人的地位低下。但西方通过工业革命崛起后,便希望改变这一情况,在和平交涉失败后,发起了鸦片战争,改变了中西世界的格局。

王栻写出这篇文章时正值抗战前夕,文中所说,旧世界抵挡不住新世界的坚船利炮,被迫打开国门,与王栻当时所处时代背景又何其相似。在这篇文章的最后,王栻感叹道:

> 虽然我们也曾屡次反抗,但精神的愤怒,由怎挡得住炮舰的猛烈呢?自此以后,滴滴互相激荡的浪花,都是我们滴滴伤心的血泪。直待红蜡泪尽,抗战声起,东方的晨光方才出来![1]

在清华研究中国外交史期间,王栻和他的同学沈鉴(生卒年不详)就萌生了一种想法,即将屈辱的外交史普及于全国国民,希望国民知所既往,加紧现在的努力。卢沟桥事变后,二人避居温州,深感此次抗战:

> 是历来国耻的总汇,也是历来国耻的最后清算。[2]

于是,二人在短短数月的时间内,合著了《国耻史讲话》,叙述中西开始通商至七七事变,列强对中国的侵略。王栻在平阳临时中学任教期间,以"勿忘国耻"为主要内容,对学生进行了爱国主义教育。国难深重,王栻充分利用所学的历史知识,著书立说、授课演讲,发挥史学的教育功能,以启迪国民,实现救亡图存的理想。

结　语

王栻作为近代著名的历史学家,他将一生献给了历史学的研究,专攻清史,对维新运动史与严复的研究尤为深入,被称为"中国研究严复第一人"。除此之外,王栻作为"清华学派"的末代人物,也承袭了"清华学派"的学术特征。王栻在进行学术研究时,重视新史学思想的传播,在《中国历史的科学化》一文中,王栻将"新史学"精神与20世纪所需要的图强奋进的时代精神充分结合。同时,王栻也重视原始史料的应用,这点在《谈清代的考试制度》《慈禧太后传》《戊戌政变前

---

[1]　王栻:《老帝国与新世界》,《文史杂志》1944年第3卷,第60页。
[2]　沈鉴、王栻:《国耻史讲话》,上海:独立出版社,1940年,第1页。

梁启超的维新思想》等作中均有体现,王栻擅长通过原始史料来考证史事,对历史事件做出合理推测与解释。此外,王栻在史学研究中并不只从一件事一个人的片面角度对历史事件进行分析,相反,王栻的史学视野相当开阔,如《维新运动》一书,便没有只讲1898年的维新运动,而是从19世纪70年代开始,对改革前后都进行了宏观的研究。对于"清华学派"代表人物王栻的研究不仅是为了纪念其在史学上的突出贡献,更是给予后来学者以历史研究方法上的借鉴与参考意义。

(陈奕,鳌江中学教师)

国民革命的余波:瓯海公学与艺文学堂争产事件

陈忆文

摘 要:1927年至1929年间,温州的艺文学堂与瓯海公学两所学校在占用校产的问题上产生争端。关于这一争产事件与两所学校的建校始末,中方与西方都有相当文献进行记述,但文献的立场、侧重点各有不同,导致此事件的前因后果长期无法完全厘清。因而本文以双方材料为基础,在双向视角下梳理学潮与争产事件发展的具体脉络,尽量厘清事实本身,兼论双方记述产生差异的原因,造成论述差异的原因实际上是双方在文化、政治立场上存在的对立与冲突。

关键词:艺文学堂;瓯海公学;传教士;近代温州

艺文学堂是由英国基督教偕我会在温州创办的一所教会学校。五卅惨案发生后,温州学生积极响应,参与到爱国反帝斗争中去,而艺文学堂校方却严厉禁止学生参与。因此大量师生脱离学堂,建立瓯海公学私立学校。在国民大革命期间,人民反帝情绪日益高涨,在激烈的反帝斗争中,大批传教士不得不离开温州,艺文学堂的校产因此空置。在这一背景之下,瓯海公学的师生占据了艺文学堂校产。1927年,国民革命结束之后,反帝斗争在各地逐渐平息,圣道公会的传教士们回到温州,但艺文学堂的校产仍被瓯海公学的师生占据,艺文学堂校方便与瓯海公学校方围绕校产展开了长达两年多的拉锯。[①] 这是温州瓯海公学与偕我会艺文学堂争产事件的大概。

针对这一争产事件,中方的瓯海公学与西方的艺文学堂都有相当文献对其进行记述。但双方记述并不一致,甚至可以说是南辕北辙。再加上长期以来中方在论述此事时不重视西人文献,因此此事前因后果长期无法得到厘清。本文

---

① 胡珠生:《从艺文中学到瓯海公学》,《鹿城文史资料》第三辑,温州鹿城政协文史委员会编印,1988年,第784—785页。

将以双方各自的记述材料为基础,以双方视角分别论说,尽量还原基本史实,在此基础上还将对双方论述差异产生的原因进行分析。就中方而言,本文所借助的主要史料是1926年瓯海公学编写的《瓯海公学概况》①,以及当年参与学潮当事人的一些回忆。《瓯海公学概况》对于瓯海公学的建校缘由、过程有较为详细的记载,此外瓯海公学学生所作的《五卅特刊》《六八特刊》②两本资料也很重要,两本特刊是纪念瓯海公学师生脱离艺文学堂一周年所作,其中大量文章内容记述了瓯海公学师生脱离艺文学堂的原因和学生们的主张。对于西方视角的史料,本文主要使用的是《北华捷报》,因为与本文相关报道的作者属温州教会中人,所以这些报道对于本文所研究的主题具有很大意义。

目前学界对艺文学堂的研究,大多还处于介绍性的阶段,如张真的《温州艺文大学堂:中国教会大学史上的遗珠》③主要探讨了艺文学堂办学层次的问题,再如端木敏静的《英国传教士苏慧廉与温州近代教育》④是从温州近代教育的角度出发,来研究艺文学堂的办学情况和影响力。而在关于瓯海公学的研究中,胡珠生的《从艺文中学到瓯海公学》比较详细地记述了从艺文学堂建校,期间经历的学潮事件及由此推动的瓯海公学建校事件,至最终艺文中学停办的详细过程,但这篇文章也主要是以中方瓯海公学师生的文章等为研究材料,且对于两校之间的争产事件也没有详细的叙述。上述这些研究,一个共通的问题是相当缺乏西方的文献与视角。

一、中方视角下的学潮与争产

19世纪60年代,英国的基督教会偕我会(后改称圣道公会)来到浙江温州开始进行传教活动,在传教期间,偕我会在温州创办医院,建立西式学堂,带来了西方医学技术与新式文化知识。1879年,传教士李华庆创办艺文男塾。1897年,传教士苏慧廉扩大学塾,在瓦市殿巷创办艺文书院,1902年,艺文书院改名为艺文学堂,在海坦山麓建立新校舍,由英国人蔡博敏出任校长,并聘任了温州

---

① 《瓯海公学概况》现存于温州市图书馆的古籍地方文献阅览室。
② 这两本特刊曾被胡珠生大量引用,但在温州市图书馆与档案馆并不能找到这两本书,猜想可能原藏在温州市图书馆,胡珠生在编撰《温州近代史》时借用,后来归于何处还需要进一步查找。本文所引两刊材料都是转引自胡珠生的文章《从艺文中学到瓯海公学》。
③ 张真:《温州艺文大学堂:中国教会大学史上的遗珠》,《宗教学研究》2016年第1期,第219—224页。
④ 端木敏静:《英国传教士苏慧廉与温州近代教育》,《宗教学研究》2012年第1期,第200—204页。

当地的学者担任教师,此时的学生大部分是基督教徒,而且在当时虽有"外国教员不得讲宗教"的规定,艺文学堂仍然设置了"圣经"一课,并每日祈祷,每周聚会传道。① 1906年学生规模突破300人,成为当时温州地区最大的学校,尽管艺文学堂是基督教所创办的教育机构,但至此时其生源已不止教徒,还有地方名望乡绅、衙门官府的子弟。②

然而大量的中方文献认为,艺文学堂虽承载着西方先进的教育理念与教育体系,其内包裹着的却是虚伪与霸权。1986年的《瓯海文史资料》对艺文学堂的定性是:

> 艺文中学是一所英国基督教会办的教会学堂,校长是英国牧师蔡博敏,蔡为人凶恶,惩罚过许多学生。在该校就读的学生,不管信教的和不信教的,都要参加每日早上的晨会祷告及星期日下午的虔诚礼拜听经听训等。许多教师和学生深恨教会学堂的奴化教育,亟待脱离教会。③

1919年至1923年,自北京爆发五四运动后,包括艺文中学在内的温州多校学生纷纷响应,学生们成立东瓯中等学校学生救国联合会,要求"外争国权,内惩国贼,收回山东权利,抵制日货",开展抵制日货,查禁粮食漏海等活动。对于学生的爱国活动,艺文学堂的校长蔡博敏却持反对的态度。1925年,五卅惨案发生,温州的学生们积极响应,声援五卅惨案反帝斗争,艺文学堂的学生们也积极参与,艺文学堂和崇真小学的学生要求在课余时间出外演讲,参与反帝斗争,但外国教会在五卅惨案中偏袒英国,两校的校长蔡博敏和王廉不允许,并且使用武力手段压制学生,不许学生参加"'五卅'运动民众后援大会",蔡博敏甚至持枪站在校门口,扬言要开枪射击出校的学生,这一残忍的行为使得爱国师生们群情激愤,爆发了震动一时的反帝斗争。在吴震所写的《脱离艺文周年宣言》中对此有这样的记述:"艺校监学章贼文谦,素托艺文校长洋鬼子蔡博敏之威势,屡次禁止学生救国运动,各同学久在蔡、章二贼双重压迫之下,忍无可忍,早有脱离之心,

---

① 浙江省温州市鹿城区慈善总会:《温州市鹿城区慈善志》,北京:方志出版社,2018年,第9—10页。
② 李新德:《西方传教士与地方近代化——以循道会传教士苏慧廉在温州的活动为研究中心》,《基督教思想评论》2011年第13辑,第253—267页。
③ 禾雨:《谷寅侯先生与瓯海中学》,《瓯海文史资料》第一辑,瓯海县政协文史资料委员会编印,1986年,第68页。

苦无机会可乘。"①艺文中学300名学生在教员谷旸的带领之下，集体逃出学校，上街游行，集体宣布脱离艺文学堂，在这之后，这批学生由学生联合救国会代谋食宿，救国会召集紧急会议讨论离校学生求学的善后问题。在《申报》中，亦有关于此事的记载："温州电：艺文中学、崇真小学学生要求校长课馀出外演讲，该校长英人蔡博敏、王廉不允，并用种种武力吓阻，两校学生全逃出，现由学生联合救国会代谋食宿并觅相当学校转学〔十日上午八钟〕。"②

此后，数百名离校学生邀请了原教员谷旸和林醒中，倡议组织公学，谷旸在这一艰难的时刻，勇敢地担起了筹建新校的重担，在《瓯海公学概况》的校史中，便有如下记载："艺文学校学生以爱国大义中途辍学，尤不可不为之设法俾卒所业"③，"赖林谷陈许诸君始终？柱伏暑奔走，寝食俱废，外得里中耆宿具，真知灼见而表同情者，如吕君文起、江君蓬仙等，群策群力以祈观成，乃得择定蛟翔巷平水王庙为初中第一院落，霞谭会氏家祠为高中第二院"④。谷旸来回奔走，以筹借建校资金，并邀请众文人学者担任瓯海公学教师，在谷旸的努力与各界人士的支持之下，他终于寻得蛟翔巷平水王殿作为学校的校舍，并聘任了教职员三十余人，创办瓯海公学，并设高中、初中两部。8月，瓯海公学举行了两次招生，9月21日，瓯海中学正式开学上课。在建校之初，瓯海中学实行委员制，推举谷旸为委员长，在开学后，多名委员因其他事脱离了委员会，此后改委员制为校长制，推谷旸为校长。而艺文学堂在"五卅"运动的斗争之后，因离校师生过多而暂且停办。⑤

1926年5月，北伐战争拉开了序幕，在温州的传教士们也离开了中国，艺文学堂的校舍也因此空着。1927年初起，瓯海公学的师生临时借用了艺文学堂的空校舍，随后上海发生了四一二反革命政变，温州亦处于白色恐怖的统治之下，温州当局派军警包围了艺文校舍，谷旸也因掩护进步学生受到了猜疑，被迫辞任离去。7月，永嘉县政府批文责令瓯海公学归还校产。

批方廷良请愿书一件，为瓯海公学借住艺文学校案，请令县警勒令

---

① 胡珠生：《从艺文中学到瓯海公学》，《鹿城文史资料》第三辑，温州鹿城政协文史委员会编印，1988年，第784页。
② 《杭州快信》，《申报》1925年6月11日，第4版。
③ 《瓯海公学概况》，1926年，温州市图书馆藏，第13—14页。
④ 《瓯海公学概况》，1926年，温州市图书馆藏，第13—14页。
⑤ 胡珠生：《从艺文中学到瓯海公学》，《鹿城文史资料》第三辑，温州鹿城政协文史委员会编印，1988年，第784—785页。

迁移归管由。书悉。仰据情令催永嘉县长暨温州警察局长查禁可也。此批。七月十二日。①

1928年,原艺文学堂的校长蔡博敏回到了温州,谷旸也重回温州。蔡博敏向政府要求索讨归还艺文学堂的校舍,国民政府亦批文责令归还。

> 批:中华民国国民政府批:第二六九号(中华民国十七年四月十日):呈为据温州交涉员呈称,瓯海公学等校借用艺文两校校址及蔡校长私宅一案已饬县局转饬迁让惟该项房屋应否,发还请核示衹遵由……②

温州地方政府对此本未采取积极行动,但南京与杭州下达严令,瓯海公学的师生只得被迫回到九山。

1929年教育部颁《私立学校规程》,省教育厅依照此《规程》,整顿教会学校,规定教会学校必须交由有中国籍人自办,方予立案。艺文学堂重新开始招生,并遵照法规组成了华籍董事会,并任命了一名中国籍校长杨联芳,前任校长蔡博敏担任顾问职务,并改名私立瓯海艺文初级中学,以答应废除举行宗教仪式的制度为条件,向省教育厅申报立案,于1929年重新开放。但由于经费问题,艺文中学于1930年再次停办,至此告终。在《浙江教育行政周刊》上亦有记载:

> (中华民国十九年二月十日)浙江省教育厅指令教字第八五三号,令私立温州艺文中学,据呈该校基金无着,暂行停办,应予照准由……并请将各级学生,准予转入他校插班肄业……③

而瓯海公学历经种种,在艰难中立学,在风波中坚持办学,逐步发展成为温州地区的主要中学之一,为国家与社会培养了众多的学者与人才。

通过对中方视角下的文献进行研读和分析,不难发现中方人物在论述此事时更侧重于以下几点:第一,带有鲜明的反帝色彩,大量的文献对于英人和传教士持一种较为激进的反抗情绪,且对于艺文学堂存在过度的"否定"和"批

---

① 胡珠生:《从艺文中学到瓯海公学》,《鹿城文史资料》第三辑,温州鹿城政协文史委员会编印,1988年,第784—785页。
② 《国民政府公报(南京1927)》1928年第48期,第12页。
③ 《浙江教育行政周刊》1930年第24期,第10页。

判",尤其是瓯海公学的学生们,他们所留下的一些文章运用了相当的笔墨来记述这种强烈的情感。1926年,在瓯海公学建校一周年之际,瓯海公学的学生们曾出过两次纪念特刊,即《五卅特刊》和《六八特刊》,在这两次特刊之中存在一些文章记述了圣道公会传教士与艺文学堂的"暴行",如《忠告艺文诸同学》所述:"组织瓯公,不受奴隶之教育,自谋文化之发展,此吾国学界未有之光荣也……且校长专制异常,学生略有小过,即以拳足相加,昔美人之于黑奴,不是过也……其课程偏重英文,崇拜圣经,而吾国固有之学术反唾弃而不顾……"[1],再如卓鸣銮所写的《"六八"纪念》一文中所提:"不忍受艺文校长英国人的侮辱,和那班番狗即拍洋马匹的教员的唾骂……"[2]等,但在20世纪初的温州,艺文学堂的创立无疑为温州教育注入了新鲜的血液,且自艺文学堂创立至停办的二十余年间,其为温州地方培养了包括烈士李得钊、中国心理学会创办人刘廷芳等在内的多名优秀学子。第二,抒发强烈而直接的爱国主张,纵览中方大量的文献记述,往往都比较直接地表现出了其激烈的爱国主义情感,如《瓯海公学概况》记载:"艺文学校学生以爱国大义中途辍学,尤不可不为之设法俾卒所业"[3],便直接点明了艺文学校学生的"爱国大义",在《忠告艺文诸同学》一文中也有相关的记述:"吾辈愤强邻之压迫,痛祖国之陵夷,遂于六月八日全体签字,脱离艺校。"[4]第三,中方文献记述侧重在前半段的学潮,对于后半段的占校基本都是一笔带过,即便是谈及,也有将其合理化的倾向,中方文献往往将这一行为称为"借用"或"借校上课",这与西方视角下的文献具有明显的差异。因此,笔者在下文将以西方文献为基础,从另一视角来整理、分析两校之间的冲突过程,以求更加客观地还原历史真相。

二、西方视角下的学潮与争产

1919年北京爆发五四运动之后,全国各地包括温州地区的学生纷纷响应,人们的反帝情绪日益高涨。1925年,包括艺文学堂在内的温州多校学生

---

[1] 胡珠生:《从艺文中学到瓯海公学》,《鹿城文史资料》第三辑,温州鹿城政协文史委员会编印,1988年,第784—785页。
[2] 胡珠生:《从艺文中学到瓯海公学》,《鹿城文史资料》第三辑,温州鹿城政协文史委员会编印,1988年,第784—785页。
[3] 《瓯海公学概况》,温州市图书馆藏,1926年,第13—14页。
[4] 胡珠生:《从艺文中学到瓯海公学》,《鹿城文史资料》第三辑,温州鹿城政协文史委员会编印,1988年,第784—785页。

成立救国联合会,学生和一些商人、社会人士召开数次大会,进行爱国讲演,坚持主张抵制日本并废除"二十一条"。此后,温州学生会组织了搜查队,对来往温州的船只以及海关进行强制性的检验,尤其是对于出入境旅客的行李。学生们的这种搜查行为很快便影响到了海关的正常工作,海关写信给温州的外事交涉员以求解决方案,交涉员将此事上报给道尹,道尹便向温州几所学校的校长下发公文,要求学校的学生避开海关与其他海事部门。学生代表们很快找到了艺文学堂的校长抗议,但校长对于学生们的做法持反对意见,他认为1915年的条约(即"二十一条")在事实上是有存在依据的,学生们这种阻碍对日贸易的行为实际上违反了相关条约,因此校方也不会采取行动来保护这批学生,同时他还指出,学生们应该将斗争的矛头由日本转向无能的官员。[①] 并且,校长规定18岁以下的学生不能加入搜查队,住校的学生也不得参加任何夜间会议,或参加任何进行夜间抵制活动的组织,违反规定的学生将被开除。尽管如此,对日本的抵制运动仍未停息,温州学生们仍积极参与抵制日本的斗争中。校长蔡博敏在每日早上的例会都亲自发言,站在基督教的立场来宣讲如何处理当前的问题,蔡博敏的演讲主题有:"对日本的抵制及其错误""抵制中止""日本地震及其国内乱象""国际关系""错误的倡导",等等。[②] 可见艺文校长蔡博敏的立场是旗帜鲜明地反对学生运动的,但从西方视角我们也可以看到一些中方史料不曾提及的细节,如禁止学生参加搜查队原本是来自瓯海道尹的命令,教会学校也只是遵守政府命令,以及搜查旅客行李也有学生运动过火的可议之处。

1926年11月15日至11月29日,福建督军因受到北伐军的追逼退往温州,使得温州人心大乱。1927年2月12日,国民革命军入城。2月17日,北伐军到杭州,浙江全省光复。据《北华捷报》报道,革命军的到来使得温州人民的反帝情绪高涨:

> 无数的旗帜欢迎国民革命军第十七军入城,他们随后通过水陆依次抵达。鼓动者与宣传者马上带着大量印刷品开始照例宣传。每一堵空墙、每一份电报都充斥着他们肆无忌惮的言论以及充满煽动性的鼓

[①] "Determined Boycott at Wenchow: Students out in Force to Examine," *The North-China Herald and Supreme Court & Consular Gazette*, May 5, 1923, p.305.

[②] "Wenchow Awakes: Summer Lethargy Over: Typhoons, Student Enthusiasm and Arophets of Woe," *The North-China Herald and Supreme Court & Consular Gazette*, Sep 29, 1923, p.903.

动。在大街上,令人厌恶的海报随处可见,群众集会和街头的演讲变得更加排外和反基督教。①

在这样严峻的情形之下,大部分圣道公会的传教士都逃离了温州,艺文学堂的师生们也撤离了学校,学校也因此暂停办学。瓯海公学也是在此期间占用原艺文学堂校舍。

不过形势很快又发生了转变,在四一二反革命政变之后,温州政府开始"清共",力图清除左派分子和共产党人。1927年5月底,温州当局派军警包围了艺文学堂,100多名士兵收到命令,以铲除共产主义活动为目的,秘密突袭了由瓯海公学师生借用上课的艺文学堂,瓯海公学的几名教师和学生被捕,经过调查之后一名学生被处决,瓯海公学的校长谷寅侯也因掩护进步学生为政府当局所猜忌,被迫辞职,瓯海公学自此暂停办学,但又在几个月后恢复,并且继续在艺文学堂借校上课。在对这件事的叙述中,《北华捷报》的记者亦对瓯海公学"借校上课"一事作了相关评价:

> 值得注意的是,在某些情况下,占领教会学校和教堂并不像某些民族主义者所预期的那样"光荣"。②

> 然而圣道公会下属艺文学堂的校舍依旧被另外一所竞争性学校占据,理由是如果他们不占校舍,其他学校也会占据……尽管如此,学校大楼和校长住所仍被这群人占领着,事实上校长住所已经被这群所谓的教育家们洗劫了。③

1928年,艺文学堂的校长蔡博敏重返温州,然而艺文学堂的校产依然被瓯海公学的师生所占据,圣道公会由此向国民政府要求,督促瓯海公学的师生归还他们的校产,但并未成功。据《北华捷报》报道,瓯海公学的师生具有较明显的通共嫌疑,他们在温州地方政府官员的纵容之下,不顾南京政府的严令与圣道公会

---

① "News From The Outports: North and South at Wenchow," *The North-China Herald and Supreme Court & Consular Gazette*, March 19, 1927, p.452.

② "Raid on Communists at Wenchow," *The North-China Herald and Supreme Court & Consular Gazette*, June 11, 1927, p.463.

③ "In Wenchow After Seven Months: No Anti-foreign Bitterness, Thanks to Evacuation of Port," *The North-China Herald and Supreme Court & Consular Gazette*, October 1, 1927, p.12.

的要求,仍然强占着艺文学堂的校产,且温州的地方政府对于此事也保持着顽固的态度,阻挠校产的归还。在受到进一步的强压之后,永嘉知事给圣道公会发来了请求,希望教会允许瓯海公学的师生继续使用艺文学堂的校产至10月份,他们新租的楼房还需要两个月的时间来开展维修改建工程。但教会方面调查发现,这是瓯海公学的师生为了继续占据艺文学堂的校产,编造的一个借口,以此为由继续非法占据艺文学堂的校产,而所谓的瓯海公学所租房屋只是幌子而已。①

在南京与杭州方面的压力之下,1929年1月,艺文学堂的校产终于物归原主,且根据《北华捷报》的记者记述,瓯海公学的师生在离开学校之前,将艺文学堂的校产和校长蔡博敏的住所洗劫一空,将房间内的家具和配件皆搬走,还包括校长住所内的大量财产,除此之外,学生们还恶意破坏了学堂的设施与环境,"……据保守估计,总损失高达1万银元,这些损失目前还无人赔偿。"②在收回校产与房产之后,艺文学堂立即开始对校产进行维修,并赶造新的家具,以迎接秋季的开学,但仍因此受限而不得不减少了招生的数量。1929年9月4日,艺文学堂重新开放,此时学校还未注册立案,但已经按照法规③遵照办理,任命了一位中国籍的校长,前任校长蔡博敏担任学校的顾问,并组成了华籍董事会。原来所有的建筑都进行了翻修,并更新了新的设施与用具。对于瓯海公学师生造成的损失费用,温州政府已经命其赔偿,但在西方记者的记载中,瓯海公学的师生并未赔偿这些费用。④

1929年8月,为了进一步规范政府对私立学校的管理,国民政府教育部颁布了《私立学校规程》,在这一规程中,有多条内容涉及了对教会学校的管理,规程总结了以往的相关法规,并将其进一步修改、完善,主要包括:

---

① "Wenchow Scoffs at Authority: Mission Premises Which Magistrate Refuses to Allow Missionaries to Use; Home of A Communist School," *The North-China Herald and Supreme Court & Consular Gazette*, September 15, 1928, p. 446.

② "Mission Property at Wenchow: Returned to Owners After Clean Looting Throughout," *The North-China Herald and Supreme Court & Consular Gazette*, April 20, 1929, p. 97.

③ 1925年,北洋政府发布《外人捐资设立学校请求认可办法》,要求教会学校的校长在无必要情况下须为中国人,对于校董会的构成,要求中国人占半数以上,但未要求董事长的国籍。此后南京国民政府延续此法,并进一步加强了相关规定,要求校长必须是中国人,董事会的主席也不能由外籍人士担任,且明确提出教会学校要受教育机构的监督及指导。

④ "Mission Property at Wenchow: Returned to Owners After Clean Looting Throughout," *The North-China Herald and Supreme Court & Consular Gazette*, April 20, 1929, p. 97.

第一章：

第一条 凡私人或私法人设立之学校,为私立学校,外国以及宗教团体设立之学校均属之。

第二条 私立学校须经主管教育行政机关之许可,乃得设立,其变更及停办,亦须经专管教育行政机关之许可……

第三条 私立学校须经教育行政机关立案,受教育行政机关之监督及指导,其组织课程及其他一切事项,均须遵照现行教育法令办理。

第四条 私立学校如系外国人所设立,其校长或院长须以中国人充任。

第五条 私立学校如系宗教团体所设立,不得以宗教科目为必修课,亦不可在课内作宗教宣传,学校内如有宗教仪式,不得强迫或劝诱学生参加,在小学不得举行宗教仪式。

第二章：

第十二条 学校行政,由校董会选任校长或院长完全负责。主管教育行政机关如认为校董会所选任校长或院长为不称职时,亦得令校董会另选之。另选任不称职或校董会发生纠纷以致停顿时,得由主管教育行政机关,暂行另选。

第十九条 有特别情形者,得以外国人充任校董,但名额最多不得过三分之一,其董事长或校董会主席须由中国人充任。[1]

《私立学校规程》在之前关于私立学校的规定[2]的基础之上,强调持中国国籍的人士应拥有学校的行政权和管理权,并削弱了教会势力对学校的影响,此外,这一规程还指出,由宗教团体设立的学校不能将宗教科定为必修课,也不允许在学校内进行宗教宣传,并且使用了"劝诱""强迫"的字眼来强调禁止教会学校以任何的形式进行宗教性教育,具有民族主义的色彩。除此之外,国民政府为了加强对于教会学校中宗教宣传的管理,于1930年2月颁布了一则训令[3],训令

---

[1] 《部定私立学校规程》,《教育部公报》1929年第9期,第120—132页。

[2] 1927年12月,国民政府颁布了《私立大学及学校立案条例》和《私立中等学校及小学立案条例》,1928年1月,国民政府颁布了《私立学校条例》和《私立学校校董会条例》。

[3] 彭福英:《南京国民政府的教会学校政策与中国天主教会的回应》,《中央社会主义学院学报》2020年第5期,第195—201页。

要求,关于各教会学校中的宗教教育,各教育厅应该对此展开核查并对其加以管理。在法规、法令的强压之下,艺文学堂逐步丧失了传教的功能,也正是由此,艺文学堂不得不宣告关停。在《北华捷报》中亦报道了此事,1930年初,由于政府颁布的"实验性的新政策",即关于教会学校的法规,校长蔡博敏认为艺文学堂已经无法充分发挥其功能以达到其教育目的,艺文学堂不得不被迫关闭。西方记者在报道中亦对此事表示了惋惜:"……对于他(蔡博敏)所遭遇到的挫折,我们的小社区都感到难受……这里的许多中国人,他以前的学生以及许多其他人都对此感到遗憾。"[1]

通过对西方史料进行研读,可以发现西方视角下的文献对于这一事件的记述则主要侧重于以下几个点:第一,叙事的重点是放在瓯海公学对艺文校产的非法侵占与破坏上,竭力将瓯海师生塑造成"暴民"形象,无视瓯海师生反帝爱国运动的正义性。第二,在对此事件产生原因的认识上,西方叙事明显具有前后变化,大概在四一二反革命政变之前,西方主要将原因归结于中国的"排外主义与民族主义",而在四一二反革命政变之后,西方主要将此事件与"共产党人煽动"或"共产党人阴谋"相联结,试图将瓯海公学塑造成共产党人的阴谋据点。称瓯海公学为"共党分子的温床"[2],瓯海公学的师生是"(国家)公敌"。[3] 艺文学堂在意识形态上主动与南京方面靠拢,并停止了对民族主义的批评。1929年在南京的帮助下,艺文学堂终于夺回校产,而在1930年南京国民政府颁布去宗教化的新教育政策后,艺文学堂又主动停止办学。可见艺文学堂的真实立场其实是传教,一旦此立场遭到破坏,艺文学堂不会进行任何妥协,而这种宗教主义的最高立场在西方叙事中往往是隐性的,而其显性的反民族主义或反共产主义都是为传教服务的策略性话语。从这一点来看,艺文学堂在温州活动的本质,即便不能说是文化侵略,也可以算作一种文化扩张。中方论述虽然激烈,但确是其真实诉求的表达。

---

[1] "Law Lessness at Wenchow: Kidnappers and Robbers: Methodist College Closed," *The North-China Herald and Supreme Court & Gazette*, Mar 11, 1930, p. 385.

[2] "Wenchow Scoffs at Authority: Mission Premises Which Magistrate Refuses to Allow Missionaries to Use: Home of A Communist School," *The North-China Herald and Supreme Court & Consular Gazette*, September 15, 1928, p. 446.

[3] "Wenchow College Given Back After Two Years: Everything of Worth Stolen," *The North-China Herald and Supreme Court & Consular Gazette*, January 19, 1929, p. 100.

三、双方立场差异的原因

上文两章分别以不同视角的文献为基础,将艺文学堂与瓯海公学的争产事件以不同的视角分别进行了论说,并分析了不同视角下文献的侧重点,将其进行对比,可以发现在对同一事件的记述中,中方与西方材料的侧重点截然不同。

造成这种差异的根本原因是双方截然对立的立场。首先,中西方在文化上存在冲突,艺文学堂作为基督教的教会学校,其办学的根本目的便是"传教",即一种外来文化的渗透。伴随着教会学校而来的,是基督教的宗教传统与西方的文化习俗、意识形态,这与中国传统文化和习俗自然而然会产生相斥的反应,进而产生文化上的摩擦与碰撞。尽管像艺文学堂这般的教会学校会采取各种方式来弱化这种文化冲突,例如免费或低收费入学、提供新式教育、"本土化"等,但两种不同文化之间的差异却并非是能够在短时间内相容的,如艺文学堂的学生们对强制性的宗教教育和教学中重英文轻国学的情况深恶痛绝。在民族主义情感的驱使之下,习惯了本族文化传统的人们本能地对这种外来文化的渗透持抵触之情。而且当时的中国正处于半殖民地半封建社会时期,人们的民族主义情绪受到时代大背景的催化,使得两种文化之间的冲突更加尖锐,这种立场上的冲突加剧,使得中方史料的文字中充斥着强烈的反帝爱国主义情感,尤其是瓯海公学的学生的文章中,直接地表明了他们坚决的反帝立场。

其次,中方与西方在政治立场也存在分歧,在上文中已经提到,以《北华捷报》为代表,西方报道的文字中表明了他们对于中国共产党的抵制态度,这背后的原因便是中西方在政治立场的对立。对瓯海公学的师生来说,中国共产党与他们有着相同的反帝爱国主张,且瓯海公学之中确有学生后来成为共产党的成员,因而瓯海公学与中国共产党的关系是较为密切的,在政治立场上"亲共"。而就圣道公会和艺文学堂而言,值得一提的是这一时期教会与中央政府之间的关系,在艺文学堂建校之初的前几年,正是清朝末年至北洋政府统治时期,由于这期间统治者往往倚靠欧美列强的支持,教会在中国享有相当的特权,受到政府的优待,虽然也受一定的控制,但控制效果并不到位。在国民大革命至国民政府统治期间,随着人民民族主义情绪的不断发酵,再加上新文化运动、马克思主义思想传播的影响,国内兴起了收回教育权运动和非基督教运动,国民政府也就教会学校的管理问题出台了一系列的法规以加强对教会学校的管理,教会学校由此受到了巨大的冲击,然而由于国民政府也一直在争取欧美列强的支持,在政府与教会之间仍保持着一种"亲密"的关系,对艺文学堂来说,为了继续办学以达传教的目的,其要与国民政府之间继续保持这样的关系,因此在政治立场上呈现了鲜明的"反共"主张。

在结合双方立场的基础之上,再次对两校争产事件进行深入的分析,可以发现在这一争产风波的过程中,圣道公会的立场有一个微妙的变化,在争产事件过程中,他们逐渐转变了攻击的矛头。在南京国民政府成立之前,西方记者在报道中的说辞往往是以"排外主义"为核心,而在国民政府成立之后,记者在报纸中逐渐将其攻击的矛头开始引向"共产主义的阴谋",例如,将温州人民排外情绪的助长归咎于共党分子充满煽动性的宣传[1],对"布尔什维克分子的策略"展开猜想[2],将瓯海公学师生的"夺产"行为与共产党相互联系[3]。这是一种由"反排外"向"反共"的转变,而这一转变背后的原因在上文也已提到,即圣道公会和艺文学堂希望将这与国民政府相同的"反共"立场作为他们双方合作的基础,从而确保其真正的最终目的——"传教"能够得以继续延续,然而通过对西方报纸文章的整理和分析,可以发现圣道公会的根本立场——"传教",或者说是一种文化乃至文明的扩张,却从未见于文字,它是隐藏于教会层层叠叠的外显立场之下的最为内核的真正的立场。由此,我们可以总结出西方传教士在这一事件中呈现的立场具有以下几个特点:第一,具备有策略性的转换,即为了自己的真正目的,由"反排外"向"反共"转变;第二,隐藏真正的立场,对于传教士而言,他们真正的立场是"传教",但对于这一立场,传教士与西方记者却并非将其表露在文字之中。与此相对的,中方瓯海公学师生的立场则具有激烈而真实的特点,反帝与爱国是他们最为直接且真实的诉求,这种立场在中方的文章中被展现得淋漓尽致。

除此之外,值得注意的是,南京中央政府与温州地方政府两方的立场也存在一定程度的对立。前文已经提到过,在两校争产事件的过程中,南京中央政府和杭州政府都向温州地方下了严令,要求温州地方政府协助圣道公会收回艺文学堂的校产,但据西方报道,温州地方的政府对此持一种抵制的态度:

---

[1] "News from the Outports: North and South at Wenchow," *The North-China Herald and Supreme Court & Consular Gazette*, March 19, 1927, p.452.

[2] "Clearing Wenchow of Communists," *The North-China Herald and Supreme Court & Consular Gazette*, April 23, 1927, p.159.

[3] "Wenchow Scoffs at Authority: Mission Premises Which Magistrate Refuses to Allow Missionaries to Use: Home of A Communist School," *The North-China Herald and Supreme Court & Consular Gazette*, September 15, 1928, p.446.

>……南京和杭州下达严令,但永嘉知事拒绝协助归还……由于县知事的阻挠与国民党当局的无能,相关命令无法被执行……所有的地方官员仅有一人愿意执行政府命令,但当地知事却采取阻挠态度……①

产生这种现象的原因,便是南京中央政府与温州地方政府之间存在立场上的对立。对南京国民政府来说,他们的首要目的是"反共"以维护自己的统治,上文已提及;教会方面为了寻求中央政府的支持,亦表现出了"反共"的态度,且瓯海公学师生确实与共产党之间存在一定的联系,因而南京政府在争产事件中选择帮助教会收回校产。而对于温州地方政府来说,在民族主义情绪不断高涨的社会氛围之下,当地人民大众的"反帝""排外"呼声过高,且这种"排外"心态也已经成为一种长时间的习惯,难以一时扭转,因此在对于争产事件的处理中,温州地方的处理便向"排外"这一目的偏移,而非与中央政府一致的"反共"。

综上所述,中方与西方在对两校争产事件的记述中,各有不同的侧重点,造成这种差异的原因是双方在立场上的对立,这种对立主要表现在两个方面,一是文化上的冲突,二是政治上的对立。而且对于双方立场的特点进行进一步的深究,则可以发现,西方传教士的立场具有两个特点,他们在争产的过程中将攻击的矛头由"反排外"转向"反共",并且隐藏了自己真正的立场——"传教",而中方的立场虽激烈而直接,但确是其真正的诉求。

结 语

艺文学堂与瓯海公学之间的这场争产风波,实质上是两个势力、两种立场之间的交锋,然而过去以往对于此事的研究往往只着重于某一个单一的视角,而忽略另一方,因而本文以中方和西方各自的文献为基础,分别在不同的视角下论说这一事件的来龙去脉,相互结合分析,从而更加全面、客观地还原事件事实。在分析的基础之上提炼各方文献的特点,在比较的过程中剖析双方论述差异产生的原因。

本文第一章先以中方的视角着笔,立于中方立场之下,将这一争产事件进行

---

① "Wenchow Scoffs at Authority: Mission Premises Which Magistrate Refuses to Allow Missionaries to Use; Home of A Communist School," *The North-China Herald and Supreme Court & Consular Gazette*, September 15, 1928, p.446.

梳理，并提炼出中方文献的主要侧重点：鲜明的反帝色彩、强烈而直接的反帝爱国主张，并指出中方的文献极少提及瓯海公学的"争产"行为，并存在将其合理化的倾向，与西方文献存在明显差异，因而引出下文。以《北华捷报》为主要研究文献，本文的第二章以西方传教士的视角来梳理这一事件，在这一基础上提炼出西方文献的侧重点在于控诉瓯海公学对艺文学堂校产的非法侵占与破坏，同时西方文献对于事件背后原因的分析亦存在一种微妙的转变。由此可见，尽管是对同一事件的记述，中方与西方材料的侧重点截然不同，而造成这一差异的根本原因是双方截然对立的立场：一是中、西方在文化上的冲突，在当时的社会氛围之下，两种不同文化上的抵触与矛盾更加剧烈，两方的矛盾因此进一步计划；二是中、西方在政治立场上的分歧，这种分歧体现在对共产党的态度上即"亲共"与"反共"，在政治利益的影响下，西方传教士为寻求国民政府的支持，坚定"反共"为两者合作的基础。此外，第三章对双方立场做了进一步的分析，能够发现在这一事件中，西方传教士的立场具有两个鲜明的特点：第一，其具有一种有策略性的转换，即由"反排外"向"反共"的转变；第二，其隐藏了自己真正的立场——"传教"，与之相对的，中方文献的立场则具有激烈而真实的特点。

由于笔者的知识水平与能力有限，本文虽得出了一定的研究结论，将两校的争产事件进行了双视角的论说与整理，并分析探讨了双方文献差异背后的深层原因，但仍存在不足之处，例如对于不同视角下文献的差异还可往更深一层进行探索，如文化的"扩张"、文明之间的挑战等。

（陈忆文，浙江省温州市私立第一实验学校教师）

土地革命时期中国共产党在浙南地区的革命动员研究[①]

张天磊 梁 越

摘 要：初创时期的中共浙南党组织，虽然规模不大但质量很好，已经初步意识到动员群众的重要性。土地革命时期随着蒋介石发动反革命政变，浙南特殊的地域环境让党不得不转入地下活动，在坚持同反动势力进行斗争的同时对于争取群众、发动群众的想法更加成熟，理念更加完善，逐渐形成了以深入群众并坚持群众主体地位、倡导革命精神和武装斗争以及在政治宣传上注重公开和隐蔽相结合为特点的动员机制，既提升了基层民众的思想觉悟，也加强了党的领导能力，推动了党群之间的双向互动。

关键词：中国共产党；浙南；革命动员；地方社会

伟大的毛主席曾经指出："因为革命战争是群众的战争，只有动员群众才能进行战争，只有依靠群众才能进行战争。"[②]在中国近代的革命史上，革命动员发挥了重要的作用，它通过组织、宣传、教育等手段，动员广大群众参加革命斗争，提高了他们的觉悟和组织能力，增强了他们的斗争意志和信心，从而推动了革命事业的发展，如辛亥革命、五四运动等，但在以往动员的过程中往往都存在一个共同缺陷：缺少一个总揽全局的领导核心。随着中国共产党的成立，这一现状开始得到改变，党的成立让革命斗争从此有了坚强的领导核心和科学的理论指导。浙南地处东南沿海，有着特殊的区位优势，在近代抵抗外来侵略的过程中逐渐形成了一股反帝反封建的革命思潮。可以说，革命的火种早已在浙南人民的心中播撒萌芽。1924 年，谢文锦回温创立了中共温州独立支部（简称"温独支"），让浙南地区的革命斗争从此有了领导核心。从党的创立到全面抗战这一时期探究中共如何在位于国民党心腹地区的浙南发展，如何进行革命动员，是研究地方党

[①] 本文获 2023 年温州大学硕士研究生创新基金资助，项目名称"土地革命时期中国共产党在浙南地区的革命动员研究"（3162023003008）。
[②] 《关心群众生活，注意工作方法》，《毛泽东选集》（第一卷），北京：人民出版社，1991 年，第 136 页。

史,突出地方特色所必须把握的内容,也可为新时代人们了解学习党史、促进对地方党史的认同感和归属感提供有益借鉴。

一、中共在浙南开展革命动员的时代背景

温州于1876年开埠,是中国较早对外开放的沿海城市之一。西学东渐对于温州的经济、政治、文化等都产生了深远影响,广大基层民智得到一定启发,反帝反侵略以及爱国主义思想迅速在民间传播,随着五四运动时期马列主义思想的进一步传播以及工人运动的发展,中共温州独立支部及其地方党组织应运而生。

(一)"温独支"及其地方党组织的成立概况

1924年,从苏联东方大学毕业的谢文锦回国后便开始着手中共在地方的发展工作。出于爱国和思乡之情,在9月中下旬,他同胡公冕一起回到家乡温州开展革命斗争以及党的创建工作。"谢文锦到温州播撒革命的种子,很快就在这片土地上生根发芽。"[①]经过长期观察与认真思考,他于12月致信郑恻尘、胡识因夫妇加入中国共产党,并要求在温州"建立组织,发展同志";在作出建党指示的同时,谢文锦先后介绍了戴宝椿、何志泽、金贯真、陈济民、金弘谛、李德昭、金守中、谢雪轩8人加入中国社会主义青年团,为党的发展和壮大提供了有生的青年力量。

建党初期中共"温独支"的规模还是比较小的,党员数量也较少,发展很不充分。根据当时中共上海区委的记录,截止到1925年10月,温州独立支部的党员数量仅有12人,且大都为本地户籍,如林平海、庄琴秋、胡惠民等人。1926年春,"温独支"派遣林去病、钱国恩、林赞萱三人前往乐清组织开展建党和迎接北伐军等事项,经过三个月的努力,他们在地团长春楼召开党的临时组织会议后决议成立中共乐清支部,并"先后吸收施汝谦、蔡洪笙、周醒迷等人入党"。[②] 中共乐清支部的成立是除"温独支"外温州下属市县所成立的第一个支部,它对于解放人民思想、发动群众和组织斗争等意义重大。这一时期在温求学或工作的瑞

---

① 胡卓然:《雨花台烈士传丛书:谢文锦传》,南京:江苏人民出版社,2016年,第119页。
② 中共乐清市委党史研究室:《中国共产党乐清历史:第一卷(1926—1949)》,北京:中共党史出版社,2011年,第7页。

安籍进步青年林去病、蔡雄、雷高升、叶子午等因不满现实社会的黑暗和受到马列主义思想影响,想要入党的想法格外强烈。1926年秋,党组织派遣林去病、叶子午回到瑞安创建党团组织,他们以民社作为据点,发展了一批青年入党,并于11月正式成立中共瑞安小组。"这是瑞安最早建立的共产党组织,归'温独支'领导。"①除了瑞安城区,叶子午等人还先后成立了莘塍党支部、肇平垟党支部和仙降党支部,既扩大了党的规模,也提升了党的影响力,标志着以马列主义为科学理论指导的中共在瑞安站稳了脚跟,中共瑞安小组也因此上升为中共瑞安特别支部,归"温独支"领导。"至1926年底,'温独支'党员和共青团员人数已达50多人,有工人、农民、知识分子、学生,分布于永嘉、瑞安、平阳、乐清、泰顺等县。"②

(二)党的人员构成及其发展机制

浙南虽小,但文风昌盛,人才济济,民众思想基础较好,近代以来面对国内西学东渐和军阀混战的时代背景,浙南人民用自己的勇敢实践逐渐认清了帝国主义侵略者奴役残害中国人民的罪恶本质,这些都为中共在浙南发展党组织提供了良好的社会和思想基础。但同时也要看到,浙南人多地少,资源匮乏,交通闭塞,从根本上说还是一个传统的耕读社会,工业基础极其薄弱,革命条件较为艰苦,这些都是中共浙南党组织发展所要面临的严峻挑战。

首先发展党员的是本地户籍人口,他们或是外出回乡的,或是长期居住本地的,这些人构成了中共浙南党组织的基本力量,是维系地方人脉、发展地方党员的重要资源。这并不能算当时新党员的入党途径,但却是初期中共党员在浙南地区的主要来源。作为创建"温独支"的重要领袖,谢文锦和胡公冕都是从外地回乡开展工作的温州永嘉籍党员,此外还有文成的周定、郑敬衡等人,他们都是在外地入党后回到自己的家乡发动群众开展建党等相关事项。周定在1926年秋回到家乡青田后,便一边宣传革命教育,一边发动群众入党,先后介绍了长工周福图和雅梅新楼乌坑桥头的张祖良等人入党。郑敬衡于1927年4月从杭州回温开展农运和党务工作,在永嘉菇溪、瑞安等地开展宣传教育,并在瑞安发展了

---

① 中共瑞安市委党史研究室:《中共瑞安党史(第一卷)(1919—1949)》,北京:中共党史出版社,2009年,第25页。

② 上海市新四军历史研究会浙东浙南分会:《历史岁月回首》,上海:上海人民出版社,2016年,第12页。

陈建华、陈阿法等3名党员,成立了党小组。随着时间的推移,本地入党的党员数量逐渐超越了从外地回乡的浙南籍党员,例如"温独支"的第一书记胡适因和丈夫郑恻尘,以及后来入党的林平海、庄竞秋、胡惠民等人,都是土生土长的本地人,他们对于浙南的风土人情相较后者而言更为熟悉,也更有利于他们开展相应工作。

其次,农民、青年学生和教员是中共浙南党组织发展党员的重点对象,也是其主要成分。在初期"温独支"5名成员①的职业构成中,教员便占据了3个,其余2个分别为商人和学生。胡适因当时是温州新民小学的负责人兼任女子师范学校教师,郑恻尘是温州中一花席公司的总技师,以他们当时在温州地方的名望和地位便于发展党员。同时中共也观察到温州是一个适合农民运动的重要区域,广大乡村贫苦农民生活在水深火热之中,可通过成立农民协会的方式引导他们走上革命斗争的道路并从中吸收先进分子入党。在乐清,中共以开办夜校的方式吸收了近50名贫苦盐农前来学习,并在其中吸纳积极分子入党。同样,思想先进、具有蓬勃朝气的青年学生也是中共争取的重点对象。在温州城区当时有近两千名学生,这是一个厚积薄发、拥有无限潜力的进步团体,中共寄希望于通过成立"温州青年协进会",吸收其中有觉悟的先进分子入党,也取得了一定的成效。

最后就是通过同乡、同族之间的亲友关系介绍入党。浙南是一个宗法观念较为浓厚的地区,同乡、同族、同行之间的关系等级明确且民风豪爽,具有一定的偶像崇拜观念,这也给中共在该地区发展党员提供了一定契机,后来成立的红十三军中的政委金贯真、团长雷高升等都是通过谢文锦的介绍先入团后入党,成为出色的红军战士。此外,后来牺牲的中共平阳县委书记吴信直也是通过其好友陈步全介绍与"温独支"取得联系并最终光荣入党,红十三军主力大队长杨德芝烈士生前也是通过其好友金缄三介绍于1928年8月加入了中国共产党。虽然其中的很多党员为了革命胜利付出了宝贵的生命,但他们为了人民而无畏牺牲、浴血奋斗的革命精神却永远保存了下来,照耀着后人继续前行。这一时期"同志数量上虽然很少,但其质量上很好,可以说每个同志都是艰苦奋斗的"②。

---

① 五名成员分别为胡适因、郑恻尘、林平海、庄琴秋、胡惠民。
② 中共温州市委党史研究室:《温州独立工作报告——关于社会情形及党内外的工作情形》(1926年9月),《浙南革命历史文件汇编·一、二战时期》,北京:中共党史出版社,2006年,第43页。

(三)反国民党右倾斗争和迎接北伐军入境

1925年孙中山逝世后,国民党内部迅速分化为左右两派,右派即所谓的西山会议派,他们企图分裂国共两党,在温州以沈定一、王超凡等为代表的反动派开始采取一系列措施打压共产党。为了进行有效应对,郑侧尘等中共党员除了在群众中加大宣传"三大政策"外,还在县党部召开的紧急会议上,揭露并批判国民党右派的这一阴谋。思想教育往往比军事斗争更能深入人心,中共浙南党组织也是因势利导,牢牢抓住舆论宣传的主动权,先后创办了《前锋》刊物和主编国民党左派刊物《新永嘉周刊》,贯彻党的理念,让广大人民看清国民党右派的反动本质。1926年3月,共青团温州支部准备举办孙中山逝世周年纪念会,王超凡等右派知悉后也召开筹备会,但因出席者甚少,遂无欢而散。在后来的纪念大会上,西山派企图从中阻挠但因在场群众声势浩大而无计可施。"最可笑者,游行沿途口号肃清反动派西山派竟不敢喊。"[①]这一时期"温独支"反国民党右倾的工作取得了一定的成绩,也得到了上级党组织的肯定。1926年7月15日,中共上海区委在报告中指出:"国民党的工作算杭州干得最为糊涂,温州、宁波、南京较好。"[②]

早在1926年5月所举办的纪念五卅惨案一周年大会上,温州各界民众就提出了请求广东国民政府早日北伐等8则通电。6月,"温独支"又以温州学联会的名义致电请求国民政府北伐。到了10月,为做好迎接北伐军的准备工作,"由国民党、学联会等召集的温州市民拥护北伐大会筹备会在自立会举行,到会者约五十团体,代表一百余人,旁听者亦不少,选出干事会筹备,并当场由各团体认捐经费共计约五六百元,空气很好"[③]。1927年1月,北伐军的先头部队江董琴部队由福建抵达瑞安,建立了国民县政府。2月,在中共瑞安支部的倡导下,国民党瑞安临时党委先后组织安排1000余名农民建成运输队,由中共党员林允明、洪炽昌带领前往福鼎为北伐军运输粮草军械。2月8日,北伐军全境抵温,受到

---

① 中共温州市委党史研究室:《团温州支部给团中央的报告——孙中山逝世周年纪念会经过情况》(1926年3月25日),《浙南革命历史文件汇编·一、二战时期》,北京:中共党史出版社,2006年,第23页。

② 中共温州市委党史研究室:《中共上海区委关于温州等地工作情形报告》(1926年7月15日),《浙南革命历史文件汇编·一、二战时期》,北京:中共党史出版社,2006年,第41页。

③ 中共温州市委党史研究室:《陈仲雷给亦农和莆仙的信——关于党的工作、工运、农运的情形》(1926年10月27日),《浙南革命历史文件汇编·一、二战时期》,北京:中共党史出版社,2006年,第46—47页。

了温州人民的热烈欢迎,军民同心,北伐军攻无不克,月底便传来了浙江全景光复的好消息,同时中共党员郑恻尘、胡适因赴杭州国民党浙江党部复职,温州本地的工农运动也在蓬勃发展,一切都似乎在朝着好的方向发展。然而随着蒋介石个人野心的膨胀,其反动本质也日益显露,四一二反革命政变的发动也标志着国共之间第一次合作的正式破裂,浙南地区的革命斗争遭遇严重挫折,大批党员、群众遭到围捕屠杀,"温独支"也不得不转入地下进行活动。国民党血腥残酷的清党手段也让中共认清群众运动和武装斗争的重要性,也为日后他们开展党的重建工作和革命动员提供了经验和启示。

二、中共在浙南地区革命动员的内容与成效

毛泽东指出:"谁是我们的敌人?谁是我们的朋友?这个问题是革命的首要问题。"[①]同样,中共在进行革命动员的同时也要首先认清哪些是动员的对象。在国共关系破裂之前,国民党是可以动员的对象,现在它已经走到了反革命的阵营之中。面对这一严峻形势,中共审时度势,深入浙南农村地区通过土地革命、武装斗争等方式将农民运动推向高潮;同时中共坚持统筹兼顾、统一战线原则,将城区的青年学生与工人联合起来,开展了广泛有效的革命动员。

(一)以反帝反封建为主旨的军事动员

1922年7月,党的二大明确提出了反帝反封建的民主革命纲领,理论的指导和实践的探索逐渐让中共明确了动员群众和武装斗争对于反帝反封建的重要性,1927年在汉口召开的八七会议最终确定了土地革命和武装斗争的总方针。浙南因地处偏僻,加上浙江省委遭到破坏的缘故,这次会议精神直到来年的一月才由省委特派员郑馨传达到位。为了贯彻八七会议精神,中共浙南党组织进行了充分的思想宣传和动员,提升了人民群众的思想觉悟,激起了他们对于土豪劣绅的仇恨和反抗情绪,为发动武装暴动和成立红军创造了有利条件。

1928年永嘉、瑞安、平阳三县分别成立县委,由中共党员郑馨、林去病、游侠担任各县书记,领导农民进行减租抗税的斗争,同时一些地方武装相继成立,如游击队、农民赤卫队等。在瑞安,由中共党员陈卓如创立的驮山农民赤卫队开展

---

① 《中国社会各阶级的分析》,《毛泽东选集》(第一卷),北京:人民出版社,1991年,第3页。

了一系列的闹荒斗争,该赤卫队在一面大旗上写着"劫富济贫,没吃的跟我来"用于宣传动员,很快队伍发展到了30余人。3月25日在省委扩大会议上,省委根据浙南代表所作的报告作出指示,要求"温州农运工作的前途与台州等处相同,即是应从日常的斗争中尽量扩大,以至于抗租抗捐抗债的斗争,从杀戮豪绅地主的红色恐怖以至于武装的游击战争,并扩大游击战争的区域以达于暴动之路"①。为贯彻省委决定,中共浙南党组织决议在永嘉、瑞安、平阳三县举行联合暴动。党清楚地认识到仅仅依靠自身是不够的,农民阶级蕴藏着巨大的力量,正如李达所指出的:"中国农民占全国人数底大多数,无论在革命的预备时期,和革命的实行时期,他们都是占重要位置的。"②6月19日,林平海在平阳鲸头山的庵基堂召开会议,决议实行三县联合暴动夺取政权,铲除土豪劣绅和建立农协会等举措,这无疑给当地的农民带来了希望的曙光,激发了他们斗争的热情,使他们主动向党组织靠拢。虽然暴动最终失败,但前前后后大约有上千名农民参与到了这场斗争之中,一定程度上打击了地主豪绅的势力,凸显了党宣传动员工作的效果。

经过党宣传动员和武装斗争的深入,浙南地区农民的阶级意识和斗争精神愈加激烈,想要入党参军的想法更加明确。1930年5月,中共浙南党组织在永嘉县五尺村成立了中国工农红军第十三军,这是当时由中央军委列入正式序列的全国14支红军部队之一。军队的创建也让革命动员与武装斗争之间形成了良性互动。在6月举行的浙南一大上,王国祯等代表认为"争自由,要工做,要饭吃,要土地"是动员群众最中心的口号;扩大红军、争取群众等是中心策略。为贯彻这一精神,各县区也相继召开会议,"7月16日,特委在瑞安陶山举行反军阀战争示威大会"③。会上红军通过宣传鼓动的方式,向农民宣传土地革命、反军阀战争等革命理念,鼓励农民参加革命斗争。红军在宣传鼓动中,采用了各种形式,如演讲、传单、宣传画等,以便更好地传达革命思想。红十三军全盛时期拥有兵力6000余人,不仅在军事上沉重打击了国民党等反动势力,在党建工作上同样表现出色,这一时期中共浙南特委共建立了永嘉、平阳、瑞安、永康、黄岩、天台、玉环等7个县委、32个区委、404个党支部,党员发展数量达到了3200余名,为之后浙南游击根据地的创建打下了坚实的基础。

---

① 中共温州市委党史研究室:《中共浙江省委关于永嘉、瑞安及温属各县工作决议案》(1928年3月25日),《浙南革命历史文件汇编·一、二战时期》,北京:中共党史出版社,2006年,第80页。
② 李达:《告中国的农民》,《李达全集》(第一卷),北京:人民出版社,2016年,第356页。
③ 中共温州市委党史研究室:《中共温州党史》,北京:中共党史出版社,2004年,第68页。

在红十三军斗争失败后,中共浙南特委不得不转入地下,但浙南大地的革命火焰并没有被反动势力浇灭,由北上抗日先遣队为前身的中国工农红军挺进师在刘英、粟裕的带领下在浙南坚持斗争,并迅速开辟了以泰顺、平阳、瑞安、福鼎等县边界为中心的浙南游击根据地。根据地的开辟能够为中共在浙南的动员工作提供良好的空间基础和稳定的兵员输送。根据地能夯实党在基层的组织基础,就像毛泽东所提出的:"没有这种战略基地,一切战略任务的执行和战争目的的实现就失掉了依托。"[1]在浙南特委的领导下,挺进师的兵力发展到1500余人,县委也由3个发展到6个,党员数量升至3000多人,根据地内党团组织、贫农团、农协会等成员数量达到10万之众。中共在浙南革命动员的蓬勃发展也推动了全面抗日战争高潮的到来。

(二)以巩固革命根据地为宗旨的经济动员

毛泽东曾在《国民革命与农民运动》中指出:"农民问题乃国民革命的基本问题。"而农民最关注的,莫过于土地的分配,这是实现中国民族独立和民主政治的重要前提。为了满足广大农民的分田要求和保障土地革命的开展,根据省委的指示,浙南军分区和浙南革命委员会于1936年6月成立,领导土地的分配。"为了搞好分土地和分青苗工作,浙南特委和浙南人民革命委员会以及各县县委,都办过短期的干部训练班,学习政策,交流经验,统一思想。"[2]当时实行的土地政策,一般是没收地主的全部土地和富农的多余土地,分给无地和少地的贫雇农。"将土地与斗争联系到一起,用土地的'保有'和'失去'来激发群众斗争的热情与积极性,应该说是比较成功的。"[3]党领导的土地革命将广大贫农从饥饿的死亡线上解救了出来,贫农得到了真实存在的土地,他们的革命热情才能最大程度被激发,他们才能发自内心的喊出"共产党万岁""苏维埃万岁"的口号。在获得土地后,浙南的革命形势开始蒸蒸日上,原有的红军队伍和游击队、肃奸队等人数都得到了很大补充,粟裕、刘英所领导的中国工农红军挺进师"在3个半月的斗争中,扩红工作得到不少的成绩,(比原来的数目增加了2倍),同时对新战士管理教育,在政治动员竞赛下,收效也不少(利用老战士教新战士,运用政治力量去

---

[1] 《抗日游击战争的战略问题》,《毛泽东选集》(第二卷),北京:人民出版社,1991年,第418页。
[2] 龙跃:《坚持浙南十四年》,杭州:浙江人民出版社,1990年,第56页。
[3] 朱晓舟:《川陕革命根据地"扩红"运动宣传试探》,《毛泽东思想研究》2014年第2期,第102—108页。

巩固新战士等)"①。红军的队伍来到哪里,哪里的群众便会主动上前热情迎接,军民之间情同手足、心心相印。

除了进行土地分配,浙南的党组织还十分注意维护红军及其家属的优待问题。1936年中共闽浙边临时省委在报告中作出指示,要成立具有广泛群众性的贫农团,而贫农团的工作除了讨论抗租抗债抗税、农业生产、救济灾荒外,便是红军及其家属的优待问题。临时省委在报告中指出:"讨论优待红军的问题,如红军公田的耕种、收货与保存及帮助红军家属耕田,实行优待红军条例,帮助红军送消息、带路、运输、封锁消息等。"②在党的号召下,浙南很多乡的男女老少普遍参与了优待红属工作,红军的地分好之后有人代耕,同时很多民众自发地将家中的鸡、鱼、蛋等送给红军及其家属,还有的为红军买米买柴,为红军缝洗衣服,制作干粮袋,帮助红军及其家属解决了生活上的许多问题,也让在前线浴血奋战的红军战士没有了后顾之忧。而优待政策的施行,也促成了更多民众踊跃参军。根据地内中共将党政军工作与广大群众紧密结合起来,使人民群众广泛被动员起来,巩固和扩大了红色根据地力量,为后来抗日战争的胜利输送了源源不断的革命力量。

三、中共在浙南地区革命动员的特点

土地革命时期浙南地处国民党统治的心腹地区,条件艰苦,环境恶劣,党又处于初创时期,虽然在成立后也进行了大量的动员工作,但内容多集中于土地革命和武装斗争,其过程中存在着一些弊端。总的来说,这一时期中共在浙南地区的革命动员是卓有成效的,促进了大批民众斗争意识和阶级思想的觉醒。

(一)深入群众并坚持群众主体地位

革命动员是一种广泛的社会运动,需要广泛的群众参与和支持。中共浙南党组织在成立之初就十分重视对于群众运动的领导,1925年书记胡识因联合女子师范学院学生和小学教员大约五十人在女师讲习所礼堂成立国民会议女界促成会后,便立即发布《告民众书》,提出"打倒帝国主义""推翻封建军阀"等口号,

---

① 中共温州市委党史研究室:《北上抗日与坚持浙闽边三年斗争的回忆》(1940年夏),《浙南革命历史文件汇编·抗战时期》(上),北京:中共党史出版社,2006年,第339页。
② 中共温州市委党史研究室:《中共闽浙边临时省委关于各级组织与工作大纲的指示》(1936年4月),《浙南革命历史文件汇编·一、二战时期》,北京:中共党史出版社,2006年,第391页。

并组织宣传队进行宣讲,在温州城区引起不小轰动。但初期中共浙南党组织的规模是有限的,由知识分子所组成的党组织虽然在思想观念上较为先进,但他们也存在着一定短板:自身的狭隘性以及实践水平不高导致他们只能领导群众而无法深入群众;工农群众与党之间的关系也没有理清;初期党的力量不强,和平发展的观念一直盛行在浙南党组织中,对于工农群众强烈的斗争诉求没有做到很好的领导,将工农入党的大门一直紧关,这就导致虽然党拥有一定的群众组织,但二者之间的关系是混乱的,群众的觉悟也参差不齐;当反动派举起屠刀时便难以还击,只能转入地下秘密进行。随着革命斗争的深入,党逐渐意识到只有深入群众,和工农等群体正确地结合,才能迸发出无坚不摧的力量。此后由"温独支"领导和协助下成立的温州总工会、农民协会、战青团等基层群众组织就是党深入群众的实践成果,大批工农和青年学生在斗争中阶级觉悟得到较大提升,党员数量也得到了较大扩充,有效打击了地方封建势力,同时党还十分重视群众的作用和地位,坚持把培养群众作为党的中心工作之一,坚持从群众中吸收先进分子入党,尊重他们的主体地位。

(二)倡导革命精神的同时以武装斗争为主要手段

中共在浙南进行革命动员的另一特点就是倡导革命精神,包括革命意志、革命勇气、革命毅力等。这些革命精神是革命动员的核心,是推动革命斗争不断前进的重要力量。1927年蒋介石发动反革命政变后,浙南大批共产党员遭到围捕屠杀。在敌人的屠刀下,他们始终没有供出一个同志和机关。有的同志被抓后公然对省防军团长声明:"我们招出一个人,就是使我们党失了一部力量,无论怎样拷打都是不能的。我们的革命始终是会成功的,始终会杀尽你们这些反动派,今日现落在你手里,快拿去枪毙好了!"其余一些党员在临刑前都高呼"革命必胜"的口号,直到生命的终止。正是因为有革命精神的指引,中共党员在面对屠刀时才能临危不惧,视死如归,在后来中共领导下的的永、瑞、平三县武装暴动以及红十三军和工农红军挺进师在浙南大地上的浴血斗争,都是对于革命精神的传承。同样的,中共在浙南以军事暴力为主要手段,包括武装斗争、游击战争、暴动等。虽然部队早期经验不足,再加上党内盲动主义、冒险主义等错误思想的影响付出了惨痛教训,但总体上看,党领导下浙南地区的武装斗争是伟大的,无数革命先烈用自己的生命换来了最终的胜利,凸显出浙南作为南方革命的一个重要战略支点的历史地位。

(三)政治宣传注重公开与隐蔽相结合

当时恶劣的政治环境让中共在浙南地区的相关工作不得不转入地下抑或采取公开与隐蔽相结合的方式,这样也是为了保存现有的组织力量。浙江是蒋介石的老家,而浙南是国民党统治区的大后方,战略意义极其重要,中共想在这片区域开展动员工作,既是挑战,也是机遇。在早期反动势力较强的浙南,中共除了用武装斗争来打击敌人外,政治宣传也是一种重要手段,通过宣传革命理论、革命口号、革命纲领等,来动员和鼓舞广大人民群众的革命热情和斗志,以此达到胜利的目的。这一时期由于国民党的封锁和控制,党为了保存和发展实力需要采取隐蔽的方式进行宣传,以避免被敌人发现和打击,像采取秘密广播和传单等方式来传达党的信息和指示,鼓舞人民的斗志。红十三军成立后,党拥有了自身的军事队伍,综合实力得到提升,但相比较国民党而言还是较弱,所以宣传方式虽然可以转换,但还是要注意公开与隐蔽相结合。中共在浙南除了通过报纸、广播等媒体向人民群众控诉国民党的反动罪行和宣党的指导方针外,还通过各种形式的群众性宣传活动,如演讲、集会等,加强对人民的教育和动员。

结　语

总的来说,土地革命时期中共在浙南地区用革命动员的方式启发了广大民众,虽然在国民党的政治攻击和军事围剿下遭遇了一定的困境,但中共通过不断完善自身和调整相关策略还是完成了动员任务。关于政党的动员,王奇生曾分析:"社会动员能力是衡量现代政党'党力'的重要指标。动员民众的意义,不仅在于将千千万万不知政治为何物的下层民众组织起来参与政治,更在于它将开创一个迥异于传统政治的新局面,因为广泛的群众参与必然极大地增强政党的组织能量。"[①]国民党之所以失败,正是因为其疏离群众,它对于广大的底层民众一是恐惧和防范,二是剥削和压迫,它所代表的阶级利益只会引起民众的强烈反抗,更别提动员群众了。就像马克思所说的:"当群众墨守成规的时候,资产阶级害怕群众的愚昧,而在群众刚有点革命性的时候,它又害怕起群众

---

① 王奇生:《党员、党权与党争:1924～1949 年中国国民党的组织形态》,北京:社会科学文献出版社,2018 年,第 165 页。

的觉悟了。"[1]而共产党与其恰恰相反,它将革命动员与民众生活紧密地结合在了一起,在基层,中共十分重视支部的建设,通过发挥支部的"细胞"作用,将党的主张与政策渗透进乡村的各个角落,同时根据广大穷苦民众的现实需要进行调整完善,创造出最符合广大人民利益的决策,既启发了群众的政治觉悟,提升了党的政治影响,也促使他们自觉自愿地加入到革命队伍之中,从而推动了党群之间的良性互动。历史也再次证明了中国共产党始终是一个坚持一切为了人民、一切依靠人民、始终同人民群众心连心、同命运、共患难的革命政党。

(张天磊,温州大学马克思主义学院2021级硕士研究生;梁越,温州大学马克思主义学院2022级硕士研究生)

---

[1] 《路易·波拿巴的雾月十八日》,中共中央马克思恩格斯列宁斯大林著作编译局:《马克思恩格斯选集》第1卷,北京:人民出版社,2012年,第764页。

论国共和谈后红军挺进师的改编与发展

孙广浩

摘　要：红军挺进师作为中央红军长征后唯一活跃在浙南地区的红军主力，在浙南经历了三年艰苦卓绝的斗争，于国共和谈后被改编为国民革命军闽浙边抗日游击总队，后加入新四军作战序列参与抗日。这一谈判、改编及奔赴抗日前线的过程极其曲折艰辛，转变的实现一方面是由于中共高层的正确指导与积极推动，另一方面是由于挺进师相关领导人响应中央政策、坚持与国民党地方政府斗智斗勇。正是在两者的共同努力下，这一转变才最终实现。

关键词：红军挺进师；中共；国民党；谈判；改编

红军挺进师作为中央红军长征后唯一活跃在浙南地区的红军主力，历经了三年艰苦卓绝的斗争，全民族抗日战争爆发前后的国共谈判后，国共双方达成初步抗日协议，将红军主力改编为国民革命军闽浙边抗日游击总队，后加入新四军作战序列，编为新四军第二支队第四团第三营。这一谈判、改编及奔赴抗日前线的过程极其曲折艰辛，体现出红军挺进师上下搁置私仇、服从抗战大局的宽阔胸怀及爱国情怀，有重要的研究意义。

目前学界对红军挺进师的研究还聚焦于其三年反"围剿"斗争及根据地建设等方面，对国共和谈后其与国民党地方政府的谈判、改编与奔赴抗日前线这一过程仍然关注不够，所以国共和谈后的挺进师发展情况、挺进师与地方国民党进行谈判的过程、军民对挺进师的转型的心态变迁、挺进师进行军队改编奔赴战场的过程等问题，仍有进一步研究的空间。因此本文通过研究挺进师与国民党地方政府谈判的过程、军队改编整顿至奔赴前线的过程，解决在国共和谈后挺进师是如何根据政策对进行发展的、挺进师与国民党地方政府的接触和谈判过程有哪些细节、挺进师在与地方谈判完成之后是如何进行改编并参加作战等问题，深刻挖掘与分析中共以及挺进师在国家大义面前，摒弃私仇、联合国民党抗日的伟大爱国精神,这一研究对当下共产党领导、多党合作的政治格局以及祖国完全统一都具有重要的现实意义。

一、红军挺进师改编的历史背景

(一)红军挺进师的由来

在有关浙南游击根据地的研究中,红军挺进师是最受关注的,这支部队最早由红军北上抗日先遣队发展而来。

1934年,国民党政府下令对中央苏区进行"围剿",由于王明"左"倾教条主义的错误引导,中央红军采取了极为被动的防御措施,最终导致第五次反"围剿"失败,损失惨重。为了掩护中央红军转移,实现反"围剿",中共中央下令红七军北上组成抗日先遣队。这支紧急组织的队伍的任务是在闽浙地区深入敌人后方,建立起新的根据地,吸引"围剿"中央红军的国民党部队;开展一系列抵抗日军入侵的行动,在沿途积极宣传中共的抗日主张。中央红军则借助国民党军队撤回后方支援的机会,进行战略转移走上长征。

1934年11月,红七军团与红十军团在中央的命令下合并,组成了新的红十军团。其中红七军团编为第十九师,在浙江安徽江西边境处负责牵制吸引敌人;红十军则编为第二十师,留驻中央苏区,负责保卫苏区的任务。抗日先遣队的整体实力也得到大幅度的提升。整合后的抗日先遣队作战往返于福建、浙江、江西边界,破坏地方军事运输线路以减缓中央苏区所受到的"围剿"压力。

1934年12月,抗日先遣队进入贵州,遭到国民党军队的"围剿",损失惨重。先遣队在参考了中共中央与中央军委的意见后,决定全体返回江西东北部,做好充分的准备后再进入浙江继续根据地的开辟工作。1935年1月,抗日先遣队在江西东北部地区的怀玉山遭到国民党军队的层层包围,大批人员在战斗中牺牲,仅仅只有一部分由刘英、粟裕所领导的先锋部队脱离危险、突出重围。与此同时,其他地区的革命形势也不容乐观,中央红军深陷"围剿"追截的困境。

1935年1月,中央召开遵义会议,会议确立了以毛泽东为代表的党中央的领导。中央分局于1月15日电令要求,以抗日先遣队为基础,迅速组成红军挺进师进入浙江地区,开展游击战建立革命根据地,继续牵制与打击敌人力量,缓解红军主力的长征压力。队伍由粟裕与刘英二人领导,两人分别被任命为师长、政治委员。1935年2月,挺进师的组建迅速完成。除师长、政委外,又任命王永瑞为师参谋长、黄富武为政治部主任、刘达云为供给部长、谢文清为没收委员会主任、张友昆为卫生部部长、宗孟平为组织科科长兼地方工作科科长、王维信为宣传科科长、姚阿宝为政治特派员。全师400余人,整编为三个支队和一个警卫排。①

从红七军团组建的抗日先遣队,再到以先遣队为基础组建的红军挺进师,二者组建目的皆为进入敌人后方、牵制敌方力量。可见中共中央对于派遣人员进入敌方核心地区策应中央红军转移这一战略的坚持,同时也可见当时情况的危急程度,虽然红军挺进师的人员数量远不及抗日先遣队,但依旧要承担起策应中央红军长征的任务。挺进师的目标活动地区为浙江,而浙江是国民党政府的核心力量大所在,派遣最少的人员进入敌方最为重要的统治地区可以在最大程度上吸引敌方注意,使策应中央红军转移的战略起到最大的效果。这一行动虽然是激进的、冒险的,但中共中央的果断决策后续被证明是正确的、有利的,中共中央以红军挺进师这一小班人马撬动了国民党在浙江地区的统治,颇有四两拨千斤之势。

红军挺进师在完成组建后,迅速由江西出发奔赴浙南,正式开启浙南游击根据地的建设工作。浙江是国民党政府的立足之地,蒋介石在浙江地区建立了大量的反动组织以巩固其在国民党在浙江的统治力,毛泽东也曾将"以浙江为中心"的区域称之为"敌之根本重地"。② 共产党在浙江的党组织在经历大革命之后受到重创,在浙江所进行的活动都处于停止状态,而且国民党也将浙江列为"围剿"苏区的重点对象之一,对浙江、江西两地的边界地带进行了重点封锁。因此在浙江进行根据地开辟工作具有非常大的难度。

浙南的情况虽然对挺进师极其不利,但也存在着可以利用的条件。浙南地处边境地区,地势非常复杂,常有革命发生。该地区的百姓曾在北伐国民大革命的影响下,建立起党组织与"青帮"③组织。红军的北上抗日先遣队此前在该地区的活动也受到民众的响应。因此浙南的革命基础对于挺进师是具有极其大的帮助的,为其创造了开辟游击根据地的重要条件。

1935年3月,为了推进根据地的建设,挺进师在进入浙南后,组建了师政治委员会,并且扩编出三个纵队,各个纵队又设有行动委员会。3月23日,挺

---

① 《挺进师资料汇编》,中共泰顺县委党史研究室编印,2004年,第3页。
② 《毛泽东选集》(第一卷),北京:人民出版社,1991年,第236页。
③ 大部分组成人员为农民,创始人为卢子敬、陈凤生。

进师进入江山县,战斗于"龙泉、庆元、景宁、泰顺和福建的松溪、政和、寿宁一带"①。4月27日,在斋郎战斗中获得胜利,为在浙江游击根据地建设的进一步发展打下基础。

随后,挺进师在仙霞岭、毛垟、龙泉安仁口等地开展游击任务,在龙泉安仁口地区还与当地的"青帮"建立了联系,使得游击根据地建设工作进一步稳固下来。这之后,挺进师击退国民党浙江保安团的"清剿",在浙南多地取得胜利,并在相关地区建立起苏维埃政府,开展起查田、插标、分青苗运动。②

1935年8月,挺进师在浙南的游击根据地建设已然达到一定的规模。挺进师在浙江的迅速发展,让国民党政府感到巨大压力。国民党当局紧急加强在浙江的防范工作,设立闽浙赣皖边区总指挥部,任命卫立煌、罗卓英为正、副总指挥,派遣国民党第十八军入浙对浙南游击根据地发起进攻。十八军作战经验丰富、配备的武器十分先进,长期在周边地区负责"清剿"工作。在浙的军事进攻规模达30余团,共计8万左右兵力。一方面,国民党当局派遣如此强大的兵力来浙南"清剿",足以体现其打击挺进师势力的决心;另一方面,挺进师面对这样情况虽是十分危急,但能在短期内快速吸引国民党方面调动如此强大的主力部队,可以说部分达成了挺进师的行动目的,为中央红军转移创造极为有利的条件。

对于国民党的"围剿",挺进师迅速作出反应,采用敌进我退的方式,在实力悬殊的情况下争取斗争优势。挺进师将第二、第五纵队留在原地坚持游击对抗国民党部队,其余纵队则分散开来,向浙东、浙南进发开辟新的游击根据地。1935年9月末,挺进师核心部队顺利实现突围。国民党方面则仅仅派出一小批人马前往追击,其余军队继续"围剿"浙南,势要将挺进师在浙南发展起来的游击根据地一举歼灭。

1935年10月,挺进师主力部队与闽东红军会师,双方决定建立中共闽浙边临时省委,由刘英、粟裕、叶飞、黄富武、阮英平、刘达云、许信、洪家云、范式人、方志富、许旺11人组成③,其中刘英担任书记、粟裕担任组织部部长。另外,还设立了闽浙边临时省军区,粟裕与刘英分别担任司令员与政委。挺进师通过加强组织建设,进一步优化了开辟游击根据地的领导结构,推动了游击根据地的建设

---

① 中共温州市委党史研究室:《中国共产党浙南历史大事记》,北京:中共党史出版社,2000年,第54页。
② 《挺进师资料汇编》,中共泰顺县党史研究室编印,2004年,第8页。
③ 中共温州市委党史研究室:《中共温州党史》,北京:中共党史出版社,2004年,第112页。

工作。这之后,挺进师在浙江南部地区进行游击,并且顺利地设立起浙南特区并成立了中共浙南特委。

1936年,两广事变爆发,广西军阀李宗仁、白崇禧与广东军阀陈济棠组建抗日救国政府和抗日救国军,以保卫华北的名义,北上进军湖南。彼时国民党中央政府与地方的军阀势力之间依然存在着巨大矛盾,当时与蒋介石对抗时间最长的桂系,在广西大力推行"三自"(自治、自卫、自给)、"三寓"(寓兵于团、寓将于学、寓征于募)的政策,牢牢地控制广西大权,使国民党中央政权难以延伸到广西。如果"两广事变"成功,那么桂粤就可以占领两湖,并在武汉成立临时国民政府,与南京国民政府分庭抗礼。①

中共中央是期望这样的事件能够发生并且发展的。一方面,国民党内部抗日局势的分裂,国民党高层必将在重重压力之下更加重视抗日,有助于抗日统一战线建设的推进;另一方面,国民党政府调动军队处理紧急情况,极大地缓解了共产党在全国诸多根据地的军事压力。因此从不同角度来看,"两广事变"不仅不能等同于军阀混战时的军事争斗,也不能简单解释为国民党地方实力派同中央政府的争权。两广事变是在中国民族危机步步加深的情况下,国民党营垒中的一次分裂,是一次抗日反蒋的正义之举。②

为应对两广事变,蒋介石将"围剿"浙南的主力部队调离浙南,"清剿"行动结束。此时挺进师果断出击,重新回到浙南,将大部分在第二次反"围剿"中失去的游击根据地收回。国民党方面的"围剿"从1935年9月开始,至1936年6月结束,前后跨度近9个月。在这段时间内,挺进师主要完成了以下任务:(1)在浙江开辟众多敌后游击根据地,发展革命势力;(2)吸引大批国民党王牌部队,策应中央红军战略转移;(3)抗住了国民党军队"围剿"压力,打破其"清剿"计划,开辟出新的游击根据地。

挺进师在一波三折的斗争中,采取灵活机动的战术,充分发挥游击优势,巧妙化解了国民党军队在浙南的多次"围剿",巩固了在浙南的游击根据地,如一把利刃给国民党当局造成有力一击。挺进师部队吸引并牵制国民党7万主力部队,使其无法集中精力全力"追剿"中央红军,缓解了中央红军的军事压力,达到了策应中央红军长征的目的,为伟大长征的最终实现创造了极为有利的条件。

---

① 钱守云:《"两广事变"初探》,《阜阳师范学院学报》(社会科学版)1999年第4期,第104—106页。
② 夏潮:《试论"两广事变"》,《近代史研究》1986年第3期,第194—215页。

(二)西安事变与第二次国共合作的形成

1936年12月4日,蒋介石前往西安督察张学良、杨虎城二人剿共工作的进展情况,要求二人继续剿共或将军队调离由国民党"中央军"负责西北地区的"剿共"任务。二人深知国情如此,继续进剿任务必然无益于挽救民族危机。12月7日,张学良率先行动前往华清池劝谏蒋介石,因遭到蒋介石拒绝而失败。随即,张学良与杨虎城达成共识,决定发动兵谏,武力逼迫蒋介石进行抗日。

1936年12月12日,西安事变爆发。蒋介石的武装部队被解除、相关重要官员被逮捕控制、西北"剿匪"总司令部被撤销、抗日联军西北临时军事委员会宣布成立。张、杨分任正副委员长,当日发出通电,提出著名的八项主张:改组南京政府停止内战;释放上海被捕的爱国领袖;释放一切政治犯;开放民众运动;要保障人民集会、结社的自由;遵行孙中山遗嘱;召开救国会议,同时致电中共中央请速派代表来西安共商大计。西安事变瞬间引起各方关注,事件的走向对国家影响极大。中共领导人通过结合国内外形势深刻分析西安事变的起因与性质,认为西安事变是国共两党走向合作的机会,主张和平解决西安事变。在中共相关人员的调和下,双方达成了六项协议:(1)改组国民党与国民政府驱逐亲日派,容纳抗日分子;(2)释放上海爱国领袖,释放一切政治犯,保证人民的自由权利;(3)停止"剿共"政策,联合红军抗日;(4)召集各党各派各界各军的救国会议,决定抗日救亡方针;(5)与同情中国抗日的国家建立合作关系;(6)其他具体救国办法。

西安事变的顺利解决标志着国共长达十年的内战基本结束,抗日民族统一战线初步形成。中共在协调双方的过程中发挥了巨大作用,也提升了自身在全国人民心中的地位,更为后续国共进一步合作的进展打下基础。

1937年2月,国民党五届三中全会召开,会议商讨调整对共产党、日本的政策。为了推进国内统一战线的建立,中共致电国民党三中全会提出五项要求:保证停止内战、实行民主自由、召开国民大会、迅速准备抗日和改善人民生活,并作出了四项保证:取消两个政权敌对、红军改变名称、在革命根据地实行民主制度、停止没收地主土地。国民党三中全会与会人员在经过商讨后,通过了相关结束内战的决议。

7月7日,震惊中外的七七事变爆发,日军开始全面侵华。7月8日,中共向全国发表《中国共产党为日军进攻卢沟桥通电》,号召全国人民团结起来、实行全民族抗战。7月17日,蒋介石在庐山发表谈话,表明国民党政府抗日之决心。

当天,中共领导人周恩来、博古等人前往庐山与蒋介石进行商讨,蒋介石承认了陕甘宁边区政府,但双方在红军改编后的军队指挥问题与人员安排等方面存在较大意见分歧。

8月9日,周恩来、朱德等人赴南京与国民党政府继续谈判红军改编问题。8月13日,上海八一三事变爆发,上海危急。由于急需大量兵力补充,蒋介石在红军改编问题上有所让步。8月22日,国民政府军事委员会发布命令,将红军改编为国民革命军第八路军,共产党在坚持对红军的领导和实行独立自主的原则下,作出不设政治委员、将政治部改为政训处等让步。

10月22日,国民党中央通讯社向全国发表中共提交的《中共中央为公布国共合作宣言》。次日,蒋介石发表谈话表明团结抗敌的必要性,实际上公开承认了共产党的合法地位,国共第二次合作正式形成。第二次国共合作的实现有力地增强了国内的抗日力量,极大地鼓舞了全国人民的抗日决心,受到了全国各族人民、各党派爱国人士的热烈欢迎。同时,国共双方高层合作的实现,使得红军在各根据地的部队与国民党地方政府的谈判迅速推进。

二、"红军挺进师"与国民党代表的谈判历程

红军挺进师相关领导人在知晓国共已实现合作后,主动接触国民党地方政府。谈判可以分为两部分,一是中共闽浙边临时省委与国民党地方政府的谈判;二是挺进师与遂昌县政府的谈判。在谈判过程中,国民党方面试图借助谈判达到消灭挺进师的目的,但被挺进师领导人识破,其提出的无理要求也遭到拒绝。在挺进师方面的坚持下,会议在曲折与斗争中继续进行,最终双方顺利达成谈判协议,但在军队改编方面仍然存在争议。

(一)中共闽浙边临时省委与国民党地方政府的谈判

值得注意的是,挺进师在浙南所进行的较大规模的游击根据地建设,是在与中央失去联络的情况下实现的。浙南地区地形复杂、信息封闭,挺进师坚持寻求与中央取得联系,但由于中央红军长期处于国民党优势部队"追剿"的险情之中,两者始终未能实现信息往来。挺进师在断联的情况下,只能依靠一些敌方文件来掌握当时的革命情况。

1936年7月,中共浙南临时革命委员会派遣杨进前往上海寻求联络,终于

成功与中共中央驻上海办事处取得联络。由此,中央的相关重要文件《停战议和一致抗日》《关于目前政治形势与党的任务决议》传递到杨进手中,中共中央驻上海办事处令杨进将文件交予临时省委领导人。临时省委在接受到文件之后,迅速将挺进师的工作情况做纸面汇报,派遣人员传递至中共中央驻上海办事处。挺进师与中央的联系恢复后,双方进行了更多的交流,挺进师获得了若干更为重要的文件《为抗日救国告全国同胞书》《中共共产党中央委员会致中国国民党书》等。在获取了若干中央指示的文件之后,通过分析、把握中央的指示,挺进师迅速调整斗争策略,将工作中心转向抗日民族统一战线的建立,筹划与国民党地方政府进行谈判。

1937年3月,中共闽浙边临时省委政治交通员吴毓将国民党五届三中全会"五项要求、四项保证"由中共中央驻上海办事处带回温州,但由于当时局势危急,吴毓未能及时将文件交付闽浙边临时省委刘英手中。于是吴毓先与临时省委驻温州工作团的相关人员黄耕夫、黄先河等人对文件内容与精神进行交流探讨。根据文件的精神,他们决定主动与国民党地方政府接触,以闽浙边临时省委和闽浙边临时省军区的名义拟定《停止内战,一致抗日致国民党闽浙赣皖边区主任公署和闽浙两省当局的快邮代电》,于3月25日,分头从永嘉、乐清、瑞安、上海等地投邮,发送给国民党闽浙赣皖四省边区主任刘建绪、浙江省政府主席朱家骅、福建省政府主席陈仪,温州、处州、衢州行政督察专员有关县党部、县政府。[①]邮件的主题为,呼吁停止内战,一致抗日;促进双方代表进行谈判。面对闽浙边临时省委积极主动的行为,国民党地方政府一方面派遣代表前来温州,另一方面在报刊上造势,将闽浙边临时省委从大局出发希望双方合作的愿景污名化为"投诚"。随后国民党地方政府在报刊《浙瓯日报》回复临时省委的谈判意愿,表示愿意接受谈判。此时吴毓仍然无法向临时省委汇报信息,在与白区工作团进行汇报之后,计划先将谈判进行初步的推进。

随后,吴毓以交通员的身份与国民党方面取得联系,对方代表为国民党第十九师旅长唐伯寅与国民党闽浙赣皖四省边区主任刘建绪的代表邓切。双方在商谈后决定停战一周,给红军以足够时间派遣代表进行正式谈判。

在此期间,吴毓等人迅速将双方计划谈判进展的情况向刘英作出报告。刘英于大屯村召开商讨谈判如何进行的会议,虽然临时省委决定与国民党地方政府进行正式谈判,但并未对谈判结果抱有幻想,认为此次谈判大概率会失败。因

---

① 张敏卿:《红军挺进师与浙南游击根据地》,呼和浩特:内蒙古人民出版社,2006年,第294页。

为此时国民党方面的军事实力占据上风,且合作的意图并不强烈,双方的局部斗争是非常有可能继续的。

1937年5月,双方正式于温州进行谈判。双方对国情以及当下中国的各方面问题进行了意见交换,临时省委代表指出,当下国难当头,唯有团结合作坚持抗战才能实现救亡图存,针对当前局势提出:(1)闽浙抗日红军愿意改为国民革命军,直属南京军事委员会指导;(2)闽浙边区改为特区,在特区内实行民主选举,行政上按照国民政府的系统,国民党可以派代表或顾问参加;(3)停止推翻国民政府的武装暴动方针;(4)停止没收地主的财产,红军改为国民革命军后的一切给养,由国家财政拨补;(5)闽浙红军改编以后,在特区内集中训练,准备对日作战。[1] 同时提出五点要求:(1)停止一切内战,一致对外;(2)保障言论、结社、集会自由,释放一切政治犯;(3)召集各党各派各界各军的代表会议,共同救国;(4)迅速完成对日抗战的一切准备工作;(5)改善人民的生活。

而国民党地方政府对临时省委代表的提议,坚决表示反对,并且指出闽浙边的红军应接受改编,并且由国民党政府调遣;闽浙边红军的干部都要在南京受训后才可继续进行工作。根据国民党地方政权所提出的要求,可见国民党意图借助谈判的机会,消除中共在闽浙赣根据地势力,临时省委代表拒绝了国民党地方政权的偏离此次谈判目的的要求。

谈判过程中,国民党地方政府进行大规模兵员部署,计划对根据地展开"围剿"。且其在报刊上发表声明,如若红军是故意以"投诚"为理由进行谈判,必将对红军展开"围剿"。由国民党地方政府的种种行为可见,从始至终其从未抱有任何合作的想法,所采取的一切行动皆是对"剿灭"浙南革命根据地的图谋。在经过一段时间的无结果谈判之后,国名党领导人蒋介石下达"停抚痛剿""灭绝根诛"的指令,国民党方面的野心完全暴露,并于5月22日起对浙南根据地展开"围剿",双方的谈判宣告破裂。

谈判破裂后,对于国民党地方政府的恶劣行径,中共闽浙边临时省委发表《为团结御侮,共赴国难以及和平谈判破裂告各界人士书》和《呼吁各界人士要求闽浙两省停止内战,一致抗日的宣言》,对国民党一系列在国家危亡局势下,放当下国家命运而不顾,旨在"剿灭"红军革命根据地、运用欺骗手段破坏谈判的行为进行揭露与谴责。

---

[1] 中共浙江省委党史研究室:《中国共产党浙江历史·第一卷(1921—1949)》,北京:中共党史出版社,2011年,第281页。

随着日本侵略军的持续侵入，国情愈发危急。1937年7月7日，日本军队借口士兵失踪，对宛平县城发起进攻，开始全面侵华。国民党领导人蒋介石于1937年7月17日发表庐山抗战声明，"再没有妥协的机会，如果放弃尺寸土地与主权，便是中华民族的千古罪人"，"如果战端一开，那就是地无分南北，人无分老幼，无论何人，皆有守土抗战之责任"。谈话在极大程度上鼓舞了全国上下的爱国情怀，也让中共中央看见了国民党政府的态度转变，使得两党合作有了新的可能。

中共中央在七七事变之后，积极推进抗日民族统一战线的建立，号召实行全面的全民族抗战。中共在这一时期不计前嫌，依然坚持与国民党方面接触，寻求合作共同抗日。1937年9月22日，国民党政府发布《中共中央为公布国共合作宣言》，23日国民党领导人蒋介石于庐山发表谈话，承认中共共产党的合法地位。在获取高层已然实现合作的信息后，闽浙边临时省委响应中共中央的指示，再次寻求与国民党地方政府进行谈判。此时，中共中央贺龙将军写信给其同乡国民党高级官员刘建绪，以当下国情所需真切地向其发出合作请求。刘建绪在收信后，从衢州监狱释放关押的临时省委首次谈判代表陈铁军，并让其传递信件给刘英，表明国民党政府同意再次进行谈判的意愿。

临时省委在获取信息后，决定迅速推进双方的谈判进程，派遣陈铁军重返衢州安排后续谈判准备。1937年8月2日，中共闽浙边临时省委与国民党地方政府的谈判正式在申江旅馆进行。临时省委代表为吴毓、黄耕夫，对方代表为邓切。在当下国情危急的情况下，双方都吸取了第一次谈判的教训，皆对提出的条件作出了一些让步以期望谈判顺利实现。最终双方正式达成了五项协议：(1)闽浙红军改编为国民革命军，按照国军的编制，待遇与国军相同；(2)闽浙红军在瑞安、平阳、泰顺三县边界的峰文为中心集中，集中期限为半个月；(3)红军集中时，如遇国军与地方部队攻击，则由四省边区主任刘建绪负责。如红军发生暴动，则由闽浙边临时省委负责；(4)无条件释放政治犯；(5)一切政治问题，由双方中央解决。[①]

谈判实现后，双方都采取了进一步行动以推进合作的进展，临时省委下令迅速集中各部队，并且要求各部队注意与国民党地方军队团结，避免战争。国民党地方政府也将在历次"围剿"中所俘虏的挺进师人员从监狱中释放出来，但由于

[①] 浙江省档案馆：《闽浙边区红军历次与国民党四省边区主任刘建绪谈判的经过》，杭州：浙江人民出版社，1987年，第9页。

国民党地方政府对各路军队的通知并未及时传达,使得挺进师部队的汇合任务遇到困难,一些部队在行军过程中遭到国民党地方部队的干扰。

9月16日,双方在平阳山门再次进行了商讨,临时省委代表刘英,对方代王裕光、詹行烈。双方决定将红军的集合地定为平阳北港且约定时间为10月1日,并将上次谈判中"根据国军编制"改为"根据任务编制"。此外,国民党地方政府还提出,要求挺进师部队编为刘建绪麾下第十集团军,随后前往浙北乍浦负责海防任务。代表刘英向其表明军队该如何编制以及后续行动如何进行需请示中共中央。

随后临时省委代表吴毓、龙跃与对方代表王裕光、詹行烈共赴杭州。刘建绪于杭州再次提出要求挺进师部队改编为其下第十集团军,临时省委代表再次拒绝并重申了立场。之后,二人前往中共在南京八路军办事处,对谈判情况以及对方的具体要求向博古做汇报。他要求挺进师部队集中后不要下山,防止国民党地方政府军队再次进行"围剿"行动,还传达了中共高层周恩来目前正和国民党军政部长进行谈判的信息,谈判计划将南方的革命游击队改编为新四军。为了避免意外情况发生,博古下令如若没有他的亲笔信,部队不得听取任何人的调动。随后,博古将这一系列情况写信告刘英知悉,其中有中共中央《关于南方各游击队区域工作的指示》。二人在返程途中,将双方高层的谈判情况告知刘建绪:中共南方游击各部队计划改编为新四军,并保留在原地且目前不听命任何调动。

本次谈判能够实现,很大程度上是因为国情危急、双方高层已然实现合作这两个原因。双方都对谈判作出了妥协。在谈判过程中,临时省委代表坚持自身独立性,遵循中央政策拒绝刘建绪的改编要求,并且做了防止再次被"围剿"的准备,体现出临时省委领导人合作与斗争并存的谈判精神,最终促成谈判的顺利实现。

(二)红军挺进师与遂昌县政府的谈判

中共闽浙边临时省委与部分地区的合作已经初步展开,而此时临时省委组织部长兼挺进师师长粟裕及其部队对双方合作开展的情况一无所知,并且仍在遂昌宣平等地进行游击活动。在活动期间,不断有"共产党投降了"等相关信息从金华、衢州传来。粟裕等人根据信息推测国共可能已经实现合作,为验证信息准确性,派人伪装成国民党军人前往龙游县打听确切消息,在那里确定了中共已经与国民党实现了国共合作,并且红军的南方游击队将会编为新四军。

粟裕在接收到信息后,立即采取行动与国民党遂昌县政府进行联系。粟裕写信给遂昌县政府,提议双方进行合作,特地书文《国共合作抗日建议书》并派人送往国民党地方政府。9月18日,国民党遂昌县县长林树艺和县党部常务委员周彦代表国民党遂昌县当局给粟裕等复函:中国人民抗日红军闽浙军区各级将校勋鉴:顷奉惠书敬悉……贵军如诚意请缨杀敌,请即刻派全权代表携带原信为证来金华,与本政府所派代表接洽一切……此函落款署名为"遂昌县县长林树艺、遂昌县党部常务委员周彦",时间为"九月十八日"。①

表面上国民党遂昌县政府配合迅速,给予积极回应,实际上是假借谈判时机,企图召集其他地区国民党部队对寻求合作的挺进师部队展开"围剿"。10月14日,双方代表于红军驻地门阵进行谈判。对方代表为朱镇山,挺进师代表为粟裕、谢文清、刘清扬等人。会议开始后,国民党政府提出要求,要挺进师离开驻地进城,接受改编。代表粟裕严词拒绝,并告之以当下的国家形势、合作抗战的重要性。对方代表听后方才停止之前的改编言论。

当天下午,挺进师代表与朱镇山又在门阵村张家堂屋谈判,挺进师代表在谈判桌上提出了如下条件:(1)红军部队将开赴浙南地区整训,沿途不得为难;(2)部队已经停止打土豪,要求对方给补充弹药、给养;(3)双方是平等合作,红军要保持自己的独立性。合作不是投降,改编不是收编。②

对方代表表示接受挺进师代表的要求,并且准备立即上报国民党遂昌县政府,等待回应。当下国情所迫且群众强烈要求两党实现合作,在各方压力下国民党遂昌县政府知悉谈判情况后,表示接受谈判条件。由此,宣告了门阵国共合作的谈判顺利实现,浙南地区的国共斗争停止,双方展开正式的合作。10月18日,粟裕等部红军经过整顿之后离开遂昌县,前往平阳与刘英等部进行汇合。

从以上的三次谈判经历可见,浙南地区国共合作是充满曲折的,有国民党的污蔑发文也有国民党地方政府的假意谈判。谈判既有中共高层与国民党领导人达成合作的推动,又有闽浙边临时省委相关领导人积极响应合作精神、主动与国民党地方政府接触的辛苦付出,还有地方百姓的强烈呼吁,才最终促成双方谈判、合作的顺利实现。闽浙边临时省委采纳上层意见、吸取了过往经验,坚持独

---

① 原件存遂昌档案馆第1-6-663卷。
② 中共浙江省委党史研究室:《中国共产党浙江历史·第一卷(1921—1949)》,北京:中央党史出版社,2011年,第289页。

立自主、坚决不放弃对军队的领导权,不听除中共高层外任何国民党人员调遣,在防止红军再次遭到"围剿"的基础上,最大程度地推进了地方国共合作的实现,为日后能够顺利改编、奔赴前线抵抗日军入侵打下重要基础。

三、红军挺进师加入新四军、奔赴抗日前线

谈判实现后,挺进师队伍更受中央关注,中共中央特批成立中共浙江临时省委。随后,挺进师部队在中共中央的指示下迅速进行会师、改编,再经过一段时间的整军备战后,作为新四军正式奔赴前线。

(一)军事改编

第二次国共合作实现后,在抗日局势愈发危急的情况下,浙南地区的战略地位不断上升,中共中央加大了对于浙南根据地的关注与重视程度。1937年,中共中央经过分析推测日军可能攻击广东、福建、浙江,要求这三处负责人"该三部即为保卫各该游击区及其附近土地而战,决不应该集中"①。对于浙南根据地,中共中央东南分局副书记曾山,专门前往浙南平阳山门街,传达了若干重要指令,包括红军挺进师的编制方式、改编奔赴前线后浙南根据地的后续安排、撤销闽浙边临时省委并且成立中共浙江临时省委等:(1)浙江红军编为新四军第七军团队,集中地点为皖南泾县章家渡,部队应及早出发;(2)浙江地理位置重要,原来的游击根据地不能放弃,要留下一些人在浙江继续坚持斗争;(3)为了适应新的形势,撤销闽浙边临时省委,成立中共浙江临时省委,待中央比准后正式成立省委。②

从中央决定成立中共浙江临时省委可以看出,浙江根据地对于抗日对于革命极为重要。当下浙江根据地的建设已取得重大进展,对于中共的整体战略安排具有重大的影响力,中共甚至可以将浙南的根据地作为在南方革命的战略支点。特别是经过抗日先遣队、挺进师的宣传与努力,浙南根据地已然具有坚实的群众基础,为抗日战争以及后续的解放战争都提供了极大的帮助。周恩来曾对浙江根据地的发展情况作出评论,"在东南战场上,浙江时站在前进的地位,是值

---

① 中共湖北省委党史资料征集编研委员会:《抗战初期中共中央长江局》,武汉:湖北人民出版社,1991年,第85页。

② 楼子芳:《浙江抗日战争史》,杭州:杭州大学出版社,1995年,第34页。

得其他各省效仿的"①。

1937年10月,中共中央分局向临时省委传来信息,一切游击队改编为抗日武装部队并且附上具体的改编原则、实施方案。之后,中共中央代表人博古写来信件,传达中共中央《关于南方各游击区域工作的指示》。在充分了解中央策略与精神之后,临时省委迅速采取行动,于10月中旬将瑞安、平阳、泰顺、青田、丽水各地的挺进师部队汇集。此时挺进师的人员组成已与早期有较大不同,大多是新加入、新发展起来的有志青年,他们大部分人都有极高的抗日热情,这些新鲜血液为挺进师注入了新的活力。

此外,刘英派出若干联络员向其他稍远根据地负责人传递当下国共合作达成、队伍即将改编的讯息。粟裕等部在接触到刘英方面的联络员之前就已经知晓了当前局势,在完成了与遂昌县地方政府的谈判后,经石练、湖山、王村口、大潘坑、船寮、青田、大凿,向临委驻地开进,当到达飞云江南岸时,与刘英派来的联络员相遇,随即一同奔赴平阳北港,与坚持浙南游击斗争的部队胜利会师。②

这之后,其他各部负责人谢文清、张文碧、赵春和等人及其部队也陆续到达平阳北港实现会师。此时,挺进师的总兵力有五百人左右,大部分是新加入的工农子弟和来自大城市的知识青年。会师完成后,队伍迅速改编为国民革命军闽浙边抗日游击总队。粟裕任司令员,刘英任政委,陈铁君任副司令员,张文碧任政治部主任,下辖三个支队和一个教导队,第一支队长范连辉、第二支队长舒雨旺、第三支队长周瑞球、教导队队长刘亨云。同时在温州城内九柏园头设立了以吴毓为主任的总队办事处。③ 后来随着部队的扩大,又成立了一个新兵队。

队伍改编过程非常顺利,战士们并未有抵触情绪。这并不是说原挺进师战士们不如其他根据地士兵般爱党,而是因为挺进师战士对于国共合作的实现、队伍改编的安排早已有了心理准备,且很多队员具有非常高的抗战热情,甚至有些队员是特地为了响应抗日救国的号召才加入挺进师队伍。这之后,根据两党高层意见,江西、福建、广东、浙江、湖北、湖南、安徽等省份的红军游击部队都改编为国民革命军新编第四军,即日后在抗战中发挥重大作用的新四军。

---

① 浙江省新四军研究会:《浙江新四军历史人物传》(上卷),杭州:浙江教育出版社,2000年,第32页。
② 张敏卿:《红军挺进师与浙南游击根据地》,呼和浩特:内蒙古人民出版社,2006年,第308页。
③ 中共浙江省委党史研究室:《中国共产党浙江历史·第一卷(1921—1949)》,北京:中共党史出版社,2011年,第294页。

(二)整军备战

虽然各地区干部都扎根地方,具有极为丰富的工作经验,但是大部分干部都未系统性地学习革命理论,因此临时省委计划对干部进行教育训练,为此组建了军政干部训练班。1937年10月至1938年3月,在平阳县凤卧乡凤林村、玉清岩村、大屯村等地举办了各种培训班,以提高指战员素质,适应抗日民族解放战争的需要。举办了三期短期军政干部培训班,学院总共50多人,大都是军队干部及浙西南、浙南的地方干部。[①] 三期干部培训班的内容都非常具有适用性,涉及当下国情矛盾、统一战线与独立性、公开工作与秘密工作的关系。在学习过程中,各干部积极主动,反应热烈,使得自己的思想水平、理论水平取得大幅度提高,为日后抗日活动的组织与解放战争取胜都打下了坚实的基础。

为了组建抗日救亡干部学校,临时省委决定借用平阳山门畴溪小学场地,并对外公布招生信息,向全国各地招收知识干部。1938年1月5日,学校在《浙瓯日报》公开刊登招生广告:(1)宗旨:培养抗日救国的军事、政治人才。(2)资格:初中程度或同等学级,男女兼收。(3)年龄:20岁以上至35岁。(4)受训时间:暂定3个月。(5)校址:平阳北港。(6)名额:100名。(7)报名日期及手续:自即日起至1月10日止,凡愿来训的,请至下列各处:(1)各驻地办事处,温州九柏园头4号。(2)本部政治部。(3)平阳北港民教馆。(8)开学日期:1938年1月15日。(9)入学手续:开学前3日到校,经考试及格后编队受训。(10)待遇:有钱出钱,没有钱本校津贴伙食,但服装被铺自备。[②]

招生信息一经公布,立即有大批学生报名。开学后,临时省委的各高层干部都参与到学校活动中,而且教职员与学生们一起上课一起休息。虽然学习环境较为恶劣,但全体教师与学员皆以最为饱满的精神参与到学习中去。3月中,学校停办,学校的各干部以及学员有的随红军一起赴前线参与抗日作战,有的前往其他根据地负责新的根据地开辟工作。后续事实也证明,这次极为短暂的学习生活,让众多学员收获颇丰,许多学员在日后都成为了革命的核心骨干,为革命与解放都做出了极大的贡献。

[①] 中共浙江省委党史研究室:《中国共产党浙江历史·第一卷(1921—1949)》,北京:中共党史出版社,2011年,第294页。

[②] 张敏卿:《红军挺进师与浙南游击根据地》,呼和浩特:内蒙古人民出版社,2006年,第311页。

(三)奔赴前线

1938年3月,部队正式北上皖南。刘英随中共中央东南分局副书记曾山前往东南分局了解工作详情,路过金华,两人与国民党浙江省政府主席黄绍竑进行了谈话。事后,决定在丽水设置新四军驻浙江办事处、温州设置新四军驻温州通讯处、平阳设置新四军驻闽浙边后方留守处,而且浙江省政府将向新四军提供物资与弹药。

在奔赴皖南途中,军队积极地进行抗日宣传,动员百姓加入抗日队伍。行军过程中同时联系沿途的地方政府,请求释放中共"政治犯"以扩增队伍实力。1938年4月18日,部队到达安徽省歙县岩寺,作为新四军第二支队第四团正式加入新四军作战序列,卢胜任团长兼政委、叶道志任副团长、粟裕任第二支队副司令员。

由此,这支队伍从最早的抗日先遣队先被编为红军挺进师,最后再改编为新四军。从这一系列军队编制变化可以看出中共中央在战斗策略与战斗重点上的转变。起初这支队伍的行动目的是掩护中央红军战略转移并积极开辟新的根据地,主要是为中央红军服务,而后期这支队伍则编为新四军参与抗日作战,为了挽救民族危亡而斗争。这一转变一方面可以体现出部队领导人舍弃过往恩怨,积极主动采取合作态度,在地方政府三番五次阴谋借机"围剿"挺进师部队的情况下,依然选择与地方政府接触的大局意识;另一方面也可体现出中共中央极为正确且超前的战略选择。正是有了中共高层与国民党高层的交流谈判,地方部队与国民党地方政府谈判的进展才能够具有最大的可能性,而且也使得军队的改编不需要完全根据国民党方面要求进行,保证了中共对于军队的领导权,也避免了在谈判过程中地方部队再次遭到国民党军队的"围剿"。且在日本大肆入侵的危急关头,挺进师主动接触国民党地方政府寻求合作,国民党方面却试图将谈判合作视作"围剿"挺进师的绝佳时机,足见国民党反动派目光短浅,置国家危亡、黎民百姓之生死于脑后。在察觉国民党反动派的不良意图后,挺进师相关领导人坚持与对方接触以推进谈判的实现,可见党与挺进师各将士在面对民族危亡的情况下,将国家安危、人民安全放在首位,愿意放弃与国民党的仇恨并与之携手抗日的宽阔胸襟和崇高的革命情怀。从抗日战争爆发之初,中共共产党就积极协调各方,组建起地方抗日力量。随着日军的持续侵入,中共号召建立全民族抗日统一战线,与国民党政府多次展开谈判,最终使得国共第二次合作得以实现。抗日民族统一战线的形成,壮大了全国的抗日力量,促成了全民族抗战;鼓舞了全国人民的抗日决心,促进了中华民族的觉醒;在关键时期正确处理了国内阶级矛盾与民族矛盾的冲突,让国共两党得以合作抗日,为抗日的最终胜利创造了极为有利的条件。

结　语

红军挺进师的前身为中国工农红军北上抗日先遣队,先遣队的任务除了掩护中央红军战略转移外,还负责一些抗日活动,说明中共中央很早就开始重视抗日救国,始终将国家利益民族利益置于革命重要位置。红军挺进师在浙南经历了三年艰苦卓绝的斗争,在敌方核心地区将根据地发展壮大起来,体现出坚定的党性、坚强的战斗意志。在西安事变后,中共中央为了国家和民族的利益,搁置历史仇恨,与国民党坦诚合作,积极谈判,但国民党却长期自私自利、目光短浅,不但不兑现承诺与共产党坦诚合作,反而还设置各种壁垒阻碍合作的实现。中共中央与国民党进行了曲折的斗争,才终于使其改变态度,促成了国共第二次合作,而挺进师与国民党地方当局的谈判历程可视作当时国共谈判的一个缩影,挺进师相关领导人同样是经过与国民党地方当局的多次斗争才最终使得谈判顺利达成。总体来看,共产党是抗战的中流砥柱,共产党一直将抗日救国置于革命的首要位置,以广阔的胸襟、坚决的斗争、正确的战略方针,推动了抗日民族统一战线的形成和巩固,这是抗战取得最终胜利的根本保障。

(孙广浩,温州大学人文学院2018级本科生)

20世纪30年代温州"复式教育"研究

范晓菁

摘　要：复式教育是在教育资源匮乏情况下,民国政府为普及义务教育的一种重要尝试,与小学教育的发展有着密切联系。温州作为浙江省的重要城市,在地方教育辅导制的推动下,积极试行复式教育。因此,对复式教育的研究,有利于我们把握民国时期初等教育发展的概况,为普及教育提供借鉴经验。本文从温州复式教育研究入手,对复式教育的内容、推行以及没落原因进行分析,从而了解复式教育在教学方法、课程设置、教学管理等方面严格的要求,但在实际推行中出现了简易化的倾向,这反映了当时国内教育经费不足、教育标准不断降低的现实状况。

关键词：复式教育；温州小学教育；教育普及

一、复式教育的缘起

19世纪末20世纪初,复式教育在清政府的推动下从日本传入中国。清政府颁布的《奏定初等小学堂章程》中要求"每百家以上之村即应设初等小学堂一所,让附近半里以内之儿童入学读书,在无法设立初等小学堂的僻乡贫户地区,地方官应当结合当地情形,设法命数乡村联合资力,公设一所多级或单级小学堂"[①],单级教授,即复式教授的最初形式。然而当时的教育环境,使得国内教育界并不能很好地落实复式教育,徒有单级之名,俞子夷回忆道："复式单级等名词,在当时不过极少数的教育家口头用用。我们当小学教师的,只听到大人先生们谈话中说着,但是始终不明白究竟怎样教,才能和私塾的情形区别。"[②]为了改

---

① 朱有瓛:《中国近代学制史料》第二辑下册,上海:华东师范大学出版社,1989年,第174页。
② 董远骞:《俞子夷教育思想研究》,沈阳:辽宁教育出版社,1993年,第14页。

变这种情况,1909年江苏教育总会计划筹办单级教授练习所,派杨保恒、周维城、俞子夷去日本考察,以东京高师附小第三部之单级为主要对象,此外还参观了第二部复式、第一部单式。归国后,江苏省教育厅即召开了演讲会,着手建立练习所,"首届学员由省内各州县选送,均优良小学教师,第二届学员来自各省"[1],在教育政策的推动和各省的响应下,复式教育得到了一定推广。中华民国成立以后,教育部多次制定普及义务教育计划,先后发布《视察京师公私立各学校通知书》《教育部整理教育方案草案》《国民教育令实施细则》等,倡导教育资源不足的地方实行复式教学。

20世纪30年代,复式教育在浙江得到了一定发展。民国时期,大部分国人把农村经济的低迷、社会秩序的紊乱归结于中国教育,呼喊着改造中国教育,要使中国教育肩负起挽救国家危亡的责任。然而1920年《八年普及义教计划》、1930年《义务教育初步计划》、1933年《一年制四年制并进的义务教育计划》却多次失败,所面临的实际问题很多。1933年《教育部视察员视察各省市教育报告》中,对浙江省教育经费进行稽核:1931年,教育经费为二百八十三万九千二百三十八元;1932年,实际仅二百零一万一千七百三十四元;1933年,预算经费实际缩减为二百一十万六千四百三十六元。[2] 从数据来看,浙江省教育经费逐年减少。经调查,浙江省学龄儿童数为二百四十万六千零四十人,其中在学儿童(就初级学生计算)仅有六十九万八千一百四十六人,就学率仅百分之三十不到,而全省小学校数共一万三千零九十处,义务教育的普及尚为艰巨。[3] 面对教育经费、学校师资的严重不足,复式教育成为普及义务教育的工具。复式教育将有限的教学资源聚集,把二学年以上程度的学生聚集在同一个教室,由同一个教师教学,不仅效率高,且能节省经费,因此在全省推行。仅《浙江教育行政周刊》(1932—1935年)上,就刊登了《吴兴县学区辅导会议教学问题的研究(续)》《浙江省立第十中学附小二十一年度下学期试验研究计划》《复式教学上几个重要的实际问题》《复式小学日课表编排法的研究报告》《省立处州初中附属小学复式教学自动工作的研究》等15篇相关文章,复式教育得到了全省各地的重视。

---

[1] 俞子夷:《现代我国小学教学法演变一斑——一个回忆简录(一)(二)》,《华东师范大学学报》(教育科学版)1987年第4期,第51—58页。

[2] 教育部:《省教育经费之数量支配及其稽核》,《教育部视察员视察各省市教育报告汇编》上册一,北京:商务印书馆,1933年,第29—30页。

[3] 教育部:《义务教育之推行》,《教育部视察员视察各省市教育报告汇编》上册一,北京:商务印书馆,1933年,第38页。

具体到温州地区,复式教育同样是民国时期温州初等教育的重要教学形式。1915年,温州初等小学校改称国民学校,并以序号为校名另设单级小学2所,办学方式渐上轨道。① 在此后数十年间,温州小学快速发展,学校数和学生数都在增加。据1920年的调查,浙江省第十学区一共有1058所公、私立小学,统共有2553学级,尽管不能进一步分辨单式学级、复式学级,但是我们可以推算出每所小学的学级平均数是2.4学级,可见复式学级在此时已占大多数。② 所谓复式教育是在一间教室内,容纳几个不同年级的儿童,它的实施是存在难度的,因此温中附小在20世纪30年代承担起复式教育的研究工作。通过整理温州地区出版的《小学教育月刊》,笔者发现推动复式教育研究的主要是孔伯陶、王晓梅、王人驹、狄镇岳、何立中、陈卓然等人,他们都是温中附小的教师或教导主任。他们通过发表相关文章,向本学区的教师介绍复式教育的教学法、学级编制、坐位编排等。除了对复式教育本身进行研究,本学区也注重对小学教员进行辅导,通过师资进修和地方辅导会议,提升本学区教育人员的教学能力。其间,《进修半月刊》刊登复式教学研究报告10篇;1933年本省学区初等教育辅导会议上,制定了4个复式教学的研究问题。从各项数据得知,20世纪30年代,复式教育在温州快速发展。

二、温州复式教育的内容

20世纪30年代,温州地区为了尽快普及义务教育,复式教育已经成为初等教育的重要教学组织形式。1935年,温州地区对永嘉、瑞安、乐清、平阳、泰顺县内的小学校数、学生数统计,校数1376所,学生数85133人,平均一校仅62名学生。③ 这些学生往往受教育程度不一,针对这一情况,教师应如何有效地开展复式教学,如何在将来推广至教育条件更为艰苦的农村,是当时教育者需要迫切解决的问题。为了解决以上问题,浙江省第十学区温中附小对复式教育的教学组织管理研究、课程设置、教学方法、教学形式等方面进行了研究。

在教学组织管理研究方面,主要需要解决复式学级编制和学生座位排列的问题。开展复式教育,首先要将两个学年及以上的学生编制成同一年级。每所学校的情况不同,使得复式学级的编制呈现多样化,最常见有如下三种:

---

① 温州市教育志编纂委员会:《温州市教育志》,北京:中华书局,1997年,第131页。
② 王人驹:《小学复式教学述要》,《小学教育月刊》(温州)1933年第1期,第11页。
③ 温州市教育志编纂委员会:《温州市教育志》,北京:中华书局,1997年,第136页。

第一,全校只有一个学级的,可以分成两种情况,即一、二、三、四学年为一个小单级,或一、二、三、四、五、六学年为一个大单级。第二,全校有两个学级的,可以有四种情况,即一、二学年为低年组,三、四学年为中年组;一学年单独为一学级,二、三、四学年为第二级;一、四学年为一学级,二、三学年为第二级;一、二、三、四学年为初级,五、六学年为高级。第三,全校有三个学级的,可以分成五种情况,即一、二学年分别单独为一学级,三、四学年为一学级;一、四学年分别单独为一学级,二、三学年为一学级;一、二学年为低年组,三、四学年为中年组,五、六学级为高年组;一、四学年为一学级,二、三学年为一学级,五、六学年为一学级;一学年为一学级,二、三、四学年为一学级,五、六学年为一学级。①从上述学级编制来看,它主要是以年级为单位,根据各学年学生数量的多少进行学级调整,优点在于年级分类清晰,便于教学管理,但同样也存在没有顾及儿童发展程度和学习兴趣的缺点。缺点在于没有顾及儿童发展程度与学习兴趣,只是单纯将多个学年合并教学,浪费学习时间。另外,还有以学科弹性为标准的学级编制,它根据儿童学科能力的不同,实行活动分团制,"所谓活动分团制,就是打破年级的界限,把智力、学力,和兴趣相近的儿童编为一团,施行同一的教学"②。分团前要先看各学级儿童各科相差的等次怎样,把智力测验、学力测验、各科测验的成绩作为分团标准。在平时,如果儿童在某学科上有特殊的进步,可以通过每个月的测试来升团,同理,也可以降团,这样的做法有利于满足儿童对各科的发展需要。除此以外,也有以教师为中心依次更迭学级的编制,优点是学生可以在一个教师的教导下学习,达到教育统一的效果,日本的复式编制大多如此。

　　复式学级下,学生的年龄、身高相异,年级、团别也不一样,成员复杂,平时位置的排列如稍有不慎就会埋下隐患,所以复式学级的座位排列成为重要的问题。在普通学校安排座位排列时,一般要注意到:学生的听觉、视觉是否有障碍;品行不端的是否需要特设位置;注意力较弱的学生,当直接教学时有不方便之处,可临时移坐适合的位置等。③ 除了普通座位排列要注意的事项,复式学级下的座位排列还应考虑教学的便捷。复式课堂上包含着直接教学和间接教学,因此座位既要满足直接教学时的便利,也要顾及他组学习。不同的学级编制,座位排列的重点也不同,以活动分团制为例,学生座位排列当以儿童各科能

---

① 王人驹:《小学复式教学述要》,《小学教育月刊》(温州)1933年第1期,第11—12页。
② 徐则敏:《复式学级和课程的编制》,《江苏省小学教师半月刊》1934年第7期,第9页。
③ 王人驹:《小学复式教学述要(续)》,《小学教育月刊》(温州)1933年第2期,第4页。

力为标准,"可以国算两科的分团为基本席次,余则活动排列"①,国语和算术是民国小学教育的主要科目,因此这两科学习水平差不多的学生为一团,按照团别安排座位。

在课程设置方面,主要是教科配合和日课表的排列。复式教学是几组儿童同时学习,因此究竟是同学一科还是学习不同科目,学习程度究竟是各组相同的好还是不同好,这是教科配合所要解决的重要问题。复式教科配合可以分成三类:②第一,同时间同教科同程度,即各组儿童在同一时间内学习同等进度的教学科目。优点是儿童都可以得到一致的注意,教师可以减小备课压力。缺点是教学科目的进程不得不配合最低学级的儿童学科水平,这样的做法并不利于复式教学。第二,同时间异教科异程度,即同一时间内各组儿童学习不同的科目,彼此间的教学进程也不一致。这样的做法可以为儿童提供适合的教材,发音和不发音科目可以相互配合,但由于儿童的学习兴趣不一样,其注意力不易集中。第三,同时间同教科异程度,即同一时间内各组儿童学习同一个教学科目,但是教学进度不同。这样做有利于教师根据学生发展程度,对学生活动进行分组,满足各层学生心理和生理的要求,集中学生注意力。以上三种教科配合的方法,"在实际应用时,教师首先要清楚哪些学科是需要直接教学,哪些学科可以安排儿童自主学习,从而选出最合适的方法"③。除了灵活调整教学科目,教师也要注意避免教学声音的冲突。如果各组儿童都对直接教学有较大需求,那么教师可使用不同教材轮流对其教学;如果有部分儿童学习水平较高,那么教师可以采取一部分"道尔顿制"④的精神,让儿童做长时间的自主学习,这样教师就可以拿出时间,对低组实行直接教学。

因为复式学级同时有两个学年以上的儿童共同学习,编排日课表时,除依照各学年每周教学时间标准和普通编排日课表的原则之外,还需要顾及学级管理、儿童学习和优生便利,否则会违背教学原理,影响儿童身心教育。1933年,温属各县小学实施教育部颁布的《小学课程标准》,设公民训练、卫生、体育、国语、社会、自然、算术、劳作、美术、音乐10科。⑤ 国语、算术是最为重要的两科,教学时

---

① 祝志学:《小学复式教学法》,上海:中华书局,1936年,第82页。
② 王人驹:《小学复式教学述要(续)》,《小学教育月刊》(温州)1933年第2期,第9页。
③ 张粒民:《复式教学法》,上海:世界书局,1933年,第24页。
④ 道尔顿制,即美国教育家帕克赫斯特20世纪初创行的一种个别化教学形式,其主要原则是自由和合作。
⑤ 温州市教育志编纂委员会:《温州市教育志》,北京:中华书局,1997年,第143页。

长应是最多，其余各科也要按照标准设立。复式教学日课表的编排方法主要有同时间同教科、同时间异教科两种。① 同时间同教科，即在同一时间学习同一教学科目，这样的做法易于集中儿童注意力、使用新式教法。而同时间异教科，则是儿童在同一时间内学习不同的科目，这样的做法可以免除教师的劳动不均，但是在实际应用时最普遍是把二者相结合。除此之外，复式教学还需注意高年级和低年级、直接教学和间接教学间的配合。

在教学形式方面，复式教学最主要的教学形式就是直接教学与自动作业相结合。复式班学生的学习程度各不相同，教师只能对一组儿童施行直接教学，其他各组既不能让他们坐着无事，也不能让他们盲动骚乱。"所以复式教学的关键，不在直接教学问题，而在自动工作问题。"② 自动作业是学生自主学习教学内容的一种学习形式，这难免会出现学生注意力不集中的情况，所以教师需要合理分配任务、简明安排指导、及时提供解答，并在直接教学时，帮助学生改正错误。"教学原是教儿童怎样去学习，教师不过从旁指示种种经济的学习法，绝不仅仅机械的传授。"③ 自动作业便很好地体现了主动学习这一思想，它将学习主动权交给了学生，是教会学生怎样学习的重要途径。成功的复式教学，应注意自动作业的要则：第一，时间和分量分配适合。"与其在短期时日内作长时间的学习不如在长期时日内作短时间的练习"④，复式教学的自动作业要和他组的直接教学相结合，所以时间和分量的支配应力求适当。时间充裕，则自动作业分量可多些，时间局促，自动作业分量可少些。教师也要注意年级高低的区别，低年级的自动作业时间应该短，分量也要少一点，次数可以多些，高年级反之。第二，准备要周到。如学习材料的预定、教具教物的整备、答案的预备等。第三，要利用优等生做助手。⑤ 优等生的语言表达能力和榜样作用显著，学习效率较高且效果好。教师如果能利用优等生检查全级儿童学习结果，维持学习秩序，既节省教学时间和精力，也锻炼了儿童学习互助的精神。第四，要避免声音的冲突。直接教学和自动作业都需要发声，难免互相妨碍，所以需要事先干预，尤其是要求自动作业不可发出过高的声音，所以需要事先干预，尤其是要求。第五，注

---

① 陈卓然：《复式学级日课表的编排》，《小学教育月刊》(温州)1934年第9期，第9页。
② 王章阁：《省立处州初中附属小学复式教学自动工作的研究》，《浙江教育行政周刊》1934年第38号，第49页。
③ 徐能显：《复式教学中的儿童自动学习问题》，《浙江教育》1937年第1期，第41页。
④ 徐能显：《复式教学中的儿童自动学习问题》，《浙江教育》1937年第1期，第45页。
⑤ 王人驹：《小学复式教学述要(续)》，《小学教育月刊》(温州)1933年第3期，第5页。

意结果。① 教师的周密检查,可以引起学生的重视和兴趣,检阅可以是口头问答和巡视订正,或课后批改,或由儿童分别报告,或由学生交互订正,或由助手代为检阅。总之,复式教学的自动作业更加强调良好的秩序和自学能力,将学习的主动权交还给学生。

在教学法方面,温中附小倡导在复式教学下使用西方新教学法。20世纪30年代,西方新教学法诸如葛雷制②、道尔顿制、设计教学法③在中国十分流行。1930年,温中附小开设设计教学班,翌年举行设计教学演示,并刊出《低年级设计教学概况》,对各县小学起积极引导和示范作用。1934年,《浙江小学教育》第二卷第七期特刊"设计教学专号",委托温中附小编辑,载有《谈谈设计教学法》《把设计教学推广到农村小学里去》等文章。④ 从上述事例可以看出,当时温中附小的教师不仅研究西方教学法,也注重向地方小学推行西方教学法。新式教学法注重发挥学生的主动性,对于教师要求过高,如果按照标准实行,显然并不适合教育条件有限的民国小学,因此只要能够在复式教学中体现新教学法的精神就足够了。以设计教学法为例,它的教学核心是让学生有目的地活动,那么在复式教学中,让儿童自动、自发地学习,就体现了设计教学法的精神。如果把年级学科完全打破,实行大单元设计,让学生根据自己的水平承担合适的任务,也是设计教学的运用。所以复式教学既可以运用新教学法的精神,也可以完全实施新教学法。如一个复式学级实行设计教学法的简例:⑤

【中心】组织国货贩卖团

【学校】二四年级(以下简称二四)

【时间】某年某日到某日

【动因】因报告倡用国货会的来函引起

【动波】自本单元发生到国货贩卖团组织成立

---

① 魏学仪:《复式学级自动作业的研究》,《江苏省小学教师半月刊》,1934年第7期,第26页。魏学仪:《复式学级自动作业的研究》,《江苏省小学教师半月刊》,1934年第7期,第26页。
② 葛雷制是一种教学制度,亦称"双校制""二部制",即将全校学生一分为二,一部分在教室上课,另一部分则在体育场、图书馆、工厂、商店以及其他场所活动,上下午对调,解决了葛雷地区学校少、供不应求的矛盾。
③ 设计教学法,即设想、创设一种问题的情景,让学生自己去计划去执行解决问题,它是一种有目的、有计划、有实际活动的学习方式。
④ 温州市教育志编纂委员会:《温州市教育志》,北京:中华书局,1997年,第149页。
⑤ 王晓梅:《复式教学与新教学法》,《小学教育月刊》(温州)1934年第9期,第6页。

【动果】本单元施行后,儿童可以得到下列好处:第一,爱用国货。第二,认识国货。第三,经商常识,生产观念。第四,分工合作。

除了注重学生的能动性,复式教学法也注重适应特殊的学情。乡村小学因为经费限制,教师不多,大多是一个单级编制或二学年复式编制,其中的学生受教育程度复杂,一些学生年龄较大,但是知识水平低下。因此复式教学须以学生学习程度和学科为标准,对学生进行分团后,再分别实施合适的教学法。

因学生程度、数量不同,复式教育在教学形式、教学组织管理、教学法上都显示了其复杂程度,但在温中附小的研究下,复式教育有了相对完整的理论体系,这对于进一步在地方小学推行复式教育无疑是有益的。

三、温州复式教育的推动与没落

地方教育辅导制度是民国政府改进初等教育的重要制度。从民国教育环境来看,当时大部分教师都不是师范毕业生,教师素质普遍不足。为解决这个问题,最好的办法就是对在职教师进行辅导,以增进其教学效能。1930年,第二次全国教育会议通过了《改进初等教育计划》,要求建立辅导制度,进行教育革新,该计划规定"浙江省教育厅对小学教育的辅导研究工作制度进行分级,即省级、省学区级、县市级、县市学区级等四级"[①]。为了更好地贯彻教育指令,浙江省学区辅导机关一般由各省立附小承担,由其传达上级教育方针与精神,并由附小教师担任辅导工作,同时专门选举人员担任地方初等教育辅导员。温中附小是温州唯一省办的小学,因此除了实施小学教育以外,还设立地方辅导教育部,承担师范教育实习和地方辅导的任务。温中附小先后设立了研究员和辅导员,研究员负责研究各科教学问题,辅导员负责将研究的结果推广至各地方小学。温州学区地方初等辅导员,1930年为潘育才、1931年为周俊卿、1932年为王仰千、1934年为孔伯陶。温中附小的研究员,1928年为王晓梅、孔伯陶,1930年为张景远,1931年为孔伯陶,1934年为黄禹石。[②] 需要注意的是,上述人员除了在温中附小任职以外,往往还兼具其他身份。如王晓梅在1936年从事永嘉县第一学区义教推行,1939年担任永嘉县教育会职员,王人驹在1927—1928年间担任过

---

① 温州市教育志编纂委员会:《温州市教育志》,北京:中华书局,1997年,第488页。
② 温州市教育志编纂委员会:《温州市教育志》,北京:中华书局,1997年,第562页。

永嘉县教育局局长,孔伯陶在 1928 年与王晓梅一同兼任试验研究系职员,又在 1934—1936 年担任乐清县教育科代科长。可见,他们不仅具有教师身份,还兼具地方教育"官员"的身份。他们能够与所属各县教育局、督学、学校教育指导员、教育厅代表共同参加第十省学区辅导会议,与县长、教育局局长、县督学、学校教育主管课课长、学校教育指导员、区教育员共同组成县辅导会议。① 在层层辅导会议中,形成了上级辅导机关与下级辅导机关紧密的关系,确保了省教育厅指示贯彻的一致性。

  为了促进地方教育研究的积极性,浙江省教育厅会给予省学区一定经费的支持。在辅导制度成立以前,浙江各省立附小就已经开始了小学教育研究,1928 年浙江大学普通教育管理处"将试验研究定为各附小校务的一种,并增加附小经费,添设试验研究员一人,负全校试验研究的责任"②。在经费补助的情况下,温中附小设立试验研究系,开始有计划、有中心的教学研究工作,研究结果初有成效。为了更好的开展教学研究,1933 年度浙江省地方教育辅导方案规定"省学区辅导会议经费,除由省款拨补外,应有县市,省立学校附属小学,省立或代用省学区民众教育馆,分等或平坦"③。于是各级辅导会议在完备的组织管理下定期举行,每年 4 月召开省辅导会议,5 月举行省学区辅导会议,讨论研究初等教育实际问题。地方各级辅导会议在时间上出现了明显先后顺序,其中一个重要的原因是为了确定下级会议的主要内容。在省辅导会议上通过的研究试题,会通过省立附属小学逐级传递给省学区、县市学区辅导会议,所以尽管全省地方小学有不同的教育教学问题,它们的研究中心都会围绕该年度"教厅指定的试验研究工作"④。复式教育作为普及义务教育的重要工具,受到浙江省教育厅的重视,也因此成为辅导会议的重要研究内容。1935 年《浙江教育行政周刊》第六卷第二十一、二十二期合刊是专门针对复式教学研究的中心号,省立严州初中附小、省立六中附小、省立处州初中附小等都对复式教学的教材教法、学级编制进行了探索。温中附小作为省立小学,自然也承担起温州复式教学的研究,1933 年第十省学区辅导会议通过 50 个研究课题,其中有关复式教学的有 4 个,具体内容如下:复式教学自动作业实施法的研究;复式教学助手训谏方法的研究;复式教

---

① 温州市教育志编纂委员会:《温州市教育志》,北京:中华书局,1997 年,第 170 页。
② 庄泽宣、华俊升:《浙江教育辅导制研究》,上海:中华书局,1936 年,第 33 页。
③ 《浙江省地方教育辅导方案》,《浙江教育行政周刊》1931 年第 7 号,第 6 页。
④ 孔伯陶:《三年来之试验研究工作概要》,《小学教育月刊》(温州)1933 年第 4 期,第 18 页。

学的直接教授方法的研究;复式教学的日课表编排法研究。① 1934 年度温州地方辅导会议计划,要求各县地方小学注意研究复式教学的教学方法。可见,复式教学的研究是在省教育厅的推动下,借助地方教育辅导制度,逐级向地方渗透。

复式教育研究在温中附小的推动下,于 20 世纪 30 年代初达到了高潮,但是却在此后每况愈下。时人对此评价说:"民元以来,复式教学上的地位,时起时落,这种盛衰的原因,并不是复式教学本身的地位有所起落,实是国人对于推行义务教育之注意与否而转移"②。普及义务教育一直是民国政府的重任,然而根据浙江省义务教育委员会调查,"全省总计失学儿童共一百三十二万九千六百六十一人,绍兴地区最多,吴兴平阳永嘉萧山临海余姚等次之,杭县嘉兴海宁等又次之"③。从数据来看,浙江省义务教育状况并不理想,除了内部困境,当时的中国还面临着日本的入侵,可以说"我们现在的教育是和亡国赛跑"④。日本发动侵华战争,无疑打乱了本就艰难的中国近代教育改革进程。至 1935 年,教育部颁布《实施义务教育暂行大纲》,要求在十年内按照一年制、二年制、四年制短期小学来完成义务教育,教育对象为年满九岁至十二足岁的儿童。短期小学的出现,是民国政府为普及义务教育在教育年限上做的妥协,这种转变也使得教育界的注意力从复式教育向短期小学转移。短期小学的学级编制以二部制为主,各校视学校及地方情形分别采用:全日二部制、半日二部制、全日半日混合二部制。⑤ 简单地说,二部制就是将儿童分成甲、乙两个部,由教师轮流对其进行教学。二部制和复式教育都是在教育资源匮乏的条件下采取的教育手段,但在实际应用中,二部制显示了其优势。与复式教育相比,二部制教学可以避免教学间的相互干扰。以半日二部制为例,教师对不同教室的甲、乙两部学生分别进行半日的直接教学,因此甲部同学在直接教学时发出的声音不会干扰到自习的乙部学生。二部教学在时间分配上也比较灵活,可以适配不同情况的地方小学。与城区儿童相比,乡村儿童的不同之处在于长时间忙于农活,如果强行让学生全天待在学校学习,不免会影响家庭生计,给儿童入学带来了家庭阻力。而二部制灵活的教学时间允许学生半日在家,半日来校,这样既不耽误学生做农活,也保证了学校教学,有效解决了儿童因生计不能入学的问题。除此以外,二部制的可操

---

① 王人驹、孔伯陶:《致本省学区内中心小学》,《小学教育月刊》(温州)1933 年第 3 期,第 31 页。
② 蒋克勤:《复式教学研究》,《浙江小学教师半月刊》1941 年第 1 期,第 9 页。
③ 《本省教育活动消息》,《浙江教育》1935 年第 1 期,第 229 页。
④ 张宗麟:《短期义务教育是什么教育》,《基础教育》1935 年第 1 期,第 9 页。
⑤ 《实施二部制办法》,教育部普通教育司:《义务教育法令汇编》,1937 年,第 28—29 页。

作性强,教师可以采用普通教学法,而复式教学则对教师有着较高的要求,在当时师资紧缺的情况下,二部制无疑是普及义务教育的更优选择。因此,在日渐困难的教育环境之下,浙江省教育厅积极推行二部制,通过地方辅导制度指定省立学校附属小学试验研究二部制,鼓励地方举办短期小学,并提出酌量增加其教师薪资。① 20 世纪 30 年代后期,在省教育厅的指示下,各省学区的研究重心转移,二部制渐有取代复式教育之势。

1937 年抗日战争全面爆发,温州常遭日机轰炸,大多数学校迫于形势搬迁至乡村,师资流失严重,教育发展举步维艰。为解决学生因战事失学的困难,温州教育界在"永嘉县发起举办战时青年补习班,1938 年在黄禹石、王晓梅等人的主持下,各县中小学教职员救亡组织合并成教育界救亡协会"②。在战争中,温州只能依靠此种方法维持教育。除了学校沦陷,师资缺乏也是教育实施的一大问题。抗战以前,尽管教员素质普遍不足,但仍能维持教育现状,而战乱后大量教员流失,阻碍了教育实施。除了战争的影响,最主要的原因是民国教师待遇差,时人常常用"冷庙萧灯,粗粝自奉"来描述教师的境况,环境艰苦的乡村教师更是如此。③ 而战乱后物价飞涨,不少教师因待遇低微转而另就他职。为了解决这一问题,各县抓紧举办战时教育人员训练团,培训选拔小学校长、教员,以弥补教师团队的流失。另一方面,浙江省教育厅就教师薪资问题先后发布了《规定本省小学教师待遇案》《提高乡村教师待遇案》《浙江省立学校附属小学教职员年功加俸暂行规程》。尽管省教育厅努力提高教师待遇,但是在内外交困的时代背景下,显然是杯水车薪。抗日结束后,社会动荡,小学教员队伍依旧不稳定,"到 1949 年上半年,温州各县共有小学教员 3932 人"④。而复式教育的特殊性对教师有着严格的要求,教师要做到直接教学和自动作业的平衡,针对不同受教育程度的学生进行教学,这都是考验职业素养的难题。因此,在学校沦陷和小学教员缺失的情况下,温州教育界的主要任务集中在维持就学秩序,无力研究复式教育。

教育经费不足阻碍了教育实施。民国时期,"教育经费来源,主要分为寺庙祠堂拨充、学田租息、各种捐款、私人捐助及中央、省定期补助等五类"⑤,但实际

---

① 《本省教育活动消息》,《浙江教育》1935 年第 1 期,第 229 页。
② 永嘉县教育局教育志编纂组:《永嘉县教育志》,北京:海洋出版社,1997 年,第 252—253 页。
③ 温州市教育志编纂委员会:《温州市教育志》,北京:中华书局,1997 年,第 492 页。
④ 温州市教育志编纂委员会:《温州市教育志》,北京:中华书局,1997 年,第 476 页。
⑤ 永嘉县教育局教育志编纂组:《永嘉县教育志》,北京:海洋出版社,1997 年,第 191 页。

征收过程中会遭到各行业的抵制,因此地方教育经费常年不足。据统计,省教育厅编辑的《浙江教育行政周刊》在1931年发布的信息中,就有衢县、慈溪县、汤溪县、德清县、上虞县、嘉善县、武康县、淳安县、余杭县等相继请求加征附税以抵补教育经费。同年,鄞县教育局长叶谦谅、教厅科长罗迪先、杭市教育科长陈成仁、绍兴教育局长董大本四人起草《呈请省党部、省政府、财政厅拨助救济地方教育经费文》,并由十一个省学区代表向浙江省当局请愿,以增加教育经费。[①] 尽管地方和省教育厅积极寻求帮助,但当时国内的经济条件无法给予更多的经费支持。省款拨补不足、地方行业赋税拒交,导致教育经费已无力维持各地正常教育。具体到地方小学,教育经费不足就会直接导致学校缺少完备的仪器设备,乡村小学更是连基本的教学用具都无法供足,那么复式教学需要的教材、教具更是无从指望,复式教学也就无从施展。

结　语:复式教育的两种标准

复式教育是在教育资源匮乏的情况下,民国政府为尽快普及义务教育而采取的一种教育方法。在教育经费不足、师资力量匮乏、校舍紧缺的现实下,"尤非极力推进复式教学不可"成为了社会共识。[②] 因此在省教育厅的指示下,20世纪30年代兴起了复式教育的研究,复式教育的教学组织管理、课程设置、教学形式、教学方法等方面都有了相对完整的理论体系。为了将复式教育推广至人口分散的农村,地方教育辅导会议为各县市提供了教学指导和教学观摩。但是据1936年《永嘉县第一学区各短期小学及短期小学班概况》统计,短期小学及短期班共29所,其中只有6所短期小学、短期班实行复式教学,在学级编制上无一实行复式编制,均为二部制或单式。[③] 从数据可以看出,复式教育在实际推行中并不广泛,这与它高标准的理论体系有关。复式教育的复杂在于教师需要同时安顿好直接教学的学生和自动作业的学生,因此教师是复式教育能否成功践行的重要条件。然而当时小学教员在人数上远远不足,在师范素质上也参差不齐,对复式教师的培养更是无从谈起。各地小学往往只能降低教育标准,"复式教育"

---

① 洪鋆等:《呈请省党部省政府财政厅拨助救济地方教育经费文》,《浙江教育行政周刊》1931年第47、48期附录,第4页。

② 沈光第:《复式教学之理论与实际》,《江苏教育》1933年第11期,第34页。

③ 陈达三:《永嘉县第一学区一年来推行义务教育的概况》,《小学教育月刊》(温州)1936年第4、5期,第89—94页。

一定程度上退化为"合班教学",从而在实际推行中出现了复式教育的两种标准。抗日战争爆发后,温州学校大量沦陷,复式教育显得更为奢侈。根据教育部统计,"浙江省学龄儿童共有 2028134 名,其中接受义务教育的儿童数为 680340 人,占 34%"①,可见教育普及仍是困难重重,如何在资源有限的情况下实行普及教育成为民国政府所要解决的重要难题。为了解决这种困境,政府加紧普及教育的步伐,转而推行一年制、二年制、四年制短期小学,教育年限的降低反映了民国政府继续承担大规模的普及教育的无力。蒋克勤认为,"国民政府教育部颁布第一期实施义务教育办法大纲,及短期义务教育实施办法大纲二种,明白认定义务教育之推行,是要借重于复式教学的"②。无论是短期小学还是复式教育,二者在本质上都属于合班教学,能适应当时教育经费紧缺的情况。尽管标准的复式教育在实际中并不常见,但它的价值是无法否定的,短期小学在学级编制上多采用二部制,将学习程度相似的学生分别编成两部,进行轮流教学,这与复式教学存在异曲同工之妙。但不同的是,短期小学对教师没有严格的要求,在教学上实行普通教学法,因而更容易在教员紧缺的情况下推行。从复式教育到短期小学,它们都是民国时期普及教育的一种尝试,这种转变呈现教育标准不断降低的趋势。它反映了 20 世纪 30 年代温州义务教育的情况,尽管在王晓梅、孔伯陶、王人驹等温州重要教育人物的带领下,地方小学的数量和规模有了发展,但由于经费不足、社会动荡、学校师资缺乏等诸多因素,温州的教育普及不断降低标准,就总体而言没有在 20 世纪 30 年代步上正轨。

民国建立以后的 20 余年里,中国教育事业一直在"追赶""开快车",民国政府在 10 年内先后出台《八年普及义教计划》《义务教育初步计划》《一年制四年制并进的义务教育计划》,不断调整普及计划,制定办法大纲,不可谓不用心。然而教育的普及却始终没有得到显著的成效,"中国教育失败了""中国教育破产了""中国教育走错了路"的呼声此起彼伏,为此,教育界不断寻找新的方式,各种教育思想层出不穷,复式教育、短期小学不过是其中的一部分。③ 既然民国时期的整个社会都为普及教育做足准备,结果为什么还不尽如意?这或许是当时社会缺乏一个"根本的解决"。从 20 世纪 30 年代出台的普及计划来看,它们失败的原因都与教育经费不足有关。以 1935 年《短期义务教育办法》为例,教育部规定 1935 年度筹集 240 万元,1936 年度筹集 460 万元以补助各省市义务教育经费,

---

① 《各省市地方现受义务教育儿童数》,《教育杂志》1935 年第 8 号,第 135 页。
② 蒋克勤:《复式教学研究》,《浙江小学教师半月刊》1941 年第 1 期,第 9 页。
③ 曹孚:《中国教育之生命线》,《浙江教育》1937 年第 2 期,第 16 页。

同时地方再根据实际情形自筹若干经费。[①] 与先前的普及计划相比,1935年的办法大纲更加详备,民国政府对教育经费的筹集做出了明确的规划,但在民生萧条的社会,教育部拿不出足够的经费拨补,地方也无法自我筹集,教育经费不过是"一纸空谈",最终普及计划就此作罢。教育经费的不足仅仅是民国社会问题的表象之一,它折射出的是民国政府解决中国的时代困境的无力。复式教育和短期小学作为普及教育的工具,其出现是因陋就简的结果,随着社会内外困境愈发严重,继而出现了简而求其次的情况。尽管如此,不断降低标准的普及计划依旧不了了之,这也让我们认清教育的推进不是仅仅依靠弱势政府和几个教育家的小修小补即可奏效,而是需要对社会进行"根本的解决"。

(范晓菁,海宁市聆涛初级中学教师)

[①] 赵欲仁:《实施短期义务教育的几个实际问题》,《浙江教育》1937年第2期,第41页。

乡村师范与乡村改造:平阳郑楼实验乡考察
(1936—1941)

李一帆

摘　要:1936 年,由省立温州师范学校和平阳县政府主导的平阳郑楼实验乡正式成立。平阳郑楼实验乡既是民国政府的无奈之举,也是乡村的师范学校对于乡村改造作出的努力。在近 6 年的实验过程中,实验乡对教育、基础设施建设和卫生事业进行了改造,最后因为日本侵华战争蔓延到温州而被迫停止。这场运动虽中途而废,但在一定程度上仍然有其现实意义。

关键词:乡村建设运动;乡村改造;平阳郑楼实验乡

20 世纪 30 年代,中国乡村面临着巨大的危机。接连不断的天灾人祸造成了经济凋敝,国民党在乡村的统治根基也不稳固。在这时,由知识分子发起的乡村建设运动逐渐发展,形成了一股社会风潮。这股风潮很快吸引了民国政府的注意,并使得政府力量介入其中,用以解决乡村遇到的难题。由此,"乡村建设运动"开始转向"县政建设实验"。目前,学界对乡村建设运动的研究已经相当深入,研究成果颇丰,但未见关于郑楼实验乡的专题探讨。本文研究的平阳郑楼实验乡正是此背景下,由省立温州师范学校主导建设的一个乡级实验区,具有"政教合一"的特点。本文通过对平阳县郑楼实验乡进行考察,力求相对完整地展现其运作体制与模式,从而进一步尝试对其评价和总结。

一、乡村危机与"乡建"运动的兴起

自清末推行新政之后,中国乡村社会仍然危机四伏。落后的社会生产力和生产关系并未得到根本改变,广大农村仍然是以每户为单位的自给自足的小农生产方式。自从清朝政府施行摊丁入亩的政策以来,人口开始激增。据官方统计资料显示,到了鸦片战争爆发的时候,全国人口已经超过了 4 亿。至太平天国农民起义爆发之时,我国人口更是达到了4.89亿之多。[①]而生产工具落后则直接导致了农民收入微薄,往往是入不敷出,导致食不果腹、衣不蔽体。然而20世纪初期的40年更是天灾人祸并行的时期。据统计,10万灾民以上规模的灾荒在1912—1919年间共发生了9次,1920—1927年间共有36次,而1928—1937年间则更是高达118次。[②]加上军阀连年混战,农民的正常生产生活遭到破坏。与此同时,农民所需要缴纳的赋税非但没有缩减,反而变本加厉地与日俱增。早在1926年,中国共产党就已经提出了"二五减租"的口号,并在一定程度上与国民政府达成共识,对国民大革命起到了推动的作用。但减租在实际上破坏了士绅和地主的利益,遭到了他们的抵制。在国共合作破裂之后,国民政府很快地表现出对于地主、士绅阶级的偏袒。1934年,平阳县江南区的农会在反抗国民党减租不力后被视为"共党分子"被迫解散,农民和地主阶级的矛盾依然十分激烈。在这种天灾人祸、苛捐杂税的情形下,资本主义国家为了转嫁经济危机,对中国的经济侵略有增无减,大量的进口使得中国农产品价格大幅下跌,中国乡村的封建小农经济遭受重大打击,濒临崩溃。对于以农业为国民经济基础的农业大国,乡村经济的兴衰直接决定国运的浮沉。事关家国命运,南京国民政府也无法回避这一问题,早在1931年,财政部部长孔祥熙在国民党中央执行委员会政治会议所提交的提案当中,就提出了"农村危机"问题。[③]到了1933年,蒋介石刚刚结束了中原大战,取得了胜利,而破败的乡村经济使国民党南京政权不得不重新考虑乡村治理问题。

与乡村经济凋敝伴生的还有严重的国家基层政治危机。在传统中国,中央权力致力于以最小的成本维系整个统一的帝国,政府一般只在基层政治治理体系中扮演间接的角色,形成所谓"皇权不下县"的情形。清朝以后,科举制度提高了乡村中贤能者的地位,他们在获得功名的同时也被赋予了参加管理地方公共事务的身份,为基层自治提供了重要主体。另外参与到基层自治中的还有书院、寺庙、行会、家族等民间组织。然而乡村士绅阶层在1905年科举制度废除后日渐衰落,使本就分崩离析的乡村社会每况愈下,文盲率居高不下,农民愚昧落后、卫生习惯极差、道德感下降等问题层出不穷,社会中对于改进乡村基层自治的呼声也越来越高。

[①] 周志初:《试析清末农村人口问题》,《江苏社会科学》1993年第1期,第106—111页。
[②] 夏明方:《民国时期自然灾害与乡村社会》,北京:中华书局,2000年,第74页。
[③] 《国民党中执委关于孔祥熙提议设立农民借贷所以拯救农村危机案公函》,中国第二历史档案馆:《中华民国史档案资料汇编》,南京:江苏古籍出版社,1992年,第48页。

自从 20 世纪初期清帝退位,中国知识分子提倡学习欧美近代化,寻求进步和自强,到 30 年代已经具有一定的影响力。在乡村破产成为学界共识时,知识分子开始将力量投入乡村的改造之中,一场寻求乡村进步的运动应运而生。20 世纪 30 年代初,乡村建设实验区在全国发展得如火如荼,尤其是定县、邹平、江宁等实验区的影响力越来越大,使得蒋介石和国民政府开始关注到乡村建设运动。1931 年蒋介石与晏阳初的谈话则坚定了他推进乡村基础建设工作的决心。面临巨大危机的南京国民政府也想利用社会上知识分子和各界仁人志士的力量,来巩固自身的统治。于是乡建运动自然而然地发展起来,其中有由梁漱溟领导的邹平乡村建设运动,以着重于弘扬中国传统文化为特点;有晏阳初领导的以扫盲为出发点的中华平民教育促进会;还有江宁自治实验县为代表的实验县,通过政府和社会共同力量推进乡村自治。1933 年 7 月至 1935 年 10 月期间,乡村建设的主要团体召开了三次乡村工作讨论会,至 1935 年参加会议的团体已有 99 个,出席会议的代表则有 170 余人,[1]规模相当可观。

　　1927 年,国民党在南京建立了政权,完成了表面上的统一。根据孙中山先生所制定的《国民政府建国大纲》,国民政府宣布开始施行"训政"。"训政时期之宗旨,是指导人民从事革命建设之进行……先以县为自治之单位,于一县之内,努力于除旧布新,以深植人民权力基本,然后扩而充之,以及于省。"[2]所以这一时期的国民党政权一项重要工作就是巩固其在乡村的统治。第一次国共合作破裂之后,国民党走上了与共产党截然不同的路径。共产党在失败后敢于总结经验教训,在此基础上建立起了大大小小的农村革命根据地,开展了土地革命,赢得了广大农民的支持。而国民党的利益与大地主阶级息息相关,试图利用地主阶级维护基层统治,引起了乡村社会剧烈动荡。北伐结束后,南京国民政府在全国颁布了《县组织法》,开展县政改革,"目标是以官治训练自治,但实际上却建立了一套陈腐的官治体制","该法实施后,县政府及基层组织病民、厉民现象普遍,吏治混浊,'土劣'横行,勒索不已,贪污泛滥,政治腐败不堪"。[3] 国民党的统治基础本就主要集中于城市地区,乡村始终是其治理的薄弱环节,《县组织法》并不能从根本上摒除国民党在基层治理的痼疾。当共产党的力量不断发展壮大

---

[1]　徐秀丽:《民国时期的乡村建设运动》,《安徽史学》2006 年第 4 期,第 69—80 页。
[2]　孙中山:《制定建国大纲宣言》,《建国方略》,武汉:武汉出版社,2011 年,第 322 页。
[3]　周联合:《法律与体制性腐败——以南京国民政府的〈县组织法〉为例》,《社会科学战线》2010 年第 7 期,第 184—189 页。

时,就迫使国民党政权将目光转向乡村基层治理,重新审视所谓的"县自治"体制,并着手进行改革。

二、省立温州师范学校的"乡建"实验

(一)平阳郑楼地方和省立温州师范学校概况

郑楼位于浙江省南部,地属温州市平阳县,"在平阳万全区占着很重要的地位"。根据1935年的资料显示,当年全镇共有110户人口,总人数为553人。郑楼镇的大部分人都从事农业,总田亩数达1000亩,每年收获约500000斤粮食,平均每年每家农产收入为151.5元。① 同一时期,江南地区农民年平均收入为213.99元。② 相比起来,郑楼的农户收入较低,农村的经济发展处于中下水平。

1906年5月,经学大师孙诒让创办温州师范学堂,并亲自出任学校总理,是为省立温州师范学校的初创阶段。1913年7月,学堂改名为"浙江省立第十师范学校",并于1923年9月与中学合并,又改名为"浙江省立第十中学校"。1932年12月,国民党第四届中央执行委员会第三次全体会议在南京召开。大会作出了关于师范教育的重要决议,是国民政府这一时期兴办师范教育、培养师范人才的基本依据。12月17日,国民政府正式颁布《师范学校法》,确定了师范学校的地位。1933年3月,教育部又公布了《师范学校章程》。按照章程的各项规定,各省都要划定各自的师范区,每一区设置师范学校一所。又因财政困难,当时的情况下很难达成原定目标,只能办成一所。省教育厅斟酌了各旧府区及旧道区的师资训练机关分布情况,认为温属有急需增设的必要。

温州当地著名实业家黄溯初曾出资在平阳郑楼购买土地并建造房屋,设立一所免费的乡村小学,校舍随着学生人数增加而添建,注重推广农村副业。他在得知举办师范学校需要一所校舍的消息后,于1933年7月传讯省教育厅,称"今溯初久客他乡,不复能兼顾校事,愿移郑楼小学校址为省有,充省立温州师范学

---

① 郑洪范:《乡村教育与社会进步——浙江省立温州师范给予郑楼的影响》,《浙江教育月刊》1935年第3期,第43页。

② 谢建:《民国时期江南农民收支状况研究(1920—1937)》,南京师范大学2007年硕士学位论文,第32页。

校,而以小学附属师范,俾清寒子弟仍得沾免费之惠,而先君子遗意亦庶几赖以不坠也欤"①。黄溯初捐赠的校舍对于浙江省的教育事业可谓是雪中送炭。时任浙江省政府委员兼教育厅厅长的陈布雷闻讯,特地撰写一篇杂记,感叹黄溯初的慷慨:"余惟黄君先德能蠲其宾客宴会之资,以教育桑梓之子弟,高风远识,可以为世所矜式矣。"②省立温州师范学校由此设立,开始肩负起改进浙南的小学教育的重大使命。

省立温州师范学校创立两年后,南京国民政府浙江第三特区行政督察专员许蟠云来校与时任校长徐芳田商谈改革政教的方针政策。两人在协商后有了建立"平阳县郑楼实验乡"的想法,并拟定了详细的工作大纲。1936年元旦,由政府划定古郑、岗头两乡合并,以郑楼为中心,成立平阳郑楼实验乡,由校长徐芳田担任乡长,副乡长两人,由事务主任胡定侯兼任,另一副乡长由原郑楼乡乡长王伯胪担任。至此,郑楼实验乡正式成立,暂定实验时期为三年。

虽然平阳郑楼实验乡的正式成立时间为1936年元旦,但是省立温州师范学校的乡村建设工作却可以一直追溯到1933年。学校从一开始设立的目的,就在于"救亡图存,教育为一种社会的工具","把复兴民族的心理基础,建设起来,培养青年的民族意识"③。在开办的当年,学校就设置了民众教育馆,以语文教育、卫生教育为重心,以养成健全公民为宗旨,开展各项教育活动。这些活动在一定程度上取得了成果,如1935年的浙江教育月刊上登载了师范三年级学生郑洪范的文章,指出浙江省立师范学校对郑楼的影响,包括经济生活上的改进和教育文化上的发展,认为"乡村教育发展的过程中把乡村改善很多了"④,也正是在认识到乡村教育的力量后,实验乡的设立才更为顺利。

(二)郑楼实验乡的组织架构和"乡建"计划

平阳郑楼实验乡"不同于山东的教支配政,也不同于别地的政支配教,这个实验乡是政教居于平等地位的",也就是所谓的"政教合一"。⑤值得注意的是,

---

① 黄群、卢礼阳:《捐郑楼小学校址移办温州师范致省教育厅函(一九三三年七月)》,《黄群集》,上海:上海社会科学院出版社,2003年。
② 省立温州师范学校:《温师史略》,《温师》1936年第4期,第41页。
③ 此内容为《温师》1935年创刊号发刊词,由徐芳田撰写。
④ 郑洪范:《乡村教育与社会进步——浙江省立温州师范给予郑楼的影响》,《浙江教育月刊》1935年第3期,第50页。
⑤ 佩芳:《政教合一的平阳郑楼实验乡》,《东方杂志》1936年第10号,第112—115页。

这里的"政教合一"与晏阳初所倡导的定县实验并不相同。定县实验是由晏阳初率领平民教育促进会展开的一场乡村建设运动,这里的"政教合一"是指学术的工作与政治的工作结合,形成改良社会的效果。然而平阳郑楼实验乡的"政教合一"指的是乡村师范学校——省立温州师范学校与平阳县政府的紧密结合而完成工作。实验乡首先对县政机构进行初步改革,具体人员构成及组织系统如图1所示。在实验乡内,"举凡重要工作人员,概由本校师生担任。本校校长担任乡长,原来乡长任乡副,总干事由本校教员担任,凡遇到需要全体参加的事情,即由全体师生协同参加工作"①。这样的人员结构组成和权力运行方式和原来的机构组织有很大的区别,也具有明显的优势。首先,由省立温州师范学校的师生担任重要工作人员,他们有一部分是土生土长的平阳人,对当地的风土人情更为了解,也能够更顺利地与当地居民沟通来开展工作;有一部分是深谙乡村建设的知识分子,他们掌握实际权力后,更有能力将资源合理分配、利用,产生更大的效益。其次,平阳县政府与温州省立师范学校处于同等的地位,一方面提供咨询作用,弥补了学校师生对于政府工作不够熟悉的缺陷,在保持原有一部分职权机构稳定的同时进行实验乡的工作,另一方面也保障了实验乡的资金来源,为实验乡的工作展开加入了强劲的助力。

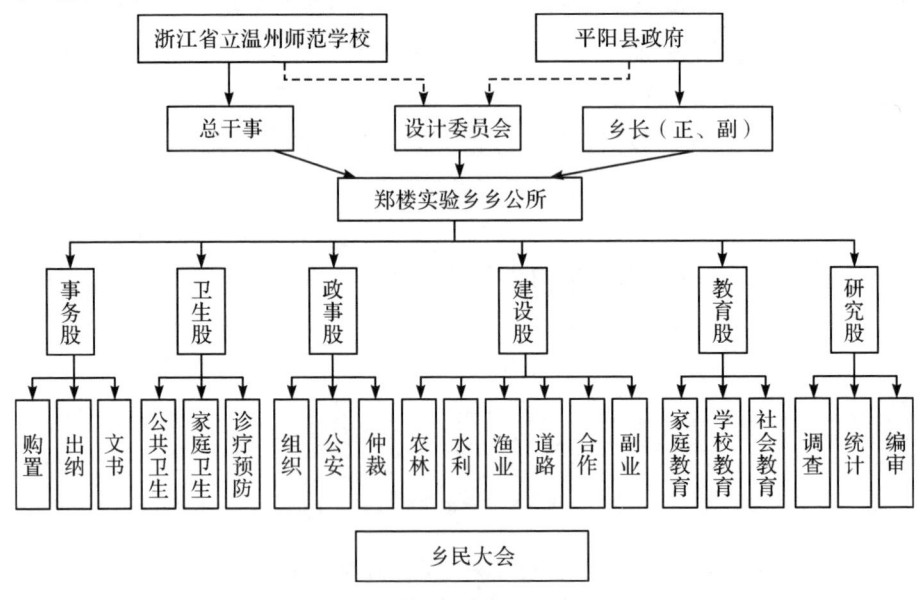

图1 乡公所人员构成及组织系统

① 《通讯:平阳县郑楼实验乡概况(附图)》,《浙江自治》1936年第1卷,第10页。

从图1中可以看出,设计委员会由县政府和浙江省立温州师范学校选出,并对其负责,浙江省立温州师范学校和平阳县政府分别任命总干事和正、副乡长,成立郑楼实验乡乡公所,下设事务股、卫生股、政事股、建设股、教育股和研究股六个部门,分别分管相应事务。与早期由学校以教育为重心,单独推广的乡村建设事业相比,此时的实验区的工作更加全面,也更着重于社会基础建设、医疗等保障乡民基本生活需要的方面。

实验乡正式成立的半年后,建立了推广事业委员会,共设有委员11人,由校长聘任,下设语文教育组、生计教育组、公民教育组、康乐教育团,在实际工作中担当审核的角色。语文组由周启才、周复勉负责,公民组由梁克任、林春虬负责,康乐组由方辅桓、王兴佺、胡旭庚负责,生计组由金志文、周恩铭、秦剑倚负责。其宗旨为:"打破学校围墙,以学校为中心,取政教合一,寓政于教的方法推进地方自治。"实验乡的工作由乡公所制定,根据浙江省颁布的各项法令和平阳县当地的实际情况,并参照全国各地的乡村建设实验结果来拟定详细计划,提请设计委员会通过,方可施行。郑楼实验乡分不同事业股制定了工作计划[①],并于1936年公布,具体如下。

1. 研究股

(1)进行户口调查。(2)统计并绘制各项调查表。(3)绘制本乡详细地图。(4)研究本乡民风习俗及经济状况。(5)研究本省及外省各种乡教实验等事。(6)编制工作报告。

2. 教育股

(1)举办岗头、倪岸、郑楼三处民众夜校,及妇女补习班。(2)举办张家阁民众阅报处。(3)设立郑楼民众教育馆。(4)举行通俗讲演及其他宣传。(5)定郑楼张家阁为义教中心实验区。(6)每周张贴壁报。(7)特约模范家庭。(8)家庭访问。(9)参加政务股壮丁训练。(10)举行民众业间同乐会。

3. 建设股

(1)建设张家阁至岗头道。(2)组继岗头草席运销合作社。(3)改进原有合作社。(4)举行造林运动。(5)提倡农村副业。(6)举办特约农田。(7)整顿村容。

---

① 《通讯:平阳县郑楼实验乡概况(附图)》,《浙江自治》1936年第1卷,第11页。

4.政事股

(1)改选保甲长并健全其组织。(2)组织调解委员会。(3)召集乡民大会并宣布其工作计划。(4)聘请本乡有阅历资望者组织乡政委员会。(5)分期实施抽签壮丁训练。(6)订各种公约并督促实施。

5.卫生股

(1)举办乡村医院。(2)施种牛痘。(3)取消浮厝①。(4)举办家庭清洁检查。(5)举行婴儿健康比赛。(6)举行卫生运动。

6.事务股

(1)购置并保管应用器具。(2)拟撰文件并答复外来函件。(3)整理乡容,并办理乡村公园或风景区。(4)订定各项办事细则。(5)办理其他不属于各股的事务。

从工作计划中可以看出,平阳郑楼实验乡的工作主要在于改善教育、基础设施建设、政治和医疗卫生等方面。制定工作计划后,为了更好地了解本地居民的实际生活情形,省立温州师范学校在进行具体工作之前对郑楼乡的基本情况进行调查,着重调查了郑楼乡的户口情况和生活状况,包括户口职业、教育程度、婚姻状况等。学校组织了师范三年级学生担任调查工作,所有三年级学生分为三组,并将郑楼划分为三个区块,每一组学生负责调查其中一块地区的情况,等所有调查工作完成之后,最后再由一个学生负责统计整理。如师范三年级学生郑洪范在对郑楼进行详细调查后撰写了《乡村教育与社会进步——浙江省立温州师范给予郑楼的影响》,其中记录了郑楼的户口人数、职业分配、田亩总数与收获数目、郑楼农家平均农产物收入价值等。

(三)郑楼实验乡的"乡建"事业

作为20世纪30年代乡村建设实验中的一部分,郑楼实验乡的工作也同样涉及教育、政治、经济、文化和卫生等广泛领域。但由于各区域间有着不同的特点,参与者与其建设的思路也不尽相同,郑楼的工作又体现出不同的特色。

第一,乡村教育。作为一所师范类高等院校,省立温州师范学校对平阳郑楼实验区的教育改造非常上心。师生认为,完成地方自治这一命题包括了"地方自

---

① 习俗的一种,用砖头和石块将棺材的四角垫高至三寸,暂时不入土归葬。

治的组织、地方自治的实施、地方自治的指导以及有关地方自治的教育建设"等事项,而其中最重要的"要算普及地方教育一个问题最重要",因为"地方自治能否完成,与教育能否普及大有关系"。① 所以在他们看来,当时教育的重要实际工作就落脚于创办民众学校、提倡语言教育、提倡识字运动,以救济一般不识字的青年。

省立温州师范学校在附近的几个较大的乡村里创办了若干所民众学校,如岗头民众学校、倪垟民众学校和在张家阁设立的书报社等。这些民众学校都并没有专门的校舍,如岗头民校暂借岗头小学为校址,而倪垟民校暂借倪氏宗祠为校址。民众学校分成青年班、儿童班、男女混合班三种班型,其中青年班和男女混合班又分为初级、高级两个层次,施行分组、分层教学的同时更侧重于青年班。学生需修满四个学月的课时方可结业,并获得证书和物资奖励。民众学校设教导主任和校长,教员由省立温州师范学校的师范学生担任,通过排班的形式轮流授课。为了减轻民众学校学生的教育成本,在更大程度上普及教育,学校为来上课的学生发放书籍和文具。据统计,岗头、倪垟两所民众学校的学生共有一百五十名,形成了一定的影响力。

学校设置的课程与乡民的日常息息相关,包括公民训练、国语、算数、常识、珠算和家事等,而在这些课程之中,又更倾向于国语和算数的教学。教材由省立温州师范学校的师生自行选择,特意挑选"适合现代社会潮流,适合民众生活需要"的教本,如国语采用了陶行知所编的"老少通"的施教步骤进行了教学,在实际操作中也取得了不错的效果。②

民众学校在思想道德教育、政治教育方面花了不少心思。学校内设置壁报,由指定的教员按期粘贴时事新闻,进行宣传教育。每个月教员都与学生进行个别谈话,其内容涵盖履历、家庭状况、读书志愿、学习状况、社会关系等方面。

第二,乡村基础设施建设。郑楼实验乡的建设工作可以分为四个方面:建筑张家阁至岗头的道路、督促乡民清理水路、修正岗阁农村合作社的社章和调查本乡各地的守垟谷的数量。

经过调查,实验乡的师生发现从张家阁去往岗头的路共有两条,一条为石路,另一条为泥路。石路虽然便于通行,但路程遥远,必须绕过倪垟,很费时间;泥路路程较近,然而一到雨天就泥泞不堪。两条路对于两地人民的交往沟通很

---

① 杨载赓:《我们所办的几个民众学校》,《温师》1936年第2卷,第34页。
② 杨载赓:《我们所办的几个民众学校》,《温师》1936年第2卷,第38页。

不方便，不仅影响了两地的经济发展，对于两地学龄儿童的入学也有相当不便之处。经过研究，乡公所决定另开一路，达到方便交通的效果。后来实验乡决定将原有的泥路加宽，并在原路基础上沿路两旁各铺上石板，使其在雨天也能够便于通行。项目于当年二月十二日开工，由沿路两旁各农户自行建设奠基。

实验乡中有一河道，起着河路运输的重要作用，为实验乡与外界沟通的渠道之一。然而河道中有野生荷叶生长，并有蔓延之势，严重影响了进出往来舟楫的通行。这一问题甚至引起了平阳县政府的注意，并将其划入国民劳动服务征工项目以内。实验乡政府相应县政府号召，依照其规定的日期督促乡民打捞荷叶。这项工作将整个实验乡划分为十四个区，每区派省立温州师范学校的两名学生前往督促。经过两日的打捞，野生荷叶已经清除完毕，河道的通行也恢复了正常。

岗头和张家阁曾举办岗阁农村兼营信用合作社，两地农民加入后积极性颇高，取得了不错的成绩，获得了平阳县政府的奖励。在实验乡诞生一年后，乡内各种政策都有相应的更改，按照规定，凡合作社都应该依照新的办法修订新的章程，重新进行登记。由岗阁农村合作社主席郑世长提出请求，乡公所政府予以批准，定于1937年4月10日召集该社全体社员举行大会，并在会上讨论应修改事项。

依照平阳县原有之俗例，在农村收获季节，农民需上交政府一部分稻谷。上交的稻谷一部分作收获时守垟之用，另一部分则用于慈善事业。然而不是所有农民上交的稻谷都是一样多的，一般来说将各农民分为"本垟"和"客户"。"本垟"即本地人耕种本垟田的佃户，"客户"即客地人耕种本垟田的佃户，"客户"应缴纳的守垟谷比"本垟"应缴纳的守垟谷多很多，甚至是后者的两倍之多。各地的"本垟"所缴纳的守垟谷因其风俗不同，也是不一样多的，因而会导致乡内各地的征收数量不均匀，如有些地方收二斤，另有一些地方收七斤。乡民的负担不均，就会使得乡内时有纠纷，不利于正常的生产生活。实验乡为了平均各地征收数量多寡，明确各地农民附加之负担，对各地守垟谷数量进行调查，并将调查结果公之于众，包括了雅周、陈交大、胡交大、下里、郑楼、前垟等地的每亩征收数量、征收守垟谷总额、用途等。调查结果中显示，守垟谷不仅用于守垟工资，而且提供给古郑小学以资助学生，或是用于清偿修筑道路、修建寺院的费用等。

第三，卫生事业。郑楼实验乡的卫生事业可以分为以下几项：建立乡村医院、施种牛痘、添设垃圾桶、举行婴儿健康比赛、取消浮厝和举行清洁检查。与原定计划相比，有一些因为实际情况未能够实施。如垃圾管理一项，乡政府考虑到农村的垃圾与城市中的不同，它是农村耕种时的重要肥料。每一户的肥料至少也有三五堆，如果都放入垃圾桶里，那么所需要的垃圾桶的数量就会非常多，乡政府的资金也成为一大棘手的难题;退一步讲,没有几家农户可以将肥料储藏得干干净净,因此并不能用城市管理当中对垃圾的要求来作为当地农村管理的要求。考虑到环境整洁的需求,实验乡在人口稠密或是交通要道之处使用经费设置了垃圾桶,供农户收集储藏垃圾之用。

在卫生事业中,实验乡对乡内各适龄儿童进行了牛痘的接种。在 18 世纪的欧洲,天花每年都会夺走 40 多万人的生命,这是一种来源于动物体内,传染能力极强、致死率极高的病毒,到了 20 世纪才有了预防这种病症的疫苗。尤其是在民国时期的广大乡村地区,医疗资源本就紧缺,广泛接种疫苗能大大减少这种严重传染病流行的可能性,最大程度上防止农民因病丧失劳动力。实验乡卫生股的工作人员对乡内各地的适龄儿童进行每人两次的接种,根据统计结果,一共接种 811 针次。

卫生股对于儿童健康颇为关注,因此特地举行儿童健康比赛,并设置奖品。原在冬季就拟定好了工作计划,又因天气寒冷推迟至第二年五月,并将五月十五日设定为"儿童健康节",在当日上午八时举行儿童体格检查。工作人员在郑楼乡公所礼堂内布置会场,设比赛用大彩桌一张和休息用的椅子若干把,四周悬挂宣传用的材料。比赛共分为四项程序,首先按照规定进行礼仪,其次对来参加、观看比赛的乡民进行报告,大致内容为:"略谓儿童健康,是国家未来幸福,本会此行举行儿童健康比赛,一面以明了本地儿童健康与否及育婴方法是否得当,一面得以灌输育婴知识,使中国儿童个个变成最健全的身体,以谋儿童的幸福,以谋国家及中华民族的幸福。"[①]再次进行演讲,最后开始检查。儿童健康比赛的部分工作人员由省立温州师范学校的学生担任,如身长、体重检查处由校助医和师范生张宗木负责,牙齿检查处由师范生毛鸿钧负责。参加此次比赛的所有儿童都可获得袜子二双以资奖励,得分前十的儿童获得的奖品按照等级分配,由本校学生亲自送去。

三、"乡建"的困境与郑楼实验乡的中断

1941 年 4 月 19 日,日本侵略军攻陷瑞安和永嘉,并在离校 6 里处的沙园登陆。考虑到学生和教职工的安全,学校率领师生退至陶山,并疏散了大部分学生,郑楼实验乡的工作由于战争而中断。在推进实验乡工作的过程中,不管是具

---

① 郑楼实验乡乡公所卫生股:《郑楼实验乡的卫生工作》,《温师》1936 年第 2 卷,第 46—52 页。

有一定知识储备的教职工,还是未经世事的学生,不免都会遇到一些问题。有一些问题是具有普遍性的,如乡民的不信任导致的不配合工作、缺乏地方政府的实质性支持等。

作为所有工作基础的调查统计工作,实验乡的学生曾分组对乡村的情况进行调查。然而在调查过程中,乡民往往不肯透漏实情,对于学生的询问与解释,乡民也总持有半信半疑的态度,如调查年龄时,不是多报几岁就是少报几岁;调查生产时,"没有一个能把生产量实地报告,都是把生产量报少了"①。究其原因,应是乡民认为知识分子下乡统计数据一定是不怀好意,或是加捐,或是抽税。而这仅仅是调查统计一项,乡民就如此不配合,何况是别的工作。另外,调查结果与实际有出入,对于实际工作的展开也是很不利的。

实验乡还曾召开过两次父老联欢会,可以从其相关记载中感受到乡民的不配合。第一次父老联欢会的举办很不顺利,当学生分头去请乡中有名望的老叟时,老人并不服从乡里的指挥,越是有名望,越是要"摆架子"。在会议进行时,父老也很不配合,听不到他们的发言,"只有乡长致开会词和教小学生似的自问自答。会场内所听到的声音,不过是咬饼干和嚼花生米的交响乐而已"。②

一方面,乡民不理解、不配合的原因在于教育的欠缺。所谓"经济基础决定上层建筑",乡村地区的落后贫困带来的另一负面影响就是乡民难以接受和配合出于长远利益的改造。如种牛痘和造林运动这两项工作,如果只是对其长远利益进行宣传和讲解,很少有人能够真正理解实验乡的工作,乡民大多数认为种牛痘的利益高于造林运动,因为种牛痘既不收钱,也不收茶点,实实在在减少了乡民的负担;造林运动虽然在实际上对于当地冲积平原的水土保持起着重要作用,有利于平阳农业的生产,然而其见效过于漫长,也就丧失了对乡民的吸引力,难以使其配合工作。

另一方面,知识分子是否考虑了乡民真正的需求?笔者认为答案是否定的。举建设股的修筑岗阁路工作为例,原是为解决乡民的交通问题而筑路,然而并未考虑周全。这一条沟通了张家阁和岗头的道路长约二百四十丈,这两地的田地都是佃户向住在城里的地主租来的。按照规定,筑路的石条由田地的使用人筑成泥胎,所以佃户不得不比地主多支付一笔费用来修路。另外,筑路所用的另外经费也是来自于佃户,是由实验乡政府向他们按田派捐的。正所谓"羊毛出在羊

---

① 林雄:《工作后得到的教训》,《温师》1936年第2卷,第44页。
② 佩芳:《政教合一的平阳郑楼实验乡》,《东方杂志》1936年第10号,第112—115页。

身上",如若受益人是这些佃户,那他们自然能够配合,然而这条道路对于佃户来说,确实是受益不多的——"道路是筑成了,由岗头到张家阁附小的读书孩子在跳跃。可是在这些进学校的孩子中,谁能够找出一个佃农们的孩子呢?"①难怪那些佃农的配合度不尽如人意。

另外,郑楼实验乡所面临的问题当中,最容易被忽略的一点在于缺乏地方政府的实质性支持。平阳郑楼实验乡的特点之一就在于它是由政府和地方师范高等院校合作举办的一次乡村建设实验,但这种合作并没有完全贯穿整个实验的过程。平阳县政府将地方的某些权力让渡给省立温州师范学校,如在1936年所制定的工作计划中,"改选保甲长并健全其组织"和"召集乡民大会并宣布其工作计划"等举措就说明了省立温州师范学校具有一部分政治权力,而这种权力的来源正是平阳县政府。② 然而平阳县政府并没有为这场乡村建设实验提供足够的财政支持。在修筑岗阁路工作当中,资金的来源为当地的佃户,并非政府的财政拨款,这实际上使得实验乡的工作在各方面都困难重重。

结　论

平阳郑楼实验乡的工作在实际操作中取得了一定的成效,也有相应的不足。究其根本,一切的工作目的在于推广地方自治,通过建设乡村来改造整个社会。这与其他地区的乡村建设运动是一致的。然而平阳郑楼实验乡有其特殊之处,这种特殊之处主要体现在其倡导者和依托、指导思想与侧重点等方面。

第一,从实验区域倡导者和依托来看,平阳郑楼实验乡是由省立温州师范学校和平阳县政府共同创办,既有学术背景,又有政治背景,双方在权力分配上几乎平等,形成所谓"政教合一"的模式。这种模式在当时的背景下较为特殊,称得上是温州平阳县独有的模式。

第二,从指导思想来看,与其他地区不同的是,平阳郑楼实验乡并未直接采用梁漱溟、晏阳初乡村建设的思想,也没有采用黄炎培职业教育的思想。实验乡的工作围绕"打破学校围墙,以学校为中心,取政教合一,寓政于教的方法推进地方自治"展开,在这里能看出实验乡的指导思想中既吸取了陶行知教育思想中的教育改造中国乡村社会的理论,又有因地制宜推广地方自治的要求。与其他采

---

① 佩芳:《政教合一的平阳郑楼实验乡》,《东方杂志》1936年第10号,第112—115页。
② 《通讯:平阳县郑楼实验乡概况(附图)》,《浙江自治》1936年第1卷,第11页。

用政府强制性力量进行实验的地区不同,平阳郑楼实验乡的工作主要是通过非强制性的手段进行感化,最后达到乡村改造的结果。

第三,从侧重点来说,平阳郑楼实验乡的重点工作在于教育方面,这是由倡导者的身份所决定的。省立温州师范学校作为一所地方的师范高等院校,将教学、研究和推广工作融合,在培养人才的同时改进当地乡村社会。乡村改造的各项事业都是由师生共同参与进行的,包括所有工作前的调查研究、民众学校的教学工作、卫生事业的各项具体活动等,都离不开师生的相互配合,对于学生来说也是很好的锻炼机会。

早年学界每每提起乡村建设运动,普遍的观点是失败的。比如国内第一位在改革开放以后系统研究乡村建设运动的郑大华,他2000年出版了专著《民国乡村建设运动》,2006年在《史学月刊》第2期上发表了《关于民国乡村建设运动的几个问题》,这两篇文章都持这一观点。他提到,"就此而言,兴起于上个世纪20年代末30年代初的乡村建设运动是一次失败的运动"[①]。

近年来,随着研究的深入发展和社会主义新农村建设任务的提出,这场运动又开始被学者重新检视。越来越多的研究开始指出这场运动具有的借鉴意义,对其中很多具体措施给予了肯定。比如徐秀丽的《中国农村治理的历史与现状:以定县、邹平和江宁为例》以三个县政建设实验县为对象进行个案研究,从行政、教育、财政、建设以及治安等方面对江宁县进行全面的分析,总结了一些值得借鉴的经验。[②]

具体来看,平阳郑楼实验乡的工作在1941年4月随着日军攻陷瑞安、永嘉而被迫中断,这场运动只维持了从1936年到1941年的短短六年。这六年的工作中,省立温州师范学校的师生以极高的热情投入建设,他们都将彻底地改造乡村社会作为自己的最终目标。不可否认的是,他们并没能达成这个最终目标,这一场运动是失败的。

然而当我们转换视角来看待平阳郑楼实验乡时,评价或许会有所不同。这场运动说到底其实是一场对于乡村振兴、民族复兴的实验与探索,教育界知识分子按照当时的研究与理论对社会进行改良,是在探索一条通向富强的道路。然而我们当下所做的工作,难道不也是对于实现中华民族伟大复兴的探索吗?这是一场持续性的、长期的工作,我们尚且难以在短期内实现目标,又如何苛求处

---

① 郑大华:《关于民国乡村建设运动的几个问题》,《史学月刊》2006年第2期,第52—59页。
② 徐秀丽:《中国农村治理的历史与现状:以定县、邹平和江宁为例》,北京:社会科学文献出版社,2004年。

在国家风雨飘摇时期的前人来完成这一项任务？退一步来说，平阳郑楼实验乡的工作在现实上确实为我们提供了一定的参考价值，具有一定的现实意义。从这一角度来看，我们不能简单地把这场运动评价为失败的。思想教育上，他们积极地开办民众学校、开设壁报、通俗讲演等活动，在一定程度上加快了乡村人民的思想开放和教育普及；经济上，实验乡提倡农村副业和改进原有合作社，增加了乡村人民的收入，推动了当地生产生活技术的改变。

笔者认为，乡村改造运动的出现有其时代背景，也有历史渊源。近代中国社会由于侵略者的入侵和统治集体的腐朽无能，面临着日趋严重的社会危机和民族危机。在传统的"以天下为己任"思想影响下，有大批的知识分子怀着忧国忧民之心，积极投身于民族复兴的变革运动当中。省立温州师范学校的学生大多都是青年人，他们在这场运动中担当着不可或缺的角色，尽到了他们应尽的责任。在他们以后的发展道路中，深入乡村、群众的这一段经历必然会成为他们未来工作的坚实基础。

（李一帆，温岭市泽国镇第四中学老师）

21世纪以来温州华人华侨研究综述

肖心蕊

摘　要:温州是中国著名的侨乡,近年来对温州华人华侨的相关研究层出不穷,涉及众多方面。本文主要对21世纪以来的温州华人华侨研究情况进行分类、梳理和总结,并对今后温州华人华侨研究可以拓展的领域提出看法。

关键词:21世纪;温州;华人华侨

温州是中国著名的侨乡。根据温州市侨联调查,到2021年,全市共有华侨华人、港澳同胞共68.8万人,占浙江省的三分之一,温州籍侨胞分布于全球131个国家和地区。观其海外移民历史,由来已久,据相关文献资料记载,早在宋真宗咸平元年(998)就有温州人周伫去往高丽经商,后被高丽王看重拜官,定居高丽。但温州大规模地向外移民则是在近代,温州侨乡也是随着近代三次移民高潮的出现而形成与发展。

随着温州对外移民的不断高涨,针对温州华人华侨的研究也开始兴盛。从21世纪的相关研究来看,其涉及面之广阔,内容之丰富也属前所未有。在前人研究的基础之上,将21世纪以来的温州华人华侨研究进行了梳理总结,主要可分为有关温州移民问题的研究、有关温州侨乡的研究、有关温州华侨群体的研究三个方面。

一、有关温州移民问题的研究

21世纪以来有关温州移民问题的研究主要可以分成对近代以来温州海外移民历史问题研究以及移民社会问题研究。关于温州移民历史研究,温州市几个重点侨乡都编成华侨志用以研究当地的海外移民历史。2002年《文成华侨志》①编成,重点记述了文成华侨历史、人口分布及华侨在荷兰、法国、意大利、西班牙等国的谋生、创业活动。2007年出版的《乐清华侨志》②记录了乐清历年来的华侨分布情况以及在外留学情况和创业发展情况。2011年《瑞安市华侨志》③的出版填补了瑞安桥界史志的空白,全面、系统地记述了瑞安侨胞与侨务事业的历史与发展现状。除了各地主持修编的华侨志之外,学界对于温州移民历史也有不少论述。章志诚先生撰写的《温州华侨移居海外历史悠久》④一文就温州历来海外移民情况进行了梳理。刘莹的《浙南跨国移民潮的历史变迁》⑤从历史变迁的角度动态考察浙南跨国移民潮的兴衰变化:梳理了历代浙南跨国移民潮的历史变迁,分析了各阶段移民潮的成因及特点,在此基础上进一步分析了当代浙南新移民潮的成因及其发展趋势。作者认为当代跨国移民的成因主要分为国内政策的放宽、移入国政策的变化、侨乡移民文化、长期形成的跨国移民网络这几方面。此外,文章对浙南侨乡新移民潮的发展趋势进行了分析跟总结。除总体的移民研究之外,地方性的移民研究也有不少。徐华炳的《温州乐清海外留学移民特点解析》⑥通过回溯温州乐清市的三次留学高潮,分析留学人员的性别比例、学习专业和侨居国别等来探讨他们的特点;通过实证其对家乡的回馈方式来考察乐清留学生的桑梓之情。尤云弟的《温州市重点侨乡玉壶、丽岙、塘下三镇移民比较研究》⑦采用文献资料、实地考察、人口访谈、数据分析等科研方法,从移民史、出国规模、移民途径与方向、谋生职业、与侨乡关系等方面,对温州市重点侨乡玉壶、丽岙、塘下三镇的移民特点进行比较分析和研究。

有关新移民问题的研究自21世纪以来也逐渐成为热点。"新移民"主要指改革开放后因私出国定居的中国公民⑧,郭剑波教授在《温州新移民出国特点简析》中将改革开放以来的新移民出国特点与近代以来前两次移民高潮作了比较。主要从移民意识、出国规模、移民目的、移民途径与手段、目的国与谋生手段等方面,探讨温州新移民潮的特点。指出改革开放以来移民目的趋向多样化,出国路

---

① 浙江省文成县外事侨务办公室:《文成华侨志》,北京:中国华侨出版社,2002年,第3—8页。
② 乐清华侨志编纂委员会:《乐清华侨志》,北京:中国文史出版社,2007年,第1—8页。
③ 瑞安市人民政府侨务办公室:《瑞安市华侨志》,北京:中华书局,2011年,第6—10页。
④ 章志诚:《温州华侨移居海外历史悠久》,《温州日报》2010年12月9日。
⑤ 刘莹:《浙南跨国移民潮的历史变迁》,《南洋问题研究》2009年第1期,第66—73页。
⑥ 徐华炳、张婷:《温州乐清海外留学移民特点解析》,《八桂侨刊》2013年第2期,第42—47页。
⑦ 尤云弟:《温州市重点侨乡玉壶、丽岙、塘下三镇移民比较研究》,《八桂侨刊》2011年第2期,第52—59页。
⑧ 山岸猛、刘晓民:《中国新移民及其主要输出地》,《南洋资料译丛》2007年第4期,第56—80页。

径以及手段多样化,目的国和谋生的手段也大大拓展。同时作者指出从近几年温州现状的变化看,繁荣的背后隐藏着不少不安的、不稳定的因素,如本土高学历人才的流失,制约着温州的发展。徐华炳教授在《温州海外移民形态及其演变》[1]一文中,以温州海外移民为实证,分析了王赓武提出的四种中国特色移民类型在中国是怎么演进的。在文章中进行了温州海外移民的回溯,同时也就新移民产生的原因及特点进行了分析和解释。作者认为导致新移民产生的主要原因是经济发展的不平衡性和全球化、宽厚的移民链、欧美国家推行非法移民合法化措施。

对于新移民的特点,作者总结为:在移居地选择上,由集聚西欧趋向世界各地;移民方式上,由单一趋向多样化;在就业范围上,突破传统行业,积极拓展新领域。

温州是个典型的移民社会,而近年来关于移民社会的研究正在不断深入。何为移民社会?2007年,任柏强、奚从清在《关于温州移民社会研究几个问题的思考》中提出"移民社会是指相当大规模的外来人口或族群按照一定的需要,以一定方式与本地居民交互作用所结成不同社会关系的生活共同体"[2]。文章通过由外向内移民、由内向外移民、由内向内移民这三种移民视角揭示温州移民社会的发展及其规律。指出温州的移民社会是市场经济社会、契约礼法社会、信息活力社会、多元文化社会。2008年,由任柏强等人编著的《移民与区域发展温州移民社会研究》[3]由人民日报出版社出版,在这本书中,作者运用社区研究方法,从实际调查中获取大量的第一手资料,从社会学与经济学相结合的角度出发,对温州移民社会这一典型个案进行综合研究。郑乐静著、王松林总主编的《日本温州籍华侨华人社会变迁研究》[4]以社会学和语言学的多种理论为基础,聚焦1910年代至今的日本浙籍华侨华人社群,对其社会语言的变迁历程进行历时性和共时性考察。采用社会学的问卷调查和访谈手法,对改革开放以来温州籍赴日者的社会语言等进行深入分析,展现了日本温州籍华侨华人社群的社会语言及身份是如何随着中日两国政治、经济和文化状况的变动而变迁的全貌。

---

[1] 徐华炳:《温州海外移民形态及其演变》,《浙江社会科学》2010年第12期,第80—84页。

[2] 任柏强、奚从清:《关于温州移民社会研究几个问题的思考》,《温州大学学报》(社会科学版)2007年第6期,第1—6页。

[3] 任柏强、方立明、奚从清等:《移民与区域发展温州移民社会研究》,北京:人民日报出版社,2008年,第5页。

[4] 郑乐静、王松林:《日本温州籍华侨华人社会变迁研究》,北京:科学出版社,2015年,第6—8页。

值得注意的是,在移民问题研究上,近年来都由对其具体现象的研究表述上升到相关理论层面的的研究,在移民历史问题方面倾向于构建中国的移民理论来解释中国的移民现象。李明欢教授在1999年的《"相对失落"与"连锁效应":关于当代温州地区出国移民潮的分析与思考》[1]一文中,尝试通过引进国际移民学的相关理论来解释温州地区"出国潮"出现的原因,引起很大反响。2010年徐华炳先生在《理论构建与移民服务并进:中国移民研究30年述评》[2]中分析了改革开放30年以来有关中国移民理论问题的构建与发展,借此更好地在中国国情背景之下对移民问题进行更加深入的研究。

二、关于温州侨乡的研究

温州移民潮的出现使得越来越多的温州人民跨出国门,在国外落地发展。"敢为人先"的精神植根于温州大地,在外的温州人民不怕苦、不怕累,经过一代、二代的累积,很多人已经在外面闯出了一片天地。随着华人华侨队伍的不断发展壮大,也有众多的华人华侨关注到家乡发展,华侨资金开始流入温州,反哺温州经济。在关于温州侨乡研究方面,学界主要集中在有关华侨与侨乡经济问题研究和有关华侨与侨乡建设问题研究两个方面。

据已知文献考证,温州人创办侨企可追溯至1895年,[3]但是对温州侨资研究的文章却很少,最早开始以学术视角进行相关探讨的是2003年蔡克骄、江华的《华侨华人与温州经济》[4],回顾了华人华侨对温州经济发展的贡献并提出了华人华侨与温州经济发展的展望。刘莹的《浙南侨乡经济发展的侨务资源优势》[5]一文在实地调查的基础上,以浙南侨乡为研究对象,分析了侨汇和侨资企业两种侨务资源优势对侨乡经济生活产生的影响。作者认为侨务资源不仅为侨乡经济提供了资金、技术和信息,同时也使侨乡产品走向国际市场,使侨乡的优

---

[1] 李明欢:《"相对失落"与"连锁效应":关于当代温州地区出国移民潮的分析与思考》,《社会学研究》1999年第5期,第85—95页。

[2] 徐华炳、奚从清:《理论构建与移民服务并进:中国移民研究30年述评》,《江海学刊》2010年第5期,第106—113页。

[3] 徐华炳、吴颖:《扩张与失衡:改革开放以来的温州侨资侨属企业研究》,《八桂侨刊》2015年第3期,第50—56页。

[4] 蔡克骄、江华:《华侨华人与温州经济》,《社会科学战线》2003年第2期,第57—60页。

[5] 刘莹:《浙南侨乡经济发展的侨务资源优势》,《华侨大学学报》(哲学社会科学版)2009年第2期,第93—100页。

势资源得以开发、利用,从而推动侨乡经济的发展和现代化进程。2011年中国人民银行温州市中心支行课题组发表的《温州侨资的发展与引导》总结了温州侨资流动的特点,根据侨资的不同用途,将侨资主要分成了赡家款侨汇、贸易侨资和投资侨资三类,分析了其对温州涉外经济的金融效应、需求拉动效应,并针对当前侨资运行中存在的问题提出了相应的对策建议。徐华炳在《扩张与失衡:改革开放以来的温州侨资侨属企业研究》一文中回顾了改革开放后30年的温州侨资企业的发展概况,并总结了其发展特点和原因,提出了对现存侨资企业如何实现转型问题研究的展望。

有关华侨与侨乡建设问题主要体现在华侨对侨乡的慈善捐助方面。徐华炳的《侨胞捐助温州高等教育:回顾与展望》[1]以温州为个案,从捐助的主体、金额、形式等方面回顾了华侨华人与港澳台同胞对中国高等教育的关心和捐助情况。文章分析了侨胞捐助温州高等教育的原因与特点,认为改革开放及侨务新政策的制定、出国人数的急剧攀升及其海外社会地位的提高是侨胞捐助的主要原因。文章总结了捐赠主体多样性、捐赠形式多样化等几个特点,指出了侨胞扶助温州高等教育存在的问题,如表象上的"满足感"和主观上的片面性、高校不善于使用和管理"侨资",同时也对侨胞与温州高等教育的合作前景提出了展望。2016年徐华炳的著作《温州海外移民与侨乡慈善公益》[2]从温州社会的典型移民性缘起,借助历史文献,较为系统地梳理了温州海外移民的历史进程及各阶段的特点,并着重对改革开放以来的温州海外新移民进行了多维度的解读。在此基础上,以慈善捐赠为具体考察点,通过大量的实地调查和个案剖析,阐述了温州海外新移民的爱国爱乡行为,并对其捐赠实践中存在的问题作了探讨并提出建议。

除了对温州市总体侨乡建设的研究之外,对具体市县的侨乡也有不少研究。徐华炳在《温州苍南华侨的历史贡献及其特点》[3]中通过对苍南地区的实地调查,总结了苍南县的基本侨情,苍南县侨胞的主要贡献及特点。在苍南侨胞的主要贡献中提到了通过发展实业,促进家乡经济发展和捐资办学,促进家乡教育事业的发展。杨海娇2014年发表的硕士学位论文《华侨作用下的侨乡建设研究——以温州"侨领之乡"玉壶镇为例》[4]以温州市所辖的知名侨乡玉壶镇为例,

---

[1] 徐华炳、张东平:《侨胞捐助温州高等教育:回顾与展望》,《八桂侨刊》2010年第2期,第66—72页。
[2] 徐华炳:《温州海外移民与侨乡慈善公益》,北京:中国社会科学出版社,2016年,第5—9页。
[3] 徐华炳、柳建敏:《温州苍南华侨的历史贡献及其特点》,《八桂侨刊》2013年第1期,第18—23页。
[4] 杨海娇:《华侨作用下的侨乡建设研究——以温州"侨领之乡"玉壶镇为例》,辽宁师范大学2014年硕士学位论文,第1—9页。

运用田野调查法和历史研究的方法,分析了玉壶镇华侨与侨乡的概况、华侨的参政议政、华侨的捐助之于侨乡教育的提升、交通的发展、文化休闲场所的完善和医疗卫生的进步等方面问题,研究探讨了华侨在侨乡建设中所起的重要作用。

三、关于温州华侨群体的研究

温州华人华侨分布于全球131个国家和地区,在海外的温州人往往以血缘、地缘为纽带而形成温州人聚集区。居住在这些聚居区的温州人,都是各种沾亲带故的亲友,彼此之间都存在着地缘、血缘的关系,而在海外形成以"缘"关系为基础的温州移民社会。[①] 他们为了相互联络感情,实现信息资源共享、互帮互助、维护自身的合法权益往往会组织各种社会团体。

对温州华侨群体的研究往往以地域划分,侧重研究某个国家或者某个地区的华侨群体。麦礼谦2004年发表的《纽约的温州人》[②]一文,总结了20世纪80年代以来温州人在纽约市组成的社区、成立的温州人社区组织以及他们从事的相关职业和置办的相关企业,肯定了他们为纽约市的繁荣做出的重要贡献。在温州华侨群体研究方面也有硕士论文的发表,2006年暨南大学的硕士论文《新加坡独立前温州华侨群体之研究》[③]就着重论述了新加坡独立之前温州华侨群体,通过对温州华侨群体的考察,阐述了新加坡的温州移民概况,分析了20世纪上半叶新加坡温州华侨的生活状况和社会政治运动,总结其特点。同时就若干华侨人物做人物略传,有面有点,能够更加清楚的了解新加坡的华侨概况。该文章填补了之前有关东南亚地区温州华侨群体研究的不足。

日本是温州华侨早期移民定居地之一,对日本华侨群体的研究也有不少。《日语学习与研究》发表的《在日温州人研究——唐氏家族史》[④]首先采用文献实证史学的方法,阐明了从第一次世界大战后期开始的温州人劳工大量移民日本的史实,又采用社会学的访谈手法,通过对在日温州人"唐氏家族"的移民方式、定居过程、生活现状等分析,展现了在日温州人社会的历史变迁。2017年郑乐静所著《温州人在日本:温籍华侨华人口述历史》[⑤]一书出版,该书分上下两篇,

---

[①] 黄英湖:《地缘、血缘观念与温州人的海外移民》,《八桂侨刊》2012年第4期,第15—20页。
[②] 马大任、麦礼谦、邹亘:《纽约的温州人》,《思想战线》2004年第5期,第51—54页。
[③] 梁霞:《新加坡独立前温州华侨群体之研究》,暨南大学2006年硕士学位论文,第1页。
[④] 郑乐静:《在日温州人研究——唐氏家族史》,《日语学习与研究》2013年第3期,第93—100页。
[⑤] 郑乐静:《温州人在日本:温籍华侨华人口述历史》,杭州:浙江大学出版社,2017年,第1页。

共八章,是依据作者在日留学期间所采集的口述录音资料整理而成,记录了32位在日温州人跌宕起伏的人生经历,从中可以窥探在日华侨群体的生活状况和特点。

从上可知,21世纪以来,对温州华人华侨的研究涉及各个方面,涌现了大量的研究成果,呈现一片欣欣向荣的局面,但同时温州华人华侨研究也存在一些不足之处。其一,在温州华人华侨慈善史方面、社会变迁方面的研究相对薄弱,有关的研究论述较少且不够深入。其二,有关温州华侨群体研究以地域区别,专注于单个地区的华侨群体,很少有整体性的华侨群体研究或者对比性的华侨群体研究。

对于华人华侨的研究,内容庞杂,研究领域、研究方法众多。如何立足历史学科,从历史角度出发,博采众长,是将来历史学人在华人华侨研究上应当思考的问题。对于未来温州华人华侨研究,可以从温州华人华侨与温州文化建设的相关方面入手。在改革开放以来,温州侨胞对温州学校、图书馆、博物馆等文化建设贡献颇多,对该方面的文献整理与研究论述还值得学者进一步进行探讨。对温州华侨妇女和留守妇女问题研究是一片亟待开拓的园地。在知网搜索相关文献,仅有一篇2021年发表的《基于地缘的浙南侨乡留守妇女生存现状研究》[1],作者通过问卷调查、群体访谈的形式对浙南地区的留守妇女的生存现状及特点进行了研究。但该文只是停留在数据层面的浅层分析,并未对其进行深入研究。不论是当时移民国外的温州华侨妇女还是温州地区的留守妇女,她们对温州华人华侨史都有着不可小觑的作用,不应该被忽视。

(肖心蕊,温州大学人文学院2021级硕士研究生)

---

[1] 杨志玲、徐辉、苏玉洁、吴征涛:《基于地缘的浙南侨乡留守妇女生存现状研究——以温州丽岙街道为例》,《华侨华人文献学刊》2021年第1期,第191—204页。

20年来温州华侨华人问题研究述评

蔡立坤

摘　要:温州是我国著名的侨乡之一,丰富的侨资源为地方侨史研究提供了坚实的基础。21世纪以来,学界对温州华侨华人的研究取得相当丰硕的研究成果。文章通过对20年来的相关成果作一梳理评述,认为在已有研究取得可喜进展的同时,现阶段仍存在研究不平衡、不充分、新生力量不足等发展特点。对温州华侨华人主要研究成果的综合回顾,有助于深化认识当前学界对这一问题研究的发展趋势和新动向。

关键词:20年来;温州华侨华人;研究评述

温州作为全国的重点侨乡之一,向海外移居的历史悠久,是我国对外开放的一个重要窗口。与闽、粤等地区的侨史研究相比,温州华侨华人研究相对滞后。1978年改革开放以后,温州华侨华人研究方得以蓬勃发展,其不仅涉及面广,内容丰富,而且在研究的深度上也前所未有。近20年来学界对温州华侨华人研究又取得了一系列新的研究成果,研究趋势和动向均较前一时期呈现新的特点。但遗憾的是,目前仅见章志诚先生等人合作的《改革开放30年来温州华侨华人研究述评》[1]一文对温州华侨华人研究进行过系统梳理与评述,以及李明欢先后发表的两篇欧洲华侨华人述评[2]均有所涉及这一问题。但是前者由于时间久远,未能对后来之研究成果加以梳理;后者则把重心落于欧洲地区,忽视了与温州侨乡社会互动关系等问题。因此,本文拟对20年来温州华侨华人的主要研究成果进行梳理,并对其研究的特点及发展趋势进行思考与讨论。

---

[1] 章志诚、张洁、徐华炳:《改革开放30年来温州华侨华人研究述评》,《八桂侨刊》2010年第1期,第22—28页。

[2] 李明欢:《欧洲华侨华人研究述评》,《厦门大学学报》(哲学社会科学版)2002年第4期,第68—75页;李明欢:《欧洲华侨华人研究70年》,《华侨华人历史研究》2019年第3期,第19—27页。

一、近现代温州华侨华人研究

改革开放以来,学界对近现代温州华侨华人群体的研究,主要是探讨温州华侨华人的历史变迁及其奠基时期的"革命史与苦难史"等重要问题,大多以综合性研究专著形式的出现或多散见于相关论文之中。早期有关近现代温州华侨华人史的研究,国内尤以章志诚先生主编的《温州华侨史》[①]一书为突出代表,该书前五章综合叙述了千余年来温州华侨华人赴海外谋生的艰辛历程,为此后温州华侨华人研究奠定坚实的基础。国外学者如班国瑞与彭柯主编的《欧洲华侨华人》[②]则收录了一些欧洲学者有关中国移民的代表性研究成果,其中就提到早期温州移民奔赴欧洲各国奋斗打拼的生活与经历。20世纪80年代开始,温属各县(市)又相继对重点侨乡进行过一系列调研活动,并写成侨情调查报告,为编纂地方志华侨篇章等提供资料。这些成果后来成为国内外学者们研究和撰写温州华侨华人史的重要参考。

进入21世纪,学界的综合性研究有所减少,更多侧重于对某个地区或某一方面的微观性研究,也出现了一些涉及近现代温州华侨华人的综合研究成果。例如,2002年出版的《文成华侨志》[③]和2007年出版的《乐清华侨志》[④]等,前者全面记述了文成华侨的历史沿革,后者则阐述了乐清人士出国留学与海外谋生、经商和创业同步进行的历程,并且均涉及侨务处理等其他重要问题。2011年出版的《瑞安市华侨志》[⑤]分别从侨情、侨务、侨乡、侨胞等方面概述了瑞安华侨华人的发展历史与现状,该书资料翔实,内容丰富,不失为一部较好的华侨志,为指导瑞安更好地开展侨务工作提供了重要依据。2021年徐辉等人编著的《丽岙华侨百年》[⑥]则对百年来丽岙华侨发展的各个方面及本土文化进行详细阐述,是一部研究丽岙华侨的重要著作。与此同时,这一时期出版的市、县志中均或多或少涉及近代温州海外移民等相关问题。

而在一些华侨论著中,虽不是专门研究温州华侨的著作,但有关近现代温州

[①] 温州华侨华人研究所:《温州华侨史》,北京:今日中国出版社,1999年,第21—100页。

[②] Benton, Gregor, Frank N. Pieke (eds.). *The Chinese in Europe*. New York: St. Martin's Press, 1998.

[③] 浙江省文成县外事侨务办公室:《文成华侨志》,北京:中国华侨出版社,2002年,第1—17页。

[④] 乐清华侨志编纂委员会:《乐清华侨志》,北京:中国文史出版社,2007年,第8—42页。

[⑤] 瑞安市人民政府侨务办公室:《瑞安市华侨志》,北京:中华书局,2011年,第3—17页。

[⑥] 徐辉、孙芸荪、章志诚:《丽岙华侨百年》,长春:吉林大学出版社,2021年,第1—16页。

华侨华人的研究也占有相当大的比例。美国知名学者孔飞力的《他者中的华人：中国近现代移民史》[①]一书便以大历史、大叙事的手笔论述了16世纪以来的中国移民发展历史，温州早期移民无疑作为中国移民的一部分而侨居海外，并与周边"他者"产生错综复杂的互动关系。黄昆章、张应龙主编的《华侨华人与中国侨乡的现代化》[②]中第五篇"浙江侨乡篇"，即对浙籍海外华侨华人的历史和现状、华侨华人对浙江侨乡现代化建设所起的作用等皆作了较为翔实的介绍，其中不乏涉及早期温州华侨华人和侨乡关系的内容。吴潮的《浙江籍海外人士研究》[③]则阐述了包括近代温州华侨华人在内的浙江侨情、浙籍海外人士的移民原因与方式，并分析其行业与经济状况演变，以及对海外人士与浙江侨乡变迁发展的关系进行综合研究。而徐鹤森的《民国浙江华侨史》[④]、周望森的《浙江华侨史》[⑤]和浙江省华侨编委会所编的《浙江华侨志》[⑥]等，就其内容来说，对近现代温州华侨华人群体的论述各有侧重，都是有一定分量的学术著作。

此外，还有一些文章专门探讨民国温州华侨华人的相关问题，比如有徐立望的《移民网络的编织与运转——民国浙南海外移民动因再探讨》[⑦]通过"移民中介组织"进一步探讨了民国浙南海外移民动因，他认为经济因素是根本动因，而移民中介组织是推动浙南移民出国的第二动力；章志诚的《欧洲华侨支援祖国抗战的活动与贡献——纪念中国人民抗日战争胜利60周年》[⑧]一文主要阐述了包括温州华侨在内的欧洲华侨在祖国遭遇国难后，纷纷捐款、捐物，从舆论和物质上支援中国抗战，为中国人民最后战胜日本侵略者做出了重大贡献；同时，郭剑波的两篇论文[⑨]也指出，抗战时期，浙南华侨与海外广大侨胞一样积极投入抗日救亡斗争，不仅直接参与侨居地的抗战，还给予祖国有力的精神和物质援助；李

---

① ［美］孔飞力：《他者中的华人：中国近现代移民史》，南京：江苏人民出版社，2016年，第1—48页。
② 黄昆章、张应龙：《华侨华人与中国侨乡的现代化》，北京：中国华侨出版社，2003年，第306—382页。
③ 吴潮：《浙江籍海外人士研究》，上海：学林出版社，2003年，第3—26页。
④ 徐鹤森：《民国浙江华侨史》，北京：中国社会科学出版社，2009年，第1—288页。
⑤ 周望森：《浙江华侨史》，北京：中国华侨出版社，2010年，第34—83页。
⑥ 《浙江省华侨志》编纂委员会：《浙江省华侨志》，杭州：浙江古籍出版社，2010年，第59—90页。
⑦ 徐立望：《移民网络的编织与运转——民国浙南海外移民动因再探讨》，《华侨华人历史研究》2017年第1期，第59—67页。
⑧ 章志诚：《欧洲华侨支援祖国抗战的活动与贡献——纪念中国人民抗日战争胜利60周年》，《八桂侨刊》2005年第5期，第34—38页。
⑨ 郭剑波：《试论浙南华侨对抗日战争的贡献》，《浙江师范大学学报》（社会科学版）2007年第6期，第75—79页；郭剑波：《浙南华侨与抗日战争》，《八桂侨刊》2007年第2期，第20—24页。

明欢的《第二次世界大战期间的旅欧华侨》[①]则讲述了二战期间温籍等旅欧华侨的艰难谋生过程,他们中一些人还与欧洲人民并肩反抗法西斯;梁霞的硕士论文《新加坡独立前温州华侨群体之研究》[②]着重讨论近代新加坡温籍华侨群体的移民过程、生活状况以及社会政治参与等重要内容。

综上所述,20年来有关近现代温州华侨华人的研究出现了不少有价值的综合性研究成果,在专题研究方面则稍为薄弱。温州华侨华人以新华侨华人为主,故更多学者关注到改革开放后的温州新华侨华人问题。

二、当代温州新华侨华人研究

新世纪以来,对当代温州华侨华人研究的专题性文章从数量和质量上均有了很大提高,尤其是相关研究专著的出版,使温州新华侨华人的研究得到了长足发展,研究的广度和深度进一步扩展。近年来,学者们更是关注到诸多新的研究领域,大致而言,主要包括以下几类:

(一)关于温州华侨华人新移民问题的相关研究

关于温州华侨华人的海外移民问题是学者们关注的重要话题之一,尤其是对改革开放后温州新移民热潮的关注尤多。中国新移民一般是指1978年以后移居海外、居留一年以上的来自中国大陆或港澳台地区、拥有中国国籍或加入了所在国国籍的中国人。[③] 温州侨民大部分留居欧洲地区,因此研究更多探讨往欧洲各国的移民问题。

新移民潮的兴起及发展研究。典型的如章志诚的《关于欧洲新移民问题的探讨》[④]一文依据赴欧考察所得资料,阐述了作者对移民问题的认识,并论述了此次新移民潮形成的主要原因及其特点;而吕惠进的《浙南海外移民群体的形成原因及其特征》[⑤]、郭剑波的《温州新移民出国特点简析》[⑥]和刘莹的《浙南跨国移

[①] 李明欢:《第二次世界大战期间的旅欧华侨》,《华侨华人历史研究》2001年第4期,第49—57页。

[②] 梁霞:《新加坡独立前温州华侨群体之研究》,暨南大学2006年硕士学位论文。

[③] 宋全成:《中国海外移民在欧洲:规模、特征、问题与前景》,《理论学刊》2013年第11期,第69—73+127—128页。

[④] 章志诚:《关于欧洲新移民问题的探讨》,《八桂侨刊》2002年第1期,第15—18页。

[⑤] 吕惠进:《浙南海外移民群体的形成原因及其特征》,《人文地理》2002年第3期,第72—74+58页。

[⑥] 郭剑波:《温州新移民出国特点简析》,《八桂侨刊》2006年第1期,第26—30页。

民潮的历史变迁》①三篇文章,均对当代浙南新移民潮的成因及其特点进行了全面论述,互为补充;夏凤珍的《从世界看浙南非法移民》②则较为全面地反映了浙南地区非法移民的原因、非法移民的渠道和在居留国的生活状况以及非法移民对浙南地区经济、文化、社会的影响等问题,为解决当前国际社会关注的非法移民问题提供了一定的借鉴价值。另外,徐华炳的《温州海外移民形态及其演变》③一文还针对温州海外移民的主要形态及发展趋势来窥探中国特色的海外移民模式等。

对于移民群体本身的问题,学者也集中进行了研究。吴潮、周望森的《浙江籍海外新移民研究初论》④一文除了探讨海外新移民潮的成因外,还对浙籍新移民的群体结构进行剖析,他分别从原有职业结构、原有和现有文化结构、年龄、性别、国籍等五大方面解读这一群体;吕惠进的《浙南移民群体特征与侨乡社会经济发展研究》⑤分析了当代浙南新移民群体所具有的特征与优势;尤云弟⑥则另辟蹊径,从移民史、出国规模、移民途径与方向、谋生职业、与侨乡关系等多个方面比较与研究温州的玉壶、丽岙、塘下等三个重点侨乡的移民群体的不同特点;王逍还通过对文成县进行田野调查,从畲汉民族互嵌的视角分析了文成畲族海外移民的诸多问题,王逍接着指出:"文成畲之所以能够超越传统观念,远渡重洋谋发展,无疑得益于畲汉民族结构性互嵌和畲汉民族深度友好互动"⑦,可见关于畲族的海外移民群体也引发了部分学者的关注。

还有一些学者尝试从移民文化方面入手,进而研究当代温州华侨华人的新移民问题。例如,夏凤珍⑧较早探讨了浙南侨乡移民意识的生成、作用及其提升等相关问题;徐华炳⑨则基于温州海外移民世家的研究,认识到温州海外移民世

---

① 刘莹:《浙南跨国移民潮的历史变迁》,《南洋问题研究》2009年第1期,第66—73+80页。
② 夏凤珍:《从世界看浙南非法移民》,天津:南开大学出版社,2008年,第1—138页。
③ 徐华炳:《温州海外移民形态及其演变》,《浙江社会科学》2010年第12期,第80—84+94+127页。
④ 吴潮、周望森:《浙江籍海外新移民研究初论》,《华侨华人历史研究》2001年第3期,第21—26页。
⑤ 吕惠进:《浙南移民群体特征与侨乡社会经济发展研究》,《人口与经济》2001年第S1期,第7—8页。
⑥ 尤云弟:《温州市重点侨乡玉壶、丽岙、塘下三镇移民比较研究》,《八桂侨刊》2011年第2期,第52—59页。
⑦ 王逍:《民族互嵌视野下的畲族海外移民研究——基于浙南文成侨乡的田野调查》,《华侨华人历史研究》2020年第1期,第1—10页。
⑧ 夏凤珍:《论浙南侨乡移民意识的生成、作用及其提升》,《浙江工商大学学报》2011年第2期,第86—91页。
⑨ 徐华炳:《温州海外移民世家研究》,《浙江学刊》2015年第4期,第53—62页。

家的家族精神对于推动和维系海外移民力量的独特作用,丰富了温州家族和海外移民世家研究;而在另一篇文章①中,徐华炳还论述了温州区域文化中的自由多元、重利崇义、包容豪放等文化特质如何对海外温州人的移民意识产生重要影响;此外,张崇②运用露丝·本尼迪克特"文化模式"理论,解读了浙江海外华人种种义举背后的移民家族意识的文化模式。当然,在这一过程中,也有学者针对过去的移民研究或现实问题进行反思,如任柏强等③对温州移民社会的经济发展、文化与管理体制进行思考;徐华炳④就温州海外移民研究的现状、视角、原则和价值提出了长期以来研究中的个人见解,之后他又发表两篇论文⑤,分别阐述了温州区域移民及其社会研究中所具有的学术价值与实际功能,以及以往研究中相对忽视普通侨民的生计与生态等问题。

(二)关于温州华侨华人与侨乡之间关系的研究

海外华侨华人是沟通中国与世界的重要桥梁,有关华侨华人与祖籍地之间的关系研究,是长期以来侨史研究者们关注的热点之一。近年来,温州侨乡研究的队伍不断壮大,相关研究成果也相继涌现,究其原因,主要是温州市政府和温州大学等一批部门或研究机构越发重视地方侨史研究。当前,对温州新华侨华人与侨乡关系的研究较多,且主要侧重于温州华侨华人与侨乡之间的历史与现实问题。

一是华侨华人对侨乡贡献的研究。除了综合研究成果涉及这一内容外,还有一些著作和论文也专门研究这一问题。例如,蔡育麟的《温州华侨建温州》⑥一书便讲述了许多温州儿女建设温州侨乡的爱国事迹;徐华炳、柳建敏的《温州

---

① 徐华炳:《区域文化与温州海外移民》,《华侨华人历史研究》2012年第2期,第44—52页。
② 张崇:《浙江海外华人移民家族意识的文化模式解读》,《浙江科技学院学报》2018年第2期,第102—107页。
③ 任柏强、韩纪江:《移民与区域发展——温州移民社会几个问题的思考》,《温州大学学报》(社会科学版)2009年第1期,第1—6页。
④ 徐华炳:《温州海外移民研究的现状、视角、原则和价值》,《浙江学刊》2011年第1期,第205—209页。
⑤ 徐华炳:《区域移民及其社会研究的价值——以温州为例》,《社会科学战线》2012年第6期,第192—197页;徐华炳:《中国海外移民个体行动抉择分析——以旅欧温州人为例》,《社会科学战线》2015年第6期,第177—186页。
⑥ 蔡育麟:《温州华侨建温州》,北京:今日中国杂志社,2003年,第1—165页。

苍南华侨的历史贡献及其特点》[1]则在对苍南一地实地调查的基础上,对该地华侨的出国历史、群体特征和主要贡献及其特点等进行了分析与思考。随着改革开放的持续推进,温州人骤然兴起移居海外的热潮,中外交流愈发频繁,温州社会经济随之发展迅速,并取得了许多令人瞩目的成就,这也与温州广大侨胞的贡献密切相关,于是学界对此展开一系列研究,出现了一些新的研究成果。如蔡克骄、江华[2]认为在当今经济全球化的大趋势下,温州经济的发展应该充分调动华侨华人这一不可忽视的重要资源,进而真正推动温州经济的发展和现代化的进程;刘莹[3]分析了浙南侨乡经济发展的侨务资源优势对侨乡经济生活所产生的积极影响;蔡灵跃等人[4]则注意到当前温州侨资在发展与引导中所存在的问题;徐华炳[5]针对改革开放以来的温州侨资侨属企业进行研究,并解读海外温商对侨乡经济社会的影响。此外,张小绿[6]、徐华炳[7]、吴晶[8]等人还探讨了当代华侨华人对侨乡慈善公益事业方面的贡献,但侧重点各不相同。

二是侨乡文化及新侨乡治理研究。侨乡文化方面的研究,多侧重于侨乡文化对华侨华人的影响,如前文所述的《区域文化与温州海外移民》[9]一文中就分析了温州区域文化中关于文化特质对移民意识的重要影响;邱国珍的《温州侨乡的民俗学解读》[10]从民俗学时空理论的视角探讨了温州侨乡的区域文化现象,这也与温州华侨华人的民俗心理有关;黄璐的《温州华人华侨对刘基文化的传承现状及其相关思考》[11]调查了当代温籍华人华侨对刘基文化的传承现状与特点,并针对这一现状提出若干建议。而新侨乡治理方面的研究,首先离不开对归侨群

---

[1] 徐华炳、柳建敏:《温州苍南华侨的历史贡献及其特点》,《八桂侨刊》2013年第1期,第18—23页。
[2] 蔡克骄、江华:《华侨华人与温州经济》,《社会科学战线》2003年第2期,第57—60页。
[3] 刘莹:《浙南侨乡经济发展的侨务资源优势》,《华侨大学学报》(哲学社会科学版)2009年第2期,第93—100页。
[4] 中国人民银行温州市中心支行课题组,蔡灵跃,周海成:《温州侨资的发展与引导研究》,《浙江金融》2011年第5期,第63—66+70页。
[5] 徐华炳、吴颖:《扩张与失衡:改革开放以来的温州侨资侨属企业研究》,《八桂侨刊》2015年第3期,第50—56页。
[6] 张小绿:《华侨华人慈善捐赠和侨乡发展——对瑞安市桂峰乡华侨华人的调查和分析》,《温州大学学报》(社会科学版)2008年第4期,第17—22页。
[7] 徐华炳、张东平:《侨胞捐助温州高等教育:回顾与展望》,《八桂侨刊》2010年第2期,第66—72页。
[8] 吴晶:《浙江华侨公益事业发展的探索与实践》,《八桂侨刊》2012年第3期,第24—26页。
[9] 徐华炳:《区域文化与温州海外移民》,《华侨华人历史研究》2012年第2期,第44—52页。
[10] 邱国珍:《温州侨乡的民俗学解读》,《温州职业技术学院学报》2011年第2期,第11—14页。
[11] 黄璐:《温州华人华侨对刘基文化的传承现状及其相关思考》,《文教资料》2020年第10期,第68—69页。

体情况的探讨。季安照、袁靖华的《当前浙江华侨回国定居现象探析》[1]利用抽样调查的定量方法,对当前浙籍归侨的群体特征、回国定居原因等进行了综合分析;夏凤珍[2]以浙南侨乡为例,总结了"华侨村官"参与侨乡新农村建设过程中的成功经验、真实动因和面临的困惑、亟待解决的问题以及使其可持续的建议;曾书林的硕士论文[3]同样针对这一问题,具体讨论了温州市S街道华侨新生代在参与侨乡社会治理中所面临的困境,以及相应的解决策略等。

三是侨乡留守妇孺等相关研究,这是近年来社会各界共同关注的现实问题。部分学者通过对侨乡进行实地调研或问卷调查的方式,发表了关于留守妇孺问题的文章。譬如留守儿童研究方面,潘玉进、田晓霞、王艳蓉等合作的《华侨留守儿童的家庭教育资源与人格、行为的关系——以温州市为例的研究》[4]一文,就分析和探讨了华侨留守儿童家庭教育资源、人格与行为的特点及其关系,进而得出华侨留守儿童在家庭教育资源、人格与行为方面均不如国内留守儿童、非留守儿童等重要结论;之后田晓霞、潘玉进、郭保林等合作的《温州华侨留守儿童留守经历与家庭教育资源的调查研究》[5]一文亦支持华侨留守儿童的家庭教育资源远不如国内留守儿童的观点;而夏玲、邓纯考[6]二人则根据对丽岙街道、玉壶镇两地的调研结果,提出了一些关爱留守儿童的针对性措施等。与此同时,关于侨乡留守妇女问题的研究相对较少,主要有杨志玲、徐辉等人[7]对当前浙南丽岙侨乡留守妇女的生存现状与特点进行定量分析,但其收集的样本数量较少;而在另一篇新刊的文章[8]中,则主要研究温州丽岙侨乡留守妇女规模变迁的各个发展

---

[1] 季安照、袁靖华:《当前浙江华侨回国定居现象探析》,《华侨华人历史研究》2008年第2期,第25—31页。

[2] 夏凤珍:《"华侨村官"与侨乡新农村建设——以浙南侨乡为例》,《农村经济》2010年第7期,第42—45页。

[3] 曾书林:《华侨新生代参与侨乡社会治理的困境与对策研究》,江西师范大学2021年硕士学位论文。

[4] 潘玉进、田晓霞、王艳蓉:《华侨留守儿童的家庭教育资源与人格、行为的关系——以温州市为例的研究》,《华侨华人历史研究》2010年第3期,第22—30页。

[5] 田晓霞、潘玉进、郭保林:《温州华侨留守儿童留守经历与家庭教育资源的调查研究》,《温州大学学报》(自然科学版)2012年第1期,第22—26页。

[6] 夏玲、邓纯考:《父母出国留守儿童的问题表现与关爱保护——基于温州市丽岙街道、玉壶镇两地的调研》,《郑州师范教育》2017年第4期,第23—26页。

[7] 杨志玲、徐辉、苏玉洁、吴征涛:《基于地缘的浙南侨乡留守妇女生存现状研究——以温州丽岙街道为例》,《华侨华人文献学刊》2021年第1期,第191—204页。

[8] 杨志玲、徐辉、苏玉洁等:《温州丽岙侨乡留守妇女规模变迁的研究》,《温州大学学报》(社会科学版)2023年10月23日,第1—9页。

阶段及其特征。

总而言之,关于温州华侨华人与侨乡之间的关系问题在温州侨史研究中占据着重要地位,并且学者们的研究视角逐渐下移,越来越重视当今侨乡社会发展的现实问题。

(三)关于温州海外华侨华人社会的侨情研究

近年来,越来越多学者更加注重海外华侨华人问题,并开始运用国外的各种珍贵资料进行研究,对温州海外华侨华人社会的侨情研究也上了一个新的高度。海外侨情是指一个国家或者地区的华侨华人历史和现状,主要包括当地的华侨华人团体、华文教育、华文报刊,还有华侨华人的经济状况,以及参与当地政治的情况等方面。简而言之,即是对当代温州海外华侨华人社会的各种研究。

有关华侨华人经济问题。章志诚发表的《近20年来欧洲华侨华人经济的变化》[①]在前面研究的基础上,根据本人赴欧调查考察所得的资料和数据,论述了近20年来包括温州侨胞在内的欧洲华侨华人经济所经历的重大变化及其存在的问题。他认为,尽管欧洲华侨华人的整体经济实力在不断加强,但在经济发展过程中依然面临着市场竞争激烈、欧华社会不稳定、非法移民等不良因素。对此,他在《新世纪初欧洲华侨华人面临的新问题及其对策》一文及其续篇[②]中再次强调温州华侨华人经济转型的必要性,并提出一些颇有参考价值的建议。而詹于虹、周望森二人则在《浙江籍华侨华人经济现代化道路探析》[③]中明确指出,浙籍华侨华人可以通过"海外积累,回国投资,在参与祖国经济建设中,实现自身经济的现代化"。此外,王超[④]、文峰[⑤]等学者还从不同角度探讨新世纪以来欧洲华侨华人经济发展中面临的各种机遇与挑战。

---

① 章志诚:《近20年来欧洲华侨华人经济的变化》,《八桂侨刊》2002年第3期,第28—31页。
② 章志诚:《新世纪初欧洲华侨华人面临的新问题及其对策》,《八桂侨刊》2008年第1期,第34—38页;章志诚:《新世纪初欧洲华侨华人面临的新问题及其对策(续)》,《八桂侨刊》2008年第2期,第30—33页。
③ 詹于虹、周望森:《浙江籍华侨华人经济现代化道路探析》,《生产力研究》2005年第8期,第128—130页。
④ 王超:《改革开放以来欧洲华商的发展和存在的问题初探》,《黑龙江史志》2009年第3期,第94—95页。
⑤ 文峰:《欧洲主权债务危机对华侨华人经济的影响及其对策研究》,《东南亚研究》2012年第2期,第96—102页。

有关华侨华人政治问题。李明欢的《欧洲华侨华人史》[1]一书中较为全面地论述了欧洲华侨华人的历史演变、社会现状和它所面临的各种问题,其中有关当代华侨华人的政治参与便是本书中探讨的重要问题之一。之后,她又在发表的《欧洲华人社会剖析:人口、经济、地位与分化》[2]一文中对欧洲华人社会的各种要素进行剖析,并指出"随着中国自身的发展与国际地位的空前提高,欧洲华侨、华人的社会地位总体上也比以前有了明显的提高",由此欧洲华侨华人在参政议政方面表现出积极进取的态势,改变了过去那种只顾埋头赚钱、自私封闭的华人形象。而徐华炳在《论侨领角色扮演、类型及其价值观》[3]中论述了作为精英群体的侨领扮演的不同角色类型,其政治型即利用自己与所在国政治界的密切关系,助推中外建立友好关系等。赵璧[4]同样支持这一观点,他以西班牙温籍华侨华人的公共实践外交为例,提出应该更好发挥温籍华侨华人在中西公共外交中的帮促作用。

有关华侨华人文化教育问题。李明欢发表的两篇论文[5]首先对当代欧洲中文学校的发展与现状进行整体概述;章志诚[6]亦论述了欧洲各国华文教育发展的历史与现状,并在此基础上分析了当前华文教育中所遇到的困难和问题。而华文教育在全球遍地开花之后,各国侨团负责人都努力把提高华文教育的质量放在首位。于是一些学者开始专门研究某国或某地华文教育,如严晓鹏等人[7]就以意大利华文教育为例,讨论了其存在的主要问题,并有针对性地提出发展对策;随后他又分析了意大利佛罗伦萨中文学校等欧洲华文学校发展中的关键影响因素,指出:"教育需求、政策支持、组织交流、社区关系、治理结构、师资发展等六个方面因素的影响最为主要。"[8]此外,还有一些学者注意到了海外华侨华人

---

[1] 李明欢:《欧洲华侨华人史》,北京:中国华侨出版社,2002年,第671—778页。
[2] 李明欢:《欧洲华人社会剖析:人口、经济、地位与分化》,《世界民族》2009年第5期,第47—53页。
[3] 徐华炳:《论侨领角色扮演、类型及其价值观》,《浙江学刊》2012年第3期,第219—224页。
[4] 赵璧:《海外华侨华人弘扬新时代温州人精神研究——以西班牙温州籍华侨华人的公共外交实践为例》,《文化创新比较研究》2022年第7期,第170—173页。
[5] 李明欢:《当代欧洲中文学校概览:发展篇》,《海外华文教育》2002年第2期;李明欢:《当代欧洲中文学校概览:现状篇》,《海外华文教育》2002年第3期,第72—76页。
[6] 章志诚:《欧洲华文教育的历史与现状》,《八桂侨刊》2003年第1期,第21—28页。
[7] 严晓鹏、郭保林、潘玉进:《欧洲华文教育:现状、问题及其对策——以意大利华文教育为例》,《八桂侨刊》2011年第1期,第39—42页。
[8] 严晓鹏:《欧洲华文学校发展的关键影响因素分析——以意大利佛罗伦萨中文学校为例》,《教育学术月刊》2013年第8期,第155—162页。

受教育权的保护问题[1]。但总的来说,近年来有关华侨华人文化教育的问题大多侧重于海外华文教育研究,且主要是针对当前华文教育中存在的一些问题提出相应的解决策略。

有关华侨华人的社团组织问题。郭剑波[2]分别概述了浙江籍华侨华人社团的肇始和初步发展及蓬勃发展两个历史时期,并认为二战后的侨团有着当地化、权益化、多样化、专业化、国际化等主要发展趋势和特点;基于此,谢树华[3]指出当前浙江海外侨团在传承与发展中面临制度不完善、换届竞选不规范、年轻成员比例不高等问题,并提出一些发展建议;前文梁霞的硕士论文[4]中有一节还提到新加坡温州会馆是一种互助性质的会馆组织,至今仍发挥着重要作用。而石沧金[5]、田蕴祥[6]等均关注到了海外妇女社团,前者对欧洲华人妇女社团的成立背景、发展历程、社团类型以及基本活动进行论述;后者以法国华侨华人妇女联合会为例,对其组织活动开展策略研究。之后,李明欢[7]针对21世纪初三种不同的欧洲华人社团类型,即地缘性、业缘性、政治类社团所呈现的双向发展趋势进行分析,并引发若干值得深思的重要问题。值得注意的是,近年来在有关日本温籍华侨华人的研究中,如郑乐静的《日本温州籍华侨华人社会变迁研究》[8]、徐辉的《日本华商会研究——以日本温州总商会为例》[9]等,均或多或少涉及当前在日温籍海外社团的发展情况等。

此外,关于海外华侨华人的研究还出现了一些口述史的调查研究,如郑乐静[10]对旅日温侨、徐辉[11]对旅欧丽岙华侨华人等进行过口述史研究,这些并不占主流,但也是一个值得关注的发展趋势。总的来说,当前学界对温州海外新华侨

---

[1] 程苍、曹云华:《欧盟华侨受教育权的保护:以国际法为视角》,《华南师范大学学报》(社会科学版)2016年第3期,第155—160页。
[2] 郭剑波:《浙江籍华侨华人社团概论》,《八桂侨刊》2002年第4期,第41—45页。
[3] 谢树华:《传承与发展:海外浙江籍华侨华人社团的现状与新趋势》,《八桂侨刊》2021年第2期,第61—72页。
[4] 梁霞:《新加坡独立前温州华侨群体之研究》,暨南大学2006年硕士学位论文。
[5] 石沧金、李群锋:《欧洲华人妇女社团的发展与展望》,《世界民族》2013年第2期,第61—67页。
[6] 田蕴祥:《海外华人组织活动开展策略研究——以法国华侨华人妇女联合会为例》,《法国研究》2014年第2期,第31—35页。
[7] 李明欢:《21世纪初欧洲华人社团发展新趋势》,《华侨华人历史研究》2015年第4期,第1—8页。
[8] 郑乐静:《日本温州籍华侨华人社会变迁研究》,北京:科学出版社,2015年,第57—59页。
[9] 徐辉:《日本华商会研究——以日本温州总商会为例》,《丽水学院学报》2020年第4期,第45—51页。
[10] 郑乐静:《温州人在日本:温籍华侨华人口述历史》,杭州:浙江大学出版社,2017年,第1—26页。
[11] 徐辉:《旅欧丽岙华侨华人口述历史》,上海:上海社会科学院出版社,2022年,第1—22页。

华人的研究领域较为广泛,在许多研究成果中虽然并不是以温州华侨华人为单一研究对象,但其无疑占据着相当分量。

三、20年来温州华侨华人问题研究的评述

如前所述,20年来的温州华侨华人研究取得了一定成就,学者们对温州华侨华人的研究,在研究方法与研究领域等方面都有所拓展,也出现了一些学术价值较高的研究成果。整体而言,现阶段的研究成果中以概述性的著述居多,且主要呈现以下特点与不足。

首先是研究成果颇为丰富,但研究不平衡。新世纪以来,关于温州华侨华人的相关研究无论在数量还是在质量上均较上一时期有了明显的提升,但梳理相关研究成果可知,在其研究发展中的不平衡问题较为突出,主要表现为地域、时间、主题研究上的不平衡。温州华侨华人大部分侨居欧洲地区,因此大多数专家学者都把重心放在欧洲各国,对美洲及东南亚各国等其他地区研究较少,加上研究主题高度集中,比较研究不足,导致在某些问题上存在很多被遗漏的角落,有待我们去发掘开拓。同时,近年来的研究越来越重视当代现实性社会问题,从而容易忽视温州华侨华人的历史变迁的重要历程,尤其是改革开放前的许多涉侨问题尚待进一步厘清。

再者是研究视角逐渐开阔,但研究不充分。新世纪以来,学者们越发注重对海外温州华侨华人的研究,其研究视野在不断开阔,跨学科合作领域在不断加强,并产出了不少高质量的研究成果。但整理相关研究可知,其中文章主题重复较多,缺乏新意者也不在少数。尽管上个世纪曾整理过许多珍贵研究资料,但还有相当一部分仍深埋于故纸堆中尚待发掘,如民国时期许多报刊资料、档案、家谱等,至今都没有得到学者们足够的重视。

最后是研究队伍不断壮大,但新生力量不足。近年来,温州市的相关部门和研究机构对温州华侨华人开展过一系列重要研究,并成立了一批新的研究队伍。但遗憾的是,目前可见的温州华侨华人许多高质量研究成果仍主要集中在几位学者身上,如章志诚、李明欢、徐华炳等,虽然他们对温州华侨华人研究做出了重大贡献,但这在一定程度上反映了新生力量的不足。而新生力量的薄弱将会很大程度限制温州华侨华人研究的进一步发展,不利于未来研究工作的持续进行。因此,未来如何培养新生研究力量也是一个重要议题。

通过回顾20年来温州华侨华人的相关研究,可以看出,温州华侨华人的研

究在取得可喜进展的同时,也存在着诸多限制其研究继续发展的不利因素。鉴于此,笔者认为未来的研究可以从中汲取经验教训,进一步探讨温州华侨华人研究的可持续发展空间:第一,继续深化对新时期温州华侨华人问题的新认识,理解其未来进一步研究的学术价值与现实意义,避免陷入"学术疲劳";第二,应该大力培养新生力量,壮大研究队伍,给未来科研发展注入活力;第三,在加强原有研究领域的同时,应该注意到以往研究中所存在的"盲区",对某些薄弱领域须高度重视,并在研究中继续发扬跨学科合作精神,避免故步自封;最后就是不断发掘新的研究资料,除了考察所得新材料外,更要把目光转向尚未充分开发的国内外"老资料"中,进一步整理利用,并仔细加以甄别,去伪存真。总之,温州华侨华人既往研究所积蓄的经验教训,其未来发展可能面对的种种机遇与挑战,都需要有更多专家学者通过深入扎实的研究,在中国移民实证基础上继续深化理论探讨,为新时期温州侨务工作的开展提出更多建设性的意见建议。

(蔡立坤,温州大学人文学院2022级硕士研究生)

抗战时期旅欧青田华侨抗日救亡活动探析

杨坤宇　寿彬岑

摘　要：浙江省丽水市青田县有着悠久的对外人口流动的历史，是我国的著名侨乡之一。民国时期国内国际环境发生了巨变，大量青田人赴欧洲求生，以至于青田华侨成为欧洲中国华侨的代名词。旅欧青田华侨大多以小贩为生，少数务工。在抗日战争爆发后，这部分旅欧青田华侨虽然身处异乡，但是心系祖国，他们通过创办报刊、捐款捐物、直接参与等形式参与到全民族一致对外的抗日救亡运动中，做出了突出的贡献。青田华侨素有爱国的优良传统，加之欧洲侨团的引导使得抗日救亡运动中不乏青田华侨的身影。在抗日救亡运动开展的同时，旅欧青田华侨的中华民族意识获得觉醒，亦获得了社会的认可。

关键词：民国时期；青田；旅欧华侨；抗日救亡

一、民国时期青田华侨赴欧的背景和路径

民国时期，浙江华侨迎来了出国的第一个高峰期。民国时期浙江地区移民具有显著性的地域特点，大致可以分为浙北和浙南两股移民。青田华侨便是民国时期浙南移民的代表，显现出其前往欧洲独有的移民背景和路径。

(一)青田华侨赴欧的背景

浙江地区在历史上人地关系就十分紧张，尤其是浙南的青田县更是以"九山半水半分田"而出名。而"人稠地稀"这个问题在浙江历史时期上有着不同的反映。在明代后期，随着玉米、番薯这一类能够适应山地种植的高产作物引入，山地也已变成土地资源。但是即便如此，山地作为土地资源在民国时期也已垦殖达到极限，人口的增长难以为继，青田地区人民的生活质量也下降到了低点，人

民只能挣扎求生。"饿死不如被人打死,肚饿难熬""火笼当棉袄,竹篾当灯草,番薯丝吃到老"这样的俚语在青田地区广为传诵,"穷则求变",青田地区的人民不得不思考其他出路,赴外谋生。

青田地区虽然耕地资源匮乏,但是有着独特的石雕资源。青田盛产叶腊石,质地优良的叶腊石可以作为工艺品的原料。青田叶腊石质地细软、温润如玉,而且色彩丰富、花纹奇特、品类繁多,是用于雕刻艺术品、篆刻印章的上等原料,素有"冶金刻玉古时章,花乳青田质最良"之说。其在各大赛会上屡屡获奖,如宣统二年(1910)南洋劝业会上及 1915 年美国巴拿马太平洋博览会上均获银奖。光绪三十年(1904)清廷钦差大臣陈琪(青田人)率亲友携石雕参加美国圣路易斯世博会获特别奖,使得青田石雕声名鹊起,打开了国外市场。"光绪三十二年(1906),青田商人林毓萱、周凤、林子屏、林天如、林严齐、林秀芬、毛顺兴等人携青田石雕等物,参加意大利米兰赛会,展销的青田石雕总价高达 8850 元。"[1] 据统计仅在 1915—1932 年,浙江青田地区"每年外销石货达一万箱,总值 70 万银元"[2]。而相对于其他海外地区,欧洲地区人民的经济实力较好,有着较高的鉴赏能力,使得青田石雕能卖出不错的价格,促使青田华侨赴欧销售。总而言之,独特的石雕资源为青田人提供了一个移民的契机,作为他们赴欧之后的第一桶金,帮助他们在异国他乡生存下来。

(二)青田华侨赴欧的主要路径

1913—1918 年,第一次世界大战成为欧洲主要资本主义国家及身处东方世界的日本的角力场。战争意味着大量青壮力的征用和损失,新式武器在第一次世界大战中的投入使得兵员死亡率居高不下。直到战争后期,战争各国都出现了兵源和劳动力的匮乏,这些国家于是将目光转向了拥有充沛劳动力的中国。1917 年 8 月,北洋政府对德宣战,加盟协约国一方,允许英、法、俄三国在中国招募华工。从此,契约华工出国数量大幅增加,总数达到 40 多万。在这一次的华工招募中,浙江也有 2000 人的招募指标,这一指标全部由浙南地区的青田县承接,促成青田地区华侨华人出国的"小高潮"。

这一路径鲜明的特点便是前往的目的地相当明确,全由英法两国招募,基本

---

[1] 《青田华侨史》编纂委员会:《青田华侨史》,杭州:浙江人民出版社,2011 年,第 20 页。
[2] 周望森:《浙江华侨史》,北京:中国华侨出版社,2010 年,第 56 页。

全部前往作为主战场的法国。虽然当初规定这批华工都应该在战后回国,但是从实际情况来看,这批青田籍华工都留在了欧洲,与原来就前往欧洲各国的青田华侨一起侨居,并且在战后转型成为小商小贩。有青田应召华工叶元清自述为证:"我留在巴黎,当时留下的好像有上千人,多数是青田人,有的开餐馆,有的摆摊子卖杂货,有的开洗衣店,有的贩卖家乡的石雕。"①

此外,青田地区旧有"自由移民"的传统。1869年苏伊士运河的开通,意味着可以直接从红海进入地中海,即在法国港口登陆欧洲,大大缩短了从亚洲到欧洲的航程,青田人于是大量前往欧洲。据1992年青田县对17个乡镇160名老归侨情况调查中,就有128人前往过欧洲,占比80%。大量人口携带石雕自由移民至国外贩卖,即所谓"图书客"②。在这批"图书客"成功在海外扎根后,区域文化的认同使得相当一批青田华侨通过"亲带亲""邻帮邻"的模式前往欧洲。亲情和邻里的联系意味着青田华侨与家乡故土的联系依旧紧密,使得青田人民前往欧洲有了更多的可能,前往欧洲的意愿进一步加强。

"自由移民"较之于"契约华工",其赴欧路径展现的特点便是"亲带亲""邻帮邻"。很少有人仅仅凭借自己的一腔热血,便敢只身前往语言不通的地方,但是一旦有人开了先河,亲戚朋友带回来相关的信息打破了原有的信息闭塞,消除了不确定因素,"自由移民"的路径就快速扩张,进而成为青田华侨主要的出国路径。

二、抗战时期旅欧青田华侨抗日救亡活动

1937年七七事变是日本全面侵华的开始,更是中华民族全民族抗战的开始。值此国家危难图存之际,旅欧青田华侨这一社会群体在经济境况一般并且社会地位低下的艰难处境下,以极大的爱国热忱投身于多种形式的抗日救亡活动。

(一)组建抗日救亡团体

海外社团组织一般是指"海外华侨出于自身或国家利益考虑,由有共同特征与志趣的人组合而成的互益联盟机构"③。旅欧青田华侨由于自身所从事的行

---

① 《青田华侨史》编纂委员会:《青田华侨史》,杭州:浙江人民出版社,2011年,第16页。
② "图书客"是青田当地对于携带石雕赴外贩卖群体的称呼。
③ 吕涛:《民国时期青田华侨海外社团组织研究》,《求索》2013年第4期,第229页。

业,往往受到不公平待遇,进而组成或参与华侨团体以对抗侨居地政府和人民的欺凌。在抗日战争爆发后,祖国面临的危机使得旅欧青田华侨成立和参与各种抗日救亡组织,为祖国的前途命运奔走呼号。

抗战以前,旅欧青田华侨就成立了一批具有相当影响力的华侨团体,如"旅法青田华侨卓克仁、卓文延父子等大批青田人,会同留学生及旅法老乡组织浙江华侨协进会,广泛宣传抗日救国道理,积极募捐抗日资金"①,还有法国的"旅法参战华工总会"、荷兰的"华侨会馆"等。随着日本侵华的逐渐深入,旅欧青田华侨更加深刻地体会到祖国的危机与民族的危亡,也先后成立或加入以"抗日救亡"为宗旨的社团,通过社团组织将自身与祖国的前途和命运相连。如1931年成立的"旅比华侨反日救国总会"和"巴黎华侨旅欧反日救国会",1932年成立的"旅德华侨反日救国后援会"和"旅德华侨反帝同盟"等,这些抗日救亡团体的领导人员中不乏青田华侨的身影(见表1)。旅欧青田华侨急公好义,在抗日救亡运动中冲锋在前,展现了崇高的民族气节。

表1 抗日战争时期旅欧青田华侨参加的抗日救亡团体②

名称	成立时间	成立地点	主要青田籍领导人员	备注
全欧华侨抗日救国联合会	1936年	巴黎	金映光	
荷兰抗日救国后援会	1937年	鹿特丹	王志南、陈彬、金梦仙、陈特轩、郭南斋	下设4个分会,1940年改为华侨互助会,1943年解散
德国华侨抗战后援会	1937年	不详	林仲平	青田华侨参加者甚多
波兰华侨抗日救国联合会	1938年	不详	王岩郎	
中国留德学生抗日后援会	1938年	不详	朱祥	青田华侨参加
意大利华侨抗战后援会	1946年	不详	周仲轩	

自此,如雨后春笋般冒出来的华侨社团成为欧洲抗日救亡运动中的主力,也成为旅欧青田华侨的主心骨。这些抗日救亡团体不仅促使更多青田华侨获悉祖国抗战情况,使得分散的旅欧华侨华人团结在一起,而且使得抗日救亡运动更具组织、更加有影响力。

---

① 《青田华侨史》编纂委员会:《青田华侨史》,杭州:浙江人民出版社,2011年,第190页。
② 《青田华侨史》编纂委员会:《青田华侨史》,杭州:浙江人民出版社,2011年,第192—193页。

(二)进行抗日救亡宣传

华侨社团、华侨报刊和华文学校号称"华侨三宝"。抗战爆发后,由众多青田华侨参与和创办的报刊也迅速投入抗日救亡的宣传中去。

在1936年成立的全欧华侨抗日救国联合会就主办了《祖国抗日情报》,该报纸以抗日具体情况作为报纸内容,风行全欧。1938年,"中国留德学生抗战后援会"托付青田华侨朱祥(旅居捷克斯洛伐克)油印《抗战报》,积极宣传抗战主张,在华侨群体中免费分发。海牙抗日救国分会创办了《海牙救国报》,由青田华侨陈特轩负责积极宣传抗日救亡,在海牙地区颇有影响力。

《抗战要讯》作为旅荷华侨救国总会的会刊,是当时心系祖国的旅荷华侨获知祖国消息的重要报刊。该报刊前身是留荷学生发起创办的《救国报》,后因"人力物力困难,自1938年3月中旬起,经旅荷华侨救国后援会第六次联席会议决议,将各地《救国报》合并,改名为《抗战要讯》"[①]。《抗战要讯》实行分工负责制,以浙江青田籍留学生陈特轩为主要编辑。在1939年3月,伴随海牙救国会改选出第四届职员,《抗战要讯》杂志社人员也随同改选,"编辑为王以康、蔡织城;书记:陈特轩、朱直轩;印刷:王应谦、朱足然、叶志卿、郭成保、厉新典、阮才清;发行:朱志安"[②]。该刊全文为手写体而非打印体,每一期篇幅通常为6页到8页,辟有"社论""本周战况""侨讯""闲谈""外论"介绍等栏目。各个栏目都为抗日救亡宣传而服务:"社论"一栏主要刊载对于战争的分析时评,激发华侨的抗日救亡的爱国之心,第二期社论《日本为什么要侵略中国》中,作者认为"招致日本侵掠中国的理由还是由于中国的积弱"并提出论断"国弱招敌侵是千古不易的定理";"本周战况"(抗战消息)栏目则刊载我国抗日战争的实时战况,并配有战局简图以便民众更加直观地了解;"侨闻"栏目主要展现阿姆斯特丹、鹿特丹、海牙、乌得勒支等旅荷侨胞在抗战期间的爱国捐赠情况及侨界开展的各式活动以及国内政局的重要会议等,更加激发旅欧华侨的捐款积极性;"外论介绍"主要刊载外国媒体关于中日战争的评论,尤以《泰晤士报》等有重大影响力的知名外国媒体的社论,坚定华侨抗日救亡的决心。每期的内容都体现了该刊办刊宗旨:"完全为传播抗战消息,警惕抗战情绪,鼓励抗战精神,阐明抗战理论。并于可能范围以内

[①] 李明欢:《欧洲华侨华人史》,广州:暨南大学出版社,2019年,第277页。
[②] 《抗战要讯》第2卷第2期,1939年4月3日,第3页。

谋侨胞的幸福。"①该刊的创办与传播,在当时荷兰抗日救亡的宣传上发挥了极大作用。

(三)发动抗日救亡捐赠

在七七事变之后,日本侵华态势愈发猖獗。中国国民政府侨务委员会有感于此,也感受到了祖国当时困难境地,于1937年8月31日发出函电《为全国抗战告侨胞书》及各次《通告》向侨胞指明:"抗战关系祖国生死存亡,希望华侨输财出力,从精神上和物质上支援祖国,'以为长期抗战之准备'。"②旅欧青田华侨也积极响应号召,纷纷捐款捐物,支援祖国的抗日救亡运动。

捐款是当时海外华侨支援祖国抗战的主要形式,旅欧青田华侨捐款以集体捐款为主,个人捐款为辅。集体捐款主要是以成立的华侨抗日救亡团体为主体,如"荷兰华侨抗日救国会"以"支援祖国抗战直到胜利为止"为宗旨展开募捐。其中募捐又分为"月捐"和"特别捐","月捐"顾名思义是每月固定一次,由参与人员尽其所能地捐款;"特别捐"则是以特定目的或需求而开展的临时捐款、捐物活动。如下是《抗战要讯》所报道的"月捐":"1938年9月,旅荷华侨救国会月捐统计如下:国币50元,英币90镑又一先令,荷币3179.07盾,美金5元。"③"1938年11月,旅荷华侨救国月捐情况如下:鹿特丹救国会收到荷币1530盾,19英镑5先令,3.5叻币,20里耳;阿姆斯特丹救国会收到荷币808.75盾,25英镑;海牙收到荷币232.5盾;乌特勒支救国会81.3盾;中华会收到120荷兰盾;其他各埠收到92.9盾。"④也有为响应寒衣征募运动所进行的"特别捐",据《抗战要讯》所记载:"其中,阿姆斯特丹救国会募得689件,为团体捐赠最多者;鹿特丹募得657件;海牙503件;乌特勒支94件。"⑤此外还有相关记载:"1938年1—7月,旅法青田华侨为支援祖国抗战捐献了118016法郎,其中青田华侨集中居住的巴黎里昂车站区和哥鲁梅驿区在1938年前10个月共捐款41157法郎,占总数的35%。"⑥1939年7月,时值旅欧华侨开展两次七七事变两周年献金运动。里昂

---

① 《抗战要讯》第2卷第2期,1938年3月28日,第1页。
② 武菁:《抗战时期的侨务政策及华侨的历史作用》,《安徽大学学报》(哲学社会科学版)2006年第1期,第97页。
③ 《抗战要讯》第38期,1938年12月12日,第6页。
④ 《抗战要讯》第45期,1939年1月30日,第5—6页。
⑤ 《抗战要讯》第45期,1939年1月30日,第5页。
⑥ 《青田华侨史》编纂委员会:《青田华侨史》,杭州:浙江人民出版社,2011年,第233页。

车站区的青田华侨吴邵庭等54人共捐资607法郎。法国邮船霞飞将军号和杜美总统号海员华侨捐献5040法郎。旅居罗马的青田华侨23人捐金1010里拉。而个人捐款则有旅居法国的青田华侨王鹏捐献了400法郎,以及旅法青田华侨陈则敬"在看了上海四行仓库保卫战的纪录片之后,青田华侨陈则敬激于爱国义愤向中国驻法领事馆领取了一本100页的救国捐献单据,几天内动员100多人募捐数千元,分三次送交领事馆"①。还有祖籍方山的青田华侨陈进明在荷属印度乔利梳、古拉梳埠当海员时,"就地参加当地华侨抗日救国活动,在8年共捐赠荷兰盾534.5元。"②

战争时代的旅欧青田华侨虽然自身多为小贩,一些人仍然在温饱线上苦苦挣扎,但是他们的拳拳爱国之心并没有因为自身的艰难处境而磨灭。正如留学法国的罗大冈先生评议所说:"在一切华侨之中,以生活最穷苦的青田商人态度最热烈,捐款最踊跃。有几个青田商人在国外已经流浪了十几年或几十年,平日节衣缩食积蓄了几百、几千法郎,全部都拿出来作为救国捐献。有些青田商人手头没有积蓄,也卖掉一部分可怜的行李和被褥,凑几十法郎捐款。"③他们用自己的实际行动践行着"天下兴亡、匹夫有责"的观念。

(四)直接投身于抗日战争

抗日战争无疑是对中华民族的巨大挑战,自1931年九一八事变后,不少旅欧青田华侨有感于祖国危难,出于爱国热情,纷纷返国,投身祖国的抗日战争,因此涌现出一批爱国志士。

前往德国谋生的金映光先生,由进步华侨介绍,在1935年5月于法国加入共产党(法共中国支部)。次年初,金映光在《救国时报》工作,同时兼印刷、发行工作,后任该报行政组长。抗战爆发后,他受到组织派遣,"于1938年4月首批回国,参加国内抗日战争"④。与金映光先生一起在《救国时报》中工作的林德光先生,与他同时回国参加革命的。类似的个人事迹不胜枚举,例如1934年赴法、1936年入党的金直夫先生,他在工作的同时积极投身于革命活动,并于1938年服从组织安排回国抗日,长期从事工会工作。白洪斋先生也有着类似的经历,他

---

① 青田县志编纂委员会:《青田县志》,杭州:浙江人民出版社,1990年,第652页。
② 《青田华侨史》编纂委员会:《青田华侨史》,杭州:浙江人民出版社,2011年,第235页。
③ 罗大冈:《流浪人的枕边书》,《光明日报》1988年10月2日。
④ 《青田华侨史》编纂委员会:《青田华侨史》,杭州:浙江人民出版社,2011年,第339页。

在1929年前往法国做工谋生,有感于工人的艰辛,于1935年加入中国共产党长期从事革命工作,后在《救国时报》的主持者吴玉章的安排下,回国在东北地区进行抗日救亡工作。

三、抗战时期旅欧青田华侨抗日救亡活动的动因与影响

旅欧青田华侨在抗日救亡运动中表现出了高昂的热情,他们都不求回报,努力捐款捐物,通过自身努力为祖国的抗日战争做出贡献。根据现代心理学的行为动因理论,这一行为的产生有着其自身的动因,旅欧青田华侨的抗日救亡活动主要出于爱国主义情怀的牵引以及侨团组织的领导。同时,青田旅欧华侨在参与抗日救亡活动中,唤醒了华侨的中华民族意识,改善了青田旅欧华侨的社会形象。

(一)旅欧青田华侨参与抗日救亡活动的动因

1.爱国主义情怀的牵引

列宁有说:"爱(祖)国主义就是千百年来巩固起来的对自己的祖国的一种最深厚的感情。"[①]这种民族意识会不自觉地引导华夏儿女为中华民族的繁盛而努力。对于旅欧青田华侨而言,国家的兴衰存亡深刻地影响着他们在国外的处境。

回顾浙江移民海外的历史,尤其是唐宋时期封建王朝迎来经济繁荣、国力强盛的阶段,朝贡体系的发展和完善促进了对外贸易的繁荣,使得国人前往海外者日渐增多。前往海外的国人往往得益于国家的强大而受到当地人民和政府的尊敬和欢迎,同时在这个过程中国人爱国主义情怀自然萌发。即便到了衰败的明朝以及闭关自守的清朝,朝贡体系仍旧存在,中国仍在国际上有着较大的话语权和影响力。但是到了民国时期,旅欧的青田华侨所面临的是"弱国无外交"的境遇,他们不仅面对着语言不通的艰难,还要遭受欧洲各国中的排华势力以及移民当局的刁难。在欧洲各国初步立足下来后,他们又发现自己所从事的商品贸易面临极大困难:中国前来的商品都会被加以重税,这致使中国货物的商品竞争力不如他国,尤其是日本。

祖国长期积贫积弱,在异国他乡遭受苦难的旅欧青田华侨渴望祖国能够成

---

① 列宁:《列宁全集》,北京:人民出版社,1972年,第168—169页。

为他们的强大靠山,遇到困难时也希望中国领事馆能帮助他们与侨居国政府交涉解决。但实际往往相反,国家的衰弱意味着领事馆没有话语权,更无法帮助解决青田华侨遇到的困难。抗日战争的爆发使得海外华侨受到极大的震动,他们隔海遥望故乡,时刻关注着国内抗战发展。九一八事变,国民政府以不抵抗政策应对,拱手相让东北三省,将大量国民弃置不顾,青田华侨在知悉后无不悲痛。七七事变,中国反抗日本帝国主义侵略的全面抗战开始,四行仓库保卫战震撼了世界,赢得了国际社会的同情和支持。消息传至欧洲后,青田华侨又无不在异国奔走相告,自是扬眉吐气,一改前时悲愤。

海外华侨从自己的切身经历中深刻明白:他们在海外遭受的待遇好坏有赖于祖国的强盛与否。只有祖国的强大,才能保护他们在海外的权益,才能使得他们在异国他乡获得尊敬和认可。他们的前途命运与祖国的成败荣辱、兴衰存亡休戚相关。如此的爱国主义情怀正是引领旅欧青田华侨尽力支援祖国抗战的强大动因。

2.侨团组织的引导

在欧洲各侨团、中国留学生的共同努力下,欧洲各城市先后建立了"全欧华侨抗日救国联合会""巴黎中华民众抗日战线""荷兰抗日救国后援会""德国华侨抗战后援会"等一系列抗日救亡团体。

一方面,这些抗日救亡团体为旅欧青田华侨提供了信息来源,帮助他们获悉了祖国抗日的具体情况。他们组织大型活动,例如在九一八事变、一·二八运动、七七事变等纪念日播放电影《抗战到底》激励侨胞团结起来、一致对外,或组织大型宣讲会鼓励侨胞积极支援祖国抗日、捐款捐物。依据《抗战要讯》记载,有两次大型活动,分别为欢迎朱学范出席国际劳工大会的活动和欢迎杨惠敏出席世界青年和平大会的活动。1938年10月31日出版的第23期和1939年2月27日出版的第48期《抗战要讯》,分别报道了两次欢迎活动。两次活动都由旅荷华侨救国总会组织,在阿姆斯特丹、鹿特丹和海牙三城市举行。旅荷华侨救国总会更是邀请朱学范先生揭露日本帝国主义侵略中国的罪行和野心,号召海内外劳工团结起来共同反抗侵略。"朱学范先生应邀连续三天在三大分会发表抗日演讲,提振了广大侨胞坚持抗战的信心与力量。"[1]另一方面,他们也为旅欧青田华侨提供了榜样作用,为他们提供了相关的捐款捐物的渠道。总之,有了这些抗日救亡侨团的引领,旅欧青田华侨更加踊跃地参与到了抗日救亡运动中。

---

[1] 李明欢:《欧洲华侨华人史》,北京:中国华侨出版社,2002年,第231页。

(二)参与抗日救亡活动对旅欧青田华侨的影响

1. 抗日救亡行为唤醒了青田华侨的中华民族意识

民国时期,旅欧青田华侨绝大多数以一种"游击"的方式只身出国,不带家眷。他们携带商品出门在欧洲游荡贩卖,赚得一些钱后就会回乡,在钱用完后再度出发。对他们而言,出门赚钱是为了在家乡更好地生存,因此他们不愿意在国外定居,他们从事的"游击"模式也不适合在国外定居。在国外漂泊的同时,青田华侨出于浓厚的宗族观念仍然时常思念祖国和家乡,他们通过家书与侨汇的方式与家人保持联系。同时,青田华侨在欧洲时常因为自身证件不完整,或者因为不懂当地的语言文字、风俗习惯、法律条文遭受欧洲人的不解和非议,甚至被侨居地政府拘留或驱逐。在这些时候,他们希望能够获得来自祖国的帮助,但是现实往往是残酷的,因此他们比其他人更加希望祖国的强大。可以说,青田华侨在国外,爱国思乡观念不但没有减弱,反而得到强化。只是在平常时期,旅欧青田华侨作为社会的底层,每天在温饱线上挣扎,无心理会国家大事。同时,因为他们出身低微,受教育程度有限,缺乏整体的中华民族意识,所以也更加对国家层面的政治不感兴趣。故一般来说,青田旅欧华侨关注点多放在赚钱谋生以及家乡、亲人的信息上。

然而中国国抗日战争的全面爆发,中华民族处于危难存亡之际,青田华侨对宗族、家乡的关注瞬时升华为对民族的忧患与国家的认同,中华民族意识得以大大激发。他们由此联想到了自身作为浮萍漂泊在欧洲的种种辛酸。旅欧青田华侨自然把祖国强盛的心愿转化为实际行动上的支持,广泛地参与到欧洲抗日救亡运动中。同时,旅欧青田华侨的中华民族认同感又在由大使馆、国共两党海外支部、爱国侨团组织的抗日救亡运动中得到了反复强化。

2. 抗日救亡活动提高了青田华侨的身份地位,改善了他们的形象

民国时期,屈辱的近代史让大多数欧洲人对中国抱有刻板印象,他们眼中的中国是野蛮、落后的,中国人更是愚昧、麻木的。长期以来,华侨不受到欧洲人的待见,在欧洲的存在感近乎于无,而青田小贩的地位就更加低下。在抗日战争爆发后,华侨参与的抗日救亡运动使得欧洲各国对于中华民族的态度产生了巨大的变化,他们开始关注这个与他们一起抗击法西斯国家的盟友。通过爱好和平的友好人士的帮助,"阿姆斯特丹市把1938年11月26日定为募款

援华运动日"①。"鹿特丹市则把1939年3月4日定为募款援华运动日,那一天,由市长亲自广播,号召全市居民援助中国人民。"②在抗日战争胜利后,一位《伦敦晚报》的记者问一名旅英的广东侨胞对抗战有什么感想,那位侨胞很简单地回答:"我们长高了5寸,战争的最后胜利是属于我们的!"③由此可见,抗日救亡运动极大地提高了华侨的身份地位。

同时,在抗日救亡运动中,旅欧青田华侨的形象得以改善。在抗日战争以前,大多数旅欧华人对青田华侨持否定态度,认为他们的邋遢形象和从事的行业让欧洲对中国留下了不好印象。驻欧大使常常以"伤国体、失商誉、丧人道"及"与其将来见逐于人,何如及时严禁自我"④为由,使得中国外交部限制此类行商小贩出国,甚至把欧洲小贩遣送回国,以免"贻笑外邦"。而抗战期间华侨做出的贡献使得国内各方面都对此给予高度的评价,旅欧青田华侨在抗日救亡行动中展现的积极和踊跃,也为自己赢得了理解与尊重。

当时旅法的罗大冈先生看到艰难生存的青田商人为国踊跃捐款的场景时,表示"他们的事迹说起来真令人感动"⑤。第二次世界大战期间,《大公报》的驻外记者萧乾在见到旅欧青田华侨后说:"没出国之前,听到多少老留学生批评青田商人,说他们如何给祖国丢脸。但屡在法、比、德同这些漂泊全欧的中国'吉普赛人'接触后,我对青田商人只有脱帽致敬。他们代表了中国人的许多美德:勤劳乖巧,凭两只手一个脑袋吃饭,不靠天,也不靠本国的政治势力。他们以薄本由家乡出发,有的曾步行穿越西伯利亚而到中欧,从此患难相助,踊跃捐输,凭的完全是一份娘胎里带来的聪明。赚钱之后,凭的还有一腔义气,但异于吉普赛人,他们有祖国,而且不忘祖国。"⑥

结　语

浙江青田地区恶劣的自然地理环境使得青田地区人民不得不向外求生,且民国时期国内国外的一系列变化造就了青田华侨大量前往欧洲。青田人民向来

---

① 徐鹤森:《民国浙江华侨史》,北京:中国社会科学出版社,2009年,第197页。
② 徐鹤森:《民国浙江华侨史》,北京:中国社会科学出版社,2009年,第197页。
③ 陆晶清:《抗战中的欧洲华侨》,《新云南》1939年第3期,第25页。
④ 《德颜公使函称严禁小贩出洋》,《申报》1913年5月16日。
⑤ 罗大冈:《流浪人的枕边书》,《光明日报》1988年10月2日。
⑥ 萧乾:《一个中国记者看二战》,北京:三联书店,1995年,第200页。

重视宗族,旅欧青田华侨始终与祖国血脉相连,支援祖国。在抗日战争爆发后,华人华侨联合起来抗日的趋势十分明显,旅欧青田华侨也不例外。旅欧青田华侨相较于其他地区的华侨华人而言,在海外没有取得较好的发展,整体经济仍旧窘迫。即使是在如此的困难境地中,旅欧青田华侨仍积极投身于抗日救亡运动,建立了一系列的抗日救亡团体。在团体的统一领导下,开展抗日救亡宣传、进行抗日救亡捐资,更有青田侨胞不远万里,从欧洲回到祖国参加抗战。旅欧青田华侨的抗日救亡运动之所以能如此积极,原因有二:一是华侨的深深的爱国主义情怀;二是当地侨团的有效领导。青田华侨在抗日救亡运动中,宗族观念上升为民族观念,中华民族意识得到激发;在整个运动的过程中,青田华侨凭借自身的热情和爱国之心赢得了侨居国对华侨、华人的信赖,提升了旅欧青田华侨乃至中国华侨的整体形象。

(杨坤宇,温州大学人文学院 2019 级本科生;寿彬岑,温州大学人文学院 2021 级本科生)

抗战时期《浙瓯日报》涉侨报道探析

林彦秀

摘 要:《浙瓯日报》是民国时期国民政府基层机关报。抗战期间,《浙瓯日报》坚持抗日救亡立场,刊载海外华侨爱国活动与生活境况的大量相关报道。这些报道反映了华侨的爱国主义情怀,并及时传达政府的侨务政策,加深国内民众对海外华侨的了解,对国内同胞与海外侨胞协力取得抗战胜利起到积极作用。但是受报刊的政治性和撰稿人的主观性等因素的影响,其传播效果也受到一些限制。

关键词:抗战时期;华侨;《浙瓯日报》;华侨报道

华侨作为抗战时期的一股重要力量,在维护国家统一和领土完整、反对分裂、打击日本帝国主义等方面做出重要贡献。他们在经济上通过捐款、购买公债等方式给祖国以支持;在政治上,通过游行、示威等形式抵抗日本侵略中国,使海外人士能够清楚认识到抗日战争的重要性;在人力上,通过回国参军、组织救护团等方式参与祖国抗战。学界关于抗战时期华侨方面的研究已有相当多的论著。① 报刊作为舆论传播的载体,记载了许多华侨在抗战期间的活动。在华侨报刊或华侨报道方面,学术界亦有一定研究成果。② 然而学术界对国内报刊中关于华侨报道的研究关注较少。本文拟从《浙瓯日报》入手,对其中涉及华侨的相关报道进行较为系统的梳理,总结其涉侨报道的具体内容,并从传播内容、传播形式、传播对象等方面归纳涉侨报道的具体特点,以实现宏观和微观相结合,在此基础之上分析《浙瓯日报》涉侨报道的效果。

---

① 曾瑞炎:《华侨与抗日战争》,成都:四川大学出版社,1988年;《历史不能忘记》丛书编委会:《华侨支援祖国抗战纪实》,北京:中国民主法制出版社,1999年;许肖生:《华侨与祖国民族解放运动》,广州:暨南大学出版社,1992年。

② 郑娜娜:《抗战时期中国共产党对华侨的宣传研究》,西安理工大学2019年硕士学位论文;王柯柯:《民族主义的诉求:〈华侨半月刊〉与海外华侨》,福建师范大学2020年硕士学位论文。

一、《浙瓯日报》的创办和发行情况

1927年,蒋介石发动四一二反革命政变。为改变自身舆论劣势,加强思想控制,南京国民政府利用自身政治地位和经济实力,建立起一个包括中央直属党报、各地方党报和军队党报在内的从上到下的党报体系。国民革命军收复浙江后,国民政府为实行新闻统制在浙江陆续创办各级党政机关报刊,受此影响温州于年底筹办《温区民国日报》并把其作为国民党地方党部在温州的机关报。《温区民国日报》首任社长是叶蕴辉,不久倪伯陶接替其职务,之后由张其清担任社长。《温区民国日报》主要版面由编辑部负责,《医药卫生》《小学教育》《妇女》等部分周刊或旬刊则是委托专业的外派人士进行管理。1934年9月1日,《温区民国日报》改名为《浙瓯日报》,以李国栋为社长,徐世康为总编辑。1935年由于李国栋调走,徐世康任社长兼总编辑。《浙瓯日报》曾先后在瑞安、平阳等地设立分社或支社,其办报经费由瑞安、平阳、乐清、泰顺、玉环、永临六地共同出资。另外,省党部一次拨给开办费500大洋,因此初期《浙瓯日报》经费较为充裕,其下还设有浙瓯通讯社,并获得政府允许可以自办印刷厂、自收译无线电通讯,能接收到国内外许多重要新闻,这为后来《浙瓯日报》在抗战期间得以延续办报事业奠定了良好基础。

《浙瓯日报》版面十分丰富,有国内外电讯、社论、本地商情等板块及文艺副刊《红尘》,还有特邀民众教育馆、律师公会编辑的"家庭常识""法坛"等专版。报道面广,适应民众的需要,《浙瓯日报》因而具有一定的影响力。1938年后,由于人力和设备的匮乏,国民党中央宣传部制定简要新闻办法,规定中央通讯社每天综合国内外消息,编成千字左右的明码。而后令饬各县市党部转知所属党报和一般报社,设法收登。[①]

《浙瓯日报》在抗战时期亦有积极表现与影响。一方面,它将时事政治信息、军事变化等内容及时报道,使民众能够迅速了解战事的变化。在温州三次沦陷期间,虽然由于客观情况,《浙瓯日报》的出版和发行受到影响,但其依然坚持出版[②],始终宣传抗日。另一方面,面对日本侵略者的暴行和国民党亲日派的卖国行径,《浙瓯日报》展开深刻的揭露和强烈的谴责,这既坚定了人民群众抗战到底

---

① 曾虚白:《中国新闻史》,台北:三民书局,1984年,第441页。
② 《本报告读者》,《浙瓯日报》1939年9月15日,第2版。

的决心,也使民众认清了汪伪政权的真面目。此外,中共地下党员胡景瑊一直把《浙瓯日报》作为党联系进步人士的纽带,有时他还化名在报上发表文章。[①] 但后因国民党消极抗日,积极反共,《浙瓯日报》受到国民党党部警告不许再进行爱国宣传活动。

20 世纪二三十年代,由于先期华侨的示范作用,温州文成、瑞安、永嘉等县的华侨以"亲帮亲""故带故"方式提携乡人出国,帮带范围渐渐扩至周边县市。[②] 之后,因战乱、自然灾害和逃避政治迫害等原因,温州的农民、手工业者和贫苦知识分子多数前往东南亚和欧洲谋生。据统计,仅温州文成一县,在 1930 年至 1939 年间,出国人数就达到 640 人。[③] 在七七事变后,大部分海外温州华侨因邮路不畅、向家乡汇款不便和害怕战争爆发后回国困难而选择回国,仅少数温州华侨选择留居国外,温州地区的出国人数也因此骤减。作为面向浙南尤其是温州地区发行的报纸,为了让国内侨眷和普通民众及时了解华侨在海外经济、生活等各方面的情况,同时也为了使回国的温州华侨能够第一时间了解到国家对他们的政策,《浙瓯日报》刊登了大量涉侨报道。特别是在抗战时期,出于号召海外华侨和归国侨民参与抗日救亡运动的目的,《浙瓯日报》刊载大量华侨支援祖国抗战的报道,起到了重要的宣传动员作用。

二、抗战时期《浙瓯日报》涉侨报道的主要内容

《浙瓯日报》作为国民政府基层机关报,以普通读者为发行对象,刊登了大量有价值的社会各方面新闻,它是当时浙南地区民众获知外界消息的主要来源之一。抗战时期广大海外华侨与国内同胞紧密团结全力支持祖国抗战,《浙瓯日报》中刊载了大量有关华侨的新闻报道。这些报道向民众展示了华侨的境况和爱国之心,在鼓舞民众参与抗战、加深祖国与海外华侨的联系等方面发挥了重要作用。根据笔者对《浙瓯日报》进行的统计,该报涉侨的报道总共有 457 篇,主要类型如图 1 所示。

---

① 林白:《温州报刊史存》,上海:学林出版社,1993 年,第 361 页。
② 浙江省华侨志编纂委员会:《浙江省华侨志》,杭州:浙江古籍出版社,2010 年,第 71 页。
③ 温州华侨华人研究所:《温州华侨史》,北京:今日中国出版社,1999 年,第 63 页。

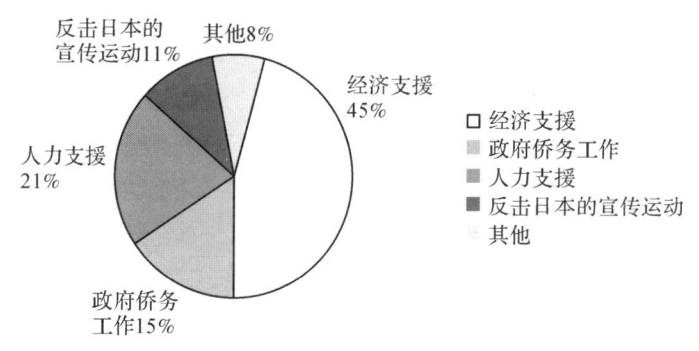

图 1 《浙瓯日报》涉侨报道类型

资料来源:《浙瓯日报》1935年5月4日—1945年9月25日。

如图1所示,涉侨报道各类型所占比重分别为:经济支援共计157篇,占总体篇幅45%;政府侨务工作共计54篇,报道篇幅占总体篇幅15%;人力支援共计73篇,报道篇幅占总体篇幅21%;反击日本的宣传运动共计40篇,报道篇幅占总体篇幅11%;其他共计26篇,报道篇幅占总体篇幅8%。由此可知《浙瓯日报》以报道海外华侨对祖国的经济支援、人力支援和救国宣传运动的事迹为主。

(一)华侨捐款、捐物、投资助力祖国抗战

抗战爆发后,中国国内形势极不稳定,原有的经济遭到严重破坏,再加上战争消耗大量的人力、物力、财力,政府财务入不敷出。华侨虽身处海外,但却十分关心祖国的状况。对此,他们通过捐款、捐物、投资等方式对祖国进行强有力的经济支援。据统计在七七事变之前,《浙瓯日报》中对华侨捐款的报道共计33篇(见表1)。

表1 1935年5月4日—1937年7月7日《浙瓯日报》华侨捐款报道

序号	标题	类型	版次	日期
1	缅甸华侨热心爱国,国府命令嘉奖	捐款	2	1935/6/8
2	海外华侨热心爱国纷输救国义捐,中央分别予以奖励	捐款	2	1935/6/19
3	入夏以来天雨连绵中江河泛滥灾象奇重,海外侨胞极为关注汇款万元赈济,各国同深怅惜,美总统已有电慰问,黄河水势近稍涨工程非常稳定	救灾	2	1935/7/19
4	菲发现之飓风昨过台湾今在本埠登陆 闽泉州山洪暴发房屋冲塌灾民数千待救,新加坡菲洲(今菲律宾)等处华侨纷纷汇款回国	救灾	2	1935/8/4

续表

序号	标题	类型	版次	日期
5	各国华侨纷纷汇款交外部赈灾①	救灾	2	1935/8/10
6	本年水灾惨重,华侨汇款赈济,粤省府雇员量力捐助	救灾	2	1935/8/11
7	赈务委员会亦发九十万赈灾,该委员长许世英已来京主持赈务,海外侨胞纷纷汇款赈灾已达二万元,陕豫水势又将泛滥颇为危险	救灾	2	1935/8/12
8	本年黄河长江灾情惨重侨汇款施赈,侨委会收到赈款总数达七千元,沪商务全体职工亦捐款一万元	救灾	3	1935/8/22
9	水灾后又遭时疫亢旱鄂省灾区将更扩大,黄灾救济会已分组出发调查,海外侨胞又陆续汇款赈水灾	救灾	3	1935/8/30
10	侨委会又接马六甲商会三次赈款	救灾	3	1935/9/3
11	侨商领袖梁燊南赈款一千元	救灾	3	1935/9/4
12	侨务又接华侨赈灾款共二起八千元	救灾	3	1935/9/8
13	华侨水灾赈款又汇到两笔	救灾	2	1935/9/25
14	海外华侨踊跃昨又汇到巨款	救灾	2	1935/10/15
15	海外华侨汇会赈款数达十余万元,最近又汇到六千一百余元,外部收款后即交赈会放赈	救灾	2	1935/10/17
16	海外华侨赈款昨又汇回二起	救灾	3	1935/10/20
17	海外华侨关心灾黎又汇回巨款	救灾	3	1935/11/10
18	许朱王等办理交接华侨委员会续收赈款	救灾	2	1936/2/28
19	侨委会成立四周年举行纪念会,日昨该会又续收到华侨水灾赈款三起	救灾	3	1936/4/16
20	各地华侨纷纷捐款购机赠蒋祝寿,星加坡(今新加坡)等地联组筹款购机,霹雳华侨亦拟购一机送蒋	祝寿	6	1936/8/14
21	各侨胞捐款购机极为踊跃	祝寿	2	1936/8/25
22	暹(即暹罗,今泰国)侨胞派员返国贺蒋氏寿	祝寿	6	1936/10/13
23	国外各地侨胞解款回国献机	祝寿	6	1936/10/18
24	盘谷华侨献刀祝寿并拟捐款五万以供购机之用	祝寿	6	1936/10/23
25	暹罗青莲华侨献白象祝寿	祝寿	2	1936/10/25
26	日华侨小学生捐款祝寿日金四十四元余系积聚零用所得	祝寿	6	1936/11/1

① 本表中"外部"为外交部简称,下同。

续 表

序号	标题	类型	版次	日期
27	侨委会续收到祝寿款捐	祝寿	2	1936/11/20
28	旅外华侨节衣缩食汇款归国援绥,桂劳绥将士团业已抵汉北上	劳军	6	1936/12/6
29	暹罗侨胞已成立援绥委会,实行节食运动,捐款慰劳绥军	劳军	3	1936/12/10
30	望加锡华侨汇款赈灾	救灾	6	1937/4/26
31	菲律宾华侨巨款赈灾,陈树人致电奖励	救灾	6	1937/4/30
32	仰光华侨献大金塔,后日可抵沪	祝寿	3	1937/5/14
33	美侨汇款,购机寿蒋	祝寿	6	1937/5/29

资料来源:《浙瓯日报》1935 年 6 月 8 日—1937 年 5 月 29 日。

从表 1 中可知,抗战爆发前,华侨捐款的主要用途是救济祖国自然灾害,其报道达 19 篇;其次是给蒋介石的祝寿款捐,报道有 10 篇。另外,还有少量关于劳军捐款和未说明具体用途的捐款报道。其客观原因是在 1935—1936 年间,中国发生许多自然灾害,如 1935 年的黄河大水灾"灾情之重,空前未有"[1],受到华侨社会极大的重视,对此政府特别赞扬我国海外华侨"其爱国热情全国赞佩,为二十年来所未有"[2]。随着日本侵华战争扩大,华侨捐款的重点从救灾捐开始转向汇款劳军,赈济祖国抗日。《浙瓯日报》此后亦将华侨捐款的重点放在支援抗日战争上。

抗战全面爆发后,中华民族面临空前严重的民族危机。一方面在抗战期间,华侨更为清晰地认识到中华民族面临的困境,因此通过各种途径、克服各种困难支持祖国抗战,如在旧金山大会上,华侨通过拍卖艺术品筹款以购买公债。[3] 另一方面,国民政府也采取各种方式增进与华侨的联系,通过侨务委员会、外交部等组织机构,对华侨进行宣传和组织工作,号召华侨支援前线,于是国内报刊上出现大量华侨捐款的报道。从当时《浙瓯日报》报道中可见,很多华侨富商如周启刚、李星衢等不仅自己捐款,还是很多募捐活动的组织者、领导者。同时,许多身处世界各地的社会下层华工,虽然收入微薄,但仍把自己一部分收入拿出来捐

---

[1] 山东黄河水灾救济委员会:《山东黄河水灾救济报告书》,1935 年,第 1 页。
[2] 《各国华侨纷纷汇款交外部赈灾》,《浙瓯日报》1935 年 8 月 10 日,第 2 版。
[3] 《旧金山华侨举行大会拍卖艺术品,劝募大炸弹战时公债》,《浙瓯日报》1944 年 2 月 15 日,第 2 版。

给祖国,如"芝加哥三千华侨自抗战以来,已捐助美金百十万元"①。华侨的爱国行为也深刻影响了华侨儿童,他们通过自己的方式支援祖国抗战,如旅美侨童谢妙龄通过出售自造玩具救济祖国难童。②

华侨除了踊跃捐款外,还大量捐赠药品、衣物等物资。在抗战前,我国的工业建设多分布于沿海地区。随着沿海地区的沦陷,工厂、医院、医疗器材等基本遭到破坏。为了支援军队抗战,华侨举行各种形式的捐献物资活动并将大批物资送至国内,如刘侯武因伤兵、难民的医疗药品和御寒服装不足,向海外华侨请求捐助,很快便"接暹罗友人来函,谓已在暹罗向华侨募得衣服多件,救苏品廿箱,业已运抵香港"③。据国民政府统计,从抗战爆发到1940年,仅东南亚华侨就为祖国募得冬季服装700万件、夏衣30万套、军用蚊帐8万床,另外寒衣捐400万元,分赠给各地的士兵、伤残将士以及难民难童。④

抗战期间,日本为了弥补其兵力和资源的不足,加紧贯彻"以战养战"的方针,大肆掠夺占领地区的资财,建立所谓"长期自给体制"。而受社会动荡、大后方经济落后,基础设施薄弱等现状制约,我国投资环境极其恶劣。为了支持祖国抗战,华侨不计成本得失,纷纷移资国内,创办企业。《浙瓯日报》亦对此进行相关报道,如"旅菲华侨庄万里拟投资二百万元,在海南关从事建设云"⑤。

(二)华侨奔赴前线亲身参与祖国抗战

面对国家危亡,许多海外华侨放弃国外舒适的生活,不顾安危毅然回国。《浙瓯日报》中亦刊登了许多华侨亲身回国参战的报道(见表2)。

表2 《浙瓯日报》抗战时期华侨回国参战报道

序号	标题	版次	日期
1	暹罗华侨组织回国杀敌	1	1938/1/10
2	暹罗华侨义勇军由港抵梧	2	1938/1/22
3	越南海防华侨组回国服务团	1	1938/2/3

---

① 《芝加哥三千侨胞按月捐款救国,已捐美金一百四十万》,《浙瓯日报》1941年11月17日,第1版。
② 《侨童谢妙龄出售自造玩具,捐款救济难童》,《浙瓯日报》1941年7月19日,第1版。
③ 《暹华侨捐募寒衣药品现已抵香港》,《浙瓯日报》1937年11月10日,第1版。
④ 任贵祥:《海外华侨与祖国抗日战争》,北京:团结出版社,2005年,第166页。
⑤ 《华侨庄万里投资海南计二百万元》,《浙瓯日报》1937年5月19日,第2版。

续　表

序号	标题	版次	日期
4	暹华侨义勇队赴粤工作	1	1938/3/2
5	越南华侨廿名保送练习航空	1	1938/4/18
6	荷属侨胞组救护团	1	1938/4/20
7	棉兰华侨救护团北上服务	1	1938/4/29
8	暹潮救护队回国抵潮服务	2	1938/7/28
9	华侨多批返国为祖国服务中有飞行员十八人	2	1938/12/27
10	运输人员训练所补行开学典礼，华侨多人已经回国投效	2	1939/3/7
11	旅美华侨参加美国军训	1	1941/7/5
12	华侨组动员委员援助星政府	1	1941/12/28
13	中印侨胞密切合作保卫要塞	1	1942/1/12
14	红会服务团国教侨救护队	1	1942/2/23
15	华侨的义勇精神	1	1942/3/22
16	星洲(今新加坡)华侨义勇队突围抵加尔各答	1	1942/3/22
17	美加州华侨预备队受严格训练	1	1942/4/26
18	华侨秦毓保投入美国陆军誓徒手毙廿敌	1	1942/5/14
19	华美中国青年请求入伍　四十七人申请登记	1	1942/12/20
20	旅美男女华侨八人志愿返华从军，各地从军学生仍然蜂起	2	1944/1/12
21	肇庆学生千余人响应从军，菲律宾归侨吴觉卿至兵役署请求从军	2	1944/2/1
22	加拿大华侨组成步兵一队完毕基本训练	2	1945/2/17
23	菲岛华侨报人夺门经过	2	1945/9/2

资料来源：《浙瓯日报》1938年1月10日—1945年9月2日。

从表2可知，抗战时期一部分华侨选择回国支援前线，如暹罗华侨义勇军赴南宁受训，受训期满后即赴前线杀敌。[1] 另有一部分华侨选择在侨居国参军入伍投入反法西斯战争，如马来西亚华侨协助当地军队作战。[2] 据统计，抗战时期仅由东南亚回国的粤籍华侨，就有4万人之多。[3]

---

[1]　《暹罗华侨义勇军由港抵梧》，《浙瓯日报》1938年1月22日，第2版。
[2]　《华侨的义勇精神》，《浙瓯日报》1942年3月22日，第1版。
[3]　朱杰勤：《东南亚华侨史》，北京：高等教育出版社，1990年，第253页。

除直接参加战斗外,华侨还根据自身的专长组织救助团、服务团参与战时服务工作,如越南华侨"拟在海防组织援华战地服务团,自备药品,返国参加战地服务云"[①]。另外,华侨还自发成立了大量抗日救亡团体,这些团体在筹赈、宣传和组织华侨回国抗战等多方面为抗战提供支持与帮助。其中,最为典型的是,南洋华侨总会组织的"南洋华侨回国慰劳视察团"。《浙瓯日报》对它的行程与活动进行了详细的报道。华侨的这次行动极大程度上激发了祖国军民的抗战热情,在维护国共两党团结抗战、加深海外侨胞同祖国军民的相互了解等方面都起到积极作用。

(三)传播海外侨胞境况

海外华侨是中华民族的重要组成部分。抗战爆发前,全世界的华侨有 1000 万左右,其中 800 多万人分布在东南亚地区。[②] 多数华侨只是普通的劳动者,他们或为资本家打工,或成为小商小贩,生活艰苦,平时还受到当地民族的排挤和侵害。抗战爆发后,华侨处境更为恶化,他们遭到殖民当局和地方政权不断压制和迫害,《浙瓯日报》中亦有关于侨胞受到歧视、不公正对待的报道(见图 2)。

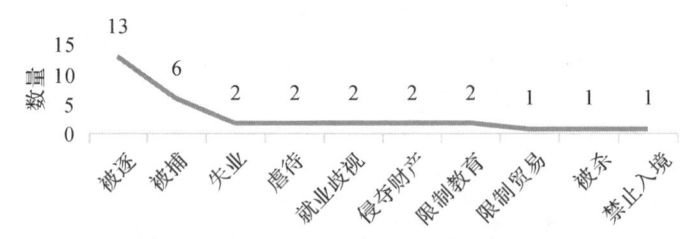

图 2 华侨受到歧视、不公正待遇的报道数量

资料来源:《浙瓯日报》1935 年 5 月 4 日—1945 年 9 月 25 日。

从图 2 可见,抗战时期发生了多起华侨被逐、被杀事件,华侨在国外的产业也面临着危险,"华人之在菲业亲子店者凡五百家,其未歇闭者,则用石头抛掷,并于深夜或无人时,以污粪涂其门窗。"[③]随着二战和经济危机影响的不断扩大,华侨被逐的报道频出,如"旅俄华侨四百余人被逐回国"[④]等。

---

① 《越南海防华侨组回国服务团》,《浙瓯日报》1938 年 2 月 3 日,第 2 版。
② 曾瑞炎:《陈嘉庚对祖国抗战的贡献》,《近代史研究》1981 年第 6 期,第 149 页。
③ 《菲岛岷埠竟亦排华我提出抗议,要求取缔非法行动保护侨民生命财产》,《浙瓯日报》1935 年 7 月 2 日,第 2 版。
④ 《旅俄华侨四百余人被逐回国抵沪,多系苦力或小商人,有会参加欧战者原籍多属冀鲁,侨务会将设法遣回》,《浙瓯日报》1936 年 7 月 31 日,第 2 版。

太平洋战争爆发后,日本军队侵占南洋立即宣布华侨为"敌国侨民"。在政治上,华侨遭受残酷迫害,日本强迫泰国政府采取逮捕华侨、封闭华侨学校和报社等排华措施。新加坡沦陷后,日本在新加坡推行"大检证",残杀华侨。在欧美居住的华侨,其生活也因战争而日益窘迫。在经济上,华侨被日本疯狂掠夺,甚至杀害,如"日军大量掠夺粮食,将爪哇及婆罗洲方面百万以上之印度尼西亚人遣散他处,并有土著十三人以及大量印度尼西亚华侨及阿拉伯人因粮食问题而被砍头"①。

(四)华侨反击日本的虚假宣传

面对日本的侵略,华侨利用自身散居世界各地,接近并易于影响各国舆论的特点,不断向国际传播中国的声音。他们通过创办报刊、发表演讲、游行示威等方式,反击日本的虚假宣传,向侵略者表达坚决抗战的态度,这一时期的《浙瓯日报》中有很多世界各地华侨相关行动的报道。在东南亚,日本想用高价在暹罗购买树胶等物资,"但各树胶商几全数为华侨,皆不愿售给"②。在美国,旧金山华侨通过抵制日货来反对日本侵略行径,他们开展示威运动,一时交通为之停止,日人商店均因之提早收市。③在欧洲,旅欧华侨开会研究共赴国难办法,并且为了争取欧洲各国支持抗日战争还派人参加世界和平运动会。④

三、《浙瓯日报》涉侨报道的基本特征

抗战时期,由于环境恶劣,国内报刊界受到严重打压,不少报纸被迫停刊。《浙瓯日报》通过利用当地原料生产新闻纸和邀请地方殷富、政党要人认股投资等方式坚持出版,以抗战为己任,持续进行宣传,并鼓励侨胞投身救亡运动,其特点主要表现在传播内容、形式、对象三个层面。

---

① 《荷印粮食情势严重发生饥馑状态,大批粮食均被掠夺华侨土著有被杀者》,《浙瓯日报》1945年3月11日,第2版。
② 《寇向暹购树胶及米,遭我侨商拒绝特出高价或其他商品交换,暹罗经济部接洽毫无头绪》,《浙瓯日报》1938年7月29日,第2版。
③ 《美国旧金山华侨举行示威运动》,《浙瓯日报》1937年10月19日,第2版。
④ 《旅欧侨民开会研究共赴国难办法,曾派代表参加世界和平运动会,陈铭枢激劝精诚团结》,《浙瓯日报》1936年9月21日,第2版。

(一)以抗日救亡为涉侨报道宗旨

抗战时期《浙瓯日报》的涉侨宣传以抗日救亡为宗旨,通过舆论动员国内民众和海外华侨积极参与抗日救亡活动。作为官方基层报纸,《浙瓯日报》以中央通讯社为依托,其消息来源遍及国内外各地,其宣传内容都与抗日救亡密切相关。如1936年,两广军阀势力以抗日名义反对蒋介石发动事变。《浙瓯日报》立即转载南洋华侨向李宗仁、白崇禧发送的电报,希望他们"消除对于中央之成见,剋日接受新命"[1]。西安事变发生后,《浙瓯日报》也迅速刊登华侨至张学良的电报希望他能保护蒋介石的安全、和平解决本次事变。[2] 最终西安事变的和平解决使得国民党逐步调整政策,放弃"剿共"内战和"攘外必先安内"的方针,接受共产党关于国共合作共同抗日的主张,为全国抗战的实现奠定了基础。在抗战期间,全国人民和海外华侨形成巨大的合力,对迫使国民党重新回到国共合作、一致抗日救亡的立场起了重大作用。同时,面对抗战中华侨的重大贡献,《浙瓯日报》多次刊登对广大侨胞的嘉奖和鼓舞的报道,极大提高了海外侨胞的积极性。

(二)同步报道政府侨务方针政策

在传播内容方面,《浙瓯日报》还特别关注侨胞生活,宣传政府侨务方针政策。在七七事变前,政府对侨务工作的认识仅限于海外侨民本身,因而其对外政策仅着重于救助侨民、组织侨务,如面对被外国驱逐的侨胞,国民政府"拟咨请各省府筹设回国侨民垦殖区,俾返国侨胞有志于从事垦殖者"[3]。随着侨务工作相关政策和组织机构陆续建立与完善,国民政府逐渐意识到"若无视当地侨民所在地的文化、政治、经济,侨民问题是得不到解决的"[4]。全民族抗战爆发后,国民政府强化了侨务工作力度。在国家层面上,加强宣传工作争取海外侨胞支援。在个人层面上,吸纳知名华侨领袖与社会精英开展侨务宣传工作,号召华侨支援祖国抗日。太平洋战争爆发后,国民政府侨务工作的重心由全力争取华侨支援

---

[1] 《尤列电劝李济深等,勿以叛乱为出路,并望容忍私忿共赴国难,南洋华侨亦请李白觉悟》,《浙瓯日报》1936年9月4日,第2版。
[2] 《南洋旅京华侨电劝张逆》,《浙瓯日报》1936年12月17日,第2版。
[3] 《实部设法救济已回国侨胞,咨各省筹设垦区》,《浙瓯日报》1935年9月7日,第2版。
[4] 彭胜天:《南洋侨务的先决问题》,《南洋研究》1941年第2号,第2页。

祖国抗战,转向大力救济因遭受战争惨祸的归国难侨,如面对从海外归国来到昆明的侨胞,中央汇款援助并设立归侨村,"中央近日汇寄五十万元,该会为谋归侨从事生产事业计,拟在平口县筹设归侨新村,以资救济"[①]。

(三)涉侨宣传报道体裁丰富多样

从传播形式上看,《浙瓯日报》通过消息、通讯等常规新闻体裁反映华侨在外的生活境况和对祖国抗战的贡献。此外,《浙瓯日报》还利用其他体裁补充报道。如《泰京被囚记——一个被泰驱逐出境的华侨自述》[②]是一篇关于海外华人的访谈,这种体裁易产生亲近自然之感,便于国内民众从华侨的角度去理解他们的思想感情,使国人和侨胞之间的关系更加紧密;《华侨对祖国的热望》[③]是文学性文章,有强烈的感情色彩,表达了海外华侨对于祖国的情感。不同的体裁在传播上会产生不同的影响,而多元化的报道体裁让民众更容易接受其表达的思想感情,也会让民众对海外华人有更深的认识。

(四)涉侨报道面向广大人民群众

从传播对象上看,《浙瓯日报》主要面向普通百姓发行,其影响范围主要集中于浙南地区。这也是由于浙南地区华侨数量较多,身处于浙南地区的群众也自然对华侨的具体情况更为关心。据统计,1931—1936年间,华侨在欧洲各国先后组建的救国团体达23个,他们通过发表抗日宣言、出版爱国刊物、领导示威游行等方式支持抗战。在这些活动中,不少浙南华侨充当了骨干。[④]《浙瓯日报》通过连续不断地报道华侨的爱国行为和侨胞状况,加深了国内民众对华侨群体的认知,有利于为归国难侨提供帮助。如在南洋沦陷后,侨眷与海外亲属失去联系,生活艰难,《浙瓯日报》发表《救济温州侨胞》一文动员社会各界人士救助侨眷,"政府力量实属有限,所望社会人士,慷慨解囊,使温属无数失却□□的侨眷,得获生路"[⑤]。

[①] 《昆明华侨司机实行登记数达四百余人,请军委会救济》,《浙瓯日报》1942年11月4日,第1版。
[②] 《泰京被囚记——一个被泰驱逐出境的华侨自述》,《浙瓯日报》1941年1月4日,第2版。
[③] 《华侨对祖国的热望》,《浙瓯日报》1940年3月1日,第2版。
[④] 郭剑波:《浙南华侨与抗日战争》,《八桂侨刊》2007年第2期,第21页。
[⑤] 《救济温州侨胞》,《浙瓯日报》1942年4月25日,第1版。

四、《浙瓯日报》涉侨报道的效果

在政府的支持和推动下,《浙瓯日报》发表的大量动员抗战、宣扬国内外形势、宣传方针政策的报道,取得一定的积极效果。但因客观条件限制,也存在一定局限性。

(一)《浙瓯日报》涉侨报道对当地民众的影响

抗战时期,由于社会动荡,民众对于时事的发展变化更为关注。《浙瓯日报》是温州地区民众了解和接受外界信息的重要传播媒介,温州名士张棡在日记中曾写到"在晨看《浙瓯日报》,知永邑沦陷凡市商银行登记损失者不下数百家"[1]。为了满足民众需求,《浙瓯日报》将国际国内反法西斯战争的相关时事信息作为报道的主要内容,并通过发布国内同胞与海外侨胞的抗日救亡运动报道来激发民众的爱国热情,为抗战争取更多的人力物力支持。如《浙瓯日报》发表"为战士劝募寒衣"公告后,各界同胞踊跃捐输"汇交浙省抗敌后援会国币四百九十元,□制棉背身七百间运京军事委员核收转发各部队战士领用"[2]。在海外华侨遭受不公平对待和歧视时,《浙瓯日报》还以舆论为武器援助侨胞,如《浙瓯日报》刊登上海公会号召广州、温州等市一起抵制暹米的报道,以此实现援助在暹华侨的目的。"上海各团体援助旅暹华侨联合会,昨开始在本市进行禁销暹米。除一面电致广州等各地一致抵制外,特公函致本市米业公会,请转知各会员,赳期抵制暹米。"[3]

(二)《浙瓯日报》涉侨报道对华侨自身的影响

由于战乱和国外排华运动的影响,从海外归国的温州华侨众多。为帮助归国华侨了解国内政策,便于他们寻求支持与帮助,《浙瓯日报》刊载大量与华侨相关的政府政策信息,如《县党部奉令停征华侨费用登记特别费用不合规定,转饬

---

[1] 张棡:《张棡日记》,上海:上海社会科学院出版社,2003年,第605页。
[2] 《劝募战士难民寒衣,本报定今日结束》,《浙瓯日报》1938年1月23日,第2版。
[3] 《沪援助旅暹华侨开始禁暹米》,《浙瓯日报》1935年6月29日,第2版。

华侨服务处知照》①。此外,《浙瓯日报》也刊载归侨建设家乡的相关报道,如温州华侨服务处召开归侨大会,通过了扩充侨胞寄宿的宿舍、举办施医施药救济贫民等决议。②《浙瓯日报》这些涉侨报道将归侨和家乡紧密联系在一起,使归侨更加了解家乡,有利于增强归侨对家乡的归属感。如温州瑞安华侨胡纲于20世纪20年代初两次到东南亚,八一三事变后回乡开办战时小学,参加救亡运动,集资造林,造福家乡。③《浙瓯日报》的涉侨报道一定程度上营造了良好的舆论环境,从而在鼓舞归侨回报家乡和祖国方面有一定积极作用。

对海外侨胞而言,20世纪30年代温州形成出国热潮,大量温州人前往国外,这在一定程度上间接地扩大了《浙瓯日报》涉侨报道的影响力,进而推动温州华侨把对祖国的认同和凝聚力转化为投身抗日救亡运动的动力。在抗战时期,身处世界各地的温州华侨与祖国人民一起参与到抗日救亡运动中,上至商业巨贾,下至贫苦劳工,都尽己所能为抗战做出贡献。如1938年,在马来西亚龙云坡华侨筹赈会的宣传动员下,有100多名文成侨胞参加罢工活动,离开日本人经营的矿山,抗议日本侵略中国。④

(三)《浙瓯日报》涉侨报道的局限性

《浙瓯日报》在向民众和社会传达新闻咨讯上有积极作用,但亦有不足之处。如在宣传内容上,《浙瓯日报》主要侧重宣传华侨的捐款、献机和参军等爱国活动,但对华侨在国外的日常生活情况却较少报道,这不利于国内民众了解华侨群体的真实情况。作为政府机关报,《浙瓯日报》中关于华侨的报道大量采用中央和其他地方通讯社的电讯稿,许多新闻文章成了为国民政府歌功颂德的捧场之作,很多事件亦只报道有利于国民党的一面。在语言的使用上,报道中也常常带有宣传、呼吁的成分,从而在一定程度上影响了读者对新闻事实的接收。这些都使得《浙瓯日报》在华侨报道的效果上打了一定折扣。

---

① 《县党部奉令停征华侨费用登记特别费用不合规定,转饬华侨服务处知照》,《浙瓯日报》1941年6月15日,第1版。
② 《华侨服务处召开归侨大会》,《浙瓯日报》1941年1月20日,第1版。
③ 瑞安市地方志编纂委员会:《瑞安市志》,北京:中华书局,2003年,第1092页。
④ 浙江省文成县地方志编纂委员会:《文成县志》,北京:中华书局,1996年,第231页。

结 语

中国抗日战争的胜利是国家军事策略、经济策略、宣传策略与其他各种策略共同起作用的结果。抗战时期,中国人民集中全部的人力、物力和财力反抗日本帝国主义侵略。在宣传层面,中国以报刊为主要阵地,政府通过控制新闻报道的内容、形式来引导国内舆论导向,从而影响民众认知和国际态度。《浙瓯日报》将战争情况、国内局势、华侨爱国活动等消息第一时间通过文字传达给民众,对日本在浙南地区的虚假宣传进行强有力的回击。海内外民众也从中更清晰认识到日本侵略者的本质,有利于为中国争取物质、舆论、道义上的支持。同时,《浙瓯日报》刊登大量有关海外侨胞境况和政府侨务工作的报道,有利于民众了解政府对华侨的基本方略,从而推动政府开展维护华侨权益和救济归国华侨的相关工作。在抗战时期《浙瓯日报》以抗日救亡为涉侨报道宗旨,借助多样化体裁向民众及时报道政府侨务方针政策,通过舆论动员国内民众和海外华侨积极参与抗日救亡活动。此外,不得不承认的是在政府的影响和干涉下,《浙瓯日报》的华侨报道也存在一定的主观性和片面性。

(林彦秀,温州大学人文学院2019级本科生)

20世纪40年代温州鼠疫的流行与地方应对

谢响响

摘 要:鼠疫自古便是一种对人类产生严重危害的烈性传染病。20世纪40年代温州鼠疫的发生与日军侵华过程中的细菌战紧密相关。鼠疫造成大量人口死亡,破坏了原有的社会秩序。在鼠疫的现实冲击下,20世纪40年代温州的防疫机制获得了相应发展,政府采取医疗救治、接种疫苗、隔离检疫等方式防治鼠疫。20世纪40年代温州鼠疫防治虽取得一定成效,但受到医疗水平和防疫观念等因素的限制,没有彻底解决鼠疫肆虐的问题。

关键词:鼠疫;温州;细菌战;地方应对

鼠疫是一种由鼠疫杆菌引起的古老的烈性传染病。[1] 近年来随着医疗社会史的兴盛,学界对于中国近代地方瘟疫与公共卫生治理的著述颇多,但对于民国时期温州鼠疫的研究却稍显薄弱。目前直接针对温州地区20世纪40年代的鼠疫的研究多是在浙江细菌战主题中辐射所致。[2] 尚无系统阐述鼠疫对温州社会的影响以及地方应对的成果。因此,本文将鼠疫的发生、影响、社会对鼠疫的应对有机结合,以期探讨20世纪40年代鼠疫和温州社会的互动。

一、20世纪40年代温州鼠疫流行概况

20世纪40年代的温州鼠疫从1943年开始年年流行。该年12月,温州鹿城区西郊太史码头发现腺鼠疫患者4人。鼠疫先后蔓延至永嘉城区、龙湾、永

---

[1] 叶真:《浙江鼠疫防治史》,杭州:浙江科学技术出版社,2015年,第1页。
[2] 学界过往的研究主要有:陈致远:《侵华日军在中国南方实施的细菌战》,《军事历史研究》2015年第29期,第27—34页;丁晓强:《关于浙赣地区日军细菌战的调查研究》,北京:社会科学文献出版社,2012年;周耀明:《日军细菌战:浙江瓯江流域人间鼠疫之祸源》,《广西民族学院学报》2001年第1期,第288—289页;谢忠厚:《日本侵华细菌战研究报告》,北京:中共党史出版社,2016年;李岳松,郑颉峰:《日军对温州城区实施的细菌攻击》,《大江南北》2015年第3期,第14—15页。

临、沙头、岩头、罗浮、瑞安县城关、塘下、乐清县虹桥、柳市、文成县大峃、峃口,共82处街坊及村庄。温州各县市先后发现鼠疫病人2115例,病死者1108例,死亡率高。流行高峰季节为5—7月。大多为腺鼠疫,少数为败血型、肺型鼠疫。[1]

1944年和1946年是鼠疫最为严重的年份。1944年,《浙瓯日报》于疫情严重之时几乎日日对鼠疫情况进行报道,并设置"疫情报告"的板块,报道鼠疫死亡情况。[2] 1944年4月14日,《浙瓯日报》报道称"鼠疫日趋猖獗,市民死亡相继,昨又有二人感染肺鼠疫已不治"[3]。仅隔一日,《浙瓯日报》再次报道"鼠疫猖獗,又病二人"[4]。1946年5月7日,《民国日报》《新闻报》《立报》《前线日报》四家报纸同时发表了一篇名为《永嘉发现鼠疫》的报道。报道内容大体相同,介绍了发现疫鼠的地点,居民死亡、防疫处的行动,提醒民众防范鼠疫。1946年12月15日,《前线日报》详细介绍了温州城区两起鼠疫感染的事件。第一起病例是郑银祥一家。首先染疫的是郑银祥18岁的女儿秀珠,感染后很快不治身亡。负责看护的秀珠的兄长宰静及秀珠未婚夫胜克也感染鼠疫,相继去世。郑银祥和他的妻子李氏也感染了肺鼠疫,发生了吐血等症状,自行前往永嘉传染病院诊治。永嘉传染病院获悉此事后,派遣医护人员前往郑银祥家中消毒。[5]

此后几年,鼠疫虽没有1946年来势汹汹,但难以全面遏止。1947年6月、7月,1949年3月,1949年4月,1949年10月,《益世报》《新闻报》《大公报》(上海版)等报刊都报道了温州鼠疫相关的内容。[6] 新中国成立之后,采取综合防治手段,才终于控制了鼠疫的肆虐。

二、20世纪40年代温州鼠疫的流行原因和危害

(一)温州鼠疫的流行原因

20世纪40年代温州鼠疫的流行受到的是日军细菌战的直接影响。1940年,我国正处于抗日战争中的战略相持阶段,战火蔓延到浙江地区。除了寻常的

---

[1] 《温州市卫生志》编纂委员会:《温州市卫生志》,上海:华东师范大学出版社,1998年,第130—131页。
[2] 《疫情报告》,《浙瓯日报》1944年4月3日,第3版。
[3] 《鼠疫日趋猖獗》,《浙瓯日报》1944年4月14日,第3版。
[4] 《鼠疫猖獗》,《浙瓯日报》144年4月15日,第3版。
[5] 《温州鼠疫》,《前线日报》1946年12月15日,第6版。
[6] 陆加:《温州发现鼠疫》,《大公报》(上海版)1949年10月22日,第7版。

作战手段之外,日本侵略者大肆使用细菌战等手段,造成浙江地区的人工瘟疫,受害地区遍及整个浙江省。1940年8月末,细菌战进入实施阶段。最初使用的是霍乱菌和伤寒菌,后改为鼠疫菌。9月10日,井本同奈良部队定下进攻目标为宁波和衢县,金华为候补。9月18日后进攻目标又新增了玉山、温州、台州等地。① 1940年,日军在宁波以接济余粮为由用飞机抛洒带有鼠疫杆菌的粟米和面粉,②在日军细菌战的攻势下,浙江省内的宁波、衢州、金华都是鼠疫重灾区,造成了大量的人口伤亡。细菌的抛洒方式包括稀释弹药大范围投掷和将大浓度弹药较少次数投掷两种,后者的目标选定范围包括温州、台州、丽水三处。参谋本部作战科员井本雄男在日记中记录:温州最初也被日军定为"雨下法"大浓度弹药抛洒鼠疫杆菌的地点之一。1940年10月7日,井本在日记中记录了密探的一段话:"温州作为雨下的目标,台州等则不适合,但是进攻温州,根据气象条件如果不使用伞会很困难。"③可见温州曾被纳入日军细菌战的计划。

除了空投细菌,日军在占领温州期间,更是没有放弃以细菌摧毁中国人身体的企图。日军在两次占领温州期间多次投放鼠疫、霍乱等病菌,甚至通过注射的方式使平民染上疫病。④ 浙江省《东南日报》前总编辑汪远涵说,1942年底至1943年初,他从杭州回温州探亲,得悉好友叶照死于鼠疫。曾给叶照治病的温州名医胡长庚说:"是日军扔下的跳蚤携带鼠疫细菌,害死了叶照。"⑤1944年10月,日军峰岸部队在乐清县翁垟镇九房村以打预防针的名义封锁村庄,强迫村民注射鼠疫病菌,造成百余人感染鼠疫。⑥

日军数次在温州地区发动细菌战,但温州鼠疫的流行除了日军直接投放造成的影响外,还与其他疫区的外来输入密切相关。1943年的鼠疫便是外来输入的结果。当时离温州最近的疫区是位于瓯江上游的丽水。⑦ 丽水本是浙南一个闭塞的山区,1937年,省会杭州落入日本手中之后,浙江省政府迁入,其政治地位大大提升。加之丽水拥有距离日本最近的军用机场,在抗战后期战略位置极为重要,对日本是一大威胁。因此,丽水也成了细菌攻击的地点。1942年,日军

---

① 李海军等:《侵华日军细菌战重要外文资料译介》,北京:中国社会科学出版社,2018年,第8—9页。
② 浙江省政协文史资料委员会:《浙江文史资料选辑(第56辑)》,杭州:浙江人民出版社,1995年,第180页。
③ 李海军等:《侵华日军细菌战重要外文资料译介》,北京:中国社会科学出版社,2018年,第8—9页。
④ 《日军入侵鹿城暴行纪实》,北京:中共党史出版社,2011年,第18页。
⑤ 李岳松、郑颉峰:《日军对温州城区实施的细菌攻击》,《大江南北》2015年第3期,第14—15页。
⑥ 包晓峰:《抗战期间日军在浙江细菌战罪行综述》,《浙江档案》2015年第9期,第28—32页。
⑦ 《浙南龙泉庆元》,《大公报》(桂林版)1943年1月23日,第2版。

在云和以投放细菌弹的方式引发了当地鼠疫的流行,连丽水的浙江省儿童保育院也没能幸免于难,从沦陷区逃出的儿童接二连三地死亡。[1]《新闻报》称:"衢州鼠疫经积极防治后已趋消减,义乌、东阳疫势如烈,庆元亦有局部流行,并蔓延至毗邻之龙泉小梅镇。"[2]此处所提的庆元、龙泉均为丽水辖区。

温州鼠疫的输入方式有两种说法。一说是温州鼠疫来自丽水龙泉病患和船只的直接输入。1942年冬,温州城区西郊太史码头,曾发现一位来自龙泉的乘客病毙于船上,据船夫主诉,该旅客于龙泉动身时,曾被诊断为鼠疫。永嘉卫生院听说后,立即派员查验,将同船乘客在另一艘船上隔离七天,焚烧船中货物和船身。虽然当时没有其他病人发作,但船中的货物被偷去了一大部分。与之相印证的是,1943年温州第一例鼠疫出现的地点,恰好为靠近江沿的一所山货行,而且该行的山货包裹中曾发现了好几只疫鼠。[3] 据此说法,这位死亡的龙泉病患以及船上被盗走的货物引发了温州地区20世纪40年代的鼠疫流行。另一种说法是鼠疫是1943年日军发动第二次大扫荡时从瓯江流域渐进传播至温州的。传播路线是从龙泉城区沿瓯江流域蔓延至庆和城区,丽水的碧湖,最终到达温州城区。[4]但无论是哪一种说法,鼠疫均由丽水沿着瓯江流域输入温州。

鼠疫流行离不开自然和社会因素。温州位于浙江省东南,我国东南沿海,温州各地年平均降水量达1800毫米,远大于同纬度的平均降水量。湿热的自然环境易传播传染病。《永嘉县志》多处有"死者相枕藉""大疫人死过半""朝发夕死"等记载。自古温州各类传染病盛行。就20世纪40年代温州鼠疫来说,冬季发病人数较少,春夏发病人数多,这与鼠疫的传播媒介缓慢细蚤和印鼠客蚤的活跃月份有关。[5] 时人对鼠疫未形成科学认识。1947年《新闻报》报道乐清鼠疫时认为其暴发是由于久旱不雨、天气干燥。[6]事实上鼠疫是一种来自鼠疫杆菌的烈性传染病,并非气候原因能引发。再如1943年在乐清朱伯码头工作的王仲斡感染鼠疫身死船中后,家人将其尸体和货物搬回村中,引发邻里鼠疫流行。[7] 带有鼠疫杆菌的尸体和货物本该就地焚烧。时人防疫意识的缺乏是该年乐清鼠疫大

---

[1] 浙江省政协文史资料委员会:《浙江文史资料选辑(第56辑)》,杭州:浙江人民出版社,1995年,第226—227页。
[2] 德润:《鼠疫在浙南各县》,《新闻报》1948年3月14日,第3版。
[3] 张景飞:《永嘉鼠疫流行简史(附图表)(待续)》,《瓯海医刊》1947年第2期,第40—58页。
[4] 德润:《鼠疫在浙南各县》,《新闻报》1948年3月14日,第3版。
[5] 叶真:《浙江鼠疫防治史》,杭州:浙江科学技术出版社,2015年,第106页。
[6] 《浙省乐清县》,《新闻报》1947年8月20日,第3版。
[7] 叶真:《浙江鼠疫防治史》,杭州:浙江科学技术出版社,2015年,第25页。

规模传播的原因。迷信因素的流行也是重要原因之一。温州鬼神崇拜十分发达,乾隆年间的《温州府志》称"始东城主信鬼,故瓯俗多敬鬼乐祠",温州的鬼神崇拜是泛神信仰,主要是祖先崇拜,其次是野鬼崇拜。每年夏秋都要祭拜祖先,祭祀活动十分复杂繁琐,足见对鬼神的虔诚。在温州的永昌堡一带,至今仍保留着许多古老庙宇。山区地带更是巫风严重,山区人民由于生产生活受自然环境影响较大,更为笃信鬼神,生病不请医生而请巫师念咒驱邪。① 中医治疗技术有限。相比西医,时人更信任中医。中医尽管在一些疾病的治疗上卓有成效,但对于鼠疫的治疗却难以对症下药。1946年,温州大南门瑞兴广货店老板瑞兴因身体发热、淋巴腺肿胀,寻求中医诊治,但诊治效果不佳,病情迅速恶化,遂转求西医治疗。经西医诊断,瑞兴罹患腺鼠疫。因最佳治疗时间已经延误,无法施救,不久去世。② 当时虽然兴建了一批瓯海医院在内的医疗机构,但规模不大。以温州各县卫生院为例,1940—1948年,卫生院的病床数和人员数一直都在五十以下。③ 而以1944年的鹿城区为例,有6个月感染鼠疫的人数超过百人,6月的确诊病例甚至达到了312例。④ 患病人数是卫生院病床数的数倍。现有的医疗机构难以应对大规模的疫情,这就使得许多病患难以得到及时救治,成为二次传染源。

  鼠疫的难以遏止也与政府和民众的隔阂相关。政府虽大力鼓励民众报告疫情,但民众在发现疫鼠后,通常不会及时送检,而是怕麻烦,把死鼠丢到江里或粪坑。民众并不知道这样做极易造成鼠疫的传播。即便是知道鼠疫危害的知识分子,因为害怕招惹麻烦,也会将死鼠烧成灰,灭掉鼠疫病菌后再抛进江里。⑤ 部分民众对鼠疫及其救治不甚理解,认为是医院而非疫病本身导致病患的死亡,甚至讳疾忌医。"86岁高龄的老中医黄大中说:'解放前我家住西廓兴宁殿传染病院附近。油车巷、皮坊巷一带原是猪牛集中宰杀、加工和牛皮交易场所。抗战时期,凡患鼠疫的病人只见送进传染病医院,却没有出来,弄得人心惶惶。'附近市民忧心吐言:西廓有杀猪场、杀牛场,今天又添兴宁殿的'杀人场'。"⑥ 传染病院对于鼠疫的治愈率低,引发了人们的不信任。这是医疗设施较为完备的温州市

---

① 欧阳钦:《近代温州中医之研究》,上海:上海交通大学出版社,2013年,第18页。
② 《温州鼠疫》,《前线日报》1946年12月15日,第6版。
③ 《温州市卫生志》编纂委员会:《温州市卫生志》,上海:华东师范大学出版社,1998年,第71页。
④ 叶真:《浙江鼠疫防治史》,浙江:浙江科学技术出版社,2015年,第25页。
⑤ 《温州黑色恐怖》,《大公报》(上海版)1949年3月2日,第4版。
⑥ 中共温州市鹿城区委党史研究室:《日军入侵鹿城暴行纪实》,北京:中共党史出版社,2011年,第19页。

区的情况,而在医疗设施更为简陋的乡村地区,更多的鼠疫患病者由于得不到救治只能等待死亡。

(二)温州鼠疫的社会危害

人口死亡是鼠疫的直接恶果。根据永嘉县防疫处记录,1942 年 12 月到 1943 年 6 月鼠疫患者的死亡率超过 50%,约 40% 的患者未经医院救治死去。[①] 死亡的阴影笼罩着温州。在整个 20 世纪 40 年代,因鼠疫死去的病患不计其数。在这里以表格的形式列出,如表 1 所示。

表 1　20 世纪 40 年代温州鼠疫疫情统计一览表

		1943.12	1944	1945	1946	1947	1948	1949	合计	死亡率
永嘉县	患病	4	1073	9	626	116	21	6	1855	51%
	死亡	1	619	7	263	42	11	2	945	
乐清县	患病	8	16	20	4	1	23	1	73	75%
	死亡	7	15	7	4	1	20	1	55	
瑞安县	患病	\	2	\	12	55	6	\	76	59%
	死亡	\	2	\	12	27	4	\	45	
文成县	患病	8	\	\	\	\	13	2	23	91%
	死亡	8	\	\	\	\	13	\	21	

资料来源:《温州市卫生志》编纂委员会:《温州市卫生志》,上海:华东师范大学出版社,1998 年,第 132 页。

如表 1 所示,从 1943 年开始,鼠疫接连不断地在温州地区传播。对人民的身体健康造成很大的危害。除了在温州地区肆虐外,鼠疫还通过水路交通传播到其他城市。据 1947 年 7 月 23 日《大美晚报》报道,温州船只到达上海三天后,已报告了 20 例鼠疫病例,其中 9 例是肺鼠疫,死亡率超过 50%。

鼠疫下的防疫活动常常会扰乱正常的社会经济秩序,使经济活动不能顺利进行。温州是民国时期的重要港口之一,鼠疫期间,船只抵达港口之后须靠港检查。一艘抵达上海的美商货轮因从温州驶出,上海官员下令对对船上人员和货物进行疫情检查,船只遭官兵扣押两星期之久。两星期后才允许船上员工自由

---

① 张景飞:《永嘉鼠疫流行简史(附图表)(待续)》,《瓯海医刊》1947 年第 2 期,第 41 页。

卸货。① 疫情期间，严格的隔离检疫政策固然能够防范疫情的蔓延，但也使商人因利益受损被迫放弃长距离贸易。

综上所述，应对鼠疫仅仅从医学角度治愈鼠疫患者是不够的。鼠疫不仅造成了身体的疾病，亦引发了社会秩序的混乱与人心的动荡。要想治理鼠疫，除了疾病本身的救治，更要从社会的角度根治它。

三、20世纪40年代温州鼠疫的地方应对

面对肆虐不止的鼠疫，20世纪40年代温州地区公共卫生事业有了新发展。其主要表现在针对鼠疫的医疗救治和预防接种以及公共卫生整治、隔离检疫三个方面。政府对于鼠疫并非高歌猛进地征服，而是具有许多局限。在整个20世纪40年代，无论是医疗水平、医疗设施、能够处理的病人总数整体仍处在一个很低的层次。温州地方政府并没有完成对鼠疫的根治。

(一)20世纪40年代温州鼠疫地方应对的措施

针对鼠疫的医疗救治活动广泛吸收西方的先进经验。② 瓯海医院腺鼠疫的治疗最初采用磺胺类药物，但这类药物对重症腺鼠疫患者效果不显著，英国医学杂志通过每三小时二百毫克链微素注射的治疗方法取得了良好的治疗效果，瓯海医院亦以之作为参考。③ 医院的救治对鼠疫遏制起了最直接的作用，病愈患者曾登报感谢永嘉防疫处张修德副处长和隔离医院烈主任的无私救治。④ 除了本地医院的努力，其他地区亦提供了诸多支援。如红十字会就曾经为温州提供鼠疫的特效药，为温州的鼠疫防治贡献出了一份力量。⑤ 对于鼠疫所需药物，由政府进行统制供应，防止药价抬高导致的治疗难。在《浙瓯日报》这份本地刊物上，一些药商也长期宣传鼠疫药物，如金龙大药房就曾多次宣传鼠疫危险，并宣传所售药物的鼠疫治疗效果。⑥ 鼠疫的媒介鼠和跳蚤，很容易在货物上传播。

---

① 《美商货轮由温返回》，《申报》1940年9月16日，第2版。
② 周邦基：《永嘉肺鼠疫病例》，《瓯海医刊》1947年第2期，第32—39页。
③ 《医海探珍：(一)腺鼠疫之磺胺类药物治疗，已显其辉煌战绩……》，《瓯海医刊》1948年第1期，第39—42页。
④ 《鸣谢永嘉防疫处副处长张修德先生》，《浙瓯日报》1944年4月28日，第3版。
⑤ 《卫生处鼠疫特效药昨已抵达永嘉》，《浙瓯日报》1944年5月24日，第3版。
⑥ 《鼠疫危险》，《浙瓯日报》1944年2月5日，第3版。

当时的做法主要是灭绝传染源,隔离传染者,以及对尚未得病健康人注射疫苗。1944年3月,汤若望医院曾免费给救济院全体儿童注射鼠疫疫苗。① 同年,永嘉隔离病院建成,收治鼠疫患者。②

隔离检疫是20世纪40年代温州应对鼠疫的重要方法。上海海关专门派遣人员在温州设立临时分所,对进出口的船舶进行检疫。③ 当时的口岸根据有无疫情分为有疫口岸和无疫口岸两种。1947年,温州鼠疫肆虐之时,政府为防止鼠疫输出危害其他地区,将温州从无疫口岸纳为有疫口岸,乘客出入温州需要凭借接种过疫苗的证明文件——鼠疫证才可通行。出口船只在码头检疫,轮船于出口前,须事先申请,经上海海关检疫派遣人员检验后,出给健康保证书,方能在各口岸正常停靠。

地方卫生院以隔离消杀为主采取多种方法应对鼠疫。以永嘉县卫生院为例,它曾设置临时处置办法,内容包括设立封锁区域、树立标杆、派军警严密警戒出口、设立隔离医院,对患者的住址进行消杀。组织封锁线内疫情调查,封锁线外检疫消毒,派浙江省政府第十集团军管制瓯江交通。④ 主要流程包括:发现病例及时报告,然后通知检疫组,检疫组诊断后再次报告,实行疫户消毒及预防注射,强迫鼠疫患者入院治疗,若死亡则由掩埋组实行掩埋,若病愈则出院。⑤ 此外,永嘉防疫处定期调查死人、死鼠情况,并通报死亡人员的情况,包括家庭住址、年龄、性别、死亡原因、患病时间等,对可疑死鼠进行化验。对于环境卫生,防疫处起初设置卫生稽查清道夫役与卫生警察,效果不好。后来两者合并为卫生工作队,以卫生稽查长为队长。因此,警察局和卫生院直接指挥,卫生巡警的执行力量大大增强。户外稽查组对卫生情况实行实时抽查,成效显著。并在当时温州本地报刊《浙瓯日报》上通报,对市民予以警醒,使他们认识到鼠疫的危害。⑥ 防疫处也为各个疫区按照需要拨调防疫经费,用以落实各项防疫举措,为防疫提供坚实的物质保障。⑦ 对于立功的防疫人员,省政府不仅口头褒奖他们的行为,还制定切实可行的奖励办法,划定做出贡献的防疫人员,按照立功等次

---

① 《鸣谢》,《浙瓯日报》1944年3月2日,第3版。
② 《城区发现鼠疫日多,永隔离病院落成》,《浙瓯日报》1944年3月2日,第3版。
③ 《浙江检验检疫志》编纂委员会:《浙江检验检疫志》,浙江:浙江人民出版社,2005年,第86页。
④ 《城区发现疫鼠多日》,《浙瓯日报》1944年3月2日,第3版。
⑤ 张景飞:《永嘉鼠疫流行简史(附图表)(待续)》,《瓯海医刊》1947年第1卷,第40—58页。
⑥ 《防疫处调查死人死鼠》,《浙瓯日报》1944年2月4日,第3版。
⑦ 《防疫处昨日决定防疫经费派额》,《浙瓯日报》1944年2月6日,第3版。

对其进行丰厚的物质奖励。①

消灭传染源是政府遏制鼠疫的又一努力。瑞安县防疫处筹集防疫经费一百万元,并动员人员预防注射。城区各处同时举行清洁大检查。卫生院为预防鼠疫,宣布"凡逮鼠一只,即发券一张,俟收捕一千只时定期公开"②。《浙瓯日报》也曾经报道瑞安卫生院举办捕鼠比赛,发放奖金,并对死鼠进行焚烧的事迹。③除了瑞安县政府外,永嘉县防疫委员会也制定了对付鼠疫的计划。具体措施包括:停止收购死鼠,按保设置鼠缸;向化学工厂定制大量减蚤剂,发动民众推行减蚤运动;注意死鼠处置,并扩大宣传。④ 1944年2月,面对鼠疫肆虐的情况,瑞安卫生院再次开展捕鼠行动,对捕鼠行为提供物质奖励,捕鼠行动分为一期和二期,并对市民的捕鼠行动按照捕鼠数额设立一等、二等、三等奖金,用物质刺激鼓励市民捕鼠。

媒体宣传是呼吁民众重视鼠疫的有效方法。温州本地报刊多次对鼠疫情况进行报道,包括疫情报告、接种疫苗、预防方法、清洁检查等,涉及鼠疫的方方面面。⑤ 亦有关于鼠疫治疗的科普性文章刊载,用通俗的语言向民众科普鼠疫治疗的方法,减轻人民的恐慌。⑥ 一些敏锐的商家也开始出售减蚤剂,并在报刊的广告栏宣传减蚤对防治鼠疫的作用。⑦

(二)20世纪40年代温州鼠疫地方应对的局限

防疫措施的落实不彻底。当时的温州以旧式建筑居多,卫生状况欠佳,老鼠更是十分常见。政府采取对民户进行消毒和对住宅和饮食店进行旧式建筑改造的措施。防疫处试图拆除天花板、地板、夹层防治鼠疫,但遭到了民众的强烈反对,因执行阻力太多不得不放弃。另一项没能成功开展的是毒鼠工作,当时以离市区较近的南市镇先做试验,放置鼠饼毒鼠,但因效果欠佳终止。当时还令民众搜集死鼠,将死鼠投入盛鼠缸,但各民众为了避免麻烦疏于此事,收集死鼠的役

---

① 《省府订颁奖金办法,奖励防疫人员》,《浙瓯日报》1944年3月9日,第3版。
② 《县讯:县府积极预防鼠疫,城区举行清洁大检查,卫生院增拨巨款奖励人民捕鼠,采购疫苗供应各界注射预防针》,《瑞安县政府公报》1944年第33期,第5页。
③ 《瑞安卫生院一次收鼠开焚》,《浙瓯日报》1944年4月20日,第3版。
④ 张景飞:《永嘉鼠疫流行简史(附图表)(待续)》,《瓯海医刊》1947年第2期,第40—58页。
⑤ 《疫情报告》,《浙瓯日报》1944年2月24日,第3版。
⑥ 《鼠疫治疗概论》,《浙瓯日报》1944年3月1日,第3版。
⑦ 《鼠疫如何消灭?》,《浙瓯日报》1944年5月1日,第3版。

者也不够卖力,最后效果欠佳。①

部分官员对于遏止鼠疫并不尽心。《大公报》曾报道:"鼠疫虽然这样猖獗,但卫生当局似乎在装不知道,因为没有染疫家属去报告它,它也乐得装样子……永嘉警察局长新从杭州回来,日前召集卫生机构讨论城区卫生的问题,对于如何防患鼠疫,仍未有具体的办法。"对于鼠疫防治部分官员采取消极拖延的态度。在防疫措施推行受阻之时,防疫处也没有真正认识到防疫措施推行失败是因为缺少在防疫措施推行不力后的改进,只简单归结于"民智未开"。

政府缺少对疫情下伪科学的监管。防疫曾被作为广告商的一个卖点,如《浙瓯日报》曾在鼠疫严重的1944年多次刊载广告,以"鼠疫福音"为名,声称不愿注射鼠疫疫苗的人可服用一种名叫"苏练龙"的药物,即可保证生命无虞。② 再如"麟标至牌宝油"打出了"防疫避险、消肿止痛"的广告语,声称其产品具有万金油的功效。③ 服用药物达到和疫苗一样的免疫效果是不可能存在的。政府对于这些伪科学广告缺乏监管,各种"灵药""宝油"堂而皇之地在报纸上刊载广告,在各大药房售卖,延误了民众正常就医的时机。

结　语

鼠疫是20世纪40年代温州严重的传染病之一,不仅造成了大量人口死亡,而且破坏了原有的社会秩序。20世纪40年代温州鼠疫起于日军细菌战,但在整个40年代其肆虐还有更加深远的原因。这一时期,尽管处于抗战背景之下,社会经济较民国早期有了一定的发展,人们的文化程度也有了提高。有知识的人基本能够正确认识鼠疫流行的原理,也有了一定的防治经验和知识。政府和医界采取一些防治措施,如施用对症药物、注射疫苗、隔离检疫、消杀患者居所等。但不可忽视的是,鼠疫的防治是一个漫长且艰巨的过程。

(谢响响,华中师范大学2022级硕士研究生)

---

① 张景飞:《永嘉鼠疫流行简史(附图表)(待续)》,《瓯海医刊》1947年第2期,第40—58页。
② 《鼠疫福音》,《浙瓯日报》1944年2月4日,第3版。
③ 《麟标至宝油》,《浙瓯日报》1944年4月26日,第1版。

浅析温州永嘉燎原社包产到户实践的地位与经验教训

朱 泽 郑捷帆

摘 要:燎原社的包产到户实践是我国在农业领域探索生产力与生产关系适应问题的一次有益尝试,被许多学者誉为中国农村改革的源头。其最终产生于温州永嘉燎原社也与当时当地独特的社会背景及领导人的远见卓识分不开。尽管实践被禁绝,实践者也遭受批判,但是实践过程中留下的大量资料为后来的研究者、改革者提供了经验教训。历史最终证明,燎原社的包产到户实践具有正确性、先见性等特点,蕴含着巨大价值。认识其重要意义,弘扬其首创精神对新时代的农业发展乃至社会主义建设产生深远影响。

关键词:燎原社;包产到户;地位;经验教训

1956年5月在浙江省温州市永嘉县燎原高级农业生产合作社(简称燎原社)①,一种在后来被称为"包产到户"的农业生产模式在当时中共永嘉县委领导的首倡下有组织、有计划、成规模地迅速开展,由此中国农村改革有了重要的经验借鉴,也让"农业大包干"成为中国农业发展的新可能。而历史最终证明,也正是依托永嘉燎原社包产到户实践等伟大的农业改革尝试,在十一届三中全会上,以"包产到户"为主要表现形式的家庭联产承包责任制才最终由一种可能性蜕变为足以解决数以亿计农民生活问题的伟大政策。燎原社的这次探索无论是对农业生产经营还是对制度改革都大有裨益,更展现了温州人自古以来"敢为天下先"的创新精神。令人惋惜的是这次轰轰烈烈的包产到户尝试仅维持了10个月的时间就被明令禁绝,绝大多数支持者甚至因此挨批受罚。1979年以后,永嘉燎原社包产到户冤案逐步被平反,②相关研究迅速增加。

---

① 燎原社当时属永嘉县,今归瓯海区管辖。
② 1979年1月3日,中共温州地委作出《关于撤销〈李桂茂同志撤销党内外一切职务的处分决定〉的批复》,此后燎原社包产到户实践相关领导人逐步被平反。

目前对于燎原社包产到户实践的研究情况主要集中于以下几方面:其一是对对燎原社包产到户实践具体情况的研究。这方面研究的论著较多,如车裕斌、徐李送主编的《农业生产责任制的伟大实践——永嘉县包产到户的回顾与反思》①,将永嘉县包产到户始末详细论述的同时也剖析了这场改革实践给中国农业改革做出的贡献;瓯海县征集合作化史料办公室主编的《燎原社史资料》是较早对于燎原社包产到户实践资料的收集汇编,是研究这次实践的必要参考;此外当事人回忆录性质的著作也是研究这一问题的关键,例如戴洁天所著《燎原火种——1956年永嘉包产到户始末》②,在论述取得的成绩之外也指出了燎原社包产到户实践被禁绝带来的危害,实证价值较高;论文方面像李强所著《永嘉燎原生产责任制研究》③在肯定实践取得成绩的同时也认为实践存在着导致中农和贫农生活差距扩大等一些需要改进之处;赖继年《永嘉县"包产到户"之因再探析》④中则从国家政策、领导人主观能动性和地区文化精神三个方面阐述了这次实践得以开展的原因,补充了以往研究的不足。其二是对这次实践的领导人物的研究。陈大斌的《包产到户实践者戴洁天的遭遇》⑤,从戴洁天在燎原社包产到户实践中的遭遇与展现出的优秀个人品质入手,以纪实性的文字"作为存史、资政的参考";淮北子的《"包产到户"的先行者:"永嘉三杰"》⑥则将三位永嘉县燎原社的重要领导进行统一、全面的分析,提炼出其"坚持真理的巨大勇气"的精神内核。三是对这次包产到户实践的价值研究。比如周天孝的《中国农村改革的源头——永嘉县委首倡的包产到户》⑦,总结了多位研究者的观点并加以验证,说明了永嘉的包产到户对中国农村改革的巨大借鉴作用;再比如《温州模式研究》⑧一文,将燎原社包产到户实践与"温州模式"联系起来,阐述这次实践在发扬地方精神、拓展地方文脉上的巨大价值。

综上所述,尽管燎原社包产到户实践的价值有着诸多方面的研究,但是系统性、专门性的价值分析还有补充的需要,并且与其价值相对的,燎原社包产到户

---

① 车裕斌、徐李送:《农业生产责任制的伟大实践——永嘉县包产到户的回顾与反思》,北京:中共党史出版社,2011年,第35—140页。
② 戴洁天:《燎原火种——1956年永嘉包产到户始末》,北京:新华出版社,2002年,第3—53页。
③ 李强:《永嘉燎原生产责任制研究》,《中国经济史研究》2006年第1期,第88—95页。
④ 赖继年:《永嘉县"包产到户"之因再探析》,《浙江理工大学学报》(社会科学版)2017年第1期,第45—50页。
⑤ 温州市委党史研究室:《戴洁天:中国"包产到户第一人"》,《政策瞭望》2021年第5期,第29页。
⑥ 淮北子:《"包产到户"的先行者:"永嘉三杰"》,《中国合作经济》2009年第5期,第56—61页。
⑦ 中共永嘉县党委史研究室:《中国包产到户第一县》,北京:中共党史出版社,2008年,第87页。
⑧ 张仁寿、李红:《温州模式研究》,北京:中国社会科学出版社,1990年,第15—21页。

实践在面对种种内在、外在阻力的奋斗开拓过程中留下的经验与可精进之处也值得吸收与拓展。文章将以实证方式总结燎原社包产到户实践不可磨灭的价值,同时结合其"兴衰"之过程,吸取经验,以期加深研究者的全面认识。

一、永嘉燎原社包产到户实践发生的背景与经过

(一)燎原社包产到户实践的背景

1956年初,《中国农村的社会主义高潮》出版,这本毛泽东倾注心血的著作大力提倡"办高级社""办大社",加之中共中央政治局通过的指示文件中要求"在1958年基本上完成高级形式的农业合作化"[①],全国范围的高级社大潮迅速来临。然而高级社的建立很快带来了新问题与新矛盾。

永嘉燎原高级农业生产合作社于1955年国庆节成立,由温州永嘉的凰桥、曹埭、任桥3个行政村的12个初级社合并升级而成,当时共有778户、3653人,耕地5612亩、山地1183亩,两种土地加起来人均也不过1.86亩,更不要说相当一部分是农业生产有困难的山地。总的来讲,燎原社尽管不能叫"八山一水一分田",但也是人地矛盾已露端倪,况且水稻种植的操作复杂,当地的气候多变,诸多客观因素限制使集体农业生产经营活动遇到很大的阻碍。

事实上,燎原社所面临的问题可不只是客观层面上的,根据时任中共永嘉县委书记的李桂茂的一些回忆可以了解到建立高级社之后的一段时间农业生产的"离奇"现象:

"出门鹭鸶探穴,回家流星赶月,干活李逵叹苦,评分武松打虎。""油菜一条心,社员千条心。"[②]

短短两句民谣却反映出那时燎原社在生产方面的问题。社员们出门集体劳动时往往慢慢吞吞、叫苦不迭,回家干活时却争先恐后,生龙活虎。由此可见,高级社化带来集体性生产的劳动积极性降低。至于评工分时的"武松打虎",你争我夺,则表明评工计分没有切实反映社员劳动的质和量,往往是大概工,引发社员对于分配的严重不满。从大的角度来说,正是由于高级社对于集体生产的严

---

① 中共中央文献研究室:《建国以来重要文献选编(第八册)》,北京:中央文献出版社,1994年,第47页。
② 《燎原社史资料》,瓯海县征集合作化史料办公室编印,1989年,第134页。

格要求,过分强调集中统一使得农业生产缺乏活力,人们感到束手束脚;而没有责任制的介入又导致劳动质量无法得到保障,这种僵化模式亟待改革。当地县委派驻燎原社的工作组组长戴洁天由于常年在农业生产一线指导工作,积累了丰富的农业生产经验,从而得以发现农业生产问题背后的矛盾。他指出引发燎原社农业生产问题的主要矛盾是"高级化后迅速上涨的发展生产的要求,已逐渐地与原有的管理水平产生矛盾"①。问题已经出现,其背后的主要矛盾也已被揭露出来,一群坚定为改善人民生活而奋斗的人只需要等待一个契机来推行他们的伟大实践。

(二)燎原社包产到户实践始末

1956年5月4日,时任中共永嘉县委常委、宣传部部长的李云河读到了《人民日报》上一篇署名为"何成"的文章,题目是"生产组和社员都应该包工包产"。文章所提倡的"生产队把一定的地段,一定的产量包给生产组和每个社员"②使李云河受到很大启发,他即刻向地委农工部请示,以文章的精神进行产量责任制试验,地委领导回复:"试验可以,推广不行。"而就在李云河向上级请示之前不久,戴洁天等人在三溪村潘桥探索性地施行了个人专管地段责任制,积累了经验,因此在县委领导李桂茂、李云河等人支持下,戴洁天被指派为工作组组长,负责燎原社包产到户试点的具体工作事务。就这样,以燎原社为起点的影响深远的包产到户实践开始了。

由于包产到户极大地解决了当时农业生产活动中的主要矛盾,在正确的领导和劳动人民的辛勤耕作下,到8月收获时节,春粮产量同比增长40%,耕地面积扩大8%;与周围合作社相比,燎原社本季积肥量比周围四个社加起来还超出三倍左右;养猪、榨油等副业也得到快速发展。9月17日,永嘉县委召开千人大会,将燎原社包产到户的先进经验分享与推广,会后戴洁天提交《燎原社包产到户总结》,系统阐述了包产到户的操作方法与价值,实践与理论相结合很快使得包产到户迎来迅猛发展。

但是反对包产到户的声音从来没有消失,由此引发了一场大范围的"包产到户"问题辩论。10月10日《人民日报》发表名为《包产不可到生产小组》的文章,提出质疑,但此时批判的矛头还未对准燎原社。到11月19日,《浙南大众报》发

---

① 《燎原社史资料》,瓯海县征集合作化史料办公室编印,1989年,第47页。
② 何成:《生产组和社员都应该包工包产》,《人民日报》1956年4月29日,第3版。

表《不能采取倒退的作法》的评论和《"包产到户"做法究竟好不好？》的文章，直接将燎原社作为抨击的对象。面对来势汹汹的质疑，李云河在省委调研会议上做了报告，这次报告在省委副书记林乎加的支持下于1957年1月27日刊登在《浙江日报》上，名为《"专管制"和"包产到户"是解决社会主要矛盾的好办法》。这场辩论的输赢难以言说，但是辩论的结果却是支持永嘉燎原社包产到户者所乐见的，因为越来越多的人用实际行动表达了他们所思所想，到1957年2月，永嘉县有255个高级社实行包产到户，占全县高级社总数的39%，所含的农户数占全县的42%；温州地区有1000多个高级社17.8多万农户实行了这一办法，占全地区农户总数的15%。从燎原社开启的这场包产到户实践到达了最高潮。

然而最终反对包产到户的声浪还是占据上风，随着《浙南大众报》就燎原社包产到户问题向《人民日报》进行投诉，浙江省委也转变了看法，将坚持包产到户定性为"组织性、纪律性问题"，3月8日永嘉县委会议上作出彻底纠正包产到户的决定，尽管李云河扔据理力争，指出包产到户仍需要研究与试验，但是已经无法改变燎原社包产到户实践落幕的结局。此后，李桂茂、李云河、戴洁天等200多位相关人员被严肃处理，甚至被划为"右派"遭受批判，燎原社包产到户也成为一起冤案，直至党的十一届三中全会后相关人员才逐渐得以平反。短短10个月的农村改革实践留下诸多遗憾也带来诸多借鉴。

二、永嘉燎原社包产到户实践之地位

（一）永嘉燎原社包产到户实践是中国农村改革的源头

近年来，随着越来越多研究发掘工作的开展，越来越多的研究者开始认可永嘉燎原社的包产到户实践是中国农村改革的源头。邓小平曾说："农村改革，总的内容就是搞责任制。"[1]这种责任制当然是大家熟知的家庭联产承包责任制，而这个责任制，不能简单说是1979年小岗村的农民们通过一次伟大尝试就直接得到的，它是数亿农民在长期的农业活动中所总结的，全国各地都有其新芽萌发。而1956年永嘉县委首倡的包产到户就可以被看作是源头性的萌发，之所以可以这样讲，得益于其两个方面的特点。

---

[1] 《邓小平文选》第三卷，北京：人民出版社，1993年，第113页。

1.永嘉燎原社包产到户实践时间较早且具有明显的责任制特征

首先是实践的时间早。1956年春耕前燎原社就对其下属生产队采取了四包责任制,5月燎原社就依据《生产组和社员都应该包工包产》的精神开展了生产责任制的试验工作。1959年秋燎原社总结了试点经验,将这种生产责任制称为"包产到队,责任到户,定额到丘,统一经营"。到9月戴洁天写出全国第一个包产到户的经验总结——《燎原社包产到户总结》(以下简称《总结》)。以上种种,证明无论是在责任制试点、正式开展包产到户实践还是进行全面的包产到户经验总结方面永嘉燎原社都是相当早的。

除时间早之外,永嘉燎原社包产到户实践的责任制特征也十分明显。如戴洁天所总结的那样,"计算劳动数量、质量的责任制,一般以劳动底分为依据,依劳动强度合理负担。如果少负担产量责任制,少管些土地,不但平时田间管理工分少,而且超产要少奖,减产要多赔"[①]。可见尽管不是百分百将劳动质量与产量与户挂钩,但是相关性已经远远大于以往,这是农业生产责任制的重要表现,在收益分配制度上,虽然不像当时反对包产到户者所言"超产部分全部奖励,减产部分全部赔偿",但是建立了客观的符合农业生产责任制奖惩制度是不争的事实。而且不同于其他地区的"散社分田"局面,永嘉燎原社真正实现了所有权与使用权可以分离的主张,为后来的农村改革所借鉴。

2.永嘉燎原社包产到户实践是有组织的尝试

永嘉燎原社包产到户实践的组织性表现在三大方面。一是它具有完整的领导层,二是它有缜密的执行章程,三是它有正确的理论支撑。

领导层角度来看,上到省委的领导林乎加书记,下到执行具体工作事务的生产队队长,都成为这次包产到户实践的重要领导者,使得各项改革举措得以实现。从执行章程角度来看,燎原社制定了"燎原社田间作业分收定额表""燎原高级农业社副业菜园三包计划标准表"等标准性章程,涵盖农业生产的任何一个细枝末节,仅举一例说明:在"芒种至秋分铲蕃薯及翻藤第一、二、三次,翻藤连铲每千藤10工分(3—4等每千五藤10分,第三次1—2等每千藤10分)"[②]。翻藤铲番薯这种普通的农业活动,燎原社人不仅为其制定工分判定的标准章程,还详细区分不同等,不同次翻藤铲薯工作的给分方法,足见燎原社包产到户改革实践当

---

① 中共永嘉县委党史研究室:《中国农村改革的源头:浙江省永嘉县包产到户实践》,北京:当代中国出版社,1994年,第153页。
② 瓯海县征集合作化史料办公室:《燎原社史资料》,1989年,第107页。

中对章程的重视。理论支撑角度来看,戴洁天、李云河等人的总结与报告将燎原社的包产到户实践与马克思主义政治经济学、唯物辩证法相结合,尤其是利用生产关系一定要与生产力相适应这个客观规律让实践有了正确的理论指导。

(二)永嘉燎原社包产到户实践是"温州模式"的先声

所谓"温州模式"是指以家庭工业和专业化市场来发展非农产业,从而形成"小商品、大市场"的发展格局。如今"乡镇工业看苏南,家庭工业看浙南"已经为人们所公认,"温州模式"成为发展社会主义市场经济的重要手段。那么永嘉燎原社这场农业领域的包产到户实践是怎么成为以发展非农产业为主的"温州模式"的先声的呢?

最重要的一点就是两者都是以家庭作为基本的生产单位。燎原社包产到户实践的"责任到户"就是将生产分配到家庭来进行的表现。如"划田编组再归户,就是在工分到丘的基础上将田段先固定到组的基础上根据技术好坏劳力强弱进行分丘管理,几丘土地分到户"①。这种将家庭赋予自主经营权力的,充分发挥家庭要素的生产活力的举措为"温州模式"提供了有益借鉴。

此外,二者反映出的精神也是相通的。众所周知,"温州模式"与著名的"四千精神"是分不开的。而切身参与永嘉燎原社包产到户实践的先行者们就是"走千山万水,吃千辛万苦,想千方百计,说千言万语"的最好写照。就以李云河为例,在外界质疑重重时,他发表《"专管制"和"包产到户"是解决社会主要矛盾的好办法》,不仅勇于打破质疑,更要求进一步推广这个先进的经验。在上级召开的"坚决纠正"包产到户试验的会议上,他仍持保留意见:"邓老的办法不收回,我的办法还要坚持,我认为这个问题有研究的必要,给我试验到底,不能一棍子打死。"②在被撤销党内外一切职务下放工厂劳改过程中,他还主张在工厂中"包产到人",被抨击为"包迷心窍"。③ 总而言之,燎原社包产到户实践这次"冒天下之大不韪"之举是温州人敢为人先、不怕困难的真实写照,是"温州模式"真正的"胚芽"。④

---

① 《燎原社史资料》,瓯海县征集合作化史料办公室编印,1989年,第71页。
② 《燎原社史资料》,瓯海县征集合作化史料办公室编印,1989年,第16页。
③ 《燎原社史资料》,瓯海县征集合作化史料办公室编印,1989年,第153页。
④ 中共永嘉县委党史研究室:《中国包产到户第一县》,北京:中共党史出版社,2008年,第112页。

三、永嘉燎原社包产到户实践之经验教训

(一)推动社会发展必须坚持守正创新

燎原社的包产到户实践的价值越来越受到重视,证明了只有在依据实际情况的前提下充分发挥能动性,勇于创新,积极改革才能使得社会更好的发展。燎原社包产到户尝试的出现,实际上是对僵化、缺少活力的高级社农业组织形式的回应,之所以将其称为回应而非否定,是因为这次尝试不仅有破除高级社中农业生产制约因素的一面,也有继承高级社集体生产性质的一面,没有彻底动摇高级社存在的根基,而是扬长避短,既保留互助合作带来的抗风险能力,也能依靠责任制带来生产积极性的提高。用当下的话来说,那便是"守正创新","守正"就是坚持按规律办事,"创新"即改变旧的、创造新的,燎原社包产到户实践正是一次"守正"与"创新"辩证统一下的农村农业改革尝试。

就燎原社的包产到户实践而言,"守正"意味着坚持集体生产为主体,继续施行互助合作生产模式。这是把握规律的体现,因为几千年的小农经济生产方式说明单干的确没有出路,在当时生产力发展水平下,不组织起来农民无法独自对抗天灾人祸,当然集体生产不意味着集合起来去干活,这就要求管理体制进行改革来寻找效率与集体生产的平衡点,也就是"创新"角度所要解决的问题了。

燎原社这次实践的"守正"是显而易见的,其领导者的总结与报告当中很多地方都透露了这一点。比如李云河就指出:"包产到户以后每个社员都是为了实现队里所分给他的产量责任而积极劳动和监督别人……为了完成'集体'所分给他的'任务'而奋斗。奋斗出来的粮食是上交合作社……而不是归自己所有。"[①] 这段话反映的燎原社农业生产情况至少说明三个问题。第一,农业生产活动是集体统一安排的,给具体生产者下发任务的主体是生产队;第二,至少个人生产所得粮食是要统一上交集体的,此后依据个人工作情况再进行报酬分发;第三,集体生产普遍。每个社员生产时都"监督别人",有监督说明劳动还是集体性的,需要合作的。戴洁天在论述收益分配制度时强调了粮食"集体收割""集中收晒"的

---

① 《燎原社史资料》,瓯海县征集合作化史料办公室编印,1989年,第63页。

必要性,①也证明粮食收获当中集体生产的存在,更多证明材料,不再一一赘述。

"守正"与"创新"虽是辩证统一,在燎原社的包产到户实践当中"创新"却显得更加难能可贵。在重重困难之下,燎原社的领导者们带领燎原人共克时艰,勇于改革,敢于创新,才最终实现了粮食增长,解决了当时群众最迫切的生计问题,更为中国农业发展探索了新可能,燎原改革的创新之处更值得我们学习。前文曾提到戴洁天发现燎原社农业生产存在的主要矛盾是"发展生产的要求"与"落后管理体制"之间的矛盾,因此燎原社的包产到户实践的创新首先就表现在优化管理体制上。原本生产监督、评分工作由队长干部一把抓,不仅精力不足,监督起来不方便,而且也极大影响了干部们的生产活动。对此,燎原社的改革者们创造性地采用了社员专管的方法,在专管区由特定的专管人负责监督、评分,由于每个人都是评判者与被评判者,愿意努力劳动的人增加,劳动质量得到保证,干部们的重担也得到减轻,更好地参与农业生产。其次,将责任制引入集体农业生产也是燎原社包产到户改革者们的创举。资料记载,燎原社的"生产责任制""按级建立,队向社包工包产,户向队负责专管田上分摊的包产量。"②可见燎原社的责任制是包产量到户而非包生产到户,比较家庭联产承包责任制而言给予农民的自由还较低,但是能够将责任制扩展到户已经是极有远见的做法了,为农民获得生产自主权迈出了坚实的一步。此外,敢于将小农经济中个体农民"精打细算""干活主动"的优势想办法引入集体生产活动的尝试也是开创性的,因为当时普遍认为小农经济个体生产是封建残余,是罪恶的私有制,承认其有好的一面都会招致批评,更不要提向它学习了。但是燎原社改革者们能够克服定式思维,学习小农经济在提高生产积极性上的优势,而事实也证明这是切实可行之路。总而言之,燎原社包产到户的实践取得令人瞩目的成就,其中改革者没有被事物的表象迷惑,利用新事物的优势来促进改革开展,正是依靠在把握规律的基础上不断探索创新的精神,是坚持守正创新以促进社会发展的最好体现。

(二)认识的统一是开展一切工作的前提

纵观燎原社包产到户实践的产生、发展与落幕,总是可以看到思想的斗争、认识的分歧,思想的绝对统一自然是不合理的,甚至有害,会损伤社会的创造力。然而认识的统一却是解决问题、开展工作所不可或缺的,实践过程中的很多问

---

① 《燎原社史资料》,瓯海县征集合作化史料办公室编印,1989年,第43页。
② 《燎原社史资料》,瓯海县征集合作化史料办公室编印,1989年,第29页。

题,甚至冤案的酿成,都与认识的不一致相关,其核心表现在对包产到户的认识上。

在1956年5月燎原社包产到户实践开展前,尽管包产到户的概念还没有被正式提出,但人们对于其所代表的产量、质量责任与个人挂钩的主张已经产生了认识上的差异。有相当一部分人错误地认为这又是一次对土地所有制度的改革,因此是"单干",对于农业合作社来说是一次"倒退"。这种认识不仅出现在燎原社包产到户反对者的群体中,甚至在燎原社自己的支持包产到户的社员当中也存在。

首先是领导干部中存在对包产到户的片面认识。如前文所述,戴洁天是从三溪村潘桥调到燎原社去开展包产到户工作的,理论上来说,戴更熟悉潘桥社,而且他已经在当地试验了个人专管地段责任制,即在四包到队的基础上将劳动质量与社员个人进行挂钩,在此处他积累了经验也取得了成绩,社员出勤率达到了95%[①],但最终试点不是在潘桥社而是燎原社,主要就因为潘桥社当时属于"样板农庄",区委书记怕承担风险。这里的"风险"不是简单的减产风险,戴洁天在这里推广的生产模式已经初见成效,更何况区委书记作为合作社的负责人是要亲身考察一线生产实践的,不会不清楚这对生产是利还是弊,负责人怕的是承担政治上的风险,说明当时的基层领导者已经存在视"包产到户"为一种脱离集体的"单干风"现象了。很多基层以外的领导干部以及评论员对包产到户的认识就更加极端了。1957年3月25日,永嘉县委第三次扩大会议上传达了上级指示:"三包只到队,绝不能到组到户,否则,那就是改变了合作社的性质……凡是三包到户(即包产到户)的,都一律坚决纠正过来。"4月2日,永嘉县委又开了扩大会议传达温州地委召开的县委书记会议精神,提出:"包产到户实际是鼓励单干,对富裕农民有利,办法的实质是资本主义"。同年7月3日,常委办公会议指出:"包产到户是两条道路斗争,……县委态度要坚决纠正。"可见领导干部对包产到户不仅长期存在片面的认识,而且还有愈演愈烈的趋势。而评论员多数是就领导的指示精神进行发挥,甚至有过之而无不及。像1957年7月10号的《浙南大众报》就有文章说:"'按劳分田,包产到户',是合作社的牌子,单干的实质。"[②]

其次是一些群众,甚至是部分燎原社内部社员们的对包产到户的片面认识。仍旧是《浙南大众报》的《"包产到户"做法究竟好不好?》一文,指出燎原社的包产

[①] 中共永嘉县党委史研究室:《中国包产到户第一县》,北京:中共党史出版社,2008年,第2页。
[②] 瓯海县征集合作化史料办公室:《燎原社史资料》,1989年,第218页。

到户刚提出,就有社员说:"为什么共产党做事变来变去,又来了一次'土改'啊。"①包产到户当然不同于此前的"土改",这样看来农民们尽管欢欣鼓舞于这次燎原社包产到户实践,高唱"自由了""解放了",他们的认识却是有误的。正是这种认识的不足,引发了许多的对立与担忧。一部分人,里面主要是中下贫农,因此认为是支持推行包产到户的领导干部犯了"右倾"错误,不再搞大集体了,抛弃了他们,纷纷向上级"告状"。给燎原社包产到户实践带来极大的阻力。

如此种种,不难看出引发永嘉县燎原社包产到户冤案的一个重要原因,就是上到部分领导,下到部分群众,都不同程度上存在着对包产到户的片面认识,尽管李云河等人竭力将包产到户进行细致的剖析以期使更多人可以接受,但这些努力最终付诸东流。实现认识的统一以减少冲突与论战,避免朝令夕改才会让事物正常与充分地发展。

(三)实践是检验真理的唯一标准

燎原社包产到户实践历久弥新,吸引越来越多的研究者参与其中,根源就在于它是一场经历了实践检验的卓越尝试,几位领导者们切身实地地参与考察、指导工作、撰写材料,人民群众积极地参与生产,这才使得一场被"扼杀"的实践活动至今仍具有生命力。必须指出的是,如今研究者看待燎原社的包产到户实践,往往着力点在其成绩,而对包产到户试验中出现的问题重视不足。总的来讲成绩是远远大于问题的,但成绩与问题都是实践所检验产生的,不可偏废。

从取得成绩方面来看,包产到户实践得到了绝大多数人的拥戴,对于农业生产的促进作用也相当显著。这一点从戴洁天、吴有德的回忆以及当前留存的一些农业生产数据可以相互印证。戴洁天将燎原社包产到户带来的改变予以总结:"社员反映:包产到户有6个高(产量高、学习技术热情高、勤劳社员威信高、增收水平高、人人负责觉悟高、男女出勤高),6个好(生产质量好、大家动脑好、增产可靠好、干群关系好、计工方便好、责任分清好),6个快(抢收快、耘田快、积肥快、计工快、冬种快、分配快),3个省(工作量省、灯油省、社务开支省),6个少(偷懒少、装病少、功夫浪费少、损失少、矛盾少、误工少)。"②涉及了产量、生产积极性、劳动分工、生产资料分配、干群关系、群众内部关系、个人作风等方面。吴

---

① 力禾:《"包产到户"做法究竟好不好?》,《浙南大众报》1956年11月19日,第2版。
② 中共永嘉县委党史研究室:《中国农村改革的源头:浙江省永嘉县包产到户实践》,北京:当代中国出版社,1994年,第65页。

有德在燎原社包产到户实践时任《浙江日报》农村组编辑,负责农业合作化方面的报道,1957年春他与《浙南大众报》所派的一位编辑一起去燎原社了解包产到户的情况。他们这趟旅程之前"已经听到了上面传下来'包产到户'不宜提倡的精神,因此在调查中总想找出一些'包产到户'的弊端来。"①但即使在这种情况下,吴有德在最后的调查报告中仍列举了三条好处:"一是有利于调动部分中农社员的生产积极性;二是有利于改善劳动管理,克服干活'大呼隆'的现象;三是有利于实行'按劳分配、多劳多得'的社会主义分配原则,避免只顾争工分、不顾质量的矛盾。"也就是说,实践证明:包产到户不仅对于提高产量、增加农民生产积极性有着明显的作用,其对集体生产也是有利补充而非取代或破坏。数据的对比也直观地显示出包产到户对农业生产带来的提升,就两个该地区主要农业作物粮食和油料来说,1957年燎原社粮食总产量比1955年不实行包产到户实践时的总产量高125995斤,油料总产量提高了27450斤。正是通过种种证据相互印证,才说明燎原社包产到户实践是经过检验可以克服当时农业生产所遇到的困境的,而不是后人为求符合本时代的发展目标而将其不具有的作用牵强附会于其上。

成绩与问题又是难以割舍的,这种矛盾正如列宁所言:"在自然界、社会和精神领域,矛盾是普遍存在的,一切现象和过程都具有矛盾着的、相互排斥的、对立的倾向。"②燎原社包产到户的尝试也在实践中浮现出了一些问题,诚然与其取得的成绩相比,问题显得相当微末,但是忽略问题是历史唯物主义所反对的,发现这些问题将使得未来取得更大成绩成为可能。

客观上来说,燎原社包产到户实践的主要问题就是它无法遏制农村的贫富差距扩大。仍从亲历者的见闻讲起,吴有德实地考察燎原社的过程中发现"有几丘麦子长得又高又嫩,有几丘则较矮较黄……凡是长得又高又嫩的,主人大都是中农;凡是长得较矮较黄的,主人大多数是贫下中农。"③当然各户社员劳力有强弱,技术有高低,家肥有多少,家庭经济生活有好坏,也会遇到相当多的特殊情况,这些客观实际都导致了各户家庭生产能力的差异,不能说就归咎于包产到户的实践,但毕竟问题在实践过程中有所表现,寻求解决办法才是正确态度。

永嘉燎原社包产到户实践带给我们的经验教训概括来讲就是勇于创新、统一认识和实事求是。这三者是相辅相成的,勇于创新的精神是燎原社实践至今

---

① 《燎原社史资料》,瓯海县征集合作化史料办公室编印,1989年,第192页。
② 列宁:《谈谈辩证法问题》,北京:人民出版社,1975年,第4页。
③ 《燎原社史资料》,瓯海县征集合作化史料办公室编印,1989年,第193页。

熠熠生辉的关键,但是这种创新如果没有统一的认识加以限定,往往没有办法转型为可行的实践活动,而离开了实事求是的原则,创新又成为空中楼阁。正是依靠改革者们勇于打破成见的创新意识,在搞清楚高级社发展存在问题的事实下,在必须解决"发展生产的要求"与"落后管理体制"之间矛盾的认识下,燎原社的包产到户实践才得以成为探索中国农村改革的优秀尝试,为农业改革注入新的活力,总体上提高了当时燎原社群众的生活水平。然而这次实践也无法避免地使得发展不平衡现象继续存在,实现共同富裕是社会主义的本质规定和奋斗目标,2021年5月20日,中共中央、国务院通过了《关于支持浙江高质量发展建设共同富裕示范区的意见》,又一次指出统筹城乡发展,搞好农村工作的重要性,这也鼓励研究者从燎原社的包产到户实践这一农村改革有益尝试当中总结经验、吸取教训,从而更好地助力实现农村高质量发展。

结　语

时光荏苒,阻力重重的包产到户如今已成为农村最常见的生产组织模式,当初被批判的实践的亲历者们也陆续被平反,越来越多的人发现这次伟大实践的深远意义,认可其"中国农村改革的源头"的地位。永嘉燎原社的包产到户试验在纸面上终结于1957年的3月,但事实是"明纠暗包",包产到户屡禁不绝,因为被检验的真理是压制不住的。燎原社地域并不很大,但是真正践行了"星星之火,可以燎原"的伟大精神。也正是无数个如戴洁天、李云河这样的勇于改革实践者的前赴后继,才使得党和国家得以挣脱"教条主义"的束缚,实现更好的发展。新时代的中国出现了很多新的挑战,对发展也提出了更高的要求,从像永嘉燎原社包产到户实践这样的有益改革举措中吸取经验并总结教训,将对新时代中国特色社会主义建设起到事半功倍的效果。

(朱泽,温州大学人文学院2022级硕士研究生;郑捷帆,温州大学人文学院2023级硕士研究生)

曹湾山、屿儿山"好川文化"遗址发掘、保护利用的思考[①]

李岳松　李培怡

摘　要：曹湾山是温州市首个距今4500年的新石器时代人类聚落遗址，曹湾山和屿儿山两处史前"好川文化"遗址都在藤桥，这里被称为温州沿海文化的开端，"东瓯故地，先瓯原乡"。藤桥镇以好川文化为核心，以历史为文脉，建设博物馆、陈列馆、浙江温州国家农业科技园区，结合原鹿城经济开发区、温州科技职业学院藤桥校区，将藤桥的红色文化与绿色资源、科创智造与历史人文、农学科研与人文旅游融合发展，形成"一核两带三馆四园"的东瓯故地文旅产业带，温州大都市的后花园。

关键词：好川文化；东瓯故地；先瓯原乡；文旅；乡村振兴

曹湾山遗址位于瓯江支流戍浦江下游的温州市鹿城区藤桥镇戍浦村。20世纪70年代，在上戍大桥建成前，曹湾山周围的村民到戍浦江南岸，要在曹湾山南麓搭船摆渡外出，故原名渡头村；西麓山湾有曹姓人居住，故名曹湾自然村，山因村名；又因山体状如一只硕大的老鼠别名老鼠山。山四周为平原，戍浦江自西向东蜿蜒流经曹湾山西麓再折南绕东麓，然后朝东北方向至外垟浦口汇入瓯江。

曹湾山是温州市首个考古发掘的新石器时代人类聚落遗址。2013年5月3日，曹湾山遗址被国务院公布为第七批全国重点文物保护单位，借此将原名老鼠山遗址更名为曹湾山遗址，成为鹿城区首个国家级文保单位。在曹湾山周围为鹿城经济开发区。

载着4500年历史的温州大都市后花园的藤桥镇，借曹湾山遗址文化为灵魂，凝心聚力"向美而行"、齐心共赴"美丽之约"、匠心演绎"蝶变之美"，绘就一幅

[①] 2022年鹿城区社会科学研究重点课题。

"好川人文·轻工智城,未来星城·智美藤桥"新图景,塑造产城文旅融合新面貌,工业智造美丽样板城。

图1 东(右)南(下)西(左)三面临戍浦江的戍浦村曹湾山

图2 鹿城经济开发区戍浦江南部分板块 吴莹摄

一、东瓯先民遗址——曹湾山、屿儿山的发现与发掘

(一)曹湾山——瓯江流域"好川文化"聚落遗址的发掘

曹湾山坐落在藤桥上戍片平原中央,东南西三面临江,是一座由主峰和多座小山连成一体,孤立于平原的岗丘型小山,海拔61米,山体面积36公顷。山上有遍植松杉、水竹林地和番薯园旱地,多条散状形小径通往山下。

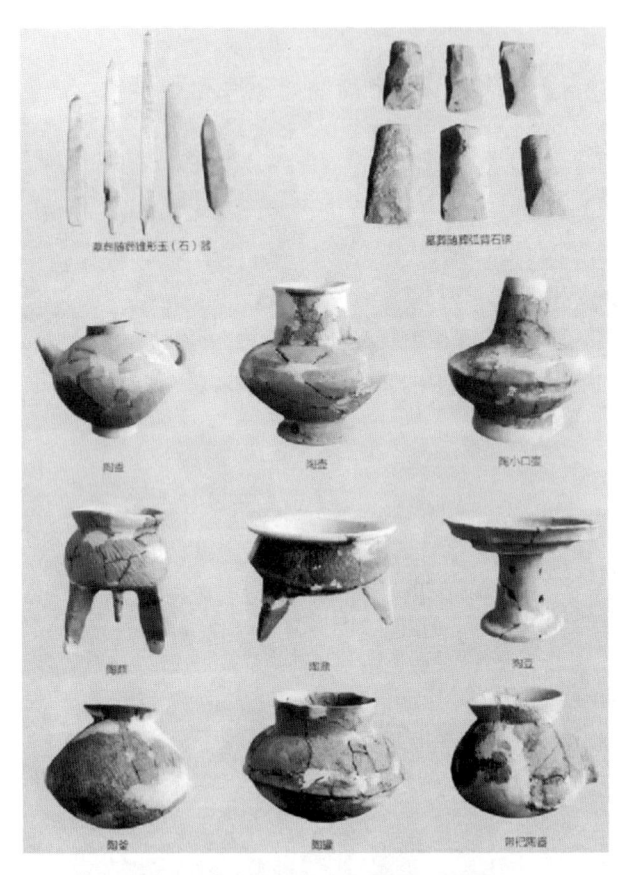

图3 曹湾山出土的陶器、玉(石)器

曹湾山遗址于1985发现。2002年11月28日,由省、市考古所联合组成的曹湾山考古队,对曹湾山地形地貌进行调查和勘探,基本摸清了曹湾山几个山头的基本情况,12月9日正式开始对遗址进行抢救性发掘,到2003年4月28日止,发掘面积635平方米,在平缓的山坪先民居住区发现距今4000多年完整的

部族聚居区和墓葬群。

曹湾山遗址堆积层丰厚,内涵丰富,有明确的功能分区。山坪西南是居住生活区,山坪东南是墓葬区。在西南居住区 200 多平方米范围内,发现了史前较密集的排列有致的连片石构建筑基址,整个遗址以山坪为聚落中心。曹湾山遗址建筑基址,利用石础挖坑营建,底部有础基石,周边有夹石,呈东南—西北向排列,石础建筑规模大,营建讲究,显示出曹湾山聚落建筑错落有致的布局特点。

东南为墓葬区,清理史前墓葬 35 座,出土石器、玉器、陶器、瓷器等各类文物 1000 余件,以及大量的陶片标本。[①] 墓葬布局层位关系清楚,均为长方形,最深 1.2 米,最浅 0.5 米,为东西向。

图 4　曹湾山遗址出土的锥形玉石器　　图 5　曹湾山遗址出土的陶器

2005 年 3 月 16 日,公布曹湾山为新石器时代遗址,文物考古研究人员通过进一步挖掘研究,揭开了温州 4500 年前至商代之间人类的生活状态。曹湾山遗址不仅有完整的部族聚居区和墓葬群,而且被证明属于"好川文化"的一部分,这就将其范围从遂昌县仙霞岭北麓的松阴溪一带扩大到了整个瓯江流域,确立了"好川文化"这一浙南地区史前的地位。[②]

(二)屿儿山遗址的发掘

屿儿山遗址位于鹿城区藤桥镇上寺西村祖师湾自然村北部一座小的孤丘上,南与阴山、龙山相望,北依戍浦江,海拔仅 20 米,分布面积约 5000 平方米,发掘 700 平方米。2018 年 5 月,当地村民在平整承包的土地时发现了墓葬装饰木,且采集到了陶片,而后上报文物部门,由其进行文物开掘。

---

① 蔡钢铁:《曹湾山考古发掘记》,《温州日报》2013 年 8 月 15 日。
② 陈宁、崔博:《浙南从此有"好川"一座叫"老鼠"的山改变了浙南史前历史》,《今日早报》2003 年 4 月 16 日。

挖掘区偏山体中西部,分墓地和聚落2类,清理出土墓坑16座,随葬器物29件,以豆、钵、圈足盘等陶器为主,并有少量玉器、石器。在聚落遗址中清理出灰坑、柱坑等聚落类遗迹76个,大致构成4组长方形建筑。在山体制高点处有石柱遗迹,面积约40平方米的中心建筑。在遗址中南部区域有"木骨泥墙"类红烧土废弃堆积,面积约10平方米。

聚落遗址中,出土了釜、鼎、罐、钵、豆、圈足盘、壶和纺织轮等石器270多件,以镞、锛、钺最为常见,有锥形器、镯和纺轮等玉器4件。此外,还有可鉴定的植物遗存90粒,水稻12粒、小穗轴45粒。

屿儿山遗址是继国家级文物保护单位——曹湾山遗址之后温州市第二处发掘的重要史前遗址。从屿儿山遗址柱坑底部有垫石、周边有夹石等现象,与新石器时代的古人类遗址——曹湾山遗址颇为一致。

图6 航拍的屿儿山遗址鸟瞰

在屿儿山西北坡区域,发现3座汉六朝的长方形单室券顶砖室墓,出土环首刀、罍等各类随葬品30件。其中多件为瓯窑瓷器,有瓯窑盘口壶、青瓷碗等,瓷器装饰风格以莲瓣纹、水波纹、褐色点彩为主。还有玉簪、玉握等。此外,另有一座为凸字型券顶砖室的东汉墓。

屿儿山遗址不是孤立的遗址,它是"好川文化"的重要组成部分。屿儿山遗址考古发掘项目被评为"2019年度浙江省考古重要发现",是一处距今4000多年新石器时代晚期好川文化的小型墓地、聚落遗址以及汉六朝两个时期的砖室墓的遗存。[①]

[①] 李岳松:《揭秘藤桥屿儿山 对话史前温州人》,"掌上鹿城",2021年1月19日。

二、曹湾山"好川文化"遗址的形成与现状

(一)藤桥平原的形成与"好川文化"遗址周围的自然环境

远古时代,温州沿海平原多为浅海湾,其后随着海平面的下降和沿海泥沙的不断淤积才逐渐成陆[①]。到了距今 4 亿年,温州沿海平原最终成为古陆。如瓯江、飞云江、鳌江等沿海平原由河流挟带大量的泥沙进入海里,经过海潮常年累月不断地携带泥沙堆积,使沿海的海滩逐渐淤积形成并不断向海里扩展延伸成为河口冲积平原。

图7 曹湾山东南麓的戍浦(原渡头)村

在 5000 年以前,温州这三条河流的河口都类似于今天的杭州湾,属于溺谷形海湾,海水一直到达今天的青田县城、平阳县城和平阳水头镇一带,今天的平原地一片汪洋,海浪直拍山地海岸[②]。从藤桥枫桥呑村的舵屿山、上寺西村的屿儿山、泽雅戈恬村的屿龟山(又名石坳山)等地名可以佐证,在远古时藤桥还是瓯江流域温州湾中的海洋港湾,曹湾山是其中的一个孤屿。戍浦江上游的龙溪(泽

[①] 吴松弟:《温州沿海平原的成陆过程和主要海塘、塘河的形成》,《中国历史地理论丛》2007 年第 2 期,第 5—13 页。

[②] 康武刚:《温州沿海平原的变迁与水利建设》,北京:人民出版社,2018 年。

雅溪)、西岸溪、梅溪(周岙溪)、葵溪(岙底溪)受台风暴雨影响,山洪暴发,带了大量的泥砂,为海湾潮滩发育的主要泥砂来源,因受河流泥沙与大海潮淤泥物质充填,戍浦港湾渐渐发育成淤积平原。藤桥三面环山起着不同程度的掩护作用,形成隐蔽、半隐蔽的低能量的沉积环盒,且海潮带来的淤泥为加速藤桥平原的发育创造了有利的条件。[1]

(二)东瓯先民选址曹湾山的原因

《温州水利志》载:江河水与海水挟带的两类泥沙相遇后,会产生物理和化学变化,形成丰富的淤泥细粒,高平潮时每立方米潮水的含沙量为1.1千克,低平潮时高达3.4千克。在平潮静止时,便下沉形成水底淤泥层,学界称之为"海相沉积物",俗称"青紫泥"(或"烂涂泥")。潮涨潮落,遂使温州沿海青紫泥层层沉淀加码,顺着坡度逐渐露出海面,接受阳光曝晒、空气氧化,渐渐成为日益增高的"硬壳层"。

经过多年自然的植物生长或人工改造种植,土壤渐渐地经过改良,逐渐适应水稻种植。随着沿海淤泥不断地堆积,陆地不断向大海延伸,沿海就出现了平原。复旦大学吴松弟教授在《温州沿海平原的成陆过程和主要海塘、塘河的形成》一文中说:"约在三至四千年前温州许多浅海区逐渐成陆。"[2]早在4500年前,就有先民选择在藤桥曹湾山繁衍生息,过着以采集狩猎和捕鱼为主的生产生活,逐渐形成了"好川文化"聚落的区域。可见藤桥平原的形成比温州其他沿海浅海区平原早一二千年。

藤桥平原东临瓯江,南与西北三面环山,曹湾山是藤桥平原上成片的一个孤山,东南西三面被戍浦江环绕和北面平原阻隔了山区的猛兽,居住在曹湾山上的东瓯先民又免遭洪水和海潮的灾害,生活比较安全舒适。乘舟从戍浦江外垟入瓯江,借瓯江潮水而上可直达青田县城,登陆可抵达内陆各地。下游可达瓯江口及沿海各地。无论是先民捕鱼生产、海上交往、狩猎、农耕,都极为便利。

---

[1] 李岳松:《藤桥平原的形成与上戍港的变迁》,《戍浦文存》,沈阳:沈阳出版社,2020年,第13页。
[2] 吴松弟:《温州沿海平原的成陆过程和主要海塘、塘河的形成》,《中国历史地理论丛》2007年第1期,第8页。

(三)曹湾山、屿儿山遗址与好川文化的渊源及研究价值

遂昌好川墓地发现后,2002年11月至次年4月,省、市文物部门对曹湾山进行发掘工作。结果这里又是一处好川文化遗址,与遂昌好川墓地相比,尽管曹湾山墓地在墓葬形制、随葬品组合方面有一定的区别,但两者的文化面貌、内涵特征基本相同,出土的文物如陶鼎、陶罐等的形制、纹饰基本一致。遂昌好川墓葬与曹湾山遗址是同一类型文化遗址。

从两处墓坑规模、随葬品数量和组合情况方面去区分,好川墓地的等级远远高于曹湾山。如果好川墓地代表的是核心聚落的话,曹湾山墓地就如一个地区的中心聚落;好川墓地是贵族墓地,曹湾山墓地是平民墓地。

专家们认定,从曹湾山山脚发现的文物其年代在距今5000年左右。这不仅比曹湾山山岗上文物要早,也比遂昌好川墓地要早。这支南下族群最晚也应该是在4500年前迁居到这里的,由此可见,南下的这支曹湾山族群不一定是良渚晚期,而可能是良渚的早期,也就可能不会是遂昌好川村的一支往瓯江下游迁徙到曹湾山和屿儿山。纠正了以前有专家认为曹湾山聚落群的先民有可能是从遂昌沿瓯江顺流而下,来到曹湾山的结论。

张立新著《瓯人与东瓯国》评述:"考古学家的认定是很有分寸的:好川文化与良渚文化在文化因素上有着十分密切的亲缘关系,但不是直接的传承与发展。……好川文化在新的环境中融入当地土著的血液,并脱胎而成为另一种具有独立意义的文化,就是既有继承又有创新,使好川文化形成自己的文化类型。"[①]

图8 东望西南的曹湾山遗址 吴莹摄

---

① 张立新:《瓯人与东瓯国》,杭州:浙江人民出版社,2013年,第40页。

温州市两处发掘的重要史前遗址都集中在藤桥,可见藤桥是温州祖先最早选择生产生活的地方。藤桥被称为温州沿海文化的开端,"东瓯故地,先瓯原乡"是名副其实。

2005年,新石器时代的曹湾山遗址被列为浙江省文物保护单位,是温州地区发现的第一个有明确文化堆积的遗址,文化内涵与好川遗址属同一文化类型。曹湾山和屿儿山遗址反映了瓯江下游流域东瓯先民的生活与生产。"两山"发现有鲜明的地域文化特色,对深入研究浙南新石器时代聚落布局的特点、社会结构、农业、建筑、制陶、艺术等东方文明,提供了极其珍贵的实物佐证,是新中国建立以来重要的考古发现之一。

图9 戍浦江从浓绿的曹湾山西麓绕南(右)折东流入远处的瓯江　吴莹摄

国内考古专家认为,曹湾山遗址是浙江又一个史前文化,称为另一个"河姆渡",它的发现对中华文明起源的研究将产生积极影响,最起码可以重写温州的历史。[①] 曹湾山遗址发掘为研究温州史前文化提供了重要的文物标本,丰富了好川文化的内涵,不仅是温州地区先秦遗址考古的一个重大突破,为浙南温州地区先秦文化发展序列和考古编年的建立提供了地层学依据,也为中华文明起源研究提供了不可多得的个案资料,具有十分重要的学术价值和现实意义。

(四)东瓯祖先生活与生产发展演变

从曹湾山遗址中采集样品,进行植硅石分析,发现水稻颖壳的双峰形植硅石,经判别式计算后,被证明是栽培稻。这表明生活在曹湾山的先民们已经有了

---

① 李岳松:《国宝之地曹湾山》,《今日鹿城》2020年1月25日。入选李岳松:《戍浦文存》,沈阳:沈阳出版社,2020年,第11页。

较为原始的农业生产,先民们在曹湾山山脚的滩涂上种植水稻,并将收获的稻谷挑到山上居住区储贮、食用。

在发掘的遗物中,发现了几块夹炭黑陶片,专家以此判断,该遗址属于新石器时代人类活动遗址。其他一些发掘出来的箭镞、石锄等,带有明显的打制痕迹。玉片工艺精湛,开材切线工艺水平极高,集中体现了曹湾山先民高超的玉器制作技艺水平,充分显示出在4500年前瓯江流域先民过着以采集、狩猎为主要经济形态生活方式的文化特征,与此前发现的"好川文化"的各种特征相符合。[1]

从屿儿山出土的水稻和小穗轴等植物遗存可以推定,水稻是好川文化时期温州先民们补充以淀粉质为营养成分的主要食物,并以捕捞、采集和狩猎获得鱼类和动植物作为食物不足的补充。由此可见,早在4500年前藤桥戍浦平原已经形成,为种植水稻提供了耕地。

三、曹湾山"好川文化"研究存在的主要问题与未来研究方向

中华文明起源研究已成为考古学研究的重大课题。好川文化的发掘为中华文明起源研究提供了不可多得的个案资料,具有十分重要的学术价值和现实意义。

好川文化是以瓯江流域为主要分布区的浙江省又一支史前文化,其发现与确立,对中华文明起源的研究将产生积极的影响。藤桥曹湾山墓地和屿儿山墓地的发掘,丰富和加深了文物研究人员对好川文化历史地位的认识,是好川文化发掘研究的一个重大进展。好川墓地位于瓯江的源头仙霞岭北麓的松荫溪流域,曹湾山和屿儿山墓地则在瓯江支流戍浦江下游和中游,考古专家认为瓯江流域是好川文化的主要分布区。

目前,国内外相关的学术研究主要是红山文化、良渚文化、河姆渡文化等史前文化的研究成果。由于曹湾山和屿儿山出土的文物不多,能提供研究温州史前先民生产、生活及社会经济发展的文物不全;可借鉴参考温州史前文化研究成果的资料比较缺乏。好川文化研究还停留在介绍宣传"两山"遗址的发现、发掘过程和遗址出土的文物。缺乏一个全面、系统、科学的、有影响力的学术研究成果。

下一步需要深入研究东瓯先民的迁徙与繁衍、生活习俗与生产关系;东瓯先

---

[1] 蔡钢铁:《曹湾山考古发掘记》,《温州日报》2013年8月15日。

民文化与遂昌"好川文化"的渊源关系、发展与演变；瓯江下游好川文化的历史地位及文化特征；好川文化与其他文化的区别及关系；"藤桥好川文化"对先瓯历史文化的意义、作用与影响；如何创建"先瓯文化品牌"，促进温州社会经济的创新发展等课题，有待于专家学者的进一步深入的研究探讨。

四、创新东瓯先民文化精品文旅中心，促进社会经济全面发展

（一）以曹湾山遗址公园博物馆为载体，打造展陈研学教育基地

曹湾山、屿儿山是新石器时代的东瓯先民遗址，承载着瓯地先民文化，蕴藏着藤桥镇"先瓯原乡·戍浦新韵"乡村振兴示范带的文化灵魂。将曹湾山遗址纳入保护总体规划，让整个示范带呈现的独特文化有继承、有依托。

图10　全国重点文物保护单位/曹湾山遗址公园/标志墙　周炳法摄

作为首批省级遗址公园，曹湾山遗址文化公园已初步建成，融好川文化遗址于景观建设之中，在满足群众、游客文化娱乐活动需求的同时，展示曹湾山深厚的历史文化底蕴。曹湾山遗址公园是藤桥镇辖区内鹿城经济开发区的四大主题公园之一，公园秉承"承古传今"理念，通过对好川文化遗址、村庄、农耕地及周边现代工业园区的解读，形成新石器晚期岗丘型聚落文化、近现代农耕文化和现代城市文化三个历史片段的并置与融合，体现人类生存文明承古传今的理念。[①]

---

① 温州市发改委：《瓯江山水诗路/曹湾山遗址公园：先瓯原乡，承古传今》，2022年9月4日。

在建设曹湾山遗址陈列馆、博物馆的基础上,应当适时择点再扩大发掘遗址范围,并在遗址上修建"曹湾山遗址陈列馆",全方位展示东瓯先民遗址场景。通过遗址陈列、文物展示、科技数字化等载体,宣传温州史前文化,让市民亲临遗址,观赏4500年前先祖的居住生活场景,充分发挥文化遗址的历史作用,彰显公共文化空间的教育功能。将"两馆"建设成为集展陈、教育、研学为一体的爱国主义教育基地、先瓯文化科普教育基地。通过文物展陈,观看学习,扩大史前文化知识面,发挥社会教育作用;通过实施文物实物教育,对学生教育产生辅助功效;辅助科研工作,对学术研究交流起到积极作用;实施史前先瓯文化教育,促进两个文明建设。

(二)创"曹湾山文化"品牌,建科创乐业的温州都市后花园

遂昌的好川文化虽然以"文化"为名,但目前发掘的还只是墓地,聚落遗址尚未发现。根据考古界不成文的规定,一支被单独称作为史前文化的考古发现一般要有三个遗址以上。可见当年的专家预见瓯江流域必有其他类似的遗址,故超前地命名遂昌好川墓地为"好川文化"。

建议有关部门报批"曹湾山文化",理由是:遂昌的"好川文化"仅有墓地,而曹湾山有墓地和先民聚落遗址。在鹿城藤桥自发掘新石器时代的曹湾山遗址后,又有了屿儿山遗址,加上附近的山福镇下龙山遗址、双屿街道的卧旗山遗址,以及2003年在瑞安市仙岩穗丰发掘西周土墩墓时发现的杨府山庙遗址,龙湾半山新石器文化揭开了瓯江流域先民生产生活的一角,就这样温州形成了完整的曹湾山文化的基础。后来又在大罗山和瑞安中学原址山上发现有岩画等,温州作为有着独特地理优势的瓯江流域沿海地理环境,岩画时期的文化为曹湾山文化的孕育与发展奠定了基础;岩画的存在阐述了东瓯先民海洋文化与中原文化的历史结合点,为深化探索与阐释温州整体史前的"曹湾山文化"的形成,提供了更具学术研究的实证。

曹湾山遗址是继"河姆渡""马家浜""良渚""好川"文化以后,以瓯江流域为主要分布的一支史前文化遗址。曹湾山遗址的发现与确立,扩大了中国新石器时代考古研究领域,说明瓯江流域同样存在着古老灿烂的新石器文化。作为"东瓯故地""先瓯原乡"的藤桥,打造"曹湾山文化"有利于明确历史文化地位,通过宣传扩大影响,创新文化品牌。以"曹湾山文化"品牌为核心,以历史文化为脉络,引进高新人才,将藤桥打造成科技创新、社会经济文化发达、人民安居乐业的文化高地、温州大都市的后花园。

(三)依托温州国家农业科技园区,创建农学科研文旅中心

2020年,温州首个国家农业科技园区落户藤桥,为加快农业现代化起到积极示范带动作用。2021年藤桥被农业农村部、财政部列入农业产业强镇创建名单,藤桥的农业从传统农业向农业科创转型。2022年,藤桥镇重点推进温州国家农业科技园区,打造温州农业科技城。温州农业科技城规划范围为藤桥镇全域,总占地面积96.96平方公里,由核心区和拓展区两部分组成。

图 11　近处为位于联江村的温州人文高级中学,远处为温州国家农业科技园区　吴莹摄

按照"新型工业化、新型城镇化、农业现代化"的发展战略以及"立足温州、引领浙西南、带动全省、服务全国"的发展目标,将温州农业科技城定位为:东瓯绿谷、共富之城,温州西部生态新城、绿色生态城市,通过3—5年努力,培育建设成为国家级农业高新技术产业示范区。[①] 依托在藤桥的温州农业科技城、温州科技职业学院藤桥校区、都市农业研究院及温州市园艺植物育种重点实验室的平台,强化校地、校企合作,打造中国南方种业博览会永久会址。将农文旅基因深植藤桥大地,建设成为传承历史文脉的农业教学、科研生产、创新创业、文化旅游中心。

(四)挖掘红色文化资源,开展爱国主义教育游

藤桥是土地革命战争时期的老区镇,早在1929年2月就成立了中共永嘉县委下属的钟山(藤桥)区委,1929年10月至1931年期间,党组织派李振声、张学

---

① 翁卿仑、藤轩:《东瓯故地崛起的大美藤桥》,《温州日报》2022年4月10日。

东、陈文杰等到白脚坳、田塘头、石垟等地组织开辟红军游击区,岙底山区有80%农民参加了红军赤卫队。1930年至1931年白脚坳和田塘头村被国民党列为重点围剿的地区之一,多次遭国民党围剿,村民房屋被烧毁。1937年,中共闽浙边临时省委书记刘英在平阳蔡洋突围后来到纸山,与张金发、程美兴、刘正发的部队会合,他还涉过麻芝川到达藤桥山区的石垟、岙底外深坳、白脚坳、师姑寮基等红十三军活动过的老地区,恢复了党的工作,在打不垮杀不绝的白脚坳重建了党支部。①

解放战争时期的石垟、白脚坳、田塘头等村为中共永嘉县委经常活动地区之一。藤桥红色资源丰富,红色文化底蕴深厚,有石垟村中共永嘉县委旧址、藤桥战斗纪念碑;田塘头村原红十三军政治部主任陈文杰办公旧址和红十三军连队驻址、田塘头永嘉县委旧址、田塘头革命陈列馆、田塘头革命纪念园及田塘头战斗遗址和革命先辈的遗物等,为温州市党史教育基地、温州市爱国主义教育基地。

进一步开辟重走红军之路,促进革命遗址保护与乡村振兴、红色旅游等深度融合。挖掘红色文化资源精神内涵的革命史课程,发挥红色文化教育和爱国主义教育的作用。

(五)以省 3A 级景区镇、省园林城镇为载体,打造温州文旅小镇

藤桥镇先后创成浙江省园林城镇、3A级景区镇、温州市美丽乡村标杆乡镇,农科教文旅融合特色显著。未来藤桥镇以岩雅山景区、石垟山景区、岙底葵溪(玉林溪)、仙人谷景区的绿色游为基础;将生态环境与小岙民俗村,上埠头古家具交易市场,东瓯古家具博物馆,潮济刘景晨、刘节名人陈列馆等历史人文资源融于一体;建议在"城市客厅"史馆基础上提升藤桥历史馆、藤桥乡贤馆、励志馆等的建设;教育、农业"浙农生态农庄"与旅游并重;以曹湾山、屿儿山遗址为核心,完成两条乡村振兴示范带建设;在建曹湾山博物馆(含陈列馆)、考古研学馆、农耕博物馆,打造慧农园、星工园、研学园、创新园,形成"一核两带三馆四园"的东瓯故地文旅产业带。

---

① 中共鹿城区委党史研究室、中共鹿城区藤桥镇委员会:《泽临风云——藤桥片区游击根据地革命斗争》,北京:中国文史出版社,2009年,第27页。

图12 "全国重点文物保护单位曹湾山遗址"碑和"遗址说明"碑　周炳法摄

曹湾山、屿儿山是新石器时代的瓯地先民遗址,蕴藏着藤桥镇"先瓯故地"乡村振兴的文化灵魂。投资超4亿元建成"先瓯原乡·戍浦新韵"乡村振兴示范带之后,藤桥镇的乡村振兴步入新阶段,2022年又启动了"古埠人家·藤南雅韵"乡村振兴示范带建设。总投资超3亿元的"浙里·耘谷"田园综合体、投资超亿元的"云水·长歌"乡村文旅综合体一期开建。坚持产城人文融合主路径,以项目为支撑,以文化为灵魂,打造装备智造、文旅融创、农业科创、全域美丽"4个高地"。[1]

藤桥镇以乡村振兴示范带串点成线,呈现出乡村振兴新图景。实现历史文脉在这里传承,田园牧歌在这里演绎,红色与绿色游并举的农科教文旅小镇在这里展示,都市后花园的繁华在这里延续。

利用曹湾山好川文化研究成果,结合藤桥丰富的文化旅游资源,创新曹湾山"先瓯文化"品牌,将"东瓯故地、先瓯原乡"的藤桥打造成研学创业文旅居养的温州都市后花园——"大美藤桥",促进社会经济全面发展。

(李岳松,温州市鹿城区历史学会会长、副研究员;李培怡,温州外国语小学英语教师)

---

[1] 江维海:《鹿城藤桥,美丽蝶变》,《浙江日报》2021年11月11日。